LANGENSCHEIDTS UNIVERSAL-WÖRTERBUCH
TÜRKISCH

TÜRKISCH-DEUTSCH
DEUTSCH-TÜRKISCH

Neubearbeitung 1993

LANGENSCHEIDT
BERLIN · MÜNCHEN · LEIPZIG
WIEN · ZÜRICH · NEW YORK

Bearbeitet von der Langenscheidt-Redaktion

Inhaltsverzeichnis – İçindekiler

Hinweise für den Benutzer	
Sözlüğün kullanımı	3
Das türkische Alphabet	
Almanca alfabe	4
Zur Aussprache des Türkischen	5
Almancanın söylenişi	8
Abkürzungen	
Kısaltmalar	11
Türkisch-Deutsches Wörterverzeichnis	
Türkçe-Almanca sözlük	13
Deutsch-Türkisches Wörterverzeichnis	
Almanca-Türkçe sözlük	207
Zahlen	
Sayılar	439
Gebräuchliche Abkürzungen	
Çok kullanılan kısaltmalar	442

Die Nennung von Waren erfolgt in diesem Werk, wie in Nachschlagewerken üblich, ohne Erwähnung etwa bestehender Patente, Gebrauchsmuster oder Warenzeichen. Das Fehlen eines solchen Hinweises begründet also nicht die Annahme, eine Ware oder ein Warenname sei frei.

Auflage: 5. 4. 3. 2. 1. | *Letzte Zahlen*
Jahr: 1997 96 95 94 93 | *maßgeblich*

© 1961, 1976, 1993 Langenscheidt KG, Berlin und München
Druck: Druckhaus Langenscheidt, Berlin-Schöneberg
Printed in Germany · ISBN 3-468-18372-0

Hinweise für den Benutzer

1. Die Tilde (~) ersetzt entweder das ganze Stichwort oder den vor dem Strich (|) stehenden Teil davon, z.B.
çöz|mek ... **~ülmek** = **çözülmek**;
Laden ... **~hüter** = **Ladenhüter**

2. Das Genus der deutschen Substantive ist immer angegeben, und zwar durch
m (= männlich, Artikel „der")
f (= weiblich, Artikel „die")
n (= sächlich, Artikel „das").
Der deutsch-türkische Teil enthält auch die Pluralendungen der Substantive mit Ausnahme der auf **-chen** (-), auf **-in**, **-ion**, **-tät**, **-ung** (sämtlich *-en*) und **-mus** (*-men*) ausgehenden.

3. Die Rektion der Verben und Substantive ist weitgehend berücksichtigt worden, wobei – wenn nicht gesondert angegeben – Abkürzungen wie *A*, *D* usw. für beide Sprachen gelten.

4. Im türkisch-deutschen Teil wurden bei den einsilbigen Verbstämmen die Aoristvokale angegeben (also *-ar/-er*; *-ir/-ır/-ür/-ur*), bei den Nomen wird auf Lautveränderungen, die durch das Hinzutreten von Endungen erfolgen (z.B. **normal**, *-li*; **ihtira**, *-i*; **bucak**, *-ğı*) hingewiesen.

Sözlüğün kullanımı

1. Tekrar işareti (~), ya madde başı kelimenin bütününü veya onun çizgiye (|) kadar olan kısmını gösterir, örneğin
çöz|mek ... **~ülmek** = **çözülmek**;
Laden ... **~hüter** = **Ladenhüter**

2. Almanca isimlerinin cinsi her defasında şöyle belirtilmiştir:
m (= eril, tanım edatı „der")
f (= dişil, tanım edatı „die")
n (= cinssiz, tanım edatı „das").
Almanca-Türkçe kısmı, **-chen** (-), **-in**, **-ion**, **-tät**, **-ung** (*-en*) ve **-mus** (*-men*) ile biten isimler hariç isimlerde çoğul eklerini de içermektedir.

3. Fiillerin ve isimlerin halleri mümkün olduğu kadar gösterilmiştir. Eğer ayrı bir işaret yoksa (*A*), (*D*) v.s. gibi kısaltmalar her iki dil için geçerlidir.

4. Türkçe-Almanca kısmında, tek heceli fiil köklerinde geniş zaman ünlüsü (yani *-ar/-er*; *-ir/-ır/-ür/-ur*), sözcüklerde takıların eklenmesi nedeniyle harf değişmeleri gösterilmiştir (örneğin **normal**, *-li*; **ihtira**, *-i*; **bucak**, *-ğı*).

5. Bei Berufs-, Tätigkeits-, Herkunftsbezeichnungen etc. wird in der deutschen Übersetzung nur die männliche Form angegeben: **ispanyalı** Spanier *m*; **sekreter** Sekretär *m*.

Die weibliche Form der entsprechenden deutschen Substantive findet sich im deutsch-türkischen Teil: **Gewinner** (-) *m*, **„in** *f* kazanan.

6. Der Umfang des Universal-Wörterbuchs gestattet es leider nicht, daß für jeden aufgeführten Ausdruck ein Anwendungsbeispiel gebracht wird. Bei mehreren zur Auswahl stehenden Übersetzungen tut der Benutzer daher gut daran, die Gegenprobe zu machen, daß entsprechende Wort im jeweils anderen Teil des Wörterbuchs nachzuschlagen.

5. Meslek, faaliyet, vatandaşlık v.b. terimlerinin Almanca karşılığı yalnız eril şeklinde verilmiştir: **ispanyalı** Spanier *m*; **sekreter** Sekretär *m*.

Almanca terimlerinin dişil şekilleri ise Almanca-Türkçe kısmında bulunur: **Gewinner** (-) *m*, **„in** *f* kazanan.

6. Sözlüğü kullanan kimsenin, uygun kelimeyi seçmesi ve ifadede yanlış yapmaması için açıkladığımız her kelime ile ilgili bir örnek vermeye Universal Sözlüğün hacmi maalesef müsait değildir. Bunun için Almanca veya Türkçe kelimelerin tercümelerinde şüphe duyulduğunda sözlüğün öteki kısmına başvurarak karşılaştırma yapmayı öneririz.

Das türkische Alphabet

A	a			R	r
B	b	**İ**	**i**	S	s
C	c	J	j	**Ş**	**ş**
Ç	**ç**	K	k	T	t
D	d	L	l	U	u
E	e	M	m	Ü	ü
F	f	N	n	V	v
G	g	O	o	Y	y
Ğ	**ğ**	Ö	ö	Z	z
H	h	P	p		

Almanca alfabe

A	a	J	j	S	s
Ä	**ä**	K	k	(**ß ss**)	
B	b	L	l	T	t
C	c	M	m	U	u
D	d	N	n	V	v
E	e	O	o	W	w
F	f	**Ö**	**ö**	**X**	**x**
G	g	P	p	Y	y
H	h	**Q**	**q**	Z	z
I	i	R	r		

Zur Aussprache des Türkischen

A. Vokale und Diphthonge

Die türkischen Vokale a, e, i, o, ö, u, ü klingen wie die entsprechenden Laute im Deutschen; sie werden im allgemeinen kurz oder halblang ausgesprochen, jedoch gibt es noch eine Reihe Fremdwörter meist arabischer Herkunft mit langen Vokalen. Das Türkische kennt außer dem i (mit Punkt) noch ein ı (ohne Punkt). Dieses ı klingt dumpf, etwa wie das e in „Bulle" oder das russische ы [i], z.B. kırmızı „rot".

Die Diphthonge sind wie folgt:

ay wie **ai** bzw. **ei** in „M**ai**", „m**ei**st".

ey wie das englische **a** in „l**a**te", „m**a**ke", jedoch niemals wie das deutsche ei.

oy wie **eu** in „d**eu**tsch".

uy wie das französische **oui** in „L**oui**s".

B. Konsonanten

Von den Konsonanten klingen b, d, f, m, n, p, t ähnlich wie im Deutschen. Zu beachten ist die Aussprache folgender Konsonanten:

c = **dsch** wie englisch „**g**entleman".

ç = **tsch** wie in „deu**tsch**".

g meist wie das deutsche **g**, vor â (s. unten) jedoch erweicht und etwa wie **gj** [ɡ̟] gesprochen; z.B. ikametgâh „Wohnsitz".

ğ (*yumuşak g*) 1. nach dumpfen Vokalen nicht hörbar; längt lediglich den davorstehenden dumpfen Vokal; 2. nach hellen Vokalen etwa wie das deutsche **j**; 3. zwischen Vokalen in der Aussprache kaum hörbar.

h wie das deutsche **h** mit Neigung nach **ch**; in der Umgebung von dumpfen Vokalen klingt es etwa wie das **ch** in „au**ch**": ahbap „Freund", in der Umgebung von hellen

	Vokalen wie **ch** in „**ich**": tari**h** „Datum". Es steht aber niemals als Dehnungs-h; a**h**bap, i**h**san werden also etwa wie a**ch**bap, i**ch**san ausgesprochen.
j	wie das französische **j** [ʒ] in „journal".
k	1. in Wörtern mit dumpfen Vokalen etwa wie das deutsche **k**: **k**um „Sand", **k**urt „Wolf"; 2. in Wörtern mit hellen Vokalen wird es erweicht und klingt etwa wie **kj** [ḱ], wobei das nachklingende **j** nur schwach zu hören ist; z.B. **k**öy „Dorf", ma**k**ine „Maschine", e**k** „Anhang, Endung".
l	1. in Wörtern mit hellen Vokalen wie das deutsche **l**; 2. in Wörtern mit dumpfen Vokalen immer dunkel wie das englische **l** in „all", „full" (s. unten Abschn. C).
r	ist meist Zungenspitzen-**r**, das im Auslaut (am Wortende) seinen Stimmton verliert, d.h. es entwickelt sich ein deutliches Reibungsgeräusch.
s	ist immer stimmlos wie **ß** in „Roß", „Schloß".
ş	= **sch**.
v	wie das deutsche **w**; nach einem Vokal wird es, besonders in Fremdwörtern, meist bilabial (d.h. mit beiden Lippen) ähnlich wie das englische **w** gesprochen, z.B. le**v**ha, „Tafel".
y	wie das deutsche **j** in „Jagd", „jetzt".
z	ist immer stimmhaft, also wie **s** in „Hase", „Rose".

Die am Ende eines Wortes befindlichen harten Konsonanten p, t, ç, k werden meist zu b, d, c und g bzw. ğ erweicht, wenn das Wort eine vokalisch anlautende Endung bekommt; z.B. çora**p** „Strümpfe", çora**b**ım „meine Strümpfe", der**t** „Kummer", der**d**imiz „unser Kummer", ağa**ç** „Baum", ağa**c**a „an dem Baum", ahen**k** „Harmonie", ahen**g**i „seine Harmonie", gö**k** „Himmel", gö**ğ**e „zum Himmel".

C. Zirkumflex und Apostroph

Der Zirkumflex (ˆ) (*düzeltme işareti*) bezeichnet:

1. die Erweichung der vorangegangenen Konsonanten g, k und l, z.B. ikametgâh „Wohnsitz", kâtip „Sekretär", lâmba „Lampe";

2. bei arabischen und persischen Lehnwörtern die Dehnung des betreffenden Vokals, z.B. ilmî „wissenschaftlich".

Außerdem dient der Zirkumflex der Unterscheidung gleichgeschriebener Wörter, z.B. **a**lem „Fahne" – **â**lem „Welt". Seit mehreren Jahren wird seine Verwendung sehr eingeschränkt.

Der Apostroph ' (*kesme işareti*) bezeichnet die Grundform eines Eigennamens vor den Flexionsendungen, z.B. Almanya'**da** „in Deutschland", Ankara'**ya** „nach Ankara".

D. Betonung

Der Ton liegt gewöhnlich auf der letzten Silbe; wichtige Ausnahmen von dieser Regel sind:

1. Der Ton liegt stets auf der letzten Silbe vor der Frage- und Verneinungspartikel mı, mi, mu, mü, ma, me: geldí mi? yápma!

2. Das Suffix -le (von ile „mit") ist niemals betont; bu surétle „auf diese Weise".

3. Suffixe, die die Zeit des Verbs bestimmen, sind gewöhnlich betont: geliyórum, gidérsin usw.

Almancanın söylenişi

A. Ünlüler ve bileşik ünlüler

Ünlüler, Almancada kısa veya uzun söylenir. Ünlünün kısa söylenişi bazan ondan sonra gelen ünsüzün ikilenmesi ile işaretlenir, ünlünün uzun söylenişi ise kendisinin ikilenmesi veya okunmayan uzatma harfi (h) ile gösterilir. Çoğuzaman ünlülerin kısa veya uzun söylenişi belirlenmez. (´) işareti, vurguyu gösterir.

a	g**a**nz	(gánts)	bütün
	H**a**lle	(háli)	salon, hal
	s**a**gen	(záagın)	söylemek, demek
	W**aa**ge	(váagı)	terazi, kantar
	F**a**hrt	(fáart)	gidiş, yolculuk

Uzun söylenen **e** (ee), Fransızcadaki **é** harfinin karşılığıdır. Vurgusuz **e** Türkçedeki ı gibi söylenir.

e	**E**nde	(éndı)	son, bitiş
	Ebbe	(ébı)	cezir, inme
	eben	(éebın)	düz
	T**ee**	(tee)	çay
	Ehre	(éerı)	şeref

Uzun okunan **i** ikilenmeyip bazan ondan sonra gelen **e** veya **h** ile gösterilir.

i	b**i**lden	(bíldın)	teşkil etmek
	b**i**llig	(bílih, bílik)	ucuz
	Ol**i**ve	(olívı)	zeytin
	B**ie**r	(bír)	bira
	ihn	(ín)	onu (eril)

Uzun söylenen **o** (**oo**), Fransızca cheveau, beau kelimelerindeki eau'nun karşılığıdır.

o	**O**rden	(órdın)	nişan, madalya
	k**o**mmen	(kómın)	gelmek
	h**o**len	(hóolın)	alıp getirmek
	M**oo**r	(moor)	bataklık, turba
	h**oh**l	(hool)	oyuk

Uzun okunan **u** ikilenmez.

u	H**u**nd	(hunt)	köpek
	kn**u**rren	(kn**ú**rın)	hırlamak
	g**u**t	(guut)	iyi
	St**u**hl	(stuul)	sandalye

Y harfi yalnız yabancı kelimelerde bulunur ve **ü** gibi okunur.

y	Ph**y**sik	(füzik)	fizik
	Ps**y**chologie	(psühologi)	psikoloji

İki noktalı veya sonra gelen **e** ile yazılan ünlüler ikilenmez.
Kısa söylenen **ä/ae** Türkçedeki **e** gibidir, uzun söylenen **ä/ae** ise çoğuzaman uzun **e** (ee) gibi söylenir.

ä/ae	g**ä**nzlich	(géntslih)	tamamen
	f**ä**llen	(félın)	(ağaç) kesmek
	M**ä**rchen	(mérhen, méerhen)	masal
	Z**ä**hler	(tsélır, tséelır)	sayaç

Uzun söylenen **ö (öö)**, Fransızca f**eu**, qu**eue** kelimelerindeki **eu**'ye benzer.

ö/oe	B**ö**rse	(börzı)	borsa
	H**ö**lle	(hölı)	cehennem
	sch**ö**n	(şöön)	güzel
	H**ö**hle	(höölı)	in, mağara
ü/ue	B**ü**rger	(bürgır)	şehirli, vatandaş
	H**ü**lle	(hülı)	kılıf
	m**ü**de	(müüdı)	yorgun
	B**ü**hne	(büünı)	sahne

İkili ünlülerden özellikle şunlara dikkat edilmelidir:

ei/ey	m**ei**n	(mayn)	benim
eu	d**eu**tsch	(doyç)	Alman(ca)

B. Ünsüzler

Ünsüzlerden **b, d, f, m, n, p, r** ve **t** hemen hemen Türkçedekiler gibi söylenir.

c tek başına yalnız yabancı kelimelerde bulunur ve çoğuzaman **ts** gibi söylenir. Sonra gelen **h** ile birlikte hemen hemen Türkçedeki **h** gibi okunur: i**ch** (ih) ben, Kra**ch** (krah) gürültü. **Chs** ünsüzler grubu **ks** gibi okunur: Bü**chs**e (büksı) kutu. **Ck** iki **k** yerine yazılır.

g kelimenin sonunda **k** veya **h** gibi söylenir: Tag (taak) gün, farbig (fárbik, fárbih) renkli. G'den önce gelen **n** genizden söylenir, yalnız kelimenin sonundaki **g, k** gibi söylenir: gingen (gíñen) gittiler, fakat ging (giñk) gitti.

h kelimenin veya hecenin başında Türkçedeki **h** gibi söylenir: Haar (haar) saç, Gehalt (gıhált) aylık, maaş. Uzatma harfi olarak söylenmez: geht (geet) gidiyor, stehen (ştéein) ayakta durmak.

j Almanca kelimelerde y gibi, yabancı kelimelerde **j** gibi söylenir: Jahr (yaar) yıl, Journalist (jurnalist) gazeteci.

k daima Türkçedeki kalın ünlülerin yanındaki **k** gibi söylenir: Kampf (kampf) kavga.

l daima Türkçedeki ince ünlülerin yanındaki **l** gibi söylenir: Lampe (lámpı) lâmba, Lager (lágır) depo.

ph = f: Megaphon (megafóon) megafon.

q daima u ile birlikte **kv** gibi söylenir: Quelle (kvéli) kaynak.

s kelime veya hecenin başında bir ünlüden önce **z** gibi söylenir: Sahne (záanı) kaymak, besitzen (bızitsın) sahip olmak.

sch = ş: Schule (şúulı) okul.

sp ve **st** kelime veya hecenin başında **şp** ve **şt** gibi söylenir: Spatz (şpats) serçe, gesprochen (gışpróhın) konuş(ul)muş, Stein (ştayn) taş, gestehen (gıştéein) itiraf etmek.

sz/ß ş gibi söylenir, arasıra yerine **ss** yazılır.

v Almanca kelimelerde **f** gibi, yabancı kelimelerde **v** gibi söylenir: voll (fol) dolu, Vase (váazı) vazo.

w = v: Wagen (váagın) araba.

x = ks: Axt (akst) balta.

z = ts: Zeitung (tsáytuñk) gazete.

C. Vurgu

Vurgu genellikle kök hecededir: gében «vermek», geschríeben «yaz(ıl)mış».

Ayrılabilen fiillerde vurgu, ayrılan hecededir: übersetzen (er setzt über) «gemiyle geçmek», fakat übersetzen (er übersetzt) «tercüme etmek», verwandeln (er verwandelte) «değiştirmek».

Bileşik kelimelerde vurgu özel anlamı taşıyan kelimededir: Sícherheitsgurt «emniyet kemeri».

Abkürzungen - Kısaltmalar

A Akkusativ ismin -i hali, belirtme durumu
a. auch dahi
adj. Adjektiv, adjektivisch sıfat
adv. Adverb, adverbial zarf
Agr. Landwirtschaft, Gartenbau ziraat, tarım
an. Anatomie, anatomisch anatomi
Arch. Architektur mimarlık
Astr. Astronomie astronomi
b. biri ein(er), eine, ein(s)
b-e birine einem, eine, ein(s)
Bgb. Bergbau madencilik
b-i birini einen, eine, ein(s) *(A)*
b-in birinin eines, einer *(G)*
Bot. Botanik bitkibilim
bsd. besonders özellikle
b.ş. bir şey etwas
b.ş-e bir şeye etwas, e-r Sache *(D)*
b.ş-i bir şeyi etwas *(A)*
b.ş-in bir şeyin e-r Sache *(G)*
Chem. Chemie kimya
conj. Konjunktion bağlaç
D Dativ ismin -e hali, yönelme durumu
-de ismin -de hali Lokativ
-den ismin -den hali Ablativ
-e ismin -e hali Dativ
e-e eine ein, bir -i *(dişil)*
El. Elektrizität, Elektrotechnik elektrik, elektroteknik
e-m einem birine, bir -e
e-n einen birini, bir -i

e-r einer birinin, bir -in, birine, bir -e *(dişil)*
e-s eines birinin, bir -in
Esb. Eisenbahn demiryolu
etm. etmek machen *(als Hilfsverb)*
etw. etwas *(N, D, A)* bir şey(i), bir şeye
f femininum dişil
fam. familiär konuşma dili
fig. figürlich mecazi
fin. Finanzwesen mali
Flugw. Flugwesen havacılık
Fot. Fotografie fotoğrafçılık
G Genitiv ismin -in hali, tamlayan durumu
Geo. Geographie, Geologie coğrafya, jeoloji
Gr. Grammatik, grammatikalisch gramer, dilbilgisi
Hdl. Handel, Wirtschaft ticaret, iktisat
-i ismin -i hali Akkusativ
-in ismin -in hali, tamlayan Genitiv
inf. Infinitiv mastar
Intj. Interjektion ünlem
iron. ironisch alay yollu
j. jemand biri
j-m jemandem birine
j-n jemanden birini
j-s jemandes birinin
Jur. Jura hukuk
Kfz. Kraftfahrzeug(wesen) otomobil(cilik)

lit. literarisch edebî
m masculinum eril
Mar. Marine denizcilik
Math. Mathematik matematik
Med. Medizin tıp
Mil. Militärwesen askerliğe ait
Mus. Musik müzik
N Nominativ ismin yalın hali, yalın durum
n neutrum cinssiz
od. oder veya
olm. olmak sein, werden
Pers. Personen betreffend, persönlich bir şahısla ilgili
Phys. Physik fizik
pl. Plural çoğul
Pol. Politik politika
präp. Präposition edat, ilgeç
pron. Pronomen zamir
Rdf. Rundfunk, Fernsehen radyo, televizyon

Rel. Religion din
s. siehe bakınız
sg. Singular tekil
Sp. Sport spor
Tech. Technik teknikle ilgili
Tel. Telefon, Telegraf telefon, telgraf
Thea. Theater tiyatro
türk. türkisch(e, -er, -es) Türk
u. und ve
unpers. unpersönlich kişilik dışı
usw. und so weiter ve saire
v.b. ve benzerleri und ähnliche(s)
v/i intransitives Verb geçişsiz fiil
v/t transitives Verb geçişli fiil
vgl. vergleiche karşılaştırınız
v.s. ve saire und so weiter
z.B. zum Beispiel örneğin
Zo. Zoologie zooloji

Türkisch-Deutsches Wörterverzeichnis

A

-a (**-e, -ya, -ye**; *Dativsuffix*) zu, nach D, in A usw.
aba grobes Filztuch
abajur Lampenschirm *m*
abanmak -*e* sich stützen auf *A*
abanoz Ebenholz *n*
abartmak *A* übertreiben
abes zwecklos, nutzlos
abi (*statt:* **agabey**) älterer Bruder *m*
abide Denkmal *n*
abla ältere Schwester *f*
abluka Blockade *f*; ~ *etm.*, ~*ya almak A* blockieren
abone Abonnement *n*; Abonnent *m*, Besteller *m*; ~ *olm.* *-e* abonnieren, beziehen *A*; ~*lik vazgeçmek* abbestellen *A*
abstre abstrakt
abuk: ~ *sabuk* unüberlegt
abus mürrisch, abweisend
acaba do wohl ...?
acayip (*-bi*) sonderbar, komisch
acele Eile *f*, eilig; ~ *etm.* sich beeilen
acemi unerfahren; Anfänger *m*; ~*lik* Unerfahrenheit *f*
acente Agent *m*, Vertreter *m*, ~*lik* Agentur *f*, Vertretung *f*
acı bitter; *Speise a.* scharf; Schmerz *m*

acıklı traurig; sentimental
acıkmak Hunger bekommen; *acıktım* ich bin hungrig
acılanmak, ~laşmak bitter werden; ~*lık* Bitterkeit *f*
acımak schmerzen; bitter werden; bedauern (*b-e j-n*); ~*nacak* bedauerlich; ~*nmak* bedauern (*-e j-n, etw.*)
acil eilig, Eil-
âciz unfähig, hilflos; ~ *kalmak -den* außerstande sein zu *inf.*
acuze altes Weib *n*; Hexe *f*
aç hungrig; ~ *karnına* auf nüchternen Magen
açgözlü gefräßig, gierig
açı *Math.* Winkel *m*; *fig.* Gesichtspunkt *m*
açık (*-ğı*) offen; klar; öffentlich; hell (*a. Farbe*); Defizit *n*; ~ *öğretim* Fernstudium *n*; *açığa vurmak A* verraten, enthüllen; ~*ça adv.* offen, freimütig; ~*göz* schlau; Schlaukopf *m*
açıklama Erklärung *f*; ~*k DA* erklären, bekanntgeben
açıklık Abstand *m*; Öffnung *f*
açılış Eröffnung *f*; ~*mak* aufgehen; sich öffnen (*-e* nach, zu *D*)
açlık Hunger *m*

açmak

açmak (*-ar*) (er)öffnen, aufspannen, einschalten, aufandrehen; *bavul* ~ auspakken

ad Name *m*; Ruf *m*; ~ *geçen* erwähnt, genannt; ~*ına* im Namen *G*, im Auftrag von *D*

ada Insel *f*; ~*balığı* Schleie *f*; ~*çayı* Salbei *m*

adale Muskel *m*

adalet Gerechtigkeit *f*; Justiz *f*; ~*siz* ungerecht; ~*sizlik* Ungerechtigkeit *f*

adalı Inselbewohner *m*

adam Mensch *m*; Mann *m*

adamak geloben

adapte: ~ *etm.* anpassen

adaş Namensvetter *m*

adatavşanı Kaninchen *n*

aday Bewerber *m*, Kandidat *m*

addetmek *-i ... etw.* zählen zu *D*, halten für *A*

Âdem Adam *m*

ademelması Adamsapfel *m*

âdet (*-di*) Zahl *f*; Stückzahl *f*

âdet Sitte *f*, Gewohnheit *f*; *Med.* Menstruation *f*; ~*a adv.* fast; sozusagen

adım Schritt *m*

adi gewöhnlich; gemein

âdil gerecht

ad||landırmak *-i* benennen *A*, e-n Namen geben *D*; ~*lı* namens *G*

adl||i Justiz-, Gerichts-; ~*iye* Justiz *f*, Rechtspflege *f*

adres Adresse *f*, Anschrift *f*; ~ *rehberi* Adreßbuch *n*

af (*-ffı*) Verzeihung *f*; Amnestie *f*; ~ *dilemek* um Verzeihung bitten; *Af Örgütü* Amnesty International

afacan Bengel *m*

afaki oberflächlich; objektiv

aferin *Intj.* bravo!, sehr gut!

afet Unglück *n*, Katastrophe *f*; *fig.* bildhübsch; ~*zede* Opfer *n*, Geschädigte(r)

affetmek verzeihen, vergeben; *affedersiniz!* entschuldigen Sie!

afiş Plakat *n*

afiyet Gesundheit *f*; ~ *olsun!* prosit!; zum Wohl!

aforoz: ~ *etm.* exkommunizieren; mit *j-m* brechen

Afrika Afrika *n*

afsun Zauberei *f*, Hexerei *f*; ~*cu* Zauberer *m*

afyon Opium *n*

agraf Spange *f*, Klammer *f*

agrandisman *Fot.* Vergrößerung *f*

ağ Netz *n*

ağa Großgrundbesitzer *m*; ~*bey* (*vgl. abi*) älterer Bruder *m*

ağaç (*-cı*) Baum *m*; Holz *n*; ~*landırmak A* aufforsten; ~*lık* Wäldchen *n*

ağar||mak verbleichen; *Morgen*: grauen; ~*tmak* bleichen, weiß machen

ağda zähflüssige Masse *f*

ağı Gift *n*

ağıl Einzäunung *f* für *Tiere*; Hof *m* des Mondes

ağılamak vergiften

ağır schwer; langsam; ~ *başlı*

ernst, würdevoll; **~lamak** bewirten; **~laşmak** schwerer werden; *Krankheit:* ernster werden; **~lık** Schwere *f*, Gewicht *n; fig.* Alpdruck *m;* **~yağ** Schweröl *n*

ağız (*-ğzı*) Mund *m*, Maul *n*, Rachen *m*; Mündung *f*; Dialekt *m*, Mundart *f;* **~lık** Zigarettenspitze *f;* **baş ~sı** Mundstück *n*

ağla|mak weinen (*-e od. için* über *A*); **~tmak** zum Weinen bringen

ağrı Schmerz *m*, Wehen *pl.;* **~ dindirici, ~ kesici** schmerzstillend; **baş ~sı** Kopfschmerzen *m/pl.*

Ağrıdağı *Geo.* Ararat *m*

ağrı|mak schmerzen, weh tun; **~sız** schmerzlos

ağtabaka Netzhaut *f*

ağustos (*Monat*) August *m;* **~böceği** Zikade *f*, Grille *f*

ah *Intj.* ach!; oh!

ahali *pl.* Bewohner *pl.*; Bevölkerung *f*

ahbap (*-bı*) Freund *m*

ahçı *s.* aşçı

ahdetmek *-e* geloben *A*

ahenk (*-gi*) Harmonie *f*; Eintracht *f;* **~li** harmonisch; **~siz** unharmonisch

ahır Stall *m*

ahize Telefonhörer *m*

ahkâm *pl.* Bestimmungen *pl.*; Urteile *pl.*

ahlâk *pl.* Sitten *pl.*, Moral *f;* **~î** moralisch, sittlich; **~sız** sittenlos, unmoralisch

ahmak (*-ğı*) dumm; Dummkopf *m*

ahret Jenseits *n*, Leben *n* nach dem Tode

ahşap (*-bı*) aus Holz, Holz-

ahu *Zo.* Gazelle *f;* **~dudu** *Bot.* Himbeere *f*

ahval (*-li*) *pl.* Zustände *pl.*, Situation *f*

aidat *pl.* (Mitglieds-)Beitrag *m*

aile Familie *f*; Ehefrau *f;* **~vî** Familien-; häuslich

ait *-e* gehörig *D*, betreffend *A*

ajan Agent *m*; Vertreter *m;* **~s** Nachrichtenagentur *f*

ak weiß; rein

akademi Akademie *f*

akamet Mißerfolg *m;* **~e uğramak** scheitern

akar|su fließendes Wasser *n;* **~yakıt** flüssiger Brennstoff *m*

akasya Akazie *f*

akbaba *Zo.* Geier *m*

akciğer Lunge *f*

Akdeniz Mittelmeer *n*

akdetmek *Vertrag usw.* (ab)schließen

akıbet Ende *n*, Endergebnis *n*

akıcı flüssig

akıl (*-klı*) Verstand *m*, Vernunft *f;* **~ almaz** unglaublich; **~ başına gelmek** wieder zur Vernunft kommen; **~ın aklına gelmek** *j-m* in den Sinn kommen; **~lı** vernünftig, klug; **~sız** unvernünftig

akım Strom (*a. El.*), Fluß *m*

akıntı Strömung *f*

akıtmak fließen lassen; ein-

träufeln; *Eisen* schmelzen, verhütten
akide Dogma *n*; **~ (şekeri)** Bonbon *m od. n*
akis (*-ksi*) Widerschein *m*, Reflex *m*; *fig.* Widerhall *m*
akit (*-kdi*) Vertrag(sabschluß) *m*; Eheschließung *f*
aklî Vernunft-, Verstandes-
akmak (*-ar*) fließen; durch-, auslaufen
akordeon Akkordeon *n*
akort (*-du*) *Mus.* Stimmen *f*, Harmonie *f*
akraba Verwandte(r); Verwandte *pl.*
akreditif *Hdl.* Akkreditiv *n*, Kreditbrief *m*
akrep (*-bi*) *Zo.* Skorpion *m*; Stundenzeiger *m*
aksak lahm; **~mak** hinken, lahmen
aksan Akzent *m*; Betonung *f*
aksesuar Zubehör *n*
akset|mek sich spiegeln; widerhallen; **~tirmek** *A* reflektieren; zur Kenntnis bringen (*-e iş-m*)
aksır|ık (*-ğı*) Niesen *n*; **~mak** niesen
aksi entgegengesetzt, gegenteilig, widrig; **~ takdirde** sonst, ander(e)nfalls; **~lik** Widerspruchsgeist *m*; Widrigkeit *f*; **~ne** *adv.* umgekehrt
aksiyon Handlung *f* (*a. Thea.*); *Hdl.* Aktie *f*
akşam Abend *m*; **~ları** abends; **~leyin** *adv.* abends; **~üstü** gegen Abend

aktarma Umladen *n*; Umsteigen *n*; **~ yapmak** umsteigen; **~k** umschütten; umladen; weitergeben, weiterleiten
aktif aktiv
akt|ör Schauspieler *m*; **~ris** Schauspielerin *f*
aktüel aktuell
akü(mülatör) Akku(mulator) *m*, Batterie *f*
al rot
ala bunt
âlâ sehr gut, vorzüglich; **pek ~!** schön!, sehr gut!
alabalık Forelle *f*
alabora: ~ olm. kentern
alaca bunt
alacak *Hdl.* Forderung *f*; **~lı** Gläubiger *m*
alafranga auf europäische Art, europäisch
alâka Interesse *n*; Beziehungen *pl.*; **~dar** zusammenhängend (*ile mit D*); interessiert (*an D*); **~lı** interessiert (*an D*); zuständig (*für A*)
alâmet Zeichen *n*
alan Ebene *f*, Raum *m*; Gebiet *n*, Bereich *m*; **oyun ~** Spielfeld *n*
alârm Alarm *m*
alaşım *Chem.* Legierung *f*
alaturka auf türkische Art, türkisch
alavere Reichen *n* (*von Hand zu Hand*); Durcheinander *n*
alay[1] Festzug *m*; *Mil.* Regiment *n*
alay[2] Spott *m*; **~ etm.** verspotten, auslachen (*b. ile j-n*)

alaz Flamme *f*; **~lanmak** sich röten; versengt werden
albay *Mil.* Oberst *m*
albüm Album *n*
albümin Eiweißstoff *m*
alçak niedrig; niederträchtig; **~lık** Gemeinheit *f*, Niedertracht *f*
alçalmak sich senken; sich erniedrigen; **~tmak** senken
alçı Gips *m*
aldanmak sich täuschen, sich irren; **~tılmak** getäuscht werden; **~tmak** täuschen, betrügen
aldırmak sich kümmern (*-e* um *A*), hören (*-i A*)
alelâde *adv.* wie gewöhnlich
alem Fahne *f*; Spitze *f eines Minaretts*
âlem Welt *f*
alenî öffentlich
alerji *Med.* Allergie *f*
alesta bereit
âlet Werkzeug *n*, Gerät *n*, Instrument *n*
alev Flamme *f*; **~lenmek** aufflammen
aleyh|- gegen *A*; **-in -inde olmak** gegen *j-n od. etw.* sein; **~tar** Gegner *m*
aleykümselâm Gott sei mit dir! (*Antwort auf* selâmünaleyküm)
alfabe Alphabet *n*, Abc *n*; **~tik** alphabetisch
alıcı Käufer *m*, Kunde *m*; *Tech.* Empfänger *m*
alık albern, dumm
alıkoymak zurück(be)halten; anhalten
alım Kauf *m*; **~ satım** Kauf und Verkauf *m*, Handel *m*
alın Stirn *f*
alındı Quittung *f*; **~mak** genommen werden; übelnehmen (*-den etw.*); **~tı** Entlehnung *f*
alış Kauf *m*, Einkauf *m*
alış|kan, ~kın gezähmt; gewöhnt (*-e* an *A*); **~mak** sich gewöhnen (*-e* an *A*); **~tırmak** gewöhnen (*-i -e j-n* an *A*); zähmen (*-i etw.*)
alışveriş Einkauf(en *n*) *m*, Einkäufe *pl.*
âlim Gelehrte(r) *m*
alkım Regenbogen *m*
alkış Beifall *m*, Applaus *m*; **~lamak** *A* mit Beifall begrüßen; **~lanmak** mit Beifall begrüßt werden
alkol (*-lü*) Alkohol *m*; **~izm** Trunksucht *f*; **~lü** alkoholhaltig; **~süz** alkoholfrei
Allah Gott (*m*); **~ !** mein Gott!; Donnerwetter!; **~ aşkına!** um Gottes willen!; **~ göstermesin!, ~ saklasın!** Gott behüte!; **~a ısmarladık!** auf Wiedersehen!
allak: ~ bullak durcheinander
almak (*-ır*) nehmen, erhalten, kaufen
Alman Deutsche(r); deutsch; **~ca** Deutsch *n*, deutsche Sprache *f*; **~ya** Deutschland *n*
Alp: ~ dağları, ~ler *pl.* Alpen *pl.*

alt

alt unterer Teil *m*, Unterseite *f*; **Sohle** *f*; **Unter-**; *-in* ~*una* unter *A*; *-inda* unter *D*; ~ **taraf** Unterseite *f*
alternatif Alternative *f*; ~ **akım** *El.* Wechselstrom *m*
altes (*Anrede:*) Hoheit (*f*)
altgeçit Unterführung *f*
altı sechs
altın Gold *n*; golden; ~**top** Pampelmuse *f*
altıpatlar Revolver *m*
altmış sechzig
altüst: ~ **etm.** durcheinanderbringen
alüminyum Aluminium *n*
ama aber ...
amaç Zweck *m*, Absicht *f*; ~**lamak** beabsichtigen
aman Verzeihung *f*, Pardon *m*; ~ ~! um Himmels willen!; ~**sız** gnadenlos, unbarmherzig
amatör Amateur *m*, Laie *m*
ambalaj Verpackung *f*
ambar Speicher *m*
ambargo Embargo *n*
ambülans Krankenwagen *m*
amca Onkel *m* (*Bruder des Vaters*); ~ **kızı** Kusine *f*, Base *f*; ~ **oğlu** Vetter *m*, Cousin *m*; ~**zade** Vetter *m*; Kusine *f*
amel|e Arbeiter *m*; ~**i** praktisch; ~**iyat** *pl. Med.* Operation *f*
Amerika Amerika *n*; ~ **Birleşik Devletleri** Vereinigte Staaten von Amerika, USA *pl.*; ~**lı**, ~**n** Amerikaner *m*; amerikanisch

âmil tätig; aktiv; Faktor *m*
âmir Vorgesetzte(r), Chef *m*
amiral (*-li*) *Mar.* Admiral *m*
amma *s.* **ama**
amortis|man *Hdl.* Abschreibung *f*; ~**ör** *Kfz.* Stoßdämpfer *m*
amper *El.* Ampere *n*
ampul (*-lü*) Ampulle *f*; *El.* Birne *f*
an Augenblick *m*, Moment *m*; **bir ~ evvel** sofort, sobald wie möglich
ana Mutter *f*; ~ **baba** Eltern *pl.*
Anadolu Anatolien *n*, Kleinasien *n*
anafor Gegenströmung *f*, Wirbel *m*; *fig.* erschlichener Gewinn *m*
anahtar Schlüssel *m*; Schalter *m*
anal *Med.* anal
anamal Kapital *n*
analiz Analyse *f*
ananas Ananas *f*
anane Tradition *f*
anaokulu Kindergarten *m*
anarşi Anarchie *f*
anason *Bot.* Anis *m*
anatomi Anatomie *f*
anavatan Heimat *f*
anayasa Grundgesetz *n*, Verfassung *f*; ~ **mahkemesi** Verfassungsgericht *n*
anayol Hauptstraße *f*
ancak nur, lediglich; jedoch
ançüez Anchovis *f*
and|aç (*-cı*) Andenken *n*; ~**ırmak** erinnern (*-i -e j-n an A*)

angaje: ~ *etm.* engagieren, anstellen
angajman Engagement *n*
angarya Zwangsarbeit *f*
anımsamak sich erinnern (*-i* an *A*)
anıt Ehrenmal *n*, Denkmal *n*
ani plötzlich, überraschend
anket Umfrage *f*
anla|m Bedeutung *f*, Sinn *m*; **~mak** verstehen, begreifen
anlaşma Verständigung *f*; Abkommen *n*; **~k** sich verständigen (*hususunda* od. *hakkında* über *A*)
anlaşmazlık Mißverständnis *n*
anla|tmak *DA* erklären, erzählen; **~yış** Verständnis *n*; Auffassungsvermögen *n*
anmak *-i* sich erinnern an *A*, gedenken *G*
anne Mutter *f*
anonim anonym; **~ ortaklık** (od. **şirket**) Aktiengesellschaft *f*
anormal (-*li*) anormal
ansızın *adv.* plötzlich, unvorhergesehen
ansiklopedi Enzyklopädie *f*
ant (-*dı*) Schwur *m*; **~ içmek** schwören, e-n Eid leisten
anten Antenne *f*, *Zo.* Fühler *m*
antepfıstığı Pistazie *f*
antifriz Frostschutzmittel *n*
antika Antiquität *f*; antik; **~cı** Antiquitätenhändler *m*
antipati Antipathie *f*
antlaşma Vertrag *m*, Abkommen *n*; Pakt *m*

antre Eingang *m*, Vorhalle *f*
antren|man *Sp.* Training *n*; **~ör** Trainer *m*
antrepo Zollschuppen *m*; Lagerhaus *n*
apandisit *Med.* Blinddarmentzündung *f*
apartman Mietshaus *n*; **~ dairesi** Etagenwohnung *f*
apse *Med.* Abszeß *m*
aptal dumm, einfältig
aptes religiöse Waschung *f*; **~ almak** sich waschen *vor dem Gebet*; **~ bozmak** auf die Toilette gehen; **~hane** Abort *m*, Toilette *f*
ara Zwischenraum *m*; Beziehungen *pl*.; **~ sıra** manchmal; **~ vermek** *-e* unterbrechen *A*; **bu ~da** inzwischen; **~da bir** hin und wieder; **~mız iyi** wir verstehen uns gut; **~mız açık** wir haben uns gezankt; **-in ~sına** zwischen *A*; **-in ~sında** zwischen *D*; **~ya girmek** vermitteln
araba Wagen *m*; **~ kiralama** Autovermietung *f*; **~ vapuru** Autofähre *f*; **~cı** Kutscher *m*
Arabistan Arabien *n*
aracı Vermittler *m*
araç (-*cı*) Mittel *n*; Werkzeug *n*; Fahrzeug *n*
ara|lamak *A* trennen; öffnen; **~lık** Zwischenraum *m*, Abstand *m*; Dezember *m*
ara|mak suchen; **~nmak** gesucht *od.* durchsucht werden
Arap (-*bı*) Araber *m*; Neger *m*; **~ça** Arabisch *n*

araştırma Forschung f; Untersuchung f; ~**k** durchsuchen; erforschen
aratmak A (unter)suchen lassen
arazi pl. Gelände n, Land n; ~ **taşıtı** Geländewagen m
ardıç Bot. Wacholder m; ~ **kuşu** Zo. Drossel f
ardı|**l** Nachfolger m; ~**nca** adv. kurz darauf
ardiye Lagerhaus n; Lagergeld n
arduaz Schiefer(stein) m
arena Arena f
argo Fachsprache f; Slang m
arı[1] unschuldig, rein
arı[2] Zo. Biene f; ~ **kovanı** Bienenkorb m
arı|**nmak** gereinigt werden; ~**tmak** A reinigen
arıza Störung f; Zwischenfall m; ~**lı** mit Hindernissen versehen; defekt
arife Vorabend m
aristokrasi Aristokratie f
Arjantin Argentinien n
arka Rücken m; Lehne f; Hinter-; -in ~**sına** hinter A; -in ~**sında** hinter D; ~**ya** aufeinanderfolgend; ~**daş** Kamerad m, Freund m; Kollege m; ~**lık** Rücken m, Lehne f
arkeo|**log** Archäologe m; ~**loji** Archäologie f
arma Wappen n; Mar. Takelage f
armağan Geschenk n; Preis m

armoni Harmonie f
armut Birne f
Arnavut Albaner m; albanisch; ~**ça** Albanisch n; ~**luk** Albanien n
aroma Aroma f
arpa Gerste f; ~**cık** Med. Gerstenkorn n; ~**cık Korn** n
arsa Baugrundstück n
arsız unartig; schamlos
arslan s. **aslan**
arşın türkisches Längenmaß, etwa 68 cm
arşiv Archiv n
art (-dı) hinterer Teil m; ~**arda** hintereinander; ~**akalmak** übrigbleiben; ~**ı** Math. plus
artık (-ğı) Rest m; adv. endlich, nunmehr; mehr; ~**yıl** Schaltjahr n
artır|**ım** Sparen n, Sparsamkeit f; ~**ma** Hdl. Versteigerung f; ~**mak** vermehren; Preis erhöhen
art|**ış** Steigerung f, Zunahme f; ~**mak** (-ar) v/i sich vermehren, zunehmen
artist Artist m, Künstler m
arz[1] Erde f
arz[2] Darlegung f; ~ **etmek** DA unterbreiten, darlegen
arzu Wunsch m; ~ **etm.** wünschen; ~ **üzerine** auf Wunsch
arzuhal (-li) Gesuch n
asab|**î** nervös; ~**ilik**, ~**iyet** Nervosität f
asal: ~**sayı** Math. ungerade Zahl f

asalak Parasit *m*
asansör Fahrstuhl *m*, Aufzug *m*
asayiş öffentliche Ruhe *f*, Sicherheit *f*
aseton *Chem.* Azeton *n*; Nagellackentferner *m*
asfalt Asphalt *m*; asphaltiert
asgari mindest-, geringst-; **~ücret** Mindestlohn *m*
asıl (*-slı*) Ursprung *m*, Herkunft *f*; Haupt-, eigentlich; **~ sayı** Grundzahl *f*
asılı aufgehängt; **~ durmak, ~ olm.** hängen (*-de* an *D*)
asılmak aufgehängt werden (*-e* an *D*)
asılsız grundlos
asır (*-srı*) Jahrhundert *n*, Epoche *f*, Zeitalter *n*
asi rebellisch; Rebell *m*
asil adelig, edel; **~zade** Adlige(r)
asistan Assistent *m*
asit (*-di*) *Chem.* Säure *f*
asker Soldat *m*; **~î** Militär-, militärisch; **~lik** Wehrdienst *m*
askı Kleiderhaken *m*; Träger *m* an der Kleidung; **~da kalmak** in der Schwebe sein
asla *adv.* (*mit Verneinung*) überhaupt nicht, niemals
aslan Löwe *m*
aslında *adv.* eigentlich
aslî ursprünglich; grundlegend, wesentlich; **~iye: ~ mahkemesi** Landgericht *n*
asma Hängen *n*, Aufhängen *n*; *Bot.* Weinrebe *f*; **~ kilit**

Vorhängeschloß *n*; **~k** (*-ar*) (auf)hängen (*-e* an *A*); *Schule usw.* schwänzen
asrî modern; mondän
astar (*Kleider*-)Futter *n*; **~lamak** *A* füttern
asteğmen *Mil.* Unterleutnant *m*
astım Asthma *n*
astro||**loji** Astrologie *f*; **~nomi** Astronomie *f*
Asya Asien *n*
aş Speise *f*
aşağı unten; niedrig, minderwertig; **~ yukarı** ungefähr; **~da** unten; **~ya** nach unten, hinunter; **~latmak** erniedrigen, schlechtmachen
aşama Rang *m*, Stufe *f*
aşçı Koch *m*; **~başı** Chefkoch *m*
aşı Impfung *f*; Impfstoff *m*; *Bot.* Pfropfen *n*, Veredeln *n*
âşık (*-ğı*) verliebt (*-e* in *A*); Geliebte(r), Liebhaber *m*
aşık, ~ kemiği *an.* Knöchel *m*
aşı||**lamak** impfen; *Med.* anstecken); **~lı** geimpft
aşın||**dırmak** abnutzen, zerfressen; **~mak** sich abnutzen, sich abreiben
aşırı Übertreibung *f*; (zu)viel; jenseits; radikal
aşırmak bringen, transportieren (*-i -den* über *A*); stehlen (*-den -i* j-m *etw.*)
aşikâr offensichtlich
aşk Liebe *f*; **Allah ~ına!** um Gottes willen!; **~ınıza!** auf Ihr Wohl!

aşmak

aşmak (-ar) überschreiten
aşure *Süßspeise aus Weizenschrot, Sultaninen usw.*
at Pferd n; **~ meydanı** Hippodrom n; **~a binmek** reiten
ata Vater m; Greis m
atak[1] (-ğı) mutig, ungestüm
atak[2] (-ğı) Attacke f
atalet Untätigkeit f
ata|mak ernennen (-e zu D); **~nmak** ernannt werden (-e zu D)
atardamar *an.* Schlagader f, Arterie f
atasözü Sprichwort n
ataşe Attaché m
Atatürkçü Kemalist m; **~lük** Kemalismus m
atelye *s.* **atölye**
ateş Feuer n; Fieber n; **~ almak** sich entzünden, Feuer fangen; **~ etm.** abfeuern; **~ vermek** in Brand stecken; **~böceği** Leuchtkäfer m; **~çi** Heizer m; **~lemek** anzünden; **~lenmek** sich entzünden, in Brand geraten; **~li** fiebrig, hitzig
atfetmek *DA* zuschreiben
atı|lmak abgeworfen, abgeschossen werden; sich stürzen (-e auf A); **~m** Schuß (-weite f) m; **~ş** Schießen n
Atina Athen n
atkı Halstuch n, Schal m
atlamak springen (**-den** über A); überspringen (A)
Atlantik Atlantische(r) Ozean
atlas Atlas m; Satin m
atlayış Sprung m

atlet Athlet m; Unterhemd n
atlı beritten; Reiter m; **~ karınca** Karussell n
atmak (-ar) (ab)werfen, schleudern; abschießen
atmosfer Atmosphäre f
atom Atom n, **~ bombası** Atombombe f
atölye Atelier n; Werkstatt f
av Jagd f; Fischen, Fischfang m; Wildbret n
avadanlık Werkzeug n
avans *Hdl.* Vorschuß m
avantaj Vorteil m
avare faul, untätig
avarya *Mar.* Havarie f
avcı Jäger m; Schütze m; **~lık** Jägerei f; Fischerei f
avdet Rückkehr f
avize Kronleuchter m
avlamak jagen, fangen
avlu Hof m *bei e-m Haus*
Avrupa Europa n; **~lı** Europäer m; europäisch; **~lılaşmak** sich europäisieren
avuç (-cu) Handfläche f; Handvoll f
avukat Rechtsanwalt m
avunmak sich trösten
avurt: **~ satmak** prahlen
Avustralya Australien n
Avusturya Österreich n; **~lı** Österreicher m; österreichisch
avutmak beschwichtigen; *j-n* hinhalten
ay Mond m; Monat m
ayak (-ğı) Fuß m; Huf m; Pfote f; **~ parmağı** Zeh m, Zehe f; **~ta** stehend, im Ste-

hen; **~kabı** (-*yı*) Schuh *m*
ayaklan|dırmak aufwiegeln;
~mak rebellieren, sich erheben
ayak|lı mit Füßen versehen;
~sız ohne Fuß; **~takımı** Pöbel *m*, Mob *m*; **~yolu** Klosett *n*, Toilette *f*
ayar Feingehalt *m*; Einstellung *f*; *fig.* Wert *m*; Niveau *n*; **~** *etm.*, **~lamak** einstellen, regulieren; **~lı** reguliert
ayart|ıcı verführerisch; **~mak** verleiten, verführen
ayaz trockene Kälte *f*
ayazma heilige Quelle *f*
ay|başı Menstruation *f*; **~çiçeği** Sonnenblume *f*
aydın hell, klar; **~lanmak** sich aufklären; **~latmak** beleuchten; erklären; **~lık** Helligkeit *f*, Licht *n*
ayet *Rel.* Koranvers *m*
aygır Hengst *m*
aygıt Gerät *n*, Apparat *m*
ayı Bär *m*; **~balığı** Seehund *m*
ayık nüchtern; umsichtig
ayıklamak auslesen
ayılmak wieder zu sich kommen
ayıp Schande *f*; Fehler *m*; beschämend; **~lamak** tadeln, mißbilligen
ayırmak trennen, abteilen, auswählen; reservieren; einteilen (-*e* in *A*)
ayırt: **~** *etm.* trennen; heraussuchen
ayırtmak bestellen, reservieren (lassen)

âyin *Rel.* Ritus *m*, Zeremonie *f*
aykırı -*e* entgegengesetzt *D*, im Widerspruch zu *D*
aylak untätig, müßig; **~çı** Müßiggänger *m*
aylık Monatsgehalt *n*; Monats-; monatlich
ayna Spiegel *m*; **~lı** mit Spiegel(n) versehen
ayn|en *adv.* wörtlich, unverändert; **~ı** gleich; der-, die-, dasselbe; **~ı** dinglich, Sach-
ayraç (-*cı*) *Gr.* Klammer *f*
ayran Getränk aus verdünntem Joghurt
ayrı getrennt, gesondert, Sonder-; **~ca** *adv.* außerdem; besonders; **~k** getrennt (-*den* von *D*)
ayrıl|ma Trennung *f*; **~mak** -*den* sich trennen von *D*, verlassen *A*
ayrım Unterschied *m*; **yol ~ı** Weggabelung *f*
ayrıntı Einzelheit *f*, Detail *n*; **~lı** ausführlich, detailliert
aysberg Eisberg *m*
Ayşe: **~ kadın** grüne Bohnen *pl.*
aytutulması Mondfinsternis *f*
ayva Quitte *f*
ayyaş Trinker *m*, Säufer *m*; **~lık** Trunksucht *f*
az wenig, gering; selten; **~ kaldı** beinahe
azal|mak sich vermindern, abnehmen; **~tmak** vermindern, verringern

azamet

azamet Größe *f*, Pracht *f*; **~li** prächtig, majestätisch
azamî Höchst-; maximal; **~ sürat** Höchstgeschwindigkeit *f*
azap (*-bı*) Pein *f*, Qual *f*
azar Tadel *m*, Verweis *m*; **~lamak** tadeln, ausschelten
Azerî Türke *m* aus Aserbeidschan
azgın wild, rasend
azıcık ein wenig
azık (*-ğı*) Proviant *m*
azınlık Minderheit *f*, Minorität *f*
azışmak heftiger werden
azil (*-zli*) Absetzung *f*
aziz lieb, teuer; *Rel.* Heilige(r)
azletmek absetzen, entlassen
azmak¹ Teich *m*; Sumpf *m*
azmak² (*-ar*) toben; aufsässig sein
azmetmek *-e* beabsichtigen, vorhaben *A*
azot *Chem.* Stickstoff *m*

B

baba Vater *m*; *fig.* Bandenchef *m*, Boß *m*; **~can** gutmütig (*Mann*), **~lık** Vaterschaft *f*; **~yiğit** kühn, furchtlos
baca Schornstein *m*, Esse *f*; Schacht *m*
bacak (*-ğı*) Bein *n*
bacanak (*-ğı*) Schwager *m* (*einer von Männern, die Schwestern geheiratet haben*)
bacı ältere Schwester *f*; alte Dienerin *f*
badana Tünche *f*, Kalk *m*; **~ etm.**, **~lamak** tünchen, kalken
badem *Bot.* Mandel *f*; **~ ezmesi** Marzipan *n*; **~ şekeri** Zuckermandeln *pl.*; **~cik** *an.* Mandel(n *f*)
bagaj Gepäck *n*
bağ¹ Band *n*; Binde *f*; Verbindung *f*; **ayakkabı ~ı** Schnürsenkel *m*
bağ² Weinberg *m*; **~bozumu**

Weinlese *f*; **~cılık** Weinbau *m*
bağdaş Türkensitz *m*
bağdaşmak in Einklang sein, harmonieren (*ile* mit *D*)
bağıl relativ
bağım Abhängigkeit *f*, **~lı** *-e* abhängig von *D*; **~sız** unabhängig; **~sızlık** Unabhängigkeit *f*
bağıntı Beziehung *f*; Relation *f*
bağır (*-ğrı*) *an.* Brust *f*
bağırmak schreien, brüllen
bağırsak (*-ğı*) *an.* Darm *m*; Därme *pl.*; **~ solucanı** Bandwurm *m*
bağış Schenkung *f*, Gabe *f*
bağışıklık immun; **~lık** Immunität *f*
bağışlamak *DA* schenken; erlassen
bağlaç (*-cı*) *Gr.* Konjunktion *f*, Bindewort *n*

bağla|ma Binden n; Verbindungs-; **~mak** binden; befestigen (-e an D), verbinden (-e mit D)
bağlan|mak gebunden werden; verpflichtet sein (-e zu D); **~tı** Verbindung f; Anschluß m
bağlı -e gebunden an A; abhängig von D; **~lık** Verbundenheit f, Treue f
bahane Vorwand m
bahar¹ Frühling m
bahar² Gewürz n; **~at** pl. Gewürze pl.; **~lı** gewürzt; aromatisch
bahçe Garten m; **~li** mit Garten
bahçıvan Gärtner m
bahis (-hsi) Thema n
bahrî zur See (od. Marine) gehörig, nautisch
bahriye Marine f; **~li** Matrose m; Schüler m der Marineschule
bahsetmek -den sprechen über A, erörtern A
bahş|etmek DA schenken, gewähren; **~iş** Trinkgeld n
baht|iyar glücklich; **~sız** unglücklich; Pechvogel m
bakan Minister m; **~lar kurulu** Ministerrat m, Kabinett n; **~lık** Ministerium n
bakı|cı Pfleger m; Wahrsager m; **~lmak** -e gepflegt werden N
bakım Pflege f; Gesichtspunkt m; **bir ~a** (od. **~dan**) in gewisser Hinsicht; **bu ~dan** in dieser Hinsicht; **~sız** ungepflegt
bakınmak sich umsehen, -schauen (-e nach D)
bakır Kupfer n
bakış Blick m, Blicken n
bakışım Symmetrie f
baki ewig; Rest m
bakir jungfräulich, unberührt; **~e** Jungfrau f
bakiye Rest m
bakkal Krämer m, Kolonialwarenhändler m; **~iye** Lebensmittelgeschäft n
bakla Saubohne f
baklava Gebäck aus Blätterteig, Nüssen und Honig
bak|mak (-ar) -e schauen, blicken auf A; pflegen A, Sorge tragen für A; **bana ~!** hallo!; hör mal her!; **~arsın** möglicherweise
bakteri Bakterie f; **~yoloji** Bakteriologie f
bal Honig m; **~ arısı** Biene f
balans Balance f, Gleichgewicht n
balast Esb. usw. Schotter m
balayı Flitterwochen pl.
balçık (-ğı) Lehm m
baldır Wade f; **~ kemiği** Schienbein n
baldız Schwägerin f (Schwester der Ehefrau)
balgam Med. Schleim m, Auswurf m
balık (-ğı) Fisch m; **~ tutmak** fischen; **~ yumurtası** Fischrogen m; **~çı** Fischer m

balina — 26

balina Walfisch *m*
Balkanlar *pl.* Balkan *m*, Balkanhalbinsel *f*
balkon Balkon *m*
ballı mit Honig zubereitet
balmumu Wachs *n*
balo Ball *m* (*Fest*)
balon Ballon *m*
balotaj Stichwahl *f*
balta Axt *f*, Beil *n*; **~lamak** fällen; *fig.* verhindern, sabotieren
Baltık: **~ Denizi** Ostsee *f*
balya Ballen *m*, Paket *n*
balyoz Vorschlag- *m*, Schmiedehammer *m*
bambaşka ganz anders
bambu Bambus *m*
bamya eßbarer Eibisch *m*, Okra *f*
bana mir, zu mir; **~ kalırsa** nach meiner Ansicht; **~ ne** meinetwegen, ist mir egal
bandıra Fahne *f*, Flagge *f*
bando *Mus.* Kapelle *f*
bangırdamak laut brüllen
bank Bank *f* (*a. Hdl.*)
bank|a *Hdl.* Bank *f*, Bankhaus *n*; **~er** Bankier *m*; **~not** Banknote *f*, Geldschein *m*
banliyö Vorort(e *pl.*) *m*; **~treni** Vorortzug *m*
bant (*-dı*) Band *n*, Streifen *m*
banyo Bad *n*; **~ almak** ein Bad nehmen; **~ yapmak** baden, ein Bad nehmen
bar Bar *f*
baraj Staudamm *m*, Talsperre *f*
baraka Baracke *f*

barbar Barbar *m*; barbarisch
barbunya *Zo.* Meerbarbe *f*; *Bot.* eine Bohnenart
bardak Glas *n*, Becher *m*
barem Besoldung(sordnung) *f*
barfiks *Sp.* Reck *n*
barın|ak (*-ğı*) Schlupfwinkel *m*, Unterschlupf *m*; **~dırmak** unterbringen; Unterkunft finden (*-de in D*)
barış Friede *m*, Versöhnung *f*; **~çı** friedliebend
barış|mak sich versöhnen; **~tırmak** versöhnen
bari wenigstens; nun denn, so
barikat Barrikade *f*
bariz klar, offenkundig
baro Anwaltskammer *f*
barometre Barometer *n*
barut Schießpulver *n*
basamak Stufe *f*, Sprosse *f*
bas|ı Druck *m*, *-cı* Drucker *m*; Verleger *m*; **~k** niedrig; **~lmak** gedruckt werden
basım Druck *m*; **~evi** Druckerei *f*, Druckhaus *n*
basın Presse *f*; **~ toplantısı** Pressekonferenz *f*
basınç *Phys.* Druck *m*
basiret Weitblick *m*
basit einfach; leicht
basketbol (*-lü*) Basketball-, Korbball(spiel *n*) *m*
baskı *Tech.* Presse *f*; Druck *m*; Auflage *f*
bas|kın Überfall *m*
bas|ma Druckerzeugnis *n*; **~mak** (*-ar*) treten, drücken (*-e auf A*); drucken (*-i etw.*);

~tırmak *A* drucken lassen; unterdrücken
baston Stock *m*
basur Hämorrhoiden *pl.*
baş Kopf *m*; Anfang *m*; Haupt-; ~ **ağrısı** Kopfschmerzen *pl.*; ~ **göstermek** auftreten, sich zeigen; ~ **kaldırmak** rebellieren; **tek ~ına** *adv.* allein; **~ta** an der Spitze; **~tan** von Anfang an; **~tan ~a** *adv.* völlig
başak (*-ğı*) Ähre *f*; *Astr.* Jungfrau *f*
başarı Erfolg *m*; **~lı** erfolgreich; **~mak** *-i* zustandebringen *A*; Erfolg haben in *D*
başbakan Ministerpräsident *m*, Premierminister *m*; **~lık** Ministerpräsidium *n*
başçavuş *Mil.* Oberfeldwebel *m*, Hauptfeldwebel *m*
başıboş frei; herrenlos
başka ander-; verschieden (*-den* von *D*); **bundan ~** außerdem
başkan Präsident *m*, Vorsitzende(r); **~lık** Präsidium *n*, Amt *n* des Präsidenten
başkent Hauptstadt *f*; **~komutan** Oberbefehlshaber *m*
başkonsolos Generalkonsul *m*; **~luk** Generalkonsulat *n*
başkumandan *s.* **~komutan**; **~lamak** *-e* anfangen, beginnen *A*; **~langıç** Anfang *m*, Beginn *m*; **~lıca** hauptsächlich; Haupt-; **~lık** Kopfbedeckung *f*; Überschrift *f*; **~parmak** Daumen *m*; **~pis-**

kopos Erzbischof *m*; **~şehir** (*-hri*) *s.* **başkent**; **~vurmak** *-e* sich wenden an *A*; **~yazar** Chefredakteur *m*
batak (*-ğı*) Sumpf *m*; sumpfig; **~hane** Spelunke *f*; **~lık** Sumpfgebiet *n*
batarya *El.*, *Mil.*, *Tech.* Batterie *f*
batı Westen *m*; West-
batıl nichtig, falsch
batılı zum Westen gehörig; **~laşmak** sich verwestlichen
bat|ırmak versenken; **~ık** bankrott; **~mak** (*-ar*) (ver-)sinken, untergehen; eindringen (*-e* in *A*)
battaniye Wolldecke *f*
bavul Koffer *m*
Bavyera Bayern *n*
bay Herr *m*
bayağı gemein; *adv.* beinahe; ziemlich
bayan Dame *f*; Frau *f*
bayat alt, verdorben
baygın ohnmächtig; **~lık** Ohnmacht *f*
bayılmak in Ohnmacht fallen
bayındır bebaut, blühend
bayındırlık *fig.* Blüte *f*; **~ bakanlığı** Ministerium *n* für öffentliche Arbeiten
bayır Abhang *m*
bayi (*-ii*) Verkäufer *m*
baykuş Eule *f*
bayra|k Fahne *f*; **~ğı çekmek** die Fahne hissen; **~ğı indirmek** die Fahne einziehen
bayram Fest *n*, Feiertag *m*

bayramlık

~lık Festgeschenk *n*; für das Fest bestimmt
baytar Veterinär *m*, Tierarzt *m*
baz *Chem.* Base *f*
baz|an, ~en manchmal
bazı einige, manche *pl.* ~ **defa, ~ kere** manchmal; **~ları** *pl.* einige
be! *Intj.* doch!, Mensch!
bebe Baby *n*, kleines Kind *n*; **~k** Puppe *f*, Baby *n*
becerik|li geschickt; **~siz** ungeschickt
becermek *A* mit Erfolg erledigen
bedava unentgeltlich
bed|baht unglücklich; **~dua** Fluch *m*, Verwünschung *f*
bedel Gegenwert *m*, Preis *m*; **buna ~** statt dessen, dafür
beden Körper *m*, Rumpf *m*; (Kleider-)Größe *f*; **~ eğitimi** Leibeserziehung *f*; **~î** körperlich, leiblich
beğenmek gern haben, lieben
beher je, pro
bek *Sp.* Verteidiger *m*
bekâr unverheiratet, ledig; Junggeselle *m*
bekçi Wächter *m*; Nachtwächter *m*
bekle|mek *-i* erwarten *A*, warten auf *A*; hoffen auf *A*; bewachen *A*; **~n(il)mek** erwartet werden; **~tmek** *A* warten lassen
bel¹ *an.* Lende *f*, Taille *f*
bel² Spaten *m*

belâ Unglück *n*, Unheil *n*
Belçika Belgien *n*
belediye Stadtverwaltung *f*; **~ başkanı** Bürgermeister *m*
beleş kostenlos, gratis
belge Urkunde *f*, Dokument *n*; **~lemek** beurkunden, beweisen
belgi Zeichen *n*
belir|lemek bestimmen; definieren; **~li** bestimmt; **~mek** erscheinen; sich zeigen; **~siz** unbestimmt; **~ti** Anzeichen *n*, Kennzeichen *n*, **~tmek** klarstellen, bestimmen
belki vielleicht
bellek (-ği) Gedächtnis *n*; Speicher *m* (*a.* Computer)
belleme 1. auswendig lernen; 2. mit dem Spaten umgraben
belli klar, offenbar; bekannt; **~ başlı** Haupt-; bestimmt
ben¹ *an.* Muttermal *n*
ben² ich; **~im** mein(e); **~im icin** für mich; **~cil** egoistisch; **~cillik** Egoismus *m*
benek (-ği) Fleck *m*; gesprenkelt, gefleckt
benimsemek sich aneignen; zustimmen *D*
benlik Persönlichkeit *f*
bent (-di) Staudamm *m*
benze|mek *D* ähneln, *D* ähnlich; **~tmek** vergleichen (-*e* mit *D*); verwechseln (-*e* mit *D*)
benzin Benzin *n*; **~ almak** tanken; **~ borusu** *Kfz.* Benzinleitung *f*; **~ pompası**

biber

Benzinpumpe f; ~ci Tankwart m
beraat Freispruch m; ~ etm. freigesprochen werden
beraber zusammen; **bununla ~** trotzdem
berat Patent n; ~ **gecesi** Rel. Nacht der Berufung Mohammeds zum Propheten
berbat schlecht; verdorben
berber Friseur m
bere[1] an. blauer Fleck m
bere[2] Baskenmütze f
bereket Segen m; Reichtum m; ~**li** fruchtbar, segensreich; ~**siz** unergiebig; ohne Segen
berelemek -i blaue Flecke pl. verursachen auf D
berhava: ~ **etm.** sprengen; zerstören, vernichten
beri diesseitig, näher; -**den** ~ seit D
berk hart, fest; ~**itmek** verstärken
berrak klar, durchsichtig
bertaraf: ~ **etm.** beseitigen, ausschalten
berzah Geo. Landenge f
besbelli ganz klar
besi Ernährung f; Mast f; ~ Nahrung(smittel n) f
besle|me Ernährung f; Pflegekind n; ~**mek** ernähren, verpflegen; füttern; ~**yici** nahrhaft
bestekâr Komponist m
beş fünf
beşeriyet Menschheit f
beşik Wiege f

betim m Beschreibung f; ~**lemek** beschreiben
beter schlimmer (-**den** als)
beton Beton m; ~**arme** Eisenbeton m
bey Herr m (a. nach dem Vornamen)
beyan Erklärung f; ~ **etm.** erklären, verkünden; ~**at** pl. Erklärung f; ~**name** Verlautbarung f; Erklärung f
beyaz weiß; ~**latmak** weiß machen; bleichen
beyefendi Herr m
beygir Pferd n; ~ **gücü** Pferdestärke f
beyhude vergeblich
beyin (-**yni**) Gehirn n; ~ **sarsıntısı** Med. Gehirnerschütterung f
beyit (-**yti**) Vers m
beynelmilel international
bez[1] Tuch n; Lappen m
bez[2] an. Drüse f
bezelye Erbse f
bezgin niedergeschlagen, lustlos
bıçak (-**ğı**) Messer n; ~**lamak** mit e-m Messer schneiden od. verletzen
bıçkı Säge f
bık|kın überdrüssig (-**den** G); ~**mak** -**den** überdrüssig werden G
bırakmak (-**ar**, -**ır**) lassen; verlassen, hinterlassen, aufgeben
bıyık (-**ğı**) Schnurrbart m
biber Pfeffer m; ~ **dolması** gefüllte Paprikaschote f; **kara**

biçare

~ schwarzer Pfeffer m; **kırmızı** ~ roter Pfeffer m, Paprika m
biçare arm, elend
biçer: ~ **döver** Mähdrescher m
biçim Form f, Schnitt m; ~**li** hübsch; ~**siz** formlos; schlecht sitzend
biç|ki Zuschneiden n; ~**mek** (zu)schneiden; mähen
bidon Kanister m
biftek (-*gi*) Beefsteak n
bilâkis im Gegenteil
bilânço Hdl. Bilanz f
bilârdo Billard n
bildir|ge Erklärung f (e-*r Person*); ~**i** Erklärung f (e-*r Behörde*); ~**im** (schriftliche) Erklärung f; ~**mek** *DA* mitteilen, melden
bile sogar, selbst
bileği, ~ **taşı** Schleifstein m
bilek (-*ği*) Handgelenk n
bilemek schleifen
bileşik (-*ği*) zusammengesetzt, vereinigt; ~ **faiz** Hdl. Zinseszinsen m/pl.
bileşim Chem. Verbindung f
bilet Fahrkarte f, Fahrschein m; Eintrittskarte f; ~ **gişesi** Schalter m; ~**çi** Fahrkartenverkäufer m
bilezik (-*ği*) Armband n
bilgi Wissen n, Kenntnis f; ~**n** Wissenschaftler m; ~**sayar** Computer m; ~**siz** unwissend
bilhassa *adv.* besonders
bilim Wissenschaft f; ~**sel** wissenschaftlich

bilinç (-*ci*) Bewußtsein n; ~**altı** Unterbewußtsein n
bilin|mek bekannt sein; ~**meyen** unbekannt
bilirkişi Sachverständige(r)
bilişim Informatik f
billûr Kristall n
bilme|ce Rätsel n; ~**k** (-*ir*) wissen, kennen; können
bilye Kugel f, Murmel f
bin tausend
bina Gebäude n; ~**en** -*e* in Anbetracht G; wegen G; ~**enaleyh** demgemäß
binbaşı (-*yı*) Mil. Major m
bin|dirmek be-, einsteigen lassen (-*e* in A); ein-, verladen; ~**ici** Reiter m; ~**mek** (-*er*) *-e* einsteigen in A, besteigen A; aufsitzen
bir ein, eine; eins; ~ **şey** etwas
bira Bier n
birader Bruder m
birahane Bierstube f
bir|az etwas, ein wenig; ~**biri** einander; ~**çok** viele, zahlreiche *pl.*; ~**den** auf einmal; zusammen; ~**denbire** plötzlich; ~**er** je ein(e)
birey Individuum n; ~**sel** individuell
biri der(r, -s), jemand
birik|inti Ansammlung f; ~**mek** sich ansammeln; ~**tirmek** sich ansammeln; sparen
birisi s. biri
birkaç einige, ein paar *pl.*
birleş|ik vereinigt; ~**mek** sich vereinigen (*ile* mit D); ~**tirmek** vereinigen, verbinden

birlik Vereinigung *f*, Bund *m*; Einheit *f*; ~**te** zusammen, gemeinsam
birtakım einige *pl.*
bisiklet Fahrrad *n*; ~ **yolu** Radfahrweg *m*
bisküvi Keks *m*, Kekse *pl.*
bit Laus *f*
bit|lik erschöpft; ~**im** Ende *n*; ~**irmek** beenden, vollenden; ~**işik** angrenzend
bitki Pflanze *f*
bitkin erschöpft
bitlenmek Läuse bekommen
bitmek (*-er*) fertig, beendet, vollendet sein; aufgebraucht sein
bitpazarı Flohmarkt *m*
biyo|grafi Biographie *f*; ~**loji** Biologie *f*
biz wir; ~**im** unser(e)
Bizans Byzanz *n*
bizzat persönlich, selbst
blok *a. Pol.* Block *m*
blöf Bluff *m*
blucin Jeans *pl.*
bluz Bluse *f*
bobin *Tech.* Spule *f*; ~**aj** Umspulen *n*
bocalamak unsicher werden
bodrum Keller *m*
bodur klein (*an Wuchs*)
boğa Stier *m*, Bulle *m*
boğaz Kehle *f*, Hals *m*; *Geo.* Paß *m*, Meerenge *f*
Boğaziçi Bosporus *m*
boğazlamak *-i* die Kehle durchschneiden *D*
Boğazlar Meerengen *pl.* (*Bosporus und Dardanellen*)

boğma|ca *Med.* Keuchhusten *m*; ~**k 1.** Knoten *m*, Wulst *m*; **2.** erwürgen, ersticken
boğu|k dumpf, heiser; ~**lmak** ersticken; ertrinken; ~**şmak** einander an die Kehle fahren
bohça Einschlagtuch *n*
bok Kot *m*, Dreck *m*; Scheiß-; ~ **yemek** *fam.* Mist machen
boks Boxen *n*; ~ **maçı** Boxkampf *m*; ~**ör** Boxer *m*
bol weit; reichlich; ~**laşmak** (zu) weit, (zu) groß werden; reichlich vorhanden sein; ~**luk** Überfluß *m*; ~**şul** reich
bolşevik Bolschewist *m*; ~**lik** Bolschewismus *m*
bomba Bombe *f*; ~**lamak** bombardieren; ~**rdıman** Bombardierung *f*; Beschießung *f*
bomboş ganz leer
bonbon Bonbon *m od. n*
boncuk (*-ğu*) Perle *f*
bonfile Filet *n*
bono Gutschein *m*, Bon *m*
bonservis Dienstzeugnis *n*
bora Orkan *m*
borazan Trompeter *m*; Trompete *f*
borç *Hdl.* Schuld *f*; Pflicht *f*; ~ **almak** Schulden machen; Geld borgen (*-den von D*); ~ **vermek** *D* Geld leihen; ~**lu** *D* verschuldet; *fig.* verpflichtet
borda *Mar.* Schiffseite *f*
bordro Gehaltsliste *f*
bornoz Bademantel *m*

borsa

borsa *Hdl.* Börse *f*; ~**cı** Börsenmakler *m*
boru Rohr *n*, Röhre *f*; *Mus.* Horn *n*
bostan (*Gemüse-*)Garten *m*
boş leer, frei; unbeschäftigt; nichtig; ~**ta** arbeitslos; ~ **zaman** freie Zeit
boşal|mak leer *od.* frei werden; ~**tmak** leeren, ausräumen, entladen
boşa|mak sich scheiden lassen (*-i* von *D*); ~**nmak** sich scheiden lassen (*-den* von *D*)
boş|boğaz schwatzhaft; ~**luk** Leere *f*, Hohlraum *m*; ~**una** *adv.* vergeblich, umsonst
botanik (*-ği*) Botanik *f*; botanisch
boy Größe *f*, Statur *f*; Format *n*; ~ **vermek** wachsen
boya Farbe *f*; Ölfarbe *f*; ~**cı** Schuhputzer *m*; Anstreicher *m*; ~**hane** Färberei *f*; ~**lı** gefärbt, angestrichen; ~**mak** färben, anstreichen
boykot Boykott *m*; ~ *etm.* boykottieren
boy|lam *Geo.* Länge *f*; ~**lu** von großer Statur;
boynuz Horn *n*; Geweih *n*
boyun (*-ynu*) Hals *m*, Nacken *m*; *Geo.* Paß *m*; ~**duruk** Joch *n*
boyunca *N* entlang *A* (*nachgestellt*) *od. D, G* (*vor dem Substantiv*)
boyut *Math.* Dimension *f*
boz (asch)grau
boza Hirsebier *n*

boz|durmak *A* verderben lassen; *Geld* wechseln lassen; ~**gun(luk)** Niederlage *f*
bozkır Steppe *f*
bozmak (*-ar*) verderben, zerstören; *Geld* wechseln
bozuk (*-ğu*) verdorben, kaputt; ~ **para** Kleingeld *n*
boz|ulmak verderben *v/i*; zerstört werden; ~**uşmak** sich verfeinden
böbrek (*-ği*) Niere *f*
böbürlenmek sich brüsten
böcek (*-ği*) Insekt *n*, Käfer *m*
böğür (*-grü*) Flanke *f*
böğürmek *v/i* brüllen
böğürtlen Brombeere *f*
bölen *Math.* Divisor *m*
bölge Zone *f*, Gebiet *n*; ~**sel** regional
böl|me Trennen *n*; Scheidewand *f*, ~**k** (*-er*) teilen, zerlegen (*-i -e etw.* in *A*)
bölü *Math.* (geteilt) durch; ~**cü** *Pol.* Separatist *m*; separatistisch; ~**k** (*-ği*) *Mil.* Kompanie *f*; ~**m** Teil *m*; Kapitel *n*, Abschnitt *m*; ~**nmek** geteilt, gliedert werden (*-e* in *A*)
bön dumm, einfältig
börek (*-ği*) Pastete *f*
böyle so; ~**ce**, ~**likle** derart, auf diese Weise
branş Zweig *m*, Branche *f*; Arbeitsgebiet *n*
bre *Intj.* Mensch!; he!
Brezilya Brasilien *n*
brifing Erklärung *f*, Erläuterung *f*

briket Brikett n; Ziegel m
bronşit Med. Bronchitis f
broş Brosche f
bu (-nu) dieser, diese, dieses; ~ **arada** inzwischen; zusammen; ~ **gün** s. **bugün**; ~ **kadar** so viel, so sehr; das ist alles; ~**nun için** deshalb, darum; ~**nunla beraber** trotzdem, dennoch
bucak (-ğı) Winkel m, Ecke f; Verbandsgemeinde f, Amt n
buçuk (-ğu) Hälfte f; halb (nach Zahlen); **bir** ~ einhalb
budak (-ğı) Ast m (a. im Holz)
budala einfältig, dumm; ~**lık** Dummheit f
budamak ausholzen, beschneiden
bugün heute; ~**kü** heutig; ~**lük** für heute; heutzutage
buğday Weizen m
buğu Dunst m, Dampf m; ~**lanmak** v/i beschlagen
buhar Dampf m; ~**lı** Dampf-
buhran Krise f
buhur Weihrauch m
buji Kfz. Zündkerze f
buket Blumenstrauß m
bukle Locke f
bulan|dırmak trüben; verderben; ~**lık** trübe, diesig
bulanmak trübe werden; **midesi** ~ übel werden j-m
bulantı Übelkeit f
bulaş|ıcı ansteckend; ~**ık** (-ğı) beschmutzt, schmutzig; schmutziges Geschirr n, Abwasch m; ~**mak** schmutzig machen (-e A); angesteckt werden (mit D); ~**tırmak** beschmutzen; verseuchen
Bulgar Bulgare m; bulgarisch; ~**istan** Bulgarien n
bulgur Weizengrütze f
bul|maca Rätsel n; ~**mak** (-ur) finden; erfinden; ~**undurmak** bereithalten; ~**unmak** gefunden werden; sich befinden; vorhanden sein; ~**uş** Finden n; Erfindung f; ~**uşmak** sich treffen
bulut Wolke f; ~**lanmak** sich bewölken; ~**lu** bewölkt, wolkig
bulvar Boulevard m
bunak (-ğı) kindisch; irre
bunal|ım Krise f; ~**mak** fast betäubt werden (-den durch A); ~**tıcı** erstickend
bura|da hier; ~**dan** von hier; ~**sı** hier, diese Stelle; ~**ya** hierher
burç (-cu) Turm m; Astr. Tierkreiszeichen n
burgu Bohrer m; Korkenzieher m; Mus. Wirbel m; ~**lamak** (durch)bohren
burjuvazi Pol. Bürgertum n, Bourgeoisie f
burkmak (-ar) umdrehen; Med. verrenken
burmak (-ar) drehen, winden; kastrieren; **burun** ~ die Nase rümpfen (-e über A)
burs Stipendium n
buruk gedreht; sauer
burun (-rnu) Nase f; Geo. Vorgebirge n; Kap n

buruşmak

buruş|mak Falten bilden; ~turmak zerknüllen, zerknittern; ~uk zerknittert; faltig

buse Kuß *m*

but (-du) Oberschenkel *m*; Keule *f*

buyru|k (-ğu) Befehl *m*, Gebot *n*; ~lmak befohlen werden

buyur|mak *A* befehlen, geruhen zu *inf.*; ~un(uz) bitte!; herein!

buz Eis *n*; eisig; ~dağı Eisberg *m*; ~dolabı Kühlschrank *m*; ~kıran Eisbrecher *m*; ~lu eisgekühlt; undurchsichtig; ~ul Gletscher *m*

büfe Büfett *n*; Kiosk *m*

bük|üm Windung *f*; Falte *f*; ~mek biegen; drehen; ~ülmek gebogen werden, sich biegen; ~ülü gekrümmt; gesponnen; ~üm Falte *f*, Knick *m*

bülbül Nachtigall *f*

bülten Bericht *m*; Zeitschrift *f*

bünye Bau *m*, Struktur *f*

büro Büro *n*

bürokra|si Bürokratie *f*; ~t Staatsbeamte(r); Bürokrat *m*

bürümcük Rohseide *f*

bürü|mek einhüllen; ~nmek eingehüllt werden; sich einhüllen (*-e* in *D*)

büsbütün ganz und gar, völlig

büst Büste *f*; Brustbild *n*

bütçe Haushalt *m*, Budget *n*

bütün ganz; alle *pl.*; Ganze(s); ~lemek vervollständigen; ~lük Gesamtheit *f*

büvet Buffet *n*, Erfrischungsstand *m*

büyü Zauberei *f*; ~cü Zauberer *m*; Hexe *f*

büyük (-ğü) groß, geräumig; *Büyük Millet Meclisi* Große Nationalversammlung *f*; ~anne Großmutter *f*; ~baba Großvater *m*; ~elçi *Pol.* Botschafter *m*; ~lük Größe *f*

büyülemek verzaubern

büyü|mek groß werden, wachsen; ~teç Lupe *f*; ~tmek vergrößern; *Kind* großziehen

büz|mek (-*er*) kräuseln; ~ülmek schrumpfen

C

cadde Straße *f*

cadı Hexe *f*

cahil unwissend; unerfahren

caiz erlaubt, zulässig

cam Glas *n*, Glasscheibe *f*; ~cı Glaser *m*

cambaz Akrobat *m*; *fig.* listig

camekân Schaufenster *n*

cami (-*i*, -*si*) Moschee *f*

cam|lamak verglasen; ~lı mit Glas; Glas-; ~lık Gewächshaus *n*; Schaufenster *n*

can Seele *f*, Leben *n*; lieb; ~pek widerstandsfähig; ~sı-

kılmak sich langweilen; enttäuscht sein (*-e* über *A*)
canavar wildes Tier *n*
cankurtaran Rettungs-; Krankenwagen *m*; ~ **simidi** Rettungsring *m*
canlan|dırmak beleben; ~**mak** sich beleben, lebendig werden
can|lı lebend, lebendig; ~**sız** leblos
cari *Hdl.* laufend
casus Spion *m*, Agent *m*; ~**luk** Spionage *f*
cavlak nackt, kahl
cay|dırmak *-i -den* j-m etw. ausreden; ~**mak** *-den* verzichten auf *A*
cazibe Anziehung(skraft) *f*; ~**li** anziehend, attraktiv
cebbar gewalttätig
cebir[1] (*-bri*) *Math.* Algebra *f*
cebir[2] (*-bri*) Gewalt(anwendung) *f*, Zwang *m*; ~ **kullanmak** Gewalt anwenden
cebr|en *adv.* gewaltsam, mit Gewalt; ~**î** gewaltsam
cefa Quälerei *f*
cehennem Hölle *f*
ceket Jacke *f*
celp: ~ **etm.** bringen; *Jur.* vorladen; richten (*-e* auf *A*); ~(**name**) *Jur.* Vorladung *f*
cem|aat (*-ti*) Versammlung *f*, *Rel.* Gemeinde *f*; ~**iyet** Verein *m*, Verband *m*; Gesellschaft *f*
cenaze Leiche *f*; ~ **alayı** Leichenbegängnis *n*

cendere (*Zylinder-*)Presse *f*; Wäschemangel *f*
cengel Dschungel *m*
cennet Paradies *n*
centilmen Gentleman *m*; ~**ce** wie ein Gentleman
cenu|bi südlich; ~**p** Süden *m*
cep (*-bi*) Tasche *f* *-es Anzuges usw.*; ~ **sözlüğü** Taschenwörterbuch *n*
cephane *Mil.* Munition *f*
cephe Vorderseite *f*; Front *f*
cerahat (*-ti*) Eiter *m*
cereyan Fließen *n*, Strömen *n*; Strom *m*; ~ **etm.** fließen; verlaufen
cerrah *Med.* Chirurg *m*; ~**lık** Chirurgie *f*
cesaret Mut *m*, Kühnheit *f*; ~ **etm.** wagen *A*; ~**lendirmek** ermutigen (*-e* zu *D*)
ceset (*-di*) Leiche *f*, Körper *m*
cesur kühn, verwegen
cetvel (*-ti*) Liste *f*; Lineal *n*
cevahir *pl.* Edelsteine *pl.*, Juwelen *pl.*; ~**ci** Juwelier *m*
cevap (*-bı*) Antwort *f*; ~ **vermek** antworten; (*-e i* j-m auf etw.); ~**landırmak** beantworten
cevher Substanz *f*; Edelstein *m*; ~**li** wesentlich; mit Juwelen besetzt
ceviz Walnuß *f*
ceylan Gazelle *f*, Antilope *f*
ceza Strafe *f*; ~ **çekmek** *e-e* Strafe verbüßen (*-den* wegen *G*); ~**evi** Strafanstalt *f*; ~**landırmak** bestrafen; ~**lanmak** bestraft werden

Cezayir

Cezayir Algerien n
cezbetmek anziehen
cezir (-*zri*) *Geo.* Ebbe f
cezve *Gefäß mit Stiel zur Bereitung von türkischem Kaffee*
cılız kraftlos, schwach; **~laşmak** kraftlos werden
çılk faul (*Ei*); eitrig
cırcır Quäken f; Schwätzer m
cırıldamak, cırlamak knarren, quäken
cıva Quecksilber n
cıvata *Tech.* Bolzen m
cıvık (-*ğı*) klebrig; **~lanmak** klebrig werden
cıvıldamak zwitschern
cızıldamak, cızırdamak brutzeln, zischen
cibinlik Moskitonetz n
cici niedlich
cidd|î ernst(haft); **~iyet** Ernst m, Ernsthaftigkeit f
ciğer Leber f; Lunge f
cihan Welt f
cihaz Apparat m, Gerät n; Aussteuer f
cihet Seite f, Richtung f
cilâ Glanz m; Politur f, Lack m; **~lamak** polieren, lackieren
cilt (-*di*) Haut f; Band m *e-s Werkes*; Einband m *e-s Buches*; **~çi** Buchbinder m; **~lemek** (ein)binden; **~li** gebunden; in .. Bänden; **~siz** broschiert
cilve Grazie f; Koketterie f; **~li** anmutig; kokett
cimri geizig, knauserig

cin¹ Dämon m, böser Geist m
cin² Gin m
cinas Wortspiel n
cinayet Verbrechen n
cins Art f, Gattung f; Geschlecht n; **~el, ~î** geschlechtlich, sexuell; **~iyet** Geschlecht n
ciro *Hdl.* Giro n
cisim (-*smi*) Körper m
civar Umgebung f
civciv Küken n
coğrafya Geographie f, Erdkunde f
cokey Jockey m
conta *Tech.* Dichtung f
cop (Polizei-)Knüppel m; **~lamak** *A* verprügeln
coşkun überflutend; begeistert; **~luk** Überflutung f; Begeisterung f
coş|mak über die Ufer treten; begeistert sein; **~turmak** anfeuern, begeistern
cömert freigebig; **~lik** Freigebigkeit f
cuma Freitag m; **~rtesi** Sonnabend m, Samstag m
cumhur Volk n; Bevölkerung f; **~başkanı** Staatspräsident m
cumhuriyet Republik f; **~çi** Republikaner m
cunta *Pol.* Junta f
cüce Zwerg m
cümle Ganze(s); *Gr.* Satz m
cüppe Talar m, Robe f
cüret Kühnheit f

cürüm Vergehen *n*, strafbare Handlung *f*
cüz (-*z'ü*) Teil *m*, Abschnitt *m*
cüzam Lepra *f*, Aussatz *m*
cüzdan Brieftasche *f*; Ausweis *m*
cüzî gering, wenig

Ç

çaba Anstrengung *f*; **~lamak** sich abmühen, sich anstrengen
çabucak *adv.* schnell
çabuk schnell, rasch; **~laştırmak** beschleunigen; **~luk** Schnelligkeit *f*
çadır Zelt *n*; **~ kurmak** das Zelt aufschlagen
çağ Zeitalter *n*, Epoche *f*, Lebensabschnitt *m*; **~daş** Zeitgenosse *m*
çağıldamak rauschen, plätschern
çağırmak rufen; einladen (*-e* zu *D*)
çağla|mak rauschen, brausen; **~yan** Wasserfall *m*
çağrı Einladung *f*, Aufforderung *f*; **~lmak** *-e* gerufen, eingeladen werden zu *D*
çakal Schakal *m*
çakı Taschenmesser *n*
çakıl Kieselstein *m*
çakıldak (-*ğı*) Ratsche *f*; *Tech.* Sperrklinke *f*
çakırdiken *Bot.* Klette *f*
çakırkeyf beschwipst
çakmak[1] Nagel einschlagen; befestigen; etwas verstehen (-*den* von e-r *Sache*); sitzenbleiben; durchfallen (-*den* in e-r *Prüfung usw.*)

çakmak[2] Feuerzeug *n*; **~ taşı** Feuerstein *m*
çalar: **~ saat** Wecker *m*
çaldırmak *A* sich stehlen lassen; spielen lassen
çalgı Musikinstrument *n*; **~lı** mit Musik
çalı Gebüsch *n*; Gestrüpp *n*; **~kuşu** *Zo.* Zaunkönig *m*; **~lık** Gebüsch *n*, Dickicht *n*
çalım Prahlerei *f*
çalınmak gestohlen werden; gespielt werden
çalış|kan fleißig; **~ma:** **~ma müsaadesi** Arbeitserlaubnis *f*; **~mak** arbeiten; versuchen (-*meğe* zu *inf.*); **~tırmak** arbeiten lassen; beschäftigen
çalka(la)mak schütteln, umrühren; spülen
çalmak (-*ar*) *v/t* klopfen an *A*; stehlen *A*; hinzufügen *A*; Musikinstrument spielen; (*zili ~*) klingeln; *v/i* klingeln
çam Tanne *f*, Kiefer *f*, Fichte *f*; **~ fıstığı** Pinienkern *m*
çamaşır Wäsche *f*; Unterwäsche *f*; **~ tozu** Waschpulver *n*; **~hane** Wäscherei *f*
çamur Schmutz *m*, Schlamm *m*; **~lu** schmutzig, schlammig; **~luk** Gamasche *f*; *Kfz.* Kotflügel *m*

çan

çan Glocke f
çanak (-ğı) Topf m, Napf m
çangırdamak klappern
çanta Tasche f, Mappe f
çap Durchmesser m, Kaliber n; Katasterplan m
çapa¹ Anker m
çapa² Hacke f; **~lamak** aufhacken, umgraben
çapkın Schürzenjäger m; **~lık** Ausschweifung f
çapraşık kompliziert; **~z** kreuzweise, diagonal
çapul Rauben n, Plündern n
çarçabuk blitzschnell
çardak (-ğı) Laube f, Pergola f
çare Mittel n; Ausweg m; **~siz** hilflos; unvermeidlich
çarık Bauernschuh m; Tech. Bremsschuh m
çark Tech. Rad n
çarpı Math. mal; **~k** krumm, schief; seitwärts schlagen; **~ntı** Herzklopfen n
çarpışma Zusammenstoß m, Gefecht n; **~k** zusammenstoßen, sich schlagen (ile mit D)
çarpma Stoß m, Schlag m (a. El.); Aufprall m; Math. Multiplikation f; **~k** (-ar) -e stoßen, schlagen gegen A; Math. multiplizieren (-i ile etw. mit D)
çarşaf Bettuch n; Überwurf m der muslimischen Frauen
çarşamba Mittwoch m
çarşı Basar m, Geschäftsstraße f
çat: **~ etm.** krachen

çatal Gabel f; gegabelt; **~ takımı, ~ kaşık bıçak** Besteck n; **~lanmak** sich gabeln
çatana kleines Dampfboot n
çatı Dach n; Fachwerk n; **~ arası, ~ katı** Dachgeschoß n
çatır|damak krachen, prasseln; **~tı** Prasseln n
çatışmak zusammenstoßen; im Widerspruch stehen (ile zu D)
çatla|k Riß m, Spalte f; rissig, gesprungen; **~mak** zerspringen; **~tmak** A bersten lassen
çatmak (-ar) v/t aneinanderfügen, zusammenheften; -e begegnen D; kritisieren A; v/i hereinbrechen, kommen
çavdar Bot. Roggen m
çavuş Mil. Unteroffizier m
çay¹ Bach m
çay² Tee m; **~danlık** Teekessel m
çayır Wiese f, Weideland n; **~lanmak** weiden, grasen
çehre Gesicht n; Aussehen n
çek Scheck m
çek|ecek Schuhanzieher m; **~ici** fig. anziehend
çekiç Hammer m
çeki|liş Ziehung f (Lotterie); **~lmek** sich zurückziehen (-den von, aus D); **~m** Gr. Flexion f, Deklination f, Konjugation f; Phys. Schwerkraft f, Gravitation f
çekimser sich der Stimme enthaltend; **~lik** Stimmenthaltung f

çekin|gen scheu; zögernd; **~mek** vermeiden (*-den etw.*), sich genieren (*-den* vor *D*)
çekirdek *Bot., Phys.* Kern *m*
çekirge Heuschrecke *f*
çekişmek sich streiten
çekme Anziehung *f*; **~ halatı** Abschleppseil *n*; **~(ce)** Schubfach *n*, Schublade *f*
çekmek (*-er*) ziehen, schleppen; ertragen, erdulden; *Telegramm* aufgeben; *Foto* aufnehmen; *Geld* abheben
çelebi höflich, gebildet
çelenk Kranz *m*
çelik (*-ği*) Stahl *m*; **~hane** Stahlwerk *n*
çeliş|ki Widerspruch *m*; **~mek** im Widerspruch stehen (*ile* zu *D*)
çelmek (*-er*) **~** ablenken *A*; im Widerspruch stehen zu *D*
çeltik Reis *m*
çember Reifen *m*; **~lemek** einfassen
çene Kinn *n*; **~ çalmak** schwatzen
çengel Haken *m*
çent|ik (*-ği*) Kerbe *f*, Scharte *f*; **~mek** einkerben; zerhacken
çerçeve Rahmen *m*, Fassung *f*; **~lemek** einrahmen, einfassen
çerez Beilage *f*; Knabbereien *pl.*
Çerkez Tscherkesse *m*; **~ tavuğu** *mit Walnüssen gefülltes Huhn*
çeşit (*-di*) Sorte *f*; **~leri** e-e Auswahl (von); **~li** verschieden(artig)
çeşme Brunnen *m*, Quelle *f*
çeşni Geschmack *m*
çete Bande *f*; Freischar *f*; **~ci** Partisan *m*, Freischärler *m*
çetin schwierig, hart
çetrefil verworren
çevik flink, schnell
çevir|i Übersetzung *f*; **~en** Übersetzer *m*; **~mek** umdrehen, wenden; übersetzen, umwandeln (*-e* in *A*); umgeben (*ile* mit *D*)
çevre Umkreis *m*, Umgebung *f*; Umfang *m*; **~ kirlenmesi** Umweltverschmutzung *f*; **~ yolu** Ring-, Umgehungsstraße *f*; **~bilimi** Ökologie *f*; **~lemek** umschließen; beschränken
çevri Wirbel *m*, Strudel *m*; willkürliche Auslegung *f*; **~lmek** umgedreht werden; umzingelt werden; übersetzt werden (*-e* in *A*); **~m** Phase *f*
çeyiz Mitgift *f*, Aussteuer *f*
çeyrek (*-ği*) Viertel *n*; Viertelstunde *f*
çıban Beule *f*, Geschwür *n*
çığ Lawine *f*; Weg *m*, Bahn *f*
çığlık Geschrei *n*; Lärm *m*; **~ atmak** (*od.* **koparmak**) schreien, jammern
çıkar Gewinn *m*; **~ yol** Ausweg *m*
çıkarmak herausziehen; hinauswerfen; *Kleider* ausziehen; ableiten; **~tmak** *A* herausziehen lassen

çıkık (*-ğı*) vorspringend; **~ıntı** Vorsprung *m*; **~ış** Ausgang *m*; Abfahrt *f*; Ausreise *f*; **~mak** (*-ar*) hinaus-, hervorkommen; sich herausstellen; besteigen (*-e etw.*)

çıkmaz ausweglos; ~ (**sokak**) Sackgasse *f*

çıkrık (*-ğı*) Winde *f*, Spule *f*

çıl|dırmak wahnsinnig werden; rasen; **~gın** wahnsinnig; **~gınlık** Verrücktheit *f*

çınar *Bot*. Platane *f*

çıngırak (*-ğı*) Glocke *f*, Schelle *f*

çınlamak klingeln; klingen

çıplak (*-ğı*) nackt

çırak (*-ğı*) Lehrling *m*; **~lık** Lehre *f*, Lehrzeit *f*

çır(ıl)çıplak völlig nackt

çırpın|mak zappeln; erregt sein; **~tı** Zittern *n*, Erregung *f*

çırpmak (*-ar*) schütteln; beschneiden

çıt|çıt Druckknopf *m*; **~ırdamak** knarren, prasseln; **~kırıldım** zerbrechlich

çıtlatmak knistern; **~tmak** knacken lassen; *fig*. andeuten

çiçek Blume *f*, Blüte *f*; *Med*. Pocken *pl*.; ~ **açmak**, **~lenmek** blühen

çift Paar *n*; Pärchen *n*; doppelt; ~ **sayı** gerade Zahl *f*; ~ **sürmek** pflügen; **~çi** Bauer *m*, Landwirt *m*; **~e** doppelt; Doppel-; **~leşmek** sich paaren; **~lik** Bauernhof *m*

çiğ roh; unreif; zu wenig gekocht; *Farbe*: grell

çiğdem Krokus *m*

çiğnemek zertreten, zerquetschen; zerkauen

çiklet Kaugummi *m*

çikolata Schokolade *f*

çil Sommersprosse *f*; gefleckt, gesprenkelt

çile¹ Sorge *f*, Mühe *f*

çile² Strähne *f*

çilek Erdbeere *f*

çilingir Schlosser *m*

çim (*angelegter*) Rasen *m*, Gras *n*

çimdik Kneifen *n*, Zwicken *n*; **~lemek** kneifen

çimen Rasen *m*; Wiese *f*; **~lik** Rasenplatz *m*, Grünanlage *f*

çimento Zement *m*

Çin China *n*; **~li** Chinese *m*

Çingene Zigeuner *m*; **~ karısı** Zigeunerin *f*

çini Kachel *f*, Fliese *f*

çinko Zink *n*

çiriş Kleister *m*; **~lemek** kleistern, kleben

çirkef schmutziges Wasser *n*

çirkin häßlich

çise|lemek nieseln; **~nti** Nieselregen *m*

çiş *Kindersprache*: Pipi *n*

çit Hecke *f*, Zaun *m*; **~lemek** einzäunen

çivi *Tech*. Nagel *m*, Stift *m*; **~lemek** an-, festnageln

çiy Tau *m*

çizge graphische Darstellung *f*

çizgi Linie *f*, Strich *m*; **~li** liniiert; gestreift

çizme Stiefel *m*

dağlamak

çizmek (-er) zeichnen; ritzen; ausstreichen
çoban Hirt m, Schäfer m
çocuk (-ğu) Kind n; **~luk** Kindheit f; Kinderei f
çoğal|mak sich vermehren, viel werden; **~tmak** vermehren
çoğu: **~ kez** (od. **zaman**) meistens
çoğul Gr. Plural m
çoğunluk Mehrheit f, Majorität f
çok (-ğu) viel; sehr; lange; **~ taraflı** vielgestaltig; multilateral; **~luk** Menge f
çolak (-ğı) mit verkrüppeltem Arm
çoluk: **~ çocuk** Frau und Kinder pl.
çomak Knüppel m
çorak dürr, unfruchtbar
çorap Strumpf m; **külotlu ~** Strumpfhose f
çorba Suppe f; **~ içmek** Suppe essen
çök|elmek sich niederschlagen; **~er(t)mek** niederknien lassen; demoralisieren;

~mek (-er) v/i sich senken, einsinken; **~üntü** Trümmer pl.; Bodensatz m; Senkung f;
~üş Verfall m
çöl Wüste f
çömlek (-ği) Tontopf m
çöp Müll m, Kehricht m; **~catan** Heiratsvermittler m; **~cü** Müllwerker m, fam. Müllmann m
çörek süßes Gebäck
çöz|mek (-er) lösen, auflösen; **~ülmek** aufgehen, sich lösen
çözüm Lösung f; **~lemek** analysieren
çubuk (-ğu) Zweig m; Stab m, Rohr n
çuha Wollstoff m, Tuch n
çukur Grube f, Höhlung f
çul Stoff m aus Ziegenhaar
çulluk Zo. Schnepfe f
çuval Sack m
çünkü weil, da; denn
çürük (-ğü) faul, morsch, verdorben; **~lük** Fäulnis f
çürü|mek faulen, verderben; **~tmek** verderben lassen; abnutzen

D

da, de auch; und; aber
-da, -de, -ta, -te in, auf, bei D; um (Uhr)
dadı Kinderfrau f
dağ¹ Brandmal n
dağ² Berg m; **~cı** Bergsteiger m; **~cılık** Alpinismus m
dağıl|mak sich zerstreuen,

sich auflösen, sich verbreiten; **~nık** zerstreut; **~tım** Verteilung f; **~tmak** zerstreuen, verbreiten, verteilen
dağlamak mit e-m Brandmal versehen; Wunde ausbrennen

dağlı

dağlı Bergbewohner m; **~k** bergig, gebirgig
daha noch; mehr (*-den* als); schon; und, plus
dahi auch
dâhi Genie n
dahil Innere(s); (e)inbegriffen (*-e in D*); **~i** inner; inländisch
daim|a *adv.* immer, fortwährend; **~î** ständig, immerwährend
dair *-e* bezüglich, betreffs *G*, betreffend *A*; **~e** Kreis *m*; Amt *n*, Behörde *f*; Mietwohnung *f*
dakika Minute *f*
daktilo Maschine(n)schreiben *n*; Stenotypistin *f*; **~ (makinesi)** Schreibmaschine *f*
dal Ast *m*, Zweig *m*
dalak (*-ğı*) *an.* Milz *f*
dalamak beißen
dalavere Intrigen *f/pl.*
daldırmak eintauchen, hineinstecken (*-e in A*)
dalga Welle *f*, Woge *f*; **~kıran** *Mar.* Wellenbrecher *m*, Mole *f*; **~lanmak** wogen; schlingern
dalga|lı bewegt; wellenförmig; **~ akım** *El.* Wechselstrom *m*
dalgıç (*-ci*) Taucher *m*; **~ın** zerstreut, in Gedanken versunken; fast bewußtlos
dalkavuk Kriecher *m*
dallanmak Zweige treiben; sich verzweigen
dalmak (*-ar*) *-e* (ein)tauchen in *A*; versinken in *D*

dalya Dahlie *f*
dam¹ Dach *n*
dam² Dame *f*
dama Damespiel *n*
damacana Korbflasche *f*
damak (*-ğı*) Gaumen *m*
damar *an.*, *Geo.* Ader *f*
damat (*-dı*) Bräutigam *m*; Schwiegersohn *m*
damga Stempel(abdruck) *m*; **~ pulu** Gebührenmarke *f*; **~lamak** (ab)stempeln; **~lı** (ab)gestempelt
damıtmak destillieren
damızlık Zucht-
damla Tropfen *m*; **~lık** Tropfenzähler *m*, Pipette *f*; **~mak** *v/i* tropfen; **~tmak** *v/t* tröpfeln; destillieren
damper Wagenkasten *m* e-s Kippers
-dan, -den, -tan, -ten von, aus *D*; als (*Komparativ*)
dana Kalb *n*
danışık (*-ğı*) Verabredung *f*
danışma Information *f*; **~k** rede b.ş.-i j-n wegen *G*); **~n** Berater *m*
Danıştay *Pol.* Staatsrat *m*
Danimarka Dänemark *n*
dans Tanz *m*; **~ etm.** tanzen; **~ör** Tänzer *m*
dantel(â) Spitze *f* (*Stickerei*)
dar eng, knapp, schmal
dara *Hdl.* Tara *f*
darağacı Galgen *m*
daral|mak enger werden, schrumpfen; **~tmak** enger machen; verringern
darbe Schlag *m*, Hieb *m*

dargın ärgerlich
darı Hirse *f*
darıl|gan reizbar; **~mak** *-e* sich ärgern über *A*, übelnehmen *A*
darlaştırmak enger machen
darmadağın(ık) durcheinander
darphane Münz(stätt)e *f*
dava Forderung *f*; Problem *n*; *Jur.* Prozeß *m*, Klage *f*; **~ açmak** *-e* verklagen *A*; **~cı** Kläger *m*; **~lı** Beklagte(r); strittig
davar Kleinvieh *n*
davet Einladung *f*; Aufforderung *f*; **~ etm.** einladen, auffordern (*-e* zu *D*); **~çi** Einladende(r); **~iye** Einladungskarte *f*; **~li** Gast *m*
davran|ış Verhalten *n*; **~mak** sich benehmen, sich verhalten
davul Trommel *f*; Pauke *f*
dayak (*-ğı*) Stütze *f*, Träger *m*; Prügel *pl.*; **~ yemek** Prügel bekommen
dayamak stützen; lehnen (*-e* an *A*)
dayanık|lı haltbar, dauerhaft; **~sız** nicht fest, nicht dauerhaft
dayan|ışma Solidarität *f*; **~mak** *-e* sich anlehnen an *A*; ertragen *A*; sich stützen auf *A*
dayı Onkel *m* (*Bruder der Mutter*)
de *s.* **da**; **-se** *se* selbst wenn
-de *s.* **-da**

debboy *Mil.* Depot *n*
dede Großvater *m*
dedikodu Klatsch *m*, Gerede *n*
defa Mal *n*; **~larca**, **çok ~** oft(mals)
defetmek vertreiben
defile Modenschau *f*
defin (*-fni*) Begräbnis *n*
defne Lorbeer(baum) *m*
defnetmek beerdigen
defolmak *fam.* abhauen
deforme: **~ olm.** die Form verlieren
defter Heft *n*; Buch *n*; **~dar** Finanzdirektor *m*
değer Wert *m*, Preis *m*; wert, würdig (*-e G*); **~lendirmek** (be)werten; **~li** wertvoll, kostbar; **~siz** wertlos
değil nicht
değin *-e* bis (zu) *D*
değirmen Mühle *f*; **~ci** Müller *m*
değiş Tausch *m*; **~ tokuş** Austausch *m*
değişik anders, verändert; veränderlich; **~lik** (Ver-)Änderung *f*; Abwechslung *f*
değiş|mek sich (ver)ändern, wechseln; (um-, aus)wechseln; **~tirmek** (ver)ändern, umwandeln, austauschen
değme irgendein(e)
değmek (*-er*) *-e* wert sein *A*; berühren *A*
değnek Stock *m*
dehşet Schrecken *m*; **~li** erschreckend, schrecklich
dek *s.* **değin**

dekan

dekan Dekan m; **~lık** Dekanat n
dekar Dekar m (10 ar)
deklanşör Fot. Auslöser m
dekolte Dekolleté n
dekor Thea. Bühnenbild n
dekovil Feldbahn f
delegasyon Delegation f; **~e** Delegierte(r)
delgi Bohrer m
deli wahnsinnig, verrückt
delik (-ği) Loch n, Öffnung f
delikanlı junger Mann m
delil Beweis m; **~ göstermek** Beweise beibringen
delilik Wahnsinn m; **~rmek** wahnsinnig werden
delmek (-er) lochen, bohren, durchstechen
delta Delta n
dem Atemzug m; alkoholisches Getränk m
demagoji Demagogie f
demeç (-ci) Pol. Erklärung f
demek sagen; heißen; **~ki** das bedeutet, das heißt, also
demet Garbe f, Strauß m; **~lemek** bündeln
demin vor kurzem
demir Eisen n; Mar. Anker m; **~ atmak** den Anker lichten; **~ atmak** Anker werfen, ankern; **~ leblebi** fig. harte Nuß f; **~baş** Inventar n, Zubehör n; **~ci** Schmied m; **~lemek** v/t verriegeln; v/i ankern; **~yolu** Eisenbahn f
demlenmek Tee: ziehen; **~lik** Teekanne f
demokrasi Demokratie f; **~t**

Demokrat m; **~tik** demokratisch
-den s. **-dan**
deneme Probe f, Versuch m; **~k** versuchen, erproben
denetlim Kontrolle f; **~lemek** kontrollieren
deney Chem., Phys. Versuch m, Experiment n
denge Gleichgewicht n; **~li** im Gleichgewicht; **~siz** unausgeglichen
denilmek gesagt werden (-e zu D); genannt werden (N)
deniz Meer n, See f; **~e açılmak** in See stechen; **~e girmek** im Meer baden; **~ böceği** Zo. Garnele f; **~altı** Unterseeboot n, U-Boot n; **~aşırı** überseeisch
denizci Seemann m; **~lik** Seewesen n, Schiffahrt f
denk (-ği) Ballen m; Gleichgewicht n; **~ gelmek** passen; **~lem** Math. Gleichung f; **~leştirmek** ausbalancieren, ausgleichen
denli: **ne ~** wie (sehr)
denmek (-ir) heißen, genannt werden N
densiz leichtsinnig; taktlos
deodoran Deodorant n
depo Lagerhaus n, Depot n; Magazin n, Tank m
depozit(o) Hdl. Kaution f, Sicherheit f
deprem Erdbeben n
dere Tal n; Bach m; **~ otu** Dill m

dışarıdan

derece Grad *m*, Stufe *f*; Thermometer *n*
dergi Zeitschrift *f*
derhal sofort, sogleich
deri Haut *f*, Leder *n*; ~ **eşya** Lederwaren *f/pl.*
derin tief; **~leştirmek** vertiefen *(a. fig.)*; **~lik** Tiefe *f*
derlemek zusammenstellen, sammeln
derli: ~ **toplu** geordnet
derman Kraft *f*, Mittel *n*; **~sız** schwach, kraftlos
derme: ~ **çatma** improvisiert; zusammengerafft
dernek (-*ği*) Verein(igung *f*) *m*
ders Unterricht *m*, Stunde *f*; ~ **almak** ~ **etm.** Unterricht nehmen bei *D*; sich ein Beispiel nehmen an *D*; **~hane** Klasse *f*, Hörsaal *m*
dert (-*den*) Kummer *m*, Leid *n*; **~leşmek** einander sein Leid klagen
derviş Derwisch *m*
desen Muster *n*, Dessin *n*
desise List *f*, Machenschaft *f*
destan Erzählung *f*, Epos *n*
deste Bündel *n*; Strauß *m*
destek (-*ği*) Balken *m*, Träger *m*; Stütze *f*; Unterstützung *f*; **~lemek** (ab)stützen; unterstützen
destroyer *Mar.* Zerstörer *m*
destur Erlaubnis *f*; **~!** *Intj.* Vorsicht!, Achtung!
deşelemek umwühlen
deşifre: ~ **etm.** entschlüsseln
deterjan Reinigungsmittel *n*

dev Riese *m*; riesig
devam Stetigkeit *f*; Fortsetzung *f*; ~ **etm.** fortsetzen *(-e etw.)*; dauern; **~lı** dauernd, anhaltend; **~sız** unbeständig
deve *Zo.* Kamel *n*; **~kuşu** *Zo.* Strauß *m*
develope: ~ **etm.** Foto entwickeln
devran Kreislauf *m*
devi(ni)m Bewegung *f*
devir (-*vri*) Drehung *f*, Rotation *f*; Periode *f*. Epoche *f*
devirmek umwerfen; stürzen
devlet Staat *m*, Regierung *f*; **~çi** Etatist *m*; **~lerarası** zwischenstaatlich; **~leştirmek** verstaatlichen
devre Zeit *f*, Periode *f*; Stadium *m*; Kreis *m*; **kısa** ~ *El.* Kurzschluß *m*
devren *adv.* auf Übernahme
devri|k umgestürzt, umgekippt; **~lmek** umgeworfen werden; **~m** Revolution *f*; Reform *f*
devriye (*Polizei-*)Streife *f*
deyi|m Ausdruck *m*, Redewendung *f*; **~ş** Ausdrucksweise *f*, Darstellung *f*
dezenfekte: ~ **etm.** desinfizieren
dış Äußere(s); außen; Außen-; ~ **işleri** Äußere(s), auswärtige Angelegenheiten *pl.*; ~ **satım** Export *m*; ~ **taraf** Außenseite *f*
dışarı außen; draußen; nach draußen; **~da** draußen; **~dan** von außen, von drau-

dışarıya ßen; **~ya** nach draußen, hinaus
dışkı Kot *m*
dışlamak *j-n* ausschließen
didiklemek zerstückeln; durchforschen
didinmek sich abmühen
didişmek sich zanken
diferansiyel Differential *n*, Ausgleichsgetriebe *n*
difteri *Med.* Diphtherie *f*
diğer ander-; nächst-
dik steil, aufrecht, gerade; **~ kafalı** halsstarrig
diken Dorn *m*, Stachel *m*; **~li** dornig, stachelig; **~li tel** Stacheldraht *m*
dikey senkrecht
diki|li Aufmerksamkeit errichtet; **~lmek** genäht werden; aufgerichtet werden
dikiş Nähen *n*; Naht *f*; **~ makinesi** Nähmaschine *f*
dikiz: **~ aynası** Rückspiegel *m*
dikkat (*-ti*) Aufmerksamkeit *f*; Sorgfalt *f*; Vorsicht *f*; **~!** Achtung!; **~ etm. -e** aufpassen, achtgeben auf *A*; beachten *A*; **~li** *adv.* sorgfältig; **~li** aufmerksam; vorsichtig
dikkatsiz unaufmerksam, unvorsichtig; **~lik** Unachtsamkeit *f*, Fahrlässigkeit *f*
dikmek (*-er*) nähen; aufrichten; pflanzen
diktatör Diktator *m*; **~lük** Diktatur *f*
dikte Diktat *n*; **~ etm.** diktieren

dil Zunge *f*; Sprache *f*; **~ balığı** *Zo.* Seezunge *f*; **~bilgisi** Grammatik *f*; **~bilimi** Linguistik *f*; **~ci** Sprachforscher *m*; Linguist *m*
dilek (*-ği*) Wunsch *m*, Bitte *f*; **~çe** Gesuch *n*, Eingabe *f*
dilemek bitten, erbitten; **özür ~** um Entschuldigung bitten
dilen|ci Bettler *m*; **~mek** betteln
dilim Scheibe *f*, Schnitte *f*
dilsiz stumm (*a. fig.*)
din Religion *f*, Glaube *m*
dinamik Dynamik *f*; dynamisch
dinamit Dynamit *n*
dinç kräftig, robust; **~lik** Kraft *f*, Gesundheit *f*
din|dar fromm, religiös; **~daş** Glaubensgenosse *m*
dindirmek stoppen
dingil *Tech.* Achse *f*
dingin ermattet; ruhig
dini die Religion betreffend, religiös
dinlemek *-i* hören auf *A*, zuhören *D*
dinlen|me Erholungs-; **~ tesisi** Raststätte *f*; **~k** sich ausruhen
dinleyici Hörer *m*, Zuhörer *m*
dinmek (*-er*) aufhören
dinsiz religionslos; gottlos
dip (*-bi*) Boden *m*, Grund *m*, Fuß *m*; **~çik** (*Gewehr-*)Kolben *m*
dipfriz Tiefkühlschrank *m*
diploma Diplom *n*

diploma|sı Diplomatie *f*; **~t** Diplomat *m*
dipsiz grundlos, bodenlos
dirayet Intelligenz *f*
direk (*-ği*) Pfeiler *m*, Mast *m*, Säule *f*, Pfosten *m*
direk|siyon *Kfz*. Lenkrad *n*; **~t** direkt; **~tör** Direktor *m*, Leiter *m*
direnç *Phys*. Widerstand *m*
direnme Widerstand *m*; **~k** sich widersetzen
diri lebendig; **~lmek** auferstehen, wieder lebendig werden; **~ltmek** auferwecken; **~m** Leben *n*
dirsek (*-ği*) Ell(en)bogen *m*; Kurve *f*; *Tech*. Knie *n*
disiplin Disziplin *f*
disk Scheibe *f*; Schallplatte *f*; **~ atma** Diskuswerfen *n*; **~et** Diskette *f*
dispanser Poliklinik *f*
distribütör Verteiler *m*
diş Zahn *m*; Zinke *f*; (*Knoblauch-*)Zehe *f*; **~ fırçası** Zahnbürste *f*; **~ macunu** Zahnpasta *f*
dişçi Zahnarzt *m*; **~lik** Zahnheilkunde *f*
dişi Weibchen *n*; weiblich; **~l** *Gr*. feminin, weiblich
dişli mit Zähnen versehen, gezahnt; Getriebe
divan 1. Sofa *n*, Diwan *m*; **2.** Gedichtsammlung *f*; **3.** Staatsrat *m*
divane verrückt
diya Dia(positiv) *n*
diyafram *an*. Zwerchfell *n*; *Fot*. Blende *f*
diyalekt Dialekt *m*
diyalog Dialog *m*
diyanet Religion *f*, Frömmigkeit *f*
diye sagend; damit; weil
diz Knie *n*; **~ çökmek** niederknien; **~ kapağı** Kniescheibe *f*
dizanteri Dysenterie *f*
dizel Dieselmotor *m*
dizge System *n*
dizgin Zügel *m*
diz|i Reihe *f*; **~ilmek** aufgestellt sein; sich aufstellen; **~mek** (*-er*) aufreihen
doçent Dozent *m*
dogma Dogma *n*
doğa Natur *f*; **~l** natürlich
doğan Falke *m*
doğma Geburt *f*; geboren; **~k** (*-ar*) geboren werden; entstehen; *Astr*. aufgehen
doğrama Zimmermannsarbeit *f*; **~cı** Zimmermann *m*; **~k** zerhacken
doğru gerade; geradeaus; richtig, wahr; ehrlich; **~dan ~ya** direkt; **~lamak** bestätigen; *j-m* recht geben; **~lmak** sich aufrichten; **~ltmak** gerade machen; ausrichten; **~luk** Geradheit *f*; Aufrichtigkeit *f*; Richtigkeit *f*
doğu Osten *m*; Ost-
doğum Geburt *f*; **~ günü** Geburtstag *m*; **~ kontrolü** Geburtenkontrolle *f*; **~ tarihi** Geburtsdatum *n*; **~ yeri** Ge-

doğumlu

burtsort *m*; **~lu** geboren (*-de* in *D*)
doğur|mak gebären; **~tmak** *A* entbinden
doğuş Geburt *f*; *Astr.* Aufgang *m*; **~tan** angeboren
dok *Mar.* Dock *n*
doksan neunzig
doktor Doktor *m*; Arzt *m*
doktora Promotion *f*; Doktortitel *m*
doku Gewebe *n*
dokuma Weben *n*; Gewebe *n*; **~cı** Weber *m*; **~k** weben
dokunaklı rührend; verletzend
dokunmak¹ gewebt werden
dokunmak² berühren, anfassen, antasten (*-e etw.*)
dokunulmazlık *Pol.* Immunität *f*
dokuz neun
dolamak (auf)wickeln
dolambaçlı gewunden
dolandır|ıcı Betrüger *m*, Schwindler *m*; **~mak** betrügen
dolap (*-bı*) Schrank *m*; Mühlrad *n*
dolar Dollar *m*
dolaş|ık verwickelt; **~ım** Kreislauf *m*; **~mak** umhergehen; e-n Umweg machen; besuchen; **~tırmak** umherführen
dolayı *-den* wegen, infolge *G*; *-diğinden ~* da, weil; **~sıyla** durch; dank; anläßlich
doldurmak (an)füllen; *El.* aufladen; bespielen

dolgu Füllung *f*; **~n** voll; gefüllt; gut (*Gehalt*)
dolma Füllung *f*; **~ biber** Paprikaschote *f*; **~k** (*-ar*) sich füllen, gefüllt werden
dolmuş gefüllt; besetzt; Sammeltaxi *n*
dolu 1. voll; **2.** Hagel *m*
dolun: ~ ay Vollmond *m*
domates Tomate *f*; **~ salçası** Tomatenmark *n*; **~ soslu** mit Tomatensauce
domuz Schwein *n*
don¹ Frost *m*
don² Unterhose *f*
donakalmak wie versteinert sein
donanma Flotte *f*; Festschmuck *m*; **~k** sich schmücken
donat|ım Ausrüstung *f*; **~mak** schmücken; ausrüsten
dondurma Speiseeis *n*; **~cı** Eismann *m*; **~k** *v/t* gefrieren, zu Eis werden lassen
don|mak (*-ar*) gefrieren, erstarren; **~uk** matt, trübe
dopdolu gestopft voll
dosdoğru völlig richtig; ganz gerade(aus)
dost Freund(in *f*) *m*; Liebhaber *m*; **~ane**, **~ça** freundschaftlich; **~luk** Freundschaft *f*
dosya Aktenordner *m*
doy|mak (*-ar*) satt werden; satt haben (*-den etw.*); **~maz** unersättlich; **~urmak** sättigen
doz Dosis *f*; **~aj** Dosierung *f*

dök|me Gießen n; Guß m; **~mek** (-er) ausgießen, verschütten; *Metall gießen*; **~ülmek** ausgegossen, vergossen werden; gegossen werden; *Haar, Blatt*: abfallen, ausfallen

döküm Gießen n; **~hane** Gießerei f

döküntü Abfall m, Rest m, Trümmer pl.

döl Same(n) m; Nachkommenschaft f; **~lemek** befruchten, bestäuben; **~yatağı** Gebärmutter f

dön|dürmek drehen, umwenden; **~em** Periode f; Zeitabschnitt m; **~emeç** Kurve f; **~er (kebap)** gegrilltes Fleisch (*am senkrecht stehenden Spieß*)

dönme Drehen n, Drehung f; *Rel.* (jüdischer) Konvertit m

dönmek (-e) sich drehen, kreisen; umkehren, zurückkehren; sich verwandeln

dönük verblaßt

dönüm 1. Wendung f, Drehung f; 2. *türkisches Flächenmaß*: 91,9 Ar

dönüş Rückkehr f; **~türmek** umwandeln (-e in A)

dört (-dü) vier; **~nala** im Galopp; **~gen** Viereck n

döşek Matratze f; Bett n

döşeme Fußboden m; Möbel pl.; **~ci** Möbeltischler m; Polsterer m; **~k** ausbreiten, pflastern; dielen; möblieren

döviz 1. Devisen pl.; 2. Schlagwort n, Devise f

döv|mek (-er) schlagen; *Agr.* dreschen; zerstampfen; **~üşmek** sich prügeln

dram(a) Drama n

drenaj Entwässerung f

dua Gebet n, Bittgebet n

duba Kahn m, Ponton m

duble doppelt

dudak Lippe f; **~ boyası** Lippenstift m

dul verwitwet; Witwer m; Witwe f

duman Rauch m, Qualm m; Dampf m; **~lanmak** voll Rauch sein; neblig werden; **~lı** neblig; bewölkt

durak (-ğı) Haltestelle f; **~lamak** Aufenthalt haben; **~samak** zögern

durdurmak stoppen

durgun unbeweglich; stagnierend; **~luk** Unbeweglichkeit f; Stillstand m, Stagnation f

dur|mak (-ur) v/i (an)halten, stehenbleiben; bleiben; **~um** Lage f, Zustand m; **~uş** Stopp m; Haltung f; **~uşma** *Jur.* Verhandlung f

duş Dusche f; **~ almak, ~ yapmak** sich duschen

dut Maulbeere f

duvar Mauer f, Wand f; **~ kâğıdı** Tapete f; **~cı** Maurer m

duyarga *Zo.* Fühler m

duygu Gefühl n, Empfindung f; **~lu** empfindlich, feinfühlend; **~suz** gefühllos, unempfindlich

duymak

duy|mak (*-ar*) fühlen; hören; **~u** Sinn *m*; **~um** Sinn *m*; Wahrnehmung *f*

duyur|mak *A* fühlen *od.* hören lassen; bekanntgeben; **~u** Bekanntmachung *f*

düdük (*-ğü*) Pfeife *f*; **~ çalmak** pfeifen

düello Duell *n*

düğme Knopf *m*; **~lemek** (zu)knöpfen

düğüm Knoten *m*; **~lemek** (ver)knoten

düğün Hochzeit(sfeier) *f*; Fest *n* der Beschneidung

dük Herzog *m*

dükkân Laden *m*, Geschäft *n*; **~cı** Verkäufer *m*

dülger Zimmermann *m*

dümen *Mar.* Steuer *n*, Ruder *n*; **~ci** Steuermann *m*

dün gestern; **~den, ~kü** von gestern, gestrig

dünür Schwiegervater *m od.* -mutter *f* (*als Verhältnis der Eltern der Eheleute zueinander*)

dünya Welt *f*; Diesseits *n*

düpedüz glatt; unverblümt

dürbün Fernrohr *n*; Feldstecher *m*

dürmek (*-er*) zusammenrollen

dürt|mek (*-er*) stoßen; antreiben; **~ü** Trieb *m*; **~üşmek** einander stoßen *od.* antreiben

dürüst ehrenhaft, aufrecht

düstur Gesetzessammlung *f*;

50

Prinzip *n*, Leitsatz *m*

düş Traum *m*

düşes Herzogin *f*

düşey senkrecht, lotrecht

düşkün gefallen, gesunken; *D* verfallen, ergeben; **~lük** Verfall *m*; Gier *f*, Sucht *f*

düşman Feind *m*, Gegner *m*; **~lık** Feindschaft *f*

düş|mek (*-er*) fallen, stürzen (*-e* auf *A*, *-den* von *D*); **~ük** gefallen; fehlerhaft; niedrig

düşünce Gedanke *m*; Denken *n*; Sorge *f*; **~li** nachdenklich; umsichtig; besorgt; **~siz** gedankenlos

düşün|mek (*-ir*) denken an *A*, nachdenken über *A*, überlegen *A*; **~ülmek** bedacht *od.* geplant werden

düşürmek fallen lassen; zum Absturz bringen

düz glatt, flach, eben; **~elmek** glatt werden; geordnet werden; **~eltmek** glätten; ordnen; ausbessern; richtigstellen

düzen 1. Ordnung *f*; 2. Lüge *f*, List *f*; **~lemek** ordnen; regeln; **~li** geordnet, ordentlich; **~siz** ungeordnet

düzgün glatt; geordnet

düzine Dutzend *n*

düz|lem *Math.* Ebene *f*; **~lemek** glätten, planieren; **~lük** Glätte *f*

düzmek (*-er*) ordnen; erfinden

E

-e s. **-a**
ebe Hebamme f, Geburtshelferin f
ebed|î ewig, endlos; **~iyet** Ewigkeit f
ebeveyn Eltern pl.
ebru Marmorierung f
ecel Jur. Frist f; Todesstunde f
ecnebi Ausländer m; ausländisch
eczacı Apotheker m; **~lık** Pharmazie f
eczahane Apotheke f
edat Gr. Präposition f, Postposition f; Partikel f
edeb|î literarisch; **~iyat** Literatur f
edep|li wohlerzogen, mit gutem Benehmen; **~siz** frech, ungezogen
eder Preis m
edil|gen Gr. Passiv n, Leideform f; **~mek** gemacht werden
edinmek sich verschaffen, annehmen
efe älterer Bruder m; Held m
efendi Herr m (a. nach dem Vornamen); **~m!** jawohl!; wie bitte?
eflâtun lila
efsane Märchen n, Fabel f
efsun Zauber m
egemenlik Souveränität f
egzersiz Übung f
egzoz Auspuff m

eğe Feile f; an. Rippe f; **~lemek** feilen
eğer wenn, falls
eğik schräg, geneigt
eğil|im Neigung f; Tendenz f; **~mek** sich beugen
eğirmek spinnen
eğit|im Erziehung f, Ausbildung f; **~mek** erziehen; **~men** Erzieher m
eğlence Vergnügen n, Unterhaltung f; **~li** amüsant
eğlen|dirmek unterhalten, amüsieren; **~mek** sich unterhalten, sich vergnügen; verspotten (ile j-n)
eğmek (-er) beugen, biegen, krümmen
eğrelti, ~otu Bot. Wurmfarn m
eğreti vorläufig; Ersatz-
eğri krumm, schief; **~lmek** sich krümmen, sich biegen; **~ltmek** krümmen, biegen
ehemmiyet Wichtigkeit f, Bedeutung f; **~li** wichtig; **~siz** unwichtig, belanglos
ehil (-hli) begabt, kompetent; b. ş-in **ehli olm.** fähig sein zu D, können A
ehli gezähmt, zahm
ehliyet Befähigung f; **~(name)** Befähigungszeugnis n; Führerschein m; **~siz** unfähig
ejder(ha) Drache m
ek Ansatzstück n; Anhang m; Gr. Suffix n, Endung f

ekili besät; **~m** Säen n; Oktober m; **~n** Saat f
ekip Belegschaft f, Mannschaft f
ekle|m an. Gelenk n; **~mek** ansetzen, hinzufügen; **~nmek** angesetzt od. hinzugefügt werden; **~nti** Anhang m, Zubehör n
ekmek 1. (-ği) Brot n; **2.** (-er) säen; verstreuen; **~çi** Bäcker m
eko|loji Ökologie f; **~nomi** Wirtschaft f; Sparsamkeit f; **~nomik** wirtschaftlich
ekran Leinwand f, Bildschirm m
eksantrik: **~ mili** Tech. Nockenwelle f
ekselâns Exzellenz f
ekseri meist
ekseri|ya meist(ens); **~yet** Mehrheit f, Majorität f
eksi minus, weniger
eksik (-ği) unvollständig, fehlend; **~ gelmek** nicht genügen; **~ olmayın!** Intj. herzlichen Dank!; **~lik** Mangel m, Unvollkommenheit f; **~siz** ohne Mangel, vollständig
eksil|mek sich vermindern, **~tmek** vermindern, verringern
eksper Sachverständige(r), Experte m
ekspres Schnellzug m, Expreß m; Eil-; **~ yol** Autobahn f, Schnellstraße f
ekstra extra, besonders gut; zusätzlich

ekşi sauer; scharf; **~mek** sauer werden; sich blamieren; **~msi** säuerlich
ekvator Äquator m
el¹ Fremde(r); Land n; Volk n
el² Hand f; Vorderbein n; **~ çantası** Handtasche f; **~ koymak -e** Kleiderbügel m; monopolisieren A; **~ sanatları** Kunstgewerbe n; **~ topu** Sp. Handball m; **~ yazısı** Handschrift f; Manuskript n; **~ yordamı** Tasten n und Fühlen n; **~e etm.** in die Hand bekommen, gewinnen; **~e almak** in Angriff nehmen; behandeln; **~e geçirmek** erwischen; erlangen; **~e geçmek** in die Hände fallen; **~ açık** freigebig; **-in ~ine bakmak** angewiesen sein auf j-n
elâstik(î) elastisch, federnd
elbet(te) adv. zweifellos
elbise pl. Kleid n; Anzug m; **~ askısı** Kleiderbügel m
elçi Gesandte(r), Botschafter m; **~lik** Gesandtschaft f
eldiven Handschuh m
elebaşı Anführer m
elek Sieb n
elektrik Elektrizität f; elektrisch; **~ düğmesi** Lichtschalter m; **~ kesilmesi** Stromausfall m; **~çi** Elektriker m; **~li** elektrisch
elem Schmerz m, Kummer m
eleman Element n; (Lehr-, Arbeits- usw.) Kraft f

elemek (durch)sieben; sichten, ausscheiden
eleştir|ici kritisch; ~**im**, ~**me** Kritik *f*; ~**mek** kritisieren
elhasıl *adv.* kurz und gut
ellemek berühren
elli fünfzig
elma Apfel *m*
elmas Diamant *m*
elti Schwägerin *f* (*Verhältnis zwischen den Frauen der Brüder*)
elveda (-*ı*) ade, lebewohl
elver|işli geeignet, nützlich; ~**mek** *D* genügen; passen
elzem dringend notwendig
emanet anvertrautes Gut *n*; ~ *etm.* *DA* anvertrauen; ~**çi** Gepäckaufbewahrung *f*
emare Zeichen *n*; Indiz *n*
emay Emaille *f*
emek (-*ği*) Mühe *f*, Arbeit *f*; ~**çi** Arbeiter *m*, Werktätige(r)
emekli mühevoll; pensioniert; Pensionär *m*; ~**ye ayrılmak** in den Ruhestand versetzt werden; ~**lik** Pension *f*, Ruhegehalt *n*; Rente *f*
emek|siz mühelos, leicht; ~**tar** verdient; alt
emel Hoffnung *f*
emin sicher; zuverlässig; ~ *olm.* sich sicher sein (-*e* G)
emir (-*mri*) Befehl *m*
emlâk (-*ki*) *pl.* Immobilien *pl.*, Grundbesitz *m*; ~ **alım vergisi** Grunderwerbssteuer *f*

emmek (-*er*) *A* saugen; lutschen an *D*
emniyet Sicherheit *f*; Polizei *f*; ~**li** sicher, zuverlässig; ~**siz** unsicher, unzuverlässig; ~**sizlik** Unsicherheit *f*; Mißtrauen *n*
emprime bedruckt
emretmek *DA* befehlen
emsal (-*li*) *pl.* ähnliche Dinge; Ähnliche(s); ~**siz** unvergleichlich
emzi|k (-*ği*) Brustwarze *f*; Schnabel *m*, Tülle *f*; Milchflasche *f*; ~**rmek** säugen, stillen
en¹ Breite *f*
en² am ...-sten; -st-; ~ *aşağı* mindestens; ~ *güzel* am schönsten; schönst-
encümen Kommission *f*, Ausschuß *m*
endam Statur *f*, Gestalt *f*
ender sehr selten
endişe Unruhe *f*, Angst *f*; ~**li** besorgt, unruhig
Endonezya Indonesien *n*
endüstri Industrie *f*
enerji Energie *f*; ~**k** energisch
enfarktüs Infarkt *m*
enfes wunderbar, köstlich
enfiye Schnupftabak *m*
enflâsyon Inflation *f*
engebe Unebenheit *f*; ~**li** uneben, schlecht gangbar
engel Hindernis *n*, Hemmnis *n*; ~ **olm.** *A* hindern, hemmen *A*; ~**lemek** behindern; ~**li**: ~**li koşu** *Sp.* Hindernislauf *m*

engerek Otter f, Viper f
engin weit, ausgedehnt; ~ **(deniz)** offenes Meer n
enginar Artischocke f
enik (-ği) Zo. Junge(s)
enişte Ehemann e-r Schwester od. Tante; Schwager m; Onkel m
enkaz pl. Trümmer pl.; Wrack n
enlem Geo. Breitengrad m
enli breit
ense Nacken m
ensiz schmal, eng
enstantane Fot. Momentaufnahme f
enstitü Institut n
entari Damenkleid n; weiter Überwurf m
entegrasyon Integration f
enteresan interessant
enterne: ~ etm. internieren
entrika Intrige f; ~cı Intrigant m
epey(ce) adv. ziemlich (viel)
epidemi Epidemie f
er¹ früh; ~ geç früher oder später
er² Mann m; Mil. Soldat m (ohne Rang); ~at pl. Mil. Unteroffiziere und Mannschaften pl.
erbap (-bı) Fachmann m
erbaş Mil. Unteroffizier m
erdem Tugend f
erek (-ği) Ziel n, Zweck m
ergin heiratsfähig; unverheiratet, ledig; ~in reif; ~ verwachsen
erguvan Bot. Judasbaum m; ~î purpurrot
erik (-ği) Pflaume f
eril Gr. maskulin, männlich
erim Reichweite f
erimek v/i schmelzen, sich auflösen
erişmek -e erreichen, erlangen A
eritmek v/t schmelzen
erk Macht f, Einfluß m
erkân Würdenträger pl.
erkek (-ği) Mann m; Zo. Männchen n; männlich; ~lik Männlichkeit f; Mannhaftigkeit f
erken früh(zeitig)
erkin frei, unabhängig
ermek (-er) -e erreichen A
Ermeni Armenier m; armenisch; ~ce armenische Sprache f
eroin Heroin n
ersiz ohne Ehemann
ertelemek aufschieben
ertesi nächst-, folgend-; ~ gün am nächsten Tag
erzak pl. Lebensmittel pl.; Verpflegung f, Proviant m
esans Chem. Essenz f
esaret s. **esirlik**
esas Fundament n; Basis f, Grundlage f, Hauptsache f; ~en adv. grundsätzlich; gründlich; ~lı grundlegend, wesentlich; ~sız grundlos, unbegründet
esen gesund; ~lik Gesundheit f
eser Zeichen n; Werk n
esham pl. Hdl. Aktien pl.

esir (*Kriegs-*)Gefangene(r)
esir|gemek behüten, beschützen (*-den* vor *D*); **Allah ~gesin!** Gott schütze uns!
esirlik Gefangenschaft *f*
eski alt; altmodisch; abgenützt; **~ püskü** Gerümpel *n*; **~ci** Altwarenhändler *m*; **~den** früher; **~mek** alt werden, sich abnutzen; **~tmek** abnutzen, abtragen
eskrim Fechtkunst *f*, Fechten *n*; **~ci** Fechter *m*
esmek (*-er*) wehen, blasen; *fig.* in den Sinn kommen (*-e j-m*)
esmer braun, brünett
esna|da: o **~da** währenddessen, in der Zwischenzeit; *-diği* **~da** während; **~sında** *präp.* während *G*, im Verlauf von *D*
esnaf *pl.* Handwerker *m* (*a. pl.*)
esnek elastisch; **~lik** Elastizität *f*
esnemek gähnen
espri Geist *m*, Witz *m*
esrar Haschisch *m*
esrarengiz geheimnisvoll
esrimek in Ekstase geraten; sich betrinken
estağfurullah! *Intj.* bitte sehr!; keine Ursache!
estetik (*-ği*) Ästhetik *f*; ästhetisch
eş ein Stück *von e-m Paar*; (*Ehe-*)Partner *m*; **~ anlamlı** synonym; **~ zaman(lı)** synchron(isch)

eşek (*-ği*) Esel *m*; **~ arısı** Wespe *f*
eşik (*-ği*) Schwelle *f*; *Mus.* Steg *m*
eşit gleich (*a. Math.*); **~lik** Gleichheit *f*; **~sizlik** Ungleichheit *f*
eşkıya *pl.* Räuber *m* (*a. pl.*)
eşofman Trainingsanzug *m*
eşsiz unvergleichlich; allein
eşya *pl.* Sachen *pl.*, Gegenstände *pl.*; Gepäck *n*
et Fleisch *n*; **~ suyu** Bouillon *f*, Fleischbrühe *f*
etek (*-ği*) Schoß *m e-s Kleides*; Rock *m*; Fuß *m e-s Berges*; **~lik** (*Damen-*)Rock *m*
eter *Chem.* Äther *m*
etiket Schild *n*, Etikett *n*; Etikette *f*; **~lemek** mit e-m Etikett versehen
etimoloji Etymologie *f*
Etiyopya Äthiopien *n*
etken *Gr.* Aktiv *n*
etki Wirkung *f*, Effekt *m*; **~lemek** *-i* wirken auf *A*; **~li** wirkungsvoll, einflußreich
etkin aktiv; wirkungsvoll; **~lik** Aktivität *f*
etli fleischig; dick
etmek (*-der*) tun, machen
etmen Faktor *m*
etnik ethnisch
etraf *pl.* Umgebung *f*; *-in* **~ında** rings um *A*; **~lı** ausführlich, eingehend
etsiz fleischlos; mager
ettirgen *Gr.* Kausativ *n*
etüt (*-dü*) Studie *f*
ev Haus *n*, Heim *n*; **~ idaresi**

evcil

Haushalt *m*; ~ **kadını** Hausfrau *f*; ~**cil** zahm
evet ja, jawohl
evkaf *pl.* Stiftungen *pl.*
evlât *pl.* Kind *n*; ~**lik** Pflege-, Adoptivkind *n*
evlendirmek verheiraten
evlenme Heirat *f*, Eheschließung *f*; ~**k** heiraten (*b. ile A*), sich verheiraten (mit *D*)
evli verheiratet; ~**lik** Ehe *f*
evrak *pl.* Akten *pl.*, Dokumente *pl.*; ~ **çantası** Aktentasche *f*
evren Kosmos *m*
evrim Entwicklung *f*
evvel früher, vorher; zuerst; *bir an* ~ sobald wie möglich; *-meden conj.* ehe, bevor; ~**â** zuerst, vorerst; ~**ce** früher, eher, bereits; ~**den** schon früher; ~**ki** vorherig-; vorletzt-

eyalet *Pol.* Bundesland *n*
eyer Sattel *m*
eylem Tätigkeit *f*, Aktion *f*; *Gr.* Verb(um) *n*
eylemek *s.* etmek
eylül September *m*
eyvallah! danke schön!; auf Wiedersehen!
ezan *Rel.* Gebetsruf *m*
ezber auswendig, aus dem Gedächtnis; ~**lemek** auswendig lernen
ezelî ewig; von Ewigkeit her
ezici erdrückend
ezilmek zerdrückt werden; überfahren werden
eziyet Qual *f*; ~**li** qualvoll; mühselig
ezme Zerquetschte(s); Püree *n*, Brei *m*; ~**k** (*-er*) zerdrücken, zerquetschen

F

faal (*-i*) tätig, aktiv; ~**iyet** Tätigkeit *f*, Aktivität *f*
fabrika Fabrik *f*, Werk *n*; ~**cı**, ~**tör** Fabrikant *m*
facia Katastrophe *f*
fahiş unmäßig; ~**e** Hure *f*, Dirne *f*
fahrî Ehren-
fail Täter *m*; *Gr.* Subjekt *n*, Satzgegenstand *m*
faiz *Hdl.* Zins(en *pl.*) *m*; ~**e vermek** auf Zins leihen; ~**siz** zinslos
fakat aber, jedoch
fakir arm; ~**lik** Armut *f*

faktör Faktor *m*
fakülte Fakultät *f*
fal Wahrsagen *n*; ~**(a) bakmak** wahrsagen
falaka Bastonade *f*
falan der und der, das und das; und so weiter
falcı Wahrsager(in *f*) *m*
familya Familie *f*
fanati|k fanatisch; ~**zm** Fanatismus *m*
fanila aus Flanell; Unterhemd *n*
fantezi Phantasie *f*; phantasievoll

far¹ *Kfz.* Scheinwerfer *m*
far² Lidschatten *m*
faraz|a *adv.* angenommen daß; **~ı** hypothetisch
fare Maus *f*; Ratte *f*; **~ kapanı** Mausefalle *f*
farfara Aufschneider *m*; **~lık** Großsprecherei *f*
fark Unterschied *m*, Differenz *f*; **~ etm.** sehen; unterscheiden; -in **~ına varmak** merken, bemerken *A*; **~ında olm.** merken *A*; **~lı** verschieden (*-den* von *D*); **~sız** ohne Unterschied, unterschiedslos
farmakoloji Arzneimittelkunde *f*
farmason *s.* **mason**
farz *Rel.* Vorschrift *f*; Hypothese *f*; **~ etm.** annehmen; **~edelim ki** angenommen daß
Fas Marokko *n*
fasıl Abschnitt *m*, Kapitel *n*
fasıla Pause *f*, Unterbrechung *f*; Abstand *m*; **~ vermek** *-e* unterbrechen *A*; **~sız** ununterbrochen
fasikül Teil *m*, Lieferung *f* e-s Buches
fasulye Bohne *f*
faşi|st Faschist *m*; **~zm** Faschismus *m*
fatih Eroberer *m*
fatura *Hdl.* Rechnung *f*
favori Backenbart *m*; Favorit *m*
fayans Fliese *f*, Kachel *f*
fayda Nutzen *m*, Vorteil *m*; **~lanmak** *-den* Nutzen haben von *D*; ausnutzen *A*; **~lı** nützlich, nutzbringend; **~sız** nutzlos, unnütz
fayton Kutsche *f*
fazilet Tugend *f*; Talent *n*; **~li** tugendhaft
fazla Überschuß *m*; überschüssig, zuviel; mehr; **~laşmak** sich vermehren
feci tragisch
fecir (*-cri*) Morgendämmerung *f*
feda Opfer *n*, Aufopferung *f*; **~ etm.** opfern
fedakâr opferwillig, hingabebereit; **~lık** Opferbereitschaft *f*, Hingabe *f*
feder|al (*-li*) Bundes-; **~asyon** Vereinigung *f*, Bund *m*; **~e** Bundes-, föderiert
felâket Unglück *n*, Schicksalsschlag *m*; **~zede** Opfer *n* e-s Unglücks
felç (*-ci*) Lähmung *f*, Schlagfluß *m*; **çocuk felci** Kinderlähmung *f*
felsef|e Philosophie *f*; **~i** philosophisch
fen (*-nni*) Technik *f*; Naturwissenschaften *pl.*
fena schlecht, übel, böse; **~laşmak** sich verschlechtern; **~laşıyorum** mir wird schlecht; **~laştırmak** verschlechtern, verschlimmern; **~lık** Schlechtigkeit *f*; **~lık geçirmek** in Ohnmacht fallen
fener Lampe *f*, Laterne *f*; Leuchtturm *m*

fenik (-*ği*) Pfennig *m*
fenni technisch; fachmännisch
fenomen Phänomen *n*
feodal (-*li*) feudal; **~izm** Feudalismus *m*
feragat (-*ti*) Verzicht *m*; **~ etm.** -*den* verzichten auf *A*, aufgeben *A*
ferah Fröhlichkeit *f*; **~lanmak** aufatmen, sich frei fühlen; **~lık** Heiterkeit *f*, Freude *f*
feraset Scharfsinn *m*
ferdî individuell
ferî zweitrangig, Nebenferibot Fähre *f*, Fährschiff *n*
fermejüp Druckknopf *m*
fermuar Reißverschluß *m*
fert Individuum *n*
feryat Wehgeschrei *n*
fes Fes *m*
fesat (-*dı*) Verderbnis *f*; Aufruhr *m*; **~ çıkarmak** Unruhe stiften; **~çı** Unruhestifter *m*
feshetmek aufheben, annullieren, kündigen
fesih (-*shi*) Annullierung *f*, Kündigung *f*
festival (-*li*) Festspiele *pl.*
fethetmek erobern
fetih (-*thi*) Eroberung *f*
fetva Rechtsgutachten *n nach islamischem Recht*
fevkalâde außergewöhnlich, Sonder-
feza Weltraum *m*
fıçı Faß *n*; **~cı** Böttcher *m*, Faßbinder *m*

fıkara arm; (die) Arme(n) *pl.*; **~lık** Armut *f*
fıkırdamak brodeln
fıkra Abschnitt *m*, Passus *m*; Anekdote *f*, Feuilleton *n*
fındık (-*ğı*) Haselnuß *f*
Fırat Euphrat *m*
fırça Bürste *f*; Pinsel *m*; **~lamak** (ab)bürsten
fırıldak (-*ğı*) Ventilator *m*; Windfang *m*; **~nmak** sich drehen
fırın Backofen *m*; Bäckerei *f*; **~cı** Bäcker *m*
fırla|mak auffliegen, emporschnellen; **~tmak** schleudern, schießen
fırsat Gelegenheit *f*, Chance *f*
fırtına Sturm *m*; Gewitter *m*; **~lı** stürmisch
fısıl|damak flüstern, raunen; **~tı** Geflüster *n*
fıskıye Springbrunnen *m*
fıstık (-*ğı*) Erd-, Haselnuß *f*; **Şam fıstığı** Pistazie *f*
fışırdamak rauschen
fışkır|mak hervorsprudeln; **~tmak** hervorspritzen lassen
fıtık (-*ğı*) *Med.* Leistenbruch *m*
fıtrî natürlich, angeboren
fidan Schößling *m*, Sproß *m*; **~lık** Schonung *f*
fide junge Pflanze *f*, Pflänzling *m*
figüran Statist *m*, Komparse *m*
fihrist Inhaltsverzeichnis *n*; Index *m*
fiil Handlung *f*, Tat *f*; *Gr.*

Verb *n*, Zeitwort *n*; ~**i** tatsächlich, wirklich; aktiv
fikir (*-kri*) Meinung *f*; Gedanke *m*; ~**siz** ohne Meinung
fil Elefant *m*; *Schach:* Läufer *m*
filân *s. falan*
fildişi Elfenbein *n*
file Netz *n*
fileto Filet *n*
filinta Karabiner *m*
Filipin: ~ **adaları** Philippinen *pl.*
Filistin Palästina *n*
filiz Trieb *m*, Sproß *m*; ~**lenmek** Triebe ansetzen
film Film *m*
filo Flotte *f*
filo|log Philologe *m*; ~**loji** Philologie *f*; ~**zof** Philosoph *m*
filtre Filter *m*; ~**li** mit Filter, Filter-
Fin Finne *m*; finnisch
final (*-li*) Finale *n*
finans|e: ~**e etm.** finanzieren; ~**man** Finanzierung *f*
fincan Tasse *f*; *El.* (Porzellan-)Isolator *m*
fingirdemek kokettieren
Finlandiya Finnland *n*
firar Flucht *f*
firkete Haarnadel *f*
fiske Schnipsen *n*; Prise *f*; ~**lemek** *mit dem Finger* schnipsen
fiskos Tuscheln *n*
fistül *Med.* Fistel *f*
fiş Zettel *m*, Karteikarte *f*; *El.* Stecker *m*
fişek Patrone *f*; Rakete *f*

fişlemek *A* katalogisieren; *e-e* Akte anlegen über *A*
fitil Docht *m*, Zündschnur *f*
fitne Aufruhr *m*
fiyat Preis *m*
fizik Physik *f*; physisch
flâma *Mar.* Wimpel *m*
Flâman flämisch
flâş *Fot.* Blitzlicht *n*
flâvta Flöte *f*
flört Flirt *m*
flüor Fluor *n*
flüt Querflöte *f*
fobi Phobie *f*, Angst *f*
fodra Zwischenfutter *n*
fok Seehund *m*, Robbe *f*
fokurdamak brodeln
folklor Folklore *f*
fon Thea. Hintergrund *m*; *Hdl.* Fonds *m*
fonetik Phonetik *f*; phonetisch
fonksiyon Funktion *f*
form Form *f*; ~**a** Druckbogen *m*; Uniform *f*
formalite Formalität *f*
formül Formel *f*; ~**er** Formular *n*
fors Stander *m*
forvet *Sp.* Stürmer *m*
fosfor *Chem.* Phosphor *m*
fotoğraf Lichtbild *n*, Foto *n*; ~ **makinesi** Fotoapparat *m*; *-in* ~**ını çekmek** fotografieren *A*; ~**çı** Fotograf *m*
fotokopi Fotokopie *f*
foya Folie *f*
frak Frack *m*
francala Weißbrot *n*
Frans|a Frankreich *n*; ~**ız**

Fransızca

Franzose *m* (-zösin *f*); französisch; ~ızca Französisch *n* (*Sprache*)
frekans Frequenz *f*
fren Bremse *f*
frengi *Med.* Syphilis *f*
Frenk (-*gi*) Europäer *m*
frenküzümü Johannisbeere *f*
frenlemek bremsen
freze *Tech.* Fräse *f*
frikik *Sp.* Freistoß *m*
friksiyon Abreibung *f*

fuar *Hdl.* Messe *f*
fuel-oil Heizöl *n*
fuhuş (-*hşu*) Unzucht *f*
fukara(lık) *s.* **fıkara(lık)**
funda Gestrüpp *n*
furgon *Esb.* Gepäckwagen *m*
futbol (-*lü*) Fußball *m*; ~ **maçı** Fußballspiel *n*
fuzuli unnötig, überflüssig
füme geräuchert; rauchfarben
füze Geschoß *n*, Rakete *f*

G

gacırdamak quietschen
gaddar grausam; ~**lık** Grausamkeit *f*
gaf Ungeschicklichkeit *f*
gafil unachtsam, gedankenlos; ~ **avlamak** überrumpeln, überfallen
gaflet Unachtsamkeit *f*
gaga *Zo.* Schnabel *m*; ~**lamak** aufpicken; mit dem Schnabel hacken
gaile Sorge *f*, Bedrängnis *f*; ~**li** mühselig; kummervoll
gaip (-*bi*) abwesend; unsichtbar; ~**lık** *Jur.* Verschollenheit *f*
galebe Sieg *m*; ~ **çalmak** -*e* besiegen *A*
galeri (*Kunst-*)Galerie *f*
galiba wahrscheinlich, vermutlich; ~**iyet** Sieg *m*
galip Sieger *m*; besiegend *A*
galvanizlemek galvanisieren
gam¹ *Mus.* Tonleiter *f*
gam² Kummer *m*, Gram *m*

gammaz Verleumder *m*, Angeber *m*; ~**lamak** verleumden, denunzieren; ~**lık** Denunziation *f*
gangster Gangster *m*
ganimet Beute *f*
gar Bahnhof *m*
garaj Garage *f*; Autobusbahnhof *m*
garanti Garantie *f*
garaz Haß *m*, Groll *m*
gardırop Kleiderschrank *m*; Garderobe *f*
gardiyan Wärter *m*
gargara Gurgeln *n*; ~ **yapmak** gurgeln
garip (-*bi*) sonderbar; armselig
garnitür Garnitur *f*; Garnierung *f*
garnizon Garnison *f*
garp (-*bı*) Westen *m*
garson Kellner *m*, Ober *m*
gaspetmek sich gewaltsam aneignen

gastrit *Med.* Gastritis *f*
gâvur Christ *m*, Giaur *m*; Ungläubige(r); stur; erbarmungslos; **~luk** Unglaube *m*; Grausamkeit *f*
gaye Ziel *n*, Absicht *f*, Zweck *m*; **~t** *adv.* sehr
gayret Mühe *f*, Eifer *m*; **~li** eifrig; **~siz** zaghaft
gayri nicht, un-; **~ kabil** unmöglich
gaz¹ Gas *n*; Petroleum *n*
gaz² Gaze *f*, Flor *m*
gazap Zorn *m*, Wut *f*
gazete Zeitung *f*
gazeteci Journalist *m*; Zeitungshändler *m*; **~lik** Journalismus *m*
gazi Kämpfer *m* für den Islam; Frontkämpfer *m*
gazino Restaurant *n*, Kasino *n*
gaz|lamak Gas geben; vergasen; **~lı** mit Gas *od.* Petroleum gefüllt
gaz|ometre Gasbehälter *m*, Gasometer *m*; **~oz** Brauselimonade *f*
gebe schwanger, trächtig; **~lik** Schwangerschaft *f*
gebermek verenden
gebre Kapernstrauch *m*
gece Nacht *f*; **~ gündüz** Tag und Nacht; **~ yarısı** Mitternacht *f*; **~kondu** *mit Genehmigung gebautes kleines Haus*; **~leyin** nachts; **~lik** für die Nacht bestimmt, Nacht-; Nachthemd *n*
gecikme Verspätung *f*; Verzögerung *f*; **~k** sich verspäten, Verspätung haben
geciktirmek verzögern, spät tun
geç spät; **~ kalmak** sich verspäten
geç *-i* nach (*Uhr*); **üçü on ~** 10 (Minuten) nach 3 (*Uhr*)
geçen vergangen, vorig-; **~(ler)de** *adv.* neulich, vor einiger Zeit
geçer gültig; gängig; üblich; **~li** gültig
geç|ici vorübergehend; vorläufig; **~ilmek** *-den* gangbar *od.* begehbar sein *N*
geçim Einvernehmen *n*; Lebensunterhalt *m*; **~siz** unverträglich
geçin|dirmek ernähren, unterhalten; **~mek** auskommen (*ile* mit *D*), leben (*von D*)
geçirmek *A* passieren lassen; *Zeit usw.* verbringen; übertragen, transportieren
geçiş|li *Gr.* transitiv; **~siz** *Gr.* intransitiv
geçit (*-di*) Engpaß *m*; Furt *f*; Durchfahrt *f*; Vorbeimarsch *m*
geçmek (*-er*) *v/i* vorbeigehen (*-den an D*), hindurchgehen (durch *A*); sich ereignen; übertreffen; (*saat*) *dokuzu beş geçiyor* es ist fünf nach neun
geçmiş vergangen; Vergangenheit *f*; **~ olsun!** gute Besserung!

gedik

gedik (-*ği*) Bresche *f*, Lücke *f*; ~**li** Berufsunteroffizier *m*
geğirmek rülpsen
gelecek künftig, kommend; Zukunft *f*; ~ **zaman** *Gr.* Futur(um) *n*, Zukunft *f*
gelenek (-*ği*) Tradition *f*, Überlieferung *f*
gelgit Hin- und Herlaufen *n*; *Geo.* Gezeiten *pl.*
gelin Braut *f*; Schwiegertochter *f*
gelince -*e* betreffend, was anbetrifft
gelincik Klatschmohn *m*
gelir Einkommen *n*; ~ **vergisi** Einkommensteuer *f*
geliş Kommen *f*, ~**igüzel** *adv.* wahllos, zufällig
gelişme Entwicklung *f*; ~**k** wachsen, sich entwickeln; ~**kte olan ülke** Entwicklungsland *n*
gelişmiş entwickelt; ~**tirmek** entwickeln
gel|mek (-*ir*) kommen; vorkommen, erscheinen (-*e j-m*); *ip almak* abholen
gem Kandare *f*; ~ **vurmak** -*e* die Kandare anlegen *D*; dämpfen *A*
gemi Schiff *n*; ~**ci** Seemann *m*; ~**cilik** Schiffahrt *f*
gen weit, breit; unbebaut
genç jung; junger Mann *m*
gençleş|mek sich verjüngen; ~**tirmek** sich verjüngen
gençlik Jugend *f*
gene wieder, noch einmal; dennoch

genel allgemein, generell; General-; ~ **af** Amnestie *f*; ~**ev** Bordell *n*; ~**ge** Rundschreiben *n*; ~**kurmay** Generalstab *m*; ~**leşmek** allgemein *od.* Allgemeingut werden; ~**likle** im allgemeinen
general (-*li*) General *m*
geniş breit, weit; ausgedehnt; ~**lemek** sich erweitern, sich (aus)dehnen, breiter werden; ~**letmek** erweitern, ausdehnen; ~**lik** Weite *f*, Breite *f*
genleşmek *Phys.* sich ausdehnen
gensoru *Pol.* Anfrage *f*, Interpellation *f*
geometri Geometrie *f*
gerçek (-*ği*) tatsächlich, wirklich; Realität *f*; ~**çi** realistisch
gerçekleş|mek sich bewahrheiten; sich herausstellen, sich erweisen; ~**tirmek** als wahr erweisen, verwirklichen
gerçek|lik Wahrheit *f*; Realität *f*; ~**ten** *adv.* in Wahrheit, tatsächlich
gerçi *conj.* obwohl; zwar
gerdan Hals *m*, Kehle *f*; ~**lık** Halskette *f*
gereç (-*ci*) Material *n*
gereğince *N* gemäß *D*; gegebenenfalls
gerek (-*ği*) nötig, notwendig; Bedürfnis *n*; ~ ... ~ ... sowohl ... als auch ...; ~**çe** Begründung *f*, Motiv *n*; ~**li** notwendig, erforderlich; ~**lik** Not-

wendigkeit *f*; ~**mek** notwendig sein; passen (*-e* für *A*); ~**tirmek** erfordern; verursachen

gergedan Nashorn *n*, Rhinozeros *n*

gergef Stickrahmen *m*

gergin gespannt; ~**lik** Spannung *f*

geri hinten; zurück, rückwärts; hinterer Teil *m*, Rücken *m*; ~**ye bırakmak** aufverschieben; ~**ci** rückständig; Reaktionär *m*; ~**lemek** zurückbleiben; zurückweichen

gerili gespannt

gerilik Rückschritt *m*, Rückständigkeit *f*

ger|ilim Spannung *f*; ~**ilmek** gespannt werden; ~**inmek** sich strecken; ~**mek** (-*er*) spannen, ausstrecken; ausbreiten

getir|mek (her-, hervor-, mit)bringen; ~**tmek** kommen *od.* bringen lassen

geveze schwatzhaft; ~**lik** Schwatzhaftigkeit *f*

gevrek knusprig; spröde; Zwieback *m*

gevşek (-*ği*) locker, schlaff; ~**lik** Schlaffheit *f*, Nachlassen *n*

gevşe|mek locker werden, nachlassen; ~**tmek** lockern

geyik (-*ği*) Hirsch *m*

gez[1] Kimme *f*

gez[2] Lot *n*

gezdirmek umherführen, hin- und herbewegen

gezegen Planet *m*

gez|gin umherziehend; ~**i** Ausflug *m*; Reise *f*

gezin|mek spaziergehen, umherstreifen; ~**ti** Spaziergang *m*

gezmek (-*er*) spazierengehen; besichtigen

gıcık Husten- *od.* Niesreiz *m*; ~**lamak** zum Husten reizen; *fig.* mißtrauisch machen

gıcırda|mak *v/i* quietschen, knirschen; ~**tmak** *v/t* knirschen (*-i* mit *D*)

gıda Nahrung *f*

gıdaklamak gackern

gıda|lı nahrhaft; ~**sız** nicht nahrhaft; unterernährt

gıdıklamak kitzeln

gıpta Beneiden *n*, Neid *m*

gıgır Rattern *n*

gırtlak (-*ğı*) Kehlkopf *m*

gıyaben *adv.* in Abwesenheit

gibi *N* wie, so wie; **bunun** ~ solch, so ein(e)

gider *sg.* Ausgaben *pl.*

gider|ici beseitigend; ~**mek** beseitigen, fortschaffen, vertreiben

gidilmek *-e* besucht werden *N*

gidiş Gehen *n*, Abreisen *n*; Verhalten *n*; Verlauf *m*; ~ **dönüş bileti** Rückfahrkarte *f*

gidişmek jucken

gidon Lenkstange *f*; *Mar.* Stander *m*

girdap (-*bı*) Strudel *m*, Wirbel *m*

girinti Einbuchtung *f*

giriş Eingang m; Einleitung f
girişmek -e anfangen, unternehmen A
Girit, ~ **adası** Kreta n
girmek (-er) hineingehen, hereinkommen (-e in A); annehmen, beginnen (-e etw.)
gişe Schalter m, Kasse f
gitgide adv. allmählich
gitmek (-der) (fort)gehen; -in hoşuna ~ gefallen D
gittikçe allmählich
giy|dirmek ankleiden, anziehen (b-i j-n); ~**im** Kleidung f; ~**inmek** sich ankleiden, sich anziehen (-i etw.); ~**mek** (-er) anziehen, aufsetzen
giz|lemek verstecken, verbergen; geheimhalten, ~**lenmek** sich verstecken
gizli verborgen; geheim; ~**ce** adv. heimlich; ~**lik** Geheimhaltung f
gliserin Glyzerin n
global (-li) global
gol (-lü) Sp. Tor n; ~ **atmak** ein Tor schießen
gonca Knospe f
goril Zo. Gorilla m
gotik gotisch
göbek (-ği) Nabel m; Bauch m; Zentrum n; Generation f; ~**lenmek** dick werden
göç Wanderung f; ~**ebe** Nomade(nstamm) m; ~**mek** umziehen; wandern
göçmen Umsiedler m, Flüchtling m; ~**lik** Umsiedlung f; Ein-, Auswanderung f
göçürmek zum Wandern veranlassen; überweisen
göğüs (-ğsü) Brust f; ~**lük** Schürze f, Kittel m
gök (-ğü) Himmel m; ~ **gürlemesi** (od. **gürültüsü**) Donner m; ~**çe** blau; angenehm; ~**delen** Wolkenkratzer m; ~**kuşağı** Regenbogen m; ~**yüzü** Firmament n
göl See m
gölge Schatten m; ~ **düşürmek** -e überschatten A; ~**lendirmek** beschatten; ~**li** schattig; ~**lik** schattiger Platz m; Laube f
gömlek (-ği) Hemd n; Haut f der Schlange
göm|mek begraben; vergraben; ~**ülü** vergraben; versenkt
gönder|en, ~ici Absender m; ~**ilmek** geschickt werden (-e an A); ~**mek** senden, schicken (-e an A)
gönenç Wohlstand m
gönül (-nlü) Herz n; Zuneigung f; Mut m; ~ **çekmek** verliebt sein; ~**lü** freiwillig; Freiwillige(r); ~**süz** ungern; bescheiden
göre D nach, gemäß; im Hinblick auf A; ~**li** relativ, bedingt
görenek (-ği) Brauch m
görev Amt n, Stellung f; ~**lendirmek** beauftragen (ile mit D); ~**li** beauftragt; Zuständige(r), Bedienstete(r)

görgü Erfahrung f; Beobachtung f; **~lü** erfahren

görmek (-ür) sehen, erblicken; besuchen; erleiden

görülmek gesehen od. besucht werden; erlitten werden

görümce Schwägerin f (Schwester des Ehemannes)

görün|mek erscheinen, sich zeigen; scheinen; **~tü** Phantom n; **~üm** äußerer Schein m; **~ürde** adv. anscheinend; **~üş** Aussehen n

görüş Sehen n, Sicht f; Einstellung f; Ansicht f

görüşmek sich sehen, sich treffen (ile mit D); besprechen, verhandeln (ile mit D)

göster|ge Tech. Anzeiger m, Indikator m; **~i** Kundgebung f, Demonstration f

gösteriş Schein m; Aufwand m; Demonstration f; **~li** ansehnlich, auffällig; **~siz** unansehnlich

göster|mek DA zeigen; vorlegen; **Allah ~mesin!** möge Gott es verhüten!

göt Hintern m, Arsch m

götür|mek wegtragen, mitnehmen; **~ü** pauschal

gövde Rumpf m; Bot. Stamm m, Stengel m

göz Auge n; (Schub-)Fach n, Schublade f; Öhr n, Öse f; **~ü kararı** im Ansehen sinken, in Ungnade fallen; **~e almak** A ins Auge fassen, erwägen; **~e çarpmak** ins Auge fallen; **~ü pek** kühn, mutig; **~alıcı** bezaubernd; **~altı** Überwachung f; **~bebeği** Pupille f; **~cü** Beobachter m; **~de** Günstling m, Favorit m

gözetim Überwachung f, Aufsicht f

gözetlemek beobachten; bespitzeln

gözetmek beobachten; beschützen; abwarten

gözkapağı Augenlid n

gözle|m Beobachtung f; **~mek** beobachten

gözlük Brille f; **~çü** Optiker m

göz|taşı Kupfervitriol n; **~yaşı** Träne f; **~yuvası** Augenhöhle f

gram Gramm n

gramer Grammatik f

grandük Großherzog m

gravür Gravierung f, Gravur f

grev Streik m, Ausstand m; **~hakkı** Streikrecht n; **~ci** Streikende(r)

greyder Planiermaschine f

greypfrut Pampelmuse f, Grapefruit f

gri grau

grip Grippe f

grizu Grubengas n

grup (-bu) Gruppe f

gudde Drüse f

guguk Kuckuck m

gurbet Fremde f; **~çi** in der Fremde lebend

gurul|damak knurren, kollern; **~tu** Knurren n

gurur Stolz *m*, Eitelkeit *f*; **~lu** stolz, hochmütig

gübre Mist *m*, Dung *m*, Dünger *m*; **~lemek** düngen

gücendirmek kränken; **~mek** böse sein, verstimmt sein (*-e* über *A*)

güç¹ (*-cü*) Kraft *f*, Stärke *f*

güç² (*-cü*) schwer; schwierig; **~leşmek** schwer(ig)er werden; **~leştirmek** erschweren; behindern

güçlü kräftig, stark

güçlük Schwierigkeit *f*

güçsüz kraftlos, schwach

güdü Beweggrund *m*, Motiv *n*

güdük unvollständig

güdüm Lenkung *f*; **~lü** lenkbar

güherçile Salpeter *m*

gül Rose *f*; **~ yağı** Rosenöl *n*

güldürmek zum Lachen bringen; **~ücü** komisch

güllâç Teig od. Süßspeise aus Reisstärke

gülmek (*-er*) lachen, sich freuen (*-e* über *A*); **~ümsemek** lächeln; **~ünç** lächerlich, komisch; **~üşmek** zusammen lachen

gümbürdemek poltern, sterben; **~tü** Gepolter *n*

gümeç (*-ci*) Honigwabe *f*

gümrük (*-ğü*) Zoll *m*; **~ kontrolü** Zollkontrolle *f*; **~ memuru**, **~çü** Zollbeamte(r); **~lü** zollpflichtig; **~süz** zollfrei

gümüş Silber *n*; **~lemek** versilbern

gün Tag *m*; Sonne *f*; Licht *n*; **~ aydın!** guten Morgen!; guten Tag!; **~ çiçeği** Sonnenblume *f*; **~ doğmak** Tag werden; **~ dönümü** Sonnenwende *f*

günah Sünde *f*; **~kâr**, **~lı** sündig; **~sız** sündlos, unschuldig

günaşırı alle zwei Tage, jeden zweiten Tag; **~cel** aktuell; **~delik** Tagelohn *m*; täglich, Tages-; **~dem** Tagesordnung *f*

gündüz Tag *m*, Tageszeit *f*; tagsüber; **~ün** *adv.* bei Tage, tagsüber

güneş Sonne *f*; **~le(n)mek** sich sonnen; **~li** sonnig; hell; **~lik** sonnig; Sonnenschutz *m*

güney Süden *m*; **~lük¹** -tägig, ... Tage *od.* entfernt

günlük² Weihrauch *m*

gür reichlich, viel; laut; **~büz** kräftig, gesund

güreş Ringkampf *m*; **~çi** Ringer *m*, Ringkämpfer *m*; **~mek** ringen

gürlemek dröhnen

guruh Gruppe *f*, Bande *f*

gürüldemek plätschern, donnern

gürültü Lärm *m*, Toben *n*; **~lü** lärmend, tobend; **~süz** ruhig, geräuschlos

gütmek (*-der*) treiben, führen

güve Motte *f*

güveç (*-ci*) Tontopf *m*; Schmorgemüse *n*

güven Vertrauen *n*; **~ce** Ga-

rantie f; ~lik Sicherheit f; ~mek -e vertrauen D; sich verlassen auf A; ~sizlik Mißtrauen n
güvercin Zo. Taube f
güverte Mar. Deck n
güvey Bräutigam m; Schwiegersohn m
güya conj. als ob, als wenn
güz Herbst m
güzel schön, hübsch; ~leşmek sich verschönern, schöner werden; ~leştirmek verschönern; ~lik Schönheit f, Anmut f
güzlük Herbst-

H

haber Nachricht f, Meldung f; ~ almak erfahren, hören; ~ vermek -e benachrichtigen, informieren A; ~ci Melder m, Kurier m; ~dar: ~dar olm. erfahren, wissen (-den etw.); ~siz ohne Nachricht, nicht informiert (-den über A)
hac (-cci) Rel. Wallfahrt f nach Mekka
haccetmek e-e Wallfahrt machen
hacet Bedürfnis n
hacı Hadschi m, Mekkapilger m; ~(lar) yolu Astr. Milchstraße f
hacim (-cmi) Größe f, Volumen n
hacir (-cri) Jur. Entmündigung f
haciz (-czi) Jur. Pfändung f
haczetmek pfänden
haç Kreuz n; ~lamak kreuzigen
Haçlılar pl. Kreuzfahrer pl.
had (-ddi) Grenze f, Schranke f; ~dinden fazla übermäßig; ~dini bilmek seine Grenzen kennen

hâd (-ddi) scharf; akut (a. Med.)
hadde Drahtziehmaschine f; ~hane Walzwerk n
hademe Bürodiener m
hadım Eunuch m, Kastrat m
hadi s. haydi
hâdise Vorfall m, Ereignis n
hadsiz grenzenlos
haf Läufer m (Fußball)
hafıza Gedächtnis n
hafif leicht; ~lemek leichter werden, sich verringern, ~leştirmek, ~letmek erleichtern; ~lik Leichtigkeit f; Erleichterung f; ~meşrep leichtsinnig
hafiye Detektiv m, Spitzel m
hafta Woche f; ~lık wöchentlich; ~wöchig; Wochenlohn m
haftaym Sp. Halbzeit f
haham Rabbiner m; ~başı Oberrabbiner m
hain verräterisch, treulos; ~lik Verrat m, Treulosigkeit f
haiz: ~ olm. A besitzen
hak¹ (-kkı) Recht n, Wah-

hak

re(s); Anrecht *n*; Tatsache *f*; *Hak* Gott (*m*); ~ *etm.* verdienen

hak² (*-kkı*) Gravieren *n*
hâk (*-i*) *lit.* Erde *f*, Boden *m*
hakaret Verachtung *f*, Beleidigung *f*; ~ *etm. -e* verachten, beleidigen *A*
hakem Schiedsrichter *m*
hakikat (*-ti*) Wahrheit *f*, Wirklichkeit *f*; **~en** *adv.* tatsächlich, in der Tat
hakikî wahr, echt
hâkim Richter *m*; Herrscher *m*; ~ *olm. -e* beherrschen, überragen *A*; **~iyet** Herrschaft *f*, Gewalt *f*; **~lik** Richteramt *f*
hakkaniyet Gerechtigkeit *f*
hakkı|nda über, betreffend *A*; **~yla** *adv.* mit Recht
haklı im Recht; **~sınız** Sie haben Recht
haksız ohne Recht, im Unrecht; **~lık** Unrecht *n*, Ungerechtigkeit *f*
hâl (*-li*) Zustand *m*, Lage *f*, Stellung *f*; gegenwärtige Zeit *f*; Fall *m*; **o ~de, şu ~de** in diesem Fall, also, dann; **-diği ~de** obwohl, während doch
hal (*-li*) (Markt-)Halle *f*
hala Tante *f* (*Schwester des Vaters*)
hâlâ jetzt; immer noch
halâs Rettung *f*, Befreiung *f*
halat Tau *n*, Seil *n*
halbuki indessen, jedoch

hale Heiligenschein *m*; *Astr.* Hof *m*
halef Nachfolger *m*
halel Schaden *m*, Störung *f*
halen *adv.* gegenwärtig
Halep Aleppo *n*
halet Zustand *m*, Lage *f*
halı Teppich *m*; **~cı** Teppichhändler *m*; **~cılık** Teppichwebekunst *f*
haliç (*-ci*) *Geo.* Bucht *f*, Meerbusen *m*; *Haliç* Goldene(s) Horn
halife Kalif *m*
halis echt, rein
halita Mischung *f*; *Chem.* Legierung *f*
halk Volk *n*, Leute *pl.*; ~ **oylaması** *Pol.* Referendum *n*, Volksentscheid *m*
halka Ring *m*, Glied *n*, Kreis *m*; **~lı** mit Ring(en) versehen
halkçılık *Pol.* Populismus *m*
halletmek lösen; auflösen, zerlegen
halojen Halogen *n*
halsiz kraftlos, erschöpft
halter *Sp.* Stemmgewicht *n*; **~ci** Gewichtheber *m*
ham unreif, roh; unbearbeitet; ~ *madde* Rohstoff *m*
hamak Hängematte *f*
hamal Lastträger *m*
hamam türkisches Bad *n*; **~ böceği** Kakerlak *m*
hamarat fleißig, tüchtig
hamd|etmek *D* Gott danken; **~olsun!** Gott sei Dank!
hami Fürsprecher *m*

hamil Überbringer *m*, Inhaber *m*; ~e schwanger
hamiyet Ehrgefühl *n*
hamle Angriff *m*, Ansturm *m*
hamur Teig *m*; Papierqualität *f*; ~suz ungesäuert (*Brot*)
han¹ Khan *m*, Herrscher *m*
han² Han *m*, Karawanserei *f*; Bürohaus *n*
hançer Dolch *m*
hançere Kehlkopf *m*
hane Haus *n*; Feld *n* e-s Schachbretts; Rubrik *f*; ~dan Dynastie *f*, Familie *f*
hangar Halle *f*, Schuppen *m*
hangi welch-; ~si welche(r, -s) von ihnen
hanım Dame, Frau *f*; ~efendi Dame *f*; (*Anrede:*) gnädige Frau
hani wo bleibt denn ...?; doch; ~ ya (wieso) dann
hantal unhandlich; plump
hap Pille *f*
hapis (-*psi*) Haft *f*; Gefängnis *n*; ~hane Gefängnis *n*
hapsetmek einsperren
hapşırmak niesen
harabe Ruine *f*
haraç (-*cı*) Tribut *m*
haram *Rel.* verboten
harap (-*bi*) zerstört, verwüstet, ruiniert; ~ olm. zerstört werden, verfallen
hararet Wärme *f*; Hitze *f*; Fieber *n*; ~li hitzig, heiß
harbiye Militärakademie *f*
harcamak ausgeben; verbrauchen
harcırah Reisekosten *pl.*

harç¹ (-*cı*) Mörtel *m*
harç² (-*cı*) Aufwand *m*; Gebühr *f*; ~lı gebührenpflichtig; ~lık Taschengeld *n*
hardal Senf *m*, Mostrich *m*
hareket Bewegung *f*; Aufbruch *m*, Abreise *f*; Benehmen *n*; Aktion *f*; ~ etm. aufbrechen, abreisen; sich verhalten; ~li beweglich; aktiv; ~siz bewegungslos
harem Harem *m*
harf Buchstabe *m*; ~i ~ine, ~iyen wörtlich
harıldamak knistern
harici äußerlich; Außen-; ~ç Äußere(s); außerhalb (-*den G*); ausgenommen
harika Wunder *n*; außerordentlich; ~ulâde un-, außergewöhnlich
haris gierig, habsüchtig
harita Landkarte *f*; ~cılık Kartographie *f*
harman Dreschen *n*; Dreschplatz *m*; Erntezeit *f*; Mischung *f*; ~ dövmek dreschen
harmoni Harmonie *f*
harp (-*bi*) Krieg *m*; ~ malûlü Kriegsversehrte(r); ~ okulu Kriegsschule *f*, Militärakademie *f*
hartuç Kartusche *f*
has rein, echt; besonder; eigen (-*e j-m*, -*er Sache*)
hasar Schaden *m*, Verlust *m*; ~a uğramak Schaden erleiden, beschädigt werden
hasat Ernte(zeit) *f*

hasebiyle wegen *G*
haset (-di) Neid *m*; **~çi** neidisch
hâsıl sich ergebend; Ergebnis *n*; **~ olm.** sich ergeben (*-den* aus *D*); **~at** *pl.* Ertrag *m*, Gewinn *m*; **~ı** *adv.* kurz und gut
hasım Feind *m*, Gegner *m*
hasır Matte *f*; Rohr-, Bast**hasis** geizig; **~lik** Geiz *m*
hasret Sehnsucht *f*; *-in* **~ini çekmek** sich sehnen nach *D*
hasretmek beschränken (*-e* auf *A*); widmen (*-e j-m*)
hassas empfindlich; empfindsam; **~iyet** Empfindsamkeit *f*; Anteilnahme *f*
hasta krank; leidend; **~ düşmek** erkranken, krank werden; **~bakıcı** Krankenpfleger *m*; Krankenschwester *f*; **~hane** Krankenhaus *n*; **~lanmak** erkranken, krank werden
hastalık Krankheit *f*; **~lı** kränklich, leidend
haşarat *pl.* Ungeziefer *n*
haşarı unartig, ungezogen
haşere Insekt *n*
haşhaş Mohn *m*
haşırdamak knistern
haşin rauh, grob, derb
haşiş Haschisch *n*
haşiye Fußnote *f*
haşlama gekocht; gekochtes Fleisch *n*; **~k** brühen; stechen (*Insekt*)
haşmet Pracht *f*, Majestät *f*; **~li** Majestät *f* (*Titel*)
hat (-*ttı*) Linie *f*; Strich *m*

hata Fehler *m*, Irrtum *m*; **~ya düşmek** sich irren; **~lı** fehlerhaft; falsch
hatır Gedächtnis *n*; Herz *n*, Gefühl *n*; Achtung *f*; **~ına gelmek** einfallen, in den Sinn kommen; **~ından çıkmak** aus dem Gedächtnis schwinden
hatıra Erinnerung *f*; **~t** *pl.* Erinnerungen *pl.*, Memoiren *pl.*
hatır|lamak *-i* sich erinnern an *A*; **~latmak** erinnern (*-e -i j-n* an *A*)
hatip (-*bi*) Redner *m*; *Rel.* Prediger *m*
hatta sogar, selbst
hattat Kalligraph *m*
hav Flaum *m*, Daune *f*
hava Luft *f*; Wetter *n*; Atmosphäre *f*; Lust *f*, Neigung *f*; **~ kirliliği** Luftverschmutzung *f*; **~ korsanı** Luftpirat *m*; **~ kuvvetleri** *pl.* Luftwaffe *f*; **~ alanı** Flughafen *m*
havacı Flieger *m*; **~lık** Luftfahrt *f*
havadar luftig
havadis *pl.* Nachrichten *pl.*
hava|gazı Leuchtgas *n*; **~küre** Atmosphäre *f*
havai Luft-; leichtlebig; **~ fişek** Rakete *f*
havalanmak gelüftet werden; aufsteigen, starten
havale Überweisung *f*; Zaun *m*; Einblick *m*; **~ etm.** überweisen; weitergeben (*-e* an *A*); **~name** Zahlungsanweisung *f*

havali Umgebung *f*
havan Mörser *m*; ~ **topu** *Mil.* Mörser *m*, Haubitze *f*; ~**eli** Stößel *m*
havari *Rel.* Apostel *m*
hava|sız dumpf; luftleer; ~**yolu** Luftlinie *f*; ~**yuvarı** Atmosphäre *f*
havlamak bellen
havlu Handtuch *n*
havra Synagoge *f*
havuç (-*cu*) Mohrrübe *f*, Möhre *f*
havuz Teich *m*; Becken *n*, Bassin *n*; Dock *n*; ~**lamak** ins Dock bringen
havya Lötkolben *m*
havyar Kaviar *m*
havza *Geo.* Becken *n*
hayal (-*li*) Phantasiegebilde *n*, Traumbild *n*; Gespenst *n*; ~ **kırıklığı** Enttäuschung *f*; ~**et** Phantom *n*, Gespenst *n*; ~**î** fiktiv; eingebildet
hayat Leben *n*; ~ **geçirmek** leben
haydi! komm!; los!
haydut (-*du*) Räuber *m*; ~ **yatağı** Räuberhöhle *f*; ~**luk** Räuberei *f*
hayday! gern!; bitte schön!
hayır 1. nein; 2. (-*yrı*) Gute(s); ~**dua** Segenswunsch *m*; ~**hah** wohlwollend
hayırlı gut; von guter Vorbedeutung; ~ **olsun!** möge es Glück bringen!
hayırsız unselig
haykır|ış Schreien *n*, Geschrei *n*; ~**mak** schreien, rufen
haylaz unartig; faul
hayli viel; ziemlich viel
hayran verwundert; ~ **kalmak** -*e* bewundern *A*
hayret Verwunderung *f*; ~**te bırakmak** in Staunen (ver-) setzen; ~**te kalmak** staunen, sich wundern
haysiyet Würde *f*; Ehre *f*; ~**li** auf seine Ehre haltend; ~**siz** ohne Ehrgefühl
hayvan Tier *n*; ~ **bahçesi** Zoo(logischer Garten) *m*, Tierpark *m*; ~**ca** bestialisch; dumm; ~**î** tierisch; Tier-
haz (-*zzı*) Freude *f*
Hazer: ~ **Denizi** Kaspische(s) Meer
hazım Verdauung *f*; ~**sız** unverdaulich; reizbar
hazır bereit, fertig; anwesend; ~ **ol!** *Mil.* stillgestanden!; ~**dan yemek** vom eigenen Kapital leben; ~**cevap** schlagfertig; ~**lamak** vorbereiten, bereitstellen; ~**lanmak** sich vorbereiten; ~**lık** Vorbereitung *f*; Bereitschaft *f*
hazırlop hartgekocht (*Ei*)
hazin traurig; betrüblich
hazine Schatz *m*; Kasse *f*
haziran Juni *m*
hazmetmek verdauen; *fig.* hinnehmen, ertragen
hazret *Ehrentitel für Heilige usw.*; ~**i Peygamber** der Prophet (Mohammed)
hece Silbe *f*; ~**lemek** buchstabieren; ~**li** -silbig

hecin

hecin Dromedar *n*
hedef Ziel *n*; Zielscheibe *f*; ~ **almak** *-i* abzielen auf *A*
hediye Geschenk *n*; ~ **etm.** *DA* schenken; **~lik** Geschenk-
hekim Arzt *m*, Doktor *m*; **~lik** Arztberuf *m*
hektar Hektar *m od. n*
helâ Klosett *n*, Abort *m*
helâk Tod *m*, Verderben *n*
helâl (*-li*) rechtmäßig, legitim
hele vor allem, besonders; nur, doch
helecan Herzklopfen *n*
helezon Spirale *f*; **~î, ~lu** spiralförmig
helikopter Hubschrauber *m*
helva Helwa *f*, türkischer Honig *m*
hem und, auch; ~ **de** und zwar; sowie; ~ ... ~ (**de**) ... sowohl ... als auch
hemen sofort, sogleich; beinahe; ~ ~ fast, beinahe; bald
hemhudut angrenzend, aneinanderstoßend
hem|şeri Landsmann *m*, **~şire** (Kranken-)Schwester *f*
hendek (*-ği*) Graben *m*
hendese Geometrie *f*
hengâme Lärm *m*
henüz eben; noch, bis jetzt
hep alle; *adv.* immer; **~si** alles, alle zusammen
her jeder, jede, jedes; ~ **biri** jeder (jede, jedes) von ihnen; ~ **gün** jeden Tag; ~ **halde** jedenfalls, wahrscheinlich; ~

hangi *s.* **herhangi**; ~ **ne** was auch immer; ~ **ne kadar** so sehr (*od.* viel) auch; obwohl; ~ **yerde** überall; ~ **zaman** immer, zu jeder Zeit
hercümerç Durcheinander *n*
hergele Kerl *m*, Gauner *m*
herhangi irgendein(e)
herif Kerl *m*
herkes jeder, jede, jedes
hesap (*-bı*) Rechnung *f*, Berechnung *f*; Rechnen *n*; Konto *n*; ~ **etm.** (be)rechnen; ~ **tutmak** Buch führen; ~ **vermek** *D* Rechnung ablegen (*b.ş.* **hakkında** über *A*); **hesaba almak** (*od.* **katmak**) berücksichtigen; **~lamak** berechnen; überlegen; **~laşmak** abrechnen; **~lı** preisgünstig; *fig.* umsichtig; **~sız** zahllos; unüberlegt
heves Lust *f*, Neigung *f*, **~lenmek** *-e* Lust und Neigung haben für *A*; **~siz** uninteressiert
heybet achtunggebietendes Aussehen *n*, Würde *f*
heyecan Begeisterung *f*, Erregung *f*; **~landırmak** in Erregung versetzen; **~lı** begeistert
heyet Kommission *f*, Ausschuß *m*
heyhat! ach!, leider!
heykel Statue *f*, Figur *f*; **~ci, ~tıraş** Bildhauer *m*
hezeyan Gerede *n*, Quatsch *m*
hezimet *Mil.* Niederlage *f*

hıçkır|ık (-ğı) Schluchzen *n*; Schluckauf *m*; **~mak** schluchzen; den Schluckauf haben
hıdrellez Sommeranfang *m* (6. Mai, *Eliastag*)
hıfzıssıhha Hygiene *f*
hınç (-cı) Groll *m*; Rache *f*
hır Zank *m*, Streit *m*; **~çın** reizbar, streitsüchtig
hırdavat Eisenwaren *f*.; Kram *m*; **~çı** Eisenwarenhändler *m*
hırıl|damak knurren; röcheln; **~tı** Röcheln *n*; *fig.* Streit *m*
Hıristiyan, **~lık** s. Hristiyan (-lık)
hırka wollene *od.* wattierte Jacke *f*
hırlamak knurren; **~palamak** übel zurichten; beschädigen
hırpani schäbig gekleidet
hırs Gier *f*, Habsucht *f*
hırsız Dieb *m*; **~lık** Diebstahl *m*
hırs|lanmak zornig werden; **~lı** wütend; gierig
Hırvat Kroate *m*; kroatisch
hısım Verwandte(r)
hışıldamak rascheln
hışır unreife Frucht *f*
hışırdamak rascheln
hıyanet Verrat *m*
hıyar Gurke *f*; *Argot*: plump, dumm
hız Geschwindigkeit *f*; Anlauf *m*, Schwung *m*; **~ almak** Anlauf nehmen; **~landırmak** beschleunigen; **~lan-**

mak schneller werden; **~lı** rasch, schnell
hibe *Jur.* Schenkung *f*
hiciv (-*cvi*) Satire *f*
hicr|et Auswanderung *f*; Hedschra *f*; **~î ...** der Hedschra (*Jahr*)
hiç kein(e) *sg. u. pl.*; gar nicht, niemals; (*ohne Verneinung*) je, jemals; **~ olmazsa** (*od.* **değilse**) wenigstens; **~ bir:** **~bir şey** nichts; **~bir yerde** nirgends; **~biri** niemand; keine(r, -s); **~ten** wertlos; grundlos
hiddet Zorn *m*; **~lenmek** in Zorn geraten, wütend werden (-*e* über *A*); **~li** zornig, heftig
hidro|jen Wasserstoff *m*; **~lik** hydraulisch
hikâye Erzählung *f*, Geschichte *f*; **~ etm.** erzählen
hikmet Weisheit *f*
hilâf Gegenteil *n*, Widerspruch *m*; **~ına** *N* entgegen *D*, gegen *A*
hilâl (-*li*) Halbmond *m*
hile List *f*, Trick *m*; Verfälschung *f*; **~ci, ~kâr** betrügerisch; Betrüger *m*; **~li** gefälscht, verfälscht
himaye Schutz *m*; Schirmherrschaft *f*
himmet Bemühung *f*; Hilfe *f*
hindi Truthahn *m*, Puter *m*
Hindistan Indien *n*
hindistancevizi Kokosnuß *f*
Hintli Inder *m*; indisch
hintyağı Rizinusöl *n*

hipnoz

hipnoz Hypnose f
his (-*ssi*) Gefühl n, Empfindung f
hisar Burg f, Festung f
hisse Hdl. Anteil m; Aktie f; **~dar** Teilhaber m, Aktionär m; **~li** in Anteile aufgeteilt
hissetmek fühlen, empfinden, wahrnehmen
hitabe Ansprache f; **~t** Redekunst f
hitam son m, Schluß m
hitap (-*bı*) Anrede f; **~ etm.** *-e* anreden A
hiyerarşi Hierarchie f
hiza Linie f, Höhe f
hizmet Dienst m; Amt n; **~ etm.** *-e* dienen D; bedienen A; **~çi** Diener m; **~li** Angestellte(r)
hobi Hobby n
hoca Hodscha m; Lehrer m
hokey Hockey n
hokka Napf m
hokkabaz Taschenspieler m; **~lık** Taschenspielerei f, Gaunerei f
hol (-*lü*) Diele f, Halle f
homojen homogen; **~seksüel** homosexuell
homurdanmak brummen, maulen (-*e* über A)
hoparlör Lautsprecher m
hoplamak hinüberhüpfen
hoppa leichtsinnig, leichtfertig; **~lık** Leichtsinn m
hor gering, verächtlich; **~ görmek** geringschätzen
horlamak¹ v/i schnarchen

74

horlamak² v/t schlecht behandeln
horoz Zo. Hahn m; **~ ibiği** Hahnenkamm m; Bot. Amarant m; **~lanmak** sich brüsten, großtun
hortlak (-*ğı*) Gespenst n, Vampyr m
hortum Zo. Rüssel m; Schlauch m
horuldamak schnarchen
hostes Stewardeß f; Hosteß f
hoş angenehm, gut; anmutig, hübsch; **~ geldiniz!** seien Sie willkommen!; **~ buldukl** (Antwort) danke sehr!; **~ görmek** verzeihen
hoşaf Kompott n
hoşgörü Toleranz f; **~lanmak** *-den* Gefallen finden an D, gern mögen A; **~nut** befriedigt, erfreut
hovarda Verschwender m; Schürzenjäger m; **~lık** Vergnügungssucht f, Ausschweifung f
hoyrat ungeschickt, plump
hörgüç (*-cü*) Zo. Höcker m
höyük (*Grab-*) Hügel m
Hristiyan Christ m; christlich; **~lık** Christentum n
hububat f Getreide n
hudut (-*du*) Grenze f
hukuk pl. Recht n, Rechte pl.; Jura pl.; Rechtswissenschaft f, Jurisprudenz f; **~ devleti** Pol. Rechtsstaat m; **~çu** Jurist m; **~î** juristisch; **~ Rechtshulâsa** Auszug m, Resümee n
hulya Phantasie f

humma Fieber *n*; Typhus *m*; **~lı** fiebrig; fieberhaft
huni Trichter *m*
hurafe abergläubische Geschichte *f*, Fabel *f*
hurda Abfall *m*, Schnitzel *pl.*; **~cı** Altwarenhändler *m*
hurma Dattel *f*; **~ agacı** Dattelpalme *f*
husul (*-lü*) Verwirklichung *f*; **~ bulmak** sich verwirklichen, gelingen
husumet Feindschaft *f*
husus Angelegenheit *f*, Sache *f*; Belang *m*; **bu ~ta** in dieser Sache, hierüber; **~unda** bezüglich *G*, über *A*; **~î** besonder-, Sonder-, speziell; privat; **~îyet** Freiheit *f*
hutbe (Freitags-)Predigt *f*
huy Natur *f*, Charakter *m*, **~lu**, **~suz** mürrisch, mißtrauisch
huzme (Strahlen- usw.) Bündel *n*; (Geschoß-)Garbe *f*
huzur Gegenwart *f*, Ruhe *f*; *-in* **~unda** in Anwesenheit *G*, vor *D*
hüccet Urkunde *f*; Beweis *m*
hücre Zelle *f* (*a. Bot.*)

hücum Angriff *m*, Sturm *m*; **~ etm. -e** angreifen *A*
hükm|etmek -e beherrschen *A*; vermuten (*-diğine* daß); **~î** juristisch
hüküm (*-kmü*) Gewalt *f*; Urteil *n*; Bestimmung *f*; Wirkung *f*; **~ giymek** verurteilt werden; **~ sürmek** herrschen; **~dar** Herrscher *m*, Monarch *m*
hükümet Regierung *f*, Staatsgewalt *f*; Staat *m*
hükümsüz ungültig
hümanizm Humanismus *m*
hüner Talent *n*, **~li** geschickt; kunstfertig
hüngürdemek aufschluchzen
hür frei, unabhängig
hürmet Achtung *f*, Respekt *m*; **~ etm. -e** achten, ehren *A*; **~li** ehrwürdig; **~sizlik** Respektlosigkeit *f*
hürriyet Freiheit *f*
hüsnühal (*-li*) gute Führung *f*, Unbescholtenheit *f*; **~niyet** guter Wille *m*
hüviyet Identität *f*; **~ cüzdanı** Personalausweis *m*, Kennkarte *f*
hüzün (*-znü*) Traurigkeit *f*

I

ıhlamur Linde *f*; **~ (çayı)** Lindenblütentee *m*; **~ (çiçeği)** Lindenblüte *f*
ıkınmak den Atem anhalten, stöhnen
ılgar Galopp *m*; Attacke *f*
ılgım Luftspiegelung *f*

ılgın *Bot.* Tamariske *f*
ılı|ca heiße Quelle *f*, Thermalbad *n*; **~k** lauwarm; **~m** Ausgeglichenheit *f*; **~nmak** lauwarm werden
ırak (*-ğı*) fern (*-den* von *D*)
Irak Irak *m*

ırgalamak schütteln
ırgat (*Land-, Bau-*)Arbeiter *m*
ırk Rasse *f*; Abstammung *f*; **~çılık** Rassismus *m*
ırmak (*-ğı*) Fluß *m*
ırz Ehre *f*, Ehrgefühl *n*; *-in* **~ına geçmek** vergewaltigen, schänden *A*
ısı Wärme *f*, Temperatur *f*; **~nmak** sich erwärmen; *fig.* sich gewöhnen (*-e* an *A*)
ısır|gan Brennessel *f*; **~mak** beißen (*-den* in *A*)
ısıtma Heizung *f*; Heiz-; **~k** heizen, wärmen
ıskala Tonleiter *f*; Skala *f*
ıskarta abgelegte Spielkarte *f*; Gerümpel *n*; **~ya çıkarmak** ausrangieren
ıskat Streichung *f*
ıskonto *Hdl.* Diskont *m*, Rabatt *m*
ıslah Verbesserung *f*, Reform *f*; **~ etm.** verbessern; **~ evi**, **~hane** Erziehungsheim *n*
ısla|k naß, feucht; **~nmak** naß, feucht werden; **~(t)mak** naß machen, anfeuchten; verprügeln
ıslık Pfeifen *m*, Pfiff *m*; **~ çalmak** pfeifen; auspfeifen (*b-e j-n*)

ısmarla|ma Bestellung *f*; auf Bestellung; **~mak** bestellen; **Allaha ~dık!** auf Wiedersehen!
ıspanak (*-ğı*) Spinat *m*
ıspazmoz *Med.* Krampf *m*
ısrar Beharrlichkeit *f*; **~ etm.** bestehen (*-de auf D*); **~lı** beharrlich
ıssız unbewohnt; **~lık** Öde *f*
ıstakoz Hummer *m*
ıstampa Stempel *m*; Stempelkissen *n*
ıstavroz *Rel.* Kreuz(eichen) *n*; **~ çıkarmak** sich bekreuzigen
ıstılah Fachausdruck *m*
ıstırap (*-bı*) Unruhe *f*, Sorge *f*, Schmerz *m*; **~ çekmek** Schmerzen leiden; in Sorge sein
ışık (*-ğı*) Licht *n*; Lampe *f*; **~landırmak** beleuchten; **~ölçer** *Fot.* Belichtungsmesser *m*
ışılda|k (*-ğı*) Scheinwerfer *m*; **~mak** leuchten
ışın Strahl *m*; **~ım** Strahlung *f*
ıtır Duft *m*, Aroma *f*; **~ çiçeği** Geranie *f*
ıtriyat (*-tı*) Parfüms *pl.*
ızgara Rost *m*; Gitter *n*; geröstet, gegrillt

i

iade Rückgabe *f*; **~ etm.** zurückgeben
iane Hilfe *f*, Spende *f*, Unterstützung *f*; **~ toplamak** Spenden sammeln
ibadet Gottesdienst *m*; **~ etm.** *-e* anbeten *A*
ibare Ausdruck(sweise *f*) *m*
ibaret *-den* bestehend aus *D*
ibik (*-ği*) *Zo.* Kamm *m*

iblis Satan *m*, Teufel *m*
ibra *Hdl.* Entlastung *f*
ibraz Vorlegung *f*; **~ etm.** vorzeigen
ibre Magnetnadel *f*; Zeiger *m*
ibret warnendes Beispiel *n*; Lehre *f*
ibrik (*-ği*) Kanne *f*
ibrişim Nähseide *f*
icap (*-bı*) Notwendigkeit *f*, Konsequenz *f*; **icabında** nötigenfalls; **~ etm.** notwendig sein; **~ ettirmek** erfordern
icar Vermietung *f*; **~ etm.**, **~a vermek** vermieten
icat (*-dı*) Erfindung *f*, Schaffung *f*; **~ etm.** erfinden
icazet Zeugnis *n*
icbar Zwang *m*; **~ etm.** zwingen
icra Aus-, Durchführung *f*, Vollstreckung *f*; **~ etm.** ausführen, vollziehen; **~at** *pl.* Maßnahmen *pl.*
iç Innere(s), innerer Teil *m*; *-in* **~inde** in *D*; *-in* **~in** in *A*; **~ hastalıkları** innere Krankheiten *f*; **~bükey** konkav
içecek trinkbar; Getränk *n*
içeri, **~si** Innere(s); herein, hinein; **~de** drinnen; **~den** von drinnen; **~ girmek** eintreten
içerik (*-ği*) Inhalt *m*; **~mek** enthalten, beinhalten
içgüdü Instinkt *m*
içilmek getrunken werden
içim Schluck *m*; **~li** wohlschmeckend
için für *A*; wegen *G*; *-mek* **~**

idman

um zu *inf.*; **bunun ~** darum, deshalb
içindekiler *pl.* Inhalt *m*
içirmek trinken lassen, tränken
içişleri *pl. Pol.* Innere(s)
içki (*alkoholisches*) Getränk *n*; **~li** mit Alkoholausschank; **~siz** alkoholfrei
içli *-dışlı* vertraut, intim
içmek (*-er*) trinken, *tütün* **~** rauchen
içten aufrichtig, wahr
içtima Versammlung *f*; **~i** sozial, gesellschaftlich
içtinap (*-bı*) Enthaltung *f*; **~ etm.** *-den* vermeiden *A*
iç|tüzük Satzung *f*; **~yüz** Wesen *n*, Kern *m*
idam Hinrichtung *f*; **~ etm.** hinrichten
idame Beibehaltung *f*
idare Verwaltung *f*, Leitung *f*; Sparsamkeit *f*; **~ etm.** verwalten, leiten; lenken; sparsam umgehen mit *D*; **~ci** Verwaltungsfachmann *m*; **~hane** Büro *n*; **~li** sparsam; geschickt in der Verwaltung; **~siz** unwirtschaftlich
iddia Behauptung *f*; Anspruch *m*; **~ etm.** behaupten, beanspruchen; **~cı** hartnäckig; **~lı** anspruchsvoll; strittig
ideal Ideal *n*; **~ist** Idealist *m*; idealistisch
ideoloji Ideologie *f*
idman Sport *m*, Training *n*

idrak

idrak (*-ki*) Wahrnehmung *f*, Begreifen *n*; **~ etm.** wahrnehmen, begreifen
idrar Harn *m*, Urin *m*
ifa Ausführung *f*; **~ etm.** ausführen, erfüllen
ifade Ausdruck *m*; Erklärung *f*; **~ etm.** ausdrücken, aussagen, erklären
iffet Keuschheit *f*, Tugend *f*; **~li** keusch, tugendhaft
iflâs *Hdl.* Bankrott *m*; **~ etm.** Bankrott machen
ifrat Übertreibung *f*
ifşa (*-ı*) Verraten *n*, Preisgeben *n*; **~ etm.** verraten
iftar *Rel.* Fastenbrechen *n am Abend*
iftihar Stolz *m* (*ile auf A*)
iftira Verleumdung *f*; **~ etm. -e** verleumden *A*
iğ Spindel *f*
iğde *Bot.* Ölweide *f*
iğ|ilmek *s.* **eğilmek**; **~mek** *s.* **eğmek**
iğne Nadel *f*; Stachel *m*; Injektion *f*; **~lemek** mit e-r Nadel durchlöchern; mit e-r Nadel befestigen
iğren|ç (*-ci*) ekelhaft; **~mek** sich ekeln (*-den* vor *D*)
iğreti *s.* **eğreti**
iğri *s.* **eğri**; **~lmek**, **~ltmek** *s.* **eğrilmek**, **eğriltmek**
ihale Auftragserteilung *f*
ihanet Verrat *m*
ihbar Benachrichtigung *f*, Mitteilung *f*, Anzeige *f*; **~ etm.** *DA* mitteilen, anzeigen, melden

ihlâl (*-li*) Verletzung *f*; Beeinträchtigung *f*
ihmal Vernachlässigung *f*; **~ etm.** vernachlässigen; **~ci** nachlässig; fahrlässig
ihracat *pl.* Ausfuhr *f*, Export *m*
ihraç (*-cı*) Ausfuhr *f*, Export *m*; **~ etm.** ausführen, exportieren
ihtar Mahnung *f*, Warnung *f*; **~ etm.** -e erinnern *A* (*-i an A*); warnen *A*
ihtikâr Wucher *m*
ihtilâf Meinungsverschiedenheit *f*, Streitigkeit *f*
ihtilâl (*-li*) Aufstand *m*, Revolution *f*, Erhebung *f*
ihtilâs Unterschlagung *f*
ihtimal (*-li*) Möglichkeit *f*, Wahrscheinlichkeit *f*
ihtimam Sorgfalt *f*
ihtira (*-ı*) Erfindung *f*
ihtiram Achtung *f*, Respekt *m*
ihtiras Leidenschaft *f*; Habsucht *f*
ihtisas[1] Gefühl *n*
ihtisas[2] Spezialisierung *f*, Fachwissen *n*
ihtişam Prunk *m*, Pomp *m*
ihtiva: **~ etm.** enthalten
ihtiya|ç (*-cı*) Bedürfnis *n*, Bedarf *m*; Notwendigkeit *f*; **~cı karşılamak** den Bedarf decken; **~ol*m*.** -e benötigen, brauchen *A*
ihtiyar[1] alt; alter Mann *m*, Greis *m*
ihtiyar[2] Handlungsfreiheit *f*; **~î** wahlfrei

ihtiyar|lamak altern; **~lık** (*hohes*) Alter *n*
ihtiyat Vorsicht *f*; Reserve *f*; **~î** vorsorglich; **~sız** unvorsichtig, unüberlegt
ihya (Neu-)Belebung *f*
ikamet Aufenthalt *m*, Wohnen *n*; **~ etm.** wohnen, ansässig sein (*-de in D*); **~gâh** Wohnsitz *m*, Wohnung *f*
ikaz Warnung *f*; **~ sinyalleri** Warnblinkanlage *f*; **~ üçgeni** Warndreieck *n*
ikbal (*-li*) Glück *n*
iken während; obwohl; als
iki zwei; **~ kat** doppelt, zweifach; **~ misli** doppelt (so viel); **~ yüzlü** scheinheilig; **~de bir** jeder (jede, jedes) zweite; öfters; **~si** beide; **~lemek** verdoppeln; **~li** Zwei *f*; zweifach; **~lik** Dualismus *f*
ikinci der (die, das) zweite; **~ mevki** zweite Klasse *f*; **~ olarak** als zweite(r, -s); **~l** zweitrangig, sekundär
ikindi Zeit *f* des Nachmittagsgebets; Nachmittag *m*
ikiz Zwilling *m* (*pl.*)
iklim Klima *n*; Land *n*
ikmal (*-li*) Beendigung *f*; Vervollständigung *f*; **~ imtihanı** Nachprüfung *f*
ikna (*-ı*): **~ etm.** überzeugen
ikram ehrenvolle Aufnahme *f*, Bewirtung *f*; **~ etm.** schenken (*-e -i j-m mit D*); **~iye** Gratifikation *f*, Prämie *f*; Lotteriegewinn *m*

ikrar Geständnis *n*; *Jur.* Anerkenntnis *f*
ikraz Darlehen *n*
iktibas Entlehnung *f*; Zitat *n*
iktidar Macht *f*; *Pol.* Regierungspartei *f*
iktifa: **~ etm.** sich begnügen (*ile mit D*)
iktisadî wirtschaftlich
iktisap (*-bı*) Erwerbung *f*
iktisat (*-dı*) Wirtschaft *f*; Sparsamkeit *f*
il *Pol.* Provinz *f*; Land *n*
ilâ bis (zu *D*)
ilâç (*-cı*) Arznei *f*, Medikament *n*; Mittel *n*
ilâh Gott *m*; **~e** Göttin *f*; **~î** göttlich; **~iyat** Theologie *f*
ilâm *Jur.* Urteilsausfertigung *f*
ilân Bekanntmachung *f*; Verkünd(ig)ung *f*; Anzeige *f*, Inserat *n*; **~ etm.** anzeigen; inserieren
ilâve Zusatz *m*, Anhang *m*; **~ etm.** *DA* hinzufügen
ilçe *Pol.* Kreis *m*, Bezirk *m*
ile mit *D*; und; infolge *G*
ileri Vorderteil *n*, Vorderseite *f*; vorwärts, (nach) vorn; **~ almak** Uhr vorstellen; **~ gelen** hervorragend, prominent; **~ sürmek** behaupten
iler|ici fortschrittlich; **~(i)de** vorn; in Zukunft, später
ilerle|mek vorwärts gehen; sich entwickeln; **~tmek** vorwärtsbringen; fördern; **~yici** fortschrittlich, progressiv

iletişim

ilet|işim Kommunikation f; **~ken** übertragend; *Phys.* leitend; **~mek** führen, bringen
ilga Abschaffung f
ilgeç *s. edat*
ilgi Interesse n; **~ çekici** interessant; **~ çekmek** Aufmerksamkeit erregen; **~ göstermek** Interesse bezeugen, sich interessieren
ilgilen|dirmek interessieren (*ile* für A); **~mek** sich interessieren (*ile* für A)
ilgi|li interessiert (*ile* an D), betreffend (*ile* A); **~nç** interessant; **~siz** nicht interessiert
ilham Inspiration f
ilik[1] (*-ği*) Knopfloch n
ilik[2] (*-ği*) Knochenmark n
iliklemek zuknöpfen
ilim (*-lmi*) Wissenschaft f
iliş|ik (*-ği*) D anliegend, beigefügt; Verbindung f, Beziehung f; **~ki** Beziehung f, *-e* betreffend, berührend A; **~mek** *-e* sich anhängen an A; angeheftet werden an A; **~tirmek** anheften, beilegen
ilk erst-; anfänglich, Anfangs-; **~ defa** zum erstenmal; **~ olarak** als erstes; zum ersten Mal; **~bahar** Frühling m, Frühjahr n
ilke Element n; Prinzip n; **~l** primitiv
ilk|okul Grundschule f; **~önce** zunächst, zuallererst
ilkyardım erste Hilfe f; **~ çantası** Verbandkasten m

80

illâ, ille unbedingt; besonders, vor allem; sonst
illet Krankheit f; Defekt m; Ursache f
ilmek (*-er*) lose knüpfen
ilmî wissenschaftlich
ilmik (*-ği*) Schlinge f, Masche f
ilmühaber Personalpapier n; Quittung f
iltica: **~ etm.** *-e* Zuflucht suchen bei D; **~ hakkı** Asylrecht n
iltifat Wohlwollen n
iltihap (*-bı*) *Med.* Entzündung f; **~lanmak** sich entzünden
iltimas Begünstigung f, Protektion f; **~lı** protegiert
ima Wink m, Andeutung f; **~ etm.** andeuten, zu verstehen geben
imaj Bild n, Vorstellung f
imal (*-li*) Herstellung f, Fabrikation f; **~ etm.** herstellen
imalathane Werkstatt f, Werkhalle f
imam Vorbeter m in der Moschee; Geistliche(r); **~bayıldı** *kalte Speise aus Auberginen, Öl und Zwiebeln*
iman *Rel.* Glaube m; **~sız** ungläubig; grausam
imar Bebauung f; **~ etm.** bebauen
imaret(hane) Armenküche f
imbik (*-ği*) Destilliergerät n
imdat Hilfe f; **~ freni** Notbremse f; **~ kapısı** Notausgang m

imge Phantasiebild *n*, Phantom *n*
imha Vernichtung *f*; ~ **etm.** vernichten
imkân Möglichkeit *f*; ~**sız** unmöglich
imlâ Rechtschreibung *f*, Orthographie *f*
imparator Kaiser *m*; ~**içe** Kaiserin *f*; ~**luk** Kaiserreich *n*, Imperium *n*
imrenmek -e wünschen *A*, Lust bekommen zu *D*
imtihan Prüfung *f*, Examen *n*; ~ **etm.** prüfen
imtiyaz Privileg *n*; Konzession *f*; ~**lı** privilegiert
imza Unterschrift *f*; ~ **etm.**, ~ **atmak** -*e*, ~**lamak** -*i* unterschreiben, unterzeichnen; ~**lı** unterzeichnet
in Höhle *f*
inadına *adv.* zum Trotz, erst recht
inak (-*ğı*) Dogma *n*
inan Glaube *m*; ~**ç** Vertrauen *n*, Glaube *m*; ~**dırmak** glauben machen (-*i -e j-n etw.*), überreden (-*i -e j-n zu D*); ~**lı** glaubhaft; ~**mak** -*e* glauben *A*, vertrauen auf *A*
inat (-*dı*) Eigensinn *m*, Trotz *m*; ~**çı** eigensinnig, trotzig
ince dünn, fein, zart; ~**den** ~**ye** gründlich, in allen Einzelheiten; ~ **saz** türkisches Orchester (mit Streich- und Zupfinstrumenten); ~**bağırsak** Dünndarm *m*; ~**lemek** untersuchen, prüfen; ~**lt-mek** dünner machen, verfeinern
inci Perle *f*; ~**çiçeği** Maiglöckchen *n*
incik (-*ği*) Unterschenkel *m*
İncil *Rel.* Neue(s) Testament, Evangelium *n*
incinmek verrenkt werden; *fig.* übelnehmen (-*den A*)
incir *Bot.* Feige *f*
incitmek verrenken; *fig.* verletzen, kränken
indî subjektiv; willkürlich
indirgemek reduzieren
indirim Senkung *f*, Ermäßigung *f*; ~**li** ermäßigt, verbilligt; ~**li satışlar** Ausverkauf *m*
indirmek senken; hinuntertragen; herunterholen
inek (-*ği*) Kuh *f*; *fig.* Rindvieh *n*; *Schüler:* Streber *m*
infaz Vollstreckung *f*
İngiliz Engländer *m*; englisch; ~ **anahtarı** *Tech.* Schraubenschlüssel *m*; ~**ce** Englisch *n*
İngiltere England *n*
inhisar Monopol *n*
inhitat Verfall *m*
inil|**demek** wimmern; tönen; ~**ti** Wimmern *n*; Dröhnen *n*
inisiyatif Initiative *f*, Entschlußkraft *f*
İnifiâk Explosion *f*
iniş Abhang *m*; *Flugw.* Landung *f*; *Sp.* Abfahrtslauf *m*; ~**li çıkışlı** (*od.* **yokuşlu**) uneben
inkâr Leugnen *n*; Nichtaner-

inkılâp

kennung f; ~ etm. (ab)leugnen

inkılâp (-bı) Umwälzung f, Revolution f; ~çı Revolutionär m

inkişaf Entwicklung f; ~ etm. sich entwickeln

inlemek wimmern, stöhnen

inme Absteigen n, Landen n; Aussteigen n; Med. Schlaganfall m; Geo. Ebbe f; ~k (-er) absteigen; aussteigen; landen; Preis: fallen; ~li einseitig gelähmt

insaf Gerechtigkeit f, Milde f; ~lı gerecht; gütig; ~sız ungerecht; unbarmherzig

insan Mensch m; ~iyet, ~lık Menschheit f; Menschlichkeit f, Humanität f; ~üstü übermenschlich

inşa Bau m, Errichtung f; ~ etm. bauen, errichten; ~at pl. Bauten pl.; Bau m

inşallah so Gott will; hoffentlich

intibak Anpassung f

intihap (-bı) Wahl f, Auswahl f

intihar Selbstmord m; ~ etm. Selbstmord begehen

intikal (-li) Übertragung f; Umzug m

intikam Rache f; ~ almak sich rächen, Rache nehmen (-den an D)

intişar Verbreitung f; Veröffentlichung f

intizam Ordnung f; Regelmäßigkeit f; ~sız unordentlich,

regellos; ~sızlık Unordnung f, Verwirrung f

intizar Erwartung f

inzibat Disziplin f; Militärpolizei f

ip Schnur f, Strick m; ~ merdiven Strickleiter f

ipek Seide f; an aus Seide; ~böceği Seidenraupe f; ~li aus Seide, seiden

iplik Faden m; Garn m

ipnotize: ~ etm. hypnotisieren

ipnoz Hypnose f

ipotek (-ği) Hypothek f; ~li gerecht (?)

iptal (-li) Aufhebung f, Nichtigkeitserklärung f; ~ etm. annullieren; entwerten

iptida Anfang m, Beginn m; ~î Anfangs-; primitiv

iptilâ Sucht f, Laster n

ipucu Anhaltspunkt m

irade Wille m, Befehl m

Iran Iran n, Persien n; ~lı Perser m; iranisch

irat (-dı) Einkommen n

irfan Kenntnis f; Bildung f

iri groß, dick; ~ Zo. Kaulquappe f; ~leşmek groß od. dick werden; ~lik Größe f, Umfang m

irin Eiter m; ~lenmek eitern

irkilmek zurückschrecken; ~inti Pfütze f, Lache f

İrlanda Irland n

irmik (-ği) Grieß m

irsî erblich; vererbt

irtibat Verbindung f, Anschluß m

irtica (-ı) Rückschritt m

irtifa (-*i*) Höhenlage *f*; Höhe *f*
irtikâp (-*bı*) *Jur.* passive Bestechung *f*; ~ **etm.** *Verbrechen* begehen
is Ruß *m*
İsa Jesus (*m*)
isabet Treffen *n*, Zufall *m*; Treffer *m*; ~ **etm.** -*e* treffen *A*; *Los*: fallen auf *A*
ise was ... anbetrifft, aber; wenn; *-mekten* ~ anstatt, als (*mit Komparativ*); ~ **de** obwohl
İsevî christlich
ishal (-*li*) *Med.* Durchfall *m*
isim Name *m*; *Gr.* Substantiv *n*, Hauptwort *n*
iskambil *ein Kartenspiel*
iskân Ansiedeln *n*; ~ **etm.** ansiedeln, unterbringen
iskandil Lot *n*, Senkblei *m*
İskandinavya Skandinavien *n*
iskarpelâ *Tech.* Stemmeisen *n*
iskarpin Halbschuh *m*
iskele Landungsstelle *f*; Hafen *m*; Backbord *n*
iskelet *an.* Skelett *n*; *Tech.* Gerüst *n*, Gerippe *n*
iskemle Schemel *m*, Hocker *m*; Stuhl *m*
İskender|iye Alexandrien *n*; **~un** Alexandrette *n*
İskoçya Schottland *n*
iskonto *s.* **ıskonto**
iskorbüt *Med.* Skorbut *m*
İslâm Islam *m*; **~iyet** islamische Welt *f*, Islam *m*
İslanda Island *n*
islenmek rußig werden; *Milch*: anbrennen
islim Dampf *m*
isnat (-*dı*) Beschuldigung *f*, Verleumdung *f*; ~ **etm.** beschuldigen (*b-i ile j-n etw.*); zuschreiben (*b-i ile j-m etw.*)
İspany|a Spanien *n*; **~alı, ~ol** Spanier *m*; spanisch; **~olca** Spanisch *n*
ispat Beweis(führung *f*) *m*; ~ **etm.** beweisen
ispinoz *Zo.* Buchfink *m*
ispirto Spiritus *m*, Alkohol *m*
ispiyon Spion *m*
israf Verschwendung *f*, Vergeudung *f*; ~ **etm.** verschwenden, vergeuden
istasyon (*Bahn-*)Station *f*
istatistik (-*ği*) Statistik *f*; statistisch
istavroz *s.* **ıstavroz**
istek (-*ği*) Wille *m*, Wunsch *m*, Lust *f*; **~li** interessiert; Bewerber *m*; **~siz** ungern
istem *Hdl.* Nachfrage *f*
istemek -*i,* -*mek* wollen *A od. inf.*; wünschen (*A od. zu inf.*); verlangen *A*, (er-, an)fordern *A*; **istemeye istemeye** widerwillig; **nasıl istersiniz** wie Sie wünschen
ister-: ~ ... ~ ... (egal) ob ... oder ...
isteri Hysterie *f*
istiap (-*bı*) Volumen *n*
istida Gesuch *n*, Antrag *m*
istidat (-*dı*) Begabung *f*
istif Aufschichtung *f*; ~ **etm.** aufstapeln, ordnen

istifa Abdankung *f*, Rücktritt *m*; ~ **etm.** -*den* zurücktreten von *D*, niederlegen *A*
istifade Vorteil *m*, Nutzen *m*
istif|**çi** Hamsterer *m*; **~li** aufgestapelt
istihbarat *pl.* Nachrichten *pl.*; Geheimdienst *m*
istihdam Verwendung *f*; ~ **etm.** beschäftigen
istihkâm Pionierwesen *n*
istihlâk (-*kî*) Verbrauch *m*, Konsum *m*
istihza Spott *m*
istikamet Richtung *f*
istikbal (-*li*) Zukunft *f*; Empfang *m*
istiklâl (-*li*) Unabhängigkeit *f*; *İstiklâl Marşı* türkische Nationalhymne *f*
istikrar Stabilität *f*
istikraz Anleihe *f*; ~ **etm.** leihen, borgen
istilâ Invasion *f*, Einfall *m*; ~ **etm.** -*i* besetzen *A*, einfallen in *A*
istim Dampf *m*
istimal (-*li*) Benutzung *f*
istimbot (kleiner) Dampfer *m*
istimlâk Enteignung *f*
istinat (-*dı*) Stütze *f*
istirahat Rast *f*, Ruhe *f*; ~ **etm.** sich ausruhen
istirham Bitte *f*, Gesuch *n*; ~ **etm.** erbitten
istiridye Auster *f*
istismar: ~ **etm.** ausbeuten, ausnutzen

istisna Ausnahme *f*; ~ **etm.** -*i* ausnehmen *A*, *e*-*e* Ausnahme machen bei *D*; **~î** Ausnahme-
istişare Beratung *f*; ~ *kurulu* Beirat *m*
istizah Bitte *f* um Aufklärung; Interpellation *f*
İsveç Schweden *n*; **~li** Schwede *m*; schwedisch
İsviçre Schweiz *f*; **~li** Schweizer *m*; schweizerisch
isyan Aufstand *m*, Aufruhr *m*; ~ **etm.** rebellieren
iş Arbeit *f*, Beschäftigung *f*; Sache *f*, Angelegenheit *f*; ~ *im var* ich habe zu tun; ~ *mahkemesi* Arbeitsgericht *n*; **~alan** Arbeitnehmer *m*
işaret Zeichen *n*; Kennzeichen *n*; Signal *n*; ~ *parmağı* Zeigefinger *m*; ~ *zamiri* *Gr.* Demonstrativpronomen *n*, hinweisendes Fürwort *n*; ~ **etm.** -*e* hinweisen auf *A*; signalisieren *A*; **~lemek** kennzeichnen
iş|**başı** Arbeitsbeginn *m*; **~birliği** Zusammenarbeit *f*; **~bölümü** Arbeitsteilung *f*
işbu dieser, diese, dieses
işçi Arbeiter *m*; **~lik** Arbeiterstand *m*; Arbeitslohn *m*
işemek urinieren, pissen
işgal (-*li*) Beschäftigung *f*; *Mil.* Besetzung *f*; ~ **etm.** beschäftigen; besetzen
iş|**güder** *Pol.* Geschäftsträger *m*; **~güzar** diensteifrig
işit|**ilmek** gehört werden, be-

ittihat

kannt werden; ~**mek** hören, erfahren
işkembe Zo. Pansen m; Kaldaunen pl., Kutteln pl.
işkence Folter f, Tortur f; ~ **etm.** -e foltern, martern A
işkil Argwohn m, Mißtrauen n
işlek gutgehend (Geschäft); belebt, verkehrsreich (Straße)
işleme Handarbeit f; Stickerei f; ~**k** v/t bearbeiten, meißeln; v/i arbeiten; Motor: laufen; ~**li** gestickt
işlenmek bearbeitet werden
işletme Betrieb m; Betriebswirtschaft f; ~**k** A arbeiten lassen; in Betrieb setzen
işlev Funktion f
isporta Tragegestell n; ~**cı** Straßenverkäufer m
işsiz arbeitslos, erwerbslos; ~**lik** Arbeitslosigkeit f
iştah Appetit m; ~**sız** appetitlos; lustlos
işte eben; hier, da
iştikak Ableitung f; Etymologie f
iştirak (-ki) Mitwirkung f, Teilnahme f; ~ **etm.** -e teilnehmen, sich beteiligen an D
işveren Arbeitgeber m
it Hund m
itaat (-ti) Gehorsam m; ~ **etm.** D gehorchen; ~**li** gehorsam
İtalya Italien n; ~**n** Italiener m; italienisch
ite(k)lemek wiederholt stoßen

itfaiye Feuerwehr f
ithaf Widmung f; ~ **etm.** DA widmen
ithal (-li) Hdl. Einfuhr f, Import m; ~ **etm.** einführen, importieren; ~**ât** pl. (Gesamt-)Einfuhr f, Import m
itham Beschuldigung f, Anklage f; ~ **etm.** beschuldigen (ile G), anklagen (ile wegen G)
itibar Ansehen n, Achtung f; ~ **etm.** achten, schätzen; ~**a almak** in Betracht ziehen; ~**en** -den von D an, ab D; ~**î** nominell
itidal (-li) Gleichmäßigkeit f; Mäßigung f; ~ **sahibi** mäßig, ausgeglichen
itikat (-dı) Glaube m, Überzeugung f
itimat (-dı) Vertrauen n; ~ **etm.** D vertrauen; ~**name** Pol. Beglaubigungsschreiben n
itina Sorgfalt f; ~**lı** sorgfältig; ~**sız** oberflächlich
itiraf Geständnis n, Eingeständnis n; ~ **etm.** gestehen, bekennen
itiraz Einwand m; ~ **etm.** -e Einspruch erheben gegen A
itişmek sich drängen, sich stoßen
itiyat (-dı) Angewohnheit f
itlâf Tötung f
itmek (-er) stoßen, schieben
ittifak Übereinstimmung f; Bündnis n, Bund m
ittihat (-dı) Bund m, Union f

ittihaz — 86

ittihaz: ~ *etm. Maßnahme treffen; Entschluß fassen*
ivdirmek beschleunigen
ivedi eilig; **~lik** Eile *f*, Dringlichkeit *f*
ivmek (*-er*) eilen
iye Besitzer *m*
iyelik Eigentum *n*; **~ zamiri** *Gr.* Possessivpronomen *n*
iyi gut; wohlauf; **en ~si** das Beste; **~ce** ziemlich gut; *adv.* gut
iyileş|mek sich bessern, besser werden; **~tirmek** (ver-)bessern
iyilik Güte *f*, Wohltat *f*
iyimser optimistisch
iyot (*-du*) *Chem.* Jod *n*
iz Spur *f*; Fährte *f*

izaf|et *Gr.* Wortfügung *f*; **~î** relativ
izah Erklärung *f*; **~ etm.** erklären; **~at** *pl.* Erklärungen
izci Pfadfinder *m*
izdiham Gedränge *n*
izin (*-zni*) Erlaubnis *f*; Urlaub *m*; **~ vermek** *D* Erlaubnis geben; Urlaub bewilligen; **~li** beurlaubt; Urlauber *m*; **~siz** ohne Erlaubnis
izlem|e(k) Verfolgung *f*; **~ek** verfolgen
izlenim Eindruck *m*
izleyici Zuschauer *m*, Beobachter *m*
izole: **~ bant** Isolierband *n*; **~ etm.** isolieren
izzet Ehre *f*

J

jambon Schinken *m*
jandarma Gendarmerie *f*; Gendarm *m*, Polizist *m*
jant *Tech.* Felge *f*
Japon Japaner *m*; japanisch; **~ya** Japan *n*
jelâtin Gelatine *f*
jeolo|g Geologe *m*; **~ji** Geologie *f*
jest Geste *f*, Bewegung *f*

jet Düsenflugzeug *n*
jeton Jeton *m*, Telefonmünze *f*, Spiel-, Automatenmarke *f*
jilet Rasierklinge *f*
jimnastik Turnen *n*, Gymnastik *f*
jurnal (*-li*) Anzeige *f*, Denunziation *f*
Jüpiter *Astr.* Jupiter *m*
jüri Jury *f*; Geschworene *pl.*

K

kaba groß; grob, roh
kabadayı Aufschneider *m*; furchtlos
kabahat (*-ti*) Schuld *f*; Vergehen *n*; **~li** schuldig; **~siz** schuldlos, unschuldig
kabak (*-ğı*) **1.** *Bot.* Kürbis *m*; **2.** kahl; *Reifen:* abgefahren
kabakulak *Med.* Ziegenpeter *m*, Mumps *m*

kaba|laşmak grob *od.* unhöflich werden; **~lık** Grobheit *f*
kabarcık Geschwulst *f*, Pustel *f*; Bläschen *n*
kabare Kabarett *n*
kabar|ık geschwollen; **~ma** *Geo.* Flut *f*; **~mak** anschwellen, dick werden; **~tı** Schwellung *f*; **~tma** Relief *n*
kabız (*-bzı*) *Med.* Verstopfung *f*
kabil möglich; fähig (*-e zu D*)
kabile Nomadenstamm *m*
kabiliyet Fähigkeit *f*; **~li** fähig; **~siz** unfähig
kabin Kabine *f*; **~e** Kabinett *n*, Ministerrat *m*; Sprechzimmer *n*, Kabine *f*
kabir (*-bri*) Grab(mal) *n*
kablo Kabel *n*; **~lu** Kabel-
kabotaj *Mar.* Küstenschiffahrt *f*
kabristan Friedhof *m*
kabuk (*-ğu*) Rinde *f*, Schale *f*, Borke *f*, Hülse *f*; Muschel *f*; *-in kabuğunu soymak* schälen *A*; **~lu** mit Schale, mit Rinde
kabul (*-lü*) Annahme *f*; Aufnahme *f*, Empfang *m*; **~ etm.** *A* annehmen, empfangen; zustimmen *D*
kaburga *an.* Rippe *f*; *Mar.* Spanten *pl.*
kâbus Alpdruck *m*
kabz|a Griff *m*; **~ımal** *Hdl.* Zwischenhändler *m*
kaç wieviele; *saat* **~?** wieviel Uhr ist es?; **~a?** wieviel kostet es?

kaçak (*-ğı*) flüchtig; Flüchtling *m*; geschmuggelt
kaçakçı Schmuggler *m*; **~lık** Schmuggel *m*
kaçamak Ausflucht *f*; Sichdrücken *n*; **~lı** ausweichend
kaçık (*-ğı*) verrutscht; verrückt; Laufmasche *f*; **~lık** Verrücktheit *f*, Narrheit *f*
kaçın|ılmaz unvermeidlich; **~mak** *-den* scheuen *A*
kaçırmak entkommen lassen; verjagen; versäumen; schmuggeln; **~ışmak** auseinanderlaufen; **~mak** (*-ar*) fliehen, flüchten; *e-e* Laufmasche bekommen
kadar 1. *N* so viel wie, so groß wie; etwa, ungefähr; *beş yüz* **~** ungefähr fünfhundert; 2. *-e* bis (zu *D*), bis um; *-inceye* **~** bis; *yarına* **~** bis morgen
kadastro Kataster *m*, *n*
kadavra Kadaver *m*
kadayıf *süße Mehlspeise*
kadeh (*Trink-*)Glas *n*
kadem Fuß *m*
kademe Stufe *f*; **~li** abgestuft, gestaffelt
kader *Rel.* Schicksal *n*
kadı Kadi *m*
kadın Frau *f*; **~budu** *e-e Speise aus gehacktem Fleisch, Reis u. Eiern*; **~göbeği** *e-e Süßspeise mit Grieß u. Eiern*; **~sı** weiblich, weibisch
kadife Samt *m*
kadir *-e* fähig, imstande zu *D*
kadran *Tech.* Zifferblatt *n*, Skala *f*

kadro Kader *m*, Personal *n*; **~suz** vorübergehend beschäftigt
kafa Kopf *m*; Hinterkopf *m*; *fig.* Intelligenz *f*; **~dar** Gesinnungsgenosse *m*; **~lı -köpfig**; intelligent; **~tası** Schädel *m*
kafein Koffein *m*; **~siz** koffeinfrei
kafes Käfig *m*; Gitter *n*, Fachwerk *n*
kâfi genügend, genug, ausreichend (*-e* für *A*)
kafile Karawane *f*, Transport *m*, Konvoi *m*
kâfir *Rel.* Ungläubige(r)
kafiye Reim *m*
Kafkasya Kaukasien *n*
kaftan Kaftan *m*
kâğıt (*-dı*) Papier *n*; Zettel *m*; Spielkarte *f*; **~ para** Papiergeld *n*
kağnı Ochsenkarren *m*
kâhin Wahrsager *m*
kahkaha lautes Gelächter *n*
kahpe Hure *f*, Nutte *f*
kahraman Held *m*; heldenhaft; **~lık** Heldenmut *m*; Heldentat *f*
kahr|etmek *v/t* überwältigen; *v/i* großen Schmerz haben; **~olmak** verflucht werden
kahvaltı Frühstück *n*
kahve Kaffee *m*, Kaffeehaus *n*; **~ değirmeni** Kaffeemühle *f*; **~ci** Kaffeesieder *m*, Kaffeehändler *m*; **~rengi** braun
kâhya Hausmeister *m*; Aufseher *m*

kaide Basis *f*; Regel *f*
kâinat Universum *n*
kakao Kakao *m*
kakırdamak knarren; sterben
kakışmak sich stoßen
kakma Einlegearbeit *f*; **~k** (*-ar*) (ein)schlagen, stoßen; einlegen
kaktüs Kaktus *m*
kala *D* vor (*Uhr*); **üçe beş ~** fünf (Minuten) vor drei (Uhr)
kalabalık Menschenmenge *f*; zahlreich
kalafatlamak kalfatern
kalas Balken *m*
kalay Zinn *m*; **~cı** Verzinner *m*; **~lamak** verzinnen; **~lı** verzinnt
kalbî herzlich
kalbur Sieb *m*; **~dan geçirmek, ~lamak** (durch)sieben
kalça *an.* Hüfte *f*, Becken *n*
kaldır|aç (*-cı*) Hebel *m*, Kurbel *f*; **~ım** Straßenpflaster *n*, Gehsteig *m*, Bürgersteig *m*; **~mak** (hoch-, auf)heben; fortschaffen; entfernen; annullieren
kale Festung *f*; Turm *m* (*Schachspiel*); *Sp.* Tor *n*; **~ci** Torwart *m*
kalem Stift *m* usw. zum *Schreiben*; Meißel *m*; Büro *n*; **~e almak** *A* aufsetzen, abfassen; **~tıraş** Blei(stift)anspitzer *m*
kalender anspruchslos
kalfa Geselle *m*
kalın dick; steif; tief (*Stim-*

me); **~laşmak** dick(er) werden; **~lık** Dicke f
kalınmak unpers. bleiben (man bleibt usw.)
kalıntı Überrest m
kalıp Form f; Matrize f; Leisten m; **~lamak** formen
kalıt Erbschaft f; **~ım** Vererbung f
kalifiye qualifiziert; **~ işçi** Facharbeiter m
kalite Qualität f
kalkan¹ Schild m; **~ bezi** Schilddrüse f
kalkan², **~ balığı** Steinbutt m
kalkındırmak aufrichten, aufbauen (a. Pol.)
kalkınma Aufstieg m, Entwicklung f, **~k** sich aufrichten, sich erheben
kalkış Abfahrt f, Aufbruch m, Abflug m; **~ saat(ler)i** Abfahrtszeit(en pl.) f
kalkmak (-ar) aufstehen; abfahren
kalmak (-ır) bleiben; (kurzfristig) wohnen; übrig sein
kalori Kalorie f; **~fer** Zentralheizung f
kalp¹ gefälscht, falsch
kalp² (-bi) an. Herz n; **~ krizi** Herzanfall m; **~ sektesi** Med. Herzschlag m
kalpak (-ğı) Kalpak m (Lammfellmütze)
kalpazan Falschmünzer m
kama Dolch m; Keil m
kama|ra Mar. Kabine f; Pol. Kammer f; **~rot** Steward m
kamaş|mak geblendet werden; **~tırmak** blenden
kambiyo Geldwechsel m, Devisenverkehr m
kambur an. Buckel m; buck(e)lig
kamçı Peitsche f; **~lamak** (durch)peitschen; fig. aufpeitschen
kamelya Bot. Kamelie f
kamera Kamera f
kameriye Laube f
kamış Bot. Schilf n, Rohr n
kâmil vollkommen; vorzüglich
kamp Lager n; Camping n; **~ kurmak** sein Lager aufschlagen; **~ yapmak** zelten
kampanya Kampagne f
kamping Campingplatz m
kamu Gesellschaft f; **~ hizmetlisi** Angestellte(r) im öffentlichen Dienst; **~ kesimi**, **~ sektörü** öffentlicher Sektor m; **~laştırmak** vergesellschaften; **~oyu** öffentliche Meinung f
Kamutay Pol. Rat m der Türkischen Nationalversammlung
kamyon Lastwagen m, Lkw m; **~et** Lieferwagen m
kan Blut n; **~ dolaşımı** (Blut-)Kreislauf m; **~ gütmek** Blutrache suchen; -in **~na dokunmak** j-m auf die Nerven fallen
kanaat (-ti) Genügsamkeit f; Überzeugung f; **~ etm.** sich begnügen (ile mit D); **~kâr**, **~li** genügsam

kanal

kanal Kanal *m*; **~izasyon** Kanalisation *f*
kanama *Med.* Blutung *f*; **~k bluten**
kanarya Kanarienvogel *m*
kanat (-*dı*) Flügel *m*; Flosse *f*; **~lanmak** flügge werden; **~lı** geflügelt
kanatmak zum Bluten bringen
kanca (*Ruder-, Fleischer-*) Haken *m*; **~lamak** mit e-m Haken festhalten
kançılar *Pol.* Chef *m* der Kanzlei *in* e-m Konsulat; **~ya** Kanzlei *f*
kandırmak überreden; verleiten, täuschen
kandil Öllampe *f*; **~ gecesi** *Rel.* e-e der Nächte von vier muslimischen Festen, bei denen die Moscheen mit Öllampen beleuchtet werden
kanepe (*Sitz-*)Sofa *n*
kangal Rolle *f*, Knäuel *n*
kangren *Med.* Brand *m*
kanı Überzeugung *f*
kanık zufrieden, befriedigt; **~samak** -*i* sich gewöhnen an *A*
kanıt Beweis *m*; **~lamak** beweisen
kan|lanmak mit Blut befleckt werden; sein Blut vermehren; **~lı** blutig
kanmak (-*ar*) -*e* glauben *A*; sich sättigen an *D*; sich begnügen (*ile* mit *D*)
kanser *Med.* Krebs *m*
kansız blutarm, anämisch; **~lık** Blutarmut *f*, Anämie *f*
kantar Schnellwaage *f*
kantin Kantine *f*
kanun[1] *Mus.* e-e Art Zither *f*
kanun[2] Gesetz *n*; **~i** gesetzlich; **~iyet** Gesetzeskraft *f*, Gesetzlichkeit *f*; **~suzluk** Gesetzlosigkeit *f*
kanyak (-*ğı*) Kognak *m*
kaos Chaos *n*
kap[1] Umhang *m*, Pelerine *f*
kap[2] (-*bı*) Gefäß *n*, Schüssel *f*; Bucheinband *m*
kapak (-*ğı*) Deckel *m*, Verschluß *m*; **~lanmak** straucheln, fallen; kentern
kapa|lı geschlossen, bedeckt; gesperrt; **~mak** schließen; sperren
kapan Falle *f*
kapan|ık geschlossen; **~mak** geschlossen werden; bedeckt werden
kaparoz unrechtmäßige Bereicherung *f*
kapatmak *A* verschließen; verbieten
kapı Tür *f*; Tor *n*; **~yı çalmak** (an der Tür) klingeln, anklopfen; **~cı** Portier *m*; Hausmeister *m*
kapılmak sich verleiten lassen (-*e zu D*)
kapışmak -*i* sich reißen um *A*; *v/i* sich raufen (*ile* mit *D*)
kapital (-*li*) Kapital *n*; **~ist** Kapitalist *m*; **~izm** Kapitalismus *m*
kapitülâsyon *Pol.* Kapitulation *f*

kapkara kohlschwarz
kaplamak bedecken, überziehen, verkleiden
kaplan Tiger *m*
kaplıca Thermalbad *n*, heiße Quelle *f*
kaplumbağa Schildkröte *f*
kapmak (-ar) (weg)nehmen; aufschnappen
kaporta *Kfz.* Motorhaube *f*; *Mar.* Luke *f*
kapsam Inhalt *m*, Bereich *m*; **~ak** umfassen, enthalten
kapsül Kapsel *f* (*a. Bot.*)
kaptan *Mar.* Kapitän *m*; *Sp.* Spielführer *m*
kaptıkaçtı Kleinbus *m*
kaput Militärmantel *m*; *Kfz.* Motorhaube *f*
kar Schnee *m*; **~dan adam** Schneemann *m*; **~ yağmak** schneien
kâr Gewinn *m*, Profit *m*
kara¹ *Geo.* Land *n*, Festland *n*; **~ya çıkmak** an Land gehen, landen; **~ya oturmak** stranden; **~ suları** *pl.* Hoheitsgewässer *pl.*
kara² schwarz, dunkel; **~ kedi** Unstimmigkeit *f*; **~ liste** schwarze Liste *f*
kara|ağaç Ulme *f*; **~basan** Alpdruck *m*; **~biber** schwarzer Pfeffer *m*; **~borsa** Schwarzmarkt *m*
karaca Reh *n*
karaciğer Leber *f*
Karadeniz Schwarze(s) Meer
kara|fatma Laufkäfer *m*; **~göz** türkisches Schattenspiel *n*; **~kol** Wache *f*, Polizeirevier *n*; **~koncolos** Schreckgespenst *n*
karakter Charakter *m*; **~istik** charakteristisch
kara|kuş Adler *m*; **~lamak** schwärzen; *fig.* anschwärzen
karamelâ Karamelbonbon *m od. n*
karamsar pessimistisch
karanfil Nelke *f*
karanlık Dunkelheit *f*; dunkel
karantina Quarantäne(station) *f*
karar Beschluß *m*, Entscheidung *f*; Beständigkeit *f*; *Jur.* Urteil *n*; **~ vermek** -*e* entscheiden, beschließen *A*; **~gâh** *Mil.* Hauptquartier *n*; **~laşmak** beschlossen *od.* entschieden werden; **~laştırmak** beschließen, vereinbaren, entscheiden
kararlı entschieden; **~lık** Stabilität *f*
kararmak dunkel *od.* schwarz werden
karar|name Erlaß *m*, Verordnung *f*; **~sız** unbeständig; unschlüssig
karartmak schwärzen; abblenden; verdunkeln
kara|sevda Melancholie *f*; **~sinek** Stubenfliege *f*; **~tavuk** Amsel *f*
karavan Wohnwagen *m*
karayolu Landweg *m*; Fernstraße *f*
karbon Kohlenstoff *m*; **~ kâğıdı** Kohlepapier *n*

karbüratör

karbüratör Vergaser *m*
kardelen Schneeglöckchen *n*
kardeş Bruder *m*; Schwester *f*; ~**çe** brüderlich; schwesterlich; ~**lik** Bruderschaft *f*; Brüderlichkeit *f*
kare Karo *n*, Quadrat *n*; ~**li** kariert
karga Rabe *m*, Krähe *f*; ~ *burun* mit e-r Hakennase
kargaşa(lık) Wirrwarr *m*, Unordnung *f*, Anarchie *f*
kargı Spieß *m*, Speer *m*
kargımak verfluchen, verwünschen
karı (Ehe-)Frau *f*; ~ *koca* Ehepaar *n*
karık Schneeblindheit *f*; schneeblind
karın Bauch *m*
karınca Ameise *f*; ~**lanmak** vor Ameisen wimmeln; *fig.* kribbeln
karış Spanne *f*
karışık ge-, vermischt; verwirrt, durcheinander; ~**lık** Durcheinander *n*
karışım Mischung *f*; ~**mak** sich vermischen; sich einmischen (-*e* in *A*); ~**tırmak** vermischen; verwirren
karides Garnele *f*
karikatür Karikatur *f*
karina *Mar.* Kiel *m*
kariyer Karriere *f*, Beruf *m*
karlı schneeig, verschneit
kârlı gewinnbringend
karma gemischt; ~ *eğitim* Koedukation *f*; ~**k** (-*ar*) anrühren; mischen; ~**karış(ık)** völlig durcheinander, chaotisch
karnabahar Blumenkohl *m*
karne Schulzeugnis *n*; Heft *n*; Bezugsschein *m*
karo Karo *n*
karpuz Wassermelone *f*
karşı gegenüberliegend; -*e* gegen *A*; -*in* ~**sına** gegen *A*; entgegen *D*; -*in* ~**sında** gegenüber *D*; ~ ~**ya** einander gegenüber; ~**lamak** -*i* entgegengehen *D*; empfangen *A*; treffen *A*; *Bedarf usw.* decken; ~**lanmak** empfangen werden; gedeckt werden
karşılaş|mak sich begegnen; treffen (*ile A*); ~**tırmak** vergleichen, gegenüberstellen
karşılık Antwort *f*; Gegenstück *n*; Gegenwert *m*; gegenseitig, gemeinsam; ~**lı** gegenseitig
karşıt entgegengesetzt
kart¹ Karte *f*
kart² alt, hart, zäh
kartal Adler *m*
kartel Kartell *n*
karton Pappe *f*, Karton *m*
kartopu Schneeball *m*
kartotek (-*ği*) Kartothek *f*
kart|postal Postkarte *f*; ~**vizit** Visitenkarte *f*
karyola Bettgestell *n*
kas *an.* Muskel *m*
kasa Kasse *f*; Geldschrank *m*; Kasten *m*
kasaba kleine Stadt *f*
kasadar Kassierer *m*, Kassenbeamte(r) *m*
kasap Fleischer *m*, Schlachter *m*, Metzger *m*

kasatura Bajonett *n*
kâse Schüssel *f*; Napf *m*
kaset Kassette *f*
kasık (-ğı) *an.* Leistengegend *f*
kasım November *m*; Winteranfang *m* (8. November)
kasın|mak sich zusammenziehen; ~**tı** *fig.* arrogant
kasırga Wirbelsturm *m*
kasıt (-stı) Absicht *f*, Zweck *m*
kasket (*Schirm*-)Mütze *f*
kasko Kasko(versicherung *f*) *m*
kasmak (-ar) (ver)kürzen; unterdrücken
kasnak (-ğı) Reifen *m*, Rahmen *m*
kast|en *adv.* absichtlich, vorsätzlich; ~**etmek** *A* beabsichtigen; nachstellen *D*; ~**î** absichtlich
kasvet Schwermut *f*, Wehmut *f*; ~**li** bedrückend
kaş Augenbraue *f*; Wölbung *f*
kaşar *e-e* Käsesorte
kaşık (-ğı) Löffel *m*
kaşı|mak kratzen; ~**nmak** jucken; sich kratzen
kâşif Entdecker *m*
kaşkaval *e-e* Käsesorte
kaşmer Hanswurst *m*
kat Schicht *f*, Falte *f*; Stockwerk *n*, Etage *f*; (**iki**) ~ (zwei)fach; ~ ~ schichtweise; um ein Vielfaches; bei weitem
katalog Katalog *m*
katar Zug *m* (*a. Esb.*)
katedral (-*li*) Kathedrale *f*
kategori Kategorie *f*
katetmek schneiden; durchqueren
katı hart, steif; rauh, grob; ~ **yürekli** hartherzig
katılaş|mak hart *od.* fest werden; ~**tırmak** härten
katılık Härte *f*, Steife *f*
katılmak -*e* hinzugefügt werden *D*; teilnehmen an *D*
katır *Zo.* Maultier *n*; ~**tırnağı** *Bot.* Ginster *m*
kat'î bestimmt, entschieden
katil 1. (-*li*) Totschlag *m*; Mord *m*; **2.** Mörder *m*
kâtip Sekretär *m*, Schreiber *m*
kat'iye|n *adv.* entschieden, bestimmt; ~**t** Entschiedenheit *f*, Bestimmtheit *f*
katkı Zusatz *m*, Ergänzung *f*; ~**da bulunmak** *D* hinzugefügt werden; beitragen zu *D*
katla|mak falten; ~**nmak** gefaltet werden; ertragen, erdulden (-*e etw.*)
katl|etmek ermorden; ~**iam** Blutbad *n*, Massaker *n*
katma zusätzlich; ~ **değer vergisi** Mehrwertsteuer *f*; ~**k** (-*ar*) hinzufügen, beigeben; **hesaba** ~**k** mit auf die Rechnung setzen
katman Schicht *f*
katmer *Bot.* Vielblättrigkeit *f*; ~**li** mehrschichtig; mehrfach
Katolik Katholik *m*; katholisch; ~**lik** Katholizismus *m*
katran Teer *m*; Asphalt *m*; ~**lamak** teeren; ~**lı** geteert, Teer-
katsayı Koeffizient *m*

kauçuk

kauçuk (-ğu) Kautschuk *m*
kav Zunder *m*
kavak (-ğı) Pappel *f*
kaval Hirtenflöte *f*
kavalye Kavalier *m*; Partner *m*, Begleiter *m*
kavanoz Topf *m*, Gefäß *n*
kavas Kawasse *m*, Bote *m*
kavga Streit *m*, Zank *m*, Kampf *m*; ~**cı** streitsüchtig, zänkisch; ~**lı** verfeindet
kavis (-vsi) Bogen *m*, Krümmung *f*
kavla|k abgeschält; ~**mak** abfallen, sich schälen
kavra|m Begriff *m*; Sinn *m*; ~**ma** Tech. Kupplung *f*; ~**mak** begreifen, packen; begreifen; ~**yış** Begreifen *n*, Auffassen *n*
kavşak (-ğı) Vereinigung *f*, Kreuzung *f* von Wegen usw.
kavuk (-ğu) (großer) Turban *m*
kavun Zuckermelone *f*
kavurmak rösten; ausdörren
kavuş|mak zusammenkommen; wiedererlangen (-*e etw.*); ~**turmak** zusammenbringen, vereinigen; bringen (*b-i b.ş-e* *j-m etw.*); ~**um** *Astr.* Konjunktion *f*
kay (-*yyı*) *Med.* Erbrechen *n*
kaya Fels(en) *m*
kayak (-ğı) Schi, Ski *m*
kayalık felsig; felsiger Platz *m*
kayb|etmek verlieren; ~**olmak** verlorengehen; verschwinden
kaydetmek registrieren, eintragen; ~**tirmek** *A* eintragen lassen
kaydırmak zum Rutschen bringen
kaydol(un)mak registriert werden (-*in* in *A*)
kaygan glatt, glitschig
kaygana Omelett *n*
kaygı Sorge *f*; ~**lanmak** sich Sorgen machen; ~**lı** sorgenvoll, traurig
kaygısız sorglos; ~**lık** Sorglosigkeit *f*
kayık (-ğı) Boot *n*; verrutscht
kayın[1] Buche *f*
kayın[2] Schwager *m* (*Bruder des Ehepartners*); ~**baba** Schwiegervater *m*; ~**birader** Schwager *m*; ~**peder** *s.* ~**baba**; ~**valide** Schwiegermutter *f*
kayıp (-*ybı*) Verlust *m*; verloren(gegangen)
kayırmak unterstützen; protegieren
kayısı Aprikose *f*
kayış[1] Riemen *m*, Gurt *m*
kayış[2] Gleiten *n*, Rutschen *n*
kayıt (-*ydı*) Registrierung *f*, Eintragung *f*; Anmeldung *f*; Einschränkung *f*; Maßgabe *f*; ~ **sildirme** Löschung *f*; ~**lamak** registrieren; einschränken; ~**lı** registriert, gebucht
kayıtsız nicht registriert; unbeschränkt; gleichgültig; ~**lık** Gleichgültigkeit *f*, Sorglosigkeit *f*
kaymak[1] Sahne *f*, Rahm *m*

kaymak² (-*ar*) gleiten, rutschen
kaymakam *Pol.* Landrat *m*
kaynak (-*ğı*) Quelle *f*; *Tech.* Schweißstelle *f*; **~çı** Schweißer *m*
kaynamak *v/i* kochen, sieden; hervorsprudeln; wimmeln
kaynana Schwiegermutter *f*
kaynaş|mak wogen; sich verbinden; **~tırmak** verbinden
kaynata Schwiegervater *m*
kaynatmak *v/t* kochen, sieden; schweißen
kaypak glatt
kaytan Schnur *f*, Kordel *f*
kaz Gans *f*
kaza 1. *Pol.* Kreis *m*; Unfall *m*, Unglücksfall *m*; 2. Gerichtsbarkeit *f*, Gerichtsbezirk *m*
Kazak (-*ğı*) Kosak *m*; Kasache *m*
kazak (-*ğı*) Pullover *m*
kazalı gefährlich
kazan Kessel *m*
kazan|ç (-*cı*) Gewinn *m*, Profit *m*; **~dırmak** *A* gewinnen *od.* verdienen lassen; **~mak** gewinnen, verdienen
kazazede verunglückt
kazı Ausgrabung *f*; **~cı** Ausgräber *m*; Graveur *m*
kazık (-*ğı*) Pfahl *m*, Pfosten *m*, Pfeiler *m*; Betrug *m*, Gaunerei *f*; **~çı** Betrüger *m*; **~lamak** mit Pfählen abstecken; *fig.* hereinlegen
kazımak (ab)kratzen

kazma Graben *n*; (*Spitz-*)Hacke *f*; **~k** (-*ar*) (aus)graben; schnitzen, gravieren
kebap (-*bı*) gebratenes Fleisch *n*
keçe Filz *m*
keçi Ziege *f*; **~yolu** Pfad *m*
keder Kummer *m*, Gram *m*, Sorge *f*; **~lenmek** sich Sorgen machen; **~li** betrübt, bekümmert
kedi Katze *f*; **~otu** *Bot.* Baldrian *m*
kefalet Bürgschaft *f*
kefaret Buße *f*
kefe Waagschale *f*
kefen Leichentuch *n*
kefil Bürge *m*; **~** *olm.* bürgen, Bürgschaft leisten (**e** *für A*); **~lik** Bürgschaft *f*
kehle Laus *f*
kehlibar Bernstein *m*
kek (*Königs-*)Kuchen *m*
keke stotternd; **~lemek** stottern; **~me** stotternd; Stotterer *m*
kekik (-*ği*) Thymian *m*
keklik Rebhuhn *n*
kekre herb
kel *Med.* Grind *m*; grindig; kahl
kelebek (-*ği*) Schmetterling *m*
kelek (-*ği*) teilweise kahl *od.* unreif; unreife Melone *f*
kelepçe Handschelle *f*; *Tech.* Schelle *f*
kelepir Gelegenheitskauf *m*
keler *Zo.* Echse *f*
kelime Wort *n*

kelle

kelle Kopf m
kemal (-*li*) Vollkommenheit f
keman Geige f, Violine f; **~ci** Violinist m; Geigenbauer m; **~e** Geigenbogen m
kemer Gürtel m; *Arch.* Bogen m; Aquädukt n
kemik (-*ği*) Knochen m; **~li** knochig; mit Knochen
kemir|gen *Zo.* Nagetier n; **~mek** abnagen, abfressen
kemiyet Quantität f
kenar Rand m; Saum m; Winkel m; **~lı** mit Rand; eingesäumt
kendi selbst, selber; eigen; ~ **~ne** zu sich selbst; **~ne gelmek** zu sich kommen; **~ni beğenmek** eingebildet sein; **~si** er (sie, es) selbst
kendi|lik Selbst n; Wesen n; **~liğinden** spontan, von selbst
kene *Zo.* Zecke f; ~ **otu** *Bot.* Rizinus m
kenet (-*di*) *Tech.* Klammer f, Krampe f; **~lemek** verklammern, mit Klammern befestigen
kenevir Hanf m
kent Stadt f, Ortschaft f
kepaze würdelos, verächtlich; **~lik** Würdelosigkeit f
kepçe Schöpflöffel m; Kelle f
kepek (-*ği*) Kleie f
kepenk (-*gi*) Rolladen m
keramet Wundertat f
kerata Hahnrei m; Schuhanzieher m

kere mal; **üç ~** dreimal
kerempe Klippe f
kereste Bauholz n; Schuhmaterial n
kerevet Pritsche f
kereviz Sellerie m *od.* f
kerhane Bordell n
kerih abscheulich
kerpeten (*Kneif-*)Zange f
kerpiç (-*ci*) Luftziegel m
kerte Kerbe f
kertenkele Eidechse f
kert|ik (-*ği*) schartig; Kerbe f, Scharte f; **~mek** (-*er*) einkerben, einschneiden
kervan Karawane f; **~saray** Karawanserei f
kese Geldbeutel m; Geldsack m; Frottierhandschuh m; ~ **kâğıdı** Tüte f
keser Querbeil n
kesif dicht, kompakt
kesi|k be-, geschnitten; zerhackt; sauer; Schnitt m; Zeitungsausschnitt m; **~lmek** geschnitten werden; unterbrochen werden; aufhören; **~m** Abschnitt m, Sektor m
kesin bestimmt, entschieden; endgültig; **~leşmek** sich entscheiden; **~likle** *adv.* sicherlich; absolut; **~ti** Unterbrechung f; Kürzung f
kesir (-*sri*) Bruch m (*a. Math.*)
kesişmek sich einigen (*ile* mit *D*)
kesit Schnitt m
keski Meißel m; Beil n
keskin scharf; **~leşmek**

scharf *od.* schärfer werden; **~lik** Schärfe *f*
kesme Schneiden *n*, Schnitt *m*
kesmek (-*er*) (durch-, ab-)schneiden; abtrennen; schlachten; unterbrechen; *Preis* festsetzen
kesp: ~ *etm.* erwerben
kestane Kastanie *f*
kestirmek *A* (durch-, ab-)schneiden lassen; entscheiden; voraussehen
keşfetmek entdecken; aufklären, erkunden
keşide (*Lotterie*-)Ziehung *f*
keşif (-*şfi*) Entdeckung *f*; Aufklärung *f*, Erkundung *f*
keşiş Pope *m*, Mönch *m*
keşke, keşki wenn doch ...!
keşkül *süße Milchspeise mit Pistazien*
keten *Bot.* Flachs *m*; Leinen *n*
ketum verschwiegen
keyf siehe vergnügen; **~i** willkürlich; **~iyet** Umstand *m*, Qualität *f*
keyif (-*yfi*) Wohlbefinden *n*; Ruhe *f*; Stimmung *f*, Laune *f*; Fröhlichkeit *f*; ~ *çatmak* sich vergnügen; **~li** fröhlich, heiter
keyifsiz mißgestimmt; unwohl; **~lik** Verstimmung *f*; Unpäßlichkeit *f*
kez Mal *n*
keza(**lik**) ebenso; ferner
kible Gebetsrichtung *f* nach Mekka

Kıbrıs Zypern *n*; **~lı** Zypriot *m*; zypri(oti)sch
kıç Hinterteil *n*, Hintern *m*; *Mar.* Heck *n*
kıdem Dienstalter *n*; **~li** mit höherem Dienstalter
kıkırdak (-*ğı*) *an.* Knorpel *m*
kıkırdamak kichern; erstarren
kıl Haar *n*, Borste *f*
kılavuz Führer *m*, Wegweiser *m*; *Mar.* Lotse *m*; **~luk:** ~ *etm.* -*e* führen, leiten
kılçık (-*ğı*) Fischgräte *f*; Faden *m* *an* der Bohne
kılıç (-*cı*) Säbel *m*, Schwert *n*; **~tan geçirmek** niedermetzeln; **~balığı** *Zo.* Schwertfisch *m*
kılıf Futteral *n*, Hülle *f*
kılık (-*ğı*) Kleidung *f*; Aussehen *n*, Erscheinung *f*
kılınmak getan werden; **~mak** (-*ar*) tun, machen, verrichten
kımılda(**n**)**mak** bewegen; **~tmak** *A* bewegen, in Bewegung setzen
kın Scheide *f*, Etui *n*
kına Henna *f*; **~lı** mit Henna gefärbt
kına|**mak** zurechtweisen; **~msımak** kritisieren
kınnap (-*bı*) Bindfaden *m*, Schnur *f*
kıpırda(**n**)**mak** sich bewegen; **~tı** Bewegung *f*
kıp|**kırmızı, ~kızıl** feuerrot, knallrot
kır¹ freies Feld *n*

kır² grau
kıraathane Kaffeehaus *n*
kıraç unfruchtbar
kırağı Reif *m*
kıral, **~içe**, **~ik** *s.* kral, içe, lık
kırat Karat *n*; *fig.* Wert *m*
kırbaç (-cı) Peitsche *f*; **~lamak** peitschen
kırç (-cı) Rauhreif *m*
kırçıl graumeliert
kırgın gekränkt, verletzt
kırık (-ğı) ge-, zerbrochen, zertrümmert; Bruch *m*; **~lık** Unwohlsein *n*
kırılmak zerbrochen *od.* zertrümmert werden; zerbrechen; gekränkt werden (-*e* von *j-m*)
Kırım Krim *f*
kırıntı Krume *f*, Abfall *m*
kırışık faltig, faltenreich
kırıtmak kokettieren (-*e* mit *j-m*)
kırk vierzig
kırkmak (-*ar*) scheren
kırlangıç (-cı) *Zo.* Schwalbe *f*
kırlaşmak grau werden
kırma Falte *f*, Gruppe *f*, Schrot *n od. m*; **~k** (-*ar*) (zer)brechen; knicken, falten; kränken; *viel Geld verdienen*; **~lı** mit Falten versehen, plissiert
kırmızı rot; **~biber** Cayennepfeffer *m*
kırpık geschoren, gestutzt; **~ntı** Reste *pl.*, Abfälle *m/pl.*; **~mak** (-*ar*) *v/t* scheren, beschneiden; *v/i* mit den Augen zwinkern

kırsal Feld-, Land-; öde
kırtasiye Schreibwaren *pl.*, Büromaterial *n*; **~cilik** Schreibwarenhandel *m*; Bürokratie *f*
kısa kurz; **~ca** *adv.* kurz gesagt, kurz; **~k** Kürze *f*; **~lmak** kurz werden
kısaltma Abkürzung *f*; **~k** (ver)kürzen
kısık heiser; **~lık** Heiserkeit *f*
kısılmak sich verringern; heiser werden
kısım (-*smı*) Teil *m*, Stück *n*
kısıntı Einschränkung *f*
kısır unfruchtbar; **~laştırmak** sterilisieren; **~lık** Unfruchtbarkeit *f*
kısıt *Jur.* Entmündigung *f*; **~lı** entmündigt
kıskaç Zange *f*; Stehleiter *f*
kıskanç (-cı) eifersüchtig, neidisch; **~lık** Eifersucht *f*
kıskanmak eifersüchtig sein (-*den* -*e* wegen *G* auf *A*), nicht gönnen (-*i* -*den* *j-m etw.*)
kısmak (-*ar*) vermindern, drosseln, kürzen
kısmen *adv.* teilweise, zum Teil; **~et** Schicksal *n*, Los *n*; Teil, Teil-
kısrak (-ğı) Stute *f*
kıstırmak quetschen; *fig.* in die Enge treiben
kış Winter *m*; **~ın** im Winter
kışkırtıcı Hetzer *m*, Provokateur *m*; **~mak** aufscheuchen; aufhetzen
kışla Kaserne *f*; **~lak** Winter-

kiler

quartier *n*; **~lamak** überwintern; **~lık** für den Winter geeignet, Winter-
kıt wenig, knapp
kıta *Geo.* Kontinent *m*; *Mil.* Truppe *f*; Format *n*
kıtık (-ğı) Werg *n*
kıtır gerösteter Mais *m*; Geflunker *n*; **~damak** knacken
kıt|laşmak knapp *od.* selten werden; **~lık** Mangel *m*; Hungersnot *f*
kıvanmak sich rühmen (*ile G*)
kıvılcım Funke(n) *m*
kıvır|cık gekräuselt; **~mak** kräuseln; falzen
kıvr|ak flink; **~anmak** sich winden; **~ılmak** sich beugen; sich winden; **~ım** Falte *f*, Saum *m*
kıyafet Kleidung *f*
kıyamet *Rel.* Auferstehung *f*; *fig.* Lärm *m*, Tumult *m*
kıyas Vergleich *m*
kıygı Grausamkeit *f*; **~n** ungerecht behandelt
kıyı Küste *f*, Ufer *n*
kıy|ık, ~ımlı zerhackt, kleingehackt; **~ma** Hackfleisch *n*, Gehackte(s); **~mak** (-ar) *A* (zer)hacken; opfern, aufgeben (-e *etw.*)
kıymet Wert *m*; **~li** wertvoll, kostbar; **~siz** wertlos
kıymık (-ğı) Splitter *m*
kız Mädchen *n*; Tochter *f*; Jungfrau *f*; **~ kardeş** Schwester *f*
kızak (-ğı) Schlitten *m*
kıza|mık (-ğı) *Med.* Masern

pl.; **~rmak** rot werden, sich röten; glühend werden
kızartma Braten *m*, Gebratene(s); **~k** braten, rösten; rot werden lassen
kızdırmak anheizen; verärgern, aufregen
kızgın heiß; aufgeregt; **~lık** Glut *f*; Wut *f*; Brunst *f*
kızıl rot; glühend
Kızıl|ay Rote(r) Halbmond *m*, **~baş** Zweig der Schiiten
kızıl|cık Kornelkirsche *f*; **~lık** Röte *f*
kızışmak sich aufregen, heftiger werden
kızlık Jungfernschaft *f*; **~ adı** Mädchenname *m*
kızmak (-ar) heiß *od.* glühend werden; wütend werden (*b-e* über *j-n*)
ki daß; der, die, das (*Relativpronomen*); ja, ja doch
-ki (*Suffix für Zeit- und Ortsbestimmungen*): **bugünkü Türkiye** die heutige Türkei; **Türkiye'deki Almanlar** die Deutschen in der Türkei
kibar feinfühlig; **~lık** vornehmes Wesen *n*
kibir Stolz *m*, Hochmut *m*; **~lenmek** hochmütig werden; **~li** stolz, hochmütig
kibrit Zündholz *n*, Streichholz *n*
kifayet Genüge *f*; Fähigkeit *f*; **~ etm.** genügen; **~li** fähig, geeignet
kil Ton *m*, Tonerde *f*
kiler Speisekammer *f*

kilim Kelim *m*, Webteppich *m*
kilise Kirche *f*
kilit (-*di*) Schloß *n* an e-r Tür usw.; **~lemek** ab-, ver-, zuschließen; **~li** mit e-m Schloß versehen; verschlossen, zugeschlossen
kiliz Schilf(rohr) *n*
kilo|(**gram**) Kilo(gramm) *n*; **~metre** Kilometer *m*; **~vat** Kilowatt *m*
kim wer
kimi einige; **~si** manche; **~zaman** manchmal
kimlik Identität *f*; **~ belgesi** Personalausweis *m*, Kennkarte *f*
kimse jemand, einer; **~siz** alleinstehend; unbewohnt
kimy|**a** Chemie *f*; **~ager** Chemiker *m*; **~asal**, **~evî** chemisch
kimyon Kümmel *m*
kin Haß *m*, Groll *m*; **~ beslemek** Groll hegen
kinaye Anspielung *f*
kinetik kinetisch
kinin *Med.* Chinin *n*
kip *Gr.* Verbalform *f*
kir Schmutz *m*
kira Miete *f*; **~ya vermek** vermieten; **~cı** Mieter *m*; **~lamak** mieten; **~lık** zu vermieten
kiraz Kirsche *f*
kireç (-*ci*) Kalk *m*; **~lenmek** verkalken
kiremit (*Dach*-)Ziegel *m*
kiriş Saite *f*; *Arch.* Balken *m*, Träger *m*

kir|**lenmek** sich beschmutzen, schmutzig werden; **~letmek** beschmutzen
kirli schmutzig; **~lik** Verschmutzung *f*
kirpi Igel *m*
kirpik (-*ği*) Wimper *f*
kişi Person *f*, Mensch *m*; jemand; **~ zamiri** *Gr.* Personalpronomen *n*; **~lik** Persönlichkeit *f*; für ... Personen bestimmt; **~sel** persönlich
kişnemek wiehern
kitab|**e** Inschrift *f*; **~et** Schreibkunst *f*, Stil *m*; **~evi** Buchhandlung *f*
kitap (-*bı*) Buch *n*; **~çı** Buchhändler *m*, Bibliothekar *m*; **~lık** Bücherei *f*, Bibliothek *f*
klâkson *Kfz.* Hupe *f*
klâsik klassisch
klâsör Aktenordner *m*, Schnellhefter *m*
klâvye Tastatur *f*
klik (-*ği*) Clique *f*
klinik (-*ği*) Klinik *f*
kliring *Hdl.* Clearing *n*
klişe Klischee *n*
klor *Chem.* Chlor *n*
klüp (-*bü*) Klub *m*
koalisyon *Pol.* Koalition *f*
kobay Meerschweinchen *n*
koca[1] Ehemann *m*, Gatte *m*
koca[2] groß; alt
kocalı verheiratet (*Frau*)
koca(l)mak alt werden
kocaman groß, riesig
kocasız ohne Ehemann
koç Schafbock *m*, Widder *m*
koçan Strunk *m*; Kolben *m*

kod s. kot
kodaman *iron.* hohes Tier *n*
kodeks Kodex *f*
kof hohl, ausgehöhlt
koğuş Schlafsaal *m*; Krankensaal *m*
kok Koks *m*
kok|ak stinkend; **~lamak** *-i* riechen an *D*, beriechen *A*; **~mak** (*-ar*) *v/i* riechen, duften; stinken; **~muş** stinkend; *fig.* faul
kokoroz Mais *m*
kokteyl Cocktail *m*
koku Geruch *m*, Duft *m*; Gestank *m*; Parfüm *m*; *-in* **~sunu almak** riechen, wittern *A*; **~lu** riechend, duftend; **~suz** geruchlos
kol Arm *m*; Vorderbein *n*; Ärmel *m*; *Tech.* Kurbel *f*, Griff *m*, Hebel *m*; *Mil.* Kolonne *f*; **~ kanat germek** (*od. olm.*) *D* helfen; **~ saati** Armbanduhr *f*
kola *Chem.* Stärke *f*; **~lamak** stärken und bügeln; **~lı** gestärkt
kolan Gurt *m*
kolay leicht, nicht schwierig; **~ca** *adv.* recht einfach, unschwer; **~laştırmak** erleichtern; **~lık** Leichtigkeit *f*; Erleichterung *f*; **~lıkla** mühelos
kolcu Wächter *m*
kolej College *n*, Oberschule *f*
koleksiyon Sammlung *f*
kolektif kollektiv; **~ ortaklık** (*od. şirket*) offene Handelsgesellschaft *f*

kolera *Med.* Cholera *f*
koli Paket *n*, Päckchen *n*
kol|lamak abwarten; beobachten; **~luk 1.** Manschette *f*; Ärmelschoner *m*; **2.** Polizei *f*
kolonya, **~ suyu** Kölnischwasser *n*
kolordu *Mil.* Armeekorps *n*
koltuk Achselhöhle *f*; Sessel *m*; **~ değneği** Krücke *f*; **~çu** Altwarenhändler *m*; **~lu** mit Armlehnen versehen
kolye Halskette *f*
komando Kommando *n*
kombin|a Kombinat *n*; **~e** kombiniert; **~ezon** (*Wäsche-*)Garnitur *f für Damen*
komed|i, **~ya** *Thea.* Komödie *f*, Lustspiel *n*
komik (*-ği*) komisch; Komiker *m*
komiser Kommissar *m*
komisyon Kommission *f*; Ausschuß *m*; *Hdl.* Provision *f*; **~cu** Kommissionär *m*
komit|a Geheimgesellschaft *f*; **~e** Komitee *n*
komodin Nachttisch *m*
kompartıman Abteil *n*
kompas Kompaß *m*; Zirkel *m*
komple voll(ständig)
komplike kompliziert
komplo Komplott *n*
komposto 1. Kompott *n*; **2.** Kompost *m*
kompozisyon Komposition *f*; Aufsatz *m*
kompüter Computer *m*

komşu Nachbar m; benachbart; **~luk** Nachbarschaft f
komuta Kommando n; **~n** Befehlshaber m, Kommandeur m, Kommandant m
komüni|st Kommunist m; kommunistisch; **~zm** Kommunismus m
konak (-ğı) Konak m, Amtsgebäude n; großes Wohnhaus n; **~lamak** Quartier beziehen
konca s. **gonca**
konç (-cu) Schaft m e-s Stiefels, Länge f e-s Strumpfes
kondisyon Bedingung f; Kondition f
kondüktör Schaffner m, Fahrkartenkontrolleur m
konfederasyon Bund m, Verband m
konfeksiyon Konfektion f
konferans Konferenz f; Vorlesung f, Vortrag m
konfor Komfort m
kongre Kongreß m
koni Kegel m; **~k** kegelförmig
konjonktür Konjunktur f
konkre konkret
konmak (-ur) gesetzt od. gestellt werden; sich setzen; sich niederlassen (-e auf D); übernachten (-e in D)
konser Konzert n
konserv|atuvar Konservatorium n; **~e** Konserve f
konsey Pol. Rat m
konsolos Konsul m; **~luk** Konsulat n
konsorsiyum Konsortium n

kont Graf m
kontak (-ğı) Kontakt m; El. Kurzschluß m; Kfz. Zündung f
kontenjan Kontingent n
kontes Gräfin f
konteyner Container m
kontrat Vertrag m
kontrol (-lü) Kontrolle f, Überwachung f; **~ etm.** kontrollieren, überwachen
konu Thema n, Betreff m; **~lmak** gesetzt od. gestellt werden; **~m** Lage f, Ort m
konuş|ma Gespräch n; Rede f; **~mak** sprechen, sich unterhalten (-i ile über A mit D); **~ulmak** besprochen werden (ile mit D)
konut Wohnung f
kooperatif Genossenschaft f; **~çilik** Genossenschaftswesen n
koordinasyon Koordination f
koparmak v/t ab-, los-, zerreißen; pflücken
kopça Haken (m), und Öse (f); **~lamak** zuhaken
kopmak (-ar) v/i abbrechen, abreißen; Lärm: losbrechen
kopya Kopie f; Abschrift f; **~ etm., -in ~sını çıkarmak** kopieren A
kor Glut f
koramiral (-li) Vizeadmiral m
kordiplomatik (-ği) diplomatisches Korps n
kordon Kordel f; Band n; Kordon m, Absperrungskette f

Kore Korea n
korgeneral (-*li*) Mil. General m
koridor Korridor m, Gang m
korkak ängstlich, furchtsam; feige; **~lık** Furchtsamkeit f, Feigheit f
korkmak (-*ar*) -*den* sich fürchten, Angst haben vor D, fürchten A
korku Furcht f, Angst f; **~lu** gefährlich, fürchterlich; **~luk** Geländer n; Vogelscheuche f; **~nç** fürchterlich, schrecklich; **~nçsuz** furchtlos; **~tmak** erschrecken, einschüchtern
korna Kfz. Hupe f
korner Sp. Eckball m
koro Chor m
korsan Pirat m
korse Korsett n
kort Tennisplatz m
koru Wald m, Forst m; **~cu** Feldhüter m, Waldhüter m
koru|mak (be)schützen, hüten; **~nmak** sich schützen (-*den* vor D); **~yucu** schützend; Beschützer m
koskoca riesig, gewaltig
koster Küstenmotorschiff n
kostüm Anzug m; Kostüm n
koş|mak (-*ar*) 1. v/i laufen, rennen; -*in ardından* **~mak** verfolgen A; 2. v/t Pferd anspannen; **~turmak** A laufen lassen; abschicken
koşu Lauf m, Rennen n; **~cu** Läufer m
koşul Bedingung f
koşut parallel

kot¹ (-*du*) Code m
kot² Jeans(stoff m) pl.
kota Quote f, Kontingent n
kotra Mar. Kutter m
kova Eimer m
kovalamak verfolgen
kovan Bienenstock m; Mil. Kartusche f
kovboy Cowboy m
kovmak (-*ar*) verjagen, vertreiben, verscheuchen
kovuk (-*ğu*) Hohlraum m, Höhle f
kovuşturma Strafverfolgung f; **~k** verfolgen
koy Geo. Bucht f
koymak (-*ar*) setzen, stellen, legen; hinzufügen (-*e zu* D); lassen; **yoluna ~** in Ordnung bringen
koyu dick, fest, steif; dunkel (*Farbe*); fig. fanatisch; **~laşmak** fest od. steif od. dunkler werden
koyulmak -*e* beginnen A od. zu inf.
koyun¹ Schaf n, Hammel m
koyun² (-*ynu*) Busen m, Brust f
koy(u)vermek los-, freilassen
koz Bot. Walnuß f; fig. Trumpf m
koza Bot. Kapsel f; Zo. Kokon m
koza(la)k Bot. Zapfen m
kozmetik Körperpflege(mittel n) f
kozmik kosmisch
köfte Fleischklößchen n
köhne alt; veraltet

kök (-*kü*) Wurzel *f*; *-i ~ünden koparmak, -in ~ünü kurutmak* ausrotten, vertilgen *a.* *~en fig.* Wurzel *f*; *~lemek* mit der Wurzel herausziehen; *~lenmek, ~leşmek* Wurzeln schlagen; *~lü* mit e-r Wurzel versehen; fundiert; vornehm

köknar Tanne *f*

köle Sklave *m*; *~lik* Sklaverei *f*

kömür Kohle *f*; *~ ocağı* Kohlenbergwerk *n*; *~cü* Kohlenhändler *m*; *~leşmek* zu Kohle werden, verkohlen; *~lük* Kohlenkeller *m*; Kohlenlager *n*

köpek (-*ği*) Hund *m*; *~balığı* Hai(fisch) *m*

köprü Brücke *f*; *~cük* (*kemiği*) *an.* Schlüsselbein *n*

köpük (-*ğü*) Schaum *m*; *~rmek* schäumen

kör blind; stumpf; *~bağırsak an.* Blinddarm *m*; *~elmek* stumpf werden

körfez Meerbusen *m*, Golf *m*

kör|lenmek, ~leşmek blind werden; stumpf werden; *~letmek* blenden; abstumpfen, stumpf werden lassen; *Licht* abblenden; *~lük* Blindheit *f*

körpe frisch, zart

körük (-*ğü*) Blasebalg *m*; *~lemek* anblasen, schüren

köse mit schwachem Bartwuchs (*Mann*)

kösele Rind(s)leder *n*

kösnül sinnlich, erotisch; *~lük* Geilheit *f*

köstebek (-*ği*) Maulwurf *m*

köstek (-*gi*) Fußfessel *f*; Uhrkette *f*

köstere Hobel *m*

köşe Ecke *f*, Winkel *m*; *~ başı* Straßenecke *f*

köşk Landhaus *n*, Pavillon *m*

kötü schlecht, schlimm; *~ye kullanmak* mißbrauchen; *~leşmek* sich verschlechtern, schlecht werden; *~lük* Schlechtigkeit *f*; *~mser* pessimistisch

kötürüm gelähmt, verkrüppelt

köy Dorf *n*; *~lü* Dörfler *m*; Bauer *m*

kral König *m*; *~içe* Königin *f*; *~lık* Königtum *n*, Königreich *n*

kramp *Med.* Krampf *m*

krank *Tech.* Kurbel *f*; *~ mili Kfz.* Kurbelwelle *f*

krater *Geo.* Krater *m*

kravat Krawatte *f*

kredi Kredit *m*; *~ kartı* Kreditkarte *f*

krem Krem(e) *f*, Salbe *f*; *~a* Sahne *f*, Rahm *m*; *~ şanti* Schlagsahne *f*

kriko *Kfz.* Wagenheber *m*

kristal (-*li*) Kristall *m*

kriter Kriterium *n*

kriz Krise *f*

kroki Skizze *f*

krom Chrom *n*

kronik 1. Chronik *f*; **2.** chronisch

kruvazör *Mar.* Kreuzer *m*
kuaför Friseur *m*
kubbe Kuppel *f*
kucak (-ğı) Brust *f*; Armvoll *m*; **~lamak** umarmen; umgeben
kudret Macht *f*, Kraft *f*; **~li** mächtig; **~siz** machtlos
kudu|rmak tollwütig werden; *fig.* rasend werden; **~z** tollwütig; Tollwut *f*
kuğu Schwan *m*
kukla Puppe *f*, Marionette *f*
kuku *Zo.* Kuckuck *m*
kukuleta Kapuze *f*
kul Diener *m*, Sklave *m*
kulaç (-cı) Klafter *f* (*a. m* od. *n*)
kulak (-ğı) Ohr *n*; **~ asmak** *D* Gehör schenken; **~ vermek** *D* zuhören; **~ memesi** *D* Ohrläppchen *n*; **~lık** Ohrenschützer *m*; Kopfhörer *m*; *Tel.* Hörer *m*
kule Turm *m*
kulis Kulisse *f*
kullanış Gebrauch *m*, Anwendung *f*; **~lı** handlich, praktisch
kullanım Verwendung *f*, Gebrauch *m*; **~ kılavuzu** Gebrauchsanweisung *f*
kullanmak gebrauchen, benutzen, anwenden; *Auto* fahren
kulp Henkel *m*, Griff *m*
kuluçka Glucke *f*; **~ya oturmak** (*od. yatmak*) brüten
kulübe Hütte *f*, Bude *f*
kum Sand *m*; *Med.* Grieß *m*

kumanda Kommando *n*, Befehl *m*; **~n** Kommandant *m*, Befehlshaber *m*
kumar Glücksspiel *n*; **~baz** Glücksspieler *m*; **~hane** Spielkasino *n*
kumaş Stoff *m*, Tuch *n*
kumbara Sparbüchse *f*
kumlu sandig; **~k** sandig; sandiger Platz *m*
kumral dunkelblond; hellbraun
kumru *Zo.* Turteltaube *f*
kumsal sandig; Sandstrand *m*, Sandbank *f*
kundak (-ğı) Windel *f*; Brandfackel *f*; **~çı** Brandstifter *m*; **~lamak** in Windeln wickeln; in Brand stecken
kundura (Über-)Schuh *m*; (grober) Halbschuh *m*; **~cı** Schuhmacher *m*, Schuster *m*
kunduz Biber *m*
kupa 1. Becher *m*, Pokal *m*; 2. Herz *n* im Kartenspiel
kupkuru völlig trocken
kupon Abschnitt *m*, Kupon *m*
kur¹ *Hdl.* Kurs *m*
kur²: **~ yapmak** *D* den Hof machen
kur'a Los *n*; **~ çekmek** losen
kurabiye *süßes Gebäck*
kurak trocken, wasserarm; **~lık** Dürre *f*, Trockenheit *f*
kural Regel *f*, Prinzip *n*; **~dışı** unregelmäßig, Ausnahme-
kuram Theorie *f*
Kuran Koran *m*
kurbağa Frosch *m*
kurban Opfer *n*; Opfertier *n*;

kurcalamak

~ bayramı Rel. Muslimische(s) Opferfest; **~ kesmek** ein Opfertier schlachten; **~ olayım!** mein Gott!; ich bitte dich!

kurcalamak *-i* herumarbeiten an *D*; *Frage* aufführen

kurdele Band *n*, Kordel *f*

kurgu Schlüssel *m*; Montage *f*; Spekulation *f*, Wahn *m*; **~bilim** Science-fiction *f*

kurmak (*-ar*) aufstellen, errichten, gründen

kurmay Generalstab *m*

kurna Steinbecken *n unter dem Wasserhahn*

kurnaz schlau, pfiffig; **~lık** Schlauheit *f*

kuron (*Zahn-*)Krone *f*

kurs¹ runde Scheibe *f*; Tel. Wählscheibe *f*

kurs² Kurs(us) *m*, Lehrgang *m*

kursak Zo. Kropf *m*

kurşun Blei *n*; Kugel *f*, Geschoß *n*; **~î** bleigrau; **~kalem** Bleistift *m*; **~lu** bleihaltig, Blei-; **~suz** bleifrei

kurt¹ (*-du*) Wolf *m*

kurt² (*-du*) Made *f*, Wurm *m*

kurtar|ıcı Befreier *m*; **~ılmak** befreit, gerettet werden; **~mak** befreien, retten

kurtçuk Zo. Larve *f*, Made *f*

kurt|lanmak madig *od.* wurmstichig werden; **~lu** madig; *fig.* unruhig

kurtul|mak entkommen aus *D*, sich befreien von *D*; gerettet werden vor *D*; **~uş** Rettung *f*

---

kuru trocken; **~ fasulye** weiße Bohnen *f/pl.*; **~ kahve** gerösteter Kaffee *m*; Kaffeebohnen *f/pl.*; **~ meyve** Trockenobst *n*

kurucu Gründer *m*; Pol. konstituierend

kurul Ausschuß *m*, Kommission *f*

kurula|mak abtrocknen; **~nmak** abgetrocknet werden

kurulmak errichtet, aufgestellt, gegründet werden

kurultay Kongreß *m*

kurulu aufgestellt; bestehend (*-den* aus *D*)

kuruluş Gründung *f*; Institution *f*

kurum¹ Ruß *m*

kurum² Gesellschaft *f*, Verein *m*

kurum³ Hochmut *m*

kurumak (ver-, ein)trocknen

kurum|lanmak sich brüsten (*ile* mit *D*); **~lu** eingebildet, wichtigtuerisch

kuruntu Einbildung *f*, Wahn *m*

kuruş früher: hundertster Teil e-r türk. Lira; **~ ~una** auf Heller und Pfennig

kurutmaç Löscher *m*; Löschpapier *n*

kurutmak trocknen lassen, dörren

kurye Kurier *m*, Bote *m*

kus|mak (*-ar*) *v/i* sich erbrechen, sich übergeben; *v/t* erbrechen; wieder sichtbar machen; **~turucu** Brechreiz erregend

kusur Fehler *m*, Mangel *m*; **~a bakmayın(ız)!** nehmen Sie es nicht übel!; **~lu** fehlerhaft; **~suz** fehlerfrei, tadellos

kuş Vogel *m*

kuşa|k (*-ğı*) Gürtel *m*; Reifen *m*; Generation *f*; **~nmak** anlegen, sich umbinden; **~tmak** umgeben; belagern

kuşbaşı in kleinen Stücken (*Fleisch usw.*)

kuşet *Esb.* Liegebett *n*; **~li vagon** Schlafwagen *m*

kuşkonmaz Spargel *m*

kuşku Unruhe *f*, Sorge *f*, Zweifel *m*; **~lanmak** mißtrauisch sein

kuştüyü Daune(n *pl.*) *f*

kut Glückszufall *m*, Glück *n*; **~lamak** *A* feiern; beglückwünschen (*b-in ş-ini j-n zu D*); **~lanmak** gefeiert werden; **~lu** glücklich, segensreich; **~lamak** Glück wünschen (*b-in ş-ini j-m zu D*)

kutsal heilig; **~lık** Heiligkeit *f*

kuts|i heilig; **~iyet** Heiligkeit *f*

kutu Schachtel *f*, Dose *f*, Büchse *f*, Kasten *m*

kutup (*-tbu*) *Geo.* Pol *m*

Kutupyıldızı *Astr.* Polarstern *m*

kuvars Quarz *m*

kuvvet Stärke *f*, Macht *f*, Gewalt *f*, Kraft *f*; **~ten düşmek** schwach werden; **~lendirmek** kräftigen, stärken; **~lenmek** erstarken; **~li** kräftig, stark; **~siz** kraftlos, matt

kuyruk (*-ğu*) Schwanz *m*, Schweif *m*; Schleppe *f*; **~ta beklemek** Schlange stehen

kuyruklu geschwänzt; **~ piyano** *Mus.* Flügel *m*; **~yıldız** *Astr.* Komet *m*

kuytu geschützt, abgelegen

kuyu Brunnen *m*; Bohrloch *n*; *Bgb.* Schacht *m*

kuyumcu Juwelier *m*, Goldschmied *m*

kuzen Vetter *m*, Cousin *m*

kuzey Norden *m*

kuzgun *Zo.* Kolkrabe *m*

kuzin Kusine *f*

kuzu Lamm *n*, Schäfchen *n*; **~m!** mein Lieber!, meine Liebe!; **~dişi** Milchzahn *m*

kübik würfelförmig

küçük (*-ğü*) klein; jung

Küçükayı *Astr.* Kleine(r) Bär

küçülmek kleiner werden, sich verringern

küçültme Verkleinerung *f*; **~k** verkleinern, verringern

küçümsemek unterschätzen; herabsetzen

küf Schimmel *m*; **~ bağlamak**, **~ tutmak** verschimmeln, schimmelig werden

küfe Tragekorb *m*, Kiepe *f*

küf|lenmek verschimmeln; **~lü** verschimmelt

küfretmek fluchen; beschimpfen (*b-e j-n*)

küfür (*-frü*) Fluchen *n*; Fluch *m*

kükremek toben; brüllen

kükürt (*-dü*) *Chem.* Schwefel *m*; **~lü** schwefelhaltig

kül Asche *f*; ~ **etm.** zugrunde richten, ruinieren; ~ **olm.** vernichtet werden

küläh Tüte *f*; *fig.* List *f*

külçe Klumpen *m*, Barren *m*

külek (-ği) Holzeimer *m*

külfet Mühe *f*, Anstrengung *f*; Umstände *pl.*; **~li** mühevoll, umständlich; **~siz** mühelos, leicht

külhan Heizraum *m* in e-m türkischen Bad; **~beyi** Rowdy *m*, Taugenichts *m*

külliyet Gesamtheit *f*

küllü Asche enthaltend

külot Reithose *f*; (langer) Schlüpfer *m*; **~lu çorap** Strumpfhose *f*

külrengi (asch)grau

kültür Kultur *f*; **~el** kulturell; Kultur-; **~lü** kultiviert, gut erzogen

kümbet Kuppel *f*

küme Haufen *m*; Gruppe *f*; **~lenmek** sich ansammeln

kümes Hühnerhof *m*, -stall *m*; Hütte *f*; ~ **hayvanları** *pl.* Geflügel *n*

künk Rohr *n*

künye Personalien *pl.*

küp¹ (Ton-)Krug *m*; *fig.* betrunken

küp² Würfel *m*, Kubus *m*

küpe Ohrring *m*, Ohrclip *m*

kür *Med.* Kur *f*

kürdan Zahnstocher *m*

küre¹ Kugel *f*, Globus *m*

küre² Schmelzofen *m*

kürek (-ği) Schaufel *f*, Schippe *f*; *Mar.* Ruder *n*, Riemen *m*; ~ **çekmek** rudern; ~ **kemiği** *an.* Schulterblatt *n*

küre(le)mek (fort-, weg-)schaufeln

kürk Pelz *m*; **~çü** Kürschner *m*, Pelzhändler *m*; **~lü** mit Pelz besetzt *od.* gefüttert; Pelz-

kürsü Kanzel *f*; Pult *n*, Katheder *m*; Lehrstuhl *m*

Kürt Kurde *m*

kürtaj *Med.* Ausschabung *f*; Abtreibung *f*

küskü Brechstange *f*

küs|kün grollend, böse; **~mek** *D* böse sein, grollen

küspe Treber *pl.*

küstah frech, unverschämt; **~lık** Unverschämtheit *f*

küsur *pl.* Bruchteile

küt¹ stumpf, abgerundet

küt² Klopfen *n*

kütle Masse *f*; Klotz *m*

kütük (-ğü) Baumstumpf *m*; Holzklotz *m*; Register *n*

kütüphane Bibliothek *f*; Bücherschrank *m*

kütürdemek knirschen, knarren

küvet Schale *f*; Badewanne *f*

L

laboratuar Labor(atorium) n
lâcivert dunkel-, tiefblau
lâdes Art Vielliebchen n
lâf Gespräch n; Gerede n; ~ **atmak** -e e-m Mädchen etw. zurufen; ~ **değil!** das ist ernst!
lâğım Kloake f; Stollen m, unterirdischer Gang m; ~**a atmak** sprengen; ~**cı** Kanalarbeiter m
lahana Kohl m
lâhika Anhang m
lahmacun Brotfladen mit gewürztem Hackfleisch
lâhza Augenblick m
lâik laizistisch; ~**lik** Laizismus m
lâkap (-bı) Beiname m
lâkayt gleichgültig
lâke lackiert
lâkırdı Gerede n
lâkin aber, jedoch, sondern
lâl Chem. Granat m; hellrot
lala Erzieher m
lâle Tulpe f
lâmba Lampe f; (Radio-) Röhre f
lâme Brokat
lânet Fluch m; Verfluchung f; verflucht; ~ **okumak** -e, ~**lemek** A verfluchen, verwünschen
lânse: ~ **etm.** lancieren
lâp plumps; ~**a** Brei m
Lâponya Lappland n
lastik (-ği) Gummi m od. n;

Kfz. Reifen m; aus Gummi; ~ **başlık** Badematze f; ~ **servisi** Reifendienst m; ~ **şerit** Gummiband n; ~**li** aus Gummi
lâta Latte f
lâterna Leierkasten m, Drehorgel f
lâtif hübsch, anmutig, fein; ~**e** Scherz m, Witz m, Spaß m
Lâtin lateinisch; römisch-katholisch; ~**ce** Latein(isch) n
lâv Geo. Lava f
lâvabo Waschbecken n; Toilette f
lâvanta Lavendel m
lâvta[1] Mus. Laute f
lâvta[2] Geburtszange f
lâyık -e passend für A, würdig G; ~**ıyla** adv. gebührend
lâyiha Denkschrift f
lâzım nötig, notwendig, erforderlich (-e für A)
leblebi geröstete Kichererbsen pl.
leğen große (Wasch-)Schüssel f; an. Becken n
leh Pole m; polnisch
leh|- für A, zugunsten G; **-in** ~**inde** (~**ine**) olm. für etw. (j-n) sein
lehçe Mundart f, Dialekt m
Lehçe Polnisch n
lehim Lötzinn n; ~**lemek** löten; ~**li** gelötet
Lehistan Polen n

leke Fleck *m*; *fig.* Makel *m*; ~ *etm.* beschmutzen; **~lemek** beflecken, beschmutzen (*a. fig.*); **~li** fleckig; **~siz** rein; makellos
lektör Lektor *m*
lenf(a) Lymphe *f*
lenger flache Schüssel *f*; *Mar.* Anker *m*
lens *Phys.* Linse *f*; Kontaktlinse(n *pl.*) *f*
leş Kadaver *m*, Aas *n*
letafet Anmut *f*, Feinheit *f*
letarji Lethargie *f*
Levanten levantinisch
levazım *pl.* Material *n*, Ausrüstung *f*
levha Tafel *f*, Schild *n*
levrek Seebarsch *m*
levye Schalthebel *m*
leylâk Flieder *m*
leylek (-ği) Storch *m*
lezzet Geschmack *m*; Vergnügen *n*; **~li** schmackhaft, wohlschmeckend; **~siz** geschmacklos, fade
liberal (-li) liberal; **~izm** Liberalismus *m*
Libya Libyen *n*
lider Pol. Führer *m*; **~lik** Führerschaft *f*, Führung *f*
lif Faser *f*; *Bot.* Luffa *f*
lig Liga *f*, Vereinigung *f*
likör Likör *m*
liman Hafen *m*
limit Grenze *f*; **~et** beschränkt (*Haftung*)
limon Zitrone *f*; **~ata** Limonade *f*; **~lu** mit Zitronensaft (zubereitet), Zitronen-

linç Lynchen *n*
linyit Braunkohle *f*
lira Lira *f*, türkisches Pfund *n*; **~lık ...** Pfund wert
liret (*italienische*) Lira *f*
lisan Zunge *f*, Sprache *f*
lisans Diplom *n*; *Hdl.* Lizenz *f*
lise Oberschule *f*, Gymnasium *n*
liste Liste *f*; **yemek ~si** Speisekarte *f*
litre Liter *m* od. *n*; **~lik ...** Liter fassend
liyakat (-ti) Verdienst *n*, Tüchtigkeit *f*; **~li** fähig, bewährt; **~siz** untauglich
lobi *Pol.* Lobby *f*
lobut Keule *f*
loca Loge *f*
lodos Süd(west)wind *m*
loğusa Wöchnerin *f*; **~lık** Wochenbett *n*
lojman Dienstwohnung *f*
lokanta Restaurant *n*, Gasthaus *n*; **~cı** Gastwirt *m*
lokavt Aussperrung *f*
lokma Bissen *m*, Happen *m*; *Art* Krapfen *m*
lokomotif Lokomotive *f*
lokum türkische Süßigkeit
lonca Zunft *f*, Innung *f*
lop rund und weich; hartgekocht (*Ei*)
lor (weißer ungesalzener) Ziegenkäse *m*
lostra Schuhputzen *n*
losyon Lotion *f*, flüssiges Kosmetikum *n*
loş halbdunkel, düster

loto Lotto *n*
lösemi Leukämie *f*
lüfer (*-di*) Blaubarsch *m*
lügat Wörterbuch *n*, Lexikon *n*
lüks Luxus *m*; luxuriös
lüle Locke *f*; **~taşı** Meerschaum *m*
lüp müheloser Gewinn *m*
lütf|en bitte; **~etmek** *DA* gewähren, geben
lütuf (*-tfu*) Gunst *f*, Güte *f*; *fig.* Gauner *m*, Spitzbube *m*
~kâr gütig, liebenswürdig
lüzum Notwendigkeit *f*; **~lu** nötig, notwendig; **~suz** unnötig, überflüssig

M

maada *-den* außer *D*
maalesef leider
maaş Gehalt *n*
mabet (*-di*) Tempel *m*
mablak Spachtel *m*, Spatel *m*
Macar *Sp.* Spiel *n*; ungarisch; **~ca** Ungarisch *n*; **~istan** Ungarn *n*
macera Ereignis *n*, Abenteuer *n*; **~cı** Abenteurer *m*; abenteuerlustig
macun Paste *f*, Kitt *m*
maç *Sp.* Spiel *n*, Wettkampf *m*
maça Pik *n*, Grün *n* im Kartenspiel
maçuna (*Dampf-*)Kran *m*
madalya Medaille *f*, Auszeichnung *f*
madd|e Stoff *m*, Materie *n*, Substanz *f*; Artikel *m*, Paragraph *m*; **~î** stofflich, materiell
madem(ki) da (nun einmal), weil
maden Metall *n*, Mineral *n*; Bergwerk *n*; **~ci** Bergmann *m*; Mineraloge *m*; **~î** metallisch, mineralisch; **~kömürü** Steinkohle *f*; **~suyu** Mineralwasser *n*
madrabaz *Hdl.* Aufkäufer *m*; *fig.* Gauner *m*, Spitzbube *m*
mafiş *süßes Gebäck*
mafsal *an.*, *Tech.* Gelenk *n*
magazin Magazin *n*, Zeitschrift *f*
mağara Höhle *f*
mağaza Lager *n*, Magazin *n*; Laden *m*, Geschäft *n*
mağdur geschädigt, zurückgesetzt
mağlûbiyet Niederlage *f*
mağlûp (*-bu*) besiegt; **~ etm.** besiegen
mağrur eingebildet, hochmütig; stolz (*-e* auf *A*)
mahal (*-lli*) Ort *m*, Stelle *f*; **~le** Stadtbezirk *m*, Wohnviertel *n*; **~lî** lokal, örtlich
maharet Gewandtheit *f*; Talent *n*
mahcubiyet Schüchternheit *f*, Verlegenheit *f*
mahcup (*-bu*) schamhaft, schüchtern
mahfaza Futteral *n*, Behälter *m*

mahfil Klubhaus n; Loge f in der Moschee
mahfuz aufbewahrt, geschützt; vorbehalten
mahir geschickt, gewandt
mahiyet Wesen n, Charakter m
mahkeme Jur. Gericht n
mahkûm verurteilt (-e zu D); ~ etm. verurteilen; ~iyet Aburteilung f; Strafzeit f
mahlûk Geschöpf n
mahmuz Sporn m; ~lamak -i anspornen A, die Sporen geben D
mahpus gefangen; Häftling m
mahrem geheim, vertraulich
mahrum beraubt (-den G); ~ olm. -den entbehren müssen A
mahsul (-lü) Erzeugnis n, Produkt n; Ergebnis n
mahsus besonder-; -e eigen(tümlich) D, bestimmt für A
mahunya Mahagoni n
mahv|edici vernichtend; ~etmek ausrotten; ~olmak vernichtet werden
mahya zwischen den Minaretts im Ramazan aufgehängte Leuchtschrift
mahzen Lager n; Keller m
mahzun traurig, betrübt
mahzur Bedenken n, Einwand m
mail D geneigt
maişet Lebensunterhalt m
majeste Majestät f

majör Mus. Dur n
makale Aufsatz m, Artikel m
makam Behörde f, Dienststelle f, Amt n
makara Tech. Spule f; Winde f
makarna Teigwaren f/pl.
makas Schere f; Esb. Weiche f; Kfz. etc. Feder f; ~çı Esb. Weichensteller m; ~tar Zuschneider m
makbul (-lü) angenommen; angenehm
makbuz Quittung f
Makedonya Mazedonien n
makine Maschine f; ~ inşaatı, ~ yapımı Maschinenbau m; ~ci Maschinist m; Maschinenbauer m
makineli mit e-r Maschine versehen; Maschinen-; ~ tüfek Maschinengewehr n
makinist Maschinist m; Esb. Lokomotivführer m; Mechaniker m
maksat (-dı) Zweck m, Absicht f
maksimum Maximum n
maksure abgetrennte Loge f in der Moschee
maktu (-u) fest (Preis); pauschal
maktul (-lü) getötet
makul (-lü) vernünftig
makyaj Make-up n
mal Gut n, Geld n, Vermögen n; Ware f; ~ müdürü Finanzdirektor m; ~ sahibi Eigentümer m, Besitzer m
malarya Med. Malaria f

malî finanziell, Finanz-
malik Inhaber *m*; ~ *olm.* -*e* besitzen *A*
maliye Finanzwesen *n*, Finanzen *pl.*; *Maliye Bakanı* Finanzminister *m*; *Maliye Bakanlığı* Finanzministerium *n*; **~ci** Finanzfachmann *m*
maliyet Selbstkosten *pl.*
Malta Malta *n*
maltaeriği *Bot.* Maltabirne *f*
maltız Holzkohlenherd *m*
malûl (-*lü*) krank; Invalide *m*
malûm bekannt
malûmat Kenntnisse *pl.*; Wissen *n*; Auskunft *f*; ~ *edinmek* in Erfahrung bringen; ~ *vermek* in Kenntnis setzen, benachrichtigen (*e j-n*); ~*ım yok* ich habe keine Ahnung (*-den* von *D*); ~*lı* unterrichtet; gelehrt
malzeme Material *n*, Zubehör *n*
mamafih indessen, jedoch
mamul (-*lü*) hergestellt, verfertigt (*-den* aus *D*); ~*ât* Erzeugnisse *pl.*
mamur bebaut; blühend
mana Bedeutung *f*, Sinn *m*; ~*lı* sinnvoll, bedeutsam, vielsagend; ~*sız* sinnlos
manastır Kloster *n*
manav Obsthändler *m*
manda[1] Büffel *m*
manda[2] *Pol.* Mandat *n*
mandal Riegel *m*; Wäscheklammer *f*
mandalina Mandarine *f*

mandallamak ab-, verriegeln; anklammern
mandıra Schafstall *m*
manej Manege *f*
manevî geistig, moralisch
maneviyat *pl.* Moral *f*
manevra Manöver *n*; *Esb.* Rangieren *n*
manga *Mil.* Gruppe *f*
mangal Kohlenbecken *n*; ~ *kömürü* Holzkohle *f*
mangan(ez) Mangan *n*
mani Manie *f*, Sucht *f*
mâni (-*i*, -*yi*) Hindernis *n*; ~ *olm.* -*e* verhindern, verweigern *A*
mânia Hindernis *n*; Hürde *f*; ~*lı* schwierig; Hindernis-
manifatura Textilien *pl.*; ~**cı** Stoffhändler *m*
manikür Maniküre *f*
manivelâ *Tech.* Brechstange *f*; Kurbel *f*
manken Mannequin *f*; Schneiderpuppe *f*
manolya *Bot.* Magnolie *f*
mansap (-*bı*) *Geo.* Mündung *f*
manşet Manschette *f*; Schlagzeile *f*
mantar Pilz *m*; Kork *m*
mantık (-*ğı*) Logik *f*; ~*î* logisch
manto Damenmantel *m*
manyak manisch, besessen
manyetik magnetisch; ~*zma* Magnetismus *m*
manzara Anblick *m*, Aussicht *f*; ~*lı* mit (schöner) Aussicht

manzum gereimt, in Verse gesetzt; **~e** Gedicht *n*
marangoz Schreiner *m*, Möbeltischler *m*; **~luk** Möbeltischlerei *f*
maraz Krankheit *f*; **~lı** krankhaft
mareşal (-*li*) (General-feld-)Marschall *m*
margarin Margarine *f*
marifet Geschicklichkeit *f*; Verhalten *n*
marina Jachthafen *m*
mark (deutsche *od.* finnische) Mark *f*
marka Warenzeichen *n*; Marke *f*; **~lı** mit Warenzeichen
marmelât Marmelade *f*
maroken Saffian *m*
Marsilya Marseille *n*
marş *Mus.* Marsch *m*; *Kfz.* Anlasser *m*
marşandiz Güterzug *m*
mart März *m*
martaval Lüge *f*, Aufschneiderei *f*; **~ atmak** (*od.* **okumak**) aufschneiden
martı Möwe *f*
marul grüner Salat *m*; **acı ~** Chicorée *f od. m*
maruf bekannt
maruz -*e* ausgesetzt; **~ kalmak** -*e* ausgesetzt sein
marya weibliches Schaf *n*
masa Tisch *m*; **~ örtüsü** Tischdecke *f*; **~ tenisi** Tischtennis *n*
masaj Massage *f*
masal Märchen *n*, Fabel *f*
maskara Maske *f*; Narr *m*; lustig; lächerlich; **~lık** Possenreißen *n*; Schande *f*
maske Maske *f*; **~lemek** maskieren; **~li** maskiert
maskot Maskottchen *n*
maslahat Angelegenheit *f*, Geschäft *n*; **~güzar** *Pol.* Geschäftsträger *m*
masmavi himmelblau, leuchtend blau
mason Freimaurer *m*; **~luk** Freimaurerei *f*
masraf Unkosten *pl.*; **~lı** teuer, kostspielig
mastar *Gr.* Infinitiv *m*
masum unschuldig
maşa (Feuer-)Zange *f*
maşallah *Intj.* o Wunder!; Donnerwetter!
mat[1] matt, glanzlos
mat[2] Matt *n im Schachspiel*
matara Feldflasche *f*
matbaa Druckerei *f*; **~cı** Drucker *m*
matbu (-*u*) gedruckt; **~a** Drucksache *f*
matem Trauer *f*
matematik Mathematik *f*
materyalizm Materialismus *m*
matine Matinee *f*
matkap (-*bı*) (Drill-)Bohrer *m*
matlup (-*bu*) verlangt, erwünscht; *Hdl.* Forderung *f*
matrah Steuerkategorie *f*
mavi blau; **~msi**, **~mtırak** bläulich
mav(u)na *Mar.* Leichter *m*
maya Hefe *f*, Gärstoff *m*; **~lanmak** gären; **~lı** gesäuert

maydanoz Petersilie *f*
mayhoş süßsauer
mayın Mine *f*
mayıs Mai *m*; ~ **böceği** Maikäfer *m*
mayi (*-ii*) Flüssigkeit *f*; flüssig
maymun Affe *m*; **~cuk** Tech. Dietrich *m*
mayo Badeanzug *m*, -hose *f*
mayonez Mayonnaise *f*
maytap (*-bı*) Feuerwerkskörper *m*
mazeret Entschuldigung *f*
mazgal Schießscharte *f*
mazı Bot. Lebensbaum *m*; Gallapfel *m*
mazi Vergangenheit *f*
mazlum unterdrückt, ungerecht behandelt
maznun verdächtig, angeklagt (*-den od. ile G*)
mazot Masut *m*, Heizöl *n*
mazur verzeihlich, entschuldbar; ~ **görmek** entschuldigen; verzeihen (*b-in ş-ini j-m etw.*)
meal (*-li*) Sinn *m*, Inhalt *m*
meblağ Betrag *m*, Summe *f*
mebus Abgeordnete(r)
mecal (*-li*) Kraft *f*; **~siz** kraftlos, erschöpft
mecaz bildlicher Ausdruck *m*, Metapher *f*, übertragene Bedeutung *f*; **~î** bildlich, übertragen
mecbur *-e* gezwungen zu *D*; ~ **olm.** *-e* gezwungen sein zu *D*; ~ **etm.** zwingen; **~î** gezwungen; obligatorisch; **~iyet** Zwang *m*; Notwendigkeit *f*

meclis Versammlung *f*; Gremium *n*, Rat *m*
mecmua Zeitschrift *f*
mecnun verrückt
mecra Flußbett *n*, Kanal *m*
meçhul (*-lü*) unbekannt
medar Geo. Wendekreis *m*; Astr. Bahn *f* e-s Gestirns
meddücezir (*-zri*) Geo. Ebbe (*f*) und Flut (*f*), Gezeiten *pl.*
medeni zivilisiert; bürgerlich, Zivil-; ~ **hal** Familienstand *m*; ~ **hukuk** Jur. bürgerliches Recht *n*
medeniyet Zivilisation *f*
medet! *Intj.* Hilfe!
medrese Medres(s)e *f*, religiöse Hochschule *f*
mefruşat *pl.* Möbel *pl.*, Möbiliar *n*
meftun begeistert, hingerissen (*-e* für *A*)
meğer doch, jedoch; **~ki** es sei denn, daß; **~se** s. **meğer**
mehil Frist *f*
Mehmetçik Bezeichnung *f* für den türkischen Soldaten
mehtap (*-bı*) Mondschein *m*
mehter: ~ **takımı**, **~hane** Militärkapelle *f*
mekân Ort *m*, Stelle *f*
mekani|k (*-ği*) Mechanik *f*; mechanisch; **~zma** Mechanismus *m*; *fig.* Vorgang *m*
mekik (*-ği*) Weberschiffchen *n*
Meksika Mexiko *n*
mektep (*-bi*) Schule *f*
mektu|p (*-bu*) Brief *m*; **~laşmak** korrespondieren,

melânkoli

im Briefwechsel stehen (*ile* mit *D*)
melânkoli Melancholie *f*; **~k** melancholisch
melek (-*ği*) Engel *m*
meleke Fähigkeit *f*; Routine *f*
melemek blöken; meckern
melez gekreuzt; Mischling *m*, Bastard *m*; **~leme** *Bot.* Kreuzung *f*
melhem *s.* **merhem**
melodi Melodie *f*
melun verflucht
memba (-*ı*) Quelle *f*
meme *Tech.* Brenner *m*, Flamme *f*, Düse *f*; *an.* Brustwarze *f*; *Zo.* Zitze *f*, Euter *n*; **~ vermek** säugen, stillen *A*; **~den kesmek** entwöhnen; **~liler** *pl. Zo.* Säugetiere *pl.*
memleket Land *n*; Heimat *f*; **~li** Landsmann *m*
memnu (-*u*) verboten
memnun -*den* zufrieden, erfreut über *A*; **etm.** -*e* zufriedenstellen
memnuniyet Zufriedenheit *f*; **~le** *adv.* gern
memur Beamte(r) *m*; **~e** Beamtin *f*; **~iyet** Auftrag *m*, Amt *n*
mendil Taschentuch *n*
mendirek Hafenbecken *n*
menekşe *Bot.* Veilchen *n*
menenjit Meningitis *f*
menetmek verbieten; verhindern
menfaat (-*ti*) Nutzen *m*, Vorteil *m*; **~li** nutzbringend, vorteilhaft; **~perest** egoistisch
menfi verbannt; negativ
menfur abscheulich
mengene *Tech.* Schraubstock *m*, Presse *f*
menkul (-*lü*) beweglich(es Gut *n*); **~ler** bewegliche Güter *pl.*, Mobilien *pl.*
mensubiyet Zugehörigkeit *f* (-*e* zu *D*)
mensucat *pl.* Textilien *pl.*
mensup (-*bu*) gehörend (-*e* zu *D*); **~ olm.** -*e* gehören zu *D*
menteşe Scharnier *n*, Türangel *f*
menzil Etappe *f*; Reich-, Schußweite *f*
merak Neugier(de) *f*, Interesse *n*; Sorge *f*, Besorgnis *f*; **etm.** -*e* sich interessieren für *A*; -*i* neugierig sein auf *A*; sich Sorgen machen um *A*; **~lı** neugierig; besorgt; pedantisch; -liebhaber *m*; **~sız** uninteressiert, gleichgültig
meram Ziel *n*, Absicht *f*
merasim *pl.* Feierlichkeiten *pl.*; Feier *f*
merbut verbunden, verknüpft (*-e* mit *D*); **~iyet** Verbundenheit *f*
mercan Koralle *f*
mercek (-*ği*) *Phys.* Linse *f*
merci (-*i*) zuständige Behörde *f*
mercimek *Bot.* Linse *f*
merdane Walze *f*, Rolle *f*
merdiven Treppe *f*; Leiter *f*
merhaba guten Tag!, hallo!

merhale Etappe *f*
merhamet Barmherzigkeit *f*, Mitleid *n*; ~ **etm.** -e Mitleid haben mit *D*; **~li** barmherzig, mitleidig, gütig; **~siz** erbarmungslos; **~sizlik** Unbarmherzigkeit *f*
merhem Salbe *f*
merhum verstorben, selig
meridyen *Geo.* Meridian *m*
Merih *Astr.* Mars *m*
merkep (-*bi*) Esel *m*
merkez Zentrum *n*, Mittelpunkt *m*; Zentrale *f*; **~cilik** Zentralismus *m*; **~kaç** *Phys.* zentrifugal, Flieh-; **~lenmek** sich zentralisieren (-*e* in *A*)
Merkür *Astr.* Merkur *m*
mermer Marmor *m*
mermi Geschoß *n*
mersi danke
mersin *Bot.* Myrte *f*; **~balığı** *Zo.* Stör *m*
mersiye Ode *f*, Elegie *f*
mert (-*di*) tapfer; ehrlich
mertebe Rang *m*, Grad *m*
mertlik Mannhaftigkeit *f*
Meryem Ana Jungfrau Maria *f*
mesafe Entfernung *f*, Abstand *m*
mesaha Vermessung *f*
mesai *pl.* Bemühungen *pl.*, Anstrengungen *pl.*; **~ saatleri** *pl.* Geschäftszeit *f*, Öffnungszeiten *pl.*
mesaj Botschaft *f*
mesame Pore *f*
mesane (Harn-)Blase *f*
mescit (-*di*) kleine Moschee *f*

meselâ *adv.* zum Beispiel
mesele Problem *n*, Frage *f*
Mesih *Rel.* Messias *m*
mesken Wohnung *f*
meskûn bewohnt
meslek (-*ği*) Beruf *m*, Karriere *f*; Lehre *f*; **~î** beruflich, Berufs-; **~siz** ohne Beruf; **~taş** Kollege *m*
mest¹ berauscht, trunken
mest² (weicher) Lederschuh *m*
mesul (-*lü*) verantwortlich (-*den* für *A*); ~ **müdür** Geschäftsführer *m*; **~iyet** Verantwortlichkeit *f*
mesut (-*du*) glücklich, beglückt
meşakkat (-*ti*) Mühe *f*, Anstrengung *f*, Strapaze *f*
meşale Fackel *f*
meşe Eiche *f*; eichen
meşgul (-*lü*) beschäftigt; besetzt; ~ **etm.** beschäftigen; von der Arbeit abhalten; **~iyet** Beschäftigung *f*, Arbeit *f*
meşhur berühmt
meşhut (-*du*) mit eigenen Augen gesehen
meşin Leder *n*
meşru (-*u*) legal, legitim
meşrubat *pl.* Getränke *pl.*
meşrutiyet konstitutionelle Staatsform *f*
met (-*ddi*) *Geo.* Flut *f*
meta *Hdl.* Ware *f*
metal (-*li*) Metall *n*; **~ik** metallen
metanet Festigkeit *f*

meteor Meteor *m*; **~oloji** Meteorologie *f*
methetmek loben
metin¹ (-*tni*) Text *m*, Wortlaut *m*
metin² haltbar, dauerhaft
metot (-*du*) Methode *f*
metre Meter *m od. n*; Metermaß *n*; **~ kare** Quadratmeter *m*; **~ küp** Kubikmeter *m*
metres Geliebte *f*
metris *Mil.* Schanze *f*
metro Untergrundbahn *f*, U-Bahn *f*; **~polit** Metropolit *m*
mevcudiyet Existenz *f*
mevcut (-*du*) vorhanden; Bestand *m*, Gesamtzahl *f*
mevduat *pl. Hdl.* Bankeinlagen *pl.*
mevki (-*i*) Ort *m*, Platz *m*, Stelle *f*; *Esb. usw.* Klasse *f*
mevlit (-*di*) *Rel.* Geburtstag *m des Propheten Mohammed*
mevsim Jahreszeit *f*; Saison *f*; **~lik** jahreszeitlich; **~siz** unzeitig; unpassend
mevzi (-*i*) Ort *m*, Stelle *f*
mevzu (-*u*) Thema *n*
meydan Platz *m*; Raum *m*; **~ okumak** herausfordern *j*; **~a çıkarmak** aufdecken, enthüllen; **~a çıkmak** auftreten, sich herausstellen; **~a getirmek** schaffen; **~a koymak** aufweisen
meyhane Kneipe *f*, Lokal *n*
meyil (-*yli*) Neigung *f*, Gefälle *n*; **~li** geneigt (-*e* zu, nach *D*)
meyletmek sich neigen; Lust haben (-*e* zu *D*)
meyve Frucht *f*; Obst *n*; **~li** mit Obst (zubereitet); Frucht-; **~ suyu** Fruchtsaft *m*
mezar Grab *n*; **~cı** Totengräber *m*; **~lık** Friedhof *m*
mezat (-*dı*) *Hdl.* Auktion *f*
mezbaha Schlachthaus *n*
mezbele Mülldeponie *f*
meze Imbiß *m*; Vorspeise *f*
mezhep (-*bi*) Konfession *f*; religiöse Richtung *f*
meziyet Vorzüglichkeit *f*; Vorzüge *pl.*
mezkûr erwähnt, genannt
mezun beurlaubt; berechtigt (-*e* zu *D*); Absolvent *m*; **~ olm.** absolvieren haben, abgeschlossen haben (-*den etw.*); **~iyet** Urlaub *m*; Berechtigung *f*
mı *s. mi*
mıh (*Huf*-)Nagel *m*; **~lamak** nageln
mıknatıs *Phys.* Magnet *m*; **~lamak** magnetisieren
mıntıka Zone *f*, Gebiet *n*
mırıl|dandırmak murmeln, brummen; **~tı** Murmeln *n*
Mısır Mais *m*
Mısır Ägypten *n*; **~lı** Ägypter *m*; ägyptisch
mısra (-*ı*) Halbvers *m*, Verszeile *f*
mızıka (*Militär*-)Kapelle *f*; Kindertrompete *f*
mızıkçı Spielverderber *m*
mızmız nörglerisch; schwerfällig

mızrak (-ğı) Lanze *f*
mi, mı, mu, mü *Fragepartikel*
mide Magen *m*; **~ ekşimesi** Sodbrennen *n*
midye Muschel *f*
migren Migräne *f*
miğfer Helm *m*
mihaniki mechanisch
mihenk (-ği) Prüfstein *m* (*a. fig.*)
mihnet Not *f*, Elend *n*
mihrap (-bı) Gebetsnische *f*
mihver Achse *f*
mikro|fon Mikrophon *n*; **~p** Mikrobe *f*; **~skop** Mikroskop *n*
mikser Mixer *m*
miktar Menge *f*, Quantum *n*
mikyas Maß(stab *m*) *n*
mil¹ Meile *f*
mil² Stift *m*; Spindel *f*; Achse *f*; Welle *f*
mil³ Schlamm *m*
miládi auf die Geburt Christi bezüglich; **~ tarih** christliche Zeitrechnung *f*
milât (-dı) *Rel.* Geburt *f* Christi; **~tan önce** vor Christus; **~tan sonra** nach Christus
mili|gram Milligramm *n*; **~metre** Millimeter *m* od. *n*
milis Miliz *f*
militan Kämpfer *m*
millet Nation *f*, Volk *n*; **~ meclisi** Nationalversammlung *f*; **~lerarası** international; **~vekili** Abgeordnete(r)
millî national; **~ bayram** nationaler Feiertag *m*

milliyet Nationalität *f*; **~çi** Nationalist *m*; **~çilik** Nationalismus *m*
milyar Milliarde *f*; **~der** Milliardär *m*
milyon Million *f*; **~er** Millionär *m*
mimar Architekt *m*; Baumeister *m*; **~lık** Architektur *f*; Architektenberuf *m*
minare Minarett *n*
minber Kanzel *f*
minder Sitzkissen *n*; Matte *f*
mine Glasur *f*, Emaille *f*; Zifferblatt *n*; **~lemek** emaillieren, glasieren
mineral (-li) Mineral *n*
mini: **~ etek** Minirock; **~k** klein, niedlich
minnet Dankbarkeit *f*; **~tar** *D* dankbar
minör *Mus.* Moll *n*
minyatür Miniatur *f*
miraç (-cı) Himmelfahrt *f*; **~ gecesi** *Rel.* Nacht *f* der Himmelfahrt *des Propheten Mohammed*
miras Erbschaft *f*, Erbe *n*; **~ yemek** erben; **~çı** Erbe *m*
misafir Gast *m*, Besuch(er) *m*
misafirperver gastfreundlich, gastfrei; **~lik** Gastfreundschaft *f*
misal (-li) Beispiel *n*
misilleme Vergeltung *f*
misk Moschus *m*
miskin dickfellig; *Med.* aussätzig; **~ hastalığı** *Med.* Lepra *f*
misli ...mal so viel(e)

misyon *Pol.*, *Rel.* Mission *f*; ~**er** Missionar *m*
mit Mythos *m*
miting Versammlung *f*
miyavlamak miauen
miyop *Med.* kurzsichtig
mizaç (-*cı*) Natur *f*, Temperament *n*; Laune *f*
mizah Humor *m*; ~**çı** Humorist *m*
mobilya Möbel *pl.*, Mobiliar *n*; ~**lı** möbliert
moda Mode *f*
model Modell *n*, Form *f*
modern modern; ~**leştirmek** modernisieren
Moğolistan Mongolei *f*
mola Rast *f*, Pause *f*; ~ **vermek** e-e Pause machen
molekül Molekül *n*
moloz Schutt *m*
monarşi Monarchie *f*
monoton monoton
mont|**aj** Montage *f*; ~**e**: ~**e etm.** montieren
mor violett; ~**armak** blau anlaufen
morfin Morphium *n*
morg Leichenschauhaus *n*
morina, ~**balığı** Kabeljau *m*
morötesi ultraviolett
moruk (-*ğu*) alter Mann *m*
Moskova Moskau *n*
mostra Muster *n*; Ausstellungsware *f*
motel Motel *n*
motif *Mus. usw.* Motiv *n*
motor Motor *m*; ~ **kayışı** Keilriemen *m*; ~**bot** Motorboot *n*; ~**cu** Schiffer *m*; ~**lu** mit ... Motoren, motorisiert, Motor-
moto|**siklet** Motorrad *n*; ~**tren** *Esb.* Dieselzug *m*
mozaik (-*ği*) Mosaik *n*; Terrazzo *m*
möble Möbel *pl.*; ~**li** möbliert
mönü Speisekarte *f*; Menü *n*
mu s. **mi**
muaf befreit (-*den* von *D*); immun; ~**iyet** Befreiung *f*; Immunität *f*
muaheze Tadel *m*, Kritik *f*; ~ **etm.** tadeln
muamele Verfahren *n*, Behandlung *f*; Verhalten *n*; Dienstweg *m*; Geschäft *n*; ~ **etm.** -*e* behandeln *A*
muamma Rätsel *n*
muasır zeitgenössisch
muaşeret Umgang *m*, Zusammenleben *n*
muavin Gehilfe *m*; Hilfs-, stellvertretend
muayene Untersuchung *f*; Inspektion *f*; ~ **etm.** untersuchen; ~**hane** *Med.* Untersuchungszimmer *n*, Praxis *f*
muayyen fest, bestimmt
muazzam groß, bedeutend
mubah *Rel.* zulässig
mubaya|**a** (An-)Kauf *m*
mucibince *N* gemäß *D*
mucip (-*bi*) bewirkend, veranlassend; ~ **olm.** *A* veranlassen, verursachen
mucize Wunder *n*
mufassal ausführlich
muğlâk dunkel, obskur

muhabbet Liebe *f*, Freundschaft *f*
muhab|ere Korrespondenz *f*; **~ir** Korrespondent *m*
muhaceret Ein- od. Auswanderung *f*, Umsiedlung *f*; **~ir** Auswanderer *m*
muhafaza Schutz *m*, Bewahrung *f*; **~ etm.** (be)schützen, bewahren, beibehalten; **~kâr** konservativ
muhafız Beschützer *m*; **~ alayı** Leibwache *f*
muhakeme *Jur.* Verhandlung *f*; Überlegung *f*
muhakkak bestimmt
muhalefet Opposition *f*; **~ etm. D** widersprechen
muhalif gegnerisch; im Widerspruch (-e zu D)
muhallebi *süße Milchspeise mit Reismehl*
muhar|ebe Kampf *m*, Schlacht *f*; **~ip** Kämpfer *m*
muharrir Schriftsteller *m*
muhasara Belagerung *f*
muhasebe Abrechnung *f*; Buchführung *f*; **~ci** Rechnungsbeamte(r)
muhatap (-*bı*) angesprochen
muhatara Gefahr *f*
muhavere Unterhaltung *f*
muhayyile Phantasie *f*
muhbir Berichterstatter *m*; Denunziant *m*
muhit Umgebung *f*, Bereich *m*; Milieu *n*
muhkem fest, stark
muhlis ergeben

mumya

muhrip (-*bi*) *Mar.* Zerstörer *m*
muhtaç: **~ olm.** -e benötigen *A*
muhtar Gemeindevorsteher *m*; Autonomie *f*; **~lık** Gemeindeamt *n*
muhtasar gekürzt
muhtekir Spekulant *m*
muhtelif verschieden(artig)
muhtemel möglich, wahrscheinlich
muhterem geehrt, verehrt
muhteşem prächtig
muhteva Inhalt *m*
muhtıra Memorandum *n*; Notiz *f*; **~ defteri** Notizbuch *n*
mukabele Gegenüberstellung *f*; Entgelt *n*, Gegenleistung *f*; Erwiderung *f*
mukabil *D* gegenüber; entsprechend; Gegen-; Gegenstück *n*; Gegen- *f* als Gegenleistung für *A*
mukadderat *pl.* Geschick *n*, Schicksal *n*
mukaddes heilig
mukavele Abkommen *n*, Vertrag *m*; **~name** Vertragsurkunde *f*
mukavemet Widerstand *m*; **~ etm. D** Widerstand leisten
mukavva Pappe *f*, Karton *m*
mukayese Vergleich *m*; **~ etm.** vergleichen
muktedir fähig; **~ olm.** -e fähig sein zu *D*, können *A*
mum Kerze *f*
mumya Mumie *f*

muntazam

muntazam geordnet, regelmäßig; **~an** adv. ordentlich, regelmäßig
murabahacı Wucherer m
murat (-dı) Wunsch m, Zweck m
musakka kleingewiegtes Gemüse mit Hackfleisch und Zwiebeln
musalla offener Gebetsplatz m
musallat: **~** etm. D Unheil bringen; **~** olm. -e belästigen
Musevi Jude m, Jüdin f
musibet Unglück n, Übel n
musiki Musik f
muska Amulett n
musluk (Wasser-)Hahn m; **~ taşı** Spülbecken n; **~cu** Klempner m
muş Mar. Dampf-, Motorboot n
muşamba Wachstuch n; Linoleum n; Regenmantel m
muşmula Mispel f
muştu Freudenbotschaft f
mut Glück n
mutaassıp fanatisch
muteber geachtet, angesehen; gültig, in Kraft
mutfak Küche f
mutlak absolut, unbedingt; **~** adv. absolut, unbedingt; **~ıyet** Autokratie f, Absolutismus m
mutlu glücklich; **~luk** Glück(lichsein) n
mutsuz unglücklich; **~luk** Unglück(lichsein) n
muvakkat (-ti) provisorisch, vorübergehend; **~en** adv. vorübergehend
muvazene Gleichgewicht n
muvazzaf Mil. aktiv
muylu (Dreh-)Zapfen m
muz Banane
muzaffer siegreich
muzır (-rrı) schädlich; verboten; **~ yayın** Pornographie f
muzip (-bi) Spaßvogel m; **~lik** (schlechter) Spaß m
mü s. mi
mübadele Austausch m
mübalağa Übertreibung f; **~** etm. übertreiben; **~lı** übertrieben
mübarek gesegnet, heilig
mübaşir Gerichtsdiener m
mücadele Kampf m, Streit m
mücahit (-di) Rel. Glaubenskämpfer m
mücellit (-di) Buchbinder m
mücevher Juwel n; **~at** Juwelen pl., Schmuck m
mücrim schuldig; Täter m
müdafaa Verteidigung f, Abwehr f; **~** etm. verteidigen
müdafi (-i) Verteidiger m
müdahale Einmischung f, Intervention f; **~** etm. -e sich einmischen in A
müddeiumumi Staatsanwalt m
müddet Zeitraum m, Dauer f; **~diği ~ce** solange (wie)
müdire Direktorin f
müdür Direktor m, Leiter m, Chef m; **~lük** Direktion f, Verwaltung f

müebbet (*-di*) ewig; lebenslänglich
müellif Verfasser *m*, Autor *m*
müessese Einrichtung *f*, Institution *f*, Unternehmen *n*
müessir wirksam (*-in üzerinde* auf *A*)
müeyyide Sanktion *f*
müezzin Muezzin *m*
müfettiş Inspektor *m*, Inspekteur *m*; **~lik** Inspektion *f*
müflis bankrott, zahlungsunfähig
müfreze Mil. Abteilung *f*
müfrit übertrieben, radikal
müftü Mufti *m* (*oberster geistlicher Beamter e-r Provinz*); **~lük** Amt *n* od. Dienststelle *f* eines Mufti
mühendis Ingenieur *m*; **~lik** Ingenieurberuf *m*
mühim (*-mi*) wichtig, bedeutend; **~mat** *pl.* Munition *f*
mühlet Frist *f*, Aufschub *m*
mühtedi Rel. Renegat *m*
mühür (*-hrü*) Siegel *n*; Siegelring *m*; **~lemek** (ver)siegeln; **~lü** gesiegelt, versiegelt
müjde Freudenbotschaft *f*
mükâfat Belohnung *f*, Preis *m*; **~landırmak** belohnen; prämiieren
mükellef verpflichtet (*-mekle zu D*); -pflichtig; **~iyet** Verpflichtung *f*, Pflicht *f*; Zwang *m*
mükemmel vollkommen, vorzüglich, ausgezeichnet
müktesep (*-bi*) erworben

mülâhaza Überlegung *f*, Meinung *f*
mülâkat Unterredung *f*, Interview *n*
mülhak zusätzlich
mülk Grundbesitz *m*
mülkiyet Eigentum *n*
mülteci Flüchtling *m*
mümbit fruchtbar
mümessil Vertreter *m*
mümeyyiz charakteristisch
mümkün möglich; **~ mertebe**, **~ olduğu kadar** soweit möglich
mümtaz führend; privilegiert
münakalât Verkehr(swesen *n*) *m*
münakaşa Streit *m*, Diskussion *f*; **~ etm.** sich streiten
münasebet Beziehung *f*, Verhältnis *n*; Schicklichkeit *f*; **~siz** unpassend
münasip (*-bi*) passend, geeignet
münavebe Abwechslung *f*
müneccim Astrologe *m*
münevver intelligent
münferit (*-di*) einzeln
münhal (*-i*) frei, offen (*Stelle*)
münhasır -*e* beschränkt auf *A*, bestimmt für *A*
Münih München *n*
münzevi Einsiedler *m*
müphem unbestimmt, unklar
müptelâ -*e* verfallen *D*, befallen von *D*
müracaat Anfrage *f*; Antrag *m*; Anmeldung *f*; **~ etm.** sich wenden an *A*; konsultieren *A*

mürebbiye

mürebbiye Erzieherin f
mürekkep¹ (-bi) zusammengesetzt (-den aus D)
mürekkep² (-bi) Tinte f; ~li mit Tinte beschmutzt od. gefüllt
mürette|bat pl. Mannschaft f; ~b geordnet
mürettip (-bi) Setzer m
mürteci (-i) reaktionär
mürur Vorbeigehen n; Ablauf m; ~uzaman Jur. Verjährung f
mürüvvet Freude f; Güte f, Freigebigkeit f
müsaade Erlaubnis f, Genehmigung f; ~ etm. DA erlauben; ~ederseniz wenn Sie gestatten; ~nizle gestatten Sie bitte!
müsabaka: ~ya girmek in Wettbewerb treten
müsadere Beschlagnahme f, Konfiskation f; ~ etm. beschlagnahmen
müsait günstig, geeignet (-e für A)
müsamaha Toleranz f; ~ etm. ~ Nachsicht haben mit D, geschehen lassen A; ~kâr, ~li tolerant
müsav|at Gleichheit f; ~i gleich
müshil Med. Abführmittel n
müskirat pl. Spirituosen pl.
Müslüman Mohammedaner m; ~lık Islam m; islamische Welt f
müspet positiv
müsrif verschwenderisch

müstahak: ~ olm. -e verdienen A
müstahdem beschäftigt, angestellt; Angestellte(r)
müstahkem befestigt
müstahzar Arzneimittel n
müstakbel zukünftig; Zukunft f
müstakil (-lli) unabhängig
müstehcen unzüchtig, pornographisch, obszön
müstehzi spöttisch, ironisch
müstemleke Pol. Kolonie f
müstesna ausgenommen (-den von D); außergewöhnlich
müsteşar Pol. Staatssekretär m, Botschaftsrat m
müsvedde Entwurf m, Konzept n
müşahede Beobachtung f
müşavlere Beratung f; ~ir Berater m, Ratgeber m
müşerref geehrt
müşfik liebevoll, gütig
müşkül schwierig, schwer; Schwierigkeit f; ~ât çıkarmak D Schwierigkeiten machen
müştemilât pl. zugehörige Einrichtungen f/pl.; Nebengebäude n (pl.)
müşterek gemeinsam
müşteri Kunde m; Patient m
mütalaa Lesen n, Lektüre f; Studium n; Meinung f
mütareke Waffenstillstand m
müteaddit (-di) zahlreich
müteahhit (-di) Unternehmer m

müteakıp -*i* unmittelbar nach *D*
mütecaviz -*e* überschreitend *A*; aggressiv
müteessir -*den* beeindruckt von *D*, traurig über *A*
mütefekkir Denker *m*
mütehassıs Spezialist *m*, Fachmann *m*
mütemadiyen *adv.* fortwährend, unaufhörlich
mütenasip (-*bi*) einander entsprechend, proportional
müteradif synonym
mütercim Übersetzer *m*
mütereddit (-*di*) zögernd
müteşekkir dankbar
müteveccih -*e* gerichtet auf *A*

mütevelli Stiftungsverwalter *m*
müthiş furchtbar; fabelhaft, großartig
müttefik verbündet; Verbündete(r), Alliierte(r)
müvekkil *Jur.* Mandant *m*
müvezzi (-*i*) Verteiler *m*
müzakere Besprechung *f*, Verhandlung *f*
müzayede Versteigerung *f*, Auktion *f*
müze Museum *n*, **~ci** Museumsfachmann *m*
müzik Musik *f*; **~oloji** Musikwissenschaft *f*
müzmin chronisch; **~leşmek** chronisch werden

N

naaş (-*a'şı*) Leiche *f*
nabız (-*bzı*) Puls *m*; -*in nabzını tutmak* j-*m* den Puls fühlen
nacak (-*ğı*) Beil *n*
naçar hilflos
naçiz wertlos
nadas *Agr.* Brachfeld *n*
nadir selten; **~en** *adv.* selten
nafaka Lebensunterhalt *m*; *Jur.* Alimente *pl.*, Unterhaltszahlung *f*
nafile nutzlos, vergeblich
nağme Melodie *f*; Ton *m*, Klang *m*
nahif dünn, zart
nahiye *an.* Körpergegend *f*; *Pol.* Verbandsgemeinde *f* (*Teil e-s Kreises*)

nahoş unangenehm
nakarat Refrain *m*
nakavt Knock out (k.o.) *m*
nakd|en *adv.* bar, in Bargeld; **~î** bar, Bar-; **~î ceza** *Jur.* Geldstrafe *f*
nakış mangelhaft
nakış Stickerei *f*
nakil (-*kli*) Transport *m*, Übertragung *f*; Umzug *m*, Verlegung *f*; *El.* Leitung *f*; *kan nakli* Bluttransfusion *f*
nakl|en live (gesendet); **~en yayın** Live-Sendung *f*; **~etmek** transportieren, befördern; übertragen; erzählen; **~iyat** *pl.* Transport *m*; Spedition *f*

nakliye

~iye Transport *m*; Transportkosten *pl*.
nakşetmek schmücken
nakzetmek *Jur.* aufheben, kassieren
nal Hufeisen *n*; **~bant** Hufschmied *m*; **~bur** Eisenwarenhändler *m*
nalın Holzpantine *f*
nallamak *Pferd usw.* beschlagen
nam Name *m*, Ruf *m*; **~ına** *N* im Namen von *D*
namaz *Rel.* (rituelles) Gebet *n*; **~ kılmak** das Gebet verrichten; **~gâh** Gebetsplatz *m* im Freien
nam|dar, ~lı berühmt
namlu Lauf *m*, Rohr *n* e-r *Waffe*, Klinge *f*
namus Ehre *f*, guter Ruf *m*; **~lu** ehrenhaft; anständig; **~suz** ehrlos; gewissenlos
namzet Bewerber *m*, Kandidat *m*; **~lik** Kandidatur *f*
nane Pfefferminze *f*; **~ çayı, ~li çay** Pfefferminztee *m*; **~ şekeri** Pfefferminzbonbon *m* od. *n*
nankör undankbar; **~lük** Undankbarkeit *f*
nar Granatapfel *f*
narcıl Kokosnuß *f*
nargile Wasserpfeife *f*
narh amtlicher Höchstpreis *m*
narin zart, fein, schlank
narko|tik (*-ği*) narkotisch; Betäubungsmittel *n*; **~z** Narkose *f*

nasıl wie?; **~ (bir)** was für ein(e)?; **~sa** wie dem auch sei
nasır Hühnerauge *n*; Schwiele *f*
nasihat (*-ti*) Rat *m*, Ermahnung *f*; **~ etm.** (*od.* **vermek**) *D* e-n Rat geben
nasip (*-bi*) Schicksal *n*, Los *n*; **~ olm.** *D* zuteil werden
naşir Herausgeber *m*
natura Natur *f*
navlun (*Schiffs-*)Fracht *f*
naylon Nylon *n*
naz Ziererei *f*, Koketterie *f*
nazar Blick *m*; böser Blick *m*; **-ın ~ı dikkatini çekmek** j-s Aufmerksamkeit erregen; **~ı itibara almak** in Betracht ziehen; **~ boncuğu** blaue Perle *f zur Abwehr des bösen Blickes*; **~an** *D* gemäß, nach, zufolge; **~ı teoretisch**; **~ıyat** *pl.* Theorie(n *pl.*) *f*
nazım Dichtung *f*
nazır hinausgehend (*-e* auf *A*); Minister *m*
nazik zart; höflich, liebenswürdig; **~âne** *adv.* höflich
naz|lanmak sich zieren, sich nötigen lassen; **~lı** kokettierend; verwöhnt
ne (*-yi*) was?; wie!; was für ein(e); **~ ... ~** weder ... noch ...; **~ güzel!** wie schön!; **~ ise** was (auch immer); wie dem auch sei; **~ kadar** wieviel, wie viele; **~ kadar zaman** wie lange; **~ olursa olsun** auf jeden Fall; **~ var ki** indessen, jedoch; **~ zaman** wann?; **~yi-**

niz var was haben Sie?; was fehlt Ihnen?
nebat Pflanze *f*; **~at bahçesi** botanischer Garten *m*; **~î** pflanzlich; Pflanzen-
neceftaşı Bergkristall *m*
nedamet Reue *f*
neden warum, weshalb; Grund *m*, Ursache *f*; **~ olm. -e** verursachen *A*; **~ sonra** nach längerer Zeit; **~iyle** aufgrund *G*; **~se** aus irgendeinem Grund; **~siz** grundlos
nefaset Kostbarkeit *f*
nefer Mil. Soldat *m*
nefes Atem(zug) *m*; Hauch *m*; **~ almak** einatmen; **~ çekmek** e-n Zug tun; Haschisch rauchen; **~ vermek** ausatmen; **~ini tutmak** den Atem anhalten; **~li çalgı** Mus. Blasinstrument *n*; **~lik** Luftloch *n*
nefis¹ (*-fsi*) Selbst *n*, Ich *n*; **nefsine düşkün** egoistisch
nefis² köstlich
nefiy (*-fyi*) Verbannung *f*
nefret Abscheu *m*, Haß *m* (*-den* vor *D*); **~ etm. -den** verabscheuen, hassen *A*
nefrit Nierenentzündung *f*
nefyetmek verbannen (*-e* nach *D*)
negatif negativ; Negativ *n*
nehir (*-hri*) Geo. Fluß *m*, Strom *m*
nekes geizig
nem Feuchtigkeit *f*, Nässe *f*; **~lenmek** feucht werden; **~letmek** anfeuchten; **~li** feucht, klamm; **~ölçer** Hygrometer *n*
neon: **~ tüpü** Neonröhre *f*
Neptün *Astr.* Neptun *m*
nere, **~(si)** was, wo, welche Stelle?; **~li** woher stammend, wo gebürtig?; **~de** wo?; **~den** woher?; **~deyse** beinahe, fast; **~ye** wohin?
nergis Narzisse *f*
nesil (*-sli*) Geschlecht *n*; Generation *f*
nesir (*-sri*) Prosa *f*
nesne Ding *n*, Sache *f*; etwas; *Gr.* Objekt *n*; **~l** objektiv; dinglich
neşe Fröhlichkeit *f*, gute Laune *f*; **~lendirmek** erheitern, fröhlich machen; **~li** vergnügt; **~siz** verstimmt, schlechtgelaunt
neşir (*-şri*) Herausgabe *f*, Veröffentlichung *f*
neşretmek herausgeben, veröffentlichen; **~iyat** *pl.* Veröffentlichungen *f/pl.*; (*Radio-*)Sendungen *f/pl.*
net netto; deutlich, klar; *Sp.* Netz *n*; **~ tutar** Nettobetrag *m*
netice Ergebnis *n*, Resultat *n*; **~lenmek** end(ig)en (*ile* mit *D*); **~siz** ergebnislos, vergeblich
nevi (*-v'i*) Art *f*, Sorte *f*
nevr|**alji** *Med.* Neuralgie *f*; **~oz** Neurose *f*
nevruz Neujahrstag *m* der Perser (*22. März*)
ney Rohrflöte *f*

neye s. niye
neyse schon gut!; **~ki** immerhin; **~ne** soweit schon
neyzen Flötenspieler *m*
nezaket Feinheit *f*, Zartheit *f*; Höflichkeit *f*; **~li** höflich, liebenswürdig; **~siz** unhöflich
nezaret Aufsicht *f*; Kontrolle *f*; Ministerium *n*; **~ etm.** *-e* beaufsichtigen, überwachen A
nezle Erkältung *f*, Schnupfen *m*; **~ olm.** e-n Schnupfen bekommen
nıkris Med. Gicht *f*
nışadır Chem. Salmiak *m*
nice wie viele!; gar manche, viele *pl.*; **~l** quantitativ; **~lik** Quantität *f*, Menge *f*
niçin warum, weshalb
nida Ausruf *m*
nifak Zwietracht *f*
nihai endgültig, End-
nihayet Ende *n*, Schluß *m*; *adv.* schließlich, endlich; **~siz** endlos, grenzenlos
nikâh Eheschließung *f*, Trauung *f*; **~lı** standesamtlich getraut; **~sız** in wilder Ehe
nikel Nickel *n*; aus Nickel
nikotin Nikotin *n*
nilüfer Seerose *f*, Wasserlilie *f*
nimet Segen *m*, Wohltat *f*
nine Großmutter *f*, Oma *f*
ninni Wiegenlied *n*
nirengi Triangulation *f*
nisa|i Frauen-(*Krankheit*); gynäkologisch; **~iye** Gynäkologie *f*

nisan April *m*; **bir ~!** April, April!
nispet Verhältnis *n*; Beziehung *f*; **~en** *adv.* verhältnismäßig; im Verhältnis (-*e* zu *D*)
nispî relativ
nişan Zeichen *n*, Merkmal *n*; Zielscheibe *f*; Orden *m*, Auszeichnung *f*; Verlobung *f*; **~ almak** zeichnen, anlegen (-*e auf A*); **~ yüzüğü** Verlobungsring *m*; **~gâh** Ziel *n*, Zielscheibe *f*, Visier *n*, Zielvorrichtung *f*; **~lamak** anvisieren; sich verloben (*ile* mit *D*); **~lı** verlobt
nişasta Stärke(mehl *n*) *f*
nite|kim so, wie denn auch; **~l** qualitativ; **~le(ndir)mek** *A* beschreiben, charakterisieren; **~lik** Eigenschaft *f*, Qualität *f*
nitrojen Chem. Stickstoff *m*
niyaz Bitten *n*, Flehen *n*
niye warum?, weshalb?
niyet Absicht *f*, Vorsatz *m*; **~ etm.**, **~ lenmek** *-e* beabsichtigen, sich vornehmen *A*; **~li** bereit
nizam Ordnung *f*, System *n*; **~lı** geordnet, vorschriftsmäßig; **~name** Vorschrift(en *pl.*) *f*, Statuten *n/pl.*; **~sız** ungeordnet, vorschriftswidrig
nobran grob, unhöflich
Noel Weihnachten *n*; **~ ağacı** Weihnachtsbaum *m*; **~ baba** Weihnachtsmann *m*
nohut (-*du*) Kichererbse *f*

noksan Mangel m; mangelhaft; unvollständig
nokta Punkt m; Posten m, Wache f; ~lı virgül Gr. Semikolon p; ~lamak mit Punkten versehen, punktieren
norm Norm f, Regel f; ~al (-li) normal
Norveç Norwegen n
nostalji Heimweh n, Sehnsucht f
not Notiz f; Anmerkung f; Zensur f; ~ almak sich notieren, sich aufschreiben (-den etw.); ~ vermek -e beurteilen, benoten A; ~a Pol., Mus. Note f
noter Jur. Notar m; ~lik Notariat n
nöbet Ablösung f; Wache f; Med. Anfall m; Mal m; ~ beklemek (od. tutmak) Wache stehen od. halten; ~ titremesi Schüttelfrost m; ~çi Wache f, Posten m; wachhabend, diensthabend; ~ci eczane Apotheke f mit Nacht-

dienst; ~leşe adv. abwechselnd
nötr neutral; Gr. Neutrum n
numara Nummer f; (Schuh-)Größe f; Note f, Zensur f; ~lamak numerieren; ~lı numeriert; Nummer ...
numune Muster m; Probe f
nur Licht n, Helligkeit f; ~ topu gibi allerliebst, entzückend; ~lu leuchtend
nutuk (-tku) Rede f
nüans Abstufung f, Nuance f
nüfus pl. Einwohner m/pl., Bevölkerung f; ~ cüzdanı Personalausweis m, Kennkarte f; ~ kütüğü Personenstandsregister n; ~ plânlaması Bevölkerungsplanung f; ~ sayımı Volkszählung f; ~lu mit ... Einwohnern
nüfuz Durchdringen n, Einfluß m; ~lu einflußreich
nükleer Atom-, Nuklear-
nükte Witz m, Pointe f
nümune s. numune
nüsha Exemplar n, Kopie f

O

o (-nu) er, sie, es; jener, jene, jenes; der, die, das
oba Nomadenzelt n; Nomadenfamilie f; Nomadenlager n
obartmak s. abartmak
objektif Objektiv n, Linse f; objektiv
obruk konkav; trichterförmig
observatuar Observatorium n

obur gefräßig
ocak (-ğı) 1. Januar m; 2. Kamin m, Herd m; fig. Heim n, Familie f; Zentrum n; Bgb. Bergwerk n, Grube f; Klub m; Pol. Ortsgruppe f; ~çı Schornsteinfeger m
oda Zimmer n, Raum m; Kammer f (a. Hdl.); ~cı Bürodiener m

odak (-*ğı*) Brennpunkt *m*, Zentrum *n*; ~ **noktası** *Phys.* Brennpunkt *m*, Fokus *m*
oditoryum Hörsaal *m*
odun Brennholz *n*; ~ **kömürü** Holzkohle *f*; ~**cu** Holzfäller *m*; Brennholzverkäufer *m*
ofis Büro *n*, Amt *n*
oflamak stöhnen
ofsayt *Sp.* Abseits *n*
oğlak Ziegenlämmchen *n*
Oğlak *Astr.* Steinbock *m*
oğlan Junge *m*; Bube *m* im Kartenspiel; ~**cı** Päderast *m*
oğul (*oğlu*) **1.** Sohn *m*; **2.** *Zo.* (*Bienen-*)Schwarm *m*
ok Pfeil *m*; Deichsel *f*
okaliptüs Eukalyptus *m*
okçu Bogenschütze *m*
oklava Nudelholz *n*
oksijen Sauerstoff *m*
oksit (-*di*) *Chem.* Oxyd *n*
okşa|**mak** streicheln, liebkosen; ~**yıcı** freundlich
okul Schule *f*
oku|**ma** ~**ma yazma** Lesen *n* und Schreiben *n*; ~**mak** lesen; lernen, studieren; singen; ~**muş** gebildet
okunak|**lı** lesbar, leserlich; ~**sız** unleserlich
okunmak gelesen *od.* vorgetragen werden
okutma|**k** lesen lassen; lehren (*b-e b.ş-i j-n etw.*); unterrichten (*-i etw.*); ~ **Lektor** *m*
okuyucu Leser *m*
okyanus *Geo.* Ozean *m*
olağan alltäglich, normal,

möglich; ~**üstü** außergewöhnlich
olanak (-*ğı*) Möglichkeit *f*; ~**lı** möglich; ~**sız** unmöglich
olanca all-, ganz-
olarak als; in ... Weise; in Form von
olası wahrscheinlich; ~**lık** Wahrscheinlichkeit *f*
olay Ereignis *n*, Vorfall *m*; ~**lı** ereignisreich
oldukça ziemlich
olgu Tatsache *f*
olgun reif; ~**laşmak** reifen; ~**luk** Reife *f*
olimpiyat Olympiade *f*
olmadık unglaublich
olmak (-*ur*) werden; sein; geschehen; reif werden
olmamış unreif
olmaz unmöglich; unglaublich; **olur** ~ irgendwelche(r, -s); ~**sa** wenn nicht; **hiç** ~**sa** wenigstens
olmuş geschehen; reif
olsa- ~ ~ höchstens
olta Angel *f*; ~ **iğnesi** Angelhaken *m*; ~ **yemi** Köder *m*
oluk (-*ğu*) (Dach-)Rinne *f*, Rille *f*; ~**lu** mit e-r Rinne versehen; gerillt
olum|**lu** positiv; ~**suz** negativ
olunmak werden
olur möglich; in Ordnung!; *s.a.* **olmaz**
oluş Sein *n*, Werden *n*
oluş|**mak** entstehen (-*den aus D*); ~**turmak** schaffen, bilden; ~**um** Bildung *f*
omlet Omelett *n*

omurga *an.* Rückgrat *n*; *Mar.* Kiel *m*

omuz (*-mzu*) Schulter *f*; ~ **silkmek** mit den Schultern zucken; ~ **lamak** schultern

on zehn; ~ **iki parmak bağırsağı** Zwölffingerdarm *m*

ona ihm, ihr

onamak billigen, gutheißen

onar|ım Reparatur *f*; ~**mak** ausbessern, reparieren

onay Bestätigung *f*; ~**lamak** bestätigen

onbaşı (*-yı*) *Mil.* Gefreite(r)

ondalık dezimal; Zehnte(r)

ondüle gewellt

ongun blühend, ertragreich

onlar sie *pl.*

onmak (*-ar*) besser werden; genesen; glücklich werden

ons Unze *f*

onu ihn, sie, es; ~**n** sein, ihr

onur Ehre *f*, Würde *f*; ~ **kurulu** Ehrengericht *n*

opera Oper *f*

operatör Chirurg *m*

ora, ~(**sı**) jene Stelle, dort; ~**da** dort; ~**dan** von dort, dorther

orak (*-ğı*) Sichel *f*; ~**çı** Mäher *m*, Schnitter *m*

oralı von dort stammend

oran Verhältnis *n*; Proportion *f*; ~**lı** entsprechend

orantı *Math.* Gleichung *f*, Proportion *f*; ~**lı** proportional

oraya dorthin

ordinaryüs Ordinarius *m*

ordövr Vorspeise *f*

ordu Heer *n*, Armee *f*; ~**evi** Offiziersklub *m*; ~**gâh** *Mil.* Lager *n*

org Orgel *f*

organ Organ *n*; ~ **nakli** Transplantation *f*; ~**ik** organisch; ~**izma** Organismus *m*

orijinal (*-li*) neuartig, originell; Original-

orkestra Orchester *n*; ~ **şefi** Dirigent *m*

orkide Orchidee *f*

orkinos Thunfisch *m*

orman Wald *m*, Forst *m*; ~**cı** Förster *m*; Forstwissenschaftler *m*; ~**lık** Waldgebiet *n*; waldig

orospu Hure *f*, Nutte *f*

orta Mitte *f*, Zentrum *n*, Mittelpunkt *m*; in der Mitte; Mittel-; ~**dan kaldırmak** beseitigen; ~-*in* ~**sından** mitten durch *A*; ~**ya çıkmak** auftreten, erscheinen; ~**ya koymak** erwähnen

ortaç (*-cı*) *Gr.* Partizip *n*

Orta|çağ Mittelalter *n*; ~**doğu** Mittlere(r) Osten

ortaelçi *Pol.* Gesandte(r)

ortak (*-ğı*) gemeinsam; ~**laşa** *adv.* gemeinsam; ~**lık** Teilhaberschaft *f*; *Hdl.* Gesellschaft *f*

ortalama durchschnittlich; ~**k** -*i* die Mitte *G* erreichen; halbieren *A*

ortanca 1. mittler-; 2. *Bot.* Hortensie *f*

orta|okul Mittelschule *f*, Progymnasium *n*; ~**oyunu** *türk.*

ortaparmak 132

Volksschauspiel *n*; **~parmak** Mittelfinger *m*
Ortodoks *Rel.* Griechisch-Orthodox; **~luk** Griechisch-Orthodoxe Kirche (*od.* Religion) *f*
oruç (-*cu*) *Rel.* Fasten *n*; **~ tutmak** fasten; **~lu** fastend
Osmanlı osmanisch; **~ca** osmanisches Türkisch *n*
osurmak furzen
ot Pflanze *f*, Kraut *n*; Gras *n*
otantik authentisch
otel Hotel *n*; **~ci** Hotelbesitzer *m*, Hotelier *m*
otla|k (-*ğı*) Weide *f*, Weideland *n*; **~mak** weiden, grasen
oto Auto(mobil) *n*, Kraftwagen *m*; **~ban** Autobahn *f*; **~büs** (Auto-)Bus *m*; **~gar** Busbahnhof *m*; **~krasi** Autokratie *f*; **~mat** Automat *m*; **~matik** automatisch; **~mobil** *s.* oto; **~nom** autonom; **~park** Parkplatz *m*
otopsi Autopsie *f*
otorit|e Autorität *f*; **~er** autoritär
otostop: **~ yapmak** per Anhalter reisen
otoyol Autobahn *f*
oturacak: **~ yer** Sitzplatz *m*
oturak Sitz *m*, Bank *f*; Nachttopf *m*
oturma Sitzen *n*; Wohnen *n*; Aufenthalt *m*; **~ izni** Aufenthaltsgenehmigung *f*; **~ yeri** Wohnsitz *m*
otur|mak sich setzen, Platz nehmen (*-e* auf *A*); sitzen, wohnen (*-de* in *D*); *Mar.* stranden, auflaufen (*-e* auf *A*); **~tmak** setzen; einsetzen; **~um** Sitzung *f*
otuz dreißig
ova *Geo.* Ebene *f*
ovalamak massieren; (zer-)reiben
ov|mak (-*ar*) massieren, reiben; polieren; **~uşturmak** aneinanderreiben; einreiben
oy (*Wahl-*)Stimme *f*; Abstimmung *f*, Votum *n*; **~ birliği** Stimmengleichheit *f*; **~ vermek** *f* die Stimme geben
oya (*Häkel-*)Spitze *f*; **~lamak¹** mit Spitze versehen
oyalamak² ablenken, hinhalten
oydaş gleichgesinnt
oylama Abstimmung *f*; **~k** -*i* abstimmen über *A*
oyma Schnitzarbeit *f*, Schnitzerei *f*; **~cı** Schnitzer *m*; Bildhauer *m*
oymak¹ (-*ğı*) Nomadenstamm *m*
oymak² (-*ar*) ausgraben, ausheben; (aus)schnitzen, meißeln, kerben
oyna|k beweglich; leichtfertig; locker, lose; **~mak** spielen; tanzen; sich bewegen, locker sein; **~ş** Liebhaber *m*; Geliebte *f*; **~tmak** bewegen; tanzen lassen
oysa(ki) aber, indessen
oyuk ausgehöhlt, hohl; Loch *n*, Höhlung *f*

oyulga Heftnaht *f*; **~(la)mak** (zusammen)heften
oyun Spiel *n*; Tanz *m*; Streich *m*; **~bozan** Spielverderber *m*; **~cak** Spielzeug *n*; **~cu** Spieler *m*; verspielt
ozan Volkssänger *m*, -dichter *m*

Ö

öbek (*-ği*) Haufen *m*; Gruppe *f*
öbür ander-
öç (*-cü*) Rache *f*
öd *an.* Galle *f*; **~ kesesi** Gallenblase *f*
öde|mek (be)zahlen; **~nek** *Pol.* Fonds *m*, Mittel *pl.*; **~nmek** bezahlt werden; **~nti** Mitgliedsbeitrag *m*; **~v** Auftrag *m*; Pflicht *f*
ödlek (*-ği*) furchtsam, feige
ödül Preis *m*, Belohnung *f*
ödün Ersatz *m*
ödünç (*-cü*) Darlehen *n*, Schuld *f*; **~ almak** leihen, borgen (*-den* von *D*); **~ vermek** *DA* als Darlehen geben, leihen, borgen
öfke Zorn *m*, Wut *f*; **~lendirmek** in Wut bringen, erzürnen; **~lenmek** wütend werden (*-e* über *A*); **~li** zornig, wütend
öge Element *n*
öğle Mittag *m*; **~nde**, **~yin** mittags, am Mittag; **~(n)den önce** vormittags; **~(n)den sonra** nachmittags
öğrenci Schüler *m*, Student *m*; **~ servis otobüsü** Schulbus *m*; **~ yurdu** Studentenheim *n*

öğrenim Studium *n*, Ausbildung *f*; **~mek** (er)lernen; erfahren
öğreti Doktrin *f*
öğretim Unterricht(swesen *n*) *m*; **~ görevlisi** Lehrbeauftragte(r)
öğret|mek lehren (*b-e b.ş.-i j-n etw.*); **~men** Lehrer *m*
öğün Mal *n*; Mahlzeit *f*
öğür gleichaltrig; geläufig, vertraut; **~leşmek** *-e* lernen *A*
öğüt (*-dü*) Rat *m*, Ermahnung *f*; **~ vermek** *-e*, **~lemek** *-i* e-*n* Rat geben *D*
öğütmek (zer)mahlen
ökçe (*Schuh-*)Absatz *m*
ökse Leimrute *f*; **~otu** *Bot.* Mistel *f*
öksür|mek husten; **~ük** Husten *m*
öksüz elternlos; Waise *f*
öküz Ochse *m*; **~gözü** *Bot.* Arnika *f*
ölçek (*-ği*) Maß *n*, Maßstab *m*; **~mek** (ab-, ver)messen
ölçü Maß *n*, Ausdehnung *f*; **~lü** gemessen; maßvoll; **~süz** maßlos, unmäßig
ölçüşmek sich messen, konkurrieren (*ile* mit *D*)
öldür|mek töten; ermorden

öldürtmek

~**tmek** *A* töten lassen; ~**ücü** tödlich

öl|mek (*-ür*) sterben; ~**mez** unsterblich; unverwüstlich; ~**ü** tot; Tote(r)

ölüm Tod *m*; ~ **tehlikesi** Lebensgefahr *f*; ~**süz** ewig, unsterblich

ömür (*-mrü*) Leben(sdauer *f*) *n*

ön Vorderseite *f*; vorder-, vorn; ~**de** vorn; *-in* ~**ünde** vor *D*; *-in* ~**üne** vor *A*; ~**cam** Windschutzscheibe *f*

önce zuerst, vorher; **ilk** ~ ~**den** zu allererst; ~**ı** Vorgänger *m*; ~**leri** früher; ~**lik** Vorrang *m*, Priorität *f*

öncü *Mil.* Vorhut *f*

öndelik Vorauszahlung *f*, Vorschuß *m*

önder Führer *m*, Leiter *m*; ~**lik** Führerschaft *f*

önek Vorsilbe *f*

önel Frist *f*; Probezeit *f*

önem wichtigkeit *f*, Bedeutung *f*; ~ **vermek** *D* Bedeutung beimessen; ~**li** wichtig, erheblich; ~**siz** unwichtig, unwesentlich

öner|ge *Pol.* Antrag *m*; ~**i** Vorschlag *m*; ~**mek** beantragen, vorschlagen

öngör|mek vorsehen; ~**ü** Weitsicht *f*, Voraussicht *f*

önle|m Maßnahme *f*; ~**mek** vorbeugen *D*

önlük Schürze *f*, Kittel *m*; ~ **seçim** *Pol.* Vorwahl *f*; ~**söz** Vorwort *n*; ~**tekerlek** Vorderrad *n*; ~**yargı** Vorurteil *n*

öp|mek (*-er*) küssen; ~**ücük** Kuß *m*; ~**üşmek** einander (*od.* sich) küssen

ördek (*-ği*) *Zo.* Ente *f*; *Med.* Urinflasche *f*

örf Brauch *m*, Sitte *f*

örfi: ~ **idare** Ausnahme-, Belagerungszustand *m*

örgü Gewebe *n*, Geflecht *n*; Zopf *m*; ~**n** organisch; ~**t** Organisation *f*

örmek (*-er*) flechten, stricken; häkeln; stopfen

örne|ğin zum Beispiel; ~**k** Muster *n*, Modell *n*, Vorbild *n*

örs Amboß *m*

örselemek übel zurichten, nicht schonen

ört|mek (*-er*) be-, ver-, zudecken; verschleiern; zumachen; ~**ü** Decke *f*; *Mil.* Deckung *f*; ~**ülmek** be-, verdeckt werden; ~**ülü** mit Decke be-, verdeckt; ~**ünmek** sich bedecken; sich verschleiern

örümcek (*-ği*) Spinne *f*; ~ (**ağı**) Spinn(en)gewebe, -netz

örüş *s.* **öd**

öte die andere Seite; anderseitig; ~**den beri** seit jeher, seit alter Zeit; ~**beri** dies und das; ~**ki** (*-ni*) ander-; jener, jene, jenes

öt|mek (*-er*) *Zo.* singen; krähen; ~**ücü** schön singend, Sing-

ötürü wegen (*-den G*)
öv|gü Lobgedicht *n*; **~mek** loben, preisen; **~ülmek** gelobt werden
övünç (*-cü*) sich rühmen (*ile G*); prahlen (*ile* mit *D*)
öykü Erzählung *f*
öyle so ein(e), solcher, solche, solches; **~ ki** derart daß, so daß; **~ce**, **~likle** *adv.* derart, auf diese Weise; **~sine** dermaßen; **~yse** in diesem Fall(e)
öz Selbst *n*, Wesen *n*, Kern *m*; Mark *n*, Saft *m*; rein, echt; eigen; **~dek** Materie *f*; **~deş** gleich
özel persönlich, privat, eigen, besonder-; **~ ad** Eigenname *m*; Vorname *m*; **~ hayat** Privatleben *n*; **~ sayı** Sondernummer *f*; **~ ulak** Botenzustellung *f*; **~leştirmek** privatisieren
özellik Eigenheit *f*, Eigentümlichkeit *f*, **~le** *adv.* besonders, vor allem
özen Sorgfalt *f*, Mühe *f*; **~mek** sich Mühe geben,

Sorgfalt verwenden (*-e* bei *D*); Neigung haben (*-e zu D*); **~siz** nachlässig; **~ti** Nachahmen *n*; unecht, Pseudo-
özerk autonom; **~lik** Autonomie *f*
özet Zusammenfassung *f*; Resümee *n*; **~lemek** zusammenfassen
öz|gü charakteristisch (*-e* für *A*); **~gün** originell
özgür frei, unabhängig; **~lük** Freiheit *f*
özle|m Sehnsucht *f*; **~mek** *-i* sich sehnen nach *D*; ersehnen *A*
özlü markig, voll; gehaltvoll
özne *Gr.* Subjekt *n*; **~l** subjektiv
özümlemek *Bot.* assimilieren
özür (*-zrü*) Fehler *m*; Entschuldigung *f*; **~ dilemek** sich entschuldigen (*b-e -den* bei *j-m* wegen *G*); **~lü** fehlerhaft; entschuldigt; Behinderte(r)
öz|veri Hingabe *f*, Aufopferung *f*; **~yönetim** Selbstverwaltung *f*

P

pabuç (*-cu*) Schuh *m*, Pantoffel *m*; *Arch.* Sockel *m*; **~çu** Schuhmacher *m*, Schuster *m*
paça Hachse *f*, Haxe *f*; Hosenbein *n*
paçavra Lappen *m*, Lumpen *m*; **~cı** Lumpensammler *m*

padavra Schindel *f*, dünnes Brett *n*
padişah Herrscher *m*
pafta Metallplatte *f*; *Geo.* Kartenblatt *n*; *Tech.* Gewindeschneider *m*
paha Preis *m*, Wert *m*

pahalı teuer, kostspielig; **~laşmak** teurer werden, im Preis steigen; **~lık** Teuerung f

pak (-*kı*) rein, sauber

paket Paket n; Packung f; **~ yapmak**, **~lemek** ein-, verpacken

pakt Pakt m, Bündnis n

pala Krummschwert n; (Ruder-, Propeller-)Blatt n

palamar *Mar.* Tau n

palamut¹ (-*du*) *Bot.* Eichel f

palamut² (-*du*) *Zo.* Bonito m (*kleiner Thunfisch*)

palanka *Mil.* Schanze f

palas¹ Palast m

palas² leicht; nett

palavra Geschwätz n, Getratsche n

palaz *Zo.* Junge(s n

palet Palette f; *Tech.* Raupe(nkette) f

palmiye Palme f

palto (*Winter-*)Mantel m

palyaço Clown m

pamuk (-*ğu*) Baumwolle f; Watte f; **~lu** aus Baumwolle, wattiert

Panama Panama n

panayır Jahrmarkt m, Messe f

pancar Rübe f; Zuckerrübe f

pandantif (*Schmuck-*)Anhänger m

pandül Pendel n

panik (-*ği*) Panik f

panjur Fensterladen m

pankart Transparent n, Schild n

panorama Aussicht f, Panorama n

pansiyon (*Hotel-*)Pension f; **~er** Pensionsgast m

pansuman *Med.* Verbinden n, Verband m

pantolon Hose f

pantufla Filzpantoffel m

panzehir Gegengift n

papa *Rel.* Papst m

papağan Papagei m

papalık Papsttum n

papatya Kamille f; Gänseblümchen n

papaz (*christlicher*) Priester m, Geistliche(r); König m im Kartenspiel

papyekuşe Kunstdruckpapier n

papyon Schleife f, Fliege f

para Geld n; **kaç ~?** wieviel kostet es?; **~ bozdurmak** Geld tauschen, wechseln lassen; **~ bozmak** Geld wechseln; **~ cezası** *Jur.* Geldstrafe f, Bußgeld n; **~ etm.** wert sein; **~ kırmak** viel Geld verdienen

parabol (-*lü*) *Math.* Parabel f

parafe: **~ etm.** paraphieren, abzeichnen

paragraf Absatz m; Paragraph m

parakete *Mar.* Log n

parala|mak in Stücke reißen; abnutzen; **~nmak** zerstückelt werden; *fig.* sich vor Eifer in Stücke reißen

paralel parallel; *Astr.* Breitenkreis m; *Sp.* Barren m

paralı reich; kostenpflichtig
parantez Gr. Klammer f
parapet Mar. Reling f; Brüstung f
para|sal geldlich, Finanz-; **~sız** ohne Geld; kostenlos, gratis
paraşüt Fallschirm m; **~çü** Fallschirmspringer m; Mil. Fallschirmjäger m
paratoner Blitzableiter m
paravan(a) Wandschirm m, spanische Wand f
parazit Parasit m, Schmarotzer m; Radio: Nebengeräusch n
parça Stück n, Teil m; **~lamak** zerteilen, zerkleinern; **~lanmak** zerteilt werden; zerschellen; **~lı** aus Stücken
pardon Verzeihung!, entschuldigen Sie!
pardösü (Sommer-)Mantel m
parıl|damak glänzen, leuchten, funkeln; **~tı** Funkeln n, Leuchten n, Strahlen n
park Park m; Parken n; Parkplatz m; **~ etm.** (od. **yapmak**) parken; **~ saati** Parkuhr f; **~ yasağı** Parkverbot n
parke Parkett n; Kleinpflaster m
parkur Sp. Bahn f
parla|k (-ğı) glänzend, blank, leuchtend; **~mak** glänzen, strahlen, leuchten
parlamenter Parlamentarier m; **~o** Parlament n
parlatmak polieren, glänzen
parmak (-ğı) an. Finger m,

Zeh m, Zehe f; Speiche f; Sprosse f; **~ izi** Fingerabdruck m; **~lık** Zaun m, Gitter n, Geländer n
parodi Parodie f
parola Parole f, Losung f, Kennwort n
pars Leopard m, Panther m
parsa Geldspenden f/pl.
parsel Parzelle f, Grundstück n; **~lemek** parzellieren
parşömen Pergament n
parti¹ Partie f; Spiel n
parti² Pol. Partei f; **~li** Parteimitglied n; **~zan** Partisan m; Anhänger m
pas¹ Rost m; **~ tutmak** rosten
pas² Sp. Paß m, Zuspielen n
pasaj Durchgang m, Ladenstraße f; Passage f
pasak (-ğı) Schmutz m; **~lı** schmutzig, schlampig
pasaport (Reise-)Paß m
pasif passiv
paskalya Ostern n; **~ çöreği** Kuchenbrot n
paslan|mak (ver)rosten; **~maz** rostfrei
paslı verrostet
paso Freifahrtschein m; Ermäßigungsausweis m
paspas Fußmatte f, Fußabtreter m
pasta¹ Rüsche f
pasta² Kuchen m; **~cı** Konditor m; **~(ha)ne** Konditorei f, Café m
pastırma Dörrfleisch n
pastörize pasteurisiert, entkeimt

paşa Pascha m *(früher Titel von Generalen u. Provinzgouverneuren)*
pat¹ flach, platt
pat² *Bot.* Aster f
pat³, ~ **diye** patsch!
patak Prügel pl.; ~**lamak** verprügeln, durchhauen
patates Kartoffel(n pl.) f
patavatsız unbekümmert
paten Schlittschuh m; Rollschuh m
patent Patent n; *Pol.* Staatsangehörigkeitsausweis m; *Mar.* Gesundheitsattest m
patır|damak lärmen, poltern; ~**tı** Lärmen n, Poltern n, Trampeln n
patik (-ği) Babyschuh m
patika Fußpfad m, Fußweg m
patinaj Eislaufen n; Rollschuhlaufen n; *Kfz.* Rutschen n, Schleudern n
patiska Battist m
patla|k (-ği) geplatzt, geborsten; ~**mak** bersten, platzen; ~**ngaç**, ~**ngıç** Knallerbse f, Knallfrosch m; ~**tmak** zum Platzen bringen; ~**yıcı** explosiv
patlıcan Aubergine f, Eierfrucht f
patrik (-ği) *Rel.* Patriarch m; ~**hane** Patriarchat n
patron Arbeitgeber m, Chef m
pavyon Pavillon m
pay Teil m, Anteil m; Quote f; *Math.* Zähler m, Divident m; ~**da** *Math.* Nenner m, Divisor m; ~**daş** Teilhaber m, Aktionär m
paydos Arbeitsschluß m; Pause f; *Sp.* Halbzeit f
payla|mak ausschimpfen; ~**şmak** A unter sich aufteilen; *fig.* Anteil nehmen an D
paytak (-ğı) krummbeinig; Bauer m im Schachspiel
payton s. **fayton**
pazar 1. Sonntag m; **2.** Markt(platz) m; ~ Marktplatz m; ~**lamak** vermarkten; ~**lık** handeln, feilschen (*ile* mit D); ~**lık** Handeln n, Feilschen n
pazartesi (-yi) Montag m
pazı Oberarmmuskel m, Bizeps m
peçete Serviette f
pedal Pedal n
pehlivan Ringkämpfer m
pehpeh! bravo!
pek sehr; hart, fest; ~ **âlâ!** schön!, sehr gut!; ~**i!** jawohl!; gut!; abgemacht!
pekiş|mek hart od. fest werden; ~**tirmek** härten; festigen
pekmez eingekochter Traubensirup m
peksimet (-di) Zwieback m
pelerin Umhang m, Pelerine f
pelesenk (-ği) Balsam m
pelte Gelee n; Gallerte f
peltek (-ği) lispelnd
pelür dünnes Papier n
pembe rosa
penaltı Elfmeter(stoß) m
pencere Fenster n

pençe Pfote *f*, Tatze *f*; Schuhsohle *f*; **~lemek** mit der Tatze schlagen *od.* packen; **~leşmek** sich raufen; *fig.* ringen

penguen Pinguin *m*

penisilin *Med.* Penizillin *n*

pens(e) Pinzette *f*; Zange *f*; Abnäher *m am Kleid*

pepe stotternd; **~lemek** stottern

perakende en détail, im Einzelhandel; **~ci** Einzelhändler *m*

perçin *Tech.* Niet(e *f*) *m od. n*; **~lemek** (ver)nieten; **~li** genietet

perdah Glanz *m*, Politur *f*; **~ vurmak** -*e*, **~lamak** -*i* glänzen, polieren, glätten *A*; **~lı** poliert, glänzend; **~sız** glanzlos, matt

perde Vorhang *m*; *Thea.* Akt *m*; **(beyaz) ~** *(Film-)*Leinwand *f*; **ince ~** Gardine *f*; **~lemek** mit e-m Vorhang versehen; *fig.* verbergen; **~li** verhängt, mit e-m Vorhang versehen; **~siz** ohne Vorhang; schamlos

perende Purzelbaum *m*; **~ atmak** e-n Purzelbaum schießen

perese Richtschnur *f*; *fig.* Stufe *f*, Stadium *n*

pergel *Math.* Zirkel *m*

perhiz Fasten *n*; Diät *f*; **~ yapmak** e-e Diät einhalten

peri Fee *f*

perişan zerstreut, durcheinander; verstört; **~ olm.** verwirrt sein; **~lık** Durcheinander *n*, Verwirrung *f*

perma(nant) Dauerwelle *f*

permi *Esb.* Freifahrtschein *m*; *Hdl.* Einfuhr- *od.* Ausfuhrgenehmigung *f*

peron Bahnsteig *m*

persenk (-*ği*) Füllwort *n*, um Denkpausen auszufüllen

personel Personal *n*

perşembe Donnerstag *m*

pertavsız Vergrößerungsglas *n*, Lupe *f*

peruk(a) Perücke *f*

pervane *Zo.* Nachtfalter *m*, Motte *f*; *Tech.* Propeller *m*; Schiffsschraube *f*

pervasız furchtlos

pervaz Verschalung *f*; Rand *m*

pes: ~ demek sich geschlagen geben

pesek (-*ği*) Zahnstein *m*

pestil getrocknetes Fruchtfleisch *n*

peş hintere(r) Teil *m*, Rücken *m*; *-in* **inde dolaşmak** (*od. gezmek*) nachlaufen *D*; *-in* **~inde(n) koşmak** verfolgen *A*, hinter *D* herlaufen; *-in* **~ine düşmek** verfolgen *A*; nicht in Ruhe lassen *A*

peşin *adv.* gegen bar; im voraus; **~keş** Geschenk *n*; **~kir** Serviette *f*

peştamal großes Bade(hand)tuch *n*

petek (-*ği*) Wabe *f*

petrol (-*lü*) Erdöl *n*

pey Anzahlung *f*; ~ **vermek** D e-e Anzahlung leisten
peyda sichtbar, offenbar; ~ **olm.** sich zeigen
peydahlanmak erscheinen, sich zeigen
peygamber *Rel.* Prophet *m*
peyk *Astr., Pol.* Satellit *m*
peynir Käse *m*
peyzaj Landschaft(sbild *n*) *f*
pezevenk (*-gi*) Zuhälter *m*
pıhtı Gerinnsel *n*; ~ **laşmak** gerinnen; erstarren
pınar Quelle *f*
pırasa Lauch *m*, Porree *m*
pırıl|damak glänzen, leuchten; ~ **tı** Glänzen *n*
pırlangıç Brummkreisel *m*
pırlanta Brillant *m*
pırtı wertloses Zeug *n*
pısırık (*-ğı*) ängstlich
pıt (leichtes) Geräusch *n*
pıtır|damak tappen; rascheln; ~ **tı** Tappen *n*, Knistern *n*
piç Bastard *m*
pide Fladenbrot *n*
pijama Schlafanzug *m*
pikap (*-bı*) Plattenspieler *m*; *Kfz.* Kleinlastwagen *m*
pike¹ Pikee *m*, Pikee-
pike² *Flugw.* Sturzflug *m*
piknik (*-ği*) Picknick *n*
pil *El.* Element *n*, Batterie *f*
piláki kaltes Bohnen- oder Fischgericht
piláv Pilaw *m*, Reisgericht *n*
piliç (*-ci*) Küken *n*, Hühnchen *n*
pilli Batterie-

pilot Pilot *m*, Flugzeugführer *m*; *Mar.* Lotse *m*; ~ **proje** Pilotprojekt *n*
pineklemek (herum)dösen
pingpong Tischtennis *n*
pinti geizig, knickerig
pipo (*Tabaks-*)Pfeife *f*
pir Gründer *m*; gründlich
piramit (*-di*) Pyramide *f*
pire Floh *m*; ~ **lenmek** Flöhe bekommen
pirinç¹ (*-ci*) Reis *m*
pirinç² (*-ci*) Messing *n*
piruhi *Art.* Ravioli *pl.*
pirzola Kotelett *n*
pis schmutzig; ~ **su** Abwasser *n*; ~ **boğaz** gefräßig
piskopos *Rel.* Bischof *m*
pis|lemek *-e* verunreinigen, beschmutzen *A*; ~ **lenmek** sich beschmutzen; beschmutzt werden; ~ **letmek** verschmutzen; verderben; ~ **lik** Schmutz *m*, Dreck *m*
pist *Sp.* Rennbahn *f*; *Flugw.* Startbahn *f*
piston *Tech.* Kolben *m*; ~ **kolu** Pleuelstange *f*; ~ **yatağı** Pleuellager *n*
pişir|im(lik) für ... Mahlzeiten ausreichend; ~ **mek** kochen; backen
pişkin gut gekocht *od.* durchgebacken; *fig.* erfahren; ungeniert
pişman: ~ **olm.** *-e* bereuen *A*; ~ **lık** Reue *f*
pişmek (*-er*) *v*/*i* kochen; backen; reifen
piyade *Mil.* Infanterist *m*; In-

poyra

fanterie *f*; Bauer *m* im Schachspiel
piyango Lotterie *f*
piyano Klavier *n*, Piano *n*; ~ **çalmak** Klavier spielen
piyasa Promenieren *n*; Markt *m*; Marktpreis *m*
piyaz Salat aus gekochten weißen Bohnen, Zwiebeln, Öl usw.; Beilage *f* aus Zwiebeln mit Petersilie
piyes *Thea.* Stück *n*
piyon Bauer *m* im Schachspiel
plâj (*Bade-*)Strand *m*
plâk (-ğı) Schallplatte *f*
plâka *Kfz.* Nummernschild *n*, Kennzeichen *n*
plaket Plakette *f*
plân Plan *m*; ~**lamak** planen; ~**lı** geplant; ~**ör** Segelflugzeug *n*; ~**sız** ohne Plan; planlos; ~**ya** *Tech.* Hobel *m*, Rauhbank *f*
plâsman *Hdl.* Investition *f*
plâstik (-ği) plastisch; Kunststoff *m*
plâtin Platin *n*
plebisit Volksbefragung *f*
pleybek Playback *n*
pli Falte *f*; ~**li**, ~**se** plissiert
Plüton *Astr.* Pluto *m*; ~**yum** Plutonium *n*
podösüet Wildleder *n*
pohpohlamak schmeicheln (*b-i j-m*)
polarmak *Phys.* polarisieren
polemik (-ği) Polemik *f*
poliçe *Hdl.* Wechsel *m*; (*Versicherungs-*)Police *f*

poligon *Mil.* Schießplatz *m* für Artillerie
polis Polizei *f*; Polizist *m*; ~ **hafiyesi** Detektiv *m*
polisiye Kriminal-, Detektiv-
politika Politik *f*; ~**cı** Politiker *m*; *fig.* diplomatisch
Polonya Polen *n*; ~**lı** Pole *m*, Polin *f*; polnisch
pompa Luftpumpe *f*; ~**lamak** aufpumpen
ponza Bimsstein *m*
poplin Popelin(e *f*) *m*
porselen Porzellan *n*
porsiyon Portion *f*
porsuk (-ğu) Dachs *m*
portakal Apfelsine *f*, Orange *f*
portatif tragbar
Portekiz Portugal *n*
portmanto Kleiderständer *m*, Garderobe *f*
portre Porträt *n*
posa Rückstände *pl.*
post Fell *n*, Vlies *n*
posta Post *f*; *Esb.* Personenzug *m*; ~**pulu** Briefmarke *f*; ~**cı** Briefträger *m*; Postbeamte(r) *m*; ~**hane** Postamt *n*; ~**lamak** mit der Post senden
poşet Beutel *m*
pot *fig.* Fehler *m*; ~ **gelmek** mißlingen; ~ **kırmak** e-n Fehler begehen; ~ **yeri** schwieriger Punkt *m*
potansiyel Potential *n*
potin Halbstiefel *m*
potur faltig; Pluderhose *f*
poyra *Tech.* Radnabe *f*

poyraz Nordostwind *m*
poz Pose *f*, Haltung *f*; *Foto:* Belichtung *f*; ~ **vermek** -*e* belichten *A*
pozitif positiv
pörsük faltig geworden, zusammengeschrumpft; verwelkt
pösteki Schaf- *od.* Ziegenfell *n*; ~ **saydırmak** D e-e Sisyphusarbeit aufbürden
pratik (-ği) praktisch; Praxis *f*, Erfahrung *f*, Übung *f*; ~**a** *Mar.* Erlaubnis *f* zum Landgang
prens Prinz *m*; Fürst *m*; ~**es** Prinzessin *f*; Fürstin *f*
prensip (-bi) Prinzip *n*
pres *El.* Presse *f*
prevantoryum Heilanstalt *f*, Sanatorium *n*
prezervatif Präservativ *n*
prim Prämie *f*
priz *El.* Steckdose *f*
problem Problem *n*
profes|ör Professor *m*; ~**yonel** berufsmäßig; Berufs-
program Programm *n*
proje Projekt *n*
projek|siyon Projektion *f*; ~**tör** Scheinwerfer *m*
prolet|arya Proletariat *n*; ~**er** Proletarier *m*
propaganda Propaganda *f*; Werbung *f*; ~**cı** Propagandist *m*
prospektüs Prospekt *m*
Protestan *Rel.* Protestant *m*; protestantisch, evangelisch; ~**lık** *Rel.* Protestantismus *m*

protesto Einspruch *m*, Protest *m*; ~ **etm.** protestieren, Einspruch erheben (-*i* gegen *A*)
protokol (-*lü*) Protokoll *n*
prova Probe *f*; Anprobe *f*; Korrekturfahne *f*
pruva *Mar.* Bug *m*
psikoloji Psychologie *f*
puan Punkt *m im Spiel*
puding Pudding *m*; *Geo.* Konglomerat *n*
pudra Puder *m*; ~**lamak** pudern
pufla Eiderente *f*
pul (*kleine runde*) Scheibe *f*; *Zo.* Schuppe *f*; (*Brief- usw.*) Marke *f*; ~**cu** Markenverkäufer *m*; Briefmarkensammler *m*; ~**lamak** frankieren; ~**lu** frankiert; ~**suz** ohne Marke(n); unfrankiert
pupa *Mar.* Stern *m*; *adv.* von achtern
puro Zigarre *f*
pus¹ Zoll *m* (*Maß*)
pus² Nebel *m*; Beschlag *m*; ~**arık** trüb(e); Luftspiegelung *f*; ~**armak** trübe werden
pusat Gerät *n*; Kriegsgerät *n*
puset Kinderwagen *m*
puslanmak beschlagen
pus|mak sich niederhocken; sich verstecken; ~**u** Hinterhalt *m*; ~**uya yatmak** sich auf die Lauer legen
pusula¹ Kompaß *m*
pusula² Zettel *m*; Notiz *f*
put Götze(nbild *n*) *m*; ~**perest** Götzendiener *m*

putrel Eisen-, T-Träger *m*
püf Hauch *m*, Windstoß *m*; ~ *noktası fig.* springender Punkt *m*; **~lemek** -*i* blasen auf *A*; ausblasen, auspusten *A*
pünez Reißnagel *m*, Reißzwecke *f*
püre Püree *n*, Brei *m*
pürtük (-*ğü*) Pustel *f*; genarbt
pürüz rauhe Stelle *f*, Unebenheit *f*; **~lü** rauh, uneben; **~süz** glatt, eben
püskül Troddel *f*
püskür|mek spritzen, ausspeien; **~teç** Zerstäuber *m*; **~tmek** *A* herausschleudern; abwehren
pütür rauhe Stelle *f*

R

Rabbi: *ya* ~! mein Gott!
rabıta Verbindung *f*; Zusammenhang *m*, Band *n*; **~lı** zusammenhängend; harmonisch, geordnet; **~sız** zusammenhanglos
radar Radar *m od. n*
radikal (-*li*) radikal
radya|syon Strahlung *f*; **~tör** Heizung *f*; *Kfz*. Kühler *m*
radyo Radio *n*, Rundfunk *m*; ~ *istasyonu* Rundfunkstation *f*; ~ *aktif* radioaktiv; **~evi** Funkhaus *n*
radyum Radium *n*
raf Wandbrett *n*, Regal *n*
rafadan weich gekocht (*Ei*)
rağbet Verlangen *n*, Wunsch *m*; Nachfrage *f*; **~li** verlangt, gesucht; **~siz** keine Lust habend; wenig verlangt
rağmen -*e* trotz *G*; obwohl; *buna* ~ trotzdem; *her şeye* ~ trotz allem
rahat Ruhe *f*, Bequemlichkeit *f*; bequem, angenehm; ~ *etm.* sich behaglich fühlen; **~ça** in Ruhe
rahatsız gestört, belästigt; unwohl, krank; ~ *etmeyin!* nicht stören!; **~lık** Unbequemlichkeit *f*; Unwohlsein
rahibe Nonne *f*
rahim (-*hmi*) *an.* Gebärmutter *f*
rahip (-*bi*) Mönch *m*
rahle Lesepult *n*
rahmet Erbarmen *n*, Gnade *f*; *fig.* Regen *m*; **~li(k)** verstorben, selig
rakam Ziffer *f*
raket (*Tennis-*)Schläger *m*
rakı Raki *m*, Anisschnaps *m*
rakip (-*bi*) Rivale *m*, Konkurrent *m*; gegnerisch; **~siz** konkurrenzlos
rakkas (*Uhr-*)Pendel *n*
raksetmek tanzen
ramazan *Rel.* Ramadan, Fastenmonat *m*; ~ *bayramı* Zucker-, Fastenfest *n*
rampa Rampe *f*; *Mar.* Anlegen *n*
randevu Verabredung *f*; Stelldichein *n*; Termin *m*;

randevucu

almak einen Termin vereinbaren, sich anmelden; **~cu** Kuppler m, Kupplerin f; **~evi** geheimes Bordell n
randıman Ertrag m
rantabilite Rentabilität f
rapor Bericht m, Meldung f; Med. Attest n; **~lu** krankgeschrieben; **~tör** Berichterstatter m
raptiye Reißnagel m
rasat (-*dı*) Astr. Beobachtung f; **~hane** Sternwarte f, Observatorium n
raspa Raspel f; **~ etm.**, **~lamak** glätten
rast: **~ gelmek** -*e* begegnen D, treffen A; **~ getirmek** -*i* treffen A; Erfolg verleihen D; -*e* abwarten; **~gele** beliebig; erstbest-; adv. auf gut Glück
rastla|mak -*e* begegnen D, zufällig treffen A; **~ntı** Zufall m
raşiti|k Med. rachitisch; **~zm** Rachitis f
raunt (-*du*) Sp. Runde f
ravent Rhabarber m
ray Schiene f, Gleis n; **~dan çıkmak** entgleisen
rayiç (-*ci*) Hdl. Kurs m
razı -*e* zufrieden, einverstanden mit D; **~ etm.** zufriedenstellen, befriedigen
reak|siyon Reaktion f; **~tör** Reaktor m
realite Realität f, Tatsache f
reçel Gelee n, Konfitüre f
reçete Rezept n
reçine Harz n

redaksiyon Redaktion f
redd|etmek ablehnen, zurückweisen; verstoßen; **~olunmak** abgelehnt werden
redingot Gehrock m
refah Wohlstand m
refakat (-*ti*) Begleitung f, Geleit n; **~ etm.** -*e* begleiten A
referandum Pol. Volksentscheid m, Referendum n
referans Referenz f, Empfehlungsschreiben n
refika (*Ehe*-)Frau f, Gattin f
reform Reform f
rehabilitasyon Rehabilitation f
rehber Führer m, Wegweiser m (*Buch u. Person*); **~lik** Führung f
rehin Pfand n; **~** Geisel f
reis Präsident m, Chef m
rejim Pol. Regime n; Med. Diät f
rejisör Regisseur m
rekabet Rivalität f, Konkurrenz f; **~ etm.** konkurrieren, in Wettstreit treten (*ile* mit D, -*de* um A)
reklâm Reklame f, Werbung f
rekolte Agr. Ernte f
rekor Rekord m; **~ kırmak** e-n Rekord brechen; **~tmen** Rekordhalter m
rektör Rektor m *e-r Universität*; **~lük** Rektorat n
remiz (-*mzi*) Zeichen n, Symbol n
ren: ~ geyiği Zo. Ren n

Ren: ~ **nehri** Rhein *m*
rencide gekränkt, verletzt
rençper Landarbeiter *m*
rende Hobel *m*; Reibeisen *n*, Reibe *f*; **~lemek** hobeln; reiben
rengârenk (-*gi*) vielfarbig, bunt
renk Farbe *f*; Färbung *f*; **~li** farbig, bunt; **~siz** farblos, bleich
repertuvar Repertoire *n*
resen *adv.* selbständig; von Amts wegen
resepsiyon Empfang(sbüro *n*) *m*
resif *Geo.* Riff *n*
resim (-*smi*) Bild *n*, Zeichnung *f*; Feier(lichkeit) *f*, Zeremoniell *n*; Abgabe *f*, Gebühr *f*; **~ çekmek** (*od.* **çıkarmak**) ein Foto machen; **~li** illustriert, bebildert
resmen offiziell
resmî amtlich, offiziell; **~ elbise** Uniform *f*; **~ Abendkleidung** *f*; **~ nikâh** standesamtliche Trauung *f*
ressam Maler *m*, Zeichner *m*; **~lık** Zeichenkunst *f*, Malerei *f*
restoran Restaurant *n*
reşit (-*di*) mündig, volljährig
ret (-*ddi*) Ablehnung *f*, Zurückweisung *f*
reva schicklich, angebracht
revaç (-*cı*) *Hdl.* Umlauf *m*; *fig.* Anklang *m*
revani süßes Gebäck aus Weizengrieß

reverans Verbeugung *f*
revir Revier *n*, Krankenstube *f*
revü Revue *f*
rey Meinung *f*; Stimme *f*
rezalet Gemeinheit *f*, Niedertracht *f*, Schande *f*
reze Türangel *f*; Riegel *m*
rezene Fenchel *m*
rezerv Reserve *f*, Vorrat *m*; **~asyon** Reservierung *f*
rezil gemein, niederträchtig
rıhtım Kai *m*, Uferstraße *f*
rıza Einwilligung *f*, Erlaubnis *f*; **~ göstermek** *D* zustimmen
riayet Rücksichtnahme *f*; Beachtung *f*, Aufmerksamkeit *f*; **~ etm.** *-e* beachten, einhalten *A*; Rücksicht nehmen auf *A*; **~sizlik** Mißachtung *f*, Unhöflichkeit *f*
rica Bitte *f*; **~ etm.** bitten (-*den -i j-n* um *etw.*)
rimel Wimperntusche *f*; Lidstrich *m*
ringa *Zo.* Hering *m*
risale Broschüre *f*
risk Risiko *n*; **~e etm.** *A* riskieren
ritm *Mus.* Rhythmus *m*
rivayet Überlieferung *f*, Bericht *m*
riya Heuchelei *f*; **~kâr** heuchlerisch, falsch
riyaset Präsidium *n*
riziko Risiko *n*
robdöşambr Morgenrock *m*
robot Roboter *m*
roket Rakete *f*
rol (-*lü*) *Thea.* Rolle *f*

Roma Rom n
Roman Roman m; **~cı** Romanschriftsteller m; **~tik** romantisch; Romantiker m
Romanya Rumänien n
romatizma Med. Rheuma (-tismus m) f
Romen römisch; **~ rakamları** Math. römische Ziffern f/pl.
rop (-bu) (Damen-)Kleid n
rosto Rostbraten m
rota Mar. Route f, Kurs m
rozbif Roastbeef n
rozet Rosette f
rölâtif relativ
rölyef Relief n
römork Kfz. usw. Anhänger m; **~ör** Mar. Schlepper m; Kfz. Traktor m
Rönesans Renaissance f
röportaj Reportage f
rötar Verspätung f
rötuş Retuschieren n
rövanş Revanche f; Rückspiel n
rugan Lackleder n
ruh Geist m, Seele f; Essenz f
ruhanı̂ geistlich; **~iyet** Geist m e-s Toten
ruhaniyet Mönchsleben n
ruh|bilimi Psychologie f; **~ı̂**

seelisch, psychisch; **~lu** lebendig; -gesinnt
ruhsat Erlaubnis f, Konzession f; Kfz. Zulassung f; **~name** Genehmigungsschreiben
ruhsuz geistlos; leblos
ruj Lippenstift m
rulman Kugellager n
Rum Grieche m in islamischen Ländern; griechisch; **~ca** Neugriechisch n
Rumen Rumäne m; rumänisch
Rumı̂ julianisch (Kalender)
Rus Russe m, Russin f; russisch; **~ca** Russisch n; **~ya** Rußland n
rutubet Feuchtigkeit f; **~li** feucht
rücu (-u) Jur. Rücktritt m
rüşvet Bestechung(sgeld n) f; **~ almak** (od. **yemek**) sich bestechen lassen; **~ vermek** -e- bestechen A
rütbe Rang m, Grad m
rüya Traum m; **~ görmek** träumen; **~sında görmek** -i träumen von D
rüzgâr Wind m; **~lı** windig, stürmisch; **~lık** Windjacke f

S

saadet Glück n, Wohlergehen n
saat (-ti) Stunde f; Uhr f; **~ ayarı** Zeitansage f im Radio; **~ kaç?** wieviel Uhr ist es?; **~ beş(tir)** es ist fünf Uhr; **~**

yarım es ist halb eins; **~lerce** stundenlang; **~çi** Uhrmacher m
sabah Morgen m; **~ları** jeden Morgen, morgens; **~leyin** morgens, am Morgen; **~lı**

Morgenrock m, Hauskleid n
saban Agr. Pflug m
sabık vorig, ehemalig
sabıka Vorstrafe f; **~lı** vorbestraft
sabır (-brı) Geduld f, Ausharren n; **~lı** geduldig
sabırsız ungeduldig; **~lık** Ungeduld f
sabit fest; erwiesen
sabotaj Sabotage f
sabretmek -e ertragen A; sich gedulden
sabun Seife f; **~cu** Seifensieder m; Seifenhändler m; **~lamak** einseifen; **~luk** Seifennapf m
sac (Eisen-)Blech n
saç Haar n; **~ modeli** Frisur f; **~ tokası** Haarspange f
saçak Vordach n; Fransen f pl.; **~ bulut** Federwolke f, Zirrus m; **~lı** mit e-m Vordach versehen; gefranst
saçkıran Med. Haarausfall m; **~lı** -haarig; behaart
saçma (Aus-, Be-)Streuen n; Schrot m od. f; Geschwätz n; fam. Quatsch m; **~k** (aus-, be-)streuen; **~lamak** faseln, dummes Zeug reden
sada s. seda
sadaka Almosen n
sadakat (-ti) Treue f; **~li** D treu
sade einfach, schlicht; rein, unverfälscht; naiv; **~ce** adv. lediglich; nur; **~leştirmek** vereinfachen; **~lik** Einfachheit, Schlichtheit f
sadık (-ğı) D treu

sadme Zusammenstoß m; Ruck m; Erschütterung f
saf¹ (-ffı) Reihe f, Linie f; Mil. Glied n
saf² rein, unverfälscht; naiv
saf|derun, **~dil** naiv
safa s. sefa
safha Phase f, Stadium n
safi rein; Hdl. netto; adv. nur
safiha Plättchen n, Folie f
safra¹ an. Galle f
safra² Ballast m
safran Krokus m; Safran m
safsata Sophistik f, Spiegelfechterei f
sağ¹ lebend, gesund; heil
sağ² rechte Seite f; rechts
sağanak (-ğı) Platzregen m, Wolkenbruch m
sağcı Pol. rechts; Rechte(r)
sağduyu gesunder Menschenverstand m; **~görü** Weitblick m
sağı Vogelmist m
sağım Melken n; Milchtier n
sağır taub; **~lık** Taubheit f
sağlam heil, in Ordnung; kräftig, gesund; fest, haltbar; **~lamak** sichern, garantieren; **~lamlaştırmak** festigen; **~lık** Gesundheit f
sağmak melken; Honig nehmen
sağmal melkbar; Milch-; **~ inek** Milchkuh f (a. fig.)
sağrı Kruppe f, Rücken m
sağu Totenklage f
saha Platz m, Gebiet n, Raum m, Bereich m; **oyun ~sı** Sp. Spielfeld n

sahaf

sahaf Antiquar *m*
sahan Kupferschale *f*; **~da yumurta** Spiegelei *n*; **~lık** Treppenabsatz *m*; Plattform *f*
sahi wahr, richtig, genau; **~ mi?** wirklich?
sahibe Besitzerin *f*
sahiden *Adv.* wirklich
sahife s. **sayfa**
sahil Ufer *n*, Küste *f*
sahip (-bi) Besitzer *m*, Eigentümer *m*; **~ çıkmak** -*e* beanspruchen *A*; eintreten für *A*; **~ olm.** -*e* besitzen *A*; **~siz** herrenlos
sahne Szene *f*; Bühne *f*; **~ye çıkmak** auftreten
sahra offenes Feld *n*, Land *n*; Wüste *f*
sahte gefälscht, unecht, falsch; Schein-; **~ci**, **~kâr** Fälscher *m*, Betrüger *m*; **~kârlık** *Jur.* Fälschung *f*, Nachahmung *f*
sahur Frühmahlzeit *f vor dem Fasten im Ramadan*
sakal (*Kinn-*)Bart *m*; **~ koyuvermek** (*od.* **uzatmak**, **salıvermek**) sich den Bart wachsen lassen; **~lı** bärtig; **~sız** bartlos
sakar Blesse *f*; *fig.* ungeschickt
sakarin *Chem.* Sacharin *n*
sakat verstümmelt, verkrüppelt; fehlerhaft; verstümmeln; beschädigen; **~lık** Krüppelhaftigkeit *f*; Schaden *m*

sakın *Intj.* bloß nicht, hüte dich!; **~ca** Bedenken *n*, Einwand *m*; **~gan** vorsichtig; zaghaft; **~mak** -*den* sich hüten vor *D*, nicht wagen *A*; schonen
sakırga Zecke *f*
Sakit *Astr.* Mars *m*
sakız Harz *n*, Mastix *n*
sakin ruhig; fest; wohnhaft
sakla|mak schützen, bewahren; aufbewahren; verstecken; **~mbaç** Versteckspiel *n*; **~nmak** sich verstecken
saklı aufbewahrt; verborgen; *Jur.* gewahrt, vorbehalten
saksağan *Zo.* Elster *f*
saksı Blumentopf *m*
saksonya Meiß(e)ner Porzellan *n*
Saksonya Sachsen *n*
sal *Mar.* Floß *n*
salak (-*ğı*) dumm, blöd
salam Salami *f*
salamura Lake *f*; Gepökelte(s); eingelegt
salapurya *Mar.* Leichter *m*
salât rituelles Gebet *n*
salata Salat *m*; **~lık** Gurke *f*; für Salat bestimmt
salça Soße *f*; Tomatensoße *f*
saldırı|gan aggressiv; Angreifer *m*; **~ı** Angriff *m*, Überfall *m*; **~mak** -*e* angreifen *A*; **~mazlık paktı** *Pol.* Nichtangriffspakt *m*
salep Orchidee *f*; Salepwurzel *f*; heißes Getränk mit Salepwurzeln
salgı Sekretion *f*; **~n** *Med.* an-

steckend, epidemisch; Epidemie *f*
salı Dienstag *m*
salık (-ğı) Nachricht *f*
salıncak (-ğı) Schaukel *f*; Schaukelwiege *f*; ~**lı koltuk** Schaukelstuhl *m*
salınmak schwanken
salıvermek frei-, loslassen, freigeben
salip (-bi) Kreuz *n*
salkım *Bot.* Traube *f*; Dolde *f*; Scheinakazie *f*; ~**söğüt** Trauerweide *f*
salla|mak schütteln, schwingen, bewegen; **el** ~ winken; ~**nmak** schaukeln, schwanken, wackeln
salmak (-ar) absenden; freilassen, dazutun (-i etw.); angreifen (-e etw., j-n)
salon Saal *m*, Salon *m*
salpa locker, schlaff
salt nur, bloß; *adj.* rein
salta Männchenmachen *n* e-s Hundes usw.
saltanat Herrschaft *f*; *fig.* Pomp *m*, Prunk *m*
saltçılık *Pol.* Autokratie *f*, Absolutismus *m*
salya Speichel *m*
salyangoz *Zo.* Schnecke *f*
saman Stroh *n*; Häcksel *n*; ~ **nezlesi** Heuschnupfen *m*; ~**kâğıdı** Pauspapier *n*; ~**kapan** Bernstein *m*
Samanyolu Milchstraße *f*
samim|i herzlich, aufrichtig; ~**iyet** Freundlichkeit *f*, Aufrichtigkeit *f*

samur *Zo.* Zobel *m*
san Name *m*, Ruf *m*
sana dir
sanat Handwerk *n*, Gewerbe *n*; Kunst *f*; ~ **okulu** Gewerbeschule *f*; ~**çı** Künstler *m*; ~**kâr** Handwerker *m*; Künstler *m*; ~**lı** kunstvoll
sanatoryum Sanatorium *n*
sanayi (-i) *pl.* Industrie *f*; ~**leştirmek** A industrialisieren
sancak (-ğı) Fahne *f*
sancı *Med.* (*krampfartiger*) Schmerz *m*; Kolik *f*; ~**mak** schmerzen, stechen
sandal¹ *Bot.* Sandelholz *n*
sandal² Sandale *f*
sandal³ Ruderboot *n*; ~**cı** Bootsmann *m*
sandalye Stuhl *m*; *fig.* Posten *m*
sandık (-ğı) Kasten *m*; Kiste *f*, Truhe *f*
sanduka Sarkophag *m*
sandviç belegtes Brot *n*
sanı Idee *f*, Vermutung *f*; ~**k** (-ğı) verdächtig; angeklagt; Beschuldigte(r)
saniye Sekunde *f*
sanki angenommen, daß; doch; geradezu; ~ -**miş gibi** als ob, als wenn
sanmak (-ar, -ır) glauben, meinen; halten (*N* für *A*)
sansar *Zo.* Steinmarder *m*
sansasyon Sensation *f*
sansür *Pol.* Zensur *f*; ~**lü** zensiert
santi|gram Zentigramm *n*;

santim

~**m** Hundertstel *n*; ~**metre** Zentimeter *m*

santral (-*li*) *El.* Zentrale *f*; Vermittlung *f*; Elektrizitätswerk *n*

santr|for *Sp.* Mittelstürmer *m*; ~**haf** Mittelläufer *m*

santrifüj zentrifugal; Zentrifuge *f*

sap *Bot.* Stiel *m*; Griff *m*

sapa abgelegen

sapak (-*ğı*) *Bot.* Berberitze *f*

sapan Schleuder *f*

sapık (-*ğı*) unnatürlich, anormal; entzückt

sap|ılmak abgebogen werden; ~**ıtmak** den Verstand verlieren; Unsinn reden; ~**kın** vom Weg abweichen

sap|lamak stechen (-*i* -*e* mit *D* in *A*); durchbohren (-*e* -*i* etw. mit *D*); ~**lanmak** eindringen (-*e* in *A*); e-n Stiel bekommen; ~**lı** mit e-m Stiel *od.* Griff versehen

sapmak ab-, einbiegen (-*e* nach *D*, in *A*); abirren

sapsarı knallgelb; totenblaß

sapta|mak feststellen, bestimmen; ~**nmak** bestimmt werden

saptırmak abbiegen *od.* abirren lassen

sara *Med.* Epilepsie *f*

saraç (-*cı*) Sattler *m*

sararmak gelb *od.* bleich werden

saray Schloß *n*, Palast *m*

sardalye Sardine *f*

Sardinya Sardinien *n*

sardunya Geranie *f*

sarf Verwendung *f*; Ausgabe *f*; ~**etmek** verwenden; ausgeben; ~**ınazar etm.** -*den* verzichten auf *A*, aufgeben *A*; ~**iyat** *pl.* Ausgaben *pl.*

sargı Verband *m*, Binde *f*

sarhoş betrunken; Trunkenbold *m*; ~**luk** Trunkenheit *f*, Rausch *m*

sarı gelb, bleich; blaß; ~ **saçlı** blond; ~**çalı** *Bot.* Berberitze *f*

sarık (-*ğı*) Turban *m*

sarılı gedreht; eingewickelt

sarılık *Med.* Gelbsucht *f*

sarılmak -*e* sich herumwinden um *A*; umarmen *A*; umfassen *A*

sarım *El., Phys.* Windung *f*

sarımsak Knoblauch *m*

sarı|sabır *Bot.* Aloe *f*; ~**salkım** *Bot.* Goldregen *m*; ~**şın** blond, hell

sârî ansteckend

sarih klar, deutlich

sarkaç (-*cı*) Pendel *n*; ~**ık** herabhängend

sarkın|mak sich hinauslehnen (-*den* aus *D*); belästigen (*b-e* *j-n*); ~**tı** Zudringlichkeit *f*

sark|ıtmak aufhängen; ~**mak** (-*ar*) hängen (-*den* an, von *D*)

sarmak (-*ar*) winden, ein-, umwickeln, einhüllen, aufspulen; -*e* sich schlingen um *A*

sarmal spiralförmig

sarman riesig

sarmaş|ık Efeu *m*; ~**mak** sich umarmen

sarmısak s. **sarımsak**
sarnıç Zisterne f, Tank m
sarp steil, unzugänglich; **~laşmak** steil od. schwierig werden
sarraf Geldwechsler m
sars|ak, ~ık (-ğı) schwankend, zitternd, gebrechlich; **~ılmak** geschüttelt od. erschüttert werden; **~ıntı** Schütteln n, Erschütterung f; **~mak** schütteln; erschüttern
sataşmak -e belästigen A
sathî oberflächlich
satı|cı Verkäufer m, Händler m; **~lık** verkäuflich, zu verkaufen; **~lmak** verkauft werden; **~m** Verkauf m
satın: **~ almak** kaufen
satır¹ Zeile f; Linie f; **~ başı** Absatz m
satır² Hackmesser n
sat|ış Verkauf m; **~mak** (-ar) verkaufen (-e an A)
satranç Schachspiel n
Satürn Astr. Saturn m
sav Behauptung f, These f
savan(a) Geo. Savanne f
savaş Kampf m, Schlacht f; **~çı** Kämpfer m; **~kan** kriegerisch; **~mak** kämpfen (ile mit D, gegen A); sich abmühen
savat schwarze Einzeichnung f auf Silber, Niello n
savcı Jur. Staatsanwalt m; **~lık** Staatsanwaltschaft f
savmak (-ar) v/t vertreiben; entlassen; überstehen; v/i eindringen (-e in A)
savruk ungeschickt, tapsig
savrulmak verbreitet werden; geäußert werden
savsa|k (-ğı) nachlässig; **~(kla)mak** hinausschieben; hinhalten
savunma Verteidigung f, Abwehr f; **Millî Savunma Bakanlığı** Verteidigungsministerium n
savunmak verteidigen
savurmak umherschleudern; aufwirbeln; schwingen
savuş|mak sich entfernen; vergehen; **~turmak** loswerden; überstehen
saya Oberteil n e-s Schuhs
sayaç Tech. Zähler m, Messer m
saydam transparent
saye Schatten m; (-in) **~sinde** dank G; **bu ~de** hierdurch
sayfa (Buch-)Seite f; **~yı çevirmek** umblättern
sayfiye Sommerfrische f; Landhaus n
saygı (Hoch-)Achtung f, Rücksichtnahme f; **~larımla** hochachtungsvoll (am Briefschluß); **~lı** höflich, rücksichtsvoll; **~n** angesehen, geachtet
saygısız rücksichtslos, unhöflich; **~lık** Unhöflichkeit f
sayı Zahl f, Nummer f
sayıklamak im Schlaf sprechen; phantasieren
sayı|lama Statistik f; Zahlensystem n; **~lı** gezählt, be-

sayılmak

stimmt; **~lmak** gezählt werden; gehalten werden (*N* für *A*); gerechnet werden (*-den* zu *D*); **~m** Zählen *n*, Zählung *f*; gerechnet, geschätzt; **~sız** zahllos, unzählig

sayışmak abrechnen (*ile* mit *D*)

Sayıştay Rechnungshof *m*

sayı|lmak (*-ar*) zählen; achten; annehmen; **~man** Rechnungsbeamte(r) *m*

sayrı krank, unwohl; **~msak** Simulant *m*

saz[1] *türkisches Saiteninstrument*; Volksmusikorchester *n*

saz[2] Schilf *n*, Rohr *n*; **~lık** Schilfgebiet *n*

sebat Festigkeit *f*; Ausdauer *f*; **~kâr**, **~lı** beständig, ausdauernd; **~sız** unbeständig, ohne Ausdauer

sebebiyet: ~ vermek *-e* Anlaß geben zu *D*, verursachen *A*

sebep (*-bi*) Grund *m*, Ursache *f*; **~ olm.** *-e* veranlassen, verursachen *A*; **~siz** grundlos, ohne Ursache

sebil(hane) Brunnen *m* bei der Moschee

sebze Gemüse *n*

seccade Gebetsteppich *m*, Brücke *f*

seciye Charakter *m*, Naturanlage *f*; **~li** charaktervoll; **~siz** charakterlos

seçenek (*-ği*) Alternative *f*

seçilmek erwählt *od.* (aus-)gewählt werden

seçim *Pol.* Wahl *f*; **~ hakkı** Wahlrecht *n*

seçki Anthologie *f*; **~n** ausgewählt, erlesen

seçme|k (aus-, er)wählen; **~n** *Pol.* Wähler *m*

seda Schall *m*; Echo *n*

sedef Perlmutt *n*

sedir[1] *Bot.* Zeder *f*

sedir[2] (*niedriges*) Sofa *n*

sedye Tragbahre *f*

sefa Freude *f*; Vergnügen *n*; **~ geldiniz!** willkommen!

sefahat (*-ti*) liederlicher Lebenswandel *m*

sefalet Armut *f*, Elend *n*

sefaret(hane) *Pol.* Botschaft *f*

sefer Reise *f*; Feldzug *m*; Mal *n*; **~ tası** Eßgeschirr *n*

seferber *Mil.* mobilisiert; **~lik** Mobilmachung *f*

sefih liederlich

sefil elend, armselig

sefir *Pol.* Botschafter *m*, Gesandte(r) *m*

seğir|mek zucken; **~tmek** eilen (*-e* zu, nach *D*)

seher Morgendämmerung *f*

sehpa Dreifuß *m*, Stativ *n*; Galgen *m*

sehven *adv.* aus Versehen

Sekendiz *Astr.* Saturn *m*

sekiz acht

sekmek (*-er*) hüpfen; abprallen

sekreter Sekretär *m*

seks Sex *m*

seksen achtzig

seksüel sexuell

sekte Beeinträchtigung *f*; Abbruch *m*; Unterbrechung *f*
sektirmek *A* hüpfen lassen; abprallen lassen
sektör Sektor *m*
sel Gießbach *m*, Flut *f*
selâm Gruß *m*, *Mil.* Salutieren *n*; ~ **söylemek** -*e* Grüße *pl.* sagen *D*, grüßen *A*; ~ **vermek** -*e* grüßen *A*
selâmet Sicherheit *f*, Geborgenheit *f*
selâmla|ma Begrüßung *f*; ~**mak** begrüßen; ~**şmak** sich begrüßen
selâmlık Herrenzimmer *n*, Männerabteilung *f*
selâmünaleyküm Gott sei mit dir! (*formeller Gruß der Muslime untereinander*)
sele (Fahrrad-)Sattel *m*
selef Vorgänger *m*
selfservis Selbstbedienung *f*
selülo|it Zelluloid *n*; ~**z** Zellulose *f*
selvi *s.* **servi**
semafor Signal(anlage *f*) *n*
semaver Samowar *m*
semavî himmlisch
sembol (-*lü*) Symbol *n*
semer Packsattel *m*
semere Ergebnis *n*, Resultat *n*
seminer Seminar *n*
semir|mek fett werden; ~**tmek** kräftigen; mästen
semiz feist; gemästet; ~**lik** Fettheit *f*, Korpulenz *f*
sempati Sympathie *f*; ~**k** sympathisch

sempozyum Symposium *n*
semt Gegend *f*, Stadtteil *m*; Richtung *f*
sen du
senaryo (*Film-*)Drehbuch *n*
senat|o Senat *m*; ~**ör** Senator *m*
sendelemek stolpern, straucheln; schwanken
sendika Gewerkschaft *f*; Berufsverband *m*; ~**cılık** Gewerkschaftsbewegung *f*; ~**lı** gewerkschaftlich
sene Jahr *n*; ~**lik** jährlich; -jährig
senet (-*di*) Dokument *n*, Urkunde *f*; ~**li** verbrieft, durch Schriftstücke nachweisbar
senfoni Sinfonie, Symphonie *f*; ~**k** symphonisch
seni dich; sie
senli: ~ **benli** intim, vertraut
sentaks Syntax *f*, Satzlehre *f*
sentetik (-*ği*) synthetisch
sepet Korb *m*; geflochten; ~**çi** Korbmacher *m*, Korbverkäufer *m*; ~**lemek** in e-n Korb tun; hinauskomplimentieren
sepi Gerben *n*; ~**ci** Gerber *m*; ~**lemek** gerben
seramik (-*ği*) Keramik *f*; keramisch
serbest frei, unabhängig; ~**çe** frei, ungeniert; ~**i**, ~**lik** Freiheit *f*
serçe Sperling *m*, Spatz *m*
sere Spanne *f*
seren *Mar.* Rahe *f*
serenat (-*dı*) Serenade *f*

sergi *Hdl.* Verkaufsauslage *f*; Ausstellung *f*; **~lemek** ausstellen
sergüzeşt Abenteuer *n*
seri[1] Serie *f*
seri[2] (-*i*) schnell
serilmek ausgebreitet werden; sich hinstrecken (*-e auf A*)
serin kühl; **~leşmek** sich abkühlen, kühl werden; **~letmek** abkühlen, erfrischen; **~lik** Kühle *f*
serkeş widerspenstig
serlevha Überschrift *f*
sermaye Kapital *n*; Vorrat *m*; **~ci, ~dar** Kapitalist *m*
sermek (*-er*) ausbreiten (*-e auf D*)
serpelemek tröpfeln, nieseln
serp|ilmek gespritzt *od.* verstreut werden; wachsen, sich entwickeln; **~inti** Spritzer *m/pl.*; leichter Erdstoß *m*; **~mek** (*-er*) spritzen, verstreuen
sersem betäubt; dumm; **~letmek** betäuben; **~lik** Betäubung *f*; Dummheit *f*
serseri Landstreicher *m*, Strolch *m*; verirrt, treibend; **~lik** Landstreicherei *f*
sert hart, streng; heftig
sertifika Zeugnis *n*
sert|leşmek hart *od.* heftig werden; **~lik** Härte *f*, Heftigkeit *f*
serüven Abenteuer *n*; **~li** abenteuerlich
servet Reichtum *m*, Vermögen *n*

servi Zypresse *f*
servis Dienst *m*; Bedienung *f*
ses Stimme *f*, Laut *m*, Geräusch *n*; **~ çıkarmak, ~ vermek** e-n Ton geben, tönen; **~bilgisi** Phonetik *f*; **~lemek** *-i* hören *A*; horchen auf *A*; **~lenmek** *-e* rufen *A*; *j-m* e-n Ruf Antwort geben; **~li** *Gr.* stimmhaft; Vokal *m*; **~siz** lautlos, still; leise; *Gr.* stimmlos; Konsonant *m*
set (*-ddi*) Damm *m*, Deich *m*, Sperrmauer *f*
sevap (*-bı*) Verdienst *n*, gutes Werk *n*
sevda Liebe *f*; **~lı** verliebt
seve: ~ ~ gern!, mit Vergnügen!
sevgi Liebe *f*; **~li** geliebt, lieb; Geliebte(r), Freund(in *f*) *m*
sev|ici lesbisch; **~ilmek** geliebt werden; beliebt sein
sevim Liebe *f*, Sympathie *f*, **~li** sympathisch, lieblich; **~siz** unfreundlich; unangenehm
sevinç (-*ci*) Freude *f*, Fröhlichkeit *f*; **~li** fröhlich, freudig
sevin|dirmek erfreuen, aufheitern; **~mek** sich freuen (*-e* über, *auf A*)
Sevir *Astr.* Stier *m*
sevişmek sich lieben
seviye Höhe *f*, Niveau *n*
sevk Absenden *n*, Lieferung *f*; Antreiben *n*; **~etmek** absenden, schicken; veranlassen, verleiten (*-e zu D*); **~ıyat** *pl. Mil.* Transport *m*

sevmek (-er) lieben, gern haben
seyahat (-ti) Reise f; **~ acentası** Reisebüro n; **~ etm.** reisen; **~e çıkmak** abreisen, verreisen
seyir (-yri) Fahren n; Gang m, Verlauf m; Zuschauen n; **~ci** Zuschauer m
seyran Ausflug m
seyrek (-ği) selten, spärlich; **~leşmek** selten(er) werden, abnehmen
seyretmek betrachten, sich ansehen; **televizyonu ~** fernsehen
seyyah Reisende(r)
seyyar beweglich, fahrbar; **~ satıcı** fliegender Händler m; **~e** Astr. Planet m
sezaryen Med. Kaiserschnitt m
sez|gi, (-) Intuition f, Ahnung f; **~mek** merken, ahnen
sezon Saison f
sfenks Sphinx f
sıcak (-ğı) warm, heiß; Hitze f; **~lık** Wärme f, Hitze f
sıçan Ratte f, Maus f; **~otu** Arsenik n
sıçra|mak springen, hüpfen; **~tmak** hüpfen lassen; mit Wasser (be)spritzen
sıfat Eigenschaft f; Gr. Adjektiv n, Eigenschaftswort n; **~ıyla** als N
sıfır Null f
sığ seicht, wenig tief
sığamak s. **sıvamak**
sığınak (-ğı) Zufluchtsort m; Luftschutzkeller m
sığınma Asyl n; **~cı** Asylant m; **~k** Schutz suchen (-e bei D)
sığır Rind n; **~ eti** Rindfleisch n; **~tmaç** Rinderhirt m
sığ|ışmak zusammen hineinpassen; Platz finden (-e in D); **~lık** seicht(e Stelle f); **~mak** (-ar) hineinpassen, hineingehen (-e in A)
sıhhat (-ti) Gesundheit f; Richtigkeit f; **~li** gesund
sıhhî hygienisch; Gesundheits-; **~iye** Gesundheitswesen n
sıkı dicht, eng; oft, häufig
sıkı eng; kurz; streng, strikt; **~cı** beengend; langweilig; **~denetim** Zensur f; **~düzen** Disziplin f
sıkıl|gan schüchtern, zaghaft; **~mak** sich schämen, verlegen werden; in Bedrängnis geraten
sıkıntı Langeweile f; Notlage f; Mangel m; **~lı** bedrückend; anstrengend
sıkış (-ğı) eng; dicht gedrängt; **~mak** sich zusammendrängen; eingeklemmt werden (-e in D); **~tırmak** zusammendrücken; einklemmen; bedrängen
sıklaşmak eng od. häufiger werden
sıklet Schwere f, Gewicht n
sık|lık Dichte f; Frequenz f; **~ma** Ausdrücken n, Auspressen n; **~mak** (-ar) (aus-)

sıla drücken, pressen, quetschen; langweilen; belästigen, ärgern
sıla Heimkehr f; Heimat f
sımsıkı ganz eng, ganz fest
sınaî gewerblich, handwerklich; industriell
sınamak probieren; prüfen
sınav Prüfung f; **~ vermek** geprüft werden
sınıf Klasse f, Kategorie f, Gattung f; **~la(ndır)mak** klassifizieren, gliedern
sınır Grenze f; **~la(ndır)mak** begrenzen, definieren; **~lı** begrenzt, bestimmt
sınmak zerbrochen od. besiegt werden
sır¹ (-rrı) Geheimnis n
sır² Glasur f, Belag m
sıra Reihe f; Reihenfolge f; (Sitz-)Bank f; Mil. Glied n; **~ sayı sıfatı** Ordinalzahl f; -**diği -da** conj. als, während, -**in ~sı gelmek** an die Reihe kommen N; nachdem, den Umständen gemäß; **~sında** während G
sıraca Med. Skrofulose f
sıradağ Gebirgskette f
sırala|mak in Reihen ordnen, aufreihen; aufzählen; **~nmak** aufgereiht sein
sıra|lı reihenweise, geordnet; **~sıyla** der Reihe nach; **~sız** ungeordnet; unpassend, unzeitig
sırça Glas n
sırf adv. rein, nur, bloß
sırık (-ğı) Stange f, Stab m; **~lamak** stehlen, klauen
sırılsıklam s. **sırsıklam**
sırıt|kan frech grinsend; **~mak** frech lachen; fig. ins Auge fallen
sırma Gold- od. Silberfaden m; Litze f
sırnaşık (-ğı) zudringlich
Sırp (-bı) Serbe m; **~ça** Serbisch n
sırsıklam völlig durchnäßt, bis auf die Haut naß
sırt Rücken m; **~ çantası** Rucksack m; **~ına almak** übernehmen, auf sich nehmen; **~ından atmak** abwerfen; fig. abwimmeln; **~lamak** auf den Rücken nehmen, sich aufladen
sırtlan Zo. Hyäne f
sıska schwächlich, kränklich; mager
sıtma Med. Malaria f; **~lı** an Malaria erkrankt; malariaverseucht
sıva Verputz m; **~lı 1.** verputzt; **2.** aufgekrempelt; **~mak 1.** verputzen (-e -i etw. mit D); **2.** aufkrempeln (-i Ärmel usw.)
sıvazlamak streichen, massieren
sıvı Flüssigkeit f; **~k** (-ğı) dünnflüssig; **~ndırmak** flüssig machen, verflüssigen
sıvışık (-ğı) klebrig; lästig, zudringlich; **~mak** fig. heimlich verschwinden
sıy|ırmak abstreifen, abschürfen, abnagen; **~rık** (-ğı)

abgeschürft; Schramme *f*;
~rıntı Essensrest *m*; Schramme *f*
-sız *s.* -siz
sız|dırmak ausdrücken, ausquetschen; ~ı Schmerz *m*, Reißen *n*; ~ıltı Klage *f*, Unzufriedenheit *f*
-sızın *s.* -sizin
sızıntı durchsickernde Flüssigkeit *f*
sızla|mak stechend schmerzen, weh tun; ~nmak sich beklagen
sızmak (-*ar*) durchsickern, lecken
sicil Register *n*; ~li registriert; *fig.* vorbestraft
Sicilya Sizilien *n*
sicim Bindfaden *m*
sidik (-*ği*) Harn *m*, Urin *m*; ~torbası Harnblase *f*; ~yolu Harnröhre *f*
sifon Siphon *m*; Abfluß *m*, Rohrleitung *f*
sigara Zigarette *f*; ~ içmek rauchen; ~yı bırakmak das Rauchen aufgeben; ~lık Zigarettenspitze *f*
sigorta Versicherung *f*; *El.* Sicherung *f*; ~ etm., ~lamak versichern; ~lı versichert
sigil Siegel *n*
sihir Zauber *m*, Hexerei *f*; ~baz Zauberer *m*; ~li behext, verzaubert
sikke Münze *f*
sikmek (-*er*) ficken, bumsen
silâh Waffe *f*; ~ başına! Alarm!, an die Gewehre!
silâhlan|dırmak bewaffnen; ~mak sich bewaffnen, rüsten
silâhlı bewaffnet, gerüstet
silâhsız unbewaffnet; ~lanma Abrüstung *f*
sil|ecek (-*ği*) Badetuch *n*; *Kfz.* Scheibenwischer *m*; ~gi Radiergummi *m*; (Tafel-) Schwamm *m*; ~ik abgerieben, abgenutzt
silindir Zylinder *m*; Walze *f*; ~ başı Zylinderkopf *m*
silinmek abgewischt werden; sich abwischen
silkelemek (aus-, ab-)schütteln
silkin|mek sich schütteln; ~ti Abschütteln *n*; (plötzliches) Auffahren *n*
silkmek (ab-, aus)schütteln; *Asche* abstreifen
sille Ohrfeige *f*
silmek (-*er*) (ab-, aus)wischen, auslöschen; *burnunu* ~ sich die Nase putzen
silo Silo *m od. n*, Speicher *m*
silsile Kette *f*, Reihe *f*; Ahnenkette *f*, Dynastie *f*
siluet Silhouette *f*
sima Gesicht *n*; Persönlichkeit *f*, Figur *f*
simetri Symmetrie *f*; ~k (-*ği*), ~li symmetrisch
simge Zeichen *n*, Symbol *n*
simit (-*di*) ringförmiges Gebäck; *Mar.* Rettungsring *m*
simsar Makler *m*
simsiyah kohlschwarz
sinagog Synagoge *f*

sincap *m* Eichhörnchen *n*
sindir|im Verdauung *f*; **~mek** verdauen; ducken
sine Busen *m*, Brust *f*
sinek (-ği) Fliege *f*; **~ avlamak** *fig.* nichts zu tun haben; **~lik** Fliegenwedel *m*
sinema Kino *n*
sini (große, runde) Kupferplatte *f*
sinir Nerv *m*; Sehne *f*; **-in ~ine dokunmak** nervös machen *A*
sinirlen|dirmek nervös machen; **~mek** nervös werden (-e durch *A*)
sinirli nervös; **~lik** Nervosität *f*
sinmek (-er) sich verkriechen, eindringen (-e in *A*)
sinsi heimtückisch
sinüs *Math.* Sinus *m*
sinyal (-li) Signal(anlage *f*) *n*; **~ lâmbası** *Kfz.* Blinker *m*
sipariş Bestellung *f*, Auftrag *m*; **~ almak** Bestellungen annehmen; **~ etm.** *A* bestellen
siper Schutz *m*, Deckung *f*; **~(lik)** Hutkrempe *f*, Mützenschirm *m*
sirayet Infektion *f*; Ausbreitung *f*
siren *Tech.* Sirene *f*
sirk Zirkus *m*
sirke[1] Essig *m*
sirke[2] Nisse *f*, Ei *n* von Läusen *usw.*
sirküler Rundschreiben *n*
siroko *Geo.* Schirokko *m*
sis Nebel *m*; **~lenmek** neblig werden; **~li** neblig

sismik seismisch
sistem System *n*
sistire Schabeisen *n*
site Siedlung *f*, Häuserblock *m*
sitem Vorwurf *m*
sivil zivil; Zivilist *m*
sivilce Pickel *m*
sivri spitz, zugespitzt; **~lik** Spitzsein *n*; **~lmek** spitz werden; *fig.* Karriere machen; **~ltmek** (zu)spitzen; **~sinek** Stechmücke *f*, Moskito *m*
siyah schwarz; **~laşmak** schwarz werden
siyas|a Politik *f*; **~al** politisch; **~et** Politik *f*; **~î** politisch; Politiker *m*
siyatik (-ği) Ischias *m od. n*
siyoni|st Zionist *m*; **~zm** Zionismus *m*
siz ihr; Sie
-siz, -sız, -suz, -süz ohne, un-, -los
sizin euer, eure; Ihr(e)
-sizin, -sızın ohne daß, ohne zu *inf.*
skandal Skandal *m*
skeç *Thea.* Sket(s)ch *m*
Slâv Slawe *m*; slawisch
slayt (-dı) Dia(film *m*) *n*
Slovak Slowake *m*; slowakisch
Sloven Slowene *m*; **~ya** Slowenien *n*
smokin Smoking *m*
soba Ofen *m*; **~cı** Ofensetzer *m*; Ofenhändler *m*
soda Soda *n*; **~ (suyu)** Sodawasser *n*

sodyum *Chem.* Natrium *n*
sofa Diele *f*, Halle *f*
sofra Eßtisch *m*; ~**yı kaldırmak** den Tisch abräumen; ~**yı kurmak** den Tisch decken
softa Theologiestudent *m*; Fanatiker *m*
sofu fromm
soğan Zwiebel *f*; ~**cık** Schnittlauch *m*
soğuk (-*ğu*) kalt; ~ **almak sich erkälten**; ~**kanlı** ruhig, kaltblütig; ~**luk** Kälte *f*; Nachtisch *m*
soğumak kalt werden, erkalten
soğutma|ç *Tech.* Kühlanlage *f*; ~**k** (-*ğı*)kühlen
soğutucu kühlend; Kühlschrank *m*; Kühlanlage *f*
sohbet Unterhaltung *f*; ~ **etm.** sich unterhalten
sokak (-*ğı*) Straße *f*, Gasse *f*
sokmak (-*ar*) hineinstecken, -schieben, -führen, -bringen (-*e* in *A*); stechen in *A*
sokul|gan wer leicht Freunde macht; zutraulich; ~**mak** -*e* sich eindrängen, sich einschleichen in *A*
sokuşturmak hineinstecken (-*e* in *A*)
sol linke Seite *f*; links; ~**ak** (-*ğı*) linkshändig; ~**cu** *Pol.* links; Linke(r)
sol|gun bleich; welk, verwelkt; ~**mak** (-*ar*) (ver)welken; die Farbe verlieren; bleich werden

solucan (*Spul-*)Wurm *m*
soluk¹ (-*ğu*) welk, bleich; verschossen, verblichen
solu|k² (-*ğu*) Hauch *m*, Atem *m*; ~**k** ~**ğa** außer Atem; ~**mak** keuchen, außer Atem sein; ~**ngaç** *Zo.* Kieme *f*; ~**nmak** atmen
som¹ massiv, solide
som², ~**balığı** *Zo.* Lachs *m*
somun¹ (runder) Brotlaib *m*
somun² Schraubenmutter *f*
somurt|kan mürrisch, ärgerlich; ~**mak** ein mürrisches Gesicht machen
somut konkret
somya Sprungfedermatratze *f*
son Ende *n*, Schluß *m*; Ausgang *m*, Ergebnis *n*; Nachgeburt *f*; ~ **a ermek** zu Ende gehen; ~ **derece** äußerst, im höchsten Grade; ~**bahar** Herbst *m*
sonda Sonde *f*; ~**j** Sondierung *f*; ~**lamak** sondieren, (an-)bohren
sonek *Gr.* Suffix *n*
sonra nachher, später, dann; -*den* nach *D*; ~**dan** später, nachträglich; ~**dan görme** Parvenu *m*, Emporkömmling *m*; ~**ki** darauffolgend, später; ~**ları** *adv.* später(hin), danach; ~**sız** ewig, ohne Ende
sonsuz endlos, ewig
sonuç (-*cu*) Resultat *n*, Ergebnis *n*
sonuçlan|dırmak beenden;

sonuçlanmak

verursachen; **~mak** beendet werden, enden (*ile* mit *D*)
sopa Stock *m*, Knüppel *m*; Prügel *pl.*; **~ atmak** (*od.* **çekmek**) *ev* verprügeln *A*; **~ yemek** Prügel bekommen
sorgu Verhör *n*; **~hâkimi** (*od.* **yargıcı**) Untersuchungsrichter *m*; **~ya çekmek** ausfragen, verhören
sorguç (*-cu*) Federbusch *m*
sormak[1] saugen, lutschen (*-i* an *D*)
sor|mak[2] fragen (*b-e b. ş-i j-n* nach *D*); sich erkundigen (*-i* nach *D*); **~u** Frage *f*; **~ulmak** Frage: gefragt, gestellt werden
sorum Verantwortung *f*; **~lu** verantwortlich; **~luluk** Verantwortung *f*
sorun Frage *f*, Problem *n*
soruşturma Befragung *f*; Untersuchung *f*; **~k** fragen (*b-e b. ş-i j-n* nach *D*); Erkundigungen einziehen (*-i* über *A*)
sosis Würstchen *n*
sosyal (*-li*) sozial; **~ sigorta** Sozialversicherung *f*; **~ist** Sozialist *m*; **~izm** Sozialismus *m*
sosyete gute Gesellschaft *f*
sosyoloji Soziologie *f*
Sovyetler Birliği Sowjetunion *f*
soy Familie *f*, Stamm *m*, Geschlecht *n*; **~ sop** Familienangehörige(n) *pl.*; **~adı** Familien-, Zuname *m*; **~daş** Artgenosse *m*

soygun Raub(überfall) *m*; **~cu** Straßenräuber *m*
soylu aus guter Familie, adlig
soymak (*-ar*) schälen; ausziehen, entkleiden; ausrauben, ausplündern
soysuz niedrig, gemein
soytarı Narr *m*, Clown *m*
soy|ulmak geschält werden; ausgeplündert werden; **~unmak** sich ausziehen, sich entkleiden
soyut abstrakt
söğüt (*-dü*) *Bot.* Weide *f*
sök|mek (*-er*) (auf)trennen, auseinandernehmen, zerlegen, loszmachen; entziffern; **~türmek** *A* auftrennen lassen, losschrauben lassen; **~ük** (*-ğü*) aufgetrennt, aufgeplatzt
sömestr Semester *n*
sömür|ge *Pol.* Kolonie *f*; **~mek** verschlingen; *Pol.* ausbeuten; **~ücü** Ausbeuter *m*)
sön|dürmek (aus)löschen, ausschalten; **~mek** Feuer: ausgehen; Segel: schlaff werden; **~ük** (*-ğü*) erloschen; matt; **~üm** *Hdl.* Tilgung *f*
söv|gü Fluch *m*; Grobheit *f*; **~mek** (*-er*) *-e* ausschimpfen *A*; **~üşmek** einander beschimpfen
söylemek sagen (*-e zu D*); bestellen (*im Lokal*); Lied singen
söylen|ce Mythos *m*, Sage *f*; **~iş** Aussprache *f*; **~mek**

gesagt werden; **~ti** Gerücht *n*
söyle|şi Gespräch *n*; **~tmek** sagen lassen (*b-e b.ş-i j-n etw.*); **~v** Rede *f*, Ansprache *f*
söz Wort *n*; Rede *f*; **~ atmak** -*e* ansprechen, anrufen *A*; **~ etm.** -*e* sprechen über *A*; **~cü** Sprecher *m*; **~cük** Wort *n*; **~de** angeblich; **~gelimi, ~gelişi** *adv.* zum Beispiel
sözleşme Abmachung *f*; Vertrag *m*; **~k** übereinkommen, sich verabreden (*ile* mit *D*); **~li** mit Vertrag, Vertrags-
sözlü verabredet; mündlich
sözlük Wörterbuch *n*
spekülasyon Spekulation *f*
spiker Sprecher *m*, Ansager *m*
spontane spontan
spor Sport *m*; **~ alanı** Sportplatz *m*; **~cu, ~tmen** Sportler *m*
stabilize ~ **etm.** stabilisieren
stadyum Stadion *n*
staj Lehrzeit *f*, Praktikum *n*; **~yer** Praktikant *m*
standart (-*dı*) genormt; Standard *m*
statü Status *m*, Stellung *f*; Satzung *f*, Statut *n*; Statue *f*
stilo Füll(feder)halter *m*, Füller *m*
stok Bestand *m*, Vorrat *m*
strateji Strategie *f*
stres Streß *m*
stüdyo Studio *n*
su (-*yu*) Wasser *n*; Flüssigkeit *f*; Saft *m*; Brühe *f*; **~ almak** lecken; **~ya düşmek** ins Wasser fallen, fehlschlagen; **~ dolabı** Schöpfrad *n*; **~ geçirmez** wasserdicht; **~ kayağı** Surfbrett *n*; **~ topu** Wasserball(spiel *n*) *m*; **~ yolu** Wasserzeichen *n*
sual (-*li*) Frage *f*
suare Abendvorstellung *f*
subay Offizier *m*
sucu Wasserverkäufer *m*
sucuk (-*ğu*) (türkische) Wurst *f*; *e-e* Süßigkeit aus Traubensirup, Nüssen, Mandeln usw.
suç Schuld *f*, Straftat *f*, Vergehen *n*
suçla|mak beschuldigen (*ile e-r Sache*); **~ndırmak** schuldig machen; beschuldigen; **~nmak** beschuldigt werden (*ile G*)
suç|lu schuldig; Angeklagte(r); **~suz** unschuldig; **~üstü** auf frischer Tat, in flagranti
Sudan Sudan *m*
sufle: **~ etm.** *DA* soufflieren, vorsagen
sui|istimal (-*li*) Mißbrauch *m*; **~kast** Attentat *n*
sula|k (-*ğı*) sumpfig; Wassernapf *m*; **~ma** Begießen *n*, Bewässerung *f*; **~mak** begießen; bewässern; **~ndırmak** wässerig machen; mit Wasser verdünnen
sulh Friede(n) *m*; **~ mahkemesi** Amtsgericht *n*; **~çu, ~perver** friedliebend

sulp hart, fest, starr
sultan Herrscher *m*, Sultan *m*; Prinzessin *f*
sulu wässerig, saftig; *fig.* zudringlich; **~boya** Wasserfarbe *f*
sumen Schreibunterlage *f*
suri künstlich
sur|mak (*-ar*) reichen, darbieten, unterbreiten (*b-e j-ı⁀n*); **~u** Angebot *n*; **~ulmak** angeboten werden (*b-e j-m*); **~uş** Eingabe *f*; Vorwort *n*
supap (*-bı*) *Tech.* Ventil *n*
sur Stadtmauer *f*
suret Gesicht *n*, Miene *f*; ~ **asmak** schmachten
sure *Rel.* Sure *f* des Korans
suret Form *f*, Gestalt *f*; Weise *f*, Art *f*; Abschrift *f*, Kopie *f*; *-in* **~ini almak** (*od.* **çıkarmak**) kopieren, abschreiben *A*; **bu ~le** so, derart, auf diese Weise
Suriye Syrien *n*; **~li** Syrer *m*; syrisch
susam *Bot.* Sesam *m*
susa|mak Durst haben; dürsten (*-e nach D*); **~mış** durstig
sus|kun schweigsam; **~mak** (*-ar*) schweigen, den Mund halten; **~malık** Schweigegeld *n*; **~turmak** zum Schweigen bringen
susuz wasserarm, trocken; **~luk** Wassermangel *m*; Durst *m*
sutyen Büstenhalter *m*
Suudi Arabistan Saudi-Arabien *n*

suvare *s.* **suare**
suvarmak tränken
-suz *s. -siz*
sübjektif subjektiv
sübye *süßes Getränk aus Mandeln, Melonenkernen usw.*
sühunet Temperatur *f*
süje Thema *n*
sükûnet Ruhe *f*; ruhiges Wesen *n*
sükût Schweigen *n*
sülale Nachkommenschaft *f*, Geschlecht *n*
sülük (*-ğü*) *Zo.* Blutegel *m*; *Bot.* Ranke *f*
sülün Fasan *m*
sümbül Hyazinthe *f*; **~lü** leicht bedeckt (*Himmel*)
sümkürmek sich schneuzen
sümük (*-ğü*) Schleim *m*; **~lü** schleimig; **~ böcek** *Zo.* Schnecke *f*
sünger Schwamm *m*; **~ kâğıdı** Löschpapier *n*; **~taşı** Bimsstein *m*
süngü *Mil.* Bajonett *n*
sünnet 1. Sunna *f*, Lebensweise *f* des Propheten Mohammed; **2.** Beschneidung *f*; **~çi** Beschneider *m*; **~li** beschnitten
Sünnî *Rel.* sunnitisch; Sunnit *m*
süper super, hervorragend; **~ benzin** Superbenzin *n*; **~market** Supermarkt *m*
süprüntü Müll *m*, Kehricht *m*
süpürge Besen *m*; Handfeger *m*; **elektrik ~si** Staubsauger *m*; **~ otu** *Bot.* Heidekraut *n*

süpürmek fegen, kehren, bürsten
sürahi Karaffe f
sürat (-ti) Schnelligkeit f, Geschwindigkeit f; **~li** schnell
sürç Strauchelnn, Stolpernn; **~mek** stolpern, straucheln; e-n Fehler machen
süre Zeitraumm, Periodef; -diği **~ce** conj. solange (wie); **~ç** (-ci) Prozeßm, Verlaufm
sürek (-ği) Dauerf; **~li** dauernd, anhaltend; **~siz** vorübergehend, von kurzer Dauer
süre|li befristet; periodisch; **~siz** unbefristet
Süreyya Astr. Siebengestirnn, Plejaden pl.
sürfe Zo. Raupef, Madef
sürgü Riegelm, Schieberm; Ackerwalzef; **~lemek** ab-, verriegeln; Agr. walzen
sürgün 1. Bot. Keimm, Sproßm; 2. Pol. Verbannte(r); Verbannungf; 3. Med. Durchfallm, Diarrhöef
sürme¹ Riegelm, Schubfachn
sürme² Augenschminkef
sürmek (-er) v/t schieben, treiben; führen; aufstreichen, auftragen; verbannen; v/i dauern; **çift ~** pflügen
sürme|lemek ab-, verriegeln; **~li** verriegelt, abgeriegelt
sürpriz Überraschungf
sürşarj Überdruckm
sürt|mek (-er) v/t reiben; v/i herumstrolchen; **~ünme** Tech. Reibungf

sürü Herdef, Scharf, Schwarmm; **~cü** Treiberm; Fahrerm
sürükle|mek (nach)schleppen, hinter sich herziehen; hineinziehen (-e in A); **~yici** schleppend; faszinierend
sürülmek getrieben, geführt werden; gerieben werden
sürüm Hdl. Absatzm, Nachfragef; **~lü** gefragt, gesucht
sürün|gen Zo. Reptiln; **~mek** sich einreiben mit D, auftragen (-i /); leicht berühren, streifen (-e etw.); fig. ein armseliges Leben führen
süs Schmuckm, Verzierungf; **~lemek** schmücken; **~lenmek** sich schmücken, sich putzen; **~lü** geschmückt
süt Milchf; **~ ana, ~ anne, ~ nine** Ammef; **~çü** Milchmannm; **~çi** (-ci) Milchreism; **~leğen** Bot. Wolfsmilchf; **~lü** mit Milch zubereitet; Milch-
sütun Säulef, Pfeilerm; Spaltef in der Zeitung
süvari Reiterm; Kavalleristm; Kavallerief
süveter Pulloverm
Süveyş Suezm; **~ kanalı** Suezkanalm
-süz s. **-siz**
süz|geç (-ci) Siebn, Filterm; **~gün** schmächtig; schmachtend; **~mek** (-er) durchsieben, filtern; fig. mustern; **~ülmek** gesiebt werden; durchsickern; dahingleiten

Ş

şablon Schablone f
şadırvan Brunnenanlage f an e-r Moschee
şafak (-ğı) Morgendämmerung f
şa¹t Tech. Kardanwelle f, Schraubenwelle f
şah¹ Schah m, König m; ~ **damarı** an. Hauptschlagader f, Aorta f
şah²: ~**a kalkmak** Pferd: sich aufbäumen, hochgehen
şahadet Zeugnis n; Tod m auf dem Schlachtfeld; ~ **getirmek** Rel. das islamische Glaubensbekenntnis aufsagen; ~**te bulunmak** Zeugnis ablegen; ~ **parmağı** Zeigefinger m; ~**name** Zeugnis n, Diplom n
şahane prächtig; prunkvoll; ~**eser** Meisterwerk n
şahıs (-hsı) Person f
şahin Falke m; Mäusebussard m
şahit (-di) Zeuge m; Beweis m; ~**lik** Zeugnis n, Zeugenschaft f
şahlanmak Pferd: sich aufbäumen; fig. e-e drohende Haltung annehmen
şahmerdan Tech. Fallhammer m, Ramme f
şahsen adv. persönlich; ~**î** persönlich; ~**iyet** Persönlichkeit f
şair Dichter m

şak Klatsch!
şaka Scherz m, Spaß m; ~ **söylemek** (od. **yapmak**) scherzen; ~**cı** scherzhaft
şakak (-ğı) an. Schläfe f
şaka|**laşmak** miteinander scherzen; ~**sız** ernst(haft)
şakımak Vogel: singen
şakır|**damak** prasseln; klirren; klappern; ~**tı** Rasseln n, Klappern n
şaki Räuber m, Bandit m
şaklaban Hanswurst m
şaklatmak -i Ohrfeige usw. versetzen (b-e j-m); knallen mit D
şakrak fröhlich, lustig
şakul (-lü) Phys. Lot n; ~ senkrecht, lotrecht, vertikal
şal Schal m
şalgam Bot. Rübenkohl m
şalter El. (Hebel-)Schalter m
şalvar Pluderhose f
Şam Syrien n; Damaskus n
şama Kerzendocht m
şamandıra Mar. Boje f
şamar Ohrfeige f
şamata Lärm m, Tumult m
şamdan Leuchter m
şamfıstığı Pistazie f
şâmil A enthaltend, umfassend
şamme Geruchssinn m
şampanya Champagner m, Sekt m
şampiyon Sp. Meister m; ~**a** (Kampf m um die) Meisterschaft f

şan Ruhm m, Ehre f
şangırdamak klirren, klappern
şanjman Kfz. Wechselgetriebe n, Gangschaltung f
şanlı ruhmvoll
şans Chance f, Glück n; ~ **eseri** glücklicherweise
şansız ruhmlos
şans|lı Glück habend; ~**sız** ohne Glück, Pech habend
şansölye Pol. Kanzler m
şantaj Erpressung f, Nötigung f; ~**cı** Erpresser m
şantiye Bauplatz m; Werft f
şantöz Sängerin f
şanzıman s. *şanjman*
şap Chem. Alaun n
şapır: ~ ~, **şupur** laut schmatzend; ~**damak** schmatzen; ~**tı** Schmatzen n
şapka Hut m; Schornsteinkappe f; ~**sını çıkarmak** den Hut abnehmen; ~**sını giymek** den Hut aufsetzen; ~**cı** Hutmacher m; ~**lık** Hutablage f, Garderobe f
şaplamak klatschen
şapşal schlampig; dumm
şarap (-bı) Wein m
şarıl|damak plätschern; ~**tı** Plätschern n
şarj El., Phys. Ladung f; ~**ör** Magazin n e-s Gewehrs
şark Osten m; Orient m
şarkı Lied n; ~ **söylemek** singen; ~**cı** Sänger m; Lieddichter m
şark|i östlich; Ost-; ~**iyat** Orientalistik f

şarküteri (Schweine-) Schlächterei f; Delikatessengeschäft f
şarlatan Scharlatan m
şart Bedingung f, Voraussetzung f; ~**landırmak** ausmachen; ~**lı** vorausgesetzt; von Bedingungen abhängig; ~**name** Bedingungen pl.; ~**sız** bedingungslos
şasi Kfz. Fahrgestell n, Chassis n
şaşaa Glanz m, Pracht f
şaşa|kalmak, ~**lamak** verblüfft od. verdutzt sein
şaşı schielend; ~ **bakmak** schielen
şaşırmak durcheinanderkommen (-i bei D); sich irren (-i in D); verblüfft sein
şaşırt|ıcı verwirrend; ~**mak** A verblüffen, verwirren, in Verlegenheit bringen
şaşkın verwirrt, kopflos; ~**lık** Verwirrung f, Kopflosigkeit f
şaşmak (-ar) verdutzt od. betroffen sein, staunen (~ über A); abweichen (-den von D); sich irren (-i in D)
şatafat Glanz m, Prunk m
şato Schloß n, Burg f
şayan -e würdig G, wert A
şayet vielleicht; falls, wenn
şayia Gerücht n
şaz regelwidrig
şebboy Bot. Levkoje f
şebek (-ği) Pavian m
şebeke Netz n (Esb. usw.)
şecere Stammbaum m

şef Chef *m*, Leiter *m*, Direktor *m*
şefaat (*-ti*) Fürbitte *f*
şeffaf durchsichtig
şefkat (*-ti*) Güte *f*; Mitleid *n*, Teilnahme *f*; **~li** liebevoll; mitleidig
şeftali Pfirsich *m*
şehir (*-hri*) Stadt *f*; **~cilik** Urbanismus *m*; **~lerarası** Städte-; Fern-; Überland-; **~li** Städter *m*
şehit (*-di*) (muslimischer) Gefallener *m*, Märtyrer *m*; **~lik** Heldentod *m*; Märtyrertod *m*; Heldenfriedhof *m*
şehriye *sg.* Nudeln *f/pl.*
şehvet Sinnlichkeit *f*, Wollust *f*; **~li** sinnlich, geil
şehzade Prinz *m*
şeker Zucker *m*; Bonbon *m* od. *n*; Liebling *m*; **~ bayramı** *Rel.* Fest *n* des Fastenbrechens (*nach dem Ramadan*); **~ hastalığı** *Med.* Zuckerkrankheit *f*, Diabetes *m*
şeker|ci Konditor *m*; Süßigkeitenverkäufer *m*; **~kamışı** *Bot.* Zuckerrohr *n*; **~leme** kandierte Frucht *f*; *fig.* Schläfchen *n*, Nickerchen *n*; **~li** süß, gesüßt; **~pare** *mit Zuckerlösung übergossenes Gebäck*
şekil (*-kli*) Form *f*, Figur *f*; Zeichnung *f*; **~ vermek** *-e* formen *f*; **~siz** formlos, mißgestaltet
şekli formell; formal
şelâle *Geo.* Wasserfall *m*

şema Schema *n*, Plan *m*; **~tik** schematisch
şemsiye Schirm *m*; **~lik** Schirmständer *m*
şen heiter, lustig, fröhlich; **~ elmek** besiedet werden
şenlen|dirmek erheitern, aufmuntern; **~mek** heiter, fröhlich werden; aufblühen
şenlik Heiterkeit *f*, Freude *f*; Volksfest *n*
şerbet Sorbet *m* od. *n*
şeref Ehre *f*; **~e!** prost!; **~inize!** auf Ihr Wohl!; **~e** Galerie *f* e-s Minaretts; **~iye** Wertzuwachssteuer *f*
şereflen|dirmek (be)ehren; **~mek** geehrt werden
şeriat *Rel.* Scharia *f*; **~çi** Anhänger *m* des Scheriatrechts
şerit Band *n*; Streifen *m*; **~ metre** Bandmaß *n*
şev Böschung *f*, Abhang *m*
şevk Lust *f*, Eifer *m*
şevket Majestät *f*, Würde *f*
şey Sache *f*, Ding *n*; Teufel *m* *für eine Pause beim Sprechen*; **bir ~ değil** keine Ursache!; **bir ~ler** eine Kleinigkeit, etwas
şeyh Scheich *m*; *Rel.* Oberhaupt *n* e-s Ordens
şeytan Teufel *m*, Satan *m*; *fig.* heller Bursche *m*; **~lık** Streich *m*, Teufelei *f*; **~tırnağı** *an.* Niednagel *m*; *Bot.* Teufelskralle *f*
şezlong Chaiselongue *f*; Liegestuhl *m*
şık¹ schick, elegant

şık² (-*kkı*) Alternative *f*
şıkır|damak klappern, klimpern; **~tı** Klappern *n*, Rasseln *n*
şık|laşmak elegant werden; **~lık** Schick *m*, Eleganz *f*
şımar|ık frech, naseweis, verwöhnt; **~mak** frech werden; **~tmak** verwöhnen; frech werden lassen
şıngır|damak klirren; **~tı** Klirren *n*
şıp Tropfgeräusch; **~ diye** plötzlich; sofort; **~ırdamak** tropfen
şıra Most *m*, (ungegorener) Traubensaft *m*
şırıl|damak rieseln, plätschern; **~tı** Rieseln *n*, Plätschern *n*
şırınga *Med.* Spritze *f*
şırlop Rührei *n* mit Joghurt
şiddet Heftigkeit *f*; Strenge *f*; **~lenmek** heftig(er) werden; sich steigern; **~li** heftig; streng
şifa Genesung *f*, Heilung *f*; **~ bulmak** genesen; **~ vermek** Genesung bringen
şifalı heilsam
şifre Chiffre *f*, Code *m*; **-*in ~sini çözmek*** entschlüsseln *A*; **~li** verschlüsselt
Şiî *Rel.* Schiit *m*; schiitisch; **~lik** Schia *f*
şiir Poesie *f*; Gedicht *n*
şikâyet Klage *f*, Beschwerde *f*; Beanstandung *f*; **~ etm.** sich beklagen (*b-e -den* bei

j-m über *A*); **~çi** Beschwerdeführer *m*
şile *Bot.* Majoran *m*
şilep (-*bi*) Frachtdampfer *m*
şilin Schilling *m*
şilte Matratze *f*
şimal (-*li*) Norden *m*; **~î** nördlich; Nord-
şimdi jetzt; sofort, sogleich; **~den** schon jetzt; von jetzt an; **~ki** gegenwärtig, jetzig, augenblicklich; **~lik** *adv.* vorläufig, einstweilen
şimşek Blitz *m*; **~ çakmak** *unpers.* blitzen
şimşir *Bot.* Buchsbaum *m*
şipsak sofort
şirin lieb, nett; anmutig
şirket *Hdl.* Gesellschaft *f*
şirpençe *Med.* Karbunkel *m*
şirret boshaft, bösartig
şiryan *an.* Arterie *f*, Schlagader *f*
şiş¹ Spieß *m*; Stricknadel *f*; **~ kebap** Fleischspieß *m*, am Spieß gegrillte Fleischstückchen
şiş² Schwellung *f*, Beule *f*; geschwollen
şişe Flasche *f*; (*Lampen-*) Zylinder *m*
şiş|irmek anschwellen lassen; aufpumpen; **~kin** geschwollen; **~ko** fett, dick
şişlemek aufspießen
şişman dick, fett, wohlbeleibt; **~lık** Körperfülle *f*
şişmek schwellen, dick(er) werden
şive Akzent *m*, Sprechweise *f*;

şivesiz

~siz mit schlechter Sprechweise
şofben Durchlauferhitzer m, Boiler m
şoför Fahrer m
şok Schock m
şort Shorts pl.
şose Landstraße f, Chaussee f
şoven Pol. Chauvinist m; **~lik** Chauvinismus m
şöhret Ruf m, Berühmtheit f; **~li** berühmt
şölen Festmahl n, Bankett n
şömine Kamin m
şövalye Ritter m
şöyle so, auf diese Weise; **böyle** ziemlich, nicht besonders; **~ dursun** N abgesehen von D
şu (-nu) der, jene, jenes; der da, die da, das da; der (die, das) folgende
şubat Februar m
şube Abteilung f, Filiale f, Zweig m
şuh schelmisch, kokett
şura, **~(sı)** der Platz dort, dort; **~da** dort, da; **~dan** von dort, von hier; **~ya** dorthin, dahin
şûra Pol. Rat m (Körperschaft); **Devlet Şûrası** Staatsrat m
şurup (-bu) Sirup m; Heiltrank m
şuur Bewußtsein n, Verstand m; **~suz** unbewußt
şükretmek -e danken D
şükür (-krü) Dank(barkeit f) m; **çok ~** Gott sei Dank!
şümul (-lü) Reichweite f; **~lü** umfassend
şüphe Zweifel m; Verdacht m; **~ci** skeptisch; **~lenmek** -den zweifeln an D; Verdacht schöpfen gegen A; **~li** zweifelhaft; verdächtig (-den G); **~siz** zweifellos, bestimmt

T

ta bis; **~ -e kadar** bis zu D; **~ -den beri** schon seit D; **~ ki** so daß, damit
-ta s. **-da**
taahhüt (-dü) Verpflichtung f, Übernahme f; **~lü** eingeschrieben (Brief)
taarruz Angriff m, Vorstoß m; **~ etm.** -e angreifen A
taassup (-bu) Fanatismus m
tabak¹ (-ğı) Teller m
tabak² Gerber m
tabaka¹ Schicht f; Klasse f
tabaka² Zigarettendose f; Tabaksdose f
tabaklamak gerben
taban Sohle f; Fußboden m; Flußbett n; Grund m, Boden m
tabanca Pistole f
tabanvayla adv. zu Fuß
tabelâ (Firmen-)Schild n; Liste f, Aufstellung f
tabletmek drucken; **~ı** Druck m; Auflage f

tâbi (-i) -e abhängig von *D*, unterworfen *D*

tabi|at Natur *f*; Wesen *n*, Charakter *m*; **~î** natürlich

tabip (-bi) Arzt *m*, Doktor *m*

tabla Tablett *n*, Platte *f*; Aschenbecher *m*

tabldot Menü *n*

tabl|et Tablette *f*; **~o** Bild *n*, Gemälde *n*; Tabelle *f*, Tafel *f*

tabur *Mil.* Bataillon *n*, Abteilung *f*; **~cu:** **~cu olm.** *Med.* entlassen werden

tabure Schemel *m*, Hocker *m*

tabut Sarg *m*

tabya Schanze *f*, Fort *n*

tacir Kaufmann *m*

taciz Belästigung *f*; **~ etm.** stören, belästigen

taç¹ (-cı) Krone *f*

taç² *Sp.* Einwurf *m*

tadım Geschmackssinn *m*; **~(lık)** Kostprobe *f*

tadil(ât) Änderung *f*, Modifikation *f*

taflan *Bot.* Lorbeer *m*

tafsilât Einzelheiten *pl.*, Details *pl.*; **~ vermek** Einzelheiten mitteilen; **~lı** ausführlich

tahakkuk Verwirklichung *f*; **~ etm.** sich bewahrheiten; sich verwirklichen; **~ ettirmek** verwirklichen, realisieren

tahakküm Gewaltherrschaft *f*

tahammül Ausdauer *f*, Geduld *f*; **~ etm.** -e aushalten, ertragen *A*

tahayyül Phantasie *f*; **~ etm.**

sich vorstellen, sich ausmalen

tahdit (-di) Abgrenzung *f*, Festlegung *f*, Beschränkung *f*; **~ etm.** begrenzen, festlegen; einschränken

tahıl Getreide *n*

tahin Sesamöl *n*

tahkik Ermittlung *f*, Feststellung *f*; **~ etm.** ermitteln, feststellen; **~at** *pl.* Ermittlungen

tahkir Beleidigung *f*, Beschimpfung *f*; **~ etm.** beleidigen

tahlil Analyse *f*

tahlis Rettung *f*; **~iye sandalı** Rettungsboot *n*

tahliye Räumung *f*; Freilassung *f*; **~ etm.** räumen; evakuieren; freilassen

tahmin Schätzung *f*, Vermutung *f*; **~ etm.** schätzen; vermuten; **~en** *adv.* ungefähr; **~î** *adj.* annähernd

tahribat *pl.* Verwüstungen *pl.*

tahrif Entstellung *f*, Verstümmelung *f*; **~ etm.** entstellen, verfälschen

tahrik: **~ etm.** aufreizen, aufstacheln (-e zu *D*)

tahrip (-bi) Zerstörung *f*; **~ etm.** zerstören

tahrir Abfassung *f*; **~en** *adv.* schriftlich

tahsil Studium *n*; Eintreiben *n von Geld*; **~ etm.** studieren; einkassieren; **~dar** Steuereinnehmer *m*

tahsis Zuweisung *f*, Bestimmung *f*; **~ etm.** bestimmen

tahsisat 170

(*-e* für *A*), zuteilen; **~at** *pl.* Fonds *m*, Gelder *pl.*, Mittel *pl.*

taht Thron *m*; **~a çıkmak** den Thron besteigen; **~tan indirilmek** entthront werden

tahta Holz *n*; Brett *n*, Bohle *f*; hölzern; Holz-; **~biti**, **~kurusu** *Zo.* Wanze *f*

tahterevalli Wippe *f*

tahvil Umwandlung *f*; **~ etm.** umwandeln, abändern (*-e* in *A*)

tak *Arch.* Bogen *m*

takas *Hdl.* Liquidation *f*, Clearing *n*

takat (*-ti*) Kraft *f*; Leistung *f*; **~siz** kraftlos, erschöpft

takdim Angebot *n*, Vorstellen *n*; **~ etm.** *DA* anbieten; vorstellen

takdir Schätzung *f*; Würdigung *f*; **~ etm.** schätzen; würdigen, anerkennen; **~diği ~de** falls, wenn; **~name** Anerkennungsschreiben *n*

takdis *Rel.* Heiligung *f*

takı Schmuckstück *n*; *Gr.* Kasussuffix *n*

takılgan *wer gern andere hänselt*; **~mak** angesteckt *od.* getragen werden; necken, hänseln (*b-e j-n*); sich hängen (*-e* an *A*)

takım Satz *m*, Garnitur *f*, Besteck *n*; Schar *f*, Mannschaft *f*; *Mil.* Zug *m*; **~ada** *Geo.* Archipel *m*, Inselgruppe *f*; **~yıldız** *Astr.* Sternbild *n*

takınmak Schmuck sich anstecken, anlegen; *Aussehen usw.* annehmen, zeigen

takır|damak klappern, knattern; **~tı** Klappern *n*, Geknatter *n*

takibat *pl. Jur.* strafrechtliche Verfolgung *f*

takip (*-bi*) Verfolgung *f*; **~ etm. -i** folgen *D*; verfolgen *A*

takke Käppchen *n*, Mütze *f*

takla(k) Purzelbaum *m*; **~ atmak** (*od.* **kılmak**) *e-n* Purzelbaum schlagen

taklit (*-di*) Nachahmung *f*; Fälschung *f*; nachgemacht, unecht; **~ etm.** nachahmen

takma falsch, unecht, künstlich; **~ ad** Pseudonym *n*; **~ diş** Zahnersatz *m*; **~ saç** Perücke *f*

takmak an-, aufhängen; anstecken; befestigen (*-e* an *D*); Brille aufsetzen

takoz Holzklotz *m*; Dübel *m*

takriben *adv.* annähernd, ungefähr

takrir Erläuterung *f*

taksa Taxe *f*, Gebühr *f*

taksi Taxi *n*

taksim (Auf-, Ein-, Ver-)Teilung *f*

taksir *Jur.* Unterlassung *f*; **~li** schuldhaft, fahrlässig

taksit Teilzahlung *f*; **~le** auf (*od.* in) Raten

takt Takt *m*, Feingefühl *n*

taktik (*-ği*) Taktik *f*

takunya Holzpantoffel *m*

takvim Kalender *m*

takviye Festigung *f*, Verstär-

kung f; **~ etm.** (be-, ver)stärken

talâk Ehescheidung f
talan Plündern n
talaş Späne pl, Abfälle pl.
talebe Schüler m, Student m
talep (-bi) Verlangen n; Hdl. Nachfrage f; **~ etm.** verlangen, fordern
talih Glück n; **~li** glücklich, vom Glück begünstigt; **~siz** unglücklich, vom Unglück verfolgt
talik: ~ etm. aufschieben; vertagen; abhängig machen (-e von D)
talim Unterricht m, Ausbildung f; Mil. Exerzieren n; **~ kaç ~?** wieviel Stück?; **~cik** Körnchen n; ein; **~cik** körnig
talip (-bi) Bewerber m, Interessent m (-e für A)
talk Talkum n
talveg Geo. Talweg m
tam ganz, völlig, vollkommen; genau
tamah Gier f, Habsucht f; **~kâr** gierig (-e nach D)
tamam Vollständigkeit f; Ergänzung f; fertig, beendet; vollständig, ganz; **~en, ~iyla** adv. vollständig, völlig; **~lamak** vervollständigen; vollenden; **~lanmak** vollendet werden
tambur Mus. orientalische Zither f; **~a** orientalische Gitarre f
tamim Rundschreiben n

tamir Reparatur f; **~ etm.** reparieren, ausbessern; **~at** pl. Reparatur f; **~ci** Mechaniker m; **~hane** Werkstätte f
tam|lama Gr. Genitivverbindung f; **~lanan** übergeordnetes Wort n im Nominativ; **~layan** Bestimmungswort n im Genitiv
tampon Med. Tampon m, Wattebausch m; Esb. Puffer m; Kfz. Stoßstange f
tan Morgendämmerung f
-tan s. **-dan**
tandır Back- od. Heizofen m in e-m Erdloch
tane Korn n, Beere f; Stück n; **~ kaç ~?** wieviel Stück?; **~cik** Körnchen n; ein; **~cik** körnig
tangırdamak dröhnen
tanı Med. Diagnose f; **~dık** (-ğı) Bekannte(r)
tanık (-ğı) Zeuge m; **~lamak** durch Zeugen beweisen; **~lık** Zeugenschaft f; Beweisführung f
tanılamak diagnostizieren
tanım Beschreibung f; **~ harfi** Gr. Artikel m
tanımak kennen; kennenlernen; anerkennen
tanımlamak beschreiben
tanın|mak bekannt sein; anerkannt werden; **~mış** bekannt, berühmt
tanışıklık Bekanntschaft f; **~mak** sich kennen; bekannt werden (ile mit D); **~tırmak** (miteinander) bekannt machen; A vorstellen (ile j-m)

tanıt Beweis *m*

tanıt|mak bekannt machen (*-e* mit *D*); **~malık** Prospekt *m*

tank *Mil.* Panzer *m*, Tank *m*; Tank *m*, Behälter *m*

tanrı Gott *m*; **Tanrı** Gott (*m*); **~ça** Göttin *f*; **~sız** gottlos, atheistisch

tansiyon *Med.* Blutdruck *m*

tantana Pomp *m*, Prunk *m*, Pracht *f*; **~lı** prunkvoll

Tanzanya Tansania *n*

tanzifat *pl.* Straßenreinigung *f*

tanzim Ordnen *n*; Ordnung *f*, Aufstellung *f*; **~ etm.** ordnen, aufstellen

tapa Korken *m*, Verschluß *m*; *Mil.* Zünder *m*; **~lamak** mit e-m Korken verschließen

tap|ınak Tempel *m*; **~ınmak**, **~mak** *-e* anbeten, verehren *A*

tapon schlecht, unbrauchbar

tapu Grundbuchamt *n*; Grundbuchauszug *m*; **~lamak** im Grundbuch eintragen

taraça Terrasse *f*

taraf Seite *f*, Richtung *f*, Gegend *f*; Partei *f*; **~ından** *N* von *D*, durch *A*; *-in* **~ını tutmak** Partei ergreifen für *A*; **~lı** -seitig, mit ... Seiten

tarafsız unparteiisch, neutral; **~lık** Neutralität *f*

taraftar Anhänger *m*

tarak (*-ğı*) Kamm *m*, Harke *f*, Rechen *m*; *Zo.* Kamm *m*, Schopf *m*; *Tech.* Bagger *m*;

~lamak eggen, harken; (aus)baggern

tara|mak (durch)kämmen, durchsuchen; harken; **~nmak** sich kämmen; durchsucht werden

taraz Fransen *pl.*, Härchen *pl.*

tarçın Zimt *m*

tardetmek *s.* **tart etm.**

tarh¹ Blumenbeet *n*

tarh² Besteuerung *f*

tarhana mit Joghurt gesäuerter Teig; **~ (çorbası)** Tarhana-Suppe *f*

tarım Landwirtschaft *f*, Ackerbau *m*; **~sal** landwirtschaftlich

tarif Erklärung *f*, Beschreibung *f*; **~ etm.** beschreiben, definieren; **~e** Fahrplan *m*; Preisliste *f*

tarih Geschichte *f*; Zeitpunkt *m*, Datum *n*; **~çi** Historiker *m*; **~î** historisch, geschichtlich; **~li** datiert

tarikat *Rel.* Orden *m*

tarla Acker *m*, Feld *n*; **~faresi** Feldmaus *f*; **~kuşu** Lerche *f*

tart Vertreibung *f*; **~ etm.** vertreiben; ausstoßen

tartı Wiegen *n*; Gewicht *n*; Waage *f*; **~lı** gewogen; abgewogen; **~lmak** gewogen werden; sich wiegen

tartışma Debatte *f*, Diskussion *f*; **~k** diskutieren, debattieren

tartmak (*-ar*) wiegen; abwägen, prüfen

tarz Art *f*; Form *f*; Weg *m*
tarziye Genugtuung *f*; ~ **vermek** D Genugtuung geben
tas Metallschale *f*
tasa Kummer *m*, Sorge *f*; **~lanmak** *-e* sich sorgen um A
tasar Plan *m*; **~ı** Projekt *n*; *Jur.* Antrag *m*, Entwurf *m*; **~ım** Vorstellung *f*; **~lamak** planen, entwerfen
tasarruf Besitz *m*, Verfügung *f*; ~ **etm.** *-e* besitzen A; (ein-)sparen A; ~ **sandığı** Sparkasse *f*
tasavvuf *Rel.* Sufismus *m*
tasavvur Vorstellung *f*, Idee *f*, Plan *m*; ~ **etm.** sich vorstellen, planen
tasdik Bestätigung *f*, Beglaubigung *f*; ~ **etm.** bestätigen, beglaubigen; **~name** Zeugnis *n*
tasfiye Reinigung *f*; Liquidation *f*; ~ **etm.** reinigen, regeln; liquidieren; **~hane** *Tech.* Raffinerie *f*
tashih Berichtigung *f*
tasım Syllogismus *m*; **~lamak** planen
tasla|k (*-ğı*) Entwurf *m*, Skizze *f*; **~mak** vortäuschen, zur Schau tragen
tasma Halsband *n*; Lederriemen *m*
tasnif Klassifizierung *f*; ~ **etm.** klassifizieren
tasvip (*-bi*) Billigung *f*, Genehmigung *f*
tasvir Schilderung *f*, Bild *n*; ~ **etm.** schildern

taş Stein *m*; steinern; ~ **kömürü** Steinkohle *f*; ~ **ocağı** Steinbruch *m*; **~çı** Steinmetz *m*, Steinbrucharbeiter *m*
taşı|macı Spediteur *m*, Transportunternehmer *m*; **~mak** (fort-, weg-)tragen; transportieren, befördern; **~nmak** getragen werden; umziehen (*-e* nach D); **~t** Fahrzeug *n*; **~yıcı** Träger *m* (a. *Med.*)
taşkın überströmend
taş|lamak mit Steinen bewerfen, steinigen; **~lı** steinig; mit Steinen; **~lık** steinige Gegend *f*
taşmak (*-ar*) überkochen, überströmen
taşra Provinz *f*, Land *n*; **~lı** aus der Provinz stammend
tat (*-dı*) Geschmack *m*; *-in tadına bakmak* kosten, schmecken A; *-in tadına varmak* genießen A
Tatar Tatar *m*
tatarcık *Zo.* Gnitze *f*, Pappataciflige *f*
tatbik Anwendung *f*, Durchführung *f*; ~ **etm.** anwenden, durchführen; **~at** *pl.* Anwendung *f*; *Mil.* Übung *f*; **~î** angewandt
tatil Arbeitsruhe *f*; Ferien *pl.*; ~ **günü** Feiertag *m*; ~ **köyü** Feriendorf *n*
tatlı süß; trinkbar; Süßspeise *f*; **~laştırmak** süßen; **~lık** Süße *f*; **~msı** süßlich

tatmak

tatmak (*-dar*) kosten, schmecken; *fig.* erleben
tatmin: ~ **etm.** befriedigen
tatsız geschmacklos, fade
tatula *Bot.* Stechapfel *m*
tav (*richtiger Härte-, Wärme- usw.*) Grad *m*; *fig.* Gelegenheit *f*; **~ına getirmek** in die richtige Form bringen
tava Bratpfanne *f*; Pfannengericht *n*
tavan (*Zimmer-*)Decke *f*
tavır (*-vrı*) Verhalten *n*
taviz Entschädigung *f*; Zugeständnis *n*
tavla¹ (*Pferde-*)Stall *m*
tavla² Tricktrack-Spiel *n*
tavlamak *-i* den nötigen Härtegrad *usw.* geben *D*; *fig.* täuschen, betrügen *A*
tavsiye Empfehlung *f*; ~ **etm.** *DA* empfehlen
tavşan Hase *m*; **~cıl** Steinadler *m*
tavuk (*-ğu*) Huhn *n*; Henne *f*; **~göğsü** *Süßspeise mit gehackter Hühnerbrust*
tavus Pfau *m*
tay Füllen *n*, Fohlen *n*
tayfa Besatzung *f*, Mannschaft *f*; Matrose *m*
tayfun Taifun *m*
tayın *Mil.* Ration *f*
tayin Bestimmung *f*; Ernennung *f*; ~ **etm.** bestimmen; ernennen (*-e* zu *D*)
tayyör (*Damen-*)Kostüm *n*
taze frisch; neu; jung; **~leşmek** jünger *od.* frischer werden; **~lik** Frische *f*

174

tazı Windhund *m*
taziye Beileidsbezeugung *f*
tazmin Entschädigung *f*; ~ **etm.** entschädigen; **~at** *pl.* Entschädigung *f*, Schadenersatz *m*
tazyik Druck *m*; Unterdrückung *f*; ~ **etm.** (be-, unter)drücken
-te *s.* **-da**
tebarüz: ~ **etm.** in Erscheinung treten
tebdil Wechsel *m*, Ersatz *m*
tebessüm Lächeln *n*
tebeşir Kreide *f*
tebliğ Mitteilung *f*, Bericht *m*; ~ **etm.** mitteilen, berichten
tebrik Glückwunsch *m*, Gratulation *f*; ~ **etm.** beglückwünschen (*b-i -den dolayı j-n* zu *D*), gratulieren (*j-m* zu *D*)
tecavüz Übergriff *m*, Angriff *m*, Anpöbelung *f*; ~ **etm.** *-e* angreifen *A*; anpöbeln *A*
tecil: ~ **etm.** aufschieben
tecrit (*-di*) Isolierung *f*; ~ **etm.** isolieren (*-den* von *D*)
tecrübe Versuch *m*, Experiment *n*; Erfahrung *f*; ~ **etm.** versuchen, probieren; erfahren; **~li** erfahren; **~siz** unerfahren
tedarik Beschaffung *f*; ~ **etm.** beschaffen
tedavi *Med.* Behandlung *f*, Kur *f*
tedavül Umlauf *m*, Kurs *m*
tedbir Voraussicht *f*; Maß-

nahme *f*; **~ almak** Maßnahmen ergreifen; **~li** umsichtig
tedfin Beisetzung *f*
tedhiş Terror *m*
tedhişçi Terrorist *m*; **~lik** Terror *m*
tedirgin unruhig; **~ etm.** beunruhigen
tediye (Be-)Zahlung *f*
tedric|en *adv.* stufenweise, allmählich; **~î** *adj.* allmählich
tedrisat *pl.* Unterricht *m*
teessüf Bedauern *n*; **~ etm. -e** bedauern *A*
teessür Betrübnis *f*, Trauer *f*
tefe Weblade *f*; **~ci** *Jur.* Wucherer *m*
teferruat *pl.* Einzelheiten *f/pl.*
tefrik Trennung *f*, Unterscheidung *f*; **~ etm.** unterscheiden (**-den** von *D*)
tefrika Feuilleton *n*
tefsir Kommentar *m*
teftiş Inspektion *f*; **~ etm.** besichtigen, inspizieren
teğmen *Mil.* Leutnant *m*
tehdit (-di) (Be-)Drohung *f*; **~ etm.** bedrohen
tehir Aufschub *m*; **~ etm.** aufschieben
tehlike Gefahr *f*; **~de** gefährdet; **~li** gefährlich; **~li durum** Notfall *m*; **~siz** gefahrlos, ungefährlich
tek einzeln; bloß, nur; **~ başına** allein; **~ eşlilik** Monogamie *f*; **~ kullanımlık** Einweg-; **~ sayı** ungerade Zahl *f*; **~ taraflı** einseitig; **~ tük** selten, spärlich
teke Ziegenbock *m*
tekel Monopol *n*
teker(lek) Rad *n*; rund; **~ arası** Spurweite *f*; **~li** auf Rädern; **~li sandalye** Rollstuhl *m*
tekerleme stereotype Redensart *f*
tekerrür Wiederholung *f*
tekil *Gr.* Singular *m*
tekin leer, unbewohnt; **~ değil** nicht geheuer; **~siz** tabu
tekir getigert (*Katze*)
tekit (-di) Bekräftigung *f*
tekke *Rel.* Derwischkloster *n*
teklif Vorschlag *m*; Zwang *m*, Formalität *f*; **~ etm.** vorschlagen; beantragen
teklifsiz zwanglos, familiär; **~lik** Zwanglosigkeit *f*
tekme Fußtritt *m*; **~lemek** -i e-n Fußtritt geben *D*
tekne Trog *m*; *Mar.* Schiffsrumpf *m*; Boot *n*
teknik (-ği) Technik *f*; technisch; **~çi, ~er** Techniker *m*
tekn|isyen Techniker *m*; **~oloji** Technologie *f*
tekrar Wiederholung *f*; *adv.* wieder, erneut, nochmals; **~ etm., ~lamak** wiederholen
teksif Konzentration *f*
teksir Vervielfältigung *f*; **~ etm.** vervielfältigen; **~ kâğıdı** Durchschlagpapier *n*; **~ makinesi** Vervielfältigungsapparat *m*
tekstil *sg.* Textilien *pl.*

tekzip

tekzip (*-bi*) Dementi *n*, Widerruf *m*; ~ *etm.* Lügen strafen; dementieren

tel Draht *m*; Faden *m*; Saite *f*; Fiber *f*, Faser *f*; Telegramm *n*; ~ **çekmek** mit Draht umgeben (*-e etw.*); drahten; ~ **örgü** Stacheldraht *m*, Drahtverhau *m*

telâffuz Aussprache *f*

telâkki Aufnahme *f*; Auffassung *f*, Anschauung *f*

telâş Aufregung *f*, Verwirrung *f*; **~a düşmek**, **~lanmak** sich aufregen; **~lı** aufgeregt, unruhig, hastig

telef Verlust *m*; Tod *m*; **~at** *pl.* Verluste *pl.*

teleferik *Tech.* Seilbahn *f*

telefon Telefon *n*, Fernsprecher *m*; ~ *etm.* -*e* telefonieren mit *D*, anrufen (*A*); ~ **kabini** (*od.* **kulübesi**) Fernsprechzelle *f*; ~ **rehberi** Telefonbuch *n*

teleks Telex *n*

telepati Telepathie *f*

televizyon Fernsehen *n*; Fernsehgerät *n*; ~ **alıcısı** Fernsehempfänger *m*

telgraf Telegraph *m*; Telegramm *n*; ~ **çekmek** ein Telegramm aufgeben

telif Abfassung *f*, Verfassen *n*; ~ **hakkı** Urheberrecht *n*, Copyright *n*

telkih Injektion *f*

telkin Suggestion *f*; ~ *etm.* *DA* einflüstern, suggerieren

tellâk Badediener *m*

tellâl Makler *m*, Vermittler *m*; Ausrufer *m*

tellemek mit Goldfäden schmücken; drahten

telsiz drahtlos, Funk-; drahtlose Telegraphie *f*; Funkspruch *m*; Sprechfunkgerät *n*

telve Kaffeesatz *m*

tem(a) Thema *n*

temas Berührung *f*, Fühlungnahme *f*, Kontakt *m*; ~ *etm.* *-e* berühren *A*; **~ta bulunmak** in Kontakt sein (*ile* mit *D*)

temaşa Betrachtung *f*; Schauspiel *n*

temayül Neigung *f*, Tendenz *f* (*-e zu D*)

tembel faul, träge; **~lik** Faulheit *f*, Trägheit *f*

tembih Reiz *m*, Antrieb *m*; ~ *etm.* anregen; *D* Anweisungen geben

temdit (*-di*) Verlängerung *f*

temel Fundament *n*, Grundlage *f*; hauptsächlich, grundlegend; **~ atmak** den Grund legen; **~ hak** *Jur.* Grundrecht *n*; **~ci** fundamentalistisch; **~leşmek** sich festsetzen, zu e-m Dauerzustand werden; **~li** dauernd; *adv.* für immer; **~siz** unbegründet; nicht von Dauer

temenni Wunsch *m*; ~ *etm.* wünschen

temerküz Konzentrierung *f*; **~ kampı** *Pol.* Konzentrationslager *n*
temin Zusicherung *f*; Beschaffung *f*; **~ etm.** sichern, sicherstellen; **~at** *pl.* Sicherheit *f*, Garantie(n *pl.*) *f*
temiz rein, sauber; **~leme** Reinigung *f*; **~lemek** reinigen, säubern; liquidieren; **~leyici** reinigend; Reiniger *m*; (*chemische*) Reinigung *f*; **~lik** Sauberkeit *f*
temkin Besonnenheit *f*, Würde *f*; **~li** besonnen
temlik *Jur.* Zession *f*
temmuz Juli *m*
tempo Zeitmaß *n*, Tempo *n*
temsil Darstellung *f*; Vertretung *f*; *Thea.* Vorstellung *f*, Aufführung *f*; **~ etm.** darstellen; *Thea.* aufführen; vertreten; **~ci** Vertreter *m*
temyiz Unterscheidung *f*; *Jur.* Revision *f*; **~ etm.** unterscheiden; Berufung einlegen gegen *A*
ten Körper *m*, Leib *m*; Haut *f*; **~ rengi** fleischfarben
-ten *s.* **-dan**
tenakuz Widerspruch *m*
tenasül Fortpflanzung *f*
tencere (Koch-)Topf *m*
teneffüs Atmung *f*; Pause *f*; **~ etm.** atmen; e-e Pause machen
teneke Blech *n*; Kanister *m*; **~ci** Klempner *m*
tenezzül Herablassung *f*

tenha einsam, verlassen; **~lık** Einsamkeit *f*, verlassene Gegend *f*
tenis Tennis *n*; **~ kortu** Tennisplatz *m*
tenkiye *Med.* Klistier *n*; Klistierspritze *f*
tenkit (-di) Kritik *f*; **~ etm.** kritisieren; **~ci** Kritiker *m*
tensip (-bi) Billigung *f*
tente Sonnendach *n*, Plane *f*
tentene Spitze *f* an der Wäsche usw.
tentür *Chem.* Tinktur *f*; **~diyot** Jodtinktur *f*
tenvir Beleuchtung *f*, Illumination *f*; **~ etm.** beleuchten, illuminieren; erhellen; **~at** *pl.* Straßenbeleuchtung *f*
tenzilât *pl. Hdl.* Preisnachlaß *m*, Rabatt *m*; **~lı** ermäßigt, verbilligt
teorem Lehrsatz *m*
teori Theorie *f*; **~k** theoretisch
tepe Hügel *m*; Gipfel *m*; (Baum-)Wipfel *m*; Scheitel *m*; **~den tırnağa** von Kopf bis Fuß; **~lemek** durchprügeln; *fig.* besiegen; **~li** *Zo.* mit e-r Haube; hügelig
tep|inmek trampeln, stampfen; **~işmek** einander treten
tepki Reaktion *f*; Rückstoß *m*; **~li uçak** Düsenflugzeug *n*; **~mek** *Chem.* reagieren
tepmek (-er) treten; *fig.* mit Füßen treten; *Waffe*: e-n Rückstoß haben
tepsi Tablett *n*, Blech *n*
ter Schweiß *m*

terakki Fortschritt *m*
terane Melodie *f*
teras(a) *s.* **taraça**
teravi *Rel.* Nachtgebet *n im Ramadan*
terazi Waage *f*
terbiye Erziehung *f;* Dressur *f;* Würze *f,* Soße *f;* **~ etm.** erziehen; dressieren; würzen; **~li** gut erzogen; **~siz** ungezogen, flegelhaft; unanständig
tercih Vorzug *m,* Bevorzugung *f;* **~ etm.** vorziehen, bevorzugen (*-den D*)
tercüman Dolmetscher *m;* Übersetzer *m*
tercüme Übersetzung *f;* **~ etm.** übersetzen, übertragen (*-den -e* von *D* in *A*)
tere Kresse *f*
tereddüt (*-dü*) Zögern *n,* Unentschlossenheit *f;* **~ etm.** zögern
tereke Nachlaß *m*
terementi Terpentin *n*
terennüm Gesang *m*
tere|otu Dill *m;* **~yağ, ~yağı** Butter *f*
terfi (*-i*) Beförderung *f;* **~ etm.** befördern
terhis *Mil.* Entlassung *f*
terim Fachausdruck *m*
terk Verlassen *n;* *Jur.* Aufgabe *f,* Überlassen *n;* **~ etm.** verlassen; hinterlassen; aufgeben
terkip (*-bi*) Zusammensetzung *f;* *Gr.* Wortfügung *f*
ter|lemek schwitzen; **~let-**

mek zum Schwitzen bringen; **~li** in Schweiß gebadet, naß geschwitzt; **~lik** Pantoffel *m,* Hausschuh *m*
termik (*-ği*) thermisch; **~ santral** Wärmekraftwerk *n*
termo|metre Thermometer *n;* **~s** Thermosflasche *f;* **~stat** *Tech.* Thermostat *m*
ters¹ Kot *m*
ters² Rücken *m,* verkehrte Seite *f;* verkehrt, umgekehrt; grob; **~ anlamak** mißverstehen
tersane *Mar.* Arsenal *n,* Werft *f*
tersine umgekehrt, im Gegenteil; **~ gitmek** schiefgehen; nicht aussehen können
terslik Mißgeschick *n;* Grobheit *f*
tertemiz blitzsauber
tertibat (*-tı*) Maßnahmen *pl.;* Einrichtungen *pl.*
tertip (*-bi*) Ordnung *f,* Zusammenstellung *f;* Setzen *n;* Schriftsatz *m;* **~ etm., ~lemek** ordnen; veranstalten; **~li** geordnet
terzi Schneider *m*
tesadüf Zufall *m,* Zusammentreffen *n;* **~ etm.** zufällig treffen *A;* fallen auf *A;* **~en** *adv.* zufällig
tescil Registrierung *f*
teselli Trost *m,* Tröstung *f;* **~ etm.** trösten

tesettür Verschleierung *f e-r Frau*

teshin Erwärmung *f*, Heizung *f*; **~ etm.** heizen

tesir Wirkung *f*, Einfluß *m*; **~ etm. -e** wirken auf *A*, beeinflussen *A*; **~li** wirkungsvoll

tesis Gründung *f*; **~ etm.** gründen; **~at** *pl.* Einrichtungen *pl.*, Anlagen *pl.*

teskere Tragbahre *f*, Trage *f*

teskin: ~ etm. beruhigen, lindern

teslim Übergabe *f*; *Mil.* Kapitulation *f*; **~ etm.** *DA* übergeben, abliefern, aushändigen; **~ olm.** sich ergeben, kapitulieren

tespih *Rel.* Rosenkranz *m*

tespit Festlegung *f*, Bestimmung *f*; **~ etm.** festlegen, bestimmen

test Test *m*, Versuch *m*

testere *Tech.* Säge *f*

testi *(Ton-)* Krug *m*

tesviye Planierung *f*, Nivellierung *f*; Bereinigung *f*; *Mil.* Fahrausweis *m*; **~ etm.** einebnen, planieren; bereinigen

teşebbüs Bemühung *f*, Aktion *f*; **~ etm.** -e unternehmen *A*; **~e geçmek** sich an die Arbeit machen

teşekkül Bildung *f*, Organisation *f*

teşekkür Dank *m*; **D** danken (*-den* **dolayı** für *A*); **~ ederim!** danke sehr!

teşhir Ausstellen *n*; **~ etm.** ausstellen; **~ salonu** Ausstellungshalle *f*

teşhis Identifizierung *f*; *Med.* Diagnose *f*

teşkil Bildung *f*, Formung *f*; **~ etm.** bilden, formen

teşkilât Organisation *f*, **~landırmak** organisieren

teşri (*-i*) *Jur.* Gesetzgebung *f*

teşrif Ehrung *f*; **~ etm.** (be)ehren; **~at** *pl.* Zeremoniell *n*, Protokoll *n*

teşrih Anatomie *f*; Autopsie *f*; Prüfung *f*

teşriî *Jur.* gesetzgebend

teşvik Anregung *f*, Ermunterung *f*, Förderung *f*; **~ etm.** ermuntern, anregen, ermutigen (*-e zu D*)

tetik¹ (*-ği*) Abzug *m*, Drücker *m*

tetik² (*-ği*) flink, schlagfertig

tetkik Untersuchung *f*; Studie *f*; **~ etm.** untersuchen

tevakkuf Halt *m*

tevarüs *Jur.* Erbfall *m*; Erbgang *m*

tevcih: ~ etm. hinwenden, lenken (*-e auf A*); verleihen, übertragen (*b-e j-m*)

tevdi (*-i*) Übergabe *f*; **~ etm.** *DA* übergeben, aushändigen; **~at** *pl. Hdl.* Deposìten *pl.*

tevkif Verhaftung *f*, Festnahme *f*; **~ etm.** verhaften, festnehmen

Tevrat *Rel.* Thora *f*, Pentateuch *m*

tevsik: ~ etm. beurkunden, dokumentieren

teyel Heftnaht *f*; **~lemek** heften; **~li** geheftet
teyit (*-di*) Bestätigung *f*; ~ *etm.* bekräftigen, bestätigen
tey|p (*-bi*) Tonband(gerät) *n*; **~be almak** aufnehmen
teyze Tante *f* (*Schwester der Mutter*)
tez¹ schnell, behend
tez² These *f*, Behauptung *f*
tezat Gegensatz *m*, Kontrast *m*
tezek getrockneter Kuhmist *m*
tezgâh Werktisch *m*; Ladentisch *m*; *Mar.* Werft *f*; **~tar** Verkäufer *m*
tezkere Zettel *m*, Schein *m*, Bescheinigung *f*
tez|leşmek rascher werden; **~lik** Eile *f*, Schnelligkeit *f*
teziynat *pl.* Schmuck *m*
tıbbi medizinisch, ärztlich
tığ Häkelnadel *f*; Pfriem *m*, Ahle *f*
tıka: **~basa** voll(gestopft); **~ç** Stöpsel *m*; **~lı** zugestöpselt, verstopft; **~mak** zustöpseln, verstopfen (*-e in A*)
tıkan *s.* tıkalı; **~mak** verstopft sein; ersticken
tıkır|damak klappern, klopfen; **~tı** Klappern *n*
tıkış|ık zusammengequetscht; **~mak** sich zusammendrängen (*-e in A*)
tıkız fest, hart
tıkmak (*-ar*) hineinstopfen, (hinein)zwängen (*-e in D*)
tıknaz untersetzt

tıknefes kurzatmig
tıksırmak unterdrückt niesen
tılsım Talisman *m*
tımar Pflege *f*; **~hane** Irrenhaus *n*
tıngırdamak klirren, klingen
tın|ı Ton *m*, Klangfarbe *f*; **~lamak** tönen, klingen
tıp (*-bbı*) Medizin *f*, Heilkunde *f*
tıpa *s.* tapa; **~lamak** *s.* tapalamak
tıpır|damak trippeln; klopfen; **~tı** Trippeln *n*; Klopfen *n*
tıpkı der-, die-, dasselbe, gleich; **~basım** Faksimile *f*, **~çekim** Fotokopie *f*
tırabzan Geländer *n*
tıraş Rasieren *n*; *fig.* Aufschneiden *n*; **~ etm.** rasieren; *fig.* aufschneiden, angeben; **~ olm.** sich rasieren (lassen); **~çı** Aufschneider *m*, Angeber *m*; **~lı** rasiert; unrasiert; **~sız** unrasiert
tırıs Trab *m*; **~ gitmek** traben
tırkaz (Tür-)Riegel *m*
tırmalamak (auf)kratzen; *fig.* stören, quälen
tırmanmak *e* hinaufklettern
tırmık (*-ğı*) Kratzwunde *f*; Harke *f*, Rechen *m*, Egge *f*; **~lamak** harken, eggen
tırnak (*-ğı*) *an.* Nagel *m*; Klaue *f*, Kralle *f*, Huf *m*; **~lamak** zerkratzen
tırpan Sense *f*; **~lamak** mähen

tırtıl Zo., Tech. Raupe f; Kerbe f, Zahn m; ~**lı** gezähnt

tıslamak Katze: fauchen; Gans: zischen

ticaret Handel m; ~ **hukuku** Handelsrecht n; ~ **odası** Handelskammer f; ~**hane** Geschäft n, Firma f

ticarî Handels-

tifo Med. Typhus m

tiftik (-ği) Angoraziege f; Ziegenhaar n

tifüs Med. Flecktyphus m, -fieber m

tik Zuckung f, Tick m

tiksin|dirici ekelhaft; ~**mek** -den sich ekeln vor D

tilki Fuchs m

tim Mil. Einheit f

timsah Krokodil n

timsal (-li) Symbol n, Sinnbild n

tin Seele f, Geist m

tiner Chem. Verdünner m

tinsel geistig

tip Typ m

tipi Schneesturm m

tipik typisch

tiraj Auflage(nhöhe) f

tirbuşon Korkenzieher m

tire Faden m, Zwirn m

tirfil Klee m

tirit (-di) Brotsuppe f

tiriz Leiste f, Borte f

tiroit Schilddrüse f

tiryakî passioniert

tişört T-Shirt n

titiz pedantisch, kleinlich; anspruchsvoll; ~**lik** Pedanterie f, kleinliches Wesen n; Gereiztheit f

titre|k (-ği) zitternd, bebend; ~**mek** zittern; ~**şim** Zittern n, Vibrieren n; ~**tmek** zum Zittern bringen, erzittern lassen

tiyatro Theater n

tiz hoch (Stimme)

tohum Samen(korn n) m

tok satt, gesättigt; dick (Stoff); voll (Stimme)

toka¹ Schnalle f

toka² Händedruck m; ~**laşmak** sich die Hände drücken

tokat Ohrfeige f; ~**lamak** ohrfeigen

tokgözlü genügsam

tokmak (-ğı) Holzhammer m; Türklopfer m; Stampfer m

toksözlü derb; unverblümt

tokurdamak blubbern

tokuş|mak zusammenstoßen, -prallen (ile mit D); ~**turmak** zusammenstoßen lassen, anstoßen

tolga Helm m

tomar (Papier-)Rolle f

tombala Tombola f

tombaz Ponton m, Kahn m

tombul dick, korpulent

tomruk (-ğu) Block m, Klotz m

tomurcuk Bot. Knospe f; ~**lanmak** Knospen treiben

ton¹ Tonne f (Gewicht)

ton² Mus. Ton m

ton³, ~**balığı** Zo. Thunfisch m

tonaj Tonnage *f*
tonilâto Registertonne *f*
tonoz *Arch.* Gewölbe *n*
top Ball *m*, Kugel *f*; Ballen *m*; *Mil.* Kanone *f*, Geschütz *n*; Gesamtheit *f*; **~ yekûn** Gesamtbetrag *m*, Summe *f*; **~aç** (*-cı*) Kreisel *m*
topal hinkend, lahm; **~lamak** hinken, lahmen
toparla|k (*-ğı*) rund; *Mil.* Protze *f*; **~mak** zusammenballen, -packen
top|atan *Bot.* gelbe Zuckermelone *f*; **~çeker** *Mar.* Kanonenboot *n*; **~çu** *Mil.* Kanonier *m*, Artillerist *m*
toplam Summe *f*; **~ (olarak)** alles zusammen
toplama *Math.* Addition *f*; **~ kampı** *Pol.* Konzentrationslager *n*
toplamak *v/t* sammeln; ab-, auf-, wegräumen, pflücken; *Math.* addieren; *v/i* dick werden; *Med.* eitern
toplan|mak gesammelt werden; sich (ver)sammeln; dick werden; **~tı** Versammlung *f*, Konferenz *f*
toplat(tır)mak beschlagnahmen, konfiszieren
toplu mit e-m runden Kopf; aufgeräumt; versammelt, gemeinsam; dick; **~ sözleşme** Tarifvertrag *m*; **~ taşıma araçları** öffentliche Verkehrsmittel *pl.*; **~iğne** Stecknadel *f*; **~luk** Gemeinschaft *f*, Kollektiv *n*

toplum Gesellschaft *f*, Gemeinschaft *f*
toplumcu sozialistisch; **~luk** Sozialismus *m*
toplumsal sozial
toprak (*-ğı*) Erde *f*, Boden *m*; **~ kayması** Erdrutsch *m*; **~altı** unterirdisch; **~sız** landlos
toptan *Hdl. adv.* im großen, en gros; **~cı** Großhändler *m*
topuk (*-ğu*) Ferse *f*, (*Schuh*-) Absatz *m*; **~suz** absatzlos
topuz Keule *f*
torba Sack *m*, Beutel *m*
torik (*-ği*) Thunfisch *m*
torna Drehbank *f*; **~cı** Dreher *m*; **~cı** Drechsler *m*; **~vida** Schraubenzieher *m*
torpido; **~ gözü** *Kfz.* Handschuhfach *n*; **~ (bot)** Torpedoboot *n*
torpil *Mar.* Mine *f*; Torpedo *m*; *fig.* Protektion *f*; **~lemek** torpedieren
tortu Bodensatz *m*
torun Enkel(kind *n*) *m*
tos Stoß *m mit dem Kopf*; **~lamak** stoßen; **-e** streifen *A*
tost Toast *m*
totaliter *Pol.* totalitär
toto Toto *n* (*a. m*)
toy¹ *Zo.* Trappe *f*
toy² unerfahren, *fig.* grün
toygar Haubenlerche *f*
toyluk Unerfahrenheit *f*
toynak (*-ğı*) Huf *m*
toz Staub *m*; Pulver *n*, Puder *m*; **şeker** Puderzucker *m*; **-in ~unu almak** abwischen, abstauben; **~armak**, **~laş-**

mak zu Staub werden; **~lu** staubig; **~luk** Gamasche f
töhmet Verdacht m; Schuld f
töre Sitte f, Brauch m
tören Feier f, Zeremonie f; **~li** feierlich
törpü Feile f, Raspel f; **~lemek** feilen, raspeln
tövbe Reue f; **~kâr, ~li** reuig
trafik (-ği) (Straßen-)Verkehr m; **~ kazası** Straßenverkehrsunfall m; **~ lâmbası** Verkehrsampel f; **~ tıkanıklığı** Verkehrsstau m
trahom Med. Trachom n
trajedi Tragödie f
traktör Traktor m, Trecker m
Trakya Thrazien n
trampa Tausch(handel) m
trampet(e) Mus. Trommel f
tramplen Sp., fig. Sprungbrett n
tramvay Straßenbahn f
transfer Hdl. Transfer m
transistor Tech. Transistor m; **~lu** mit Transistoren
transit Transit m
travers Esb. Schwelle f
travma Trauma n
tren Esb. Zug m; **~ bileti** Bahnfahrkarte f; **aktarma ~i** Anschlußzug m; **~den sarkmayın** nicht hinauslehnen!
treyler Kfz. Anhänger m
tribün Tribüne f
trişin Zo. Trichine f
troleybüs Obus m
trompet Mus. Trompete f
tropika Geo. Wendekreis m; tropische Zone f; **~l** tropisch

trup Thea. Truppe f
tualet Toilette f
tufan Sintflut f, Wolkenbruch m
tugay Mil. Brigade f
tuğ Helmbusch m, Roßschweif m
tuğamiral (-li) Mar. Konteradmiral m; **~bay** Mil. Brigadegeneral m; **~general** (-li) Generalmajor m
tuğla Ziegelstein m
tuğra Namenszug m des Sultans
tuğyan Überschwemmung f
tuhaf sonderbar, komisch; **~iye** Kurzwaren pl.; **~lık** Komik f; Scherz m, Spaß m
tul (-lü) Geo., Astr. Länge f
tulûat pl. Stegreiftheater n
tulum Fellschlauch m; Dudelsack m; Tube f; Arbeitsanzug m
tulumba Pumpe f; **tatlısı** Art Spritzgebäck n (mit Sirup durchtränkt)
tumturak Prunk m; Schwulst m; Phrasendrescherei f
Tuna, ~ nehri Donau f
tunç Bronze f
Tunus Tunis n; Tunesien n
tur Tour, Rundfahrt f; Runde f
turba Torf m
turfanda früh, außerhalb der Jahreszeit (Obst usw.)
turist Tourist m; **~ik** touristisch, Touristen-
turizm Fremdenverkehr m
turna Kranich m

turn|e Tournee *f*; Rundreise *f*; **~ike** Drehkreuz *n*; **~uva** Turnier *n*
turp Radieschen *n*
turşu Mixed Pickles *pl.*, Essiggemüse *n*
turta Torte *f*
turunç (-*cu*) *Bot.* Pomeranze *f*
tuş Taste *f*; **~lamak** -*i* auf die Tasten drücken
tuta|k Griff *m*; **~m** Prise *f*, Handvoll *f*; **~maç**, **~mak** Griff *m*; *fig.* Handhabe *f*; **~nak** Protokoll *n*
tutar Summe *f*; Betrag *m*
tutar|ak, **~ık** *Med.* epileptischer Anfall *m*
tutar|lı konsequent, **~sız** inkonsequent
tutkal Leim *m*; **~lamak** (an)leimen; **~lı** verleimt
tutku Sehnsucht *f*, Verlangen *n* (-*e* nach *D*); **~n-e** verliebt in *A*
tutmak (-*ar*) *v/t* halten; fassen, packen; mieten; betragen; *v/i* dauern; halten; stimmen
tut|sak (-*ğı*) Gefangene(r); **~turmak** anfangen; sich vornehmen; befestigen
tutuk (-*ğu*) schüchtern, stokkend; **~lamak** verhaften, inhaftieren; **~lu** festgenommen, verhaftet
tutulma *Astr.* (Sonnen-, Mond-)Finsternis *f*
tutulmak -*e* sich verlieben in *A*; sich vertiefen in *A*; gehalten werden

tutum Verhalten *n*; Sparsamkeit *f*
tutunmak -*e* sich festhalten an *A*; anlegen, tragen *A*
tutuş|mak sich entzünden, Feuer fangen; anfangen, beginnen (-*e etw.*); **~turmak** *A* in Brand stecken, entzünden; in die Hand drücken (-*in eline j-m*)
tuvalet *s.* **tualet**
tuz Salz *n*
tuzak (-*ğı*) Schlinge *f*, Falle *f*; **~ kurmak** *D*-*e*-*e* Falle stellen
tuz|la Saline *f*; **~lamak** (ein)salzen, (ein)pökeln; **~lu** salzig, salzhaltig; **~luk** Salzfaß *n*; **~ruhu** Salzsäure *f*; **~suz** ungesalzen; fade
tüberküloz Tuberkulose *f*
tüccar Kaufmann *m*
tüfek (-*ği*) Gewehr *n*
tüken|mek verbraucht werden, zu Ende sein, alle werden; **~mez** unerschöpflich; **~mezkalem** Kugelschreiber *m*
tüket|ici Verbraucher *m*, Konsument *m*; **~im** Verbrauch *m*, Konsum *m*; **~mek** verbrauchen, verzehren
tükür|mek (aus)spucken (-*e* auf *A*); **~ük** (-*ğü*) Speichel *m*, Spucke *f*
tül Tüll *m*
tüm Ganze(s), Gesamtheit *f*; alle *pl.*; **~amiral** (-*li*) *Mar.* Vizeadmiral *m*; **~en** *Mil.* Division *f*; **~general** (-*li*) *Mil.* Generalleutnant *m*; **~leç**

(-ci) Gr. Objekt n; **~lemek** vervollständigen

tümor Med. Tumor m

tümsek (-ği) Anhöhe f, (kleiner) Hügel m

tün Nacht f; **~ aydın!** guten Abend!

tünel Tunnel m

tüp Tube f; Röhrchen n; **~ bebek** Retortenbaby n

tür Sorte f, Art f (a. Bot., Zo.)

türban Kopfbedeckung f frommer türkischer Frauen

türbe Mausoleum n

türbin Tech. Turbine f

türe Jur. Gerechtigkeit f

türe|di Emporkömmling m, Parvenu m; **~me** Gr. Ableitung f; **~mek** erscheinen, auftauchen; **~tmek** erzeugen, erfinden

Türk Türke m, Türkin f; türkisch; **~çe** Türkisch n; **~çülük** (groß)türkischer Nationalismus m; **~iyat** Turkologie f

Türkiye Türkei f; **~ Cumhu-**

riyeti Türkische Republik f

Türk|leşmek zum Türken werden; **~lük** Türkentum n; **~men** Turkmene m; turkmenisch; **~oloji** Turkologie f

türkuaz türkis (Farbe)

türkü Volkslied n; **~ söylemek** (Volkslieder) singen

türlü Art f, Sorte f; verschieden(artig); Gemüseeintopf m; **bir ~** irgendwie, aus irgendeinem Grunde; **iki ~** auf zwei verschiedene Arten

tüt|mek (-er) rauchen; **~sü** Räuchern n; Räucherwerk n

tütün Tabak m; **~ içmek** Tabak rauchen; **~cü** Tabakhändler m; Zigarettenverkäufer m; Tabakpflanzer m

tüy Feder f, Daune f; Haar n; **~lenmek** Federn bekommen; fig. reich werden; **~lü** gefiedert; **~süz** federlos; jung

tüze Jur. Recht n; **~lkişi** juristische Person f

tüzük (-ğü) Statut n, Vorschriften pl.

U

ucuz billig; **~luk** Preissenkung f; billiger Verkauf m

uç (-cu) Spitze f; Gipfel m; Ende n; Grenze f; (Schreib-) Feder f

uçak (-ğı) Flugzeug n; **~ bileti** Flugschein m; **~ faciası** Flugzeugkatastrophe f; **~savar** Mil. Flugabwehr f

uçkur Hosenband n, Taillen-

band n

uçlu mit e-r Spitze

uçmak (-ar) fliegen, schweben; verfliegen; abstürzen; davoneilen

uçsuz ohne Spitze; **~ bucaksız** grenzenlos

uçucu fliegend; flüchtig

uçuk 1. verblaßt; **2.** (-ğu) Med. Hautausschlag m

uçur|mak fliegen lassen; stürzen; abschneiden; **~tma** (Spielzeug-)Drachen *m*; **~um** Abgrund *m*

uçuş Flug *m*; **~ hattı** Flugstrecke *f*; **~mak** umherfliegen

ufacık klein, winzig

ufak (*-ğı*) klein; **~ para** Kleingeld *n*; **~ tefek** klein, gering; **~lık** Winzigkeit *f*; Kleingeld *n*

ufa|lamak zerkleinern, zerbröckeln; **~lmak** kleiner werden, sich verkleinern

uflamak ächzen, stöhnen

ufuk (*-fku*) Horizont *m*

uğra|k (*-ğı*) besuchter Ort *m*; **~mak** *-e* aufsuchen, berühren *A*, Halt machen in *D*; besuchen *A*; befallen werden von *D*; betroffen werden von *D*; **~şmak** sich abmühen, sich anstrengen (*-meğe* um zu *inf.*); sich beschäftigen (*ile* mit *D*); kämpfen (*ile* mit *D*); **~tmak** aufsuchen *od.* erleiden lassen (*b-i b.ş-e j-n etw.*); zufügen, beibringen (*b-i b. ş-e j-m etw.*)

uğul|damak summen, sausen; **~tu** Sausen *n*, Heulen *n*

uğur¹ Glück *n*, gutes Vorzeichen *n*

uğur² (*-gru*) Ziel *n*, Zweck *m*; *uğrun(d)a* für *A*, um *G* willen

uğur|böceği Marienkäfer *m*; **~lamak** *A* verabschieden; **~lu** glückbringend; **~suz** unheilvoll

uhde Verpflichtung *f*; **~sine almak** übernehmen

ula|ç (*-cı*) *Gr.* Gerundium *n*; **~k** (*-ğı*) Bote *m*

ulamak *DA* hinzufügen

ulan! he!; Kerl!

ulaş|ım Verkehr *m*; **~mak** *-e* erreichen *A*

ulaştırma Übermittlung *f*; Verkehr *m*, Transport *m*; **~k** erreichen lassen (*b-i b.ş-e j-n etw.*)

ulu groß; **~lamak** *-i* Ehre erweisen *D*

ulumak Hund *usw.*: heulen

uluorta irgendeine(e); unüberlegt

ulus Volk *n*, Nation *f*; **~al** national; **~lararası** international

ulvî hoch, erhaben

umacı Schreckgespenst *n*

um|madık unverhofft; **~mak** *-i* hoffen auf *A*, erwarten *A*

umum ganz, allgemein; alle *pl.*, Gesamtheit *f*; **~ müdürlük** Generaldirektorium *n*; **~î** allgemein, generell; öffentlich

umumiyet Allgemeinheit *f*; **~le** im allgemeinen

umursamak für wichtig halten

umut (*-du*) Hoffnung *f*; **~suz** hoffnungslos, verzweifelt

un Mehl *n*

unmak *s.* **onmak**

unsur Element *n*

unut|kan vergeßlich; **~mak** vergessen

unvan Anschrift *f*; Titel *m*

Uranus *Astr.* Uranus *m*
uranyum *Chem.* Uran *n*
urgan Seil *n*, Strick *m*
us Verstand *m*, Vernunft *f*
usanç (*-cı*) Überdruß *m*
usandır|ıcı lästig, ärgerlich; **~mak** Überdruß hervorrufen (*-i bei D*)
usanmak überdrüssig werden (*-den G*)
uskumru Makrele *f*
uskur *Mar.* Schiffsschraube *f*; **~u** *Tech.* Gewinde *n*
us||lanmak zur Vernunft kommen; **~lu** artig, verständig, vernünftig
usta Meister *m*; geschickt; **~lık** Meisterschaft *f*
ustura Rasiermesser *n*
usul (*-lü*) Methode *f*, Verfahren *n*, System *n*; **~üne göre** *Jur. adv.* ordentlich; **~ca** leise; langsam; **~cacık**, **~lacık** behutsam, vorsichtig
uşak (*-ğı*) Bursche *m*; Diener *m*
utan|ç (*-cı*) Scham *f*; Schüchternheit *f*; **~dırmak** beschämen, zum Erröten bringen; **~gaç**, **~gan** schamhaft, schüchtern; **~mak** sich schämen (*-den* wegen *G*; *-e vor D*, *-mege* zu *inf.*); **~maz** unverschämt
Utarit *Astr.* Merkur *m*
uyan|dırmak auf-, erwecken, hervorrufen; **~ık** (*-ğı*) wach (*-sam*); findig; **~mak** wach werden, aufwachen
uyarı Mahnung *f*

uyarlamak anpassen (*-e* an *D*)
uyarmak (auf)wecken; ermahnen; anregen
uydu *Astr., Pol.* Satellit *m*
uydurma erfunden, erdichtet; **~k** anpassen, angleichen (*-e* an *A*); erdichten; **~syon** Erfindung *f*
uygar zivilisiert; **~lık** Zivilisation *f*
uygulama|k anwenden; **~lı** angewandt
uygun *-e* passend (zu) *D*; geeignet für *A*; **~ bulmak**, **~ görmek** *-i* zustimmen *D*; **~ gelmek** *D* passen; **~luk** Eignung *f*; Angemessenheit *f*; **~suz** unpassend, unschicklich
uyku Schlaf *m*; **~ya dalmak** einschlafen; **~suz** schlaflos, nicht ausgeschlafen
uyluk (*-ğu*) Oberschenkel *m*
uymak (*-ar*) *-e* passen zu *D*, sich anpassen *D*, sich richten nach *D*
uyruk (*-ğu*) Staatsangehörig(r); **~luk** Staatsangehörigkeit *f*
uysal ruhig, verträglich
uyuklamak eingenickt sein
uyum Harmonie *f*, Anpassung *f* (*-e* an *A*); *Gr.* Vokalharmonie *f*
uyu|mak schlafen; **~r gezer** schlafwandelnd; Schlafwandler *m*
uyuşmak¹ gefühllos werden, einschlafen

uyuşmak² sich einigen, sich verständigen (*ile* mit *D*)
uyuşturmak beruhigen, lindern; betäuben
uyuşturucu, ~ madde Droge *f*, Rauschgift *n*
uyuşuk (*-ğu*) gefühllos, eingeschlafen; *fig.* träge, faul
uyutmak einschläfern; hinlegen
uyuz *Med.* Krätze *f*, Räude *f*; räudig
uz gut, brauchbar
uzak (*-ğı*) weit, fern (*-den* von *D*); entfernt; **~tan** von weitem, aus der Ferne
uzaklaş|mak sich entfernen (*-den* von *D*); **~tırmak** entfernen
uzaklık Entfernung *f*

uza|mak sich ausdehnen; **~nmak** sich ausstrecken, sich hinlegen; sich erstrecken; **~tmak** verlängern, wachsen lassen, dehnen; ausstrecken, (weiter)reichen
uzay (Welt-)Raum *m*; **~ adamı** Astronaut *m*; **~gemisi** Raumschiff *n*
uzlaşmak sich einigen, sich verständigen
uzman Spezialist *m*
uzun lang; **~ araç** Transporter *m* mit Überlänge; **~ atlama** Weitsprung *m*; **~ çizgi** Gedankenstrich *m*; **~uzadıya** lang und breit; **~luk** Länge *f*
uzuv (*-zvu*) *an.* Glied *n*, Organ *n*

Ü

ücret Lohn *m*, Honorar *n*; Gebühr *f*; **~li** bezahlt; Angestellte(r); **~siz** gebührenfrei; ohne Lohn
üç drei; **~ boyutlu** dreidimensional; **~gen** Dreieck *n*; **~üz** Drilling(e *pl.*) *m*
üflemek (aus)blasen, blasen, pusten (*-e* auf *A*)
üfür|mek *v/t* anblasen; *v/i* wehen, blasen; **~ükçü** Zauberer *m*, *der durch Anhauchen heilt*
üleş|mek *v/i* teilen (*ile* mit *D*); **~tirmek** austeilen
ülke Land *n*; Gebiet *n*
Ülker *Astr.* Siebengestirn *n*, Plejaden *pl.*

ülkü Ideal *n*; **~cü** idealistisch
ülser Magengeschwür *n*
ültimatom Ultimatum *n*
ümit (*-di*) Hoffnung *f*, Erwartung *f*; **~ etm.** erhoffen, erwarten; **~lendirmek** *-i* Hoffnungen machen *D*; **~li** hoffnungsvoll; **~siz** hoffnungslos, verzweifelt
ün 1. Stimme *f*; **2.** Ruhm *m*, Ehre *f*
üniforma Uniform *f*
üniversite Universität *f*; **~li** Hochschüler *m*
ünlem *Gr.* Interjektion *f*; **~ işareti** Ausrufezeichen *n*
ünlü 1. geehrt, berühmt; **2.**

stimmhaft; Vokal *m*; ~ **uyumu** Vokalharmonie *f*
ünsüz *Gr.* stimmlos; Konsonant *m*
üre|m *Hdl.* Zinsen *pl.*; **~mek** sich vermehren
üret|ici Erzeuger *m*, Produzent *m*; **~im** Erzeugung *f*, Produktion *f*; **~mek** züchten; erzeugen, produzieren
ürkek (*-ği*) scheu, furchtsam; **~lik** Furchtsamkeit *f*
ürk|mek (*-er*) scheuen, zurückschrecken (*-den* vor *D*); **~üntü** plötzlicher Schreck *m*; **~ütmek** scheu machen, erschrecken
ürper|mek Haare: sich sträuben, vor Berge stehen; **~tici** schaurig; **~tmek** sträuben
ürümek Hund *usw.*: bellen
ürün Produkt *n*, Erzeugnis *n*
üs (*-ssü*) Basis *f* (*a. Mil.*)
üslup *-bu* Stil *m*
üst Oberseite *f*, Oberfläche *f*; Rest *m*; über; **~ünde** auf *D*; **~ünden** von *D* herunter; **~ine** **~üne** auf *A*; **~ üste** aufeinander
üstat (*-dı*) Meister *m*; Lehrer *m*
üst|çavuş Feldwebel *m*; **~deri** Oberhaut *f*, Epidermis *f*
üstegmen Oberleutnant *m*
üste|lemek nicht nachgeben; hinzukommen (*-e zu D*); *Krankheit*: erneut auftreten; **~lik** noch dazu, darüber hinaus
üstgeçit Überführung *f*
üstsubay Stabsoffizier *m*

üstün über, überlegen (*-den D*); **~körü** oberflächlich; **~lük** Überlegenheit *f*
üstyapı *fig.* Überbau *m*
üşen|ç (*-ci*), **~geç** (*-ci*), **~gen** faul, träge; **~mek** zu träge sein, zu faul sein (*-meğe* zu *inf.*)
üşümek frieren
üşüşmek zusammenkommen
üşütmek sich erkälten
ütü Bügeleisen *n*; Bügeln *n*; **~lemek** bügeln; **~lü** gebügelt; **~süz** ungebügelt
üvey Stief-; **~ baba** Stiefvater *m*; **~ evlât** Stiefkind *n*
üye Mitglied *n*; (*Körper-*) Glied *n*
üzengi Steigbügel *m* (*a. an.*)
üzere *-mek* um zu *inf.*; mit der Maßgabe, daß ...; **~ olm.** *-mek* im Begriff sein zu *inf.*
üzeri: akşam **~** gegen Abend; öğle **~** um die Mittagszeit
üzeri|nde *-in* auf, über *D*; bei (*sich*); **~ne** auf *A*
üzgü Qual *f*; Mißhandlung *f*; **~n** traurig; schwach
üz|mek (*-er*) bekümmern; quälen; **~ücü** peinlich, ärgerlich; **~ülmek** *e* bedauern *A*; sich ärgern über *A*
üzüm Weintraube *f*; **kuru ~** Rosine(n *pl.*) *f*; **kuş ~ü** Korinthe(n *pl.*) *f*
üzüntü Schmerz *m*, Kummer *m*; Ärger *m*; **~lü** ärgerlich, verdrießlich

V

vaat (-*di*) Versprechen *n*; ~ **etm.** *DA* versprechen
vade Termin *m*, Frist *f*; **~li** befristet; **kısa ~li** kurzfristig; **uzun ~li** langfristig
vadi Tal *n*
vaftiz *Rel.* Taufe *f*; **~ etm.** taufen
vagon *Esb.* Wagen *m*, Waggon *m*; **~ restoran** Speisewagen *m*
vah vah *Intj.* wie schade!
vaha Oase *f*
vahim folgenschwer, ernst
vahiy (-*hyi*) *Rel.* Offenbarung *f*
vahş|et Wildheit *f*; Grausamkeit *f*; **~li** wild
vaiz *Rel.* Prediger *m*
vak'a Vorfall *m*, Ereignis *n*
vakar Ernst *m*, Würde *f*; **~lı** ernst, würdevoll
vakf|etmek stiften (-*e* für *A*), vermachen (*b-e* j-*m*); **~iye** Stiftungsurkunde *f*
vakıa Tatsache *f*; *adv.* allerdings, zwar
vakıf (-*kfı*) Stiftung *f*
vaki (-*i*) geschehen(d)
vakit (-*kti*) Zeit *f*; -*diği* ~ als, wenn; **vaktinde** rechtzeitig; **~siz** unzeitig, verfrüht, unpassend
vakt|aki (zur Zeit) als; **~iyle** erstmals; rechtzeitig
vakum *Phys.* Vakuum *n*
valf *Tech.* Ventil *n*

vali Provinzgouverneur *m*
valide Mutter *f*
valiz Koffer *m*
vallahi *Intj.* bei Gott!; ganz bestimmt
vals Walzer *m*
vanilya Vanille *f*
vantilâtör Ventilator *m*; ~ **kayışı** *Kfz.* Keilriemen *m*
vapur Dampfer *m*, Dampfschiff *n*
var es gibt *A*; es ist vorhanden; ~ **olm.** existieren, dasein; ~ **ol!** bravo!; ~ **sayım** Hypothese *f*; **~agele** Seilfähre *f*; Tau *n*
varak (-*ğı*) Blatt *n*; **~a** Zettel *m*
varda *Intj.* Achtung!; Vorsicht!
vardırmak erreichen lassen (*b-i b.ş-e j-n etw.*), kommen lassen (-*i* -*e etw.* zu *D*)
vardiya (*Arbeits*-)Schicht *f*
var|ılmak erreicht werden (-*e N*); **~ış** Ankunft *f*, Eintreffen *n*
varidat *pl.* Einkünfte *pl.*
varil Tonne *f*, Faß *n*
vâris Erbe *m*
varlık Existenz *f*, Leben *n*; Wesen *n*; Vermögen *n*, Reichtum *m*; **~lı** reich
varmak (-*ır*) *-e* ankommen in *D*, erreichen *A*
varoş Vorstadt *f*; Vorort *m*
varsayım Hypothese *f*

varta Gefahr *f*
varyete Varieté *n*
varyos schwerer Hammer *m*
vasat Mitte *f*; **~i** zentral; durchschnittlich
vasıf (-sfı) Eigenschaft *f*, Merkmal *n*; **~landırmak** kennzeichnen, beschreiben; **~lı** qualifiziert
vasıl: ~ *olm.* -e ankommen, anlangen in *D*
vasıta Mittel *n*; Vermittlung *f*; Vermittler *m*; **~sıyla** *N* vermittels *G*, durch *A*; **~lı** indirekt; **~sız** direkt
vasi *Jur.* Testamentsvollstrecker *m*; Vormund *m*
vasistas Klappfenster *n*
vasiyet, ~name Testament *n*
vaşak (-ğı) *Zo.* Luchs *m*
vat *El.* Watt *n*
vatan Vaterland *n*
vatandaş Landsmann *m*; *Pol.* Staatsangehörige(r); **~lık** Staatsangehörigkeit *f*
vatman Triebwagenführer *m*
vay! oh!; au!; o weh!
vazgeçilmez unverzichtbar; **~irmek** *b-i* -*den j-n* abbringen von *D*, *j-m etw.* ausreden; **~mek** -*den* verzichten auf *A*, absehen von *D*
vazife Pflicht *f*, Aufgabe *f*; Amt *n*, Dienst *m*; **~lendirmek** betrauen (*ile* mit *D*)
vaziyet Lage *f*; Haltung *f*
vazo Vase *f*
ve und; ~ *saire s.* **vesaire**
veba *Med.* Pest *f*
vebal (-*li*) Sünde *f*; Strafe *f*

vecibe Verpflichtung *f*
vecize Aphorismus *m*
veçhile: bir ~ irgendwie; **bu** ~ auf diese Weise, so
veda (-*ı*) Abschied *m*; ~ *etm.* Abschied nehmen (*-e von D*); **~laşmak** sich verabschieden (*ile* mit *D*)
vefa Treue *f*; **~kâr, ~lı** *D* treu; **~sız** treulos, untreu
vefat Tod *m*; ~ *etm.* sterben
vehim (-*hmi*) Einbildung *f*
vekâlet Vertretung *f*; Vollmacht *f*, Mandat *n*; Ministerium *n*; **~name** schriftliche Vollmacht *f*
vekil Vertreter *m*
velense Wolldecke *f*
velev, ~ki *conj.* selbst wenn
velhasıl *adv.* kurz und gut
veli Vormund *m*; Erziehungsberechtigte(r); *Rel.* Heilige(r); **~aht** (-*dı*) Thronfolger *m*, Kronprinz *m*; **~nimet** Wohltäter *m*
Venüs Venus *f*
veraset Erbschaft *f*, Erbe *n*
verecek *Hdl.* Schuld *f*
verem *Med.* Tuberkulose *f*; **~(li)** schwindsüchtig, tuberkulös
veresiye *adv.* auf Kredit; oberflächlich
verev schräg
vergi Steuer *f*; Gabe *f*; ~ **beyannamesi** Steuererklärung *f*; **~ye bağlamak** besteuern; **~li** steuerpflichtig; freigebig

veri: ~ler *pl.* Daten
verilmek gegeben, ausgehändigt werden (b-e *j-m*)
verim Ertrag *m*, Gewinn *m*; ~li ertragreich; einträglich; ~siz unergiebig
vermek (-ir) *DA* geben, aushändigen; zuschreiben; bezahlen; ~le schnell tun
vernik (-ği) Firnis *m*, Lack *m*
vesaire und so weiter
vesika Urkunde *f*, Dokument *n*; Ausweis *m*; ~lık für e-n Ausweis bestimmt
vesile Gelegenheit *f*; Vorwand *m*
vesselâm und damit basta!
vestiyer Kleiderablage *f*, Garderobe *f*
vesvese Argwohn *m*
veteriner Tierarzt *m*
veto Einspruch *m*, Veto *n*
veya(**hut**) oder
vezin (-zni) Versmaß *n*
vezir Wesir *m*; *Schach:* Dame *f*
vezne Kasse(nschalter *m*) *f*; ~ci, ~dar Kassierer *m*, Kassenbeamte(r) *m*
vıcıklamak weich *od.* klebrig werden lassen
vınlamak sausen, summen
vırılda(n)mak ununterbrochen reden
vız Summen *n*; ~ *gelmek D* gleichgültig sein
vızıldamak summen; ~lı Summen *n*
vicdan Gewissen *n*; ~lı gewissenhaft; menschlich; ~sız gewissenlos

vida *Tech.* Schraube *f*; ~lamak (ver-, zu)schrauben; ~lı mit Schrauben versehen; zugeschraubt; Schraub-
videoteyp Videoband *n*
vilâyet *Pol.* Provinz *f*
villâ Villa *f*, Landhaus *n*
vinç *Tech.* Kran *m*; Winde *f*
viraj Kurve *f*, Biegung *f*; ~lı kurvenreich
viran verfallen; ~e Ruine *f*
virgül *Gr.* Komma *n*
virüs *Med.* Virus *n* (*a. m*)
visamiral (-li) *Mar.* Vizeadmiral *m*
viski Whisky *m*
vişne Sauerkirsche *f*
vitamin Vitamin *n*
vites *Kfz.* Gang *m*; ~ *kolu* Schalthebel *m*
vitrin Schaufenster *n*
viyak Quäken *n*, Schreien *n*
Viyana Wien *n*
viyola *Mus.* Bratsche *f*, Viola *f*
vize Visum *n*, Sichtvermerk *m*
vizite *Med.* Visite *f*; ärztliches Honorar *n*
voleybol (-lü) Volleyball (-spiel *n*) *m*
volkan Vulkan *m*
volt *El.* Volt *n*; ~aj *El.* Spannung *f*
votka Wodka *m*
vuku: ~ *bulmak*, ~a *gelmek* vorfallen, stattfinden, sich ereignen
vulkanize: ~ *etm.* *Tech.* vulkanisieren

vurgu *Gr.* Akzent *m*, Betonung *f*; ~**lamak** betonen, hervorheben; ~**lu** betont
vurgun(culuk) *Hdl.* Wucher *m*
vur|mak (*-ur*) ~*e* schlagen auf *A* (*-i* mit *D*); bestreichen *A* (mit *D*); *A* treffen; töten;

malnehmen (*-e* mit *D*); ~**uş** Schlagen *n*, Schlag *m*; ~**uşmak** sich schlagen, miteinander kämpfen
vücut (*-du*) Körper *m*; ~ **bakımı** Körperpflege *f*; ~ **yapısı** Körperbau *m*

Y

ya¹ *Intj.* o(h)!
ya² *am Satzanfang:* das heißt also; ja, aber ...; *am Satzende:* doch, freilich, allerdings; ~ ... ~ ... entweder ..., oder ...
-ya *s.* **-a**
yaba *Agr.* Worfel *f*
yaban Wildnis *f*; wild, im Freien lebend; ~**arısı** Wespe *f*; ~**cı** fremd; ausländisch; Fremde(r); Ausländer *m*; ~**domuzu** Wildschwein *n*; ~**î** wild(lebend); ~**kedisi** Wildkatze *f*
yadırgamak *-i* als fremd empfinden *A*; *j-n* befremden *N*
yadigâr Andenken *n*; *fig.* Gauner *m*
yadsımak leugnen; verleugnen
yafta Etikett *n*; Schild *n*
yağ Fett *n*, Öl *n*; ~**danlık** Ölkanne *f*, Schmiertopf *m*
yağdırmak regnen lassen (*-e* auf *A*)
yağış Niederschlag *m*; ~**lı** niederschlagsreich
yağız dunkelbraun
yağ|lamak einfetten, ölen,

schmieren; ~**lı** fettig, ölig; *fig.* ertragreich
yağma Plünderung *f*; ~ **etm.** (aus)plündern; ~**cı** Plünderer *m*
yağmak (*-ar*) regnen
yağmur Regen *m*; ~ **yağmak** *unpers.* regnen; ~**lu** regnerisch; ~**luk** Regenmantel *m*
yağsız fettlos, mager
yahni Ragout *n*
yahşi hübsch, schön
yahu *Intj.* he!, Mensch!; *nachgestellt:* doch, eben
Yahudi Jude *m*, Jüdin *f*; jüdisch; ~**lik** Judentum *n*
yahut oder
yaka Kragen *m*; Ufer *n*
yakacak Heizmaterial *n*, Brennstoff *m*
yakala|mak packen, erwischen; festnehmen; ~**nmak** erwischt, festgenommen werden
yakı *Med.* Pflaster *n*; ~**cı** brennend, beißend, ätzend
yakın nah(e), in der Nähe (*von D* od. *G*); Nähe *f*; Angehörige(r); ~**da** demnächst; in der Nähe; ~**dan** aus der Nä-

yakınlaşmak 194

he; *Yakın Doğu* Nahe(r) Osten; **~laşmak** D sich nähern, näherkommen; **~lık** Nähe f
yakınmak *-den* klagen über A
yakışık *(-ğı)* Schicklichkeit f; **~lı** *Mann:* gutaussehend; **~sız** unpassend
yakışmak passen *(-e* zu *D);* gut stehen *(b-e j-m)*
yakıt Heizmaterial n, Brennstoff m
yaklaş|ık annähernd, ungefähr; **~mak** D sich nähern, näher kommen; **~tırmak** nähern, näherbringen, heranführen
yakmak¹ *(-ar)* an-, verbrennen, anzünden; ätzen
yakmak² *(-ar)* auflegen; dichten
yakut Rubin m
yala|k *(-ğı)* Trog m; Tränke f; **~mak** (ab-, aus)lecken
yalan Lüge f; falsch, erlogen; **~ söylemek** lügen
yalancı Lügner m; lügnerisch; **~lık** Verlogenheit f
yalanlamak dementieren
yalaz Flamme f
yalçın steil, schroff
yaldız Goldstaub m; *fig.* Flitter m; **~lamak** vergolden; **~lı** vergoldet; *fig.* trügerisch
yalı Ufer n; Strandhaus n, Villa f
yalım Flamme f; Schneide f
yalın einfach; bloß; **~ durum** *(od. hal) Gr.* Nominativ m; **~ayak** barfuß
yalıt|ım Isolierung f; **~kan** *Phys.* isolierend; Isolator m; **~mak** isolieren
yalnız allein; nur; **~lık** Alleinsein n, Einsamkeit f
yalpa *Mar.* Schlingern n
yaltak|(çı) kriecherisch; **~lanmak** sich kriecherisch benehmen; **~lık** Kriecherei f
yalvaç *(-cı) Rel.* Prophet m; **~rmak** *-e* bitten A, flehen zu D
yama Flicken m
yamaç *(-cı)* Bergwand f, Abhang m
yamak *(-ğı)* Gehilfe m
yama|lamak flicken; **~lı** geflickt
yamamak flicken; *fig.* aufbürden *(b-e j-m)*
yaman streng; erstaunlich
yamanmak aufgenäht werden *(-e auf A);* sich einnisten *(-e bei D)*
yamuk geneigt; *Math.* Trapez n
yamyam Menschenfresser m, Kannibale m; **~lık** Kannibalismus m
yan Seite f, Flanke f; **~ a** Seite an Seite, nebeneinander; *-den* **~a** auf der Seite G; **~ı sıra** nebenbei; nebenher; *-in* **~ına**, neben A; *-in* **~ında** an, neben, bei D; *-in* **~ından** von D
yanak *(-ğı) an.* Wange f, Backe f
yanardağ Vulkan m
yanaş|ma Herannahen n;

Tagelöhner *m*; **~mak** *-e* herankommen an *A*; anlegen an *D*; eingehen auf *A*

yan|ay *Math.* Profil *n*; **~daş** Anhänger *m*

yandık (*-ğı*) *Bot.* Kameldorn *m*

yangı *Med.* Entzündung *f*; **~lanmak** sich entzünden

yangın Brand *m*; **~ işareti** Feuermelder *m*; **~ sigortası** Feuerversicherung *f*

yanık (*-ğı*) verbrannt, versengt; Brandwunde *f*, -stelle *f*

yanıl|mak sich irren, e-n Fehler machen; **~tmak** irreführen

yanısıra *s.* yan

yanıt Antwort *f*; **~lamak** antworten (*-e j-m*)

yani das heißt, nämlich

yankesici Taschendieb *m*

yankı Echo *n*, Widerhall *m*; **~lanım** Akustik *f*

yanlış falsch; **~k** Fehler *m*, Irrtum *m*; **~lık** Irrtum *m*, Versehen *n*

yanmak (*-ar*) brennen, in Brand geraten; *fig.* verliebt sein (*-e in A*)

yansı *Phys.* Widerschein *m*, Reflex *m*; **~mak** reflektiert werden; **~tmak** reflektieren, zurückstrahlen

yansız *Pol.* neutral

yapağı, **~k** Scherwolle *f*

yapay künstlich

yapı Bau *m*; Struktur *f*; **~cı** konstruktiv; Erbauer *m*; **~lı** gemacht, erbaut; **~lış** Bauart *f*; Struktur *f*; **~lmak** gemacht *od.* gebaut werden

yapım Erzeugung *f*, Produktion *f*; **~cı** Produzent *m*

yapınmak *A* sich machen lassen

yapış|ık haftend; zusammengewachsen; **~kan** klebrig; Klebstoff *m*; **~mak** *-e* kleben, hängenbleiben an *D*; sich hängen an *A*

yapıştır|ıcı klebend; **~mak** ankleben, anheften, befestigen (*-e an D*)

yapıt Werk *n*

yapma Machen *n*; künstlich, falsch; **~k** (*-ar*) machen, tun; herstellen, bauen

yaprak (*-ğı*) Blatt *n*; **~lanmak** ausschlagen, sich belauben

yaptırmak machen lassen, bestellen

yar Abgrund *m*

yara Wunde *f*, Verletzung *f*; **~ izi** Narbe *f*

Yaradan *Rel.* Schöpfer *m*

yaradılış Schöpfung *f*; Natur(anlage) *f*

yara|lamak verwunden, verletzen; **~lanmak** verletzt werden, sich verletzen; **~lı** verwundet, verletzt

yara|mak *-e* sich eignen, taugen für *A*; **~maz** unbrauchbar; unartig

yaranmak *-e* zufriedenstellen, *j-s* Gunst gewinnen

yarar *-e* nützlich, tauglich für *A*; brauchbar; Nutzen *m*;

yararlanmak

~lanmak Nutzen ziehen (*-den* aus *D*); **~lık** Tüchtigkeit *f*; Tapferkeit *f*
yarasa Fledermaus *f*
yaraşık|lı passend, schicklich; **~mak** *-e* passen zu *D*, gut stehen *D*
yarat|ıcı schöpferisch; **~ık** (*-ğı*) Geschöpf *n*; **~mak** (er)schaffen
yarbay *Mil.* Oberstleutnant *m*
yardım Hilfe *f*, Beistand *m*; ~ *etm.* helfen, beistehen
yardımcı Helfer *m*; Hilfs-, Vize-; ~ **fiil** *Gr.* Hilfsverb *n*
yargı *Jur.* Urteil *n*; Gerichtsbarkeit *f*; ~ **yolu** Rechtsweg *m*; **~ç** (*-cı*) Richter *m*; **~lamak** *Jur.* verhandeln; aburteilen
Yargıtay Revisionsgericht *n*
yarı Hälfte *f*; ~ **~ya** halb und halb, zur Hälfte
yarık (*-ğı*) Spalt *m*, Schlitz *m*; gespalten, aufgeschlitzt
yarım halb; **~ada** Halbinsel *f*
yarın morgen; ~ **sabah** morgen früh
yarış Wettkampf *m*; **~çı** Wettkämpfer *m*
yarışma Wettkampf *m*; Konkurrenz *f*; **~mak** wetteifern, e-n Wettkampf machen (*ile* mit *D*)
yarmak (*-ar*) (auf-, zer)spalten, durchbrechen
yas Trauer *f*; ~ **tutmak** trauern
yasa Gesetz *n*; ~ **dışı** illegal

yasak (*-ğı*) Verbot *n*; verboten, untersagt; ~ *etm.* verbieten, untersagen
yasama: ~ **gücü** (*od.* **yetkisi**) *Jur.* Legislative *f*
yasemin Jasmin *m*
yaslı in Trauer
yassı platt, flach; **~lık** Abplattung *f*
yastık (*-ğı*) Kissen *n*; Beet *n*
yaş[1] Alter *n*; Lebensjahr *n*
yaş[2] feucht; Träne *f*
yaşam Leben *n*
yaşa|ma Leben; **~ntı** Leben(sweise *f*) *n*, Erfahrung *f*
yaşarmak feucht werden; zu tränen beginnen
yaş|ayış Leben(sweise *f*) *n*; **~ıt** Altersgenosse *m*; **~lanmak** altern, älter werden
yaşlı[1] alt, betagt
yaşlı[2] feucht, naß
yat *Mar.* Jacht *f*
yatağan Krummsäbel *m*
yatak (*-ğı*) Bett *n*; *Tech.* Lager *n*; *Bgb.* Lager *n*, Vorkommen *n*; Diebeslager *n*; Hehler *m*; ~ **odası** Schlafzimmer *n*; ~ **takımı** Bettzeug *n*; Schlafzimmereinrichtung *f*; **~lı vagon** *Esb.* Schlafwagen *m*
yata|lak (*-ğı*) bettlägerig; **~y** waagerecht, horizontal
yatı Übernachtung(sort *m*) *f*; **~lı okul** Internat *n*
yatır|ım *Hdl.* Investition *f*, Einlage *f*; **~mak** hinlegen; einzahlen, investieren
yatış|mak (*-ar*) sich beruhi-

yedek

gen, nachlassen; ~**tırmak** unterdrücken; beruhigen

yat|mak (*-ar*) sich (hin)legen, liegen; zu Bett gehen; ~**sı** *Rel.* Zeit *f* des Nachtgebets

yavan fettlos; fade; ~**laşmak** fade werden

yavaş langsam; leise, ruhig; sanft, mild; ~ ~ *adv.* langsam; allmählich; ~**lanmak** langsamer *od.* milder werden; ~**latmak** verlangsamen, drosseln

yavru Junge(s); Kleine(r, -s); Liebling *m*

yavuz streng, hart

yay Bogen *m*; *Tech.* Feder *f*

Yay *Astr.* Schütze *m*

yaya zu Fuß; Fußgänger *m*; ~ **geçidi** Fußgängerüberweg *m*; ~ **kaldırımı** Gehweg *m*; ~**n** zu Fuß; fig. unwissend

yaygara Geschrei *n*

yaygın verbreitet; groß; ~**laşmak** sich verbreiten, sich einbürgern

yayık¹ Butterfaß *n*

yayık² (*-ğı*) ausgebreitet

yayılmak sich ausbreiten, sich zerstreuen (*-e* über *A*); sich verbreiten

yayım Verbreitung *f*, Veröffentlichung *f*; ~**lamak** veröffentlichen

yayın Veröffentlichung *f*; (Rundfunk-)Sendung *f*; ~ **evi** Verlag *m*; ~**lamak** *s.* **yayımlamak**

yayla Hochplateau *n*, Alm *f*; ~**k** (*-ğı*) Weide *f*, Alm *f*; ~**mak** auf e-r Alm weiden

yaylı mit Federn versehen, gefedert

yaymak (*-ar*) aus-, hin-, verbreiten (*-e* über, auf *A*); verstreuen

yayvan breit

yaz Sommer *m*; ~ **saati** Sommerzeit *f*

yaz|ar Schriftsteller *m*; Redakteur *m*; ~**dırmak** schreiben *od* eintragen lassen; ~**gı** Schicksal *n*, Los *n*

yazı Schrift *f*; Schreiben *n*; Aufsatz *m*; Text *m*; ~ **makinesi** Schreibmaschine *f*; ~ **masası** Schreibtisch *m*; ~**hane** Büro *m*; Schreibtisch *m*

yazık (*-ğı*) Sünde *f*; *Intj.* (wie) schade!

yazılıı (auf-, ein)geschrieben; schriftlich; ~**mak** geschrieben werden; eingetragen werden (*-e* in *A*)

yazım Rechtschreibung *f*, Orthographie *f*

yazın¹ Literatur *f*

yazın² *adv.* im Sommer

yazışmak korrespondieren (*ile* mit *D*)

yazıt Inschrift *f*

yazlık für den Sommer geeignet; Sommer-

yazma Schreiben *n*; Handschrift *f*; handgeschrieben; ~**k** (*-ar*) schreiben; eintragen, registrieren (*-e* in *A*)

-ye *s.* **-a**

yedek Reserve *f*; Reserve-, Ersatz-; ~ **parça** Ersatzteil *n*

yedi 198

(*a. m*); ~ **subay** Reserveoffizier *m*
yedi sieben
yediemin *Jur.* Treuhänder *m*
yedirmek *-i* zu essen geben *D*, essen lassen, füttern *A*
yegâne einzig, alleinig
yeğ besser (*-den* als)
yeğen Neffe *m*, Nichte *f*
yeğin heftig; überlegen
yeğlemek vorziehen
yekpare aus e-m Stück
yekûn Summe *f*
yel Wind *m*
yele Mähne *f*
yelek (*-ği*) Weste *f*
yelken Segel *n*; ~ **açmak** die Segel setzen, absegeln; ~**li** mit Segeln versehen; Segelschiff *n*, Segler *m*
yelkovan Wetterhahn *m*, Wetterfahne *f*; Minutenzeiger *m*
yellemek anblasen, fächeln
yelpaze Fächer *m*; fächerförmig
yem Futter *n*, Köder *m*
yemek (*-ği*) **1.** Essen *n*, Speise *f*; **2.** essen; fressen; abnutzen; *e-n Schlag* usw. bekommen; ~**lik** zum Essen geeignet, eßbar
yemin Eid *m*, Schwur *m*; ~ **etm.** schwören (*-in üzerine* bei *D*); beschwören (*-e etw.*); ~**li** be-, vereidigt
yemiş Obst *n*, Frucht *f*
yem|lemek füttern *m*; *fig.* ködern; ~**lik** Krippe *f*, Trog *m*; *fig.* Bestechungsgeld *n*

yemyeşil grasgrün
yen Ärmel *m*
yenge Frau des Bruders od. Onkels; Schwägerin *f*
yengeç (*-ci*) Krebs *m*
yengi Sieg *m*
yeni neu, frisch; ~**bahar** *Bot.* spanischer Pfeffer *m*
yeniçeri Janitschar *m*
yeniden von neuem, wieder
yenile|mek erneuern, auffrischen; ~**nmek** erneuert werden, sich erneuern
yenilgi Niederlage *f*
yenilik Neue(s); Neuerung *f*
yenilmek[1] gegessen, gefressen werden
yenilmek[2] besiegt werden
yenmek[1] (*-ir*) gegessen werden, eßbar sein
yenmek[2] (*-ir*) besiegen, überwinden
yepyeni nagelneu, ganz neu
yer Erde *f*, Boden *m*; Platz *m*, Stelle *f*; Ort *m*; Raum *m*; ~**ine getirmek** ausführen; ~**altı** unterdisch; ~**el** lokal, örtlich; ~**fıstığı** Erdnuß *f*, ~**inde** angebracht, am richtigen Platz; ~**ine** (an)statt, anstelle *G*
yerleş|mek sich niederlassen, sich ansiedeln (*-e in D*); sich einrichten; ~**tirmek** auf-, hinstellen; ansiedeln; unterbringen
yer|li einheimisch, örtlich; Einheimische(r); ~**siz** unangebracht; ~**solucanı** Regenwurm *m*; ~**yuvar(lağı)** Erd-

yırtılmak

kugel *f*; ~**yüzü** Erdoberfläche *f*

yeşil grün, frisch; ~**lenmek** grün werden; ~**lik** Grüne(s); Wiese *f*; Salatbeilage *f*

yetenek (-*ği*) Fähigkeit *f*

yeter genug, genügend; ~**ince** in ausreichendem Maße; ~**li** fähig, kompetent; ~**lik** Fähigkeit *f*, Kompetenz *f*; ~**siz** unfähig, ungeeignet

yetim Waise(nkind *n*) *f*

yetinmek sich begnügen, zufrieden sein (*ile* mit *D*)

yetişkin erwachsen; ~**mek** -*e* erreichen, einholen *A*; wachsen, reifen; ausgebildet werden; ~**miş** reif; ausgebildet, Fach-; ~**tirmek** erreichen lassen; hervorbringen, aufzüchten; erziehen

yetki Berechtigung *f*, Befugnis *f*; ~**li** befugt, zuständig; ~**n** vorzüglich

yetmek (-*er*) -*e* genügen, reichen für *A*

yetmiş siebzig

yevmiye Tagelohn *m*; Tagegeld *n*

yığılı aufgehäuft; ~**mak** aufgehäuft werden

yığın Masse *f*, Haufen *m*; Stapel *m*; ~**ak** (-*ğı*) *Mil.* Aufmarsch *m*; Konzentration *f*; ~**tı** Anhäufung *f*

yığışmak zusammenkommen; ~(-*ar*) sammeln, konzentrieren

yıkamak waschen; baden; ~**nmak** sich waschen, baden

yıkıcı zerstörend; ~**k** ein-, umgestürzt; ~**lmak** zusammenbrechen, einstürzen; ~**m** Katastrophe *f*; Bankrott *m*; ~**ntı** Trümmer *pl.*

yıkmak (-*ar*) niederreißen, zertrümmern; ~**tırmak** *A* niederreißen lassen

yıl Jahr *n*

yılan *Zo.* Schlange *f*; ~**balığı** *Zo.* Aal *m*; ~**cık** *Med.* Rotlauf *m*; ~**kavi** schlangenförmig, gewunden

yılbaşı Neujahr(stag *m*) *n*

yıldırak strahlend; ~**ım** Blitz *m*

yıldız *Astr.* Stern *m*; (*Film-*) Star *m*; ~ **falı** Horoskop *n*; ~**çiçeği** *Bot.* Dahlie *f*; ~**lı** mit Stern(en); sternenklar

yıldönümü Jahrestag *m*

yılgı Schrecken *m*; ~**n** eingeschüchtert, verängstigt

yılışık, ~kan gekünstelt lächelnd; ~**mak** aufdringlich lächeln

yıllanmak ein Jahr alt werden; alt werden; ~**mış** alt (*Wein*)

yıllık Jahrbuch *n*; -jährig, Jahres-; ~ **izin** Jahresurlaub *m*

yılmak (-*ar*) sich einschüchtern lassen (-*den* von *D*); ~**z** unerschrocken

yıpranmak sich abnutzen, sich abtragen; ~**tmak** *A* zermürbend

yırtıcı hayvan Raubtier *n*; ~**k** (-*ğı*) zerrissen; *fig.* schamlos; ~**ılmak** zerrissen

yırtmak werden; platzen; ~**mak** (*-ar*) zerreißen; *Pferd* zureiten

yiğit tapfer, mutig; junger Mann *m*; Held *m*; ~**lik** Schneid *m*, Tapferkeit *f*

yine *s.* gene

yirmi zwanzig

yit|im Verlust *m*; ~**irmek** verlieren; ~**mek** (*-er*) verloren gehen

yiv Rille *f*; *Tech.* Gewinde *n*

yiyecek Eßware *f*; Lebensmittel *pl.*

yobaz fanatisch; ~**lık** Fanatismus *m*

yoğalt|ım Verbrauch *m*; ~**mak** verbrauchen

yoğun dicht; intensiv; ~**laş-mak** sich verdichten; ~**luk** Dichte *f*

yoğurmak kneten

yoğurt (*-du*) Joghurt *m*; ~**çu** Joghurthändler *m*; ~**lu** mit Joghurt

yok es ist nicht vorhanden; es gibt nicht *A*; abwesend; nein; ~ *etm.* vernichten; ~ *yere* nutzlos; grundlos

yoklama *Mil.* Appell *m*, Musterung *f*; Namensaufruf *m*; Prüfung *f*; ~**k** ab-, betasten, untersuchen; prüfen; besuchen

yok|luk Nichtvorhandensein *n*; Mangel *m*; ~**sa** wenn nicht, sonst; oder

yoksul arm, ärmlich; ~**luk** Armut *f*, Dürftigkeit *f*

yoksun beraubt (*-den G*); ~**luk** Entbehrung *f*, Mangel *m*

yokuş Steigung *f*; ~ *aşağı* bergab; ~ *yukarı* bergauf

yol Weg *m*, Straße *f*; Methode *f*; ~ *açmak* -*e* verursachen *A*; ~ *haritası* Straßenkarte *f*; ~ *inşaatı* (Straßen-)Bauarbeiten *pl.*; ~ **kesen** Straßenräuber *m*; ~ **vermek** -*e* den Weg bahnen für *A*; entlassen *A*; ~*a çıkmak* (*od. koyulmak*) aufbrechen, sich auf den Weg machen; ~**una koymak** in Ordnung bringen, ~**unda** in Ordnung, ~**unu şaşırmak** den Weg verlieren, sich verirren

yolcu Reisende(r), Passagier *m*; ~**luk** Reise *f*, Fahrt *f*

yol|daş Gefährte *m*; *Pol.* Genosse *m*; ~**lamak** senden, schicken, aufgeben; ~**lu** gestreift; mit ... Wegen; ordentlich, passend; ~**luk** Reisegeld *n*; Reiseproviant *m*

yolmak (*-ar*) ausrupfen, ausreißen; *j-n* neppen

yolsuz unwegsam; regelwidrig; ~**luk** *Jur.* Unregelmäßigkeit *f*, Verstoß *m*

yonca Klee *m*

yon|ga Späne *pl*; ~**tmak** (*-ar*) (zu)spitzen; beschneiden, behauen

yordam Geschicklichkeit *f*

yorgan Steppdecke *f*; ~**cı** Steppdeckennäher *m*

yorgun müde, ermattet; ~**luk** Müdigkeit *f*

yormak¹ (*-ar*) ermüden, müde machen

yormak² (-ar) *DA* zuschreiben
yortu *Rel.* (christliches) Fest *n*, Feiertag *m*
yorulmak¹ müde werden
yorulmak² *D* zugeschrieben werden
yorum Kommentar *m*; **~lamak** kommentieren
yosma hübsch; kokett
yosun Moos *m*; Tang *m*, Alge *f*; **~lu** mit Moos bedeckt
yoz unberührt, wild; **~laşmak** verwildern
yön Richtung *f*; Hinsicht *f*; **~elmek** sich wenden (-e nach *D*); **~eltmek** richten (-e auf *A*); **~erge** Direktive *f*, Richtlinien *pl.*
yönet|im Verwaltung *f*; **~melik** Satzung *f*; (Verwaltungs-)Verordnung *f*, Direktive *f*, **~men** Direktor *m*; Regisseur *m*
yönlü: çok ~ vielseitig
yöntem Methode *f*
Yörük s. **Yürük**
yöre Gebiet *n*; Milieu *n*; **~sel** regional
yörünge *Astr.* Bahn *f*
yudum Schluck *m*
yufka dünner Teig *m*; Blätterteig *m*; schwach, dünn
Yugoslavya Jugoslawien *n*
yuha *Intj.* pfui!; nieder!; **~lamak** ausbuhen
yukarı Oberteil *m*, Spitze *f*; hoch; nach oben; **~da** oben; **~dan** von oben; **~ya** nach oben, aufwärts

yulaf Hafer *m*
yular Halfter *m od. n*
yumak Knäuel *n od. m*
yummak (-ar) schließen, zumachen
yumru Beule *f*
yumruk (-ğu) Faust *f*; Faustschlag *m*; **~lamak** mit der Faust schlagen; **~laşma** Rauferei *f*
yumu|k geschlossen; dick, rundlich; **~lmak** geschlossen werden
yumurta Ei *n*; Rogen *m*; **~ akı** Eiweiß *n*; **~ sarısı** Eigelb *n*; **~lık** *an.* Eierstock *m*; Eierbecher *m*
yumurtlamak Eier legen; *e-e* falsche Nachricht verbreiten
yumuşak (-ğı) weich; ruhig, sanft; **~lık** Weichheit *f*, Sanftheit *f*
yumuşa|mak weich werden; **~tmak** weich machen, besänftigen
Yunan Grieche *m*, Griechin *f*; **~istan** Griechenland *n*; **~lı** griechisch
yunusbalığı Delphin *m*
yurdu Nadelöhr *n*
yurt (-du) Heimat *f*, Vaterland *n*; (Wohn-)Heim *n*; **~sever** patriotisch; **~taş** Landsmann *m*
yut|kunmak *v/i* schlucken; **~mak** (-ar) *v/t* (ver-)schlucken, herunterwürgen
yuva Nest *n*; Heim *n*; *Tech.* Loch *n*, Höhlung *f*; **~lamak** ein Nest bauen

yuvar *an.* Blutkörperchen *n*
yuvarla|k (*-ğı*) rund; Kugel *f*; **~mak** *v/t* rollen, wälzen; verschlingen; **~nmak** *v/i* rollen; sich wälzen, kollern
yüce hoch, erhaben; **Yüce Divan** *Jur.* Staatsgerichtshof *m*; **~lik** *f*, Erhabenheit *f*; **~lmek** erhaben werden
yük (*-kü*) Last *f*; Ladung *f*
yükle|m *Gr.* Prädikat *n*; **~mek** aufladen; beladen (*b-ş-e*); aufhalsen (*b-e j-m*); zuschreiben (*b-e j-m*); sich aufbürden; übernehmen, auf sich nehmen; **~tmek** *A* aufladen (lassen); beladen
yüklü beladen, bepackt; *Argot:* betrunken
yüksek (*-ği*) hoch; laut; **~ atlama** *Sp.* Hochsprung *m*; **~ basınç** Hoch(druck *m*) *n*; **~ mühendis** Diplomingenieur *m*; **~lik** Höhe *f*; Erhebung *f*; **~okul** Hochschule *f*; **~ öğretim** Hochschulausbildung *f*
yüksel|mek aufsteigen, sich erheben; **~tmek** er-, hochheben
yüksük (*-ğü*) Fingerhut *m*
yüksünmek als beschwerlich empfinden (*-den A*)
yüküm Zwang *m*, Verpflichtung *f*; **~lü** verpflichtet (*ile* zu *D*)
yün Wolle *f*; wollen, aus Wolle; **saf ~** reine (Schur-)Wolle *f*; **~lü** aus Wolle
yürek (*-ği*) *an.* Herz *n*; *fig.*

Mut *m*, Tapferkeit *f*; **~li** mutig; **~siz** ängstlich; grausam
yürük schnell, flott
Yürük (*-ğü*) turkmenischer Nomade *m*
yürümek marschieren, gehen; vorrücken; **yürüyen merdiven** Rolltreppe *f*; **yürüyerek gitmek** zu Fuß gehen, laufen
yürü|rlük *Jur.* Gültigkeit *f*; **~tmek** vorrücken lassen; *Jur.* in Kraft setzen, vollstrecken; vorbringen; **~tme yetkisi** *Jur.* Exekutive *f*; **~yüş** Marsch *m*; Wanderung *f*
yüz¹ hundert; **~ kere** hundertmal; **~ numara** WC *n*; Null-Null *n*
yüz² Gesicht *n*; Oberfläche *f*; Grund *m*, Motiv *n*; **~ çevirmek** sich abwenden (*-den* von *D*); **~ kızartıcı** beschämend; **~ ölçümü** Flächenmaß *n*; **~ tutmak** e-e Wendung nehmen zu *D*; **e-e vermek** *-e* ermutigen *A*; **ters ~** Rückseite *f*, linke Seite *f*
yüzbaşı (*-yı*) *Mil.* Hauptmann *m*
yüzde Prozent(satz *m*) *n*; **~ yüz** hundert Prozent (*a. fig.*); **~lik** Prozente *pl.*
yüzden: bu ~ deshalb, deswegen; infolgedessen
yüzey Oberfläche *f*; **~sel** oberflächlich (*a. fig.*)
yüzgeç (*-ci*) *Zo.* Flosse *f*
yüz|leşmek gegenübertreten,

begegnen (*ile j-m*); **~lü** mit ... Gesicht *od.* Oberfläche; dreist
yüzme Schwimmen *n*; **~ bilmeyenler** Nichtschwimmer *pl.*; **~ havuzu** Schwimmbad *n*
yüzmek¹ (*-er*) schwimmen
yüzmek² (*-er*) abhäuten
yüznumara, yüzölçümü *s.* **yüz**
yüzsüz frecht, unverschämt; **~lük** Unverschämtheit *f*
yüzücü *Sp.* Schwimmer *m*
yüzük (*-ğü*) (*Finger-*)Ring *m*; **~ parmağı** Ringfinger *m*
yüzyıl Jahrhundert *n*

Z

zabıta Polizei *f*
zabıt(name) Protokoll *n*
zafer Sieg *m*; **Zafer Bayramı** Siegesfest *n* (*gesetzlicher türk. Feiertag, 30. August*)
zağ Politur *f*; Schärfe *f*
zahir offenbar, klar; Äußere(s), äußerer Schein *m*
zahire Getreide *n*
zahirî äußerlich; scheinbar
zahmet Mühe *f*, Anstrengung *f*, Schwierigkeit *f*; **~ çekmek** Mühe haben, sich anstrengen müssen; **~ etmeyin(iz)!** machen Sie sich keine Umstände!; **~li** mühsam, schwierig; **~siz** mühelos, leicht
zakkum *Bot.* Oleander *m*
zalim grausam, tyrannisch
zam (*-mmı*) Zuschlag *m*; **-e ~ yapmak** Preis erhöhen
zaman Zeit *f*; *-diği* **~** als, wenn; **o ~ dann;** rechtzeitig; seinerzeit; **~la** mit der Zeit; **~aşımı** *Jur.* Verjährung *f*; **~lamak** die geeignete Zeit bestimmen (*-i für A*); **~lı** pünktlich; **~sız** unzeitig; unangebracht
zambak (*-ğı*) Lilie *f*
zamir *Gr.* Pronomen *n*
zamk Klebstoff *m*; **~lamak** gummieren; **~lı** gummiert
zampara Schürzenjäger *m*
zan (*-nnı*) Vermutung *f*
zanaat Handwerk *n*, Gewerbe *n*; **~çı** Handwerker *m*
zangırdamak zittern; klirren
zani Ehebrecher *m*
zannetmek glauben, meinen, denken
zapt: ~ etm. in Besitz nehmen; beherrschen; protokollieren
zar¹ Häutchen *n*, Membrane *f*
zar² Würfel *m im Spiel*
zarar Schaden *m*; **~ vermek** *D* Schaden, Schaden zufügen; **~a uğramak** Schaden erleiden; **~ı yok!** das schadet nichts, das macht nichts; **~lı** schädlich; **~sız** unschädlich, harmlos
zarf (*Brief-*)Umschlag *m*, Kuvert *n*; Untersatz *m*; *Gr.* Adverb *n*; **~ında** *N* innerhalb, während *G*

zarif fein, elegant; witzig
zarp (-*bı*) Schlagen *n*; ~ *musluğu* Hauptwasserhahn *m*
zarur|et Notwendigkeit *f*, Zwangslage *f*; Not *f*; ~**i** notwendig, unentbehrlich
zat Wesen *n*; Person *f*; ~**en** *adv.* sowieso, ohnehin, ~**i** persönlich; wesentlich
zatürree Lungenentzündung *f*
zavallı arm, bedauernswert, hilflos
zaviye *Math.* Winkel *m*
zayıf schwach; dünn; ~**lamak** schwach werden; abmagern; ~**latmak** schwächen; ~**lık** Schwäche *f*; Magerkeit *f*
zayi (-*i*) verloren; ~**at** *pl.* Verluste *pl.*
zayiçe Horoskop *n*
zebra Zebra *n*
Zebur *Rel.* Psalter *m*
zedelemek (be)schädigen
zehir (-*hri*) Gift *n*; ~**lemek** vergiften; ~**lenme** Vergiftung *f*; ~**li** giftig; gifthaltig
zekâ Intelligenz *f*, Scharfsinn *m*
zekât *Rel.* (islamische) Almosensteuer *f*
zeki intelligent, scharfsinnig
zelzele Erdbeben *n*
zemberek (-*ği*) *Tech.* Spiralfeder *f*, Türschließer *m*
zemin Erde *f*, Boden *m*; Farbgrund *m*; Thema *n*; ~ *katı* Erdgeschoß *n*, Parterre *n*
zencefil Ingwer *m*
zenci Neger *m*
zencir *s.* **zincir**
zengin reich; ~**le(ş)mek** reich werden; ~**lik** Reichtum *m*
zeplin Zeppelin *m*, Luftschiff *n*
zerdali wilde Aprikose *f*
zerde mit Safran bereitete kalte Reisspeise
zerdeva *Zo.* Marder *m*
zerre Molekül *n*; Atom *n*
zerzevat *pl.* Gemüse *n*; ~**çı** Gemüsehändler *m*
zeval (-*li*) Sinken *n der Sonne*; Verschwinden *n*; Verfall *m*; ~**i** von Mittag ab gerechnet; ~**siz** unvergänglich
zevk Geschmack *m*; Gefühl *n*; Genuß *m*, Vergnügen *n*; ~ *almak* -*den* sich erfreuen an *A*; -*in* ~*ine varmak* schätzen *A*; ~**lenmek** sich amüsieren; sich lustig machen (*ile* über *A*); ~**li** reizvoll; ~**siz** unvergnügt
zevzek (-*ği*) schwatzhaft; ~**lenmek** schwatzen; ~**lik** aufdringliches Geschwätz *n*
zeyil (-*yli*) Anhang *m*
zeyrek (-*ği*) intelligent, klug
zeytin Olive *f*; ~**lik** Ölbaumpflanzung *f*; ~**yağı** Olivenöl *n*; ~**yağlı** in Olivenöl, mit Olivenöl zubereitet
zeytunî olivgrün
zıddiyet Gegensatz *m*
zıh Einfassung *f*, Litze *f*
zıkkım *fig.* Fraß *m*, Gift *m*
zımba Lochzange *f*, Locher *m*; ~**lamak** (durch)lochen, perforieren, stanzen

zımbırtı Rasseln n; Geklimper n; fig. Dingsda n
zımn|en adv. indirekt, zwischen den Zeilen; **~î** stillschweigend; inbegriffen
zımpara Schmirgel m; **~ kâğıdı** Sandpapier n
zıngı|ldamak, **~rdamak** klappern, klirren
zıpır närrisch
zıpkın Mar. Harpune f
zıplamak springen, hüpfen
zıpzıp Murmel f
zırdava s. **zerdava**
zırdeli total verrückt
zırh Panzer m, Rüstung f; **~lı** gepanzert, Panzer-; Mar. Panzerschiff n
zırıl|damak murren, **~tı** Murren n; Streit m
zırnık Chem. Arsenik n
zırva Gefasel n, Quatsch m
zıt (-ddı) Gegensatz m; D entgegengesetzt; **-in zıddına basmak** (od. **gitmek**) j-m auf die Nerven fallen
zıvana Mundstück n, Hülse f
zıya (-î) Verlust m
zıfos (Dreck-)Spritzer m
zift Pech n; **~lemek** mit Pech bestreichen
zihin (-hni) Geist m, Verstand m; Gedächtnis n
zihniyet Mentalität f
zikir (-kri) Erwähnung f; Andenken n; Rel. Rezitation f der Beinamen Gottes
zikretmek erwähnen
zikzak: **~ gitmek** zickzack gehen (od. fahren); **~ yapmak** im Zickzack verlaufen; fig. sehr wetterwendisch sein
zil Schelle f; Glocke f; Klingel f; **~ çalmak** klingeln; **~ zurna** sinnlos betrunken
zimmet Hdl. Soll n, Schuld f; b-in **~ine geçirmek** Hdl. j-n belasten mit D; **kendi ~ine geçirmek** Jur. unterschlagen, hinterziehen
zina Ehebruch m
zincir Kette f; **~lemek** anketten, mit e-r Kette befestigen; **~li** mit e-r Kette versehen; angekettet
zindan Kerker m
zinde lebendig, munter
zira conj. denn, da, weil
zira|at Landwirtschaft f; **~î** landwirtschaftlich
zirve Gipfel m, Spitze f; Wipfel m
ziyade mehr; zu viel; **~siyle** adv. sehr, reichlich
ziyafet Festmahl n, Bankett n
ziyan Schaden m, Verlust m; **~ yok!** das schadet nichts, das macht nichts
ziyaret Besuch m; **~ etm.** -i besuchen D; **e-n Besuch machen** D; **~çi** Besucher m; **~gâh** Rel. Wallfahrtsort m
ziynet Schmuck m
zoka künstlicher Köder m
zonklamak klopfend schmerzen
zooloji Zoologie f
zor Beklemmung f; Zwang m; Gewalt f; Mühe f; schwer;

zoraki

schwierig; ~mek ~unda olm. gezwungen sein zu *inf.*
zoraki wider Willen
zorba herrisch, brutal; ~lık Gewaltanwendung *f*
zorla *adv.* mit Mühe; gewaltsam, mit Gewalt
zorlamak zwingen, nötigen (*-e* zu *D*); in Bedrängnis bringen; erzwingen
zorlaş|mak schwierig(er) werden; ~tırmak erschweren
zorlayıcı zwingend
zor|lu stark; gewaltsam; ~luk Schwierigkeit *f*
zorunlu notwendig; zwangsläufig
zuhur: ~ *etm.* erscheinen

zulmetmek *-e* grausam behandeln *A*
zulüm (*-lmü*) Ungerechtigkeit *f*, Unterdrückung *f*
zurna *Mus. Art* Oboe *f*
zücaciye Glaswaren *pl.*
züğürt (*-dü*) pleite, abgebrannt
Zühal (*-li*) *Astr.* Saturn *m*
Zühre *Astr.* Venus *f*
zührevî *Med.* Geschlechts-, venerisch
zülüf (*-lfü*) Schläfenlocke *f*
zümre Gruppe *f*, Klasse *f*; Stand *m*
zümrüt (*-dü*) Smaragd *m*
züppe geckenhaft
zürafa Giraffe *f*
zürriyet Nachkommenschaft *f*

Deutsch-Türkisches Wörterverzeichnis

A

Aal (-e) *m* yılanbalığı
Aas (-e *u. Äser*) *n* leş
ab kopuk; aşağı(ya); *-den itibaren; auf und ~* bir aşağı bir yukarı; *ein Knopf ist ~* bir düğme koptu; *von 9 Uhr ~* saat dokuzdan itibaren; *~ und zu* bazan, arada sırada
abändern değiştirmek
Abart *f* çeşit(lilik)
Abbau (0) *m* Bgb. maden işletilmesi; (*Preise*) indirme; (*Beamte*) tensikat *pl.*
abbauen *Bgb.* işletmek; *Preise* indirmek; *Zelt* yıkmak
abbeißen dişle ısırarak koparmak
abbekommen *A* (payını) almak; *-e* uğramak
abberufen geri (*od.* işinden) çağırmak
abbestellen (aboneyi) kesmek; iptal et(tir)mek
abbezahlen tamamiyle (*od.* taksitle) ödemek
abbiegen *v/t* eğmek, bükmek; *v/i* sapmak
abbilden *A* *-in* resmini yapmak
Abbildung *f* resim, fotoğraf, şekil
abbinden (*losbinden*) çözmek; *Med.* sıkıca bağlamak

abblättern pul pul olm., kalkmak
abblasen üfleyerek kaldırmak; *fig.* geri almak
abblenden körletmek
Abblendlicht *n* kısa huzmeli ışık
abbrechen *v/i* kopmak; *v/t* koparmak, kırarak ayırmak; kesmek; *Zelt, Haus* yıkmak
abbrennen *v/t* yakmak; *v/i* tamamiyle yanmak
abbringen vazgeçirmek, çevirmek (*j-n von D b-i -den*)
abbröckeln parçalara ayrılmak, çözülmek
Abbruch *m* yıkılma; kesilme; *~ tun D* zarar vermek
abbürsten fırçalayarak kaldırmak (*od.* temizlemek)
Abc (-) *n* alfabe
abdämmen *A* set ile durdurmak; *-in* akışını değiştirmek
abdanken istifa etm.
abdecken *Tisch, Dach* kaldırmak; (*zudecken*) örterek kapatmak
abdichten *A -de* suyun sızmasını durdurmak; *-i* contalamak
abdrehen *v/t* burarak koparmak; *Gas, Wasser usw.* kes-

abdrosseln

mek; *v/i Mar., Flugw.* sapmak
abdrosseln kesmek, kısmak
Abdruck *m* bası; baskı; *(Finger-)* iz
abdrucken basmak
abdrücken *tabancanın* tetiğini çekmek
Abend (-e) *m* akşam; *guten ~!* iyi akşamlar!; *heute abend* bu akşam
Abend|essen *n* akşam yemeği; **~kasse** *f* akşam gişesi; **~kleid** *n* tuvalet; **~land** (0) *n* batı ülkeleri *pl.*; **~mahl** *n Rel.* kudas
abends akşamleyin; akşamları
Abenteuer (-) *n* macera, serüven
abenteuerlich maceralı, tehlikeli
Abenteurer (-) *m* maceracı
aber fakat, ama
Aberglaube *m* batıl inanç
abergläubisch huraferest, batıl inançlara inanan
abermals *adv.* yeniden, tekrar
Abessinien *n* Habeşistan
abfahren *v/i* kalkmak, hareket etm.; *v/t* götürmek
Abfahrt *f* hareket, kalkış; *Sp.* kayış; **~slauf** *m Sp.* iniş; **~szeit** *f* kalkış saati
Abfall *m* 1. (-e) çöp; 2. (0) meyil; iniş; *Rel.* irtidat; **~eimer** *m* çöp tenekesi
abfallen düşmek, dökülmek; çıkmak, ayrılmak *(von D*

-den); *Gelände*; inmek
abfällig hor görücü
abfangen yakalamak
abfärben boyası çıkmak
abfassen yazmak, kaleme almak
abfaulen çürümek
abfegen süpürmek
abfeilen eğelemek; törpülemek
abfertigen *A* yollamak; *-in* işlemini yapmak
Abfertigung *f* yollama; işlem, muamele
abfeuern ateş etm.
abfinden *j-n* para ile memnun etm., tazmin etm.; *sich ~* uyuşmak, yetinmek *(mit D b. ş.* ile)
Abfindung *f* tazminat
abflauen azalmak, hafiflemek
abfliegen havalanmak
abfließen akıp gitmek
Abflug *m* kalkış, uçuş
Abfluß *m* akma; **~(loch** *n) suyun dışarı aktığı* delik; **~rohr** *n* künk borusu
abfragen anlattırmak; soruşturmak
abfressen kemirmek, yemek
abführen *j-n* götürmek, sevk etm.; *Geld* ödemek; *Med.* ishal etm.
Abführmittel *n* müshil
abfüllen boşaltmak, doldurmak *(in A -e)*
abfüttern yedirmek; *Kleid* astarlamak
Abgabe *f* teslim; vergi

abgaben|frei vergisiz, vergiden muaf; **~pflichtig** vergi mükellefi, vergiye tabi
Abgang *m* gidiş, hareket; **~szeugnis** *n* bitirme diploması
Abgas *n* çürük gaz; **~e** *pl.* egzoz (gazları)
abgeben *DA* vermek, teslim etm.; *A* bırakmak; **sich ~** uğraşmak (*mit D* ile)
abge|brannt yanmış; *fig.* parasız; **~brüht** *fig.* pişkin; **~droschen** basmakalıp, beylik; **~fahren** *Reifen:* kabak
abgehen hareket etm., ayrılmak; (*sich ~lösen*) çözülmek; vazgeçmek (*von D* -den)
abge|kämpft bitkin; **~kartet** tertipli; **~laufen** *Paß usw.:* süresi geçmiş, geçersiz; **~legen** uzak, sapa; **~macht** kararlaştırılmış
abgeneigt: ~ sein *D* -i sevmemek, *-in* yapılmasını istememek
abgenutzt aşınmış
Abgeordnete(r) milletvekili; delege, murahhas; **~nhaus** *n* meclis, millet meclisi
abgerissen yırtık; kopuk
Abgesandte(r) delege
abge|schlossen *Tür:* kilitlenmiş; **~schmackt** tatsız, boş
abgesehen: ~ von *D* -den başka, *-in* dışında
abge|spannt yorgun; **~standen** tatsız, bayat; **~storben**

ölmüş; uyuşuk; **~stumpft** *fig.* kayıtsız; **~tragen** eskimiş
abgewöhnen *j-m etw. b-i -den* vazgeçirmek; **sich ~** *A -den* vazgeçmek, *-i* bırakmak
abgießen *A -in* fazlasını dökmek, boşaltmak
abgöttisch çıldırasıya
abgrenzen sınırlamak
Abgrenzung *f* sınırlama, tahdit
Abgrund (**~e**) *m* uçurum
abgucken kopya çekmek (*etw.* **von** *D -den*)
Abguß (**~sse**) *m* döküm, kalıp
abhaben: *etw. ~* **wollen** *von D -den* payını istemek
abhacken (balta ile) kesmek
abhaken işaretlemek
abhalten (*j-n* **von** *D b-i -den*) uzak tutmak, *b-in* çalışmasına engel olm.; *Veranstaltung* düzenlemek
abhandeln *Thema* incelemek
abhanden: ~ kommen kaybolmak
Abhandlung *f* makale, yazı
Abhang *m* yokuş, bayır
abhängen *v/t* yukarı alm. (**von** *D -e*); *v/t j-n* arkada bırakmak, atlatmak
abhängig bağlı, tabi (**von** *D -e*); bağımlı
Abhängigkeit *f* bağlılık, bağımlılık
abhärten *v/t* dayanıklı yapmak; **sich ~** dayanıklı olm.
abhauen *v/t* kesmek, koparmak; *v/i fam.* kaçmak

abheben v/t Hörer kaldırmak; *Geld* çekmek; *Karte* kesmek; v/i *Flugzeug*: havalanmak; **sich** ~ belirmek
abheften klâsöre koymak
abhelfen *D -i* halletmek, *b. ş.* için çare bulmak
abhetzen: sich ~ koşa koşa yorulmak
Abhilfe (0) *f*; ~ **schaffen** çare bulmak
abhobeln rendelemek
abholen alıp getirmek, (gidip) almak
abholzen *A -in* ağaçlarını kesmek
abhorchen *Med.* kulaklıkla muayene etm.
abhören (gizlice) dinlemek; *Lektion* söyletmek
abirren: ~ **von** *D yolunu* şaşırmak
Abitur *n* lise bitirme sınavı; **~ient** (-en) *m*, **~ientin** *f* lise mezunu
abkanzeln azarlamak
abkaufen satın almak (*j-m -den*)
abklappern bucak bucak aramak
Abklatsch (-e) *m* prova; kopya
abklingen azalmak
abknicken bükerek kırmak; koparmak
abknipsen *A -in* ucunu kesmek; *Film* bitirmek
abknöpfen *A -in* düğmelerini çözmek; *fig.* kurnazlıkla elde etm. (*j-m etw. -den b. ş-i*)

abkochen kaynatmak
abkommandieren *Mil.* ayırmak, atamak
abkommen: vom Weg ~ yolunu şaşırmak (*od.* kaybetmek); **vom Thema** ~ konudan çıkmak
Abkommen *n* anlaşma, sözleşme
abkratzen v/t tırnak *v. s.* ile kazımak, kazıyarak temizlemek; v/i *fam.* ölmek
abkühlen v/t soğutmak; v/i *u.* **sich** ~ soğumak
Abkühlung *f* soğuma; serinleme
Abkunft (0) *f* asıl, soy
abkürzen kısaltmak
Abkürzung *f* kısaltma; (*Weg*) kestirme yol
abladen *A -in* yükünü indirmek, *-i* boşaltmak
Ablage *f* (*Fach*) göz, raf; (*Kleider-*) vestiyer; (*Akten-*) dosyalara geçirilecek evrak
ablassen v/i: ~ **von** *D -i* bırakmak, *-den* vazgeçmek; (*vom Preis*) *-in* fiyatını indirmek; v/t *Wasser usw.* akıtmak
Ablativ (-e) *m Gr.* ismin *-den* hali, çıkma durumu
Ablauf *m* (*Verlauf*) geçme, akış; **nach** ~ **von** *D -den* sonra
ablaufen *Zeit*: geçmek, *Uhr*: durmak; *Abkommen usw.*: sona ermek
ablecken yalamak

ablegen v/t Kleidung çıkarmak; Gegenstand -e koymak; Spielkarte atmak; Rechnung vermek; Prüfung geçirmek; (lassen) bırakmak; **Eid** ~ yemin etm. (auf A -e); v/i Mar. kalkmak
ablehnen reddetmek
Ablehnung f ret
ableisten hizmeti v.s. doldurmak
ableiten çevirmek; (herleiten) çıkarmak (**von** D -den); Gr. türetmek
Ableitung f çevirme; Gr. türetme
ablenken çevirmek (**von** D -den)
Ablenkung f eğlenme; oyala(n)ma
ablesen okumak; toplamak, ayıklamak
ableugnen inkâr etm.
ablichten A -in fotokopisini çıkarmak; fam. -in fotosunu çekmek
abliefern teslim etm.
Ablieferung f teslim
ablösen ayırmak, çözmek; j-n -in nöbetini almak; (ersetzen) -in bedelini vermek
Ablösung f çözme, ayırma; nöbet değiştirme
abmachen (entfernen) çözmek, çıkarmak; (vereinbaren) kararlaştırmak
Abmachung f anlaşma, uyuşma
abmagern zayıflamak

abmalen A -in resmini yapmak
Abmarsch m hareket, yürüyüş
abmelden A bei D -in kaydını -den sildirmek; **sich** ~ ayrılacağını bildirmek (**bei** D -de)
Abmeldung f kayıt sildirme
abmessen ölçmek
Abmessungen f/pl. ölçüler
abmontieren sökmek
abmühen: sich ~ bei D -de didinmek, yorulmak
abnagen kemirmek
Abnäher (-) m pens(e)
Abnahme f azalma; kaldırma; Hdl. alma, satış
abnehmen v/t kaldırmak, çıkarmak, almak; v/i zayıflamak; Mond: azalmak
Abnehmer m alıcı, müşteri
Abneigung f nefret, antipati; ~ **haben gegen** A -e karşı antipati duymak
abnorm anormal
abnutzen v/t aşındırmak; **sich** ~ aşınmak
Abonn|ement n abone; ~**ent** (-en) m, ~**entin** f abone
abonnieren A -e abone olm.
Abordnung f delegasyon
Abort (-e) m aptesane, ayakyolu
abpassen beklemek
abpflücken koparmak
abplagen: sich ~ didinmek
abprallen zıplamak
abputzen temizlemek, fırçalamak

abrasieren tıraş etm.; yerle bir etm.

abraten caydırmak, vazgeçirmek (*j-m von D b-i -den*)

abräumen *A -in* molozlarını kaldırmak; *Tisch -i* toplamak

abrechnen *v/t* hesaptan çıkarmak; *v/i mit D ~ b*. ile hesaplaşmak; *fig. -den* intikam almak

Abrechnung *f* hesaplaşma; *fig.* intikam

abreiben sürterek temizlemek, ovmak

Abreise *f* hareket, gidiş

abreisen hareket etm., kalkmak

abreißen *v/t* koparmak; *Haus* yıkmak; *v/i* kopmak; (*aufhören*) sona ermek

abriegeln sürgülemek

Abriß *m* plân; özet; yıkılma

abrücken *v/t* uzaklaştırmak; *v/i* çekilmek; *Mil.* hareket etm.

Abruf: *auf ~* talep üzerine

abrunden yuvarlak hale getirmek, yuvarlatmak

abrüsten *v/t* silâhsızlandırmak; *v/i* silâhsızlanmak

Abrüstung *f* silâhsızlanma

abrutschen kaymak

Absage (-*n*) *f* ret (cevabı)

absagen *-meyeceğini* bildirmek

absägen testere ile ayırmak; *fam.* azletmek

Absatz *m* (*Treppen-*) merdiven başı; sahanlık; (*Schuh-*) ökçe, topuk; (*Text-*) satırbaşı; *Hdl.* satış; **~gebiet** *n* satış bölgesi

abschaben raspalamak

abschaffen kaldırmak

abschälen *A -in* kabuğunu soymak

abschalten *El. usw.* kesmek, söndürmek

abschätzen tahmin etm.

Abscheu (0) *m* nefret

abscheuern *v/t* ovarak temizlemek; sürterek yara etm.

abscheulich iğrenç

abschicken göndermek, yollamak

abschieben *Jur.* sınır dışı etm.

Abschied (-*e*) *m* veda, ayrılış; *~ nehmen von D b*. ile vedalaşmak

abschießen *Gewehr* ateş etm.; *Flugzeug* düşürmek

abschlachten toptan öldürmek

abschlagen *Ast* vurarak koparmak; *Angriff* püskürtmek; *Bitte* reddetmek

abschlägig olumsuz

Abschlagszahlung *f* avans; taksit

abschleifen düzlemek

abschleppen çekerek götürmek

Abschlepp|seil *n* çekme halatı; **~wagen** *m* çekme taşıtı

abschließen *Tür* kilitlemek; *Rechnung usw.* kapatmak; *Abkommen* akdetmek; (*be-*

enden) bitirmek; **~d** son olarak
Abschluß *m* son, kapanma; bilânço
abschmecken *A -in* tadına bakmak
abschmieren yağlamak
abschneiden *v/t* keserek ayırmak; *v/i gut (schlecht)* ~ iyi (kötü) sonuca varmak
Abschnitt *m* bölüm; kesim; *Mil.* bölge; kupon
abschrauben vidalarını sökerek kaldırmak
abschrecken *A* korkutmak, ürkütmek *(von D -den); Nudeln usw. -e* su vermek; **~d** korkutucu
abschreiben kopya etm.; *Hdl.* amorti etm.
Abschreibung *f* amortisman
Abschrift *f* kopya, nüsha
Abschuß *m* atış; düşür(ül)me
abschüssig yokuşlu, inişli
abschütteln silkmek, silkinerek düşürmek
abschwächen hafifletmek; azaltmak
abschweifen uzaklaşmak, ayrılmak *(von D -den)*
absehbar: in ~er Zeit az çok yakın zamanda
absehen vazgeçmek *(von D -den); es abgesehen haben auf A -i* amaçlamak
abseifen sabunlamak
abseits *adv.* ayrı, uzakta; *Sp.* ofsayt
absenden göndermek, yollamak

Absender *m* gönderen
absetzen *Last* indirmek; *Fahrgast* bırakmak; *Beamten* işinden çıkarmak; *Hdl.* satmak
Absicht *f* niyet, maksat
absichtlich kasıtlı; *adv.* kasten
absitzen *Strafe* doldurmak
absolut mutlak, kesin; *adv.* mutlaka
absolvieren bitirmek
absondern *v/t* ayırmak; uzaklaştırmak *(von D -den); sich* ~ ayrılmak *(von D -den)*
absorbieren emmek
absperren kapamak
Absperrung *f* kapanma
abspielen *v/t Platte* sonuna kadar çalmak; dinletmek; *sich* ~ olmak, geçmek
absprechen *A b. ş.* hakkında anlaşmak *(mit D* ile); kabul etmemek *(j-m etw. b-in ş-ini)*
abspringen atlamak; *fig.* ayrılmak *(von D -den)*
Absprung *m* atlayış
abspülen yıkamak; bulaşık yıkamak
abstammen *(von D -in)* soyundan gelmek
Abstammung *f* nesil, soy
Abstand *m* mesafe; aralık; ~ *nehmen* *fig.* vazgeçmek *(von D -den)*
abstatten: *j-m e-n Besuch* ~ *b-i* ziyaret etm.; *Dank* ~ *b-e* teşekkürlerini sunmak
abstauben *A -in* tozunu silmek

abstechen (*gegen A, von D*) farklı olm. (*-den*)
Astecher *m* dolaşma, gezinti
abstecken Gelände sınırlamak; *Kleid* (toplu iğnelerle) biçimini tespit etm.
abstehen (*von D -den*) uzak durmak
absteigen (*vom Rad usw.*) inmek; (*im Hotel*) konaklamak
abstellen *Motor usw.* durdurmak; *Gepäck* indirmek; *Auto* bırakmak; (*hinstellen*) -e koymak
abstempeln damgalamak, mühürlemek
absterben ölmek, solmak, felce uğramak
Abstieg (*-e*) *m* iniş
abstimmen *v/i* oy vermek (*über A b. ş.* hakkında); *v/t* ayarlamak; (*aufeinander* birbirine) uydurmak
Abstimmung *f* oy verme; ayarla(n)ma
Abstinenz (*0*) *f* içki kullanmayış; **~ler** *m* alkol içmeyen, yeşilaycı
abstoßen iterek uzaklaştırmak; *fig.* iğrendirmek; *Hdl.* satmak; **~d** iğrenç
abstottern *fam.* taksitle ödemek
abstrakt soyut
abstreifen soymak
abstreiten inkâr etm.
Abstrich *m Med.* salgı örneği
Abstufung *f* derecelendirme
Absturz *m* düşüş

abstürzen (yüksek yerden) düşmek
abstützen desteklemek
absuchen *A -in* her tarafını aramak; *-i* ayıklamak
absurd anlamsız
Abszeß (*-sse*) *m Med.* apse
Abt (*"e*) *m Rel.* başrahip
Abteil *n* kompartıman; **~ung** *f* şube; bölüm
abtöten *A* öldürmek; *-in* şiddetini azaltmak
abtragen alçaltmak; *Schuld* ödemek; *Kleidung* eskitmek
abträglich zararlı
abtransportieren nakletmek
abtreiben *v/i* (*vom Weg abkommen*) yolundan dönmek; *v/t Med.* çocuk düşürmek, aldırmak
Abtreibung *f* çocuk aldırma, kürtaj
abtrennen *-i -den* ayırmak
abtreten *v/t Land* başka devlete terk etm.; *Jur.* devretmek; *sich die Füße ~* ayakkabının çamurunu silmek; *v/i* çekilmek
Abtretung *f* bırakma, terk etme
abtrocknen silerek kurutmak
abtropfen damlamak
abtrünnig sadakatsız
aburteilen *A -e* hüküm giydirmek
abwägen tartmak
abwarten (*-in* olmasını) beklemek

Adjektiv

abwärts aşağıya (doğru)
Abwasch *m* bulaşık
abwaschen yıkamak
Abwässer *pl.* pis sular
abwechseln *v/i (a. sich ~)* birbiriyle değişmek; *Pers.* nöbetleşmek; **~d** nöbetleşe, sırasıyla
Abwechslung *f* değiş(tir)me, değişiklik
Abwege *m/pl.: auf ~ geraten fig.* fena yola sapmak
Abwehr *(0) f* savunma
abwehren savmak; önlemek
Abwehrstoff *m Med.* koruyucu madde
abweichen ayrılmak, sapmak *(von D -den)*; **~d** farklı
Abweichung *f* farklılık
abweisen reddetmek
abwenden *v/t* çevirmek; *sich ~* yüz çevirmek, vazgeçmek *(von D -den)*
abwerfen yere atmak; *Gewinn* getirmek
abwerten değerden düşürmek
abwesend bulunmayan
Abwesenheit *f* bulunmayış
abwickeln makaradan çözmek; *fig.* bitirmek
abwischen silmek
abwürgen boğmak; *Motor* durdurmak
abzahlen taksitle ödemek
Abzahlung *f* taksitle ödeme
Abzeichen *n* nişan; rozet
abzeichnen *A -in* kopyasını çizmek; *-i* parafe etm.
abziehen *v/t* çekmek; çıkar-

mak *(a. Math.);* *Messer usw.* bilemek; *v/i* çekilmek *(von D -den); Rauch:* çıkmak
Abzug *m* çekilme; çıkış; hesaptan çıkarma; *Gewehr:* tetik; *Fot.* kopya
abzüglich *G* çıkarılmak üzere *N*
abzweigen *v/i* ayrılmak; çatallanmak; *v/t* ayırmak
Abzweigung *f* ayrılma, yol ayrımı
ach! ah!; **~ was!** yok canım!
Achse *(-n) f* dingil, mil; eksen
Achsel *(-n) f* koltuk; **~zuken** *n* omuz silkme
acht sekiz
Acht *f: außer acht lassen A -e* dikkat etmemek; *sich in acht nehmen* sakınmak *(vor D -den)*
Achtel *(-) n* sekizde bir
achten *A -e* saygı göstermek; *v/i* dikkat etm. *(auf A -e)*
Achter|deck *n* kıç güverte; **~bahn** *f* lunapark treni
acht|geben *f* dikkat etm. *(auf A -e)*, **~los** dikkatsiz, dalgın
Achtung *f* dikkat; saygı
acht|zehn on sekiz; **~zig** seksen
ächzen inlemek
Acker (*~) *m* tarla; **~bau** *m* tarım; **~boden** *m* toprak
Adam *m* Adem
addieren *Math.* toplamak
Addition *f* toplama
Adel *m* asalet, soyluluk
Ader *(-n) f* damar
Adjektiv *(-e) n Gr.* sıfat

Adler

Adler (-) *m* kartal, karakuş
adlig asilzade, soylu
Admiral (-e) *m* amiral
adoptieren evlât edinmek
Adoption *f* evlât edinme
Adoptivkind *n* evlâtlık
Adresse (-n) *f* adres
adressieren (-*in*) adres(ini) yazmak
Adria *f*, **~tische(s) Meer** Adriyatik Denizi
Advent (-e) *m Rel.* Noelden önceki dört hafta *veya* dört pazar günü
Adverb (-*ien*) *n Gr.* zarf, belirteç
Advokat (-*en*) *m* avukat
Affe (-n) *m* maymun
Affekt (-e) *m* heyecan
affektiert yapmacık
Afghanistan *n* Afganistan
Afrika *n* Afrika
After (-) *m an.* makat, anüs
Ägäis *f* Ege Denizi
Agent (-*en*) *m*, **~in** *f* acente; casus; **~ur** *f* acente(lik)
Aggression *f* tecavüz, baskın
aggressiv saldırgan
Agrar- tarımsal
Ägypten *n* Mısır; **Ägypter** *m*, **ägyptisch** Mısırlı
aha! işte!; anladım!
Ahn(e) (-*en*) *m* dede, ata
ähneln *D* benzemek
ahnen önceden sezmek
ähnlich *D* benzer
Ähnlichkeit *f* benzerlik
Ahnung *f* sezgi, his; **keine ~ haben** hiç haberi olmamak
Ahorn (-e) *m Bot.* akçaağaç

Ähre (-n) *f* başak
Aids *n* AIDS hastalığı
Akademie (-n) *f* akademi; **~ker** (-) *m*, **~kerin** *f* üniversite mezunu
akademisch akademik
Akazie (-n) *f Bot.* akasya
akklimatisieren: sich ~ yeni ortama alışmak
Akkord (-e) *m Mus.* akort
Akkreditiv (-e) *n Hdl.* akreditif
Akku (-s), **~mulator** (-*en*) *m* akü(mülatör)
Akkusativ (-e) *m Gr.* ismin -i hali, belirtme durumu
Akt (-e) *m* iş, hareket; *Thea.* perde; (*Kunst*) nü, çıplak vücut resmi; *Jur.* dosya
Akte (-) *f* dosya
Akten|deckel *m* dosya; **~mappe** *f*, **~tasche** *f* evrak çantası
Aktie (-n) *f* hisse senedi; **~ngesellschaft** *f* anonim ortaklık
Aktion *f* hareket, faaliyet; **~är** (-e) *m* hissedar
aktiv faal, etkin; *Gr.* etken; *Mil.* muvazzaf; **~ieren** etkinleştirmek
Aktivität (-*en*) *f* faaliyet, etkinlik, eylem
aktuell güncel, aktüel
akut hâd, akut
Akzent (-e) *m Gr.* vurgu; şive
akzeptieren kabul etm.
Alabaster *m* su mermeri, kaymak taşı
Alarm (-e) *m* alârm

alarmieren *A -e* tehlike haberi vermek
Alaun (*-e*) *m* şap
Alban|er (*-*) *m* Arnavut; **~ien** *n* Arnavutluk
albern akılsız, şapşal
Album (*-ben*) *n* albüm
Aleppo *n* Halep
Alexandr|ette *n* İskenderun; **~ia, ~ien** *n* İskenderiye
Alge (*-n*) *f* deniz yosunu
Algebra (*0*) *f Math.* cebir
Algerien *n* Cezayir
Alibi (*-s*) *n* başka yerde bulunduğu iddiası
Alimente *pl.* geçinme parası *sg.*
Alkohol (*-e*) *m* alkol, ispirto
alkoholfrei alkolsüz
Alkoholiker *m* alkolik
alkoholisch alkollü
All (*0*) *n* evren, kâinat
alle *pl.* hepsi, bütün; *pers.* (*verbraucht*) tükenmiş; **~ beide** her ikisi
Allee (*-n*) *f* iki tarafı ağaçlı yol; bulvar
allein *adv.* yalnız, tek başına; **~ig** yalnız; **~stehend** bekâr; kimsesiz
allenfalls *adv.* her halde; hiç olmazsa
allerdings fakat, elbette
allererst: *zu* **~** her şeyden önce
allergisch alerjik
allerhand her türlü, çeşit çeşit; *fam.* acayip, çok şey
Aller|heiligen (*0*) *n Rel.* Azizler yortusu (*1 kasım*);

~seelen (*0*) *n Rel.* Ölüler Günü (*2 kasım*)
alles hepsi, her şey
allgemein genel; *im* **~en** genellikle
Allgemeinheit *f* genellik; toplum
allgemeinverständlich herkesçe kolay anlaşılır
Allheilmittel *n* her derde ilâç
Alli|anz (*-en*) *f* ittifak, pakt; **~ierte(r)** müttefik
alljährlich yıllık; **~mählich** derceli; *adv.* yavaş yavaş
Alltag *m* günlük hayat
alltäglich gündelik, olağan
allzu|sehr, ~viel pek çok
Alm (*-en*) *f* yayla
Almosen (*0*) *n* sadaka
Alpen *pl. Geo.* Alp Dağları
Alphabet (*-e*) *n* alfabe
alphabetisch alfabetik
Alptraum (*¨e*) *m* kâbus, karabasan
als *präp. -den* daha; olarak, gibi; *conj.* iken; (*bei zaman*); **~ ob** sanki, güya; *mehr* **~** *-den* fazla
also demek ki, o halde
alt *adj. Pers.* (*geb.*); *Lebensmittel:* bayat; **20 Jahre ~** 20 yaşında
Alt (*0*) *m Mus.* alto
Altar (*¨e*) *m* sunak; *Rel.* kilise masası
Alte *f* yaşlı kadın; **~(r)** *m* yaşlı erkek
Alter (*0*) *n* (*Lebens-*) yaş; (*hohes* **~**) yaşlılık
älter daha yaşlı, daha eski; **~e**

altern

Schwester f abla; ~*er Bruder* m ağabey, abi
altern ihtiyarlamak, yaşlanmak
Altersgrenze f emeklilik (*od.* tekaüt) yaşı
altersschwach yaşlılıktan çökmüş; *fig.* eskimiş
Altersver|sicherung f yaşlılık sigortası; ~**versorgung** f emeklilik aylığı
Altertum 1. (0) n Eski Çağ; **2.** (~er) antika
altertümlich eski, antika
alt|klug büyükleri taklit eden, erken gelişmiş; ~**modisch** modası geçmiş
Altstadt f kentin eski kısmı
Alu|folie f alüminyum kâğıdı; ~**minium** (0) n alüminyum
Amateur (-e) m amatör
ambivalent kararsız
Amboß (-sse) m örs
ambulant: ~**e Behandlung** f *Med.* ayakta tedavi; ~**er Händler** m seyyar satıcı
Ameise (-n) f karınca; ~**nhaufen** m karınca yuvası
Amen (-) n *Rel.* amin
Amerika n Amerika; ~**ner(in** f) m Amerikalı
Amnestie (-n) f genel af
Ampel (-n) f lâmba; (*Verkehrs-*) trafik lâmbası
Ampère (-) n *El.* amper
Amphibien-, amphibisch amfibi
Amputation f ampütasyon
amputieren kesmek
Amsel (-n) f karatavuk

Amt (~er) n görev, vazife, memuriyet; (*Behörde*) makam, resmî daire
amtlich resmî; *adv.* resmen
Amts|bezirk m bölge; daire; ~**gericht** n yerel mahkeme; sulh mahkemesi; ~**richter** m sulh hâkimi; ~**schimmel** (-) m *fam.* kırtasiyecilik
amüsant eğlenceli
amüsieren *v/t* eğlendirmek; *sich* ~ (*über* A ile) eğlenmek
an A -*in* yanına, -*e*; -*in* yanında, -*de*; -*in* kenarında; *Schalter:* açık; *am Freitag* cuma günü; *von D* ~ -*den* itibaren
analog D benzer
Analphabet (-*en*) m okuma yazma bilmeyen
Analyse (-*n*) f analiz, tahlil
Ananas (-*sse*) f ananas
Anarchi|e (-*n*) f anarşi; ~**st** (-*en*) m, ~**stin** f anarşist
Anästhesie (-*n*) f *Med.* anestezi
Anatolien n Anadolu
Anatomie (-*n*) f anatomi
anbahnen A -*e* yol açmak
Anbau 1. (0) m *Agr.* yetiştirme; **2.** (-*ten*) *Arch.* ek bina
anbauen yetiştirmek, ekip biçmek; eklemek
anbehalten *Kleidung* çıkarmamak
anbei *adv.* ilişik olarak
anbelangen: was A ~*t -e* gelince, kalırsa
anbeten A -*e* tapmak
Anbetracht: in ~ G do-

layısıyla *N*; (..., *daß*) madem- ki
anbieten *DA* sunmak; ikram etm.; *Hdl.* önermek
anbinden bağlamak (**an** *A -e*)
Anblick *m* görünüş
anbraten (*tavada v.s.*) hafif kızartmak
anbrechen *v/t Paket* açmak; *v/i Tag*: doğmak; *Nacht*: olmak
anbrennen *v/t* yakmak, tutuşturmak; *v/i* tutuşmak; *Essen*: dibi tutmak
anbringen takmak, eklemek (**an** *A -e*); *fam.* getirmek
anbrüllen *A -e* bağırmak
Andacht (*-en*) *f Rel.* ibadet
andächtig saygı ile, dikkatli
andauern sürmek; **~d** devamlı, sürekli
Andenken (-) *n* hatıra; andaç
ander- başka, diğer
ander|(e)nfalls yoksa, aksi takdirde; **~erseits** diğer taraftan
ändern *v/t* değiştirmek; *sich* ~ değişmek
Änderung *f* değiş(tir)me; (*von Kleidern*) tadil(ât)
anders başka, farklı (**als** *-den*); **~denkend** başka türlü düşünen; **~gläubig** başka dinden; **~wo** başka yerde
ander|thalb bir buçuk; **~weitig** başka taraftan
andeuten ima etm.
Andeutung *f* işaret; ima
Andrang (*0*) *m* kalabalık; rağbet (*nach D -e*)

andrehen çevirmek; sıkıştırmak; çalıştırmak; *fam.* yamamak (*j-m b-e*)
androhen korkutmak, tehdit etm. (*j-m etw. b-i b. ş.* ile)
aneignen: *sich* ~ zaptetmek; benimsemek
aneinander yan yana, birbirine bitişik; **~fügen** birleştirmek; **~grenzen** bitişik olm., **~stoßen** çarpışmak; bitişik olm.
Anekdote (-*n*) *f* anekdot, fıkra
anekeln tiksindirmek
anerkennen kabul etm., tanımak
Anerkennung *f* takdir; kabul
anfahren *A -e* çarpmak; *fig. -e* şiddetle bağırmak; *v/i* harekete geçmek
Anfahrt (*-en*) *f* yanaşma (yolu)
Anfall (*⁻e*) *m* ani ağrı, nöbet
anfallen *A -e* saldırmak; *v/i* (meydana) çıkmak
Anfang (*⁻e*) *m* başlangıç
anfangen başlamak (*etw. -e od* ile; *mit D* ile)
Anfänger (-) *m*, **~in** *f* başlayan
anfänglich, **anfangs** *adv.* başlangıçta
Anfangsstadium *n* ilk devre
anfassen tutmak; ellemek
anfechten tanımamak
Anfechtung *f* tanımama; *fig.* ayartma
anfertigen yapmak, imal etm.

anfeuchten nemletmek, ıslatmak
anfeuern teşvik etm.
anflehen *A -e* yalvarmak
anfliegen *A-e* (uçakla) uğramak
Anflug (*"e*) *m* uçarak yaklaşma; hafif iz
anfordern istemek, talep etm.
Anforderung *f* talep
Anfrage (*-n*) *f* soru
anfragen (*bei D -e*) sormak, başvurmak
anfressen kemirmek
anfreunden: sich ~ dostluk kurmak (*mit D* ile)
anfügen eklemek
anfühlen: sich ~ wie ... hissini vermek
anführen yönetmek; (*erwähnen*) zikretmek, anmak; (*betrügen*) aldatmak
Anführer (*-*) *m*, **~in** *f* baş, elebaşı
Anführungszeichen *n* tırnak işareti
Angabe (*-n*) *f* bildiri, ifade; veri
angeben *v/t* bildirmek, beyan etm.; *v/i* ağız satmak
Angeber (*-*) *m*, **~in** *f* ağız satan kimse
angeblich sözde olan, sözümona; *adv.* sözde
angeboren anadan doğma
Angebot (*-e*) *n* teklif; arz, sunu
angebracht uygun, yerinde
angedeihen: ~ lassen sağlamak (*j-m b-e*)

angehen *v/i* başlamak; mümkün olm.; *v/t* ilgilendirmek
angehören *D* ait olm.; mensup olm.
Angehörige(r) yakın, akraba
Angeklagte(r) *Jur.* sanık
Angel¹ (*-n*) *f* (*Tür-*) reze
Angel² (*-n*) *f* olta
Angelegenheit (*-en*) *f* iş, husus
Angelhaken *m* olta iğnesi
angeln olta ile tutmak
Angelpunkt *m* dönüm noktası
Angel|rute *f* olta kamışı; **~schnur** *f* olta ipi
angemessen *D* uygun
angenehm hoş; (*sehr*) **~!** memnun oldum!
angenommen (**~**, *daß* ...) farzedelim ki, faraza
angesehen itibarlı
angesichts *G -e* nazaran, *-in* karşısında
Angestellte(r) hizmetli, müstahdem
angestrengt *adv.* gayretle
angetrunken çakırkeyf
angewiesen: ~ sein bağlı olm. (*auf A -e*)
angewöhnen: sich ~ *A -e* alışmak
Angewohnheit (*-en*) *f* alışkanlık
angleichen uydurmak
Angler (*-*) *m*, **~in** *f* olta ile balık tutan
angreifen *A -e* saldırmak; *-i* bozmak
Angreifer *m* saldırgan

angrenzen bitişik olm. (*an A -e*); **~d** bitişik, komşu (*an A -e*)

Angriff (*-e*) *m* hücum, saldırı; *in ~ nehmen* ele almak

Angst *f* korku; endişe

ängstigen: *sich ~* korkmak

ängstlich korkak

angucken *A -e* bakmak

angurten: *sich ~* emniyet kemerini bağlamak

anhaben *A* giymiş olm.; *nichts ~ können* b.ş. koyamamak (*j-m b-e* karşı)

anhalten *v/i* durmak; (*dauern*) devam etm., sürmek; *v/t* durdurmak; **~d** sürekli

Anhalt|er *m* otostopçu; **~spunkt** *m* belirti, ipucu

Anhang *m* **1.** (*~e*) ek; **2.** (*0*) *fig.* eş dost

anhängen *v/t* asmak, bağlamak; *v/i D* bağlı olm.

Anhänger *m* taraftar; *Kfz.* römork; (*Schmuck*) pandantif

anhänglich bağlı

anhäufen yığmak

Anhäufung *f* yığılış

anheben kaldırmak; *Preis* artırmak

anheften yapıştırmak (*an A -e*)

Anhieb: *auf ~* ilk hamlede

Anhöhe (*-n*) *f* yükseklik, tepe

anhören *-i* dinlemek, *-e* kulak vermek

Anis (*-e*) *m Bot.* anason

Ankauf *m* alış

ankaufen satın almak

Anker (*-*) *m* çapa, gemi demiri; (*Uhr*) saat maşası

ankern demir atmak

anketten zincirle bağlamak (*an A -e*)

Anklage (*-n*) *f* itham, iddia

anklagen itham etm., suçlamak

anklammern: *sich ~ an A -e* takılmak

Anklang (*~e*) *m*: *~ finden* sempati *veya* rağbet görmek

ankleben yapıştırmak (*an A -e*)

ankleiden *v/t* giydirmek; *sich ~* giyinmek

anklopfen (*bei D -in*) kapısını çalmak

anknipsen *Licht* açmak

anknüpfen bağlamak (*an A -e*)

Anknüpfungspunkt *m* bağlantı

ankommen varmak (*in D -e*); gelmek; (*auf A -e*) bağlı olm.

ankreuzen *A -e* çarpı işareti koymak

ankündigen bildirmek

Ankündigung *f* ilân, bildiri

Ankunft (*0*) *f* varış

ankurbeln harekete getirmek; *fig.* canlandırmak

Anlage (*-n*) *f Hdl.* yatırım; (*Fähigkeit*) tabiat, yetenek; *Tech.* tesis; (*Buch usw.*) ek; park, yeşillik

Anlaß (*~sse*) *m* sebep; vesile; *~ geben zu D -e* fırsat vermek; *aus diesem ~* bu vesile ile

anlassen *Kleidung* çıkarma-

Anlasser

mak; *Motor* ~ çalıştırmak, işletmek
Anlasser (-) *m Kfz.* marş
anläßlich *G* dolayısıyle *N*
Anlauf *m* hız alma; hamle; ~ **nehmen** hız almak
anlaufen *v/t Mar.* uğramak; *v/i Glas:* buğulanmak; *Gesicht:* kızarmak
anlegen *v/t* kurmak, hazırlamak; *Geld* yatırmak; *Kleidung* giymek; *Gewehr* yöneltmek; *v/i Mar.* uğramak
Anlegestelle *f* iskele
anlehnen *v/t* dayamak; *Tür* aralamak; *sich ~ an A -e* dayanmak
Anleihe (-n) *f* borç alma, istikraz; eine ~ **aufnehmen** istikraz almak (*bei D -den*)
anleiten *A -e* öğretmek (*zu D -i*); -e yol göstermek
Anleitung *f* talimat
anlernen *A -e* öğretmek
Anliegen (-) *n* arzu, istek
anliegend bitişik
Anlieger (-) *m* komşu, aynı sokakta oturan
anlocken cezbetmek
anlügen *A -e* yalan söylemek
anmachen açmak; *Feuer* yakmak; *Salat* hazırlamak; (*befestigen*) takmak
anmalen boyamak
Anmarsch *m* yaklaşma
anmaßen: *sich ~ A* benimsemek, gasbetmek; **~d** kibirli, gururlu
Anmaßung *f* haksız iddia
anmelden *v/t* bildirmek (*bei*

D -e); *sich* ~ gelişini bildirmek, yazılmak (*bei D -e*)
Anmeldung *f* kayıt, kaydolma
anmerken *v/t* işaret etm.; *sich A ~ lassen -de* belli olm. *N*
Anmerkung *f* not, haşiye
Anmut (0) *f* güzellik
anmutig güzel, zarif, sevimli
annageln mıhlamak (*an A -e*)
annähen dikmek (*an A -e*)
annähernd *adv.* takriben, aşağı yukarı
Annäherung *f* yaklaşma
Annahme (-n) *f* kabul; tahmin
annehmbar kabul olunabilir
annehmen *v/t* (*empfangen*) kabul etm.; *Gewohnheit* benimsemek; (*vermuten*) tahmin etm., sanmak; *sich ~ G -i* üzerine almak
Annehmlichkeit (-en) *f* hoşluk
annektieren ilhak etm.
Annexion (-en) *f* ilhak
Annonce (-n) *f* gazete ilânı
annoncieren ilan etm.
annullieren iptal etm.
Anode *f El.* anot
anonym anonim
anordnen düzenlemek; (*befehlen*) emretmek
Anordnung *f* tertip; emir
anpassen *v/t* uydurmak (*an A -e*); *sich ~en an A -e* uymak; **~ungsfähig** uyabilir; uydurulabilir

Anprall (0) *m* çarpma
anpreisen övmek
Anprobe (-n) *f* prova
anprobieren denemek, prova etm.
anrechnen hesaba geçirmek
Anrecht (-e) *n* hak (iddiası) (*auf A -in* üzerinde)
Anrede (-n) *f* hitap; söz
anreden *A -e* hitap etm.
anregen teşvik etm., uyandırmak; **~d** teşvik edici, uyandırıcı
Anregung *f* teşvik; teklif
Anreiz (-e) *m* teşvik, güdü
anrempeln *A -e* çarpmak; sataşmak
Anrichte *f* büfe
anrichten *A* hazırlamak; *Schaden -e* sebep olm.
anrosten pas tutmak; paslanıp yapışmak
Anruf *m* çağırma; telefon (etme)
anrufen *A -e* seslenmek; *-e* telefon etm.
Anrufbeantworter *m* tele sekreter
anrühren *A -e* dokunmak; *Teig -i* hazırlamak
Ansage (-n) *f* bildiri, anons
ansagen bildirmek
Ansager (-) *m*, **~in** *f* spiker, sunucu
ansammeln *v/t* toplamak, biriktirmek; **sich ~** toplanmak
Ansammlung *f* kalabalık
ansässig oturan (*in D -de*)
Ansatz *m* başlangıç; *Tech.* ek

anschaffen tedarik etm.
Anschaffung *f* tedarik
anschauen *A -e* bakmak; **sich ~** *-i* seyretmek
anschaulich açık; somut
Anschauung *f* görüş
Anschein *m* görünüş; *dem ~ nach, anscheinend adv.* göründüğü gibi, görünürde
anscheißen *fam. A -e* çıkışmak, fırçalamak
anschieben itmek
Anschlag *m* (*Komplott*) suikast; (*Berührung*) dokunma; (*Abschätzung*) tahmin; *Gewehr:* yöneltme; (*Plakat*) duvar ilânı; **~brett** *ilân* tahtası
anschlagen *v/t Plakat* yapıştırmak, asmak (*an A -e*); *v/i Glocke:* çınlamak; *Hund:* havlamak; *Essen usw.:* yaramak (*bei j-m b-e*)
Anschlag|säule *f* ilân sütunu; **~tafel** *f s.* **~brett**
anschleichen: sich ~ gizlice yaklaşmak
anschließen *v/t* bağlamak; **sich ~ an** *A -e* katılmak
Anschluß *m* birleştirilme; bağlantı; *Esb.* aktarma; **~flug** *m* aktarma uçuşu
anschmieren *fam.* aldatmak
anschnallen *v/t* takmak; **sich ~** kemer takmak
Anschnallpflicht *f* emniyet kemerini takma mecburiyeti
anschnauzen şiddetle azarlamak
anschneiden kesmeye başlamak; *fig.* (konuyu) açmak

Anschovis (-) f ançüez
anschrauben vidalamak (*an A -e*)
anschreiben yazmak; ~ *lassen* veresiye almak
anschreien A *-in* yüzüne bağırmak
Anschrift f adres
anschwärzen A kötülemek (*bei D -e*)
anschweißen kaynakla birleştirmek
anschwellen kabarmak, şişmek
ansehen A *-e* bakmak; ~ *als*, *für A* ... olarak saymak
Ansehen n bakış; itibar
ansehnlich göze çarpan, büyük
ansetzen *Zeit usw.* tespit etm.; (*hinzufügen*) eklemek; *Fett* ~ yağ bağlamak
Ansicht f manzara; görüş; ~*skarte* f resimli kartpostal; ~*ssache* f görüş meselesi
ansiedeln *v/t* yerleştirmek; *sich* ~ yerleşmek (*in D -e*)
anspannen (arabaya) koşmak; *Kräfte usw.* toplamak
Anspannung f kuvvet toplama, gayret
anspeien ima etm. (*auf A -i*)
Anspielung f ima
anspitzen yontmak; sivriltmek
Ansporn (0) m teşvik
Ansprache f söylev
ansprechen A *-e* hitap etm.; *-in* hoşuna gitmek; ~*d* sevimli, hoşa giden
anspringen *Motor*: harekete geçmek, işlemek
Anspruch m iddia; hak; *in ~ nehmen* meşgul etm.; *hohe Ansprüche stellen* aşırı taleplerde bulunmak
anspruchs|los yetingen; ~*voll* güç beğenen
Anstalt (-*en*) f kurum; kuruluş; ~*en treffen, zu* ... için tedbir almak
Anstand (0) m edep, terbiye; (*Jagd*) gözleği
anständig terbiyeli, namuslu
anstandslos *adv.* kolaylıkla
anstarren A *-e* dik bakmak
anstatt G yerine N; ~ *daß*, ~ *zu Inf.* -mektense
anstecken takmak, iğnelemek; (*anzünden*) yakmak; *Med.* bulaştırmak; ~*d Med.* bulaşıcı
Ansteckungsgefahr f bulaşma tehlikesi
anstehen kuyrukta beklemek
ansteigen yükselmek, artmak
anstelle *s. anstatt*
anstellen *v/t Tech.* açmak, harekete geçirmek; *Personal* işe koymak; (*machen*) yapmak; *sich* ~ davranmak; (*nach D* için) kuyruğa girmek
Anstellung f vazife, memuriyet
Anstieg (-*es*) m yükseliş
anstiften teşvik etm. (*zu D -e*)

anstimmen *Lied* söylemeye başlamak
Anstoß *m* çarpma; *Sp.* topa vurma; *fig.* sebep, neden; ~ **nehmen an** *D* -den alınmak
anstoßen çarpmak (**an** *A* -e); (*angrenzen*) -e bitişik olm.; (kadehleri) tokuşturmak
anstößig yakışıksız
anstreben amaçlamak
anstreichen boyamak; *Stelle* işaretlemek
anstrengen *v/t* yormak; *sich* ~ uğraşmak, ~**d** yorucu
Anstrengung *f* çaba, zahmet
Ansturm *m* saldırı
anstürmen saldırmak (**gegen** *A* -e)
Antagonismus *m* zıtlık, tezat
Anteil *m* pay; ~**nahme** (-n) *f* acıma, başsağlığı; ilgi
Antenne (-n) *f* anten
Anti|babypille *f* gebeliği önleyici hap; ~**biotika** *n/pl.* antibiyotik maddeler
antik eski, antika
Antiquar (-e) *m* antikacı; ~**iat** (-e) *n* sahaf dükkânı
antiquarisch elden düşme
Antiquität (-en) *f* antika
Antrag (¨e) *m* teklif; dilekçe; ~ **stellen** teklifte bulunmak; dilekçe yazmak (**an** *A* -e); ~**steller** *m* dilekçe sahibi
antreffen *A* -e rast gelmek
antreiben itmek
antreten *v/t Arbeit usw.* -e başlamak; *Erbe* -e konmak; *v/i* sıralanmak

Antrieb *m* teşvik; *Tech.* hareket(e geçirme)
Antritt *m* başlangıç
antun (*j-m b-e*) -i göstermek
Antwort (-en) *f* cevap, yanıt
antworten *D* cevap vermek
anvertrauen *DA* emanet etm.
anwachsen kökleşmek; (*steigen*) artmak
Anwalt (¨e) *m* avukat; müdafi; ~**skammer** *f* baro
Anwärter (-) *m*, ~**in** *f* aday
anweisen havale etm.; tahsis etm.; (*j-n, etw. zu tun*) -e ... yapmasını emretmek
Anweisung *f* direktif; *Hdl.* havale
anwend|bar uygulanabilir; ~**en** tatbik etm., uygulamak
Anwendung *f* kullanış
anwerben işe almak
anwesend hazır, mevcut
Anwesenheit *f* huzur, mevcudiyet
anwidern iğrendirmek
Anwohner (-) *m* komşu
Anzahl (0) *f* sayı, miktar
anzahlen *A* ... için pey vermek
Anzahlung *f* kaparo
anzapfen *A El.* -e gizli bağlantı kurmak; *Tel.* -i gizlice dinlemek
Anzeichen *n* belirti; iz
Anzeige (-n) *f* ilân; *Jur.* ihbar; ~ **erstatten** ihbarda bulunmak
anzeigen ihbar etm.; göstermek

anziehen

anziehen v/t çekmek; *Kleidung* giymek; v/i *Preise:* yükselmek; *sich ~* giyinmek; *~d* çekici
Anziehungskraft f çekim kuvveti
Anzug m 1. (-e) takım elbise; 2. (0) *im ~ sein* yaklaşmak
anzüglich iki anlamlı
anzünden yakmak, tutuşturmak
Aorist (-e) m Gr. geniş zaman
apart orijinal
apathisch gevşek, ilgisiz
Aperitif (-s) m aperitif
Apfel (¨-) m elma; *~saft* m elma suyu; *~sine* (-n) f portakal
Apostel (-) m Rel. havari
Apostroph (-e) m Gr. kesme işareti
Apotheke (-n) f eczane; *~r* (-) m, *~rin* f eczacı
Apparat (-e) m aygıt, alet
Appartement (-s) n apartman dairesi
Appell (-e) m çağrı; Mil. yoklama
appellieren başvurmak, seslenmek (*an A -e*)
Appetit (0) m iştah
appetitlich iştah çekici
applaudieren D -i alkışlamak
Applaus (0) m alkış
Aprikose (-n) f kayısı
April (0) f nisan; *~scherz* m nisan balığı
Aquädukt (-e) m su kemeri
Aquaplaning (0) n su altı kızağı

Äquator (0) m Geo. ekvator
Ära (-ren) f çağ
Arab|er (-) m, *~erin* f (ak) Arap; *~eske* (-n) f arabesk; *~ien* n Arabistan
arabisch Arap; Arapça
Ararat m Ağrı Dağı
Arbeit (-en) f iş, çalışma; eser, yapıt
arbeiten çalışmak
Arbeit|er m, *~erin* f işçi; *~geber* m işveren; patron; *~nehmer* m işalan
Arbeits|amt (-)e m iş bulma kurumu; *~erlaubnis* f çalışma müsaadesi; *~gericht* n iş mahkemesi; *~lohn* m işçi ücreti
arbeitslos işsiz
Arbeitslos|enunterstützung f işsizlik yardımı; *~igkeit* (0) f işsizlik
Arbeits|platz m iş yeri; *~tag* m iş günü
arbeitsunfähig çalışmaz durumda
Arbeits|zeit f iş (*od.* mesai) saatleri pl.; *~zimmer* n çalışma odası
Archäologie (0) f arkeoloji; *archäologisches Museum* arkeoloji müzesi
Archipel (-e) m Geo. takımada
Architekt (-en) m, *~in* f mimar; *~ur* (-en) f mimarlık
Archiv (-e) n arşiv; *~ar* (-e) m arşiv memuru
Arena (-nen) f arena
arg fena, kötü; *adv.* çok, pek

Argentinien n Arjantin
Ärger (0) m kızgınlık; dert
ärgerlich üzücü; kızgın (*auf, über A -e*)
ärgern v/t kızdırmak; *sich ~* kızmak (*über A -e*)
Ärgernis (*-sse*) n rezalet
arg|listig hilekâr, aldatıcı; *~los* temiz yürekli; saf
Argument (*-e*) n tez; delil
argwöhnisch şüpheli
Arie (*-n*) f Mus. arya
arm fakir; zavallı
Arm (*-e*) m kol; *~ in ~* kol kola
Armaturenbrett n kontrol tablosu
Armband n bilezik; *~uhr* f kol saati
Armee (*-n*) f ordu
Ärmel (*-*) m elbise kolu; *~kanal* m Geo. Manş Denizi
Armeni|en n Ermenistan; *~er* (*-*) m, *~erin* f Ermeni
armenisch Ermeni; Ermenice
ärmlich fakir, yoksul
armselig fakir; kötü
Armut (0) f fakirlik, yoksulluk
Aroma (*-men*) n hoş koku, aroma
aromatisch aromatik
arrangieren düzenlemek
Arrest (*-e*) m hapis
arrogant kibirli
Arsch (*⸚e*) m kıç, göt
Art (*-en*) f cins, çeşit, tarz
Arterie (*-n*) f atardamar
artig terbiyeli, uslu
Artikel (*-*) m Jur. madde; (*Abhandlung*) makale; *Hdl.* mal (çeşidi); *Gr.* tanım edatı
Artillerie (*-n*) f topçuluk
Artischocke (*-n*) f enginar
Arznei (*-en*) f, *~mittel* n ilâç
Arzt (*⸚e*) m, **Ärztin** f doktor, hekim
ärztlich tıbbî
As (*-sse*) n (*Karte*) as, birli
Asbest (*-e*) m asbest
Asche (*-n*) f kül; *~nbecher* m küllük, sigara tablası
Aschermittwoch m katoliklerin 40 günlük perhizlerinin ilk günü, karnavaldan sonraki ilk gün
asiatisch Asyalı
Asien n Asya
Aspekt (*-e*) m görünüş
Asphalt (*-e*) m asfalt
Aspirin (0) n aspirin
aß s. **essen**
Assistent (*-en*) m, *~in* f asistan
Ast (*⸚e*) m dal; budak
Aster (*-n*) f yıldızçiçeği
Asthma (0) n Med. astım
Astro|naut (*-en*) m astronot; *~nomie* (0) f astronomi
Asyl (*-e*) n barınak; *politisches ~* siyasî sığınma; *~ant* (*-en*) m sığınmacı; *~recht* n sığınma hakkı
Atelier (*-s*) n atelye
Atem (0) m nefes, soluk; *~holen* nefes almak
atemlos nefessiz
Atemzug m nefes (alma)
Athe|ismus m ateizm; *~ist* m ateist

Athen

Athen *n* Atina
Äther (*0*) *m* eter
Äthiopien *n* Etyopya
Athlet (*-en*) *m* atlet; sporcu
Atlantik *m*, **Atlantischer Ozean** Atlas Okyanusu; Atlantik Denizi
Atlas 1. (*Atlanten*) *m* (*Buch*) atlas; **2.** (*-sse*) (*Stoff*) atlas
atmen nefes almak
Atmosphäre (*-n*) *f* atmosfer; ortam
Atmung *f* solunum
Atom (*-e*) *n* atom; **~bombe** *f* atom bombası; **~kraftwerk** *n* atom reaktörü
Atten|tat (*-e*) *n* suikast; **~täter** (*-*) *m* suikastçı
Attest (*-e*) *n Med.* rapor
attraktiv çekici
Attribut (*-e*) *n* sıfat, nitelik; *Gr.* yüklem
ätzen yakmak, **~d** yakıcı, aşındırıcı
Aubergine (*-n*) *f* patlıcan
auch dahi, de, da
audiovisuell odyovizüel, işitsel-görsel
auf *D -in* üstünde, üzerinde; -de; **~** *A -in* üstüne, üzerine; -e; ... için; **~ deutsch** Almanca olarak; *adv.* (*offen*) açık, (*wach*) ayakta; **~ und ab** bir aşağı bir yukarı
aufatmen geniş nefes almak
Aufbau *m* **1.** (*0*) yapı, kuruluş; *Pol.* kalkınma; **2.** (*-ten*) (bina üstüne) ek
aufbauen inşa etm., kurmak; kalkındırmak

aufbehalten *Hut* çıkarmamak
aufbewahren saklamak
aufbieten harcamak, toplamak
aufblähen: sich ~ şişmek
aufblasen şişirmek
aufbleiben açık kalmak; yatmamak
aufblenden *Kfz.* farları yakmak
aufbrauchen tüketmek
aufbrausen kaynamak
aufbrechen *v/t* kırıp açmak; *v/i* yola çıkmak; *Bot.* açılmak
aufbringen sağlamak; çıkarmak
Aufbruch (*¨e*) *m* kalkış
aufbügeln ütülemek
aufbürden *DA* yüklemek
aufdecken açmak; *fig.* meydana çıkarmak
aufdrängen *DA* zorla kabul ettirmek; **sich ~** (*j-m b-i*) rahatsız etm.
aufdrehen çevirip açmak
aufdringlich usandırıcı
aufeinander üst üste; arka arkaya; **~folgen** birbirini takip etm., **~folgend** birbirini takip eden; **~prallen**, **~stoßen** çarpışmak
Aufenthalt (*-e*) *m* kalma; oturma; gecikme; **~serlaubnis** *f* oturma müsaadesi; **~sort** *m* oturma yeri; **~sraum** *m* dinleneme odası
auferlegen *DA* yüklemek
Auferstehung (*0*) *f* diriliş

aufessen tamamiyle yemek
auffahren v/i yerinden fırlamak; v/t çarpmak, oturmak (*auf A -e*)
Auffahr|t f yanaşma yolu; **~unfall** m arkadan çarpma kazası
auffallen *D -in* dikkatini çekmek; **~d, auffällig** göze çarpan, dikkati çeken
auffangen yakalamak; *Hieb* hafifletmek; *Strahlen* toplamak
auffassen anlamak, kavramak; karşılamak
Auffassung f anlayış
auf|flackern, **~flammen** alevlenmek
auffliegen *Vogel*: birdenbire havalanmak; *Tür*: birdenbire açılmak
auffordern davet etm., çağırmak (*zu D -e*)
Aufforderung f davet; talep
aufforsten ağaçlandırmak
auffressen tamamiyle yemek
auffrischen tazelemek
aufführen v/t *Thea.* temsil etm., oynamak; s. **anführen**, **aufzählen**; **sich** ~ davranmak
Aufführung f temsil
Aufgabe f ödev; (*Pflicht*) görev; (*Verzicht*) terk; teslim
Aufgang m *Astr.* doğuş; (*Treppe*) merdiven
aufgeben v/t bırakmak, terk etm.; *Brief* yollamak; *Telegramm* çekmek; v/i vazgeçmek

aufgeblasen kabarık, şiş; *fig.* kibirli
Aufgebot (*-e*) n evlenme ilânı, askı; *Mil.* silâh altına çağırma
aufgebracht: ~ *sein* hiddetlenmek (*über A -e*)
aufgedreht *fig.* neşeli
aufgehen *Astr.* doğmak; *Bot.* açılmak; *Knoten usw..*: çözülmek
aufgeklärt aydın fikirli
aufgelegt: *gut* ~ *fig.* keyfi yerinde
aufgeregt heyecanlı
aufgeweckt uyanık
aufgrund *G -den* dolayı
aufhaben *A* başında olm. *N.*; *Aufgaben* (ev ödevi) olm.; v/i açık bulunmak
aufhacken kazarak açmak
aufhalsen s. **aufbürden**
aufhalten v/t açık tutmak; durdurmak; **sich** ~ kalmak, oturmak (*in D -de*)
aufhängen asmak (*an A -e*)
Aufhänger (*-*) *m* askı
aufhäufen yığmak
aufheben kaldırmak; (*aufbewahren*) saklamak
Aufhebung f kaldır(ıl)ma; fesih
aufheitern ferahlandırmak
aufhetzen kışkırtmak
aufholen v/t telâfi etm.; v/i farkı kapatmak
aufhören bitmek; bitirmek (*mit D -i*)
aufklappen açmak
aufklären aydınlatmak; bilgi

Aufklärung

vermek (*über* A hakkında); halletmek
Aufklärung *f* aydınlatma; bilgi
aufkleben yapıştırmak
Aufkleber *m* tutkallı fiş; çıkartma
aufkochen *v/i* kaynamak; *v/t* kaynatmak
aufkommen çıkmak; dayanmak (*gegen* A -e karşı); üstüne almak (*für* A -in sorumluluğunu)
aufkrempeln sıvamak
aufkreuzen *fam.* çıkagelmek (*bei, in* D -e)
aufladen yüklemek; *Batterie* doldurmak
Auflage *f* yüküm (*Buch*) baskı; (*Steuer*) vergi
auflassen açık bırakmak; *Hut* çıkartmamak
Auflauf *m* kalabalık; (*Essen*) sufle
auflaufen *Mar.* oturmak
auflegen üstüne koymak (*auf* A -i); *Hörer* (telefonu) kapatmak; *Buch* basmak
auflehnen: *sich* ~ *fig.* ayaklanmak (*gegen* A -e karşı)
auflesen toplamak
auflockern gevşetmek
auflösen *v/t* çözmek; dağıtmak; *Jur.* feshetmek; *Chem.* eritmek; *sich* ~ çözülmek
Auflösung *f* fesih; sonuç
aufmachen *v/t* açmak; *sich* ~ yola çıkmak
aufmerksam dikkatli; ~ *ma-*

chen A *-in* dikkatini çekmek (*auf* A *-e*)
Aufmerksamkeit *f* dikkat; ilgi
aufmuntern canlandırmak, şenlendirmek
Aufnahme *f* (*-n*) kabul; (*Foto*) fotoğraf, resim; (*in e-e Liste*) kayıt, yazılma
aufnehmen kaldırmak; almak; *Gast* kabul etm., karşılamak; *Geld* ödünce etm.; *Foto* çekmek; *in e-e Liste* kaydetmek
aufnotieren A *-den* not almak; *-i* kaydetmek
aufopfern: *sich* ~ kendini feda etm. (*für* A için)
aufpassen dikkat etm., bakmak (*auf* A *-e*)
aufplatzen patlamak
aufprallen çarpmak (*auf* A *-e*)
aufpumpen şişirmek
Aufputschmittel *n* uyarıcı
aufraffen: *sich* ~ kuvvetlerini toplamak (*zu* D *-meğe*)
aufräumen toplamak
aufrecht dik; dürüst; ~**erhalten** korumak
aufregen *v/t* heyecanlandırmak; *sich* ~ heyecanlanmak; ~*d* heyecanlı
Aufregung *f* heyecan
aufreiben: *sich* ~ yorulmak; ~*d* yorucu
aufreihen dizmek
aufreißen (hızla *veya* kuvvetle) açmak
aufreizend tahrik edici, teşvik edici

aufrichten v/t dikmek, doğrultmak; **sich ~** doğrulmak

aufrichtig dürüst, samimî

Aufruf (-e) m davet, çağrı

aufrufen çağırmak, davet etm. (**zu** D -e)

Aufruhr (0) m ayaklanma

aufrüsten silâhla(ndır)mak

aufsammeln toplamak

aufsässig itaatsiz

Aufsatz m (Schul-) kompozisyon; (Zeitungs-) yazı, makale

aufschieben iterek açmak; fig. geciktirmek

Aufschlag m yere vurma; (Kleidung) kapak; Hdl. zam, artış; Sp. servis

aufschlagen açmak; Zelt kurmak

aufschließen açmak

Aufschluß m bilgi; **~ geben** bilgi vermek (**über** A hakkında)

aufschlußreich bilgi verici, anlamlı

aufschneiden v/t keserek açmak, yarmak; v/i fig. palavra savurmak

Aufschneider (-) m, **~in** f palavracı

Aufschnitt m et, jambon ve salam dilimleri pl.

aufschrauben vidalamak; açmak

Aufschrei m anî çığlık

aufschreiben kaydetmek, not etm.

Aufschrift f adres, yazı

Aufschub m erteleme

Aufschwung m kalkınma

Aufsehen n: **~ erregen** heyecan uyandırmak

Aufseher (-) m, **~in** f bekçi; gardiyan

aufsetzen v/t koymak; takmak; Hut giymek; Text kaleme almak; Wasser ocağa koymak

Aufsicht (-en) f kontrol, denetim

aufspannen gererek açmak, germek

aufspringen fırlamak; Haut: çatlamak; Tür: ansızın açılmak

aufspüren izleyip bulmak

Aufstand (¨e) m ayaklanma

aufstecken deşmek

aufstehen (ayağa) kalkmak; fig. ayaklanmak

aufsteigen yükselmek

aufstellen v/t koymak, yerleştirmek; kurmak; Behauptung ileri sürmek; Kandidaten göstermek (**für** A -e)

Aufstellung f yerleştirme; liste; montaj

Aufstieg (-e) m yükselme; kalkınma

aufstöbern arayıp bulmak

aufstocken A -e kat eklemek; Hdl. -i çoğaltmak

aufstoßen v/t iterek açmak; kırmak; v/i geğirmek

aufstreichen sürmek (**auf** A -e)

aufsuchen A -e uğramak

Auftakt (-e) m fig. başlangıç

auftauchen fig. meydana çıkmak

auftauen v/t eritmek; v/i erimek
Auftrag (~e) m vazife, ödev; Hdl. sipariş; Jur. vekâlet; **im ~ G, von D** adına N
auftragen havale etm. (j-m b-e); Essen sofraya koymak; Farbe sürmek; Kleidung eskitmek
auftreiben bulmak, sağlamak
auftrennen A -in dikişini sökmek
auftreten yere basmak; davranmak; (erscheinen) meydana çıkmak; Thea. sahneye çıkmak
Auftreten (0) n davranış
Auftrieb m: **~ geben** cesaret vermek
Auftritt m sahneye çıkış
aufwachen uyanmak
aufwachsen büyümek
Aufwand (0) m masraf; lüks
aufwärmen ısıtmak; fig. canlandırmak
aufwärts yukarıya doğru
aufwecken uyandırmak
aufweichen yumuşatmak
aufweisen göstermek
aufwenden sarfetmek
aufwerfen Frage ortaya atmak
aufwerten A -in değerini artırmak
aufwickeln sarmak, dolamak
aufwiegeln tahrik etm.
aufwischen silmek
aufzählen saymak
aufzeichnen çizmek; not etmek

Aufzeichnung f not; kayıt
aufziehen v/t yukarı çekmek; Fahne çekmek; Uhr kurmak; Kind usw. yetiştirmek; Vorhang açmak; Saite takmak; v/i çıkmak
Aufzucht (0) f yetiştirme
Aufzug m alay; (Fahrstuhl) asansör; Thea. perde
aufzwingen A zorla kabul ettirmek (j-m b-e)
Auge (-n) n göz
Augen|arzt m, **~ärztin** f göz doktoru; **~blick** m an, **augenblicklich** adv. bu anda; hemen; adj. şimdiki
Augen|braue (-n) f kaş; **~höhle** (-er) n göz yuvası; **~lid** (-er) n göz kapağı; **~maß** (0) n göz kararı; **~zeuge** m görgü tanığı
August (0) m ağustos
Auktion f açık artırma
Aula (-len) f toplantı salonu
aus D -in içinden; -den; -den dolayı; yüzünden; Schalter: kapalı; **~ sein** bitmiş olm.
ausarbeiten hazırlamak
ausarten: **~ in** A -e değişmek, -in halini almak
ausatmen nefes vermek
ausbaden A -in acısını çekmek
Ausbau (0) m genişlet(il)me
ausbauen genişletmek
ausbessern tamir etm., onarmak
ausbeulen düzeltmek
Ausbeute f kazanç, kâr
ausbeuten sömürmek

Ausbeut|er *m* istismar eden; **~ung** *f* sömürü
ausbilden eğitmek; *Mil.* talim etm.
Ausbildung *f* eğitim; talim
ausblasen söndürmek
ausbleiben gelmemek
Ausblick *m* manzara; *fig.* ümit, umut
ausbrechen çıkmak; (*aus D -den*) kaçmak; (*in A -meye*) başlamak
ausbreiten *v/t* yaymak; *sich ~* yayılmak, açılmak
ausbrennen *v/t* yakmak, dağılmak; *v/i* sönmek
Ausbruch *m* başlama; (*aus dem Gefängnis*) kaçma, firar; (*e-s Vulkans*) püskürme
ausbrüten civciv çıkarmak; *fig.* yumurtlamak
Ausdauer *f* sabır, dayanıklık
ausdauernd sebatkâr
ausdehnen *v/t* germek, uzatmak; *sich ~* uzamak, açılmak
Ausdehnung *f* genişleme, uzanım
ausdenken: sich ~-i tasarlamak; uydurmak
Ausdruck (¨e) *m* ifade; terim; deyim
ausdrück|en sıkmak; *fig.* ifade etm.; **~lich** belli; kesin; *adv.* kesin olarak
ausdrucksvoll anlamlı; anlatımlı
auseinander birbirinden uzak, ayrı; **~brechen** *v/t* kırıp ayırmak; *v/i* parçalan-

mak; **~fallen** parça parça olm.; **~gehen** ayrılmak, dağılmak; **~halten** ayrı tutmak; **~nehmen** parçalara ayırmak; **~setzen** *fig.* anlatmak
Auseinandersetzung *f* münakaşa, tartışma
auser|lesen, ~wählt seçkin, mümtaz
Ausfahrt *f* çıkış (kapısı)
Ausfall *m* (*Haare usw.*) dökülme; (*Verlust*) kayıp
ausfallen *Haare*: dökülmek; *Veranstaltung*: yapılmamak; **~d, ausfällig** saldırgan
Ausfallstraße *f* çıkış yolu
ausfegen süpürmek
ausfertigen hazırlamak
Ausfertigung *f* nüsha
ausfindig: ~ machen arayıp bulmak
Ausflucht (¨e) *f* kaçamak, bahane
Ausflug *m* gezinti, gezi
Ausfluß *m* delik; akış; *Med.* akıntı
ausfragen soruşturmak
Ausfuhr (*-en*) *f* ihracat, dış satım
ausführ|en yapmak; bitirmek; gerçekleştirmek; *Hdl.* ihraç etm.; **~lich** ayrıntılı, etraflı
Ausführung *f* yapılış, icra; **~sbestimmungen** *pl.* yönetmelik eş
ausfüllen doldurmak
Ausgabe *f* dağıtım; (*Geld*) masraf; (*Buch*) baskı

Ausgang

Ausgang *m* çıkış; *fig.* sonuç
ausgeben *v/t* dağıtmak; sarf etm.; *sich ~ für A* kendisini ... diye tanıtmak
ausge|fallen tuhaf; **~glichen** dengeli
ausgehen dışarı çıkmak; *Haar:* dökülmek; *Licht:* sönmek; *Hdl.* tükenmek
ausge|lassen coşkun, neşeli; **~nommen** *A adv.* hariç olmak üzere *N*; *-den* başka; **~rechnet** aksi şeytan; **~schlossen** imkânsız; hariç *(von D -den)*
ausgesetzt: *~ sein D* maruz kalmak
ausge|sprochen *adv.* şüphesiz; **~sucht** seçkin; **~wogen** ölçülü; **~zeichnet** mükemmel
ausgiebig *adv.* bol, durmadan
ausgießen dökmek, boşaltmak
Ausgleich *m* uzlaşma, uyuşma
ausgleichen düzeltmek, denkleştirmek
ausgraben topraktan çıkarmak
Ausgrabung *f* kazı
Ausguß *m* boşaltma deliği
aushalten *A -e* dayanmak
aushändigen *D A* vermek, teslim etm.
Aushang *m* aski; ilân (tahtası)
Aushängeschild *n* etiket, tabela
ausharren beklemek

ausheben kazmak, çıkarmak; *Mil.* silâh altına çağırmak
aushecken *fig.* tasarlamak
ausheilen iyileşmek
aushelfen *D* yardım etm. *(bei D ile)*
Aushilfe *f* yerine geçici olarak çalışan
ausholen el kaldırmak **(zu** *D -mek* için)
aushorchen *A -in* ağzını aramak
auskennen: sich ~ in *D -i* iyi bilmek
auskleiden: sich ~ soyunmak
ausklopfen vurarak silkmek *veya* boşaltmak
auskochen *A* haşlayarak *-in* suyunu çıkarmak
auskommen geçinmek **(mit** *D* ile)
auskosten *A -in* tadını çıkarmak
auskratzen *v/t* kazıyarak çıkarmak; *v/i fig.* kaçmak
Auskunft (*-e*) *f* danışma, bilgi
auslachen gülerek alay etm. *(j-n b.* ile)
ausladen boşaltmak
Auslage *f* serilen mal; *fin.* **~n** *pl.* masraf *sg.*
Ausland (0) *n* yabancı ülke, yurt dışı; dış ülke
Ausländer (-) *m*, **Ausländerin** *f*, **ausländisch** yabancı
Auslands- yurt dışı
auslassen açık bırakmak; atlamak; boşaltmak

Ausruf

auslaufen akmak, boşalmak; *Mar.* limandan çıkmak
ausleeren boşaltmak
auslegen *Ware* sermek; *Raum* döşemek; *Geld* (biri için) ödünç vermek; *Wort* yorumlamak
ausleihen ödünç vermek, kiraya vermek; *sich ~* ödünç almak, kiralamak
auslernen çıraklık devrini bitirmek
Auslese *f* seçme
auslesen ayırmak; *Buch* okuyup bitirmek
ausliefern teslim etm.
auslosen kur'a çekmek; piyangoya koymak
auslösen *Pfand* kurtarmak; (*verursachen*) yaratmak
Auslöser *m* Foto deklanşör
ausmachen söndürmek; (*verabreden*) kararlaştırmak, sözleşmek; (*betragen*) tutmak
ausmalen *v/t* boyamak; *sich ~* tasavvur etm.
Ausmaß *n* boyut, çap
ausmerzen gidermek
ausmessen ölçmek
Ausnahme (-*n*) *f* istisna; *mit ~ G* müstesna olarak, hariç olmak üzere *N*; *~fall m* olağanüstü durum; *~zustand m* Pol. sıkıyönetim
ausnahms|los istisnasız; *~weise* adv. müstesna olarak
ausnehmen ayırmak, ayrı tutmak; *Tier* ayıklamak; *~d*

adv. son derece, gayet
ausnutzen fırsat bilmek; sömürmek
auspacken *v/t* boşaltmak; *v/i fam.* bülbül gibi söylemek
auspfeifen ıslıklamak
ausplaudern açığa vurmak
ausplündern yağma etm.
auspressen sıkmak
ausprobieren denemek
Auspuff (-*e*) *m* Kfz. egzoz; *~rohr* *n* egzoz borusu
auspumpen tulumba ile boşaltmak
ausradieren silmek
ausrangieren ıskartaya çıkarmak
ausrauben soymak
ausräumen boşaltmak; *fig.* gidermek
ausrechnen hesaplamak
Ausrede *f* bahane, kaçamak
ausreden (*j-m etw. b-i -den*) vaz geçirmek; *~ lassen A -in* sözünü kesmemek
ausreichen yet(iş)mek (*für A -e*); *~d* kâfi, yeter
Ausreise *f* gidiş, çıkış; *~visum* *n* çıkış vizesi
ausreißen *v/t* sökmek koparmak; *v/i fam.* kaçmak
ausrenken: *sich den Arm ~ b-in* kolu çıkmak
ausrichten *Nachricht* bildirmek; *nichts ~* başaramamak
ausrotten yok etm.
Ausrottung *f* imha
ausrücken *Mil.* çıkmak; *fam.* kaçmak
Ausruf *m* ünlem

ausrufen

ausrufen bağırmak; yüksek sesle ilân etm.
Ausrufezeichen *n Gr.* ünlem işareti
ausrufen, sich ~ dinlenmek
Ausrüstung *f* donatım, teçhizat
ausrutschen kaymak
Aussage *f* söz, ifade
aussagen ifade etm.
ausschalten söndürmek, kesmek; *fig.* zararsız hale getirmek
Ausschank (O) *m* içki satış yeri
Ausschau *f*: **~ halten, ausschauen** gözleriyle aramak (**nach** *D* -*i*)
ausscheiden *v*/*t* ayırmak, elemek; *Med.* ifraz etm.; *v*/*i* ayrılmak, elenmek (**aus** *D* -*den*)
Ausscheidung *f* seçme; *Med.* ifraz
ausschimpfen paylamak, azarlamak
ausschlafen uykusunu almak
Ausschlag *m Med.* egzama, mayasıl; (*e-s Zeigers*) hareket; **den ~ geben** (**in** *D* -*e*) etkili olm.
ausschlag|en *v*/*i Bot.* yapraklanmak; *Pferd:* tepmek; *Waage:* sapmak (**nach** *D* -*e*); *v*/*t* reddetmek; **~gebend** kesin, etkili
ausschließen *v*/*t* çıkarmak, istisna etm.; **sich ~** katılmamak (**von** *D* -*e*)

ausschließlich *adv.* yalnız; hariç olmak üzere
ausschlüpfen çıkmak
Ausschluß *m* çıkarma; katılmama
ausschmücken süslemek, donatmak
ausschneiden kesip çıkarmak; *Baum* budamak
Ausschnitt *m* (*Zeitungs-*) kupür, kesik; (*Kleid*) dekolte
ausschreiben yazmak; doldurmak; *Hdl.* yarışmaya koymak
Ausschreibung *f* ilân; *Hdl.* eksiltme
Ausschreitungen *pl.* kargaşalık *sg.*
Ausschuß *m* (*Kommission*) kurul, heyet; (**~ware** *f*) kelepir mal
ausschütteln silkelemek
ausschütten dökmek, boşaltmak
ausschweifend çapkın
aussehen görünmek (**wie** *N* gibi)
Aussehen *n* görünüş
außen dışarıda
Außen|- dış, harici; **~dienst** *m* dış hizmet; **~handel** *m* dış ticaret; **~minister** *m* dış işleri bakanı; **~politik** *f* dış siyaset; **~seiter** (-) *m* favori olmayan; **~spiegel** *m* dış ayna; **~stände** *pl. Hdl.* alacaklar
außer *D* -*den* başka
äußer- dış
außerdem bundan başka

Äußere(s) dış görünüş
außer|gewöhnlich olağanüstü; **~halb** G *-in* dışında
äußer|lich dış; *fig.* aldatıcı; **~n** *v/t* söylemek, ifade etm.; **sich ~n** fikrini söylemek (*über A* hakkında)
außerordentlich fevkalâde, olağanüstü
äußerst *adv.* son derece
außerstande: **~ sein zu** *Inf.* *-ecek* durumda olmamak
Äußerung *f* söz, ifade
aussetzen *v/t Kind* bırakıvermek; *Boot* denize indirmek; *Belohnung* koymak (**für** *A* için); maruz bırakmak (*e-r Gefahr usw. -e*); *v/i* durmak; *etw.* **auszusetzen haben** bir fenalık görmek (**an** *D -e*)
Aussicht (*-en*) *f* manzara; *fig.* ümit, şans
aussichtslos ümitsiz
Aussiedler *m* göçmen
aussöhnen *v/t* barıştırmak; **sich ~** uzlaşmak (**mit** *D* ile)
aussortieren ayırmak
ausspannen *v/t* koşumdan çıkarmak; germek; *v/i fig.* dinlenmek
ausspeien tükürmek
aussperren kapı dışında bırakmak
Aussperrung *f* lokavt
Aussprache *f* telâffuz, söyleniş; görüşme
aussprechen *v/t* telâffuz etm., söylemek; **sich ~** görüşmek; dertleşmek; *las-*

sen j*-n* b*-in* sözünü kesmemek
Ausspruch *m* söz, ifade
ausspucken tükürmek
ausspülen çalkalamak
Ausstand *m* grev
ausstatten süslemek, teçhiz etm., donatmak
Ausstattung *f* donatım; mobilya; *Thea.* dekor
ausstechen oymak; *fig. -den* üstün gelmek
ausstehen *A -e* tahammül etm., dayanmak; *v/i* daha beklenmek, eksik olm.
aussteigen inmek (*aus D -den*); *fig.* bırakmak (*-i*)
ausstellen sergilemek; *Dokument* vermek, yazmak
Ausstellung *f* sergi; fuar; **~sdatum** *n* verilme tarihi; **~sraum** *m* sergi salonu
aussterben nesli tükenmek, ocağı sönmek
Aussteuer *f* çeyiz
Ausstieg (*-e*) *m* çıkış; iniş
ausstopfen doldurmak
Ausstoß *m* atış; (*Ertrag*) verim
ausstoßen dışarıya atmak; çıkarmak, kovmak (*aus D -den*)
ausstrahlen yaymak, saçmak
Ausstrahlung *f* yayma; *fig.* tesir
ausstrecken uzatmak
ausstreichen çizmek, karalamak
ausströmen çıkmak, akmak

aussuchen seçmek
Austausch *m* mübadele, değiş tokuş, değiştirme
austauschen değiş(tir)mek
austeilen dağıtmak
Auster (*-n*) *f* istiridye
austoben: *sich ~ Sturm*: yatışmak; *Kinder*: gürültü yapmak
austragen *Post usw.* dağıtmak; *Spiel* yapmak
Australien *n* Avustralya
austreiben defetmek, çıkarmak; *j-m etw. b-i b. ş-den* vazgeçirmek
austreten çıkmak; çekilmek, ayrılmak (*aus D -den*); tuvalete gitmek
austrinken içip bitirmek
austrocknen *v/t* kurutmak, katılaştırmak; *v/i* kurumak
ausüben yapmak; **~d** yürütücü
Ausübung *f* icra, kullanış
Ausverkauf *m Hdl.* mevsim sonu satışı; genel satış
ausverkauft tükenmiş
Auswahl (*0*) *f* seçme; seçilen çeşitler *pl.*
auswählen seçmek; tercih etm.
auswandern göçmek
Auswanderung *f* göç
auswärt|ig dış, harici; *Auswärtiges Amt* Dışişleri Bakanlığı; **~s** dışarıda, dışta
auswechseln değiştirmek
Ausweg *m* çıkar yol, çare
ausweichen *D -den* çekinmek, çekilmek; *-den*

kaçamak yolu bulmak; **~d** kaçamaklı
Ausweis (*-e*) *m* kimlik (kâğıdı)
ausweisen *v/t* sürmek, sınır dışı etm.; *sich ~* kimliğini ispat etm.
Ausweisung *f* sınır dışı etme *veya* edilme
ausweiten genişletmek
auswendig *adv.* ezberden
auswerten değerlendirmek; kullanmak
auswickeln *A -in* zarfını açmak
auswirken: *sich ~* etkilemek (*auf A -i*)
auswischen silmek; *j-m eins ~ fam. b-e* fenalık yapmak
auswuchten *Kfz.* dengelemek
Auszahlung *f Hdl.* ödeme, tediye
auszeichnen *v/t* ödüllendirmek; *Ware* etiketlemek; *sich ~* şöhret kazanmak (*durch A* ile)
Auszeichnung *f* ödül, madalya
ausziehen *v/t* uzatmak; *Kleid* çıkarmak; *j-n* soymak; *v/i* taşınmak; *sich ~* soyunmak
Auszubildende(r) eğitim gören, çırak
Auszug *m* alıntı, özet; çıkma, taşınma
auszugsweise *adv.* özet olarak
authentisch mevsuk, resmî

Baldrian

Auto n otomobil, araba
Autobahn f otoyol; ~**ausfahrt** f otoyol çıkışı; ~**gebühr** f otoyol ücreti
Auto|bus m otobüs; ~**fahrer(in** f) m araba sürücüsü, şoför; ~**gramm** (-e) n otograf
Automat (-en) m otomat
automatisch otomatik; ~**es Getriebe** otomatik şanjman
Auto|mechaniker m araba (veya oto) tamircisi; ~**mobil** n otomobil
autonom otonom, özerk
Autonomie (-n) f muhtariyet, özerklik
Autor (-en) m, ~**in** f yazar
Autoradio n otomobil radyosu, otoradyo
Autorität f otorite; yetki
Autovermietung f otomobil kiralama
Aversion f nefret, iğrenç
Axt (=e) f balta

B

Baby (-s) n bebek
Bach (=e) m dere, çay
Backbord (0) n Mar. sol taraf
Backe (-n) f yanak
backen v/t (fırında) pişirmek; v/i (fırında) pişmek
Backenzahn m azıdişi
Bäcker (-) m fırıncı, ekmekçi; ~**ei** f fırın
Back|ofen m fırın; ~**pulver** n kabartıcı toz, maya; ~**stein** m tuğla; ~**ware** f hamur tatlısı
Bad (=er) n banyo; (Heil-) kaplıca, ılıca; (türkisches ~) hamam
Bade|anzug m, ~**hose** f mayo; ~**mantel** m bornoz; ~**meister** m havuz veya plâj bekçisi
baden banyo yapmak, yıkanmak; (im Meer) denize girmek
Bade|ofen m banyo sobası;
~**ort** m kaplıca, ılıca; plâj; ~**strand** m plâj; ~**wanne** f küvet; ~**zimmer** n banyo (odası)
Bagatelle (-n) f kolay iş
Bagger (-) m tarak makinesi
Bahn (-en) f yol; tramvay, tren; Sp. pist
bahnbrechend çığır açan
bahnen: den Weg ~ D yolu açmak
Bahn|hof m istasyon; ~**steig** m peron; ~**strecke** f demiryolu hattı; ~**übergang** m demiryolu geçidi; ~**wärter** m demiryolu bekçisi
Bahre (-n) f sedye, teskere
Bajonett (-e) n süngü
Bakterie (-n) f bakteri
Balance (-n) f denge
bald adv. yakında; az sonra; ~ **darauf** az sonra; **so** ~ **wie möglich** bir an evvel
Baldrian (-e) m Bot. kediotu

Balkan 240

Balkan (0) m Balkan yarımadası; Balkanlar pl.
Balken (-) m kiriş, direk
Balkon (-e) m balkon
Ball (ʷe) m top; (Tanzveranstaltung) balo
Ballast (-e) m Mar. safra; fig. lüzumsuz şeyler pl.
Ballen (-) m denk, balya; Med. taban
ballen: die Faust ~ yumruk sıkmak
Ballett (-e, -s) n bale
Ballon (-e, -s) m balon
Ballungszentrum n büyük yerleşim merkezi
Bambus (-sse) m bambu
banal banal, bayağı
Banane (-n) f muz
Band¹ n (ʷer) şerit, bağ
Band² (ʷe) fig. bağ
Band³ (ʷe) m cilt, kısım
band s. binden
Bande (-n) f çete, takım
bändigen terbiye etm., alıştırmak
Bandit (-en) m eşkıya, haydut
Bank¹ (ʷe) f sıra, bank
Bank² (-en) f banka; **~beamte(r)** m, **~beamtin** f banka memuru
Bankett (-e) n 1. şölen; 2. banket
Bankier (-s) m banker
Bank|konto (-ten) n banka hesabı; **~leitzahl** f banka kod numarası; **~note** f banknot
Bankrott (-e) m iflâs
bankrott müflis, batmış

Bankverbindung f banka hesabı
bar peşin, nakit olarak; fig. **~er Unsinn** saçma sapan
Bar (-s) f bar
Bär (-en) m ayı
Baracke (-n) f baraka
Barbar (-en) m barbar
barbarisch canavar, barbar(ca)
Barbe (-en) f Zo. barbunya
barfuß yalınayak
barg s. bergen
Bargeld (0) n peşin para, nakit
bargeldlos çek ile
Barkasse (-n) f Mar. motorlu sandal
barmherzig merhametli
Barometer (-) n barometre
Barren (-) m külçe; Sp. barparalel
Barrikade (-n) f para, servet
Bart (ʷe) m (Backen-) favori; (Schnurr-) bıyık; (Voll-) sakal
bärtig sakallı
Barzahlung f nakit ödeme
Basar (-e) m çarşı
Base¹ (-n) f kuzin
Base² (-n) f Chem. baz
basieren: ~ auf A -e dayanmak
Basilika (-ken) f büyük kilise, bazilika
Basis (Basen) f temel; Mil. üs
Baskenmütze f bere
Baß (ʷsse) m Mus. baso; (**~geige**) kontrbas
Bassin (-s) n havuz

Bastard (-e) m melez, piç
basteln amatör olarak yapmak
bat s. **bitten**
Batterie (-n) f El. pil, akümülatör; Mil. batarya
Bau (-en) m yapı, inşa; bina; **~arbeiten** pl. (Straßen-) (yol) yapım çalışmaları
Bauch (~e) m karın; **~tanz** m göbek dansı
bauen inşa etm., kurmak
Bauer[1] (-n) m çiftçi, köylü; (Schach) piyade
Bauer[2] (-) n kuş kafesi
Bäuerin f köylü kadın
Bauernhof m çiftlik
baufällig harap, yıkkın
Bau|gelände n arsa, parsel; **~gerüst** n yapı iskeleti; **~jahr** n imal yılı; **~kasten** m inşaat kutusu (oyuncak); **~kunst** f mimarlık
Baum (~e) m ağaç
Baumeister m mimar
Baum|schule f fidanlık; **~wolle** f pamuk
Bau|stelle f inşaat yeri; şantiye; **~stoff** m yapı malzemesi; **~werk** n bina
Bay|er (-n) m Bavyeralı; **~ern** n Bavyera
Bazillus (-llen) m Med. basil
beabsichtigen niyet etm, amaçlamak
beacht|en dikkate almak; hesaba katmak; **~enswert** dikkate değer; **~lich** önemli
Beachtung f dikkat; riayet; itibar

bedeckt

Beamt|e(r) (-en) m, **~in** f devlet memuru; memur
beängstigend korkutucu
beanspruchen istemek; iddia etm.
beanstanden kusurlu bulmak
Beanstandung f şikâyet
beantragen dilekçe ile istemek
beantworten cevaplandırmak, yanıtlamak
bearbeiten işlemek; gözden geçirmek
beaufsichtigen gözetmek, kontrol etm.
Beaufsichtigung f nezaret, gözetim
beauftragen görevlendirmek
bebauen -i işlemek; -de binalar kurmak, -i imar etm.
Bebauung f imar
beben titremek
Becher (-) m bardak, kadeh; kupa; Tech. kova
Becken (-) n tekne, lenger; havuz; an. leğen; Geo. havza
bedächtig dikkatli, yavaş
bedanken: sich ~ teşekkür etm. (bei D für A b-e -den dolayı)
Bedarf (0) m ihtiyaç; **den ~ decken** ihtiyacı karşılamak; im **~sfall** gerekirse, icabında
bedauer|lich üzücü; acınacak; yazık; **~n** A -e acımak, yerinmek
Bedauern (0) n teessüf
bedeck|en örtmek, kapamak; **~t** kapalı; bulutlu

bedenken hesaba katmak; düşünmek; bağışlamak (*j-n mit D b-e b. ş-i*); **~los** düşüncesiz
bedenklich şüpheli; tehlikeli
bedeuten: was bedeutet das? bu ne demek(tir)?; *das hat nichts zu ~* bunun hiç önemi yok(tur); **~d** önemli, dikkate değer
Bedeutung *f* anlam, mana; önem; *~ beimessen* D önem vermek
bedienen *Maschine* kullanmak; *j-n -e* hizmet etm.; *sich ~ G -i* kullanmak
Bedienung *f* hizmet; servis; garson
beding|en *A -e* bağlı olm.; **~t** şartlı
Bedingung *f* şart, koşul
bedrängen sıkıştırmak
bedroh|en tehdit etm.; **~lich** korkunç; tehlikeli
Bedrohung *f* tehdit
bedrücken üzmek, kederlendirmek; **~d** ezici, sıkıcı
bedürfen *G -e* ihtiyacı olm.
Bedürfnis (*-sse*) *n* ihtiyaç (*nach D -e*); **~anstalt** *f* umumi helâ
bedürftig yoksul; muhtaç (*G -e*)
Beefsteak (*-s*) *n* biftek
beeilen: sich ~ acele etm.
beeindrucken *A* etkilemek, *-de* izlenim bırakmak
beeinflussen etkilemek
beeinträchtigen *A -e* zarar vermek, dokunmak

beend|en, ~igen *A* bitirmek, *-e* son vermek
Beerdigung *f* gömme; cenaze
Beere (*-n*) *f* tane
Beet (*-e*) *n* tarh, yastık
Befähigung *f* ehliyet, yetenek
befahren *A* (bir taşıt ile) *-in* üzerinden geçmek
befallen *A -in* başına gelmek; *-i* tutmak
befangen sıkılgan; *Jur.* taraf tutan
befassen: sich ~ meşgul olm., uğraşmak (*mit D* ile)
Befehl (*-e*) *m* emir, komut(a); kumanda; *zu ~!* baş üstüne!
befehlen emretmek, buyurmak
befestigen bağlamak (*an D -e*)
befinden: sich ~ bulunmak (*in D -de*)
Befinden (0) *n* durum, sağlık durumu
befohlen *s.* **befehlen**
befolgen *A* dinlemek; *-e* uymak
befördern yollamak, göndermek; terfi ettirmek (*zu D -e*)
Beförderung *f* nakil, sevk; terfi
befragen (*j-n über A*) *b-e b. ş-i* sormak, *b. ş.* hakkında *b-in* fikrini almak
Befragung *f* anket
befreien kurtarmak (*aus, von D -den*)
befreunden: sich ~ dost olm. (*mit D* ile)

befriedig|en memnun etm.; **~end** memnun edici; **~t** memnun
Befriedigung f memnuniyet
befristet vadeli
befruchten döllemek
Befugnis (-sse) f yetki; hak
befugt yetkili
Befund m durum; bulgu
befürchten A -den korkmak
Befürchtung f korku, endişe
befürworten tavsiye etm.
begabt yetenekli
Begabung f yetenek
begann s. **beginnen**
begeben: sich ~ gitmek, uğramak (**nach, zu** D -e)
begegnen D -e rastlamak; -i karşılamak
Begegnung f karşılama; görüşme
begehen Verbrechen işlemek; Fest kutlamak
begehr|en istemek, talep etm.; **~enswert** istenmeye değer; **~lich** açgözlü, haris
begeister|n heyecanlandırmak, coşturmak, **~t** heyecanlı, coşkun
Begeisterung f heyecan, coşkunluk
begierig düşkün (**auf** A -e); istekli
begießen ıslatmak
Beginn (0) m başlangıç
beginnen başlamak (A od. **mit** D -e)
Beglaubigung f tasdik, onay
begleichen Rechnung ödemek

begleiten A -e refakat etm.
Begleit|er (-) m, **~erin** f refakat eden; **~ung** f refakat; maiyet
beglückwünschen kutlamak, tebrik etm. (**j-n zu** D b-in ş-ini)
begnadigen bağışlamak, affetmek
begnüg|en: sich ~ yetinmek, iktifa etm. (**mit** D ile)
begonnen s. **beginnen**
begraben gömmek
Begräbnis (-sse) n gömme
begreif|en anlamak, kavramak; **~lich** anlaşılır
begrenzen sınırlamak
Begrenzung f sınırla(n)ma
Begriff m fikir, kavram; **im ~ sein zu** inf. ~mak üzere bulunmak
begründ|en A kurmak; -in sebeplerini göstermek; **~et** haklı
Begründung f ispat; sebep
begrüßen selâmlamak; etw. uygun görmek
Begrüßung f karşılama; selâmlama
begünstigen teşvik etm.; tercih etm.
Begünstigung f kayırma; Jur. a. yataklık
begütert zengin
behag|en D -in hoşuna gitmek; **~lich** hoş, rahat
behalten saklamak; hatırında tutmak
Behälter (-) m kap
behandeln işlemek; incele-

Behandlung

mek; *j-n -e* muamele etm.; *Med. -i* tedavi etm.
Behandlung *f* işlem; tedavi
beharr|en israr etm. *(auf D -de)*; **~lich** sebatlı; inatçı
behaupten *v/t* iddia etm.; muhafaza etm.; *sich ~* dayanmak *(in D -e)*
Behauptung *f* iddia, sav
beheben *Schaden* gidermek
behelf|en: *sich ~en* başvurmak *(mit D -e)*, çare aramak *(-den)*; **~smäßig** geçici, eğreti
beherbergen barındırmak
beherrschen *v/t -e* hâkim olm.; *-e* vâkıf olm.; *sich ~* nefsini yenmek
behilflich: *~ sein D* yardım etm.
behinder|n engellemek; **~t** sakat, özürlü
Behörde *(-n) f* resmî makam
behüten korumak, esirgemek *(vor D -den)*
behutsam dikkatli; tedbirli
bei *D -in* yanında, yakınında; *(während) -in* esnasında; *-de*; *in* civarında; *~ Gelegenheit* fırsat olursa; *~ Gott!* vallahi; **~behalten** değiştirmemek; bırakmamak; **~bringen** *(j-m etw. b-e b.ş-i)* öğretmek
Beichte *(-n) f* Rel. günah çıkar(t)ma; *fam.* itiraf
beichten günah çıkartmak
beide *pl.* her ikisi
beieinander beraber, bir arada
Beifahrer(in *f) m* şoför muavini; şoför yanında oturan kimse
Beifall *(0) m* alkış
beifügen *DA* eklemek
Beigabe *f* ek
beige bej
Bei|geschmack *(0) m* ağızda kalan tat; **~hilfe** *f* fin. yardım; *Jur.* yataklık
Beil *(-e) n* balta, nacak
Beilage *f* ek; katkı; yanı başında
beilegen eklemek; *(schlichten)* yatıştırmak
Beileid *(0) n* başsağlığı, taziye
beiliegen *D* ilişik olm.; **~d** ilişik
Bein *(-e) n* bacak; *(Tisch-)* ayak; *(Knochen)* kemik
beinahe az kaldı, hemen hemen
Beiname *m* lâkap
beinhalten içermek
Beirat *m* danışma kurulu
beisammen beraber, birlikte
Beischlaf *m* cinsî münasebet
Beisein *n*: *im ~ von D -in* huzurunda
beisetzen gömmek, defnetmek
Beisetzung *f* cenaze
Beispiel *n* örnek; ibret; *zum ~* meselâ, örneğin
beispiel|haft örneklik; **~los** emsalsiz
beißen ısırmak; sokmak; **~d** yakıcı, keskin
Beistand *m* yardım
Beitrag *(¨e) m* pay; katkı; yardım; *fin.* aidat

beitragen yardım etm. *(etw. zu D* ile *-e),* katkıda bulunmak
beitreten *D* girmek
Beitritt *m* girme, katılma
Beiwagen *m* yan arabası; römork
beizeiten vaktinde; *(früh)* erken
bejahen *A -e* evet demek, *-i* kabul etm.
bejahrt yaşlı
bekämpfen savaşmak *(A* ile)
bekannt tanınmış; bilinen
Bekannte(r) tanıdık
bekanntlich *adv.* billindiği üzere
bekanntmachen bildirmek; tanıştırmak *(mit D* ile)
Bekanntmachung *f* ilân, bildiri
Bekanntschaft *(-en) f* tanışma; tanıdıklar *pl.*
bekehren kabul ettirmek
bekennen itiraf etm.
Bekenntnis *n Rel.* mezhep
beklagen *A -e* acımak; *sich ~* şikâyet etm. *(über A -den)*
bekleben yapıştırmak *(etw. mit D -i)*
bekleide|n *Amt -de* bulunmak; giydirmek *(A -i);* örtmek *(etw. mit D -i* ile); *~t* giymiş *(mit D -i)*
Bekleidung *f* giyim
bekommen *v/t* almak; *v/i* yaramak, gelmek *(j-m b-e)*
bekräftigen teyit etm.
bekreuzigen: sich ~ haç çıkarmak

beladen yüklemek
belagern kuşatmak
belanglos önemsiz
belasten yüklemek; *~d Jur.* suçlu gösteren
belästigen rahatsız etm.
Belästigung *f* taciz, sataşma
Belastung *f* yük(leme), ağırlık
belaufen: sich ~ auf *A -i* tutmak, *-e* ermek
belebt canlı; *Ort:* işlek
beleg|en *A* örtmek; *Platz:* işgal etm.; *Behauptung* ispat etm.; *Vorlesung -e* yazılmak; *~t Platz:* mesgul; *Stimme:* kısık
belehren öğretmek *(j-n über A b-e b.ş-i)*
beleidigen incitmek, aşağılamak
Beleidigung *f* hakaret
belesen okumuş, bilgili
Beleuchtung *f* aydınlatma
Belgien *n* Belçika
belichten *Foto* ışıklamak
Belichtung *f* ışıklama; *~smesser* *m* ışıkölçer
Belieben *n: nach ~* isteğe göre
belieb|ig her hangi; *adv.* istenildiği kadar; *~t* sevilen
beliefern göndermek *(j-n mit D b-e b.ş-i)*
beln havlamak
belohnen ödüllendirmek
Belohnung *f* mükâfat, ödül
belügen *A -e* yalan söylemek
bemächtigen: sich ~ *G -i* ele geçirmek

bemalen boyamak
bemängeln kusurlu bulmak
bemerkbar hissedilir; *sich ~ machen* kendini hissettirmek
bemerken görmek; fark etm.; söylemek; **~swert** dikkate değer
Bemerkung f söz; diyecek
bemühen v/t *j-n* rahatsız etm.; *sich ~* uğraşmak (*um A* için); zahmet etm.
benachrichtigen *A -e* haber vermek, *-i* haberdar etm.
benachteiligen *A -e* zarar vermek
Benachteiligung f haksızlık, zarar
benehmen: *sich ~* davranmak (*wie N* gibi)
Benehmen *n* davranış, hareket
beneiden kıskanmak (*j-n um A b-in ş-ini*); **~swert** imrenilecek
benennen adlandırmak
Bengel (-, -s) *m* afacan
benommen sersem
benötigen *A -e* ihtiyacı olm.
benutzen kullanmak
Benutzung f kullan(ıl)ış
Benzin (-e) *n* benzin; **~kanister** *m* benzin bidonu; **~leitung** f benzin borusu; **~pumpe** f benzin pompası
beobachten görle(n)mek
Beobacht|er (-) *m*, **~erin** f gözetleyici; **~ung** f gözetleme
bequem rahat, kullanışlı
Bequemlichkeit f rahat, kolaylık

beraten nasihat vermek (*j-n -e*); görüşmek (*etw. -i*)
Berat|er (-) *m*, **~erin** f danışman, müşavir; **~ung** f görüşme; danışma; *Med.* konsültasyon
berauben yoksun bırakmak (*G -den*)
berechnen hesap etm., tahmin etm.; **~d** *fig.* çıkarcı
Berechnung f tahmin
berechtig|en (*j-n zu D b-e b.ş.* için) yetki vermek, *b-e -mek* hakkını vermek; **~t** yetkili
Berechtigung f hak, yetki
Bereich *m* alan, saha
bereichern: *sich ~* zenginleşmek (*an D -den*)
Bereifung f lâstik takımı
bereinigen çözmek; gidermek
bereisen dolaşmak
bereit hazır (*zu D -e*); **~en** hazırlamak; **~s** *adv.* önceden; şimdiden; **~stellen** hazırlamak; **~willig** istekli
bereuen *A -e* pişman olm.
Berg (-e) *m* dağ; tepe
berg|ab yokuş aşağı; **~auf** yokuş yukarı
Bergbau (0) *m* madencilik
bergen kurtarmak
bergig dağlık
Berg|kette f sıradağ; **~land** *n* dağlık bölge; **~mann** (*-leute*) *m* madenci; **~predigt** f Hazreti İsa'nın dağ vaazı; **~rutsch** *m* dağ kayması
Bergsteige|n *n* dağcılık; **~r** (-) *m*, **~rin** f dağcı

Beschlagnahme

Bergung *f* kurtarma; tahlisiye
Bergwerk *n* maden ocağı
Bericht (*-e*) *m* rapor; bildiri; ~ **erstatten** rapor vermek
berichten *D A* bildirmek
Berichterstatter (-) *m*, **~in** *f* muhabir; raporcu
berichtigen düzeltmek
Berichtigung *f* düzeltme
Bernhardiner (-) *m* Sen Bernar köpeği
Bernstein (*-e*) *m* kehribar
bersten patlamak (**vor** *D -den*)
berüchtigt kötü ünlü
berücksichtigen dikkate almak, hesaba katmak
Beruf *m* meslek; iş
berufen *v/t* atamak, tayin etm. (**zu** *D -e*); **sich ~ auf** *A -e* dayanmak; *adj.* yetkili, yetenekli
Berufsschule *f* sanat okulu
berufstätig çalışan, meslek sahibi
Berufung *f* tayin; *Jur.* temyiz
beruhen dayanmak (**auf** *D -e*)
beruhigen *v/t* yatıştırmak; **sich ~** yatışmak
Beruhigungsmittel *n* yatıştırıcı ilâç
berühmt tanınmış, ünlü
berühren *A -e* dokunmak; *Thema -e* değinmek
Berührung *f* dokunma
besagen ifade etm.
Besatzung *f* tayfa, mürettebat; *Mil.* işgal kuvveti

besaufen: *sich ~* sarhoş olm.
beschädigen zarara sokmak, bozmak
Beschädigung *f* hasar, zarar
beschaffen *v/t* tedarik etm., sağlamak; *adj.* nitelikli
Beschaffenheit *f* yapı, nitelik
beschäftigen *v/t* meşgul etm.; çalıştırmak; *sich ~en* meşgul olm. (*mit D* ile); *~t* meşgul; çalışan (*bei D -de*)
Beschäftigung *f* uğraşma, görev
beschämen utandırmak
Bescheid (*-e*) *m* haber; cevap; ~ **wissen** bilgisi olm. (*in D* hakkında)
bescheiden alçak gönüllü
Bescheidenheit *f* alçak gönüllülük
bescheinigen tasdik etm., belgelemek
Bescheinigung *f* belge
bescheißen *fam.* aldatmak
beschenken *A -e* hediye vermek
Bescherung *f* hediye dağıtılması; *fam.* nahoş olay
beschießen ateşe tutmak
beschimpfen *A -e* sövmek
Beschimpfung *f* sövme, hakaret
Beschlag *m* kaplama; buğu; (*Huf-*) nallama; *mit ~ belegen* el koymak, işgal etm.
beschlagen *v/t* kaplamak; nallamak; *v/i Glas:* buğulanmak
Beschlagnahme *f* müsadere etm.

beschleunigen hızlandırmak
Beschleunigung f hızlandırma; *Phys.* ivme
beschließen kararlaştırmak
Beschluß m karar; son
beschmutzen kirletmek
beschneiden kesmek, yontmak; *Rel.* sünnet etm.
Beschneidung f sünnet
beschnitten sünnetli
beschönigen A *-in* ayıbını örtmek
beschränken v/t sınırla(ndır)mak; *sich ~* yetinmek (*auf A* ile)
beschreiben tanımlamak; tarif etm.; tasvir etm.
Beschreibung f tarif; tasvir
beschuldigen suçlamak (*G* ile)
Beschuldigung f suçlama, itham
beschützen korumak
Beschwerde (*-n*) f şikayet; *~t Med. a.* ağrı
beschweren: *sich ~* şikayet etm. (*über A bei D -den -*)
beschwerlich zahmetli, müşkül
beschwichtigen yatıştırmak, susturmak
beschwindeln aldatmak
beschwipst *fam.* çakırkeyif
beschwören yeminle tasdik etm.; *-e* yalvarmak; *Geist* büyü ile çağırmak
beseitigen gidermek
Beseitigung f gider(il)me
Besen (-) m süpürge

besessen: *~ von D -e* tutulmuş
besetz|en işgal etm.; *Platz a.* tutmak; *~t* meşgul; dolu
Besetztzeichen n *Tel.* meşgul sinyali
Besetzung f *Thea.* oynayanlar *pl.*
besichtigen *-i* gezmek, dolaşmak
Besichtigung f gezme; yoklama
besiedeln iskân etm.
besiegen yenmek
besinnen: *sich ~* düşünmek
Besinnung f: *die ~ verlieren* bayılmak; *zur ~ kommen* ayılmak; *fig.* aklı başına gelmek
besinnungslos baygın
Besitz (*0*) m mal; (*Grund-*) mülk, emlâk
besitzen A *-e* sahip olm., *-i* haiz olm.
Besitzer m sahip; mal sahibi
besoffen *fam.* sarhoş
besohlen pençelemek
Besoldung f ücret
besonder|- özel; ayrı
Besonderheit (*-en*) f özellik
besonders özellikle
besonnen tedbirli, ağırbaşlı
Besonnenheit (*0*) f ağırbaşlılık
besorgen sağlamak, temin etm.
Besorgnis (*-sse*) f endişe, korku, kaygı
besorgt endişeli; *~ sein um A* b.ş. için korkmak

Besorgung f tedarik; alışveriş
besprechen -*i* görüşmek, konuşmak
Besprechung f görüşme; (*Rezension*) tanıtma; eleştiri
bespritzen serpmek (*etw. mit D -in* üzerine -*i*)
besser daha iyi; **~ werden**, **sich ~n** iyileşmek; *Wetter*: açılmak
Besserung f iyileşme, düzelme
best- en iyi; *das* **~e**, *am* **~en** en iyi(si)
Bestand m varlık; devam; *Hdl.* mevcut
beständig devamlı; değişmez
Bestandteil (-e) m parça
bestärken desteklemek
bestätigen A tasdik etm., onaylamak
Bestätigung f onay, tasdik
Bestattung f gömme; cenaze
bestech|en A -e rüşvet vermek; **~lich** rüşvetçi
Bestech|lichkeit f rüşvet alma, rüşvetçilik; **~ung** f rüşvet verme
Besteck (-e) n (sofra) takım(ı)
bestehen v/t geçirmek; *Prüfung* kazanmak; v/i (*dauern*) devam etm., sürmek; oluşmak (*aus*, *in D -den*); ısrar etm. (*auf D -de*)
Bestehen n bulunma
bestehend şimdiki; bulunan, mevcut; ibaret (*aus D -den*)
besteigen A -e çıkmak,

tırmanmak; *Fahrzeug* -*e* binmek
bestellen ısmarlamak; sipariş etm.; *Agr.* -*i* işlemek; *Gruß* söylemek; *Tisch* rezerve etm.; *Zimmer* ayırtmak
Bestellung f (*Waren*-) sipariş
besteuern vergilendirmek
bestialisch canavarca
bestimm|en belirlemek, belirtmek; (*definieren*) tanımlamak; (*anordnen*) kararlaştırmak; (*reservieren*) ayırmak (*für A -e*); **~t** belli; kesin; mahsus (*für A -e*); *Gr.* belirli; *adv.* muhakkak
Bestimmung f (*Zweck*) amaç; *Jur.* hüküm; (*Schicksal*) kader; **~en** *pl. a.* yönetmelik; **~sort** m gideceği yer
bestrafen cezalandırmak
Bestrafung f cezalandır(ıl)ma
bestrahlen aydınlatmak; *Med.* radyoterapi ile tedavi etm.
Bestrahlung f radyoterapi
Bestreben (0) n, **~ung** f gayret
bestreiten inkâr etm.; *Kosten* ödemek
bestürzt telâşlı, şaşkın
Bestürzung f telâş, şaşkınlık
Besuch (-e) m ziyaret; (*Gast*) misafir, konuk
besuchen ziyaret etm., görmeye gitmek
Besucher (-) m, **~in** f ziyaretçi, misafir

betätigen

betätigen v/t işletmek; *sich* ~ çalışmak
betäuben bayıltmak; **~d** uyuşturucu
Betäubung f uyuşukluk; *Med.* narkoz; **~smittel** n uyuşturucu madde
beteiligen j-n ortak yapmak (*an D* -e); *sich* ~ katılmak (*an D* -e)
Beteiligung f katılma
beten dua etm.
beteuern A -e yemin etm.
Beton (-s) m beton
betonen vurgulamak
Betonung f vurgu(lama)
Betracht m: *in* ~ *ziehen* A itibara almak
betrachten A -e bakmak; saymak (*j-n als* A -*i* ...)
beträchtlich önemli, epey
Betrag (*e*) m tutar; miktar
betragen v/t tutmak; *sich* ~ davranmak
Betragen n tavır, davranış
betreff|**en** ilgilendirmek; **~end** A, **~s** G -e gelince
betreiben işletmek
betreten A -e ayak basmak, girmek; *adj.* sıkılmış
betreuen A -e bakmak
Betreuung f bakım
Betrieb m işletme; fabrika; gidiş geliş; *außer* ~ bozuk
Betriebs|**rat** m işçi temsilcisi *veya* temsilciliği; **~unfall** m iş kazası; **~wirtschaft** f işletme
betrinken: *sich* ~ sarhoş olm.
betroffen şaşkın; ilgili
betrübt üzgün

Betrug (0) m aldatma, dolandırıcılık
betrügen aldatmak, dolandırmak
Betrüger (-) m, **~in** f hilekâr, dolandırıcı
betrügerisch hileli, aldatıcı
betrunken sarhoş
Bett (-*en*) n yatak; **~couch** f açılır kanepe; **~decke** f (*gesteppt*) yorgan; (*Wolle*) battaniye
betteln dilenmek
Bettgestell n karyola
bettlägerig yatalak
Bettler (-) m, **~in** f dilenci
Bettruhe f yataktan çıkmama
Bettuch n çarşaf
Bettwäsche f yatak çamaşırı
beugen bükmek, eğmek
Beule (-n) f girinti, çıkıntı; *Med.* şiş, kabartı
beunruhig|**en** endişeye düşürmek; **~t** tedirgin
beurlaub|**en** A -e izin vermek; **~t** izinli
beurteilen hüküm vermek (A hakkında)
Beurteilung f görüş, oy
Beute (0) f ganimet; (*Jagd*-) av
Beutel (-) m kese, torba
bevölkern iskân etm.
Bevölkerung f halk; (*Einwohner*) nüfus
bevollmächtigen A -e yetki vermek
bevor conj. -meden önce
bevor|**stehen** yakında vuku bulmak; **~zugen** seçmek, tercih etm.

bewachen gözetmek, göz altında bulundurmak; **~t** bekçili; nöbetçili
Bewachung f gözetim, nezaret
bewaffnet silahlı
bewahren korumak (*vor D -den*); *Gott bewahre!* Allah saklasın!
bewähren: *sich ~* değerini göstermek
bewährt denenmiş
bewältigen *-i* becermek
Bewandtnis (0) f nitelik
bewässern sulamak
Bewässerung f sulama
bewegen A hareket ettirmek, yerinden oynatmak; *fig. -e* dokunmak; *-i* teşvik etm. (*zu D -e*); *sich ~* hareket etm.
beweg|lich oynak; **~t** heyecanlı; *Meer*: dalgalı
Bewegung f hareket
beweinen A *-e* ağlamak
Beweis (*-e*) *m* kanıt, delil
beweisen ispat etm.
bewerben: *sich ~ um A* *-i* için başvurmak; adaylığını koymak
Bewerb|er (*-*) *m*, **~erin** f istekli; aday; **~ung** f talep; adaylık
bewerten değerlendirmek
bewilligen vermek, müsaade etm.
Bewilligung f müsaade, izin
bewirken A meydana getirmek; *-e* sebep olm.
bewirt|en yedirip içirmek; **~schaften** işletmek; karneye bağlamak
Bewirtung f ikram
bewog, ~en *s. bewegen*
bewohnen A *-de* oturmak
Bewohner(in f) *m* oturan, sakin
bewölk|en: *sich ~en* bulutlanmak; **~t** bulutlu
bewundern A beğenmek; *-e* hayran olm.
Bewunderung f hayranlık
bewußt bilinçli; *adv*. bilerek
bewußtlos baygın
Bewußt|losigkeit (0) f baygınlık; **~sein** (0) *n* şuur, bilinç
bezahl|en ödemek; **~t** ödemiş; ücretli
Bezahlung f ödeme
bezaubernd büyüleyici
bezeichnen göstermek; (*beschreiben*) tanımlamak; (*benennen*) adlandırmak; **~d** karakteristik
Bezeichnung f ad; söz; terim
bezeugen A *-e* tanıklık etm.
beziehen A örtmek, kaplamak; *-i* atfetmek (*auf A -e*); *Bett* yapmak; *Gehalt* almak; *Ware* satın almak; *Haus -e* yerleşmek; *sich ~* ilgili olm. (*auf A* ile); *Himmel*: bulutlanmak
Beziehung f ilgi, ilişki
beziehungsweise daha doğrusu
beziffern: *sich ~ auf A -i* tutmak, *-e* ermek
Bezirk (*-e*) *m* bölge; (*Stadt-*) semt

Bezug *m* kılıf; *fig.* ilgi; *mit ~ auf A* hakkında *N*; *~ nehmen auf A -e* dayanmak; *Bezüge pl.* aylık; gelir
bezüglich *G* hakkında *N*
bezwecken amaçlamak
bezweifeln *A -den* şüphelenmek
Bibel (-n) *f* incil
Biber (-) *m* kunduz
Bibliothek (-en) *f* kütüphane, kitaplık; **~ar** (-e) *m*, **~arin** *f* kütüphaneci
bieder namuslu, sadedil
bieg|en bükmek, eğmek; **~sam** bükülebilir, esnek
Biene (-n) *f* arı; **~nkorb** *m*, **~nstock** *m* arı kovanı
Bier (-e) *n* bira
Biest (-er) *n* hayvan
bieten sunmak; vermek; *sich ~ lassen A -e* izin vermek
Bigamie (-n) *f* iki karılık
bigott yobaz
Bilanz (-en) *f Hdl.* bilanço
bilateral iki taraflı
Bild (-er) *n* resim; fotoğraf; imaj; **~band** *m* resimli kitap, albüm
bilden *v/t* yapmak; oluşturmak; *(belehren)* eğitmek; *sich ~* oluşmak
Bild|erbuch *n* resimli kitap; **~hauer(in** *f)* *m* heykeltraş
bildlich mecazi
Bild|nis *n* resim; **~schirm** *m* ekran
Bildung *f* oluş(tur)ma; bilgi, terbiye
Billard (-e) *n* bilardo

billig ucuz
billigen uygun görmek
Billigung *f* rıza
Binde (-n) *f* bağ; *Med.* sargı; *(Damen-)* âdet bezi; **~hautentzündung** *f* konjonktivit, gözde katılgan doku yangısı
binden bağlamak; *Buch* ciltlemek
Bind|estrich *m* kısa çizgi; **~faden** *m* sicim; **~ung** *f* bağla(n)ma; bağlantı
binnen *G* zarfında, içinde
Binnen- iç
Bio- doğal; kimyasal maddeler olmadan yetişen *veya* üretilen
Biologie (0) *f* biyoloji
Birke (-n) *f* huş ağacı
Birne (-n) *f Bot.* armut; *El.* ampul
bis (zu *D) -e* kadar, dek
Bischof (*ue*) *m Rel.* piskopos
bisher şimdiye kadar
biß *s.* **beißen**
Biß (-sse) *n* ısırma; sokma
bißchen: ein ~ biraz
Bissen (-) *m* lokma
bissig ısırgan, *fig* iğneleyici
bisweilen bazen, arasıra
bitte lütfen; **~ sehr!** buyurun!; *(als Antwort auf danke)* rica ederim!, bir şey değil; **wie ~?** efendim?
Bitte (-n) *f* rica, arzu
bitten rica etm., dilemek (*j-n um A -den -i*)
bitter acı
bizarr tuhaf
Blamage (-n) *f* rezalet

Bluse

blamieren v/t rezil etm.; **sich ~** kepaze olm.
blank parlak
Blanko- açık, doldurulmamış
Blase (-n) f kabarcık; an. sidik torbası; **~balg** m körük
blasen üflemek; Wind: esmek
blaß solgun, soluk
Blatt («er) n yaprak; fig. gazete
blättern (in D -in) sayfalarını çevirmek
Blätterteig m yufka (hamuru)
blau mavi; (dunkel-) lâcivert
Blaubeere f yabanmersini
Blech (-e) n saç, teneke; **~büchse** f, **~dose** f teneke kutu; **~schaden** m Kfz. karoser hasarı
Blei (-e) n kurşun
bleiben kalmak, durmak; (**bei** D -e) devam etm.; **~d** devamlı, sürekli
bleich soluk, renksiz
bleifrei kurşunsuz
Bleistift m kurşunkalem; **~spitzer** m kalemtıraş
Blende (-n) f Fot. diyafram
blenden körletmek, kamaştırmak
Blick (-e) m bakış; (Aus-) manzara
blicken (**auf** A -e) bakmak; **sich ~ lassen** görünmek (in D -de)
blieb s. **bleiben**
blies s. **blasen**
blind kör; (trübe) donuk

Blinddarm m an. kör bağırsak; **~entzündung** f Med. apandisit
Blind|gänger (-) m kör mermi; **~heit** f körlük
blindlings adv. körü körüne
blinken parıldamak; yanıp sönmek; Kfz. sinyal vermek
Blinker m sinyal ışığı veya lâmbası
Blitz (-e) şimşek; yıldırım; Fot. flâş; **~ableiter** m paratoner
blitzen (şimşek) çakmak; (funkeln) parıldamak
Blitzlicht n flâş ışığı
blitzschnell çarçabuk
Block («e) m yığın, kütle; blok
blockieren ablukaya almak; Hdl. bloke etm.
blöde budala, bunak
Blödsinn (0) m saçmalık; budalalık
blond sarışın, sarı saçlı
bloß çıplak, açık; adv. yalnız, sadece
Blöße (-n) f çıplaklık; **sich eine ~ geben** zayıf tarafını göstermek
bloßstellen rezil etm.
Bluff (-s) m blöf
blühen çiçeklenmek; fig. gelişmek
Blume (-n) f çiçek; Wein: koku; Bier: köpük
Blumen|händler(in f) m çiçekçi; **~kohl** (0) m karnabahar; **~strauß** m buket, demet; **~topf** m saksı
Bluse (-n) f bluz

Blut (0) *n* kan; **~druck** *m* tansiyon
Blüte (-n) *f* çiçek; (**~zeit**) çiçeklenme; *fig.* gelişme; *fam.* sahte banknot
bluten kanamak
Blutgruppe *f* kan grubu
blutig kanlı
Blut|körperchen *n* yuvar; **~kreislauf** *m* kan dolaşımı; **~rache** *f* kan davası
blutstillend kan kesici
Blut|ung *f* kanama; **~vergiftung** *f* kan zehirlenmesi
Bock (~e) *m* *Zo.* erkek hayvan; teke; (*Sitz*) oturma yeri; *Sp.* kuzu
bockig inatçı
Boden (ˆ) *m* yer, toprak; dip; (*Fuß-*) taban, döşeme; (*Dach-*) çatıarası; *fig.* temel
bodenlos dipsiz; *fig.* benzeri görülmemiş
Boden|reform *f* toprak reformu; **~satz** *m* telve, tortu; **~see** *m* Konstanz Gölü
Bodybuilding *n* vücut geliştirme
bog *s.* **biegen**
Bogen (ˆ) *m* yay; *Arch.* kemer, ark; (*Papier-*) tabaka
Bohne (-n) *f* fasulye; (*Sau-*) bakla; (*Kaffee-*) kahve çekirdeği; **grüne ~** taze fasulye; **weiße ~** kuru fasulye
bohnern cilâlamak
bohren delmek, burgulamak
Bohrer (-) *m* delgi, matkap; (*Bohrkopf*) burgu
Boiler (-) *m* şofben

Boje (-n) *f* *Mar.* şamandıra
Bolzen (-) *m* cıvata
bombardieren bombalamak
Bombe (-n) *f* bomba
bombensicher *fig.* şüphe götürmez
Bon (-s) *m* fiş; bono
Bonbon (-s) *m* *od.* *n* bonbon
Boot (-e) *n* sandal, kayık
Bord (0) *m* *Mar.* borda; **an ~** gemide; uçakta; **~karte** *f* (uçağa) biniş kartı
borgen *D* *A* ödünç vermek; (**sich ~**) ödünç almak
Borke (-n) *f* ağaç kabuğu
Börse (-n) *f* para kesesi; *Hdl.* borsa
Borste (-n) *f* kalın kıl
Borte (-n) *f* şerit
bösartig kötü niyetli
Böschung (-n) *f* iniş, bayır
böse fena, kötü; **~r Blick** kem göz
Bösewicht *m* kötü adam
boshaft kötü, muzip
Bosheit (-) *f* kötülük; muziplik
Bosporus *m* Boğaziçi
böswillig kötü niyetli
bot *s.* **bieten**
Botanik (0) *f* botanik; **botanische(r) Garten** botanik (nebatat) bahçesi
Bot|e (-n) *m*, **~in** *f* haberci
Botschaft (-en) *f* haber, mesaj; *Pol.* büyükelçilik; **~er** (-) *m*, **~erin** (-) *f* elçi; *Pol.* büyükelçi
Bottich (-e) *m* tekne
Bouillon (-s) *f* et suyu
Bowle (-n) *f* cam kap; (*Getränk*) bol

boxen boks yapmak
Box|er (-) *m* boksör; **~kampf** *m* boks maçı
boykottieren boykot etm.
brach¹ *s.* brechen
brach² *Agr.* sürülmemiş
brachte *s.* bringen
Branche (-*n*) *f* branş, dal; **~nbuch** *n* meslekler ile ilgili rehber
Brand (*⁻e*) *m* yangın; *Med.* kangren; **~bombe** *f* yangın bombası; **~mal** *n* dağ, sıcak damga; **~stifter** *m* kundakçı
Brandung *f* çatlayan dalgalar *pl.*
Brandwunde *f* yanık (yarası)
Branntwein *m* kanyak
braten *v/t* tavada *veya* ızgarada kızartmak, kavurmak; *v/i* kızarmak
Brat|en *m* kızartma; **~pfanne** *f* tava
Brauch (*⁻e*) *m* örf, görenek
brauch|bar işe yarar, faydalı; **~en** *A-e* ihtiyacı olm.; *-i* istemek
Braue (-*n*) *f* kaş
brauen (bira) yapmak
Brauerei *f* bira fabrikası
braun kahverengi; esmer; bronz
Bräune *f* esmerlik
braungebrannt bronzlaşmış, güneşten yanmış
Braunkohle *f* linyit
Brause (-*n*) *f* duş; gazlı limonata, gazoz
brausen köpürmeye başlamak, gürlemek; uğuldamak

Braut (*⁻e*) *f* nişanlı (kız); gelin
Bräutigam (-*e*) *m* nişanlı (erkek); güvey
brav edepli; terbiyeli; namuslu
bravo! bravo!, aferin!
brechen *v/t* kırmak; *Versprechen* bozmak; *v/i* kırılmak; *Med.* kusmak; **sich ~** *Phys.* kırılmak
Brech|reiz *m* bulantı; **~stange** *f* küskü; kaldıraç
Brei (*⁻e*) *m* ezme; lapa
breit geniş, enli
Breite (-*n*) *f* en, genişlik; *Geo.* enlem
Bremse (-*n*) *f Kfz.* fren; *Zo.* atsineği
bremsen *v/t* frenlemek; *v/i* fren yapmak
Brems|licht *n* stop lâmbası; **~pedal** *n* fren pedalı
brenn|bar tutuşabilir; **~en** *v/t* yakmak; *Alkohol* damıtmak; *Kaffee* kavurmak; *Ziegel* pişirmek; *v/i* yanmak
Brennnessel (-*n*) ısırgan(otu)
Brenn|glas *n* pertavsız, büyüteç; **~punkt** *m* odak; **~stoff** *m* yakıt, yakacak
Bresche (-*n*) *f* gedik
Brett (-*er*) *n* tahta; (*Regal-*) raf
Brezel (-*n*) *f* tuzlu simit
Brief (-*e*) *m* mektup, yazı; **~bogen** *m* mektup kâğıdı tabakası; **~kasten** *m* mektup kutusu
brieflich *adv.* mektupla

Briefmarke

Briefmarke f posta pulu; **~nsammler** m pul meraklısı
Brief|papier n mektup kâğıdı; **~tasche** f cüzdan, portföy; **~taube** f posta güvercini; **~träger(in** f) m postacı; **~umschlag** m mektup zarfı; **~verkehr, ~wechsel** m mektuplaşma
briet s. **braten**
Brigade (-n) f Mil. tugay; **~general** m tuğgeneral
Brikett (-s) n briket
Brillant (-en) m pırlanta
brillant parlak
Brille (-n) f gözlük; (Klosett-) tuvalet anadı; **~nglas** n gözlük camı
bringen DA (her~) getirmek; (fort~) götürmek; **zum Lachen ~** güldürmek; **zum Schweigen ~** susturmak
Brite (-n) m, **Britin** f, **britisch** Britanyalı, İngiz
Brocken (-) m kırıntı
brodeln fokurdamak
Brombeere f böğürtlen
Bronchitis (0) f Med. bronşit
Bronze (0) f bronz, tunç
Brosche (-n) f broş
broschiert ciltsiz
Broschüre (-n) f broşür
Brot (-e) n ekmek
Brötchen (-) n küçük ekmek, *belegtes ~* sandviç
Brot|kruste, ~rinde f ekmek kabuğu
Bruch (¤e) m kırılma; kırık; (*Leisten-*) fıtık; *Math.* kesir; *fig.* ara bozma

brüchig kırık, çatlak
Brücke (-n) f köprü; (*Teppich*) seccade, küçük halı; **~nbogen** m köprü kemeri
Bruder (¤) m erkek kardeş; (*älterer ~*) ağabey
brüderlich kardeşçe
Brühe (-n) f su; et suyu
brüllen bağırmak; *Tier:* böğürmek
brummen homurdanmak; *fam.* hapis yatmak
brünett esmer
Brunnen (-) m kuyu; çeşme
brüsk sert, haşin; **~ieren** *A -e* nezaketsiz davranmak
Brüssel n Brüksel
Brust (¤e) f göğüs; meme
brüsten: sich ~ kurumlanmak (*mit D -e*)
Brustwarze f meme ucu
Brut (0) f civcivler *pl.*; yumurtadan çıkan hayvanlar; *fig.* güruh
brutal hayvanca, vahşi
brüten kuluçkaya yatmak; *fig.* dalmak (*über A -e*)
brutto *Hdl.* brüt
Bube (-n) m erkek çocuk; (*Karte*) vale, oğlan
Buch (¤er) n kitap; **~binder** m ciltçi
Buchdruck m basımcılık; **~er** m basımcı; **~erei** f matbaa, basımevi
Buche (-n) f kayın ağacı
buchen *Hdl.* deftere yazmak; *Reise* rezerve ettirmek; *Hotel* yer ayırtmak
Bücherschrank m kitaplık

Buchfink m ispinoz
Buch|führung f defter tutma; muhasebe; **~halter(in** f) m sayman, muhasebeci; **~händler** m kitapçı; **~handlung** f kitabevi
Büchse (-n) f (teneke) kutu; (Gewehr) tüfek; **~nmilch** f kutu sütü; **~nöffner** m konserve açacağı
Buchstabe (-n) m harf
buch|stabieren hecelemek; **~stäblich** adv. harfi harfine
Bucht (-en) f körfez, koy
Buchung f yer ayırtma, rezervasyon
Buckel (-) m kambur; tümsek
bücken: *sich ~* eğilmek
bucklig kambur
Bückling (-e) m (Fisch) füme ringa
Bude (-n) f kulübe; fam. oda
Budget (-s) n bütçe
Büffel m manda
büffeln fam. dinlenmeksizin öğrenmek, ineklemek
Bug (-e) m Mar. pruva
Bügel (-) m kulp; (Kleider-) askı; **~brett** n ütü tahtası; **~eisen** n ütü; **~falte** f ütü çizgisi
bügel|frei ütü istemez; **~n** ütülemek
Bühne (-n) f sahne
buk s. *backen*
Bukarest n Bükreş
Bulgar|e (-n) m, **~in** f Bulgar; **~ien** n Bulgaristan
bulgarisch Bulgar; Bulgarca

Bulle (-n) m boğa; fam. polis, aynasız
Bummel (-) m gezme, gezinti
bummeln boş gezmek; gecikmek
Bummelstreik m hız yavaşlatma eylemi
Bund¹ (*e) m birlik; (kon)federasyon; (Hosen-) kemer, kuşak; form. Federal Almanya Silahlı Kuvvetleri pl.
Bund² (*e) n deste
Bündel (-) n demet; bohça
bündeln demetlemek
Bundes|bahn f federal demiryolları pl.; **~gerichtshof** m Federal Mahkeme; **~kanzler** m federal başbakan, şansölye; **~land** n eyalet; **~liga** f Federal Alman Ligi; **~präsident** m federal cumhurbaşkanı; **~republik** f **Deutschland** Federal Almanya Cumhuriyeti; **~staat** m federal devlet; **~tag** m Federal Parlamento; **~wehr** f Federal Almanya Silahlı Kuvvetleri pl.
Bündnis (-sse) n birleşme, pakt
Bunker (-) m Mil. sığınak
bunt karışık renkli
Buntstift m renkli kalem
Burg (-en) f kale, hisar
Bürge (-n) m kefil
bürgen kefil olm. (*für A* için)
Bürger (-) m, **~in** f şehirli; yurttaş, vatandaş; **~initiative** f yurttaşlar girişimi; **~krieg** m iç savaş

bürgerlich

bürgerlich medeni; sivil; burjuva; *Bürgerliche(s) Gesetzbuch* Jur. Medenî Kanun
Bürger|meister(in f) m belediye başkanı; **~steig** (-e) m yaya kaldırımı
Bürgschaft (-en) f kefillik
Büro (-s) n büro, daire; **~haus** n han; **~klammer** f raptiye; **~kratie** f bürokrasi, kırtasiyecilik
Bursche (-n) m delikanlı; *Mil.* hizmet eri
Bürste (-n) f fırça
bürsten fırçalamak
Bus (-sse) m otobüs; **~bahnhof** m otogar, otobüs terminali
Busch (¨e) m çalı

Büschel (-) n demet; tutam
Busen m göğüs; koyun; *Geo.* körfez, koy
Bus|fahrer(in f) m otobüs şoförü; **~haltestelle** f otobüs durağı
Buße (-n) f tövbe
büßen A -in cezasını çekmek
Bußgeld n para cezası
Büste (-n) f büst; **~nhalter** m sutyen
Busverbindung f otobüs bağlantısı
Butter (0) f tereyağı; **~brot** n tereyağlı ekmek; **~milch** f tereyağı alınmış süt
byzantinisch Bizanslı
Byzanz n Bizans
bzw. (= *beziehungsweise*) veya, daha doğrusu

C

Café n kahve(hane), pastahane
Cafeteria f kafeterya
Camping (0) n kamping; **~bus** m kamping otobüsü; **~gas** n küçük tüpgaz; **~platz** m kamp(ing)
Cello (-s) n *Mus.* viyolonsel
Champagner (0) m şampanya
Champignon (-s) m mantar cinsi
Chance (-n) f şans, fırsat
Chaos (0) n kaos
chaotisch karmakarışık
Charakter (-e) m karakter, tabiat; nitelik

charakteris|ieren tanımlamak, nitele(ndir)mek; **~tisch** özgün, karakteristik
charmant alımlı, cazibeli
Charter|flug m çarter seferi; **~maschine** f kiralık uçak, çarter uçağı
Chauffeur (-e) m şoför
Chaussee (-n) f karayolu, şose
Chauvinismus m şovenlik
Chef (-s) m şef, başkan, müdür; **~arzt** m başhekim; **~in** f (kadın) şef
Chemi|e (0) f kimya; **~kalien** f/pl. kimyasal maddeler; **~ker** (-) m, **~kerin** f kimyager

Damm

chemisch kimyevî, kimyasal
Chile n Şili
China n Çin
Chines|e (-n) m, **~in** f Çinli
chinesisch Çinli; Çince
Chinin (0) n kinin
Chips m/pl. çips
Chirurg (-en) m operatör, cerrah
Chlor (0) n klor
Cholera (0) f kolera
Chor (*~e*) m koro; Arch. galeri
Christ (-en) m, **~in** f Hristiyan; **~entum** n Hristiyanlık

christlich Hristiyan
Chrom (0) n krom
Chronik (-en) f kronik, vakayiname
chronisch müzmin, kronik
circa aşağı yukarı, takriben
Clique (-n) f klik, güruh
Club m s. **Klub**
Cocktail (-s) m kokteyl
Cola f kola
Computer (-) m kompüter, bilgisayar
Couch (-es) f divan, kanepe

D

da orada, şurada; burada; işte; o zaman, o anda; (*weil*) çünkü, -diği için; **~ ja** mademki
dabei yanında; bu arada; **~ haben** A yanında olm. N; **~ sein zu** inf. **-mek** üzere olm.
dableiben ayrılmamak, kalmak
Dach (*~er*) n çatı, dam; **~gepäckträger** m üst bagaj yeri; **~pappe** f katranlı mukavva; **~rinne** f oluk
Dachs (-e) m porsuk
Dachschaden: **er hat einen ~** fam. bir tahtası eksik
Dachstuhl m çatı gövdesi
dachte s. **denken**
Dachziegel m kiremit
Dackel (-) m base'se benzer köpek cinsi
da|durch bundan dolayı, böylelikle; **~für** bunun için;

buna karşılık; bunun yerine; **~gegen** buna karşı; diğer taraftan; oysaki; **~heim** evde; **~her** bunun için; oradan; **~hin** oraya
dahinter arkasında; **~kommen** sırrı keşfetmek
Dahlie (-n) f dalya
damal|ig o zamanki, eski; **~s** adv. o zaman
Damaskus n Şam
Dame (-n) f bayan, hanım (efendi); (*Spiel*) dama
Damen- bayanlar-; **~binde** f âdet bezi; **~friseur** m kadın kuaförü; **~kleidung** f kadın giysileri; **~toilette** f bayanlar tuvaleti
damit bununla, böylece; conj. **-mek** için, -sin diye
dämlich ahmak, aptal
Damm (*~e*) m set, bent; (*Fahr-*) asfalt

dämmern (*morgens*) gün doğmak; (*abends*) akşam olm.
Dämmerung *f* gün ağarması, şafak; akşam karanlığı
Dämon (*-en*) *m* dev, cin
Dampf *m* buhar; islim, istim; buğu
dampfen buhar çıkarmak
dämpfen buğuda pişirmek; *fig.* hafifletmek
Dampfer *m* vapur; **~maschine** *f* buhar makinesi
danach bundan sonra; buna göre
daneben onun yanında; bundan başka
Dänemark *n* Danimarka
Dank (0) *m* teşekkür; şükran
dank *D od. G* sayesinde *N*; **~bar** minnettar
danke, **~ sehr**, **~ schön** teşekkür ederim, mersi, sağ ol
danken teşekkür etm. (*D für A -e -den* dolayı)
dann (ondan) sonra; o halde, öylesine
daran onda; bitişiğinde; **~auf** üzerinde; bunun üzerine; **~aufhin** bunun üzerine; **~aus** bundan
darbieten *D A* sunmak
Dardanellen *pl.* Çanakkale Boğazı *sg.*
darin içinde; bunda
darlegen *D A* anlatmak
Darlehen (-) *n* ödünç, ikraz
Darm (*-e*) *m an.* bağırsak
darstellen göstermek; anlatmak; temsil etm.

Darsteller (-) *m*, **~erin** *f* aktör, oyuncu; **~ung** *f* tasvir; temsil
darüber üzerinde, üzerine; bunun üzerine; **~ hinaus** bundan başka
darum etrafında; etrafına; (*deshalb*) bundan dolayı; **~unter** altında, altına; arasında, arasına
das bu, şu, o; **~ heißt** demek ki, yani; **~ ist** (*od.* **sind**) işte (bu)
dasein bulunmak, mevcut olm.
Dasein *n* varlık, hayat
daß ki, diye; *-in*-diğini, -diğine
Datei *f* verilerin saklandığı aygıt; **~en** *pl.* veriler
datieren *A -e* tarih koymak; **~t** tarihli
Dativ (-e) *m Gr.* ismin -*e* hali; yönelme durumu
Datum (*-ten*) *n* tarih
Dattel (-*n*) *f* hurma
Dauer (0) *f* süre, müddet; **~auftrag** *m* sürekli yetki
dauerhaft sağlam, dayanıklı
dauern devam etm., sürmek; **~d** devamlı, sürekli
Dauerwelle *f* perma(nant)
Daumen (-) *m* başparmak
davon bundan, ondan; **~kommen** kurtulmak; **~tragen** götürmek, *Sieg* (galebe) çalmak
davor önünde, önüne
dazu buna (ilaveten), bunda; bunun için; **noch ~ üstelik**; **~gehören** -*e* ait olm.

dazwischen arasında, arasına; **~kommen** araya girmek; ansızın çıkmak
Debatte (-n) f tartışma
Deck (-s) n Mar. güverte
Decke (-n) f örtü; (Zimmer-) tavan; (Woll-) battaniye
Deckel (-n) f kapak
decken örtmek; Ausgaben kapatmak; Bedarf karşılamak; Tier çiftleştirmek; Tisch kurmak
Deckung f Hdl. karşılık; Mil. siper
defekt bozuk
defensiv savunma
definieren tanımlamak, belirlemek
Definition f tanım, tarif
definitiv kesin, katî
Defizit (-e) n Hdl. açık
dehnbar elâstikî, esnek
dehnen genişletmek, uzatmak; **sich ~** uzanmak
Deich (-e) n set, bent
Deichsel (-n) f araba oku
dein, ~e senin, -in; **~erseits** senin tarafından; **~etwegen** senden dolayı
Dekan (-e) m dekan; Rel. başpapaz; **~at** (-e) n dekanlık
Deklaration f beyanname, bildirge
Deklination f Gr. isim çekimi
Dekontamination f zararlı maddelerden arıtma
Dekoration f dekor; süsleme
dekor|ativ süsleyici; **~ieren** süslemek
Delegation f delegasyon;
~ierte(r) delege
Delikatesse (-n) f lezzetli yemek
Delikt (-e) n Jur. suç, haksız fiil
Delle (-n) f hafif derinlik
Dementi (-s) n yalanlama, tekzip
dem|gemäß, ~nach buna göre; **~nächst** yakında
Demokrat (-en) m demokrat; **~ie** (-n) f demokrasi
demokratisch demokratik
Demonstr|ant (-en) m gösterici; **~ation** f gösteri, miting
Demonstrativpronomen n Gr. işaret zamiri
demonstrieren v/i gösteri yapmak; v/t göstermek
demütig alçakgönüllü; **~en** aşağılamak
demzufolge buna göre
denk|bar düşünülebilir; **~en** (an A -i) düşünmek, hatırlamak; sanmak (daß -diğini)
Denk|mal n anıt, abide; **~zettel** m fig. ders, ibret
denn zira; çünkü, -diği için
dennoch buna rağmen
Deo(dorant) (-s) n deodorant
Deponie (-n) f (Müll-) çöplük
deponieren -i -e bırakmak, yatırmak
Depot (-s) n ambar, depo
der bu, şu, o; **~art(ig)** böyle, bu gibi
derb kaba; dinç, sağlam
der|gleichen bu gibi, benzeri; **~jenige** şu, o; **~selbe** aynı; **~zeit** şimdi, halen

Deserteur

Deserteur (-e) m asker kaçağı
des|gleichen buna benzer; aynı zamanda; ~halb bunun için, bu yüzden
Design n dizayn; taslak
desinfizieren dezenfekte etm.
Dessert (-s) n tatlı
destillier|en damıtmak; ~tes Wasser damıtık su
desto daha; o derecede
destruktiv yıkıcı
deswegen bu sebeple
Detail (-s) n ayrıntı
Detektiv (-e) m, ~In f dedektif
deuten v/t yorumlamak; v/i göstermek (auf A -i)
deutlich belli, açık
deutsch Alman; Almanca
Deutsch|e(r) Alman; ~land n Almanya
Devise (-n) f parola; ~n pl. döviz
Dezember (-) m aralık (ayı)
dezent edepli, zarif
Dezimal- Math. ondalık
Diafilm m slayt filmi
Diagnose (-n) f Med. teşhis
diagonal köşegen, diyagonal
Dialekt (-e) m şive, lehçe, diyalekt
Dialog (-e) m diyalog
Diamant (-en) m elmas
Dia(positiv) (-e) n diyapozitif, slayt
Diät (0) f perhiz, rejim; ~en pl. gündelik
dich seni
dicht sık; kesif; Verkehr, Nebel: yoğun; (wasserundurch-

lässig) su geçirmez; ~ bei D -in yakınında
Dichte (0) f sıklık, yoğunluk
dichten Tech. tıkamak; Gedicht usw. (şiir) yazmak
Dicht|er (-) m, ~erin f şair, ozan; ~ung f şiir; Tech. conta
dick kalın, iri; Pers. şişman, Flüssigkeit: koyu
Dicke (0) f kalınlık
Dickicht n çalılık
Dieb (-e) m, ~in f hırsız; ~stahl (¨e) m hırsızlık
Diele (-n) f (Vorraum) hol, antre
dienen D hizmet etm.; kullanılmak (als N olarak)
Diener (-) m, ~in f hademe; hizmetçi
Dienst (-e) m hizmet; görev; servis
Dienstag (-e) m salı (günü)
Dienstalter n kıdem; ~grad m Mil. rütbe; ~leistung f hizmet
dienstlich resmî
Dienst|mädchen n hizmetçi kız; ~reise f resmî yolculuk; ~stelle f makam, daire; ~weg m işlem (yolu)
dies|- bu; ~bezüglich bu hususta
Diesel|kraftstoff m dizel (yağı); ~motor m dizel (motoru)
diesig hafif sisli
dies|mal bu defa, bu kere; ~seits G -in beri tarafında
Dietrich (-e) m Tech. maymuncuk

diffamieren kötülemek
Differential(getriebe) *n Kfz.* diferansiyel
Differenz (*-en*) *f* fark, ayrım
Digital- dijital
Diktat (*-e*) dikte; **~or** (*-en*) *m* diktatör; **~ur** (*-en*) *f* diktatörlük
diktieren *D A* dikte etmek, yazdırmak
Dilettant (*-en*) *m* amatör
Dill (*-e*) *m* dereotu
Dimension (*-en*) *f* boyut
Ding (*-e*) *n* şey
Dioptrie (*-n*) *f* diyoptri
Diphtherie (*0*) *f* difteri, kuşpalazı
Diplom (*-e*) *n* diploma
diplomatisch diplomatik
Diplomingenieur *m* yüksek mühendis
dir sana; *mit* **~** seninle
direkt (dos)doğru; direkt
Direktiv (*-e*) *m Gr.* yönelme durumu
Direktor (*-en*) *m*, **~in** *f* direktör, müdür
Dirigent *m* orkestra şefi
dirigieren yönetmek
Diskette (*-n*) *f* disket
Diskont (*-e*) *f* ıskonto
Disko(thek) (*-en*) *f* diskotek
diskret ağzı sıkı
diskriminieren aşağılatmak
Diskus *m Sp.* disk
Diskussion *f* tartışma
diskutieren tartışmak
Dissertation *f* doktora tezi
distanzieren: sich ~ uzak durmak (*von D -den*)

Distel (*-n*) *f* deve dikeni
Disziplin (*0*) *f* disiplin
Dividende (*-n*) *f* kâr payı
dividieren bölmek
D-Mark *f* Alman Markı
doch tersine; buna rağmen; fakat; keşki
Docht (*-e*) *m* fitil
Dock (*-s*) *n* havuz, dok
dogmatisch dogmatik
Doktor (*-en*) *m* doktor; hekim
Dokument (*-e*) *n* belge, vesika; **~arfilm** *m* belgesel *veya* dokümanter film
Dolch (*-e*) *m* kama, hançer
Dollar (*-s*) *m* dolar
Dolmetscher (*-*) *m*, **~in** *f* tercüman
Dom (*-e*) *m* katedral; *Arch.* kubbe
Donau *f* Tuna (Nehri)
Donner (*-*) *m* gök gürlemesi
donnern gök gürlemek
Donnerstag (*-e*) *m* perşembe
doof *fam.* aptal
Doppel (*-*) *n* çift; **~bett** *n* iki kişilik yatak; **~punkt** *m Gr.* iki nokta üst üste
doppelt çift, iki katlı
Doppelzimmer *n* iki kişilik oda
Dorf (*~er*) *n* köy
Dorn (*-en*) *m* diken
dort orada(n), şurada(n); işte; **~hin** oraya, şuraya; **~ig-** oradaki, şuradaki
Dose (*-n*) *f* kutu; (*Konserven-*) konserve kutusu; **~nbier** (*-*) *n* kutu birası; **~nöffner** (*-*) *m* konserve açacağı

Dosis (*Dosen*) *Med.* doz(aj)
Dotter (-) *m* yumurta sarısı
Dozent (*-en*) *m*, **~in** *f* doçent
Drache (*-n*) *m* ejderha; **~n** (-) *m* uçurtma
Draht (*¨e*) *m* tel
drahtlos telsiz
Drahtseilbahn *f* teleferik
Drama (*-men*) *n* dram
dramatisch dramatik
Drang (0) *m* güdü, teşvik
dran *s.* **daran**; **ich bin ~** sıra bende
drang *s.* **dringen**
drängeln itişip kakışmak
drängen itmek, sıkıştırmak; **sich ~** itişmek, kakışmak
drastisch çok etkili; kaba
draußen dışarıda; (*im Freien*) açıkta
Dreck (0) *m* pislik; çamur
dreckig pis, kirli
Dreh|bank *f* torna; **~buch** *n* senaryo
drehen *v/t* döndürmek, çevirmek; *sich ~*
Dreh|stuhl *m* döner koltuk; **~tür** *f* döner kapı; **~ung** *f* dönme, devir
drei üç
Dreieck (*-e*) *n* üçgen
drei|fach üç misli; **~mal** üç defa
Dreirad *n* üç tekerlekli bisiklet
drei|stöckig üç katlı; **~tägig** üç günlük; **~viertel** üç çeyrek; **~zehn** on üç
Dresche (0) *f fam.* dayak
dreschen dövmek

dressieren *Tier* terbiye etm., alıştırmak
dringen çıkmak (*aus D -den*), geçmek (*durch A -in* arasından); girmek (*in A -e*)
dringend ivedi, acil; *es ist ~* çok acele
drinnen içinde, içeride
dritt- üçüncü
Drittel *n* üçte bir
Droge (*-n*) *f* ecza; uyuşturucu madde; **~nhandel** *m* uyuşturucu ticareti
drogensüchtig uyuşturucuya düşkün
Drogerie (*-n*) *f* eczane
drohen tehdit etm., korkutmak (*j-m mit D b-i* ile); **~d** tehditedici; beklenen
Drohung *f* tehdit
dröhnen gürlemek
drollig tuhaf, garip; komik
Dromedar (*-e*) *n* hecin devesi
drosch *s.* **dreschen**
Drossel (*-n*) *f* ardıç kuşu
drosseln *Tech.* kısmak
drüben karşıda, öbür tarafta
Druck (*-e*) *m* basma, sıkma; bası; *Pol.* baskı; *Phys.* basınç; **~buchstabe** *m* matbaa harfi
drucken basmak
drücken *v/t* sıkmak; *v/i* basmak, dayanmak (*auf A -e*); *sich ~* çekilmek, kaç(ın)mak (*vor D -den*)
Druck|er (-) *m* basımcı; (*Gerät*) bilgiyazar; **~erei** (*-en*) *f* basımevi, matbaa; **~knopf** *m* çıtçıt; **~sache** *f* matbua

Drüse (-n) *f* bez(e), gudde
du sen
ducken: sich ~ sinmek, saklanmak
Duell (-e) *n* düello
Duett (-e) *n* Mus. düet
Duft (ℓe) *m* güzel koku
duften güzel kokmak; **~ nach** *D* ... gibi kokmak, *-in* kokusu olm.
dulden *A -e* göz yummak
dumm aptal, akılsız
Dumm|heit (-en) *f* aptallık, akılsızlık; **~kopf** *m* ahmak
dumpf boğuk; küflü
Düne (-n) *f* kumul
Dung (0) *m* gübre, fışkı
düngen gübrelemek
Dünger (-) *m* gübre
dunkel karanlık; *Farbe:* koyu; *Bier, Haut:* esmer; **es wird ~** ortalık kararıyor
Dunkelheit (0) *f* karanlık
dünn ince, zayıf; hafif; *Flüssigkeit:* sulu
Dunst (ℓe) *m* buğu, sis, duhan
dünsten hafif ateşte pişirmek
dunstig buğulu, buharlı
Duplikat (-e) *n* kopya, nüsha
Dur (0) *n* Mus. majör
durch *A -in* arasından, ortasından; *-den*; yardımıyla; (*dank*) sayesinde *N*; **~ und ~** tamamen; **~aus** tamamıyle; **~blättern** *A -in* sayfalarını çevirmek; **~bohren** delmek; **~brechen** *v/t* kırmak; yarmak; *v/i* kırılmak; çıkmak; **~brennen** *El.* yanmak; *fig.* kaçmak; **~denken** incele-

mek, iyice düşünmek; **~drehen** *fam.* aklını kaçırmak; **~dringen** *v/t* geçmek; *v/i* sızmak
durcheinander altüst, karmakarışık; **~bringen, ~werfen** altüst etm.
Durchfahrt *f* geçit, geçme
Durchfall *m* Med. sürgün, ishal
durchfallen *Schüler:* sınıfta kalmak
durchführen yapmak; yerine getirmek
Durchführung *f* icra, yürütüm
Durchgang *m* geçit; **~sverkehr** *m* transit
durchgebraten iyi kızarmış
durchgehend aralıksız; *Zug:* durmaksızın; **~ geöffnet** devamlı açık
durch|greifen ciddî tedbir almak; **~halten** sonuna kadar dayanmak; **~kämmen** taramak; **~kommen** geçmek, (*auskommen*) geçinmek; **~kreuzen** *Plan* baltalamak; **~lassen** geçirmek, -in geçmesine müsaade etm.; **~lesen** sonuna kadar okumak; **~leuchten** *A* Med. *-in* röntgenini almak; **~löchern** delmek, zımbalamak; **~machen** *A -e* katlanmak, *-i* geçirmek
Durchmesser *m* çap
durch|näßt sırsıklam; **~nehmen** okutmak, işlemek; **~queren** aşmak, geçmek

Durchreise

Durchreise *f* geçiş; *auf der ~ sein* yolculuk sırasında geçmek
durchrosten paslanarak delinmek
Durchsage (-*n*) *f* duyuru
durch|schauen *List* anlamak; **~scheinen, ~schimmern** görünmek; **~schlafen** deliksiz uyumak
Durchschlag *m* kopya
durchschneiden ayırmak, kesmek
Durchschnitt *m* ortalama; *im ~* ortalama olarak
durchschnittlich vasat, ortalama (olarak)
durch|sehen gözden geçirmek; **~setzen** kabul ettirmek
Durchsicht (-*en*) *f* gözden geçirme
durchsichtig şeffaf, saydam; berrak
durch|sickern sızmak; **~sprechen** -*i* konuşmak, görüşmek; **~stöbern** araştırmak; **~streichen** silmek,

çizmek; **~suchen** aramak
Durchsuchung *f* arama
durch|trieben kurnaz; **~wählen** *Tel.* (numarayı) doğrudan doğruya çevirmek; **~weg** *adv.* genellikle; **~wühlen** karıştırmak; **~zählen** saymak
dürfen *A* (*od. inf.*) -*e*, -*meye* izinli olm., izni olm.; -*i* -ebilmek
durfte *s.* **dürfen**
dürftig fakir; eksik, zayıf
dürr kurak, susuz
Dürre (-*n*) *f* kuraklık, susuzluk
Durst (0) *m* susama; *~ haben* susamak
durstig susamış
Dusche (-*n*) *f* duş
duschen, sich *~* duş yapmak
Düse (-*n*) *f* meme, ağız; **~nflugzeug** *n* jet uçağı
düster karanlık; kaygılı
Dutzend (-*e*) *n* düzine
duzen *A*-*e* sen diye hitap etm.
dynamisch dinamik
Dynamit *n* dinamit
D-Zug *m* ekspres treni

E

Ebbe (-*n*) *f Geo.* inme; *~ und Flut* gelgit
eben¹ (*flach*) düz, yassı
eben² (*gerade*) demin; (*genau das*) işte; (*jetzt*) şimdi
Ebene (-*n*) *f Geo.* ova, yayla; *Math.* düzlem; *fig.* alan
ebenfalls dahi, de, keza
Ebenholz *n* abanoz

ebenso aynı şekilde, aynen; *~ sehr, ~ viel* o kadar, aynı derecede çok
Eber (-) *m* erkek domuz
ebnen düzlemek
Echo (-*s*) *n* yankı
echt öz, halis; *adv.* gerçekten
Eckball *m Sp.* korner
Ecke (-*n*) *f* köşe, kenar

eckig köşeli
Eckzahn *m* köpekdişi
edel asil, soylu
Edel|metall *n* değerli maden; **~stein** *m* değerli taş
Efeu (0) *m* sarmaşık
Effekt (-e) *m* etki
effekt|iv gerçek, hakiki; **~voll** etkili
EG (= *Europäische Gemeinschaft*) Avrupa Topluluğu, AT
ega eşit, (hep) aynı; *das ist mir ~* (benim için) fark etmez
Egge (-n) *f* tırmık
Egoismus *m* bencillik, egoizm
egoistisch bencil
ehe *conj. -meden* önce
Ehe *f* evlilik; **~bett** *n* gelin yatağı; **~bruch** *m* zina; **~frau** *f* eş, karı
ehelich evlilikle ilgili, meşru
ehemalig eski, önceki
Ehe|mann *m* eş, koca; **~paar** *n* evli çift, karıkoca
eher daha önce; daha ziyade
Ehering *m* evlilik yüzüğü, alyans
ehrbar namuslu
Ehre (-n) (0) *n* namus; haysiyet; (*Ruhm*) şan
ehren şereflendirmek
ehren|amtlich fahrî; **~haft** namuslu
Ehren|mitglied *n* fahrî üye; **~sache** *f* namus konusu; **~wort** *n* namus sözü
Ehr|furcht *f* saygı; **~geiz** *m* hırs, gayret

ehr|lich namuslu; (*aufrichtig*) samimî; **~los** namussuz; **~würdig** saygıdeğer
Ei (-*er*) *n* yumurta; *faules ~* çürük yumurta; *hartes ~* (hazır)lop yumurta; *weiches ~* rafadan yumurta
Eich|e (-n) *f* meşe; **~el** (-n) *f* palamut; **~hörnchen** (-) *n* sincap
Eid (-e) *m* yemin, ant; *e-n ~ leisten* and içmek
Eidechse (-n) *f* kertenkele
eidesstattlich yemin yerine kaim
Eidotter (-) *m* yumurta sarısı
Eier|becher *m* yumurtalık; **~kuchen** *m* omlet
Eifer (0) *m* gayret, çaba; **~sucht** (0) *f* kıskançlık
eifersüchtig kıskanç
eifrig gayretli, ateşli
Eigelb (-) *n* yumurta sarısı
eigen kendi; ayrı; **~artig** tuhaf, acayip
Eigenbedarf *m* şahsi ihtiyaç
eigenhändig kendi eliyle
Eigenheim *n* ev, villa
eigenmächtig keyfî
Eigen|name *m* özel ad; **~schaft** (-*en*) *f* nitelik, özellik
eigen|sinnig inatçı, dik kafalı; **~tlich** asıl, esas; *adv.* aslında
Eigen|tum (0) *n* mülk, mal; **~tümer(in** *f*) *m* mal sahibi
eigentümlich özel; tuhaf, acayip
Eigentumswohnung *f* kat mülkiyeti (olan daire)

eignen

eignen: sich ~ yaramak (*für A -e*)
Eil|brief *m* ekspres mektup; **~e** *f* acele, tezlik
eil|en acele etm.; koşmak; *es eilt* acele(dir); **~ig** acele
Eilzug *m* sürat treni
Eimer (-) *m* kova
ein, -e bir; **~ander** birbirine, birbirini
einarbeiten *b-i* bir işe alıştırmak; *b. ş-i* eklemek
einarmig tek kollu, çolak
einatmen *v/t* nefes ile içine çekmek; *v/i* nefes almak
Einbahnstraße *f* tek yönlü yol
Einband *m* cilt
Einbauküche *f* gömme mutfak
einberufen (toplantıya) çağırmak, davet etm.; *Mil.* askere çağırmak
Einbettzimmer *n* tek yataklı oda
einbiegen sapmak (*in A -e*)
einbilden: sich ~ sanmak, tasavvur etm.
Einbildung *f* tasavvur; kuruntu; gurur
einbinden *Buch* ciltlemek
Einblick *m* bilme, anlayış
einbrechen yarılmak; (zorla) girmek (*in A -e*)
Ein|brecher *m* zorlu hırsız; **~bruch** *m* zorla giriş
ein|bürgern *v/t* vatandaşlığa kabul etm.; **~büßen** kaybetmek; **~checken** kaydolunmak; **~dämmen** *fig.* önle-

mek; **~deutig** açık, belli
eindring|en girmek (*in A -e*); **~lich** etkili; enerjik
Eindruck (-*e*) *m* etki
eindrucksvoll etkili; dokunaklı
einer biri(si); **~lei** tekdüze; hepsi bir; **~seits** bir taraftan
einfach sade, basit; (*leicht*) kolay; *Fahrkarte:* yalnız gidiş
Ein|fahrt *f* giriş; **~fall** *m* fikir; buluş
einfallen yıkılmak, çökmek; istilâ etm. (*in A -e*); *j-m b-in* aklına gelmek
Einfamilienhaus *n* tek ailelik ev
einfarbig tek renkli
ein|fassen çerçevelemek; **~fetten** yağlamak
Einfluß (-*sse*) *m* etki
ein|förmig tekdüze; **~frieren** *v/t* dondurmak; *v/i* donmak; **~fügen** katmak, eklemek (*in A -e*)
Einfuhr *f* ithal, dış alım; **~bestimmungen** *f/pl.* ithalat mevzuatı
einführen etm.; sokmak; yerleştirmek (*in A -e*)
Einfuhr/genehmigung *f* ithal lisansı; **~verbot** *n* ithal yasağı; **~zoll** *m* ithal gümrüğü
Eingang *m* giriş (kapısı); geliş
einge|baut gömme; **~ben** *Daten* işlemek, bilgisayara vermek; **~bildet** kendini beğenen

Eingeborene(r) yerli
eingehen v/t Wette -e girmek; v/i (eintreffen) gelmek; (schrumpfen) küçülmek; (zugrunde gehen) ölmek; ~ **auf** A -e razı olm.; ~**d** etraflı; esaslı
Eingemachte(s) (0) n konserve
eingeschrieben Brief: taahhütlü
Einge|ständnis n itiraf, kabul; ~**weide** pl. bağırsaklar, işkembe
ein|gießen dökmek, boşaltmak; ~**gliedern** birleştirmek; ~**gleisig** tek hatlı; ~**greifen** karışmak (in A -e)
Eingriff m karışma; Med. ameliyat
einhalten A -e riayet etm.
ein|händig tek elli; ~**hängen** Hörer kapatmak; ~**heimisch** yerli
Einheit (-en) f birlik; (Zähl-) birim
einheitlich düzenli; birleşik
einholen Auskunft almak; (erreichen) ve yetişmek; Segel usw. çekmek; Rückstand (farkı) kapatmak, telâfi etm.; s. a. **einkaufen**
einhüllen sarmak
einig hemfikir, uzlaşmış; **sich ~ sein** aynı fikirde olm.
einige pl. birkaç, birtakım, bazı; ~ **Tage** birkaç gün
einigen v/t uzlaştırmak; **sich ~** uzlaşmak, anlaşmak
einigermaßen oldukça, bir dereceye kadar

einmachen

Einig|keit (0) f birlik, ahenk; ~**ung** uzlaşma; anlaşma
einkalkulieren hesaba katmak
Einkauf m satın alma; alışveriş; **Einkäufe machen** a. çarşıya gitmek
einkaufen v/t satın almak; ~ **gehen** alış verişe çıkmak
Einkaufs|bummel m alışveriş gezintisi; ~**zentrum** n alışveriş merkezi
Einkommen (-) n gelir; ~**(s)steuer** f gelir vergisi
einladen j-n davet etm.; Koffer usw. yüklemek
Einladung f davet; davetiye
Einlage f (Schuh-) destek
Einlaß (0) m kabul, giriş
einlassen v/t içeri almak; **sich ~** girişmek (**auf** A -e)
einlaufen Schiff, Zug: (limana veya istasyona) girmek, varmak; Kleidung: daralmak
einleben: **sich ~** alışmak (in D -e)
einlegen Film koymak; Gang (vitese) geçirmek; Fleisch salamura yapmak
einleiten A -e başlamak, -i açmak
Einleitung f giriş, önsöz
einlenken nağmeyi değiştirmek
einleuchten D -in aklına sığmak; ~**d** akla yakın
einliefern yatırmak (in A -e)
einlösen Scheck bedelini almak
einmachen konserve etm.

einmal

einmal bir defa, bir kere; *auf ~ birdenbire*; *(zusammen)* birden; *noch ~* bir daha
Einmaleins (-) *n Math.* çarpım tablosu
einmalig eşsiz
einmischen: sich ~ karışmak *(in A -e)*
Einnahme *f Hdl.* kazanç, gelir
einnehmen kazanmak, tahsil etm.; almak; *Mahlzeit* yemek; *Arznei* içmek, yutmak
einordnen *v/t* dizmek, sıralamak *(in A -e)*; *sich ~* sıraya gelmek
einpacken paketlemek, sarmak; *(in den Koffer)* bavula koymak
einparken park etm.
einprägen: sich ~ aklına yerleştirmek, bellemek
ein|quartieren barındırmak; **~rahmen** çerçevelemek; **~räumen** yerli yerine koymak, yerleştirmek; *(überlassen)* terketmek *(j-m b-e)*
ein|reden inandırmak *(j-m etw. b-i b-ş-e)*; **~reiben** ovuşturmak; **~reichen** sunmak, vermek
Einreise *f* giriş; **~visum** *n* giriş vizesi
einrenken yerine koymak; *fig.* düzeltmek
einrichten *v/t* kurmak; düzenlemek; *Zimmer* döşemek; *sich ~* yerleşmek; idareli olm.
Einrichtung *f* döşe(n)me, mobilya; *(Institution)* kuruluş

einrosten paslanmak
eins bir
einsalzen tuzlamak
einsam yalnız, tenha
Einsamkeit *f* yalnızlık, uzaklık
einsammeln toplamak
Einsatz *m* ek; *(Spiel)* banko; *(Gebrauch)* kullan(ıl)ma
ein|schalten *Gerät* açmak; *Licht* yakmak; *Motor* çalıştırmak; **~schätzen** takdir etm., saymak; **~schenken** *j-m, etw. -in* bardağının *b.ş.* ile doldurmak; içki koymak; **~schicken** göndermek, yollamak; **~schlafen** uykuya dalmak; *Glied:* uyuşmak
einschlagen *v/t Nagel* çakmak; *Weg* tutmak; *Fenster, Tür* kırmak; *s. einwickeln*; *v/i Blitz:* isabet etm.; vurmak *(auf A -e)*; *fig.* beğenilmek, başarılı olm.
einschlägig ilgili
einschleichen: sich ~ gizlice sokulmak *(in A -e)*
einschließ|en kilitlemek, kapatmak; *fig.* içermek; **~lich** *G* dahil olarak, ile birlikte
einschmieren yağlamak; *-e -i* sürmek
einschneidend *fig.* esaslı, kesin
Einschnitt *m* kesik, yarık; *fig.* dönüm noktası
einschränken *v/t* azaltmak, kısmak; *sich ~* idareli yaşamak

Einschränkung *f* kısıntı, kayıt
Einschreibe|brief *m*, **~n** (-) *n* taahhütlü mektup
einschreiben *v/t* kaydetmek, yazmak; *sich* **~** yazılmak (*in A -e*)
ein|schreiten karışmak (*bei D -e*); **~schüchtern** korkutmak; **~schulen** okula yazdırmak; **~sehen** görmek, anlamak
einseitig tek taraflı
einsenden göndermek
einsetzen yerleştirmek, eklemek (*in A -e*); (*ernennen*) tayin etm., atamak; *sich* **~** desteklemek (*für A -i*)
Einsicht *f* anlayış; **~ nehmen** *in A -i* gözden geçirmek
Einsiedler *m* münzevi
einsilbig tek heceli; *fig.* az konuşan
ein|sinken batmak (*in A -e*); **~sparen** tasarruf etm.; **~sperren** kilitlemek; hapsetmek; **~springen** (*für A -in*) yerine iş görmek
Einspruch *m* itiraz, protesto; **~ erheben gegen** *A -i* protesto etm.
einspurig tek yollu, tek şeritli
einst eskiden; bir zaman
ein|stecken *Stecker -e* sokmak; (*cebine*) koymak; **~steigen** binmek (*in A -e*)
einstellen *v/t Personal* işe almak; (*beenden*) bitirmek; *Tech.* ayarlamak; *sich* **~ auf** *A -e* hazırlanmak

Einstellung *f* görüş; işe al(ın)ma; *Tech.* ayarlama
einstimmig tek sesli; birlikte
ein|stufen derecelendirmek; **~stürzen** çökmek, yıkılmak
einstweil|en *adv.* geçici olarak, şimdilik; **~ig** geçici
einteil|en ayırmak, bölmek (*in A -e*); **~ig** *Kleidung*: bir parçadan oluşan, yekpare
Einteilung *f* ayırma, bölme
eintönig monoton; usandırıcı
Ein|topf *m* türlü; **~tracht** *f* barış; birlik
einträchtig geçimli
eintragen *v/t* yazmak, kaydetmek (*in A -e*); *sich* **~** (*lassen*) -e yazılmak
einträglich verimli, kârlı
Eintragung *f* kayıt; not
ein|treffen varmak (*in D -e*); **~treten** (içeri) girmek (*in A -e*); savunmak (*für A -i*)
Eintritt *m* (*Beginn*) başlangıç; (*Zutritt*) giriş; (**~sgeld**) giriş ücreti; **~skarte** *f* giriş bileti; **~spreis** *m* giriş ücreti
einverstanden: ~ sein (*mit D -e*) razı olm.; **~!** kabul!
Einverständnis *n* kabul, rıza
Einwand *m* itiraz
Einwanderer (-) *m* göçmen
einwandern -e göçmek
einwandfrei kusursuz; şüphe götürmez
einwechseln değiştirmek
Einweg- tek kullanımlık
ein|weihen törenle açmak; *fig.* ilk defa kullanmak; bild-

einweisen

irmek *(j-n in A b-e b.ş-i)*; **~weisen** yerleştirmek, yatırmak *(in A -e)*; **~wenden** *A -e* itiraz etm.; **~werfen** atmak *(in A -e)*; *Scheibe* kırmak; **~wickeln** sarmak

Einwickelpapier *n* sargı kâğıdı

einwilligen uygun görmek *(in A -i)*

Einwilligung *f* muvafakat, onay

Ein|wohner (-) *m* oturan, sakin; *pl.* nüfus; **~wurf** *m* itiraz; *Sp.* taç; *(Brief-)* yarık

Einzahl *(0) f Gr.* tekil

einzahlen ödemek, yatırmak

Einzahlungsbeleg *m* ödeme makbuzu

Einzäunung *f* çit, parmaklık

Einzel *n Sp.* tekler *pl.*; **~fall** *m* benzeri olmayan olay; **~händler** *m* perakendeci; **~heit** *(-en) f* ayrıntı, detay; **~kind** *n* tek çocuk

einzeln tek, ayrı; teker teker; *im* **~en** uzun uzadıya

Einzelzimmer *n* tek kişilik oda; **~zuschlag** *m* tek yatak zammı

einziehen *v/t* (içeriye) çekmek; toplamak; *Jur.* müsadere etm.; *v/i* yerleşmek *(in A -e); Flüssigkeit:* içine geçmek

einzig yegâne, tek; **~artig** eşsiz, emsalsiz

Einzug *m* girme; taşınma

Eis *(0) n* buz; *(Speise-)* dondurma; **~bär** *m* beyaz ayı; **~berg** *m* aysberk, buzdağı;

~diele *f* dondurma salonu

Eisen (-) *n* demir

Eisenbahn *f* demiryolu; **~er** *m* demiryolcu

eisern demirden (yapılmış)

Eishockey *n Sp.* buz hokeyi

eisig buz gibi

Eis|kaffee *m* kafe glase; **~kunstlauf** *m Sp.* artistik patinaj; **~laufen** *n* patinaj; **~tüte** *f* dondurma külâhı; **~würfel** *m* buz kübü

eitel boş; modaya düşkün

Eiter *(0) m* irin

eitern irinlemek

Eiweiß *n* yumurta akı; *Chem.* albümin

Ekel (-) *m* iğrenti, nefret

ekelhaft iğrenç

elastisch elâstikî, esnek

Elastizität *f* esneklik

Elefant (-en) *m* fil

elegant şık, zarif

Elektriker *m* elektrikçi

elektrisch elektrik (akımı)

Elektrizität *f* elektrik

Elektro|- elektrik; **~geschäft** *n* elektrikçi dükkânı; **~herd** *m* elektrikli fırın

Elektronik *f*, **elektronisch** elektronik

Element (-) *n* öğe, unsur

elementar iptidaî; esaslı

Elend *(0) n* yoksulluk, sefillik

elend sefil; *sich* **~fühlen** kendini çok kötü hissetmek

elf on bir

Elfenbein *(0) n* fildişi; **~küste** *f* Fildişi Kıyısı

Elfmeter (-) *m Sp.* penaltı

Entfernung

Elite (-*n*) *f* elit; seçkinler *pl.*
Ell(en)bogen (-) *m* dirsek
Elsaß *n* Alsas
Elster (-*n*) *f* saksağan
Eltern *pl.* ebeveyn, ana baba
emailliert emaye, mineli
Emanzipation *f* eşit haklara ulaşma
Emigra|nt (-*en*) *m* göçmen; **~tion** *f* göç
empfahl *s. empfehlen*
empfand *s. empfinden*
Empfang *m* kabul; teslim alma; *Hotel*: resepsiyon
empfangen almak; kabul etm.; karşılamak
Empfänger (-) *m* alan; alıcı
Empfängnisverhütung *f* gebeliği önleme
Empfangs|bescheinigung *f* alındı; **~chef** *m* resepsiyoncu
empfehlen *DA* tavsiye etm.; *sich ~* ayrılıp gitmek; **~swert** tavsiyeye değer
Empfehlung *f* tavsiye; referans
empfind|en hissetmek, duymak; **~lich** hassas; alıngan
Empfindung *f* his, duygu
empfohlen tavsiye edilmiş; *s. empfehlen*
empfunden *s. empfinden*
empor yukarıya doğru
empör|en: *sich ~* kızmak (*über A* -*e*); ayaklanmak (*gegen A* -*e* karşı); **~d** ayıp, rezil
Empörung *f* kızma
Ende (-*n*) *n* son, nihayet; (*Spitze*) uç; (*Seite*) yan; *zu ~ sein* bitmiş olm.

end|en bitmek, sona ermek; **~gültig** kesin, katî
Endhaltestelle *f* son durak
Endivie *f* hindiba; **~nsalat** *m* kıvırcık salata
end|lich kesin; *adv.* nihayet, sonunda; **~los** sonsuz
End|spiel *n Sp.* final; **~ung** *f Gr.* (son)ek
Energie (-*n*) *f* enerji
energisch enerjik; iradeli
eng dar; sık
Enge *f* darlık
Engel (-) *m* melek
England *n* İngiltere
Engländer (-) *m* İngiliz; *Tech.* İngiliz anahtarı; **~in** *f* İngiliz (kadın)
englisch İngiliz; İngilizce
Enkel (-) *m* torun; **~in** *f* kız torun
enorm kocaman; fevkalâde
entbehr|en *A* -*den* mahrum kalmak; **~lich** lüzumsuz
Entbindung *f* doğum
entdecken bulmak, keşfetmek
Entdeckung *f* keşif
Ente (-*n*) *f* ördek
ent|eignen *j-n*, *etw. b-in ş-ini* kamulaştırmak, istimlâk etm.; **~fallen** *D* -*in* hatırından çıkmak; isabet etm. (*auf A* -*e*); uygulanmamak
entfern|en *v/t* uzaklaştırmak; kaldırmak; *Fleck* çıkarmak; *sich ~en* uzaklaşmak (*von D* -*den*); **~t** uzak
Entfernung *f* uzaklık, mesafe

entführen kaçırmak
Entführung *f* kaçırma
entgegen *D* -e doğru, karşı; -e rağmen, aykırı; **~gesetzt** ters; **~kommen** *D* -*i* karşılamağa gitmek; *fig.* -e kolaylık göstermek; **~nehmen** almak
entgegnen *DA* cevap vermek
ent|gehen *D* -*den* kurtulmak, -*i* kaçırmak; **~giften** *A* -*in* zehrini almak; **~gleisen** rayından çıkmak
enthalten *v/t* ihtiva etm., içermek; *sich* ~ *G* -*den* kaçınmak, sakınmak
ent|hüllen açıklamak, açığa vurmak; **~kommen** *D* -*den* kaçıp kurtulmak; **~korken** *A* -*in* mantarını çıkarmak; **~kräften** zayıflatmak; çürütmek; **~laden** (yükü) boşaltmak
entlang *A* boyunca *N*
entlassen *A* işinden çıkarmak; *Patienten* taburcu etm.
Entlassung *f* işten çıkarılma
ent|lasten *A* -*in* yükünü hafifletmek, -*e* yardım etm.; **~laufen** *v/i* kaçmak (*j-m b-den*); **~legen** uzak; ıssız; **~leihen** ödünç almak; **~lüften** havalandırmak; **~mutigen** *A* -*in* cesaretini kırmak; **~nehmen** -*den* almak, çıkarmak; **~puppen** sich *A* (*D* -*den*)
entrüstet: ~ *sein* öfkelenmek, kızmak (*über A* -*e*)
entschädigen *A* -*e* tazminat vermek
Entschädigung *f* tazminat; *fig.* etmekliği *mlg* (*~ssumme a.*) para karşılığı
entscheiden *v/t* kararlaştırmak, karara bağlamak; *sich* ~ karar vermek (*für A*) için; **~d** kesin
Entscheidung *f* karar; hüküm
entschieden kesin; kararlı
entschuldigen: *sich* ~ (*zu D* -*i*) kararlaştırmak; karara varmak
entschlossen kararlı
Entschluß *m* karar
entschuldigen *v/t* affetmek, mazur tutmak; ~ *Sie!* özür dilerim!; affediersiniz!; *sich* ~ özür dilemek (*bei D* -*den*)
Entschuldigung *f* özür
Entsetzen (0) *n* dehşet, korku
entsetzlich korkunç
entsetzt: ~ *sein* ürkmek, yılmak (*über A* -*den*)
entsinnen: *sich* ~ *G* -*i* hatırlamak
entspannen: *sich* ~ dinlenmek; yorgunluğunu gidermek
entsprechen *D* uymak, uygun olm.; **~d** *D* göre
entsorgen kimyasal ve nükleer maddelerden arıtmak
entstehen oluşmak, meydana gelmek
Entstehung *f* oluş(ma)
entstellen *A* -*in* şeklini bozmak
enttäusch|en hayal kırıklığına uğratmak; **~t** ümitsiz, bezgin
Enttäuschung *f* hayal kırıklığı

erdrücken

entweder: ~ ... **oder** ... ya ... ya (da)...
ent|weichen kaçmak; çıkmak; **~wenden** çalmak (*j-m etw. b-den b. ş-i*); **~werfen** tasarlamak; **~werten** değerden düşürmek; iptal etm.
entwickel|n *v/t* geliştirmek; *Fot.* filmi banyo etm.; *sich* **~n** gelişmek; **~t** gelişmiş
Entwicklung *f* gelişme; **~shilfe** *f* gelişmekte olan ülkeye yardım; **~sland** *n* gelişmekte olan ülke
ent|wischen *D* -*den* kaçmak; **~würdigend** alçaltıcı
Entwurf *m* plan, taslak; tasarı
entziehen mahrum bırakmak (*D A b-i -den*); **~ziffern** çözmek, okuyabilmek
Entzücken (0) *n* heyecan, büyük sevinç
entzückend pek alımlı, sevimli
Entzug (0) *m* al(ın)ma
entzünden *v/t* yakmak, tutuşturmak; *sich* **~** tutuşmak; *Med.* yangılanmak
Entzündung *f Med.* yangı, iltihap
entzwei kırılmış; **~brechen** *v/t* kırmak; *v/i* kırılmak
Ephesus *n* Efes
Epi|demie (-*n*) *f* salgın (hastalık); **~lepsie** (0) *f* sara
Epoche (-*n*) *f* çağ, devir; dönem
er o (*eril*)
Erachten *n*: *meines* **~s** bana kalırsa

erarbeiten çalışarak elde etm.
Erbarmen (0) *n* acıma, merhamet
erbärmlich zavallı; alçak
erbarmungslos amansız
erbauen inşa etm.
Erbauer (-) *m* yapan, kurucu
Erbe 1. *m* mirasçı; **2.** *n* miras, kalıt
erben miras almak
erbeuten ganimet olarak ele geçirmek
Erbin *f* (kadın) mirasçı
erbitten *-i* rica etm.
erbittert kızmış; şiddetli
Erbitterung *f* hiddet, kızgınlık
erblich irsî, soydan kalma
erblicken *-i* görmek
erblinden kör olm.
erbrechen: *sich* **~** kusmak
Erbschaft (-*en*) *f* veraset, miras
Erbse (-*en*) *f* bezelye
Erd|ball *m* yerküre; **~beben** (-) *n* deprem, zelzele; **~beere** *f* çilek; **~boden** *m* yeryüzü; toprak
Erde *f* yerküre; (*Boden*) yer; toprak; (*Welt*) dünya
erden *El.* toprağa bağlamak
erdenklich tasavvur olunabilir
Erd|gas *n* doğal gaz; **~geschoß** *n* zemin katı; **~kugel** *f* yer küre; **~kunde** *f* coğrafya; **~nuß** *f* yer fıstığı; **~oberfläche** *f* yer yüzü; **~öl** *n* petrol
erdrücken ezmek

Erd|rutsch *m* toprak kayması; **~stoß** *m* sarsıntı; **~teil** *m* kıta, anakara
erdulden *A -e* tahammül etm.
Erdung *f* toprak hattı
ereignen: sich ~ olmak, yer bulmak
Ereignis *n* olay
erfahren *v/t* öğrenmek, tecrübe etm.; *adj.* tecrübeli, becerikli
Erfahrung *f* tecrübe, deneyim
erfassen *Bedeutung* kavramak, anlamak; *Daten* toplamak
erfinden bulmak, icat etm.; *Lüge* kurmak
Erfind|er (-) *m*, **~erin** *f* bulucu; **~ung** *f* buluş, icat; uydurma
Erfolg (-e) *m* başarı; sonuç; **~ haben in, bei** *D -i* başarmak
erfolgen çıkmak, olmak
erfolg|los başarısız, neticesiz; **~reich** başarılı
erforder|lich lâzım, gerek(li); **~n** gerektirmek, istemek
erforschen araştırmak
erfreu|en (-) *v/t* sevindirmek; **sich ~** hoşlanmak (*an D -den*); **~lich** sevindirici; **~t sein** sevinmek (*über A -e*); memnun olmak (*-den*)
erfrieren soğuktan ölmek; *Gliedmaßen* donmak
erfrischen: sich ~ serinlemek; **~d** serinletici
Erfrischung *f* serinletme; **~en** *f/pl.* (*Kiosk*) büfe
erfüllen *v/t* yapmak, yerine getirmek; **sich ~** gerçekleşmek
ergänzen tamamlamak, doldurmak
Ergänzung *f* tamamla(n)ma; ek
ergeben *adj. D* bağlı, sadık; *v/t* vermek, tutmak; **sich ~** meydana çıkmak (*aus D -den*); *Mil.* teslim olm.
Ergebnis *n* sonuç, netice
ergiebig verimli
ergreifen *A* tutmak, yakalamak; *-e* dokunmak; **~d** dokunaklı
erhaben yüce, ulu
erhalten (*bekommen*) almak; (*bewahren*) korumak; *adj.* **gut ~** iyi durumda
erhältlich bulunur (*bei D -de*)
erheben *v/t Zoll, Gebühr* tahsil etm.; *Klage ~* dava açmak; **sich ~** kalkmak; yükselmek
erheblich önemli, epey
Erhebung *f* yükseklik; ayaklanma; (*Umfrage*) anket
erhellen aydınlatmak
erhitzen ısıtmak
erhöhen yükseltmek, artırmak; *-e* zam yapmak
erholen: sich ~ dinlenmek; (*genesen*) iyileşmek
Erholung *f* dinlenme
erinnern *v/t* hatırlatmak (*j-n an A b-e -i*); **sich ~** hatırlamak (*an A -i*)

Erinnerung *f* hafıza, bellek; **zur ~ (an -in)** hatıra(sı) olarak
erkälten: sich ~ üşütmek, soğuk almak
Erkältung *f* üşütme, soğuk algınlığı
erkennen *A* tanımak; *(einsehen)* *-in* farkına varmak; *-i* anlamak
erkenntlich: sich ~ zeigen iyilikle karşılık vermek
Erkenntnis *(-sse)* *f* anlayış; bilgi
Erker *(-)* *m* cumba, balkon
erklären *DA* anlatmak, açıklamak; beyan etm.
Erklärung *f* açıklama; beyan
erkranken hastalanmak
erkundigen: sich ~ nach *D -i* sormak, ...hakkında bilgi almak
Erkundigung *f* soru(şturma)
erlangen almak, ele geçirmek
Erlaß *m* af; emir, kararname
erlassen *Gesetz* çıkarmak; *(j-m etw. b-i b.ş-den)* affetmek
erlauben *DA* müsaade etm.
Erlaubnis *f* müsaade, izin
erläutern *DA* açıklamak, aydınlatmak
Erle *(-n)* *f* kızıl ağaç
erleben *(yaşayıp)* görmek; geçirmek
Erlebnis *(-sse)* *n* olay; macera
erledig|en bitirmek; yerine getirmek; **~t** bitmiş; *fig.* *(müde)* bitkin

erleichter|n kolaylaştırmak; hafifletmek; **~t** ferah
Erleichterung *f* ferahlık; kolaylaştırma; kolaylık
erleiden *A -e* maruz kalmak, uğramak, *-i* çekmek
erlernen *-i* öğrenmek
erlesen seçkin
erlogen yalan, uydurma
Erlös *(-e)* *m* gelir, kazanç
erlöschen sönmek
erlösen kurtarmak
Erlös|er *m* kurtarıcı; *Rel.* Hazreti İsa; **~ung** *f* kurtuluş
ermächtigen yetki vermek *(j-n zu D b-e b.ş. için)*
ermahnen ihtar etm., uyarmak
ermäßig|en indirmek; **~t** indirimli
Ermäßigung *f* indirim
ermessen değerlendirmek
Ermessen *n* takdir; fikir
ermitteln *v/t* bulmak; *v/i Jur.* soruşturma açmak
Ermittlung *f* soruşturma
ermöglichen *DA* mümkün kılmak
ermorden öldürmek
ermüden *v/t* yormak; *v/i* yorulmak
ermuntern, ermutigen teşvik etm. *(zu D -e)*
ernähren *v/t* beslemek; **sich ~** beslenmek
Ernährung *f* besleme; besin
ernennen atamak, tayin etm. *(zu D -e)*
erneuern yenile(ştir)mek
Erneuerung *f* yenileme

erneut yeniden
erniedrigen alçaltmak
ernst *adj.* ciddî; ağırbaşlı
Ernst (0) *m* ciddiyet; ağırbaşlılık
ernsthaft ciddî
Ernte (*-n*) *f* hasat; (*Ertrag*) ürün
ernten (ekin) biçmek, (ürün) toplamak
erobern fethetmek
Eroberung *f* fetih
eröffnen açmak; *fig.* bildirmek (*j-m etw. DA*)
Eröffnung *f* açılış
erörtern tartışmak; görüşmek
erotisch şehvanî, erotik
erpressen *A Jur. b-e* şantaj yapmak; *b.ş-i* şantajla almak
Erpress|er (*-*) *m*, **~erin** *f* şantajcı; **~ung** *f* şantaj
erproben denemek
erraten bulmak
erregen heyecanlandırmak; (*verursachen*) uyandırmak
Erreg|er *m Med.* virüs; hastalığa yol açan nesne; **~ung** *f* heyecan; (*Aufregung*) telâş
erreichen *Ort -e* ulaşmak; *Zug -e* yetişmek; *Ziel -e* erişmek
errichten kurmak
erröten kızarmak
Errungenschaft (*-en*) *f* başarı
Ersatz (0) *m* karşılık; telâfi; yedek; **~teil** *n* yedek parça
erschaffen yaratmak
erscheinen görünmek; (*kommen*) gelmek

Erscheinung *f* görünüş; görüntü
erschießen kurşuna dizmek
erschlagen vurarak öldürmek
erschließen açmak; işlenecek hale getirmek
erschöpf|en tüketmek, bitirmek; **~end** ayrıntılı; **~t** yorulmuş
Erschöpfung *f* bitkinlik
erschrak *s.* **erschrecken**
erschrecken *v/t* korkutmak, ürkütmek; *v/i* ürkmek
erschrocken korkmuş, ürkmüş; *s.* **erschrecken**
erschüttern sarsmak
Erschütterung *f* sarsıntı; üzüntü
erschweren *DA* zorlaştırmak, güçleştirmek
erschwinglich keseye elverişli
ersehen öğrenmek, anlamak (*aus D -den*)
ersetzen *DA b-in ş-ini* ödemek, telâfi etm.
ersparen esirgemek (*j-m etw. b-i -den*)
Ersparnisse *f/pl.* tasarruf; biriktirilen para
erst *adv.* (ilk) önce; ancak
erst- birinci, ilk; **zum ersten Mal** ilk defa; **Erste Hilfe** ilk yardım
erstarren donmak
erstatten (geri) vermek; *s.* **Anzeige, Bericht**
erstaun|en *v/i* hayret etm.; *v/t* şaşırtmak; **~lich** şaşılacak; **~t** şaşkın

Erstbezug *m Wohnung:* ilk oturma, ilk taşınma
erstechen bıçakla öldürmek
erstens *adv.* ilk olarak
ersticken *v/t* boğmak; *v/i* boğulmak, bunalmak
erst|klassig birinci derecelik; **~malig** ilk defalık
erstrecken: *sich ~* uzanmak; *(zeitlich)* sürmek
ersuchen rica etm., dilemek *(j-n um A -den b.ş-i)*
ertappen yakalamak
erteilen *DA* vermek
Ertrag (*~e*) *m* gelir, verim
ertragen *A -e* tahammül etm., dayanmak
erträglich katlanılır
ertrinken suda boğulmak
erwachen uyanmak
erwachsen büyük, yetişkin, erişkin
Erwachsene(r) büyük, yetişkin
erwägen düşünmek, tartmak
Erwägung *f* mülâhaza
erwähnen anmak, zikretmek
Erwähnung *f* anma
erwärmen ısıtmak
erwarten *-i* beklemek
Erwartung *f* beklenti; ümit
erwecken uyandırmak
erweisen *DA* göstermek; *sich ~ (als)* çıkmak; anlaşılmak *(daß -diği)*
erweitern genişletmek
Erwerb (0) *m* edinme; kazanç; geçim
erwerben kazanmak, elde etm.

erwerbs|los işsiz; **~tätig** çalışan
erwidern *DA* cevap vermek
erwischen yakalamak
Erz (*-e*) *n* maden filizi
erzählen *DA* anlatmak
Erzählung *f* hikâye, öykü
Erzbischof *m Rel.* başpiskopos
erzeugen üretmek, imal etm., yaratmak
Erzeug|er (-) *m* üretici; **~nis** *n* mal, ürün, mahsul; **~ung** *f* üretim
erziehen eğitmek, yetiştirmek
Erzieher (-) *m,* **~in** *f* eğitmen
Erziehung *f* eğitim, terbiye; **~sberechtigte(r)** veli
erzielen elde etm.
erzwingen zorlamak
es o *(nötr);* ~ *gibt* var; ~ *gibt kein(e)* yok; *ich weiß* ~ *nicht* (bunu) bilmiyorum
Esche (*-n*) *f* dişbudak
Esel (-) *m* eşek
eßbar yenilebilir, yenir
essen yemek; *Suppe* içmek
Essen (-) *n* yemek; **~szeit** *f* yemek vakti
Essig (*0*) *m* sirke; **~gurke** *f* kornişon
Eß|löffel *m* çorba kaşığı; **~tisch** *m* sofra; **~zimmer** *n* yemek odası
Etage (*-n*) *f* kat
Etappe (*-n*) *f* merhale, aşama
Etat (*-s*) *m* bütçe
Ethik (*0*) *f* etik, töre bilimi
Etikett (*-s*) *n* etiket; **~e** (*-n*) *f* teşrifat, etiket

etliche

etliche pl. bazı, birkaç
Etui (-s) n kutu, kılıf
etwa aşağı yukarı, takriben; acaba
etwas bir şey; (ein wenig) biraz
euch siz(ler)i; siz(ler)e
euer, eu(e)re siz(ler)in, -(i)niz
Eukalyptus m okaliptüs
Eule (-n) f baykuş
Eunuch (-en) m hadım
Euphrat m Fırat
Eurocheque m Eurocheque, öro çek
Europa n Avrupa
Europäer (-) m, ~in f Avrupalı
europäisch Avrupa(lı)
Euroscheck m s. *Eurocheque*
Euter (-) n hayvan memesi
evangelisch Protestan
Evangelium (-ien) n İncil

Fabel (-n) f masal
fabelhaft harika
Fabrik f fabrika, yapımevi; ~ant m fabrikatör; ~at n mal
Fach (-̈er) n (Schrank-) raf; (Schub-) göz, bölme; (Berufszweig) branş; **~arbeiter(in)** f m kalifiye işçi; **~arzt** m, **~ärztin** f uzman doktor, mütehassıs
Fächer (-) m yelpaze
Fachmann (-leute) m uzman
Fackel (-n) f meşale
fade tatsız, lezzetsiz

280

eventuell muhtemel; adv. belki
ewig ebedî, sonsuz; ezelî, öncesiz
Ewigkeit (0) f sonsuzluk
exakt özenli; adv. tam
Examen (-, -mina) n sınav
Exekutive (-n) f yürütme yetkisi
Exemplar (-e) n kopya, nüsha; örnek
Exil (-e) n sürgün
Existenz (-en) f varlık
existieren var olmak
Experiment (-e) n deney
Experte (-n) m, **~in** f uzman
explodieren patlamak
Explosion f patlama, infilâk
Export (-e) m dış satım, ihracat
exportieren ihraç etm.
extra ayrı; ayrıca, ekstra
extrem aşırı

F

Faden (-̈) m iplik, tire
fähig kabil (zu D -e); yetenekli, muktedir
Fähigkeit (-en) f kabiliyet, yetenek
fahnden aramak (nach D -i)
Fahne (-n) f bayrak, bandıra
Fahr|ausweis n bilet; **~bahn** f araba yolu, asfalt
fahrbar seyyar
Fähre (-n) f feribot, araba vapuru
fahren v/i (taşıtla) gitmek; v/t

Farbstoff

kullanmak; sürmek; (*befördern*) götürmek
Fahrer (-) *m*, **~in** *f* şoför, sürücü
Fahr|gast *m* yolcu; **~geld** *n* yol parası; **~gestell** *n* Kfz şasi
Fahrkarte *f* bilet; **~nschalter** *m* bilet gişesi
fahrlässig *Jur.* ihmalci, taksirli
Fahr|plan *m* tarife; sefer planı; **~preis** *m* bilet ücreti
Fahrrad *n* bisiklet; **~verleih** *m* bisiklet kiralama; **~weg** *m* bisiklet yolu
Fahrschein *m* bilet
Fährschiff *n* feribot, araba vapuru
Fahr|schule *f* şoförlük okulu; **~spur** *f* otoyol şeridi; **~stuhl** *m* asansör
Fahrt (*-en*) *f* gidiş; (*Reise*) yolculuk; (*Ausflug*) gezi; **auf der ~** yolda
fahrtüchtig *Auto:* trafiğe çıkabilir
Fahrzeug *n* taşıt
fair dürüst, doğru; *Sp.* centilmen
Faktor (*-en*) *m* âmil, faktör
Fakultät (*-en*) *f* fakülte
Falke (*-n*) *m* doğan, şahin
Fall (*⸚e*) *m* düşme; olay; *Gr.* hal; **auf jeden ~** her ne olursa olsun; **auf keinen ~** asla, hiçbir surette
Falle (*-n*) *f* tuzak, kapanca
fallen düşmek, *mil.* şehit olm.; inmek, eksilmek

fäll|en *Baum* kesmek; *Urteil* vermek; **~ig** vadesi gelen
falls *conj.* *-diği* takdirde, *-diği* halde, ise
Fallschirm *m* paraşüt; **~springer** *m* paraşütçü
falsch yanlış; (*künstlich*) sahte; (*verkehrt*) ters; *fig.* yalancı, ikizyüzlü
fälschen taklit etm.
Falsch|fahrer *m* yanlış yoldan geçen; **~geld** *n* sahte para
fälschlich yanlışlıkla
Falsch|münzer (-) *m* kalpazan; **~parker** *m* yanlış yerde park yapan
Fälschung *f* sahtelik
Falte (*-n*) *f* kıvrım; pli
falten katlamak
Familie (*-n*) *f* aile; **~nname** *m* soyadı; **~nstand** *m* medenî hal
Fan (*-s*) *m* aşırı düşkün; taraftar
fanatisch mutaassıp, bağnaz
Fanatismus *m* taassup
fand *s. finden*
Fang (*⸚e*) *m* av; yakalama
fangen tutmak, yakalamak
Farbband *n* daktilo şeridi
Farbe (*-n*) *f* renk; (*Mal-*) boya
färben boyamak
Farbfernseher (-) *m* renkli televizyon (alıcısı)
Farb|film *m* renkli film; **~foto** *n* renkli fotoğraf
farbig renkli
Farb|stift *m* renkli kalem; **~stoff** *m* boya maddesi

Färbung

Färbung f renk, nüans
Farm (-en) f çiftlik
Farn (-e) m, **~kraut** n eğrelti otu
Fasan (-e) m sülün
faschistisch faşist
Faser (-n) f tel, lif
Faß (~sser) n fıçı, varil
Fassade (-n) f yüz, cephe
fassen tutmak, yakalamak; almak; fig. anlamak
Fassung f çerçeve; El. duy; fig. soğukkanlılık; şekil, tarz
fassungslos şaşkın
Fassungsvermögen n kapasite
fast hemen hemen; âdeta
fasten oruç tutmak; perhiz yapmak
Fastnacht f karnaval
fatal uğursuz
faul tembel; Obst çürük; Ei: cılk; **~en** çürümek
Faulheit f tembellik
Faust (~e) f yumruk; **~handschuh** n kolçak; **~schlag** m yumruk darbesi
Fazit (-e, -s) n sonuç
Februar m şubat
fechten eskrim yapmak
Fecht|en n eskrim; **~er** m eskrimci
Feder (-n) f tüy; (Schreib-) kalem ucu; Tech. yay; **~ball(spiel** n) m badminton; **~bett** n kuştüyü yatak
federn v/i yaylanmak
Federung f Tech. esneklik, süspansiyon
Fee (-n) f peri

fegen süpürmek
Fehlbetrag m Hdl. açık
fehlen eksik olm.; bulanamak; *was fehlt Ihnen?* neniz var?
Fehler (-) m hata, yanlışlık; kusur, (Defekt) bozukluk
fehler|frei kusursuz; hatasız; **~haft** hatalı, kusurlu; **~los** s. **~frei**
Fehl|geburt f çocuk düşürme; **~schlag** m başarısızlık; **~zündung** f ateşleme ayarsızlığı; ateş almama
Feier (-n) f tören; **~abend** m paydos
feierlich törenli
feiern v/t kutlamak; v/i işsiz kalmak
Feiertag m tatil günü; (Festtag) bayram günü
feige ödlek, korkak
Feige (-n) f incir
Feig|heit (0) f korkaklık; **~ling** m ödlek
Feile (-n) f eğe, törpü
feilen eğelemek, törpülemek
feilschen pazarlık etm. (*um A* için)
fein ince; (elegant) zarif
Feind (-e) m, **~in** f düşman
feindlich düşman(ca)
Feindschaft (-en) f düşmanlık
Fein|heit (-en) f incelik; nüans; **~kostgeschäft** n mezeci (od. çerezci) dükkânı; **~mechanik** f ince mekanik; **~schmecker** (-) m lezzetli yemeklere düşkün

Feld (-er) n tarla; (Spiel- u. fig.) alan; Schach: hane; ~**flasche** f matara; ~**stecher** m çifte dürbün; ~**weg** m patika, keçi yolu; ~**zug** m sefer
Felge (-n) f Tech. ispit, jant
Fell (-e) n post, kürk
Fels (0), ~**en** (-) m kaya
felsig kayalık, taşlık
feminin, Femininum (-na) n Gr. dişil
Fenchel (0) m rezene
Fenster (-) n pencere; (Schau-) vitrin; ~**brett** n pencere temeli; ~**glas** n, ~**scheibe** f pencere camı; ~**platz** m pencere yanında yer
Ferien pl. tatil, izin sg.; ~**dorf** n tatil köyü; ~**wohnung** f tatil dairesi; yazlık konut
Ferkel (-) n domuz yavrusu
fern uzak
Fernbedienung f uzaktan kumanda
Ferne f uzaklık; *aus der* ~ uzaktan
ferner v/i bundan başka, ayrıca
Fern|fahrer(in f) m (uzak seferler yapan) kamyon sürücüsü; ~**gespräch** n şehirlerarası telefon konuşması; ~**glas** n (çifte) dürbün
fernhalten v/t uzak tutmak (*von* D -den); *sich* ~ sakınmak, kaçınmak (*von* D -den)
Fern|licht (0) n uzun huzmeli ışık; ~**rohr** n dürbün, teleskop; ~**schnellzug** m şehirlerarası ekspres; ~**schreiben** n teleks
Fernseh|apparat m televizyon alıcısı; ~**en** n televizyon
Fernsprech|- s. **Telefon-**; ~**amt** n telefon santralı; ~**er** m telefon
Fern|studium n açık öğretim; ~**verkehr** m şehirlerarası ulaşım
Ferse (-n) f topuk
fertig bitmiş, hazır, tamam; ~**bringen** -i becermek
Fertig|gericht n hazır yemek; ~**haus** n prefabrike ev
fertig|machen: *sich* ~ hazırlanmak; ~**stellen** bitirmek
fesch şık, zarif
Fessel (-n) f zincir
fesseln zincirlemek; fig. büyümek
fest sağlam, sabit; katı
Fest (-e) n bayram; şenlik; festival
festbinden sıkıca bağlamak
Festessen n şölen
festhalten v/t tutmak; alıkoymak; *sich* ~ tutunmak (*an* D -e)
festigen kuvvetlendirmek
Festland n kara
festlich törenli; bayrama uygun
Festnahme f tevkif, tutuklama
fest|nehmen tutuklamak, tevkif etm.; ~**setzen** tespit etm., kararlaştırmak; ~**stellen** tespit etm.; tahkik etm.

Festtag

Festtag *m* bayram günü
Festung *f* kale, hisar
fett yağlı; *Pers.* şişman
Fett (-e) *n* yağ; ~**fleck** *m* yağ lekesi
fettig yağlı
Fetzen (-) *m* paçavra
feucht nemli, rutubetli; ~ **werden** nemlenmek
Feuchtigkeit (0) *f* nem, rutubet
Feuer (-) *n* ateş; (*Brand*) yangın
feuer|fest ateşe dayanıklı; ~**gefährlich** tutuşur
Feuer|löscher *m* söndürücü; ~**melder** *m* yangın ihbar aygıtı
feuern *v/i* ateş etm.; *v/t fam.* görevinden çıkarmak
Feuer|stein *m* çakmak taşı; ~**wehr** (-en) *f* itfaiye; ~**werk** (0) *n* fişek şenliği; ~**zeug** *n* çakmak
Fichte (-n) *f* çam
Fieber (0) *n* ateş, nöbet
fieber|haft hararetli; ~**senkend** ateş düşürücü
Fieberthermometer *n* termometre, derece
fiel *s. fallen*
Figur (-en) *f* heykel; şekil; vücut; (*Schach- usw.*) taş
figürlich mecazi
Filet (-s) *n* bonfile
Filiale (-n) *f* şube
Film (-e) *m* film
filmen *v/t* filme almak; *v/i* film çekmek
Filmkamera *f* film makinesi

Filter (-) *m* filtre; süzgeç; ~**kaffee** *m* filtre kahve; ~**zigarette** *f* filtreli sigara
Filz (-e) *m* keçe
Finale (-, -s) *n* final, son
Finanzamt *n* maliye müdürlüğü
finanz|iell mali, parasal; ~**ieren** finanse etm.
finden *A* bulmak; -*e* rast gelmek
Finder (-) *m*, ~**in** *f* bulan
findig hünerli, yaratıcı
fing *s. fangen*
Finger (-) *m* parmak; ~**abdruck** (~e) *m* parmak izi; ~**hut** *m* yüksük; ~**nagel** *m* el tırnağı; ~**spitze** *f* parmak ucu
Fink (-en) *m* ispinoz
Finn|e (-n) *m*, ~**in** *f* Fin(landiyalı)
finnisch Fin; Fince
Finnland *n* Finlandiya
finster karanlık
Firma (-*men*) *f* firma
Firnis (-*sse*) *m* vernik
Fisch (-e) *m* balık
fischen balık tutmak
Fischer (-) *m* balıkçı; ~**boot** *n* balıkçı teknesi
Fischrestaurant *n* balık lokantası
Fistel (-n) *f Med.* fistül
fit sağlıklı, formunda
Fitneß- vücut sağlığı geliştirme
fix sabit; *fam.* tez, çabuk
flach düz, yassı; alçak; *Gewässer*: sığ

Flugkapitän

Fläche (-n) f yüzey, alan
flackern titreyerek yanmak
Flagge (-n) f bayrak; (*Schiffs-*) bandıra
Flamme (-n) f alev
Flanell (-e) m fanila
Flanke (-n) f yan
Flasche (-n) f şişe; **~nöffner** m şişe açacağı; **~npfand** n şişe parası, şişe için depozito
flattern uçuşmak; rüzgârda dalgalanmak
flechten örmek
Fleck (-en) m leke; (*Stelle*) yer; **~entfernungsmittel** n leke giderici ilâç
fleckig lekeli
Fledermaus f yarasa
Flegel (-) m *fig.* terbiyesiz
flehen yalvarmak
Fleisch (0) n et; **~brühe** f et suyu; **~er** (-) m kasap; **~erei** f kasap dükkânı
Fleiß (0) m gayret
fleißig çalışkan
flexibel bükülür, esnek
flicken yamamak
Flieder (0) m leylâk
Fliege f sinek; (*Krawatte*) papyon
fliegen uçmak; (uçakla) gitmek
Flieger (-) m havacı, pilot; (*Flugzeug*) uçak; **~alarm** m uçak alârmı; **~horst** m askerî hava alanı
fliehen kaçmak
Fliese (-n) f fayans
Fließband n akarbant

fließen akmak; **~d** akar; akıcı; *fig.* su gibi
flimmern parıldamak
flink çevik, tez
Flinte (-n) f tüfek, filinta
Flipper (-) m oyun otomatı, tilt
flirten flört etm.
Flitterwochen *pl.* balayı *sg.*
flocht s. flechten
Flocke (-n) f iri tane
flog s. fliegen
floh s. fliehen
Floh (¨e) m pire; **~markt** m bit pazarı
Floß (¨e) n sal
floß s. fließen
Flosse (-n) f yüzgeç
Flöte (-n) f flüt
flott tez; şık; eğlence seven
Flotte (-n) f donanma, filo
Fluch (¨e) m lânet; küfür
fluchen küfretmek, sövmek
Flucht (-en) f kaçma, firar
flüchten kaçmak
flüchtig kaçak; geçici
Flüchtigkeitsfehler m dikkatsizlik yanlışı
Flüchtling (-e) m kaçak; sığınan
Flug (¨e) m uçuş
Flügel (-) m kanat; *Mus.* kuyruklu piyano
Flug|gast m uçak yolcusu; **~gesellschaft** f hava yolu şirketi
Flughafen m havaalanı; **~gebühr** f havaalanı işletme vergisi
Flug|kapitän m kaptan pilot;

Fluglotse

~**lotse** *m* uçak kılavuzu; ~**plan** *m* uçuş tarifesi; ~**platz** *m s.* **Flughafen**; ~**schein** *m* uçak bileti; ~**schreiber** *m* kara kutu; ~**steig** *m* uçağa biniş kapısı; ~**zeit** *f* uçuş süresi

Flugzeug *n* uçak; ~**absturz** *m* uçak düşmesi; ~**entführer** *m* hava korsanı; ~**führer** *m* pilot; ~**träger** *m Mar.* uçak gemisi

Flur (-*e*) *m* koridor

Fluß (~*sse*) *m* ırmak, nehir; ~**bett** *n* nehir yatağı

flüssig sıvı; akıcı

Flüssigkeit (-*en*) *f* su, sıvı

flüstern fısıldamak

Flut (-*en*) *f Geo.* kabarma; sel; *fig.* bolluk

focht *s.* **fechten**

Fohlen (-) *n* tay

Föhn (-*e*) *m* lodos

Folge *f* sıra, devam; sonuç; **zur ~ haben** sonuçlanmak (*A* ile)

folgen *D -i* izlemek, takip etm.; -*in* arkasından gitmek; -*e* itaat etm.; anlaşılmak (*aus D -den*)

folgend ertesi; şu; ~**ermaßen** şöyle, şu şekilde

folgenschwer ağır, tehlikeli

folgern çıkarmak (*aus D -den*)

folglich *adv.* buna göre; demek ki; ~**sam** tıkızlı (?)

Folie (-*n*) *f* folye, ince yaprak

Folkloreabend *m* folklor gecesi

Folter (-*n*) *f* işkence

foltern *A -e* işkence etm.

förderlich *D* yararlı; ~**n** iletletmek, teşvik etm.; *Bgb.* çıkarmak

fordern istemek, talep etm.

Forderung *f* istek, talep; *Hdl.* alacak

Forelle (-*n*) *f* alabalık

Form (-*en*) *f* şekil, biçim; (*Gruß-*) kalıp; ~**alitäten** *f/pl.* gerekli işlemler; ~**at** (-*e*) *n* büyüklük, boy; ~**el** (-*en*) formül

formell resmî; ~**en** teşkil etm.; biçimlendirmek

förmlich resmî; teklifli

Formular *n* formül(er)

forsch cüretli

forschen araştırmak (*nach D -i*)

Forscher (-) *m*, ~**erin** *f* araştırıcı; ~**ung** *f* araştırma

Forst (-*e*, -*en*) *m* koru, orman

Förster (-) *m*, ~**in** *f* ormancı

fort kaybolmuş, gitmiş; ~**bestehen** kalımlı olm.

Fortdauer *f* devam

fortfahren ayrılıp gitmek; *fig.* devam etm. (*zu inf. -meğe*); ~**geschritten** ilerlemiş; ~**laufend** devamlı, sürekli

Fortpflanzung *f* üreme; ~**schritt** *m* ilerleme

fortschrittlich ilerici; ~**setzen** *A* devam etm.; ~**während** hiç durmadan

Forum (-*ren*) *n* forum; toplantı

Frequenz

Foto (-s) n fotoğraf; **~apparat** m fotoğraf makinesi
Fotograf (-en) m fotoğrafçı; **~ie** (-n) f fotoğraf
fotografieren A -in fotoğrafını çekmek
Foto|grafin f fotoğrafçı; **~kopie** f fotokopi
Fracht (-en) f yük, kargo; **~** (-) m, **~schiff** n şilep, yük gemisi
Frack (¨e) m frak
Frage (-n) f soru, sual; mesele, sorun; **~bogen** m soru kâğıdı
fragen sormak (j-n **nach** D b-e b. ş-i)
Fragezeichen n soru işareti
frag|lich konusu geçen; şüpheli; **~würdig** şüpheli
Fraktion f parti grubu
Franken n Frankonya
frankieren pullamak
Frankreich n Fransa
Franse (-n) f saçak
Franz|ose (-n) m, **~ösin** f Fransız
französisch Fransız; Fransızca
fraß s. **fressen**
Fraß (0) m yem; Med. çürüme
Fratze (-n) f çirkin yüz
Frau (-en) f kadın; bayan; (Ehe-) karı, eş; **~enarzt** m kadın doktoru; **~enzeitschrift** f kadın dergisi
Fräulein (-, -s) n evlenmemiş bayan; kız; küçükhanım
frech küstah
Frechheit (-en) f küstahlık, edepsizlik

frei serbest; hür; açık; (leer) boş; (gratis) parasız; **im Freien** açık havada
Freibad n açıkta yüzme havuzu
frei|geben salıvermek, serbest bırakmak; **~gebig** cömert
Frei|gepäck n serbest bagaj (hakkı); **~hafen** m serbest liman
freihalten A ayırtmak (**für** A -e); Platz boş tutmak
Frei|heit f özgürlük, hürriyet; **~karte** f ücretsiz bilet
frei|lassen serbest bırakmak, salıvermek; **~lich** adv. elbette, şüphesiz; ama
Freilichtbühne f açık hava tiyatrosu
frei|machen açmak; Brief pullamak; **~mütig** açık sözlü; **~sprechen** beraat ettirmek (**von** D -den); **~stehen** D serbest olm. N (**zu** inf. -mekte)
Frei|stilringen n serbest güreş; **~stoß** m Sp. frikik
Freitag (-e) m cuma
freiwillig gönüllü
Freizeit f boş zaman
fremd yabancı; **~artig** garip
Fremde f (Ort) gurbet; **~(r)** yabancı
Fremden|führer(in f) m turist rehberi; **~verkehr** m turizm
Fremd|sprache f yabancı dil; **~wort** n yabancı kelime
Frequenz (-en) f sıklık; frekans

fressen

fressen oburca yemek
Freude (-*n*) *f* sevinç, neşe; eğlence
freudig sevindirici
freuen *v/t* sevindirmek; *sich ~* sevinmek (*auf* A*-e*); memnun olm. (*über* A*-den* dolayı)
Freund (*-e*) *m* arkadaş, dost; *~in f* kız arkadaş
freundlich samimi, dostça
Freund|lichkeit *f* samimiyet, iyilik; *~schaft f* dostluk
freundschaftlich dostça, arkadaşça
Frieden (-) *m* sulh, barış; huzur, rahatlık; *~svertrag* *m* barış anlaşması
Friedhof *m* mezarlık
fried|lich, ~liebend barışçı
frieren donmak; *Pers.* üşümek
Frikadelle *f* köfte
frisch taze; (*kühl*) serin; (*neu*) yeni
Frischhaltebeutel *m* plastik torba
Fris|eur (*-e*) *m* berber; kuaför; *~euse* (*-n*) *f* kadın berber
frisieren (tarayıp) düzeltmek
Frist (*-en*) *f* mühlet, süre; vade
fristlos derhal; süresiz
Frisur (*-en*) *f* saç biçimi
froh neşeli, memnun
fröhlich şen, neşeli
fromm dindar; sofu
Frömmigkeit *f* dindarlık
Fronleichnam *m Katolikler de İsa'nın cesedinin anıldığı yortu*

Front (*-en*) *f* cephe; *~scheibe* *f* ön cam
fror *s. frieren*
Frosch (⸚e) *m* kurbağa
Frost (⸚e) *m* don
frösteln soğuktan titremek
Frostschutzmittel *n* antifriz
Frucht (⸚e) *f* meyva, yemiş; *fig.* ürün; verim
fruchtbar verimli
Fruchtsaft *f* meyve suyu
früh erken; (*vorzeitig*) vakitsiz; *morgen* ~ yarın sabah; *~er adv.* daha erken; evvelce, eskiden; *~estens* en erken
Früh|jahr *n*, *~ling* *m* ilkbahar; *~stück* *n* kahvaltı
frühstücken kahvaltı etm.
Frühstücks|büfett *n* kahvaltı büfesi; *~raum* *f* kahvaltı salonu
frustriert küskün; ~ *sein* hayal kırıklığına uğramak
Fuchs (⸚e) *m* tilki
Fuge (*-n*) *f* ara; yarık; *Mus.* füg
fügen: *sich ~ D* uymak
fühlen duymak, hissetmek; *sich (nicht) wohl ~* kendini iyi hisset(me)mek
Fühler *m Zo.* duyarga, anten
fuhr *s. fahren*
führen göturmek (*nach, zu D -e*); (*her~*) getirmek; (*verwalten*) yönetmek; (*geleiten*) -e yol göstermek; *Namen ~* adını taşımak
Führer *m*, *~in f* kılavuz; lider; *~schein* *m* şoför ehliyet(names)i

Führung f önderlik; (im Museum usw.) gezdirme
Fülle (0) f bolluk
füllen doldurmak
Füll|er (-), **~federhalter** m dolmakalem; **~ung** f dol(dur)ma; (Zahn-) dolgu
Fund (-e) m buluş; bulunan şey
Fundament (-e) n temel, esas
fundamental esaslı, temelli
Fund|büro n kayıp eşya bürosu; **~grube** f fig. zengin kaynak; **~sache** f bulunan eşya
fünf beş; **~zehn** on beş; **~zig** elli
Funk (0) m telsiz (yayılış); **~e** (-n) m kıvılcım
funk|eln pırıldamak; **~en** telsizle bildirmek
Funk|er m telsizci; **~haus** n radyo evi; **~spruch** m telsiz telgraf(name)
Funktion f gövde, işlev, fonksiyon
funktionieren işlemek
für A için N -e; -e göre; yerine N
Furche (-n) f evlek; yarık
Furcht (0) f korku

furchtbar korkunç; feci
fürchten A, sich ~ vor D -den korkmak
furcht|los korkusuz; **~sam** korkak
Für|sorge f bakım; yardım; **~sprache** f aracılık
Fürst (-en) m prens; **~in** f prenses
Furt (-en) f geçit yeri
Furunkel (-) m kan çıbanı
Fuß (⁀e) m ayak; **zu ~** yayan
Fußball m futbol, ayak topu; **~er** m futbolcu; **~spiel** n futbol maçı
Fußboden m döşeme, taban
Fußgänger (-) m, **~in** f yaya; **~überweg** m yaya geçidi; **~zone** f yayalara ayrılmış bölge
Fuß|note f dipnot; **~sohle** f ayak tabanı; **~tritt** m tekme; **~weg** m yaya yolu
Futter (0) n (Tier-) yem; (Kleider-) astar
Futteral (-e) n kutu, kılıf
füttern A -e yem vermek; Kind -e yemeğini yedirmek; Kleidung -i astarlamak
Futur (0) n Gr. gelecek zaman

G

gab s. **geben**
Gabe (-n) f armağan; bağış
Gabel (-n) f çatal
gackern gıdaklamak
Gage (-n) f Thea. ücret
gähnen esnemek
Galerie (-n) f galeri

Galgen (-) m darağacı
Galle (-n) f safra, öt; **~nstein** m safra kesesi taşı
Galopp (-e, -s) m dörtnal
galt s. **gelten**
Gang (⁀e) m yürüyüş; (Verlauf) gidiş; (Flur) koridor;

Gangschaltung

(*Essen*) kap; *Kfz.* vites; ~**schaltung** *f* şanjman
Ganove (-*n*) *m* dolandırıcı
Gans (˷e) *f* kaz
Gänse|blümchen *n* çayır papatyası; ~**füßchen** *pl. fam.* tırnaklar; ~**haut** *f: e-e* ~**haut bekommen** *fig.* tüyleri ürpermek; ~**marsch** *m* turna katarı; ~**rich** (-*e*) *(=* **Ganter** (-) *m*) erkek kaz
ganz tam; sağlam; bütün; *adv.* tamamiyle; oldukça
gänzlich tamamiyle
gar *Speise:* pişmiş; *adv.* ~ **nicht(s)** hiç (bir şey)
Garage (-*n*) *f* garaj
Garantie (-*n*) *f* garanti
garantieren garanti vermek (**für** için)
Garbe (-*n*) *f* demet
Garderobe (-*n*) *f* vestiyer; (*Kleidung*) elbiseler *pl.*, giyim
Gardine (-*n*) *f* tül perde
gären mayalanmak
Garn (-*e*) *n* iplik, tire
Garnele (-*n*) *f* karides
Garnitur (-*en*) *f* takım; garnitür
Garten (˷) *m* bahçe
Gärtner (-) *m* bahçıvan; ~**ei** *f* bahçecilik (işletmesi); ~**in** *f* bahçıvan
Gas (-*e*) *n* gaz; havagazı; ~ **geben** gaza basmak; ~**flasche** *f* gaz tüpü; ~**herd** *m* gazlı fırın; ~**kocher** *m* gaz ocağı; ~**maske** *f* gaz maskesi; ~**pedal** *n* gaz pedalı

Gasse (-*n*) *f* sokak
Gast (˷) *m* misafir, konuk; davetli; (*Hotel-*) müşteri; ~**arbeiter(in** *f*) *m* konuk işçi
gastfreundlich konuksever, misafirperver
Gast|geber(in *f*) *m* ev sahibi; ~**haus** *n*, ~**hof** *m* lokanta; otel; ~**stätte** *f* lokanta; ~**wirt** *m* lokantacı
Gatt|e (-*n*) *m* koca, eş; ~**in** *f* karı, eş; ~**ung** *f* cins, tür
Gaul (˷e) *m* beygir, at
Gaumen (-) *m* damak
Gauner (-) *m*, ~**in** *f* dolandırıcı
Gaze (-*n*) *f* ince tül, gaz
Gazelle (-*n*) *f* ceylan
Gebäck (0) *n* bisküvi, kek, çörek
gebacken piş(ir)miş; kızarmış; *s.* **backen**
gebar *s.* **gebären**
Gebärde (-*n*) *f* hareket, jest
gebären doğurmak
Gebärmutter *f an.* rahim, döl yatağı
Gebäude (-) *n* yapı, bina
geben *DA* vermek; *es gibt A* vard(ır) *N*
Gebet (-*e*) *n* dua; namaz
gebeten *s.* **bitten**
Gebiet (-*e*) *n* bölge, arazi
gebieten *DA* emretmek
Gebilde (-) *n* şekil, oluşum
gebildet kültürlü, aydın
Gebirge (-) *n* sıra dağ
gebirgig dağlık
Gebirgspaß *m* dağ geçidi
Gebiß (-*sse*) *n* dişler dizisi;

Gefallen

(*künstlich*) takma dişler *pl*..;
(*am Zaum*) gem ağızlığı
gebissen s. **beißen**
Gebläse *n* vantilatör; üfleç
geblieben s. **bleiben**
gebogen bük(ül)müş; s. **biegen**
geboren doğmuş; doğumlu; s. **gebären**
geborgen sakla(n)mış; s. **bergen**
Gebot (-e) *n* emir, buyruk
geboten s. **bieten**
gebracht s. **bringen**
gebrannt s. **brennen**
gebraten kızart(ıl)mış; s. **braten**
Gebrauch (~e) *m* kullan(ıl)ış, kullan(ıl)ma
gebrauchen kullanmak
Gebrauchsanweisung *f* kullanış tarzı, tarife
gebraucht kullanılmış
Gebrauchtwagen *m* ikinci elden otomobil
gebrechlich zayıf, sakat
gebrochen kır(ıl)mış; s. **brechen**
Gebrüder *pl.* (erkek) kardeşler
Gebühr (-en) *f* ücret, harç
gebührenpflichtig ücrete tabi, paralı
gebunden bağla(n)mış; s. **binden**
Geburt (-en) *f* doğum; ~**enregelung** *f* doğum kontrolü
gebürtig doğumlu
Geburts|datum *n* doğum tarihi; ~**ort** *m* doğum yeri; ~**tag** *m* doğum günü
Gebüsch (-e) *n* çalılık
gedacht s. **denken**; **gedenken**
Gedächtnis (-sse) *n* hafıza, bellek; hatır
Gedanke (-n) *m* düşünce, fikir
gedankenlos düşüncesiz
Gedankenstrich *m* uzun çizgi
Gedeck (-e) *n* sofra takımı, mönü
gedeihen büyümek
gedenken *G -i* anmak; ~ **zu** *inf. -mek* niyetinde olm.
Gedicht (-e) *n* şiir
gedieh, ~en s. **gedeihen**
Gedränge (0) *n* kalabalık
gedroschen s. **dreschen**
gedrungen s. **dringen**; *adj.* kısa boylu
Geduld (0) *f* sabır
geduld|en: sich ~en sabretmek; ~**ig** sabırlı
gedünstet hafif ateşte pişmiş
gedurft s. **dürfen**
geehrt: sehr ~e(r) sayın
geeignet uygun; yararlı (*für A -e*)
Gefahr (-en) *f* tehlike
gefährden tehlikeye sokmak
gefährlich tehlikeli
gefahrlos tehlikesiz
Gefährte (-n) *m* arkadaş
Gefälle (-) *n* meyil, iniş
gefallen *D -in* hoşuna gitmek; s. **fallen**
Gefallen *m*: **j-m e-n ~ tun ~** iyilik yapmak

gefällig

gefällig hatır sayan
gefangen yakalanmış; tutuklu; *s.* **fangen**
Gefangene(r) esir
gefangennehmen esir almak
Gefangenschaft (0) *f* esirlik
Gefängnis (-sse) *n* cezaevi
Gefäß (-e) *n* kap; *an.* damar
gefaßt sakin, hazır; (**~ sein auf** *A* **-e**) hazırlıklı olm.
Gefecht (-e) *n* çarpışma
Gefieder (-) *n* tüyler *pl.*
gefleckt benekli, alaca
geflochten *s.* **flechten**
geflogen *s.* **fliegen**
geflohen *s.* **fliehen**
geflossen *s.* **fließen**
Geflügel (0) *n* kümes hayvanları *pl.*
gefochten *s.* **fechten**
Gefolge (-) *n* maiyet
gefragt aranan
gefräßig obur, pisboğaz
Gefreite(r) *Mil.* onbaşı
gefrieren donmak
Gefrier|fach *n* dondurucu göz; **~punkt** *m* donma noktası
gefroren donmuş; *s.* **frieren**
gefügig uysal
Gefühl (-e) *n* duygu, his
gefühl|los duygusuz; **~voll** duygulu; duygusal
gefüllt *Gemüse usw.*: ... dolması
gefunden *s.* **finden**
gegangen *s.* **gehen**
gegeben ver(il)miş; **~enfalls** icabında

gegen *A* **-e** karşı, **-e** doğru; **-in** karşılığında; *adv.* aşağı yukarı, takriben; **~ fünf** (saat) beş sularında, beşe doğru
Gegend (-en) *f* yöre; (*Stadtviertel*) semt; (*Region*) bölge
gegeneinander birbirine karşı
Gegen|fahrbahn *f* karşı şerit, geliş yönü; **~gewicht** *n* denk; **~gift** *n* panzehir; **~leistung** *f* karşılık; **~maßnahme** *f* karşı tedbir; **~satz** *m* zıt, ters
gegen|sätzlich karşıtlı, tezatlı; **~seitig** karşılıklı; (*sich* **~**) birbirine
Gegen|stand *m* şey; konu; **~strömung** *f* anafor; **~stück** *n* karşılık; **~teil** *n* zıt, ters; *im* **~** tersine, bilâkis
gegenüber *D* **-in** karşısında; **-in** karşısı; **-e** göre; **~liegend** karşıda(ki); **~stellen** *DA* karşılaştırmak
Gegen|verkehr *m* karşı yöndeki trafik; **~wart** (0) *f* huzur; *Gr.* şimdiki zaman
gegenwärtig şimdiki; *adv.* halen, şimdi
Gegen|wert *m* bedel, karşılık; **~wind** *m* karşı rüzgâr
gegessen *s.* **essen**
geglichen *s.* **gleichen**
geglitten *s.* **gleiten**
geglommen *s.* **glimmen**
Gegner (-) *m*, **~in** *f*, **gegnerisch** rakip
Gegnerschaft (0) *f* düşmanlık

Gelände

gegolten s. **gelten**
gegoren mayalanmış; s. **gären**
gegossen s. **gießen**
gegraben s. **graben**
gegriffen s. **greifen**
gegrillt ızgarada
Gehalt 1. (-er) m maaş, aylık; **2.** (-e) m içerik, kapsam
gehangen s. **hängen**
gehässig kinci, garazcı
Gehäuse (-) n kılıf, kutu
geheim gizli
Geheim|dienst m istihbarat; **~haltung** f gizli tutma; **~nis** (-sse) n sır
geheimnisvoll esrarengiz
Geheim|nummer, ~zahl f gizli numara, kod
gehen gitmek; yürümek; **es geht** olur; **es geht nicht** olmaz; **wie geht es Ihnen?** nasılsınız?; **es geht mir gut** iyiyim; **es geht um A N** söz konusu(dur)
gehenlassen v/t bırakmak; **sich ~** kendini zaptetmemek
geheuer emin, tekin
Gehilf|e (-n) m, **~in** f yardımcı
Gehirn (-e) n beyin; akıl; **~erschütterung** f beyin sarsıntısı; **~schlag** m beyin sektesi
gehoben yüksek; s. **heben**
Gehöft (-e) n çiftlik
geholfen s. **helfen**
Gehör (0) n işitim
gehorchen D itaat etm.
gehören D (od. **zu** D) -e ait olm.; -e dahil olm.; **sich ~** uygun olm.

gehörig adv. iyice
gehorsam itaatli, uysal
Gehorsam (0) m itaat
Geh|steig m kaldırım; **~weg** m yaya yolu
Geier (-) m akbaba
Geige (-n) f keman; **~r** (-) m, **~rin** f kemancı
geil azgın, şehvetli
Geisel (-n) f rehine
Geiß (-en) f dişi keçi
Geist m **1.** (0) ruh; akıl; **2.** (-er) görüntü, hortlak
Geister|bahn f korku tüneli; **~fahrer(in)** f m ters istikametten gelen (sürücü)
Geistes|gegenwart f soğukkanlılık; **~haltung** f zihniyet
geistig manevî; zihinsel
geistlich dinî, ruhanî
Geistliche(r) papaz
geist|los akılsız, boş; **~reich** nükteli, akıllı
Geiz (0) m cimrilik; **~hals** m cimri
geizig hasis, cimri
gekannt s. **kennen**
geklungen s. **klingen**
gekniffen s. **kneifen**
gekränkt: ~ sein gücenmek (**über** A -e)
gekrochen s. **kriechen**
gekünstelt yapma(cık)
Gel n jöle
Gelächter (0) n gülme, kahkaha
geladen doldurulmuş, dolu; s. **laden**
Gelage (-) n içki âlemi
Gelände (0) n arazi

Geländer (-) *n* parmaklık, tırabzan
Geländewagen *m* arazi taşıtı
gelang *s. gelingen*
gelangen varmak, erişmek (**zu, nach** *D -e*)
gelassen *s. lassen; adj.* sakin, soğukkanlı
Gelatine (0) *f* jelâtin
geläufig bilinen
gelaunt: gut ~ keyifli; **schlecht ~** keyifsiz
gelb sarı
Gelbsucht (0) *f* sarılık
Geld (-*er*) *n* para; **~automat** *m* para otomatı; **~beutel** *m*, **~börse** *f* para çantası; **~schein** *m* banknot; **~schrank** *m* para kasası; **~strafe** *f* para cezası; **~stück** *n* madeni para; **~wechsel** *m* para bozdurma
Gelee (-s) *n od. m* jöle; reçel
gelegen *s. liegen; adj.* bulunan; uygun, yerinde; **das kommt mir sehr ~** işime gelir
Gelegenheit (-*en*) *f* fırsat, şans
gelegentlich kimizaman
gelehrig çabuk öğrenen, akıllı
Gelehrte(r) bilgin
Geleit (-*e*) *n* refakat
Gelenk (-*e*) *n* eklem, mafsal
gelenkig kolay bükülen, esnek
gelernt *adj.* kalifiye
gelesen *s. lesen*
Geliebte *f* metres, sevgili; **~r** *m* âşık, sevgili

geliehen *s. leihen*
gelingen *D* başarmak *N* (*zu inf. -meyi*)
gelitten *s. leiden*
gellend keskin, acı (*ses*)
geloben *A -e* ahdetmek, *-i* vadetmek
gelogen *s. lügen*
gelten geçerli olm., geçmek; sayılmak (**als** *N*, **für** *A* olarak); **~d machen** ileri sürmek
Geltung *f* geçerlik; itibar
Gelübde (-) *n* adak
gelungen başarmış; *s. gelingen*
gemächlich yavaş, rahat
Gemahl (0) *m* koca, zevç
gemahlen övütülmüş; çekilmiş; *s. mahlen*
Gemahlin *f* zevce
Gemälde (-) *n* tablo, resim
gemäß *D* göre; uygun
gemäßigt ölçülü
gemein bayağı; (*all-*) genel
Gemeinde (-*n*) *f Rel.* cemaat; *Pol.* komün; muhtarlık
Gemeinheit (-*en*) *f* alçaklık
gemein|nützig kamuya yararlı; **~sam** ortak(laşa); *adj.* birlikte (**mit** ile)
Gemeinschaft (-*en*) *f* topluluk; birlik
gemeinschaftlich birlikte
gemessen *s. messen; adj.* ölçülü
gemieden *s. meiden*
Gemisch (-*e*) *n* karışım
gemischt karma; karışık; **~er Salat** karışık salata

gemocht s. *mögen*
gemolken s. *melken*
Gemse (-n) f dağ keçisi
Gemurmel (0) n mırıltı
Gemüse (-) n sebze; **~händler(in** f) m manav, sebzeci; **~suppe** f sebze çorbası
gemustert *Stoff*: desenli
Gemüt (-er) n ruh, tabiat; his
gemütlich hoş, rahat
genannt s. *nennen*
genas s. *genesen*
genau tam; doğru; **~genommen** doğrusu
Genauigkeit f doğruluk; özen
genauso tam; öyle
genehmigen A onaylamak; -e ruhsat vermek
Genehmigung f izin; ruhsat
General (-e, **~**e) m (kor)general; **~direktor** m genel müdür; **~konsulat** n başkonsolosluk; **~streik** m genel grev
Generation f nesil, kuşak
generell genel
genesen şifa bulmak, iyileşmek; iyileşmiş
Genesung f iyileşme, şifa
Genf n Cenevre
genial yaratıcı; dâhice
Genick (-e) n ense
Genie (-s) n dâhi
genieren: *sich* **~** utanmak, sıkılmak (*vor D* -den)
genießbar yenilebilir; *Getränk*: içilebilir; **~en** A -in tadını çıkarmak; -den faydalanmak
Genitiv m Gr. ismin -in hali;

tamlayan durumu
genommen s. *nehmen*
genoß s. *genießen*
Genosse (-n) m yoldaş; ortak
genossen s. *genießen*
Genossenschaft (-en) f kooperatif
genug kâfi, yeter
genügen D kâfi gelmek, yetmek; **~d** kâfi, yeter
Genugtuung f tarziye
Genuß (-*sse*) m (*Vergnügen*) lezzet, zevk
geöffnet açık
Geographie (0) f coğrafya
geographisch coğrafi
Geo|logie (0) f jeoloji; **~metrie** (-n) f geometri
Gepäck (0) n bagaj, eşya; **~abfertigung** f bagaj gişesi; **~aufbewahrung** f emanetçi; **~netz** n bagaj filesi; **~schließfach** n bagaj kilitleme yeri; **~träger** m hamal; (*am Fahrrad*) bagaj sepeti; **~wagen** m Esb. yük vagonu
gepfiffen s. *pfeifen*
gepriesen s. *preisen*
gerade doğru; (*aufrecht*) dik; (*soeben*) demin; *Zahl*: çift; tam
Gerade (-n) f Math. doğru çizgi
gerade|aus doğru, ileri; **~stehen** *fig.* sorumlu olm. (*für A* -den); **~wegs** doğrudan doğruya
gerann s. *gerinnen*
gerannt s. *rennen*
Gerät (-e) n cihaz, alet

geraten

geraten s. **raten;** olmak; düşmek (in A -e); **außer sich ~** kendini kaybetmek (vor D -den)
Geratewohl n: **aufs ~** gelişigüzel
geräumig geniş, açık
Geräusch (-e) n ses; gürültü
gerben tabaklamak, sepilemek
Gerber (-) m tabak
gerecht adaletli; haklı
Gerechtigkeit (0) f adalet, insaf
Gerede (0) n dedikodu, söylenti
Gericht (-e) n (Essen) yemek; Jur. mahkeme
gerichtlich adlî
Gerichts|beschluß m mahkeme kararı; **~verfahren** n muhakeme, yargılama; **~verhandlung** f duruşma; **~vollzieher** m icra memuru
gerieben s. **reiben**
gering az; önemsiz; ufak; **~fügig** önemsiz; **~schätzen** küçümsemek
gerinnen pıhtılaşmak
Gerippe (-) n iskelet
gerissen s. **reißen;** adj. kurnaz
geritten s. **reiten**
Germane (-n) m, **germanisch** Cermen
gern memnuniyetle, seve seve; Intj. hayhay; **~ haben** sevmek, beğenmek; **~ geschehen!** bir şey değil!
gerochen s. **riechen**

geronnen s. **rinnen; gerinnen**
geröstet kızartılmış; Kaffee: kavrulmuş
Gerste (-n) f Bot. arpa; **~nkorn** n Med. arpacık
Geruch (¨e) m koku
Gerücht (-e) n söylenti
gerufen s. **rufen**
Gerümpel (0) n kırık dökük eşya pl.
gerungen s. **ringen**
Gerüst (-e) n Tech. iskelet; (Bau-) iskele
gesalzen tuzlu
gesamt bütün, tüm
Gesamt|heit (-en) f bütün(lük); **~zahl** f toplam
gesandt s. **senden**
Gesandte(r) elçi; **~schaft** (-en) f elçilik
Gesang (¨e) m şarkı; Zo. ötüş
Gesäß (-e) n an. makat, kıç
geschaffen yaratılmış; s. **schaffen**
Geschäft (-e) n (Laden) dükkân, mağaza; firma; (Gewinn) kazanç; **~e** pl. işler
geschäft|ig çalışkan, faal; **~lich** ticarî
Geschäfts|führer(in f) m yetkili müdür; **~haus** n ticarethane, han; **~mann** (-leute) m işadamı, tüccar; **~ordnung** f tüzük; **~reise** f iş gezisi; **~schluß** m kapanış saati; **~stelle** f büro; şube; **~zeiten** pl. mesai saatleri
geschah s. **geschehen**
geschehen olmak; olmuş

Geschehen (-) *n* olay
gescheit akıllı, zeki
Geschenk (-e) *n* hediye
Geschichte *f* **1.** (0) tarih; **2.** (-en) hikâye
geschichtlich tarihî, tarihsel
Geschick *n* **1.** (-e) kader, talih; **2.** (0) yetenek; **~lichkeit** (0) *f* becerilik
geschickt becerikli
geschieden *s. scheiden; adj.* boşanmış
geschienen *s. scheinen*
Geschirr (-e) *n* kap kacak; mutfak takımı; (*schmutziges ~*) bulaşık
ge|schissen *s. scheißen;* **~schlafen** *s. schlafen;* **~schlagen** *s. schlagen*
Geschlecht (-er) *n* cins; soy
geschlechtlich cinsel, cinsi
Geschlechts|krankheit *f* zührevî hastalık; **~verkehr** *m* cinsel ilişki
ge|schlichen *s. schleichen;* **~schliffen** *s. schleifen;* **~schlossen** kapalı; *s.* **schließen;** **~schlungen** *s. schlingen*
Geschmack (*~er*) *m* (*e-r Speise*) tat, lezzet
geschmack|los tatsız; *fig.* zevksiz; **~voll** *fig.* zarif
geschmeidig yumuşak
ge|schmissen *s. schmeißen;* **~schmolzen** *s. schmelzen;* **~schnitten** *s. schneiden;* **~schoben** *s. schieben;* **~scholten** *s. schelten*

Geschöpf (-e) *n* yaratık
geschoren *s. scheren*
Geschoß (-*sse*) *n* mermi, kurşun; *Arch.* kat
geschossen *s. schießen*
Geschrei (0) *n* çığlık, feryat
ge|schrieben *s. schreiben;* **~schrie(e)n** *s. schreien;* **~schritten** *s. schreiten*
Geschütz (-e) *n* top
Geschwader (-) *n* hava alayı; filo
Geschwätz (0) *n* çene çalma
geschweige: *~ denn* şöyle dursun
geschwiegen *s. schweigen*
Geschwindigkeit (-*en*) *f* sürat, hız; **~sbeschränkung** *f* hız tahdidi
Geschwister *pl.* kardeşler
ge|schwollen şiş(miş). *s. schwellen;* **~schwommen** *s. schwimmen;* **~schworen** *s. schwören*
Geschworene(r) *Jur.* jüri üyesi
Geschwulst (*~e*) *f* ur; tümör
geschwunden azalmış
ge|schwungen *s. schwingen*
Geschwür (-e) *n* çıban
gesehen *s. sehen*
Geselle (-*n*) *m* arkadaş; kalfa
Gesellschaft (-*en*) *f Pol.* toplum; (*Verein*) kurum; *Hdl.* ortaklık, şirket; (*geladene ~*) toplantı; (*feine ~*) sosyete; **~er** (-) *m*, **~erin** *f* ortak
gesellschaftlich toplumsal

Gesellschaftsreise

Gesellschaftsreise *f* grup seyahati
gesessen *s.* **sitzen**
Gesetz (-*e*) *n* kanun, yasa; **~gebung** *f* yasama (yetkisi)
gesetz|lich kanuni, meşru, yasal; **~widrig** kanuna aykırı
Gesicht (-*er*) *n* yüz; görünüş; **~spunkt** *m* bakım
Gesindel (0) *n* ayaktakımı
Gesinnung *f* düşünüş tarzı
Gesöff (0) *n fam.* bulaşık suyu
gesoffen *s.* **saufen**
gesogen *s.* **saugen**
gesondert ayrı, özel
gesonnen *adv.* niyetinde
gesotten *s.* **sieden**
gespannt gergin; meraklı
Gespenst (-*er*) *n* hayalet, hortlak
gesponnen *s.* **spinnen**
Gespräch (-*e*) *n* konuşma, görüşme
ge|sprochen *s.* **sprechen**; **~sprossen** *s.* **sprießen**; **~sprungen** *s.* **springen**
Gestalt *f* (*Form*) şekil; (*Wuchs*) boy; *Pers.* şahıs
gestalten biçimlendirmek; geliştirmek
gestanden *s.* **stehen**; **gestehen**; *adj.* yetişkin
Geständnis (-*sse*) *n* itiraf
Gestank (0) *m* pis koku
gestatten *DA* müsaade etm.
gestehen itiraf etm.
Gestell (-*e*) *n* ayaklık, sehpa; (*Brillen-*) çerçeve
gestern dün; **~ abend** dün akşam; **~ früh** dün sabah
gestiegen *s.* **steigen**
Gestirn (-*e*) *n* takımyıldız
ge|stochen *s.* **stechen**; **~stohlen** *s.* **stehlen**; **~storben** *s.* **sterben**; **~stoßen** *s.* **stoßen**
gestreift çizgili
gestrichen *s.* **streichen**; *frisch* **~!** dikkat boyalı!
gestrig dünkü
gestritten *s.* **streiten**
Gestrüpp (0) *n* çalılık
gestunken *s.* **stinken**
Gesuch (-*e*) *n* dilekçe
gesund sıhhatli, sağlıklı; *Pers. ä.* iyi
Gesundheit (0) *f* sağlık; *Intj.* çok yaşa!
gesundheit|lich *adv.* sağlık bakımından; **~sschädlich** sağlığa zararlı
ge|sungen *s.* **singen**; **~sunken** *s.* **sinken**; **~tan** *s.* **tun**; **~tragen** *s.* **tragen**
Getränk (-*e*) *n* içecek; (*alkoholisches* ~) içki; **~eautomat** *m* içecek otomatı; **~ekarte** *f* içecek(ler) listesi
Getreide (0) *n* hububat, tahıl
getrennt ayrı
getreten *s.* **treten**
Getriebe (-) *n* mekanizma; *Kfz.* şanjman; **~öl** *n* dişli yağı
getrieben *s.* **treiben**
getrocknet kuru(tulmuş)
ge|troffen *s.* **treffen**; **~trogen** *s.* **trügen**; **~trunken** *s.* **trinken**
Getümmel (0) *n* kalabalık

Gewächs (-e) n bitki; **~haus** n sera
gewachsen s. **wachsen**
Gewähr (0) f garanti, teminat
gewähr(en v/t DA vermek, bağışlamak; **~leisten** garanti etm.
Gewalt (-en) f kuvvet; şiddet
gewaltig kocaman; adv. şiddetli; **~los** zor kullanmayarak; **~sam** zorlu; adv. zorla; **~tätig** zorba
gewandt s. **wenden**; adj. becerikli
gewann s. **gewinnen**
gewaschen s. **waschen**
Gewässer (0) n su
Gewebe (-) n dokuma; doku
Gewehr (-e) n tüfek; **~kolben** m dipçik
Geweih (-e) n boynuz
Gewerbe (-) n meslek, sanat; endüstri; **~schein** m sanat tezkeresi; **~steuer** f sanayi vergisi
gewerblich mesleki, sınai
Gewerkschaft (-en) f sendika; **~(l)er** (-) m sendikacı
gewerkschaftlich sendikal
gewesen s. **sein**
gewichen s. **weichen**
Gewicht (-e) n ağırlık; **~heber** m Sp. halterci
gewieft fam. pişkin
gewiesen s. **weisen**
gewillt istekli, niyetli
Gewimmel (0) n kalabalık
Gewinde (-) n Tech. yiv
Gewinn (-e) m kazanç, kâr; çıkar; (Lotterie) ikramiye
gewinnen kazanmak
Gewinner (-) m, **~in** f kazanan; talihli
gewiß belli; adv. şüphesiz; elbette; **ein(e) gewisse(r)** ... diye (bir)
Gewissen (-) n vicdan
gewissenhaft özenli; **~los** vicdansız, insafsız
gewissermaßen âdeta
Gewißheit (-en) f kesin bilgi
Gewitter (-) n fırtına
gewoben s. **weben**
gewogen s. **wiegen**; adj. D hoş davranan
gewöhnen v/t alıştırmak (an A -e); **sich ~** alışmak (an A -e)
Gewohnheit (-en) f alışkanlık
gewöhnlich günlük, adi; bayağı; adv. (meist) genellikle; **ich** alışkın (an A -e)
Gewölbe (-) n Arch. tonoz
ge|wonnen s. **gewinnen**; **~worden** s. **werden**; **~worfen** s. **werfen**; **~wrungen** s. **wringen**
Gewühl (0) n kalabalık
gewunden s. **winden**
Gewürz (-e) n bahar, pl. **~at**; **~gurke** f kornişon; **~nelke** f kuru karanfil
gewußt s. **wissen**
Gezeiten pl. gelgit sg.
geziert yapmacık
gezogen s. **ziehen**
gezwungen s. **zwingen**
Gicht (0) f Med. nıkrıs, gut
Giebel (-) m çatı tepesi

Gier (f) hırs
gierig açgözlü
gießen (v) dökmek; *Pflanze su*- *lamak*, **es gießt** bardaktan boşanırcasına yağıyor
Gießkanne f ibrik
Gift (-e) n zehir
giftig zehirli
Gigant (-en) m dev
Gin m cin
ging s. **gehen**
Gipfel (-) m zirve, doruk
Gips (-e) m alçı; **~verband** m alçı spar
Giraffe (-n) f zürafa
Girlande (-n) f süs bağı
Girokonto (-n) cari hesap
Gitarre (-n) f gitar, kitara
Gitter (-) n parmaklık, kafes
Glanz (l) m parlaklık
glänzen parlamak
Glas (¨er) n cam; (*Trink-*) bardak; **~er** (-) m camcı; **~ur** (-en) f sır, mine
glatt düz; (*rutschig*) kaygan
Glatteis (n) donmuş kırağı
glätten düzlemek
Glatze (-n) f başın saçsız yeri, kel
Glaube (l) m imanı; inan
glauben A ~e inanmak: İ zametmek; **~hatt** inanılır
Gläubig(er) f Rel. mümin; cıklı
glaubwürdig inanılır
gleich eşit; aynı; (*so/ort*) hemen, **bis ~!** sonra görüşürüz
gleichartig

Gier

aynı cinsten; **~berechtigt** eşit haklara sahip; **~en D** benzemek; **~falls** keza, bilmukabele
Gleichgewicht n denge
gleichgültig ilgisiz, kayıtsız
Gleichheit (-) f eşitlik
gleichmäßig düzenli; *adv.* aynı ölçüde
Gleich|strom (l) m doğru akım; **~ung** f *Math.* denklem
gleichzeitig *adv.* aynı zamanda
Gleis (-e) n ray; *fig.* yol
gleiten kaymak
Gletscher (l) m buzul
Glied n organ; kısım; (*Ketten-*) halka
gliedern bölmek, ayırmak
glimmen kor halinde yanmak
glimpflich: **~ davonkommen** ucuz kurtulmak
glitschig kaygan
glitt s. **gleiten**
glitzern pırıldamak
Globus (-ben) m küre
Glocke (-n) f çan; (*Klingel*) çıngırak; zil; **~nturm** m çan kulesi
glomm s. **glimmen**
glotzen dik bakmak
Glück (-) n mutluluk; şans; talih; **~ haben** şanslı olm; **mit, in D** -(de); **viel ~!** bol şanslar; **uğurlar olsun!**
glücken *D* başarmak; N kutlu; **~erweise** *adv.* hamdolsun ki, şans eseri
glücklich bahtıyar; talihli;

300

Glücksspiel *n* kumar
Glückwunsch *m* tebrik; **herzlichen ~!** tebrik ederim!; **(zu** *D* **-iniz)** kutlu olsun!
Glühbirne *f* ampul
glühen kızgın olm.; yanmak; **~d** kızgın; ateşli
Glühwürmchen *n* ateşböceği
Glut (0) *n* kızgınlık; kor
GmbH *f* (= *Gesellschaft mit beschränkter Haftung*) limitet ortaklık
Gnade (-n) *f* aman; **~ngesuch** *n* af dilekçesi
gnädig lütufkâr; merhametli
Gold (0) *n* altın
golden altın(dan yapılmış)
Gold|fisch *m* kırmızı balık; **~schmied** *m* kuyumcu
Golf[1] (-e) *m* Geo. körfez
Golf[2] (0) *n* golf oyunu; **~platz** *m* golf alanı
gönnen *DA* çok görmek; **nicht ~** kıskanmak (*DA b-in s-ini*)
gor s. **gären**
goß s. **gießen**
Gott *m* Allah, Tanrı; **(u**er**)** tanrı; **~ sei Dank!** çok şükür!; **~esdienst** *m* ayin
Göttin *f* tanrıça
göttlich ilâhî
gottlos dinsiz
Götze (-n) *m*, **~bild** *n* put
Grab (u*er*) *n* kabir, mezar
graben kazmak
Grab|en (ü) *m* hendek; **~mal** *n* türbe
Grad (-e) *m* derece
Graf (-en) *m* kont

Gräfin *f* kontes
Gramm (-, -e) *n* gram
Grammatik (-en) *f* gramer, dilbilgisi
Granatapfel *m* nar
Granate (-n) *f* top mermisi
Granit (-e) *m* granit
Grapefruit (-s) *f* greypfrut, altıntop
Gras (u*er*) *n* (yeşil) ot; çim(en)
grasen otlamak
gräßlich korkunç; iğrenç
Gräte (-n) *f* kılçık
gratis bedava, parasız
Gratulation *f* tebrik
gratulieren kutlamak, tebrik etm. (*-m zu D b-in s-ini*)
grau gri, kurşunî, boz
grauen|haft, ~voll korkunç
grausam gaddar
Grausamkeit (-en) *f* gaddarlık
gravieren oymak; **~d** ağırlaştıran
graziös lâtif, zarif
greif|bar elle tutulur, gözüken; **~en** v/t tutmak; v/i elini sokmak (*in A -e*); elini uzatmak (*nach D* için)
Greis (-e) *m* çok yaşlı adam; **~in** *f* çok yaşlı kadın
grell göz kamaştırıcı; keskin
Grenze (-n) *f* sınır; had
grenzen sınırdaş olm., bitişik olm. (*an A -e*); **~los** hadsiz, sınırsız
Grenz|kontrolle *f* sınır kontrolü; **~übergang** *m* sınır geçme (yeri), sınır kapısı
Greuel (-) *m* nefret; *pl.* zulümler, vahşet

Griech|e (-n) *m* Rum; (*in ~enland*) Yunanlı; **~enland** *n* Yunanistan; **~in** *f* Rum (kadını); Yunanlı (kadın)
griechisch Rum, Yunan(lı); (*alt~*) Grek(çe); Yunanca; Rumca
Grieß (0) *m* irmik; kum
Griff (-e) *m* tutma; (*Tür-*) tutamak; (*Stiel*) sap; (*Henkel*) kulp
griff *s.* **greifen**
Grill (-s) *m* ızgara
Grille (-n) *f* cırcır böceği, cırlak
grillen *A* -*in* ızgarasını yapmak
Grimasse (-n) *f* yüz göz oynatma
grimmig öfkeli; iddetli
grinsen sırıtmak
Grippe (-n) *f* grip
grob iri; *Fehler*: ağır
Grobheit *f* kabalık
Groll (0) *m* kin
grollen kin beslemek (*j-m* -*e* karşı)
Groschen (-) *m* on fenik'lik para; şilin'in yüzde biri
groß büyük; kocaman; **~artig** şahane
Großbritannien *n* Büyük Britanya
Größe (-n) *f* büyüklük; (*Körper-*) boy; (*Kleider-*) beden; (*Schuh-*) numara
Großeltern *pl.* büyük anne-baba; **~händler** *m* toptancı; **~mutter** *f* büyükanne, nine; anneanne (*mütterli-*

cherseits); babaanne (*väterlicherseits*); **~stadt** *f* büyük şehir; **~vater** *m* büyükbaba, dede
großzügig cömert; hoşgörülü; (*weitläufig*) geniş
grotesk tuhaf, gülünç
Grotte (-n) *f* mağara
grub *s.* **graben**
Grube (-n) *f* çukur
grübeln düşünceye dalmak
Gruft (*~e*) *f* kaya mezar; mahzen mezar
grün yeşil; taze; olgunlaşmamış; ~ **werden** yeşillenmek
Grünanlage *f* yeşillik
Grund (*~e*) *m* (*Unterseite*) dip; (*Boden*) toprak; (*Ursache*) neden; **~besitz** *m* arazi; mülk; **~buch** *n* tapu sicili
gründen kurmak
Gründer (-) *m*, **~in** *f* kurucu
Grund|gedanke *m* anafikir; **~gesetz** *n* anayasa; **~lage** *f* temel, esas; asıl
grundlegend esaslı
gründlich esaslı
Gründonnerstag *m* paskalya yortusundan önceki perşembe
Grund|recht *n* temel hak; **~riß** *m Arch.* yatay kesim; **~satz** *m* prensip, ilke
grundsätzlich esaslı; prensip olarak
Grund|schule *f* ilkokul; **~stein** *m* temel taşı; **~stück** *n* arsa
Gründung *f* kuruluş

Grundwasser *n* yeraltı suyu
Gruppe (*-n*) *f* grup; kurul, heyet; **~nreise** *f* grup seyahati
Gruß (*~e*) *m* selâm; **viele Grüße** bol bol selâm
grüßen *A* selâmlamak; *-e* selâm söylemek (**von** *D -den*)
gucken bakmak
Gulasch (*-e*) *n od. m* gulaş; kuşbaşı
Gully (*-s*) *m* kanalizasyon bacası
gültig geçerli
Gültigkeit (*O*) *f* geçer(li)lik
Gummi (*-, -s*) *n od. m* lâstik; **~band** *n* lâstik şerit; **~knüppel** *m* cop; **~stiefel** *m* lâstik çizme
günstig uygun; *Preis*: ucuz; **~e Gelegenheit** fırsat
Gurgel (*-n*) *f* gırtlak, boğaz
gurgeln gargara etm.
Gurke (*-n*) *f* salatalık, hıyar
Gurt (*-e*) *m* kemer; (*Trage-*) kayış
Gürtel (*-*) *m* kuşak, kemer; **~reifen** *m* *Kfz.* radyal lâstik
Guß (*~sse*) *m* dökme, döküm; **~eisen** *n* dökme demir
gut iyi; *Intj.* peki, pekâlâ; **es geht mir ~** iyiyim
Gut (*~er*) *n* *Hdl.* mal; *Agr.* çiftlik; emanet; **~achten** *n* rapor
Güte (*O*) *f* iyilik, kalite
Güter|bahnhof *m* yük istasyonu; **~wagen** *m* yük vagonu; **~zug** *m* marşandiz
Guthaben (*-*) *n* *Hdl.* alacak
gut|heißen *m* uygun bulmak; **~mütig** iyi kalpli
Gutschein *m* bono
Gymnas|ium (*-ien*) *n* lise; **~tik** (*O*) *f* jimnastik

H

Haar (*-e*) *n* saç; kıl; tüy; **die ~e schneiden** *j-m b-in* saçını kesmek; **~ausfall** *m* saç dökülmesi; **~bürste** *f* saç fırçası; **~farbe** *f* saç rengi; **~nadelkurve** *f* ince ve dar viraj; **~schnitt** *m* saç kesimi; **~spray** *n* saç spreyi; **~trockner** *m* saç kurutma aygıtı; **~waschmittel** *n* şampuan
Habe (*O*) *f* mal, servet
haben *A -e* malik olm., sahip olm.; **~ Sie ...?** sizde ... var mı?; **was ~ Sie?** neyiniz var?
Habgier (*O*) *f* fırs
Hack|braten *m* köfte; **~e** (*-n*) *f* kazma; (*Ferse*) topuk
hacken oymak; kıymak
Hackfleisch *n* kıyma
Hafen (*~*) *m* liman; **~stadt** *f* liman şehri
Hafer (*O*) *m* yulaf; **~flocken** *pl.* yulaf ezmesi *sg.*
Haft (*O*) *f* tutukluluk
haftbar sorumlu (**für** *A -den*)
Haftbefehl *m* tevkif emri
haften (*kleben*) yapışmak; (**für** *A -den*) sorumlu olm.
Häftling (*-e*) *m* mahpus

Haftpflichtversicherung

Haftpflichtversicherung f mali sorumluluk sigortası
Haftschale f kontakt lens
Hagel (0) m dolu
hageln dolu yağmak
Hahn (~e) m Zo. horoz; Tech. musluk
Hähnchen n piliç
Hai (-e) m köpekbalığı
häkeln tığla örmek
Häkelnadel f tığ
Haken (-) m çengel, kopça
halb yarım; nach Zahlen: buçuk; auf ~em Wege yarı yolda; um ~ zehn dokuz buçukta; alle ~en Stunden her yarım saatte bir; ~ieren ikiye bölmek
Halb|insel f yarımada; **~jahr** n yarıyıl; **~kugel** f yarı küre; **~mond** m hilâl; **~pension** f yarım pansiyon; **~schuh** f iskarpin
halb|tags yarım gün(lük); **~wegs** adv. oldukça
Halbzeit f Sp. haftaym, devre
half s. helfen
Hälfte (-n) f yarı; zur ~ yarı yarıya
Halle (-n) f hol, salon
hallen tınlamak
Hallenbad n yüzme salonu
hallo! merhaba!; Tel. alo; (Zuruf) bakar mısınız?
Hals (~e) m boyun; boğaz; **~band** n tasma; **~entzündung** f boğaz yangısı; **~kette** f gerdanlık, kolye; **~Nasen-Ohren-Arzt** m boğaz, burun ve kulak mütehassısı;
~schmerzen m/pl. boğaz ağrısı sg.; **~tuch** n boyun atkısı
halt! dur!, stop!
Halt (0) m durma; (Stütze) destek; s. ~estelle
halt|bar sağlam; dayanıklı; **~en** v/t tutmak; durdurmak; saymak (für A N); v/i durmak; dayanıklı olm.
Halt|estelle f durak; **~everbot** n durma yasağı; **~ung** f durum; davranış
Hammel (-) m (iğdiş) koyun; **~keule** f koyun budu
Hammer (~) m çekiç
hämmern çekiçle dövmek veya işlemek
Hämorrhoiden pl. Med. basur sg.
Hampelmann m kukla
Hamster (-) m hamster, dağ faresi
hamstern istiflemek
Hand (~e) f el; **~arbeit** f el işi; nakış; **~ball** (spiel n) m Sp. el topu; **~bremse** f el freni
Handel (0) m ticaret
handeln v/i ticaret yapmak; (feilschen) pazarlık etm.; (sich verhalten) davranmak; bahsetmek (von D -den); sich ~ um A söz konusu olm. N
Handels|kammer f ticaret odası; **~schule** f ticaret okulu
Hand|fläche f el ayası; **~gelenk** n el bileği; **~gepäck** n el eşyası; **~griff** m elle tutma; sap, kol; **~koffer** m valiz

Händler (-) *m* satıcı; tüccar
handlich kullanışlı
Handlung *f* iş, hareket, eylem; *Roman, Film*: olaylar sırası; konu
Hand|schellen *pl.* kelepçe *sg.*; **~schrift** *f* el yazısı
Handschuh *m* eldiven; **~fach** *n* torpido gözü
Hand|tasche *f* el çantası; **~tuch** *n* havlu; **~voll** (-) *f* avuç
Handwerk *n* zanaat; **~er** (-) *m*, **~erin** *f* zanaatçı; *pl.* esnaf; **~szeug** *n* avadanlık
Hanf (0) *m* kenevir, kendir
Hang *m* **1.** (**¨**e) yokuş, iniş; **2.** (0) *fig.* düşkünlük
Hänge|brücke *f* asma köprü; **~matte** *f* hamak
hängen *v/t* asmak, takmak (*an A -e*); *v/i* asılı olm.
hantieren kullanmak (*mit D -i*)
Happen (-) *m* lokma
Harfe (-n) *f Mus.* harp
Harke (-n) *f* tarak, tırmık
harmlos suçsuz, saf
harmonisch ahenkli; uyumlu
Harn (0) *m* idrar, sidik; **~blase** *f* sidik torbası
Harpune *f* zıpkın
hart sert, katı; kuru; *Ei*: hazırlop
Härte (0) *f* sertlik, katılık
hart|gekocht *s. hart*; **~herzig** katıyürekli, merhametsiz; **~näckig** inatçı
Harz (-e) *n* reçine, sakız
Haschisch (0) *n* haşhaş; esrar

Hase (-n) *m* tavşan
Haselnuß *f* fındık
Hasenscharte *f an.* tavşan dudağı
Haß (0) *m* kin
hassen kin beslemek (*A -e* karşı)
häßlich çirkin; berbat
Hast (0) *f* acele, tezlik
hastig acele(ci); telâşlı
hatte *s.* **haben**
Hauch (0) *m* üfleme; nefes, soluk
hauch|dünn incecik; **~en** hohlamak
hauen *A* dövmek; *-e* vurmak
Haufen (-) *m* yığın, küme
häufen: sich ~ yığılmak, toplanmak
haufenweise küme küme
häufig sık sık, çok defa
Haupt|- baş(lıca), esas; **~bahnhof** *m* merkez istasyonu; **~eingang** *m* ana kapı; **~gericht** *n* baş *veya* esas yemek; **~gewinn** *m* büyük ikramiye
Häuptling *m* kabile reisi
Haupt|mann *m* yüzbaşı; **~quartier** *n* karargâh; **~rolle** *f* başrol; **~sache** *f* en önemli şey; sadet
hauptsächlich başlıca; *adv.* özellikle
Haupt|saison *f* ana sezon; **~schule** *f* temel eğitim okulu; **~stadt** *f* başkent; **~straße** *f* ana cadde; ana yol; **~verkehrszeit** *f* yoğun trafik zamanı

Haus

Haus (~er) n ev; bina; *nach* ~*e* eve; *zu* ~*e* evde; ~**aufgabe** f ev ödevi; ~**besitzer**(in f) m ev sahibi; ~**flur** m antre; koridor; ~**frau** f ev kadını; ~**halt** m ev idaresi; (*Etat*) bütçe; ~**ierer** m seyyar satıcı
häuslich eve bağlı; evcimen
Haus|mann m ev erkeği; ~**meister**(in f) m kapıcı; ~**nummer** f ev numarası; ~**schlüssel** m ev anahtarı; ~**schuhe** pl. terlik sg.; ~**tier** n ev hayvanı; ~**tür** f ev kapısı; ~**wirt** m s. ~**besitzer**
Haut (~e) f cilt, deri; ~**abschürfung** f sıyrıntı; ~**arzt** m, ~**ärztin** f cilt doktoru; ~**ausschlag** m sivilceler pl.; ~**creme** f cilt kremi; ~**farbe** f cilt rengi, ten
Havarie (-n) f Mar. avarya
Hebamme (-n) f ebe
Hebel (-) m kaldıraç; kol, manivela
heben (yukarı) kaldırmak; (an~) yükseltmek
Hebräisch n İbranice
Hecht (-e) m turnabalığı; ~**sprung** m kaplan atlaması
Heck (-s) n Mar. kıç
Hecke (-n) f çalılık, çit
Heck|motor m arka motor; ~**scheibe** f arka cam
Heer (-e) n ordu; kara kuvvetleri pl.
Hefe (-n) f maya
Heft (-e) n defter
heften (*nähen*) teyellemek; (*befestigen*) çivilemek (**an** A -e)

heftig şiddetli, sert
Heftpflaster n plâster, bant
Hehler (-) m yardakçı
Heide[1] (-n) m dinsiz
Heide[2] (-n) f kıraç yer; fundalık; ~**lbeere** f yabanmersini
heikel titiz; müşkül
heil sağ, sağlam
Heil (0) n sağlık, selâmet; ~**anstalt** f sanatoryum
heilen v/t iyileştirmek, kurtarmak; v/i iyileşmek
heilig kutsal
Heilig|abend m Noel gecesi; ~**e**(**r**) aziz; evliya; ~**tum** (~er) n tapınak; kutsal nesne
heilkräftig şifa verici
Heil|mittel n ilâç; ~**quelle** f kaplıca; ~**sarmee** f Selâmet Ordusu
Heim (-e) n ev, yurt; ~**arbeit** f evde yapılan iş
Heimat f yurt, vatan
heimatlich yurdu andıran
Heimfahrt f eve dönüş
heimisch yerli
Heim|kehr f s. ~**fahrt**
heimkehren eve dönmek
heim|lich gizli(ce); ~**tückisch** sinsi, fesatçı
Heim|weg m dönüş yolu; ~**weh** (0) n yurt hasreti
Heirat (-en) f evlenme, nikâh
heiraten evlenmek (A ile)
Heirats|anzeige f evlenme ilânı; ~**urkunde** f evlenme kâğıdı
heiser kısık, boğuk
Heiserkeit f (0) kısıklık

hereinlegen

heiß kızgın, çok sıcak
heißen adı ... olm., denilmek N; *wie ~ Sie?* adınız ne?; *ich heiße ... adım ... (dir); das heißt* demek ki, yani
heiter neşeli; *Wetter:* açık, bulutsuz
Heiterkeit (0) *f* neşe, şenlik
heiz|bar ısıtılabilir; **~en** ısıtmak
Heiz|kissen *n* elektrik yastığı; **~körper** *m* radyatör; **~öl** *n* fuel-oil; **~ung** *f* ısıtma
hektisch telâşlı, hummalı
Held (-en) *m* kahraman, yiğit; **~in** *f* kadın kahraman
helfen *D* yardım etm.
Helfer (-) *m*, **~in** *f* yardımcı
hell aydınlık, parlak; *Farbe:* açık; **~hörig** *Wand:* sesleri aksettiren
Helm (-e) *m* miğfer
Hemd (-en) *n* gömlek; **~bluse** *f* şömizye
hemmen durdurmak, yavaşlatmak, frenlemek
Hemmung *f:* **~en haben** çekinmek (*zu -den*)
Hengst (-e) *m* aygır
Henkel (-) *m* kulp
Henker (-) *m* cellât
Henne (-n) *f* tavuk
her buraya; *es ist zwei Jahre ~* iki yıl oluyor
herab aşağıya
herablassen: *sich ~* tenezzül etm. (*zu inf. -meye*)
herabsetzen indirmek; *fig.* itibardan düşürmek
heran yanına, buraya; **~brin-**
gen, ~holen alıp getirmek, yaklaştırmak; **~wachsen** büyümek; **~ziehen** (*zu D* ile) görevlendirmek
herauf yukarıya; **~beschwören** *A -e* yol açmak; **~kommen** yukarı çıkmak
heraus dışarıya; **~bekommen** öğrenmek; çözmek, bulmak; *Fleck* çıkarmak; **~bringen** yayımlamak; öğrenmek; **~finden** bulmak, keşfetmek; **~fordern** meydan okumak; **~geben** teslim etm., geri vermek; *Buch* yayımlamak; *Wechselgeld* üstünü vermek
Herausgeber (-) *m,* **~in** *f* yayınlayan, hazırlayan
heraus|holen çıkarmak; **~kommen** (dışarı) çıkmak; **~reißen** koparmak
herausstellen: *sich ~* gerçekleşmek, meydana çıkmak
herb kekremsi
herbei yanına, buraya; **~führen** *A fig. -e* neden olm.; **~sehnen, ~wünschen** özlemek
Herbst (-e) *m* sonbahar, güz; **~zeitlose** *f* çiğdem
Herd (-e) *m* ocak
Herde (-n) *f* sürü
herein içeriye; *Intj.* buyurun, giriniz!; **~brechen** *Nacht:* olmak; **~fallen** *fig.* aldanmak, faka basmak; **~kommen** girmek; **~lassen** içeriye almak; **~legen** *fig.* aldatmak

hergeben

hergeben vermek
Hering (-e) m Zo. ringa balığı; (Zelt-) çadır kazığı
herkommen (buraya) gelmek; **wo kommen Sie her?** nerelisiniz?
Herkunft (0) f asıl, köken; soy
hermetisch sımsıkı
Heroin (0) n eroin
Herr m sahip; efendi; bay (vor dem Namen); bey (nach dem Namen); ~enfriseur m erkek berberi; ~enmode f erket giysileri; ~toilette f erkekler tualeti
herrichten (bereiten) hazırlamak; (ordnen) düzeltmek
Herrin f sahibe
herr|isch sert; ~lich harika, parlak
Herrschaft (-en) f saltanat, egemenlik
herrschen hüküm sürmek
Herrscher (-) m hükümdar
her|rühren gelmek, çıkmak (von D -den); ~stellen yapmak, imal etm.
Hersteller m üretici, imal eden; ~ung f imal, yapım
herüber buraya, bu tarafa
herum: um A ~ -in etrafında; -dan; ~drehen çevirmek
herumführen A gezdirmek; **an der Nase ~** A aldatmak
herumsprechen: sich ~ duyulmak
herumtreiben: sich ~ başıboş dolaşmak
herunter aşağıya; ~holen,

~**nehmen** indirmek; ~**schlucken** yutmak
hervor içinden, dışarıya, ileri; ~**bringen** yaratmak; ~**gehen** çıkmak, anlaşılmak (aus D -den); ~**heben** vurgulamak; ~**ragend** parlak, göze çarpan; ~**rufen** uyandırmak
hervortun: sich ~ kendini göstermek, sivrilmek
Herz (-en) n kalp, yürek; gönül; ~**anfall** m kalp krizi; ~**infarkt** (-e) m kalp enfarktüsü; ~**klopfen** (0) n çarpıntı
herzlich içten, samimi
Herzog m dük, duka; ~**in** f düşes; ~**tum** (*er*) n dukalık
Herzschrittmacher m kalp pili
Hetze (0) f (Eile) acele; fig. kışkırtma
hetzen v/t kovalamak; v/i kışkırtmak; (**sich ~**) acele etm.
Heu (0) n kuru ot
Heuchelei (-en) f ikiyüzlülük
heucheln yalandan göstermek, taslamak
Heuchler(in) f m), **heuchlerisch** iki yüzlü
heulen Hund: ulumak; Wind: uğuldamak; (weinen) ağlamak
Heu|schnupfen m saman nezlesi; ~**schober** (-) m ot ambarı; ~**schrecke** (-n) f çekirge
heut|e bugün; ~**e in e-r Woche** haftaya bugün; ~**e mor-**

hinstellen

gen bu sabah; ~ig bugünkü; ~zutage bu zamanlarda
Hexe (-n) f büyücü kadın; ~nschuß m lumbago; ~rei (-en) f büyü, cadılık
Hieb (-e) m vuruş, darbe
hieb s. **hauen**
hielt s. **halten**
hier burada; işte; burası; *von* ~ buradan
Hierarchie (-n) f hiyerarşi
hier|auf bunun üzerine, ondan sonra; ~**aus** bundan; ~**durch** bu taraftan; bu yüzden; ~**her** buraya; ~**in** bunun içinde, bunda; ~**mit** bununla; ~**über** bunun üzerinde, bu hususta; ~**unter** bunun altın(d)a; bunlar arasında; ~**von** bundan; ~**zu** bundan başka
hiesig- buradaki
hieß s. **heißen**
Hilfe (-n) f yardım; *Intj.* imdat!
hilflos çaresiz
Hilfsmittel n çare, araç
Himbeere (-n) f ahududu
Himmel (-) m gök; *unter freiem* ~ açık havada; ~**fahrt** f *Rel.* İsa'nın göğe çıkışı (yortusu); ~**srichtung** f yön, cihet
himmlisch göksel; *fig.* harika
hin oraya, şuraya; ~ *und her* şuraya buraya, bir aşağı bir yukarı; ~ *und wieder* arasıra, bazan; ~ *und zurück* gidiş dönüş
hinab aşağıya; ~**fahren**, ~**ge-hen**, ~**steigen** inmek
hinauf yukarı(ya); ~**steigen** binmek, çıkmak (*auf A -e*)
hinaus dışarıya; ~**gehen** çıkmak; *Fenster:* bakmak (*auf A -e*); ~**laufen** sonuçlanmak (*auf A* ile); ~**schieben** ertelemek
Hinblick m: *im* ~ *auf A -e* göre, nazaran
hindern *A -e* engel olm.; (*an D -mesini*) engellemek
Hindernis (-sse) n mâni, engel
hindeuten göstermek; ima etm. (*auf A -i*)
hindurch arasından
hinein içeriye; içine; ~**geraten** (*in A -in*) içine düşmek; ~**stecken** *-i -e* sokmak
Hinfahrt f gidiş
hin|fallen yere düşmek; ~**fällig** (*ungültig*) hükümsüz
hing s. **hängen**
hinhalten oyalamak
hinken topallamak
hinlegen (yere) yatırmak; *sich* ~ uzanmak, (yere) yatmak
hin|nehmen kabul etm.; hazmetmek; ~**reichend** yeterli, oldukça; ~**reißend** coşturucu, çekici; ~**richten** idam etm.
Hinrichtung f idam
hinsetzen: *sich* ~ oturmak
Hinsicht f: *in dieser* ~ bu bakımdan
hinsichtlich *G -e* gelince
hinstellen (bir yere) koymak; *sich* ~ dikilmek

hinten arkada, geride; *nach ~* arkaya; *von ~* arkadan
hinter *D -in* arkasında; *A -in* arkasına
Hinter|- arka; **~achse** f arka dingil; **~bein** n arka ayak; **~bliebene(r)** geride kalan
hintereinander art arda, hiç durmadan
Hinter|gedanke m gizli maksat; **~grund** m arka plân; **~halt** m pusu
hinterher arkasından; *zeitlich:* sonra(dan)
Hinterkopf m artkafa
hinter|lassen *DA* bırakmak; **~legen** bırakmak, yatırmak; **~listig** hilekâr
Hinter|n (-) m *fam.* kıç, makat; **~rad** n arka tekerlek; **~teil** n arka taraf; **~tür** f arka kapı
hinüber öbür tarafa, öteye; **~bringen** öbür tarafa götürmek; **~fahren, ~gehen** öbür tarafa geçmek
hinunter aşağı(ya); **~schlucken** yutmak
Hin|weg m gidiş yolu; *auf dem ~* gidişte
Hinweis (-e) m işaret; *(Auskunft)* bilgi
hinweisen işaret etm. *(auf A -e)*
hinzu bundan başka; **~fügen** *DA* eklemek, katmak; **~kommen** katılmak, eklenmek; **~rechnen, ~zählen** hesaba katmak; **~ziehen** katmak *(zu D -e)*

Hirn (-e) n beyin; **~gespinst** (-e) n kuruntu
Hirsch (-e) m geyik
Hirse (0) f darı
Hirt (-en) m, **~in** f çoban
hissen *Segel* açmak; *Fahne* çekmek
historisch tarihî, tarihsel
Hitze (0) f şiddetli sıcak
hitz|ebeständig ısıya dayanıklı; **~ig** kızgın
Hitzschlag m güneş çarpması
hob *s.* **heben**
Hobby (-s) hobi
Hobel (-) m rende
hobeln rendelemek
hoch yüksek; yüce
Hoch|achtung f saygı; **~betrieb** m yoğun çalışma; hummalı işleklik; **~burg** f *fig.* merkez; **~druckgebiet** n yüksek basınç bölgesi; **~ebene** f yayla; **~haus** n yüksek bina, gökdelen
hochkant kılıcına
Hoch|mut m kibir, gurur; **~saison** f yüksek sezon; **~schule** f yüksek okul; üniversite; **~sommer** m yaz ortası; **~spannung** f yüksek gerilim; **~sprung** m yüksek atlama
höchst *adv.* son derece; *adj.* azamî
Hochstapler (-) m, **~in** f dolandırıcı
höchstens en çok; olsa olsa
Höchstgeschwindigkeit f azamî sürat

Hoch|verrat *m* vatana hıyanet; **~wasser** *n* su baskını
Hochzeit *f* düğün, evlenme töreni
hocken çömelmek
Hocker (-) *m* iskemle
Höcker (-) *m* hörgüç
Hockey (0) *n* Sp. hokey
Hof (¨e) *m* avlu; (*Bauern-*) çiftlik; (*Palast*) saray; *Astr.* ağıl, hale
hoffen ümit etm., ummak; **~lich** ümit ederim ki, inşallah
Hoffnung *f* ümit
hoffnungslos ümitsiz
höflich nazik
Höflichkeit *f* nezaket
hoh- yüksek; *vgl.* **hoch**
Höhe (-*n*) *f* yükseklik; *in ~ von* ... miktarında; **~nsonne** *f* ültraviyole lâmbası; **~punkt** *m* en yüksek nokta, doruk
höher daha yüksek
hohl oyuk, boş
Höhle (-*n*) *f* mağara, in
Hohlraum *m* boşluk
Hohn (0) *m* alay, istihza
höhnisch alaycı, alaylı
Hokuspokus (0) *m* hokkabazlık
holen alıp getirmek
Holland *n* Hollanda
Hölle (-*n*) *f* cehennem
Holunder (0) *m* mürver
Holz (¨er) *n* ağaç; tahta; (*Brenn-*) odun; (*Bau-*) kereste
hölzern ağaç(tan yapılmış), ahşap

Holz|kohle *f* mangal kömürü; **~schuh** *m* nalın, takunya
homo|gen homojen; **~sexuell** homoseksüel, eşcinsel
Honig (0) *m* bal
Honorar (-*e*) *n* ücret
hörbar işitilebilir
horchen (*auf A -e*) kulak vermek, *-i* dinlemek
hören *v/t* işitmek, duymak, dinlemek; *v/i* itaat etm. (*auf A -e*) dinlemek (*-i*)
Hörer *m* *Tel.* ahize; **~(in** *f*) *m* dinleyici
Hör|funk *m* radyo; **~gerät** *n* işitme cihazı
Horizont (-*e*) *m* ufuk
horizontal yatay
Horn (¨er) *n* boynuz; *Mus.* boru
Hörnchen *n* ay çöreği
Horoskop (-*e*) *n* yıldız falı
Hose (-*n*) *f* pantolon; (*Unter-*) don; **~ntasche** *f* pantolon cebi; **~nträger** *m* pantolon askısı
Hospital (-*e*) *n* hasta(ha)ne
Hostess (-*en*) *f* hostes
Hotel (-*s*) *n* otel; **~halle** *f* otel; **~zimmer** *n* otel odası
hübsch güzel, sevimli, zarif
Hub|raum *m* silindir hacmi; **~schrauber** (-) *m* helikopter
Huf (-*e*) *m* toynak; tırnak; **~eisen** *n* nal
Hüfte (-*n*) *f* kalça
Hügel (-) *m* tepe, yükseklik
hügelig inişli yokuşlu
Huhn (¨er) *n* tavuk
Hühner|auge *n* *Med.* nasır; **~brühe** *f* tavuk suyu

Hülle (-n) f zarf, kılıf; (*Packung*) ambalaj
Hülse (-n) f kabuk; zarf; **~nfrüchte** pl. baklagiller
human insanca; insaflı
Hummel (-n) f yaban arısı
Hummer (-) m istakoz
Humor (0) m mizah; espri
humpeln topallayarak yürümek
Hund (-e) m köpek, it; **~efutter** n köpek maması; **~eleine** f köpek zinciri
hundert yüz
Hunderter m yüz Marklık banknot
Hündin (-) f dişi köpek
Hunger (0) m açlık; **~ haben** karnı aç olm.
hung|ern aç kalmak; **~rig** karnı aç
Hupe (-n) f klâkson, korna
hupen klâkson çalmak
hüpfen hoplamak
Hürde (-n) f çit; engel; **~nlauf** m engelli koşu
Hure (-n) f orospu, fahişe
husten öksürmek
Husten (-) m öksürük; **~bonbon** m od. n öksürük şekeri
Hut (-̈e) m şapka
hüten A -e bakmak; -i korumak; **sich ~** sakınmak (*vor D -den*)
Hütte (-n) f kulübe; *Tech.* demirhane
Hyäne (-n) f sırtlan
Hydrant (-en) m yangın musluğu
Hygiene (0) f sağlık koruma, hijyen
hygienisch sıhhî
Hypnose (-n) f hipnoz
Hypothek (-en) f ipotek

I

ich ben; **~ selbst** kendim
ideal ideal
Idee (-n) f fikir, düşünce, buluş
Ideologie (-n) f ideoloji
identisch aynı, özdeş
Idiot (-en) m, **idiotisch** *fam.* aptal
Igel (-) m kirpi
ihm ona; **mit ~** onunla
ihn onu; **~en** onlara
Ihnen siz(ler)e
ihr(e) onun; kendi; onların
Ihr(e) sizin
illegal kanuna aykırı, yasadışı
Illustrierte (-n) f resimli dergi, magazin
Imbiß (-sse) m küçük yemek; **~stube** f büfe; sandöviç veya köfteci dükkânı
Imitation f taklit, imitasyon
immer daima, her zaman; **~ noch** hâlâ; **~ mehr** gittikçe fazla; **~ wenn** -dikçe
Immobilien pl. gayrimenkuller, emlâk
immun bağışık (*gegen* A -e karşı)
Imper|ativ (-e) m *Gr.* emir

kipi; **~fekt** (-e) *n* Gr. hikâye (zamanı)
impfen aşılamak
Impf|paß *m* aşı belgesi; **~ung** *f* aşı
imponieren *D* kendini saydırmak
Import (-e) *m* ithal, dış alım
im|portieren ithal etm. **~potent** güçsüz; **~provisieren** hazırlıksız yapmak
Impuls (-e) *m* güdü, tepi
imstande: **~ sein** muktedir olm. (**zu** *D* **-e**)
in *D* -de, -in içinde; *A* -e, -in içine; **~begriffen** dahil; **~dem** *conj.* -ken, -erek, -mek suretiyle
Inder (-) *m*, **~in** *f* Hintli
Indianer (-) *m*, **~in** *f* kızılderili
Indien *n* Hindistan
Indikativ (-e) *m* Gr. bildirme kipi
indirekt dolaylı
indisch Hintli
indiskret sır saklamaz
individuell bireysel
Indiz (-ien) *n* belirti, iz
Indonesien *n* Endonezya
Industrie (-n) *f* endüstri, sanayi
ineinander birbirine, iç içe
Infektion *f* bulaşma
Infinitiv (-e) *m* Gr. mastar
Inflation *f* enflasyon
infolge *D* -den dolayı; **~dessen** bundan dolayı
Inform|ation *f* bilgi; danışma **~atik** (0) *f* informatik, bilişim

informieren *A* -e bilgi vermek (**über** *A* hakkında); (*benachrichtigen*) -e haber vermek; **sich ~** bilgi almak
Ingenieur (-e) *m* mühendis
Ingwer (0) *m* zencefil
Inhaber (-) *m*, **~in** *f* sahip
inhaftieren hapsetmek
Inhalt (-e) *m* içerik, kapsam; **~sverzeichnis** *n* fihrist; içindekiler *pl.*
Initiative (-n) *f* inisiyatif, girişim
Inland *n* yurt içi; **~flug** *m* yurt içi uçak seferi
inmitten *G* -*in* ortasında
innen içinde, içeride; **nach ~** içeriye; **von ~** içeri (si)nden
Innen|minister *m* içişleri bakanı; **~stadt** *f* şehir içi
inner- iç, dahili
Innereien *pl* sakatat
innerhalb *G* dahilinde, zarfında *N*
innig candan, içten
inoffiziell resmi olmayan
Insasse (-n) *m* içinde oturan
insbesondere özellikle
Inschrift (-en) *f* yazıt
Insekt (-en) *n* böcek; **~enschutzmittel** *n* böcek ilâcı; **~enstich** *m* böcek sokması
Insel (-n) *f* ada; **~gruppe** *f* takımada
Inserat (-e) *n* gazete ilânı
ins|geheim gizlice; **~gesamt** hepsi birden
inso|fern, ~weit o noktaya kadar; eğer
Inspektion *f* teftiş, denetim

Installateur

Installateur (-e) m musluкçu; elektrikçi
instand: ~ **halten** korumak; ~**setzen** tamir etm.
Instanz (-en) f merci; derece
Instinkt (-e) m içgüdü
Institut (-e) n enstitü; ~**ion** f kuruluş
Instrument (-e) n alet
Insulin (0) n ensülin
intelligent zeki, anlayışlı
intensiv şiddetli, kuvvetli
Intensiv|**kurs** m yoğun ders veya kurs; ~**station** f yoğun bakım servisi
interessant enteresan, ilginç, ilgi çekici
Interesse (-n) n ilgi
interessieren v/t ilgilendirmek; **sich** ~ ilgi göstermek; ilgilenmek (**für** A ile)
international uluslararası
Inter|**city** m şehirlerarası ekspres; ~**nist** (-en) m iç hastalıkları mütehassısı; ~**punktion** f Gr. noktalama; ~**view** n mülâkat
intim samimî; cinsel
intransitiv Gr. geçişsiz
Invasion f saldırı, baskın
Inventar (-e) n demirbaş eşya

investieren yatırmak
inzwischen bu esnada
Irak m Irak
Iran m, n İran
irgend: ~ **etwas** herhangi bir şey; ~ **jemand** herhangi biri
irgend|**ein** herhangi bir; ~**wie** herhangi bir şekilde; ~**wo** bir yerde; ~**woher** bir yerden; ~**wohin** bir yere
Irland n İrlanda
ironisch alaylı
irre deli; ~**führen** aldatmak; ~**machen** şaşırtmak
irren: **sich** ~ yanılmak
Irrenanstalt f tımarhane
irritieren şaşırtmak
Irr|**sinn** (0) m delilik; ~**tum** (¨-er) m yanlışlık
irrtümlich yanlışlıkla
Ischias (0) m siyatik
Islam (0) m İslâm (iyet); Müslümanlık
Island n İslanda
Isolierband n izole bant
isolieren izole etm., yalıtmak
Isolierkanne f termos
Israel n İsrail
Italien n İtalya; ~**er** (-) m, ~**in** f İtalyan
italienisch İtalyan; İtalyanca

J

ja evet; var
Jacht (-en) f yat; ~**hafen** m yat limanı, marina
Jacke (-n) f ceket
Jagd (-en) f av, avcılık
jagen avlamak

Jäger (-) m, ~**in** f avcı
Jahr (-e) n yıl, sene
jahrelang yıllarca
Jahres|**tag** m yıldönümü; ~**zeit** f mevsim
Jahrhundert (-e) n yüzyıl, asır

Juwelier

jährlich yıllık; *adv.* her sene
Jahr|markt *m* panayır; **~tausend** (*-e*) *n* binyıl; **~zehnt** (*-e*) *n* onyıl
Jalousie (*-n*) *f* panjur; kepenk
jämmerlich sefil, perişan
jammern inlemek
Januar (*-e*) *m* ocak (ayı)
Japan *n* Japonya; **~er(in** *f*) *m* Japon
japanisch Japon (yalı); Japonca
Jasmin (*-e*) *m* yasemin
Jauche (0) *f* gübre şerbeti
jaulen ulumak
jawohl evet, hayhay
je (*pro*) başına; her ... için; *s.* **jemals; ~..., desto ...** ne kadar ... *-se*, o kadar ...; **~nachdem** *-diğine* göre
Jeans *pl.* blucin
jede her; herkes, her biri
jedenfalls her ne olursa olsun
jeder *s.* **jede; ~mann** herkes, **~zeit** her zaman
jedes *s.* **jede; ~mal** her defa
je|doch halbuki, fakat; **~mals** her hangi bir zaman(da), hiç; **~mand** birisi(si), bir kimse
Jemen *n* Yemen
jene, ~r, ~s şu, o, öbür
jenseits *G -in* ötesinde
Jerusalem *n* Kudüs
Jesus *m* İsa

jetzig- şimdiki
jetzt şimdi
jeweils duruma göre
Job (*-s*) *m* iş
Joch (*-e*) *n* boyunduruk
Jod (0) *n* iyot
joggen koşmak
Joghurt (*-s*) *n* yoğurt
Johannisbeere *f* frenküzümü
Joker *m* koz, joker
Jordanien *n* Ürdün
Journalist (*-en*) *m*, **~in** *f* gazeteci
Jubel (0) *m* sevinç
Jubiläum (*-äen*) *n* yıldönümü
jucken *v/t* kaşımak; *v/i* kaşınmak
Jude (*-n*) *m*, **Jüdin** *f* Yahudi
jüdisch Yahudi, Musevi
Jugend (0) *f* gençlik; **~herberge** *f* gençlik oteli, hostel; **~liche(r)** genç
Juli (*-s*) *m* temmuz
jung genç; taze
Junge (*-n*) *m* erkek çocuk; **~(s)** *n* yavru
Jung|frau *f* bakire; **~geselle** *m* bekâr
Juni (*-s*) *m* haziran
Jur|a *pl.* hukuk; **~ist** (*-en*) *m*, **~istin** *f* hukukçu; **~y** (*-s*) *f* jüri
Justiz *f* adliye, adalet
Juwel|en *pl.* mücevher *sg.*; **~ier** (*-e*) *m* kuyumcu

K

Kabarett (-s, -e) n kabare
Kabel (-) n kablo; *Mar.* halat; ~ kablolu
Kabeljau (-s od. -e) m morina
Kabine (-n) f kabin; (*Schiffs*-) kamara
Kabrio(lett) (-s) üstü açılabilen otomobil
Kachel (-n) f fayans, çini
Käfer (-) m böcek
Kaffee (0) m (kuru) kahve; ~mühle f kahve değirmeni; ~tasse f kahve fincanı
Käfig (-e) m kafes
kahl çıplak; kel
Kahn (¨e) m kayık
Kai (-e, -s) m rıhtım
Kairo n Kahire
Kaiser (-) m imparator; ~in f imparatoriçe
Kajüte (-n) f kamara
Kakao (0) m kakao
Kakerlak (-en) m hamam böceği
Kaktus (-teen) m kaktüs
Kalb (¨er) n dana; ~fleisch n dana eti
Kalender (-) m takvim
Kalif (-en) m halife
Kalk (-e) m kireç
Kalorie (-n) f kalori
kalt soğuk; **es ist ~** hava soğuk; **mir ist ~** üşüyorum; ~blütig soğukkanlı
Kälte (0) f soğuk(luk)
Kaltmiete f ek masraflar hariç olan kira

Kalt- und Warmwasser soğuk ve sıcak su
kam *s.* **kommen**
Kamel (-e) n deve
Kamera (-s) f fotoğraf makinesi; film makinesi; (*Video*-) kamera
Kamerad (-en) m arkadaş; ~schaft (0) f arkadaşlık
Kameramann (¨er, -leute) m kameraman
Kamille (-n) f papatya; ~ntee m papatya çayı
Kamin (-e) m şömine; baca
Kamm (¨e) m tarak; *Zo.* ibik
kämmen v/t taramak; **sich ~** taranmak
Kammer (-n) f oda; *Pol.* kamara; *Jur.* daire; ~musik f oda müziği
Kampf (¨e) m savaş; *Sp.* yarış; ~bahn f aren; pist
kämpfen savaşmak; yarışmak
Kämpfer (-) m savaşçı; yarışan
kampieren kamp yapmak
Kanada n Kanada
Kanal (¨e) m kanal; *Geo.* Manş Denizi; ~isation f kanalizasyon
Kanarienvogel m kanarya
Kandidat (-en) m aday
kandidieren adaylığını koymak
kandiert şekerli
Kaninchen n adatavşanı

Kanister (-) *m* teneke, bidon
Kanne (-n) *f* güğüm; ibrik
kannte *s.* **kennen**
Kanone (-n) *f* top
Kante (-n) *f* kenar
Kantine (-n) *f* kantin
Kanu (-s) *n* kano, kayık
Kanz|el (-n) *f* mimber; **~lei** (-en) *f* kalem; yazıhane; **~ler** (-) *m* şansölye; kançılar
Kap (-s) *n* burun
Kapell|e (-n) *f Rel.* küçük kilise; *Mus.* bando; **~meister** *m* orkestra şefi
Kaper (-n) *f* gebre
kapieren *fam.* anlamak
Kapital (-ien) *n* kapital, sermaye; **~ismus** *m* kapitalizm
Kapit|än (-e) *m* kaptan; deniz albayı; **~el** (-) *n* bölüm; **~ell** (-e) *n Arch.* sütun başlığı
kapitulieren teslim olm.
Kappe (-n) *f* başlık; kapak
Kapsel (-n) *f* kapsül
kaputt bozuk, kırık; *Pers.* bitkin; **~gehen** kırılmak, bozulmak; **~machen** kırmak
Kapuze (-n) *f* kukuleta
Karaffe (-n) *f* sürahi
Karat (-e) *n* kırat; (*Feingehalt*) ayar
Karawane (-n) *f* kervan
Karfreitag *m* paskalyadan önceki cuma
karg, kärglich kısır; az
kariert kareli
Karneval (-e) *m* karnaval
Karo (-s) *n* kare; karo
Karosserie (-n) *f* karoseri
Karotte (-n) *f* havuç

Karpfen (-) *m* sazan (balığı)
Karre (-n) *f*, **~n** (-) *m* küçük araba
Karriere (-n) *f* kariyer
Karte (-n) *f* kart, kâğıt; *s.* **Eintritts-, Fahr-, Land-, Post-, Speisekarte**
Kartei (-en) *f* fişler *pl.*
Karten|spiel *n* iskambil oyunu; **~telefon** *n* kartlı telefon; **~(vor)verkauf** *n* bilet (ön) satışı
Kartoffel (-n) *f* patates; **~brei** *m*, **~püree** *n* patates püresi
Karton (-s) *m* karton; mukavva kutu
Karussell (-s) *n* atlıkarınca
Käse (-) *m* peynir
Kaserne (-n) *f* kışla
Kasino (-s) *n* gazino
Kasko(versicherung) *f* kasko
Kasperletheater *n* kukla oyunu
Kasse (-n) *f* kasa, vezne; gişe; **~nzettel** *m* kasa fişi
Kassette (-n) *f* kutu; kaset; **~n-** kasetli
Kassierer (-) *m*, **~in** *f* veznedar
Kastanie (-n) *f* kestane
Kasten (¨) *m* sandık, kutu
Kasus (-) *m Gr.* hal, durum
Katalog (-e) *m* katalog
Katalysator (-en) *m* katalizatör
Katastrophe (-n) *f* felâket
Kategorie (-n) *f* kategori
Kater (-) *m* erkek kedi; *fam.* sarhoşluktan gelen mahmurluk

Katholik

Katholik (-en) m, **~in** f, **katholisch** Katolik
Katze (-n) f kedi; dişi kedi
Kauderwelsch n çetrefil dil
kauen v/t çiğnemek
kauern çömelmek
Kauf (¨e) m satın alma, alım
kaufen satın almak
Käufer(in f) m müşteri, alıcı
Kaufhaus n satış mağazası
käuflich satılık
Kaufmann (-leute) m tüccar; bakkal
Kaugummi m çiklet
kaum hemen hemen; -ir -mez; (fast nicht) pek az
Kaution (-en) f depozit(o)
Kaviar (0) m havyar
keck küstah; cesur
Kegel (-) m Math. koni; (Berg-) tepe; (Spiel) kiy
kegeln kiy oynamak
Kehl|e (-n) f, **~kopf** m gırtlak
kehren süpürmek
Kehrseite f ters taraf
kehrtmachen dönmek
Keil (-e) m kama; **~riemen** m vantilatör kayışı
Keim (-e) m tohum
keim|en çimlenmek; **~frei** steril(ize)
kein(e) hiç; bir ... değil; **ich habe ~** ...m yok
keine, ~r, ~s hiçbir(i)
keinesfalls, ~wegs hiç, asla
Keks (-e) m bisküvi
Kelch (-e) m ayaklı kupa; Bot. çanak
Kelle (-n) f kepçe; (Maurer-) mala

Keller (-) m bodrum; (Wein-) mahzen
Kellner (-) m garson; **~in** f kadın garson
kennen tanımak; bilmek; **~lernen** A öğrenmek; tanışmak (j-n b. ile)
Kenn|er (-) m, **~erin** f iş bilen, eksper; **~karte** f kimlik kartı; **~tnis** f bilgi; haber
Kennzeichen n işaret, belirti; Kfz. araba plakası
kennzeichnend niteleyici (für A -i)
kentern devrilmek, alabora etm.
Keramik (-en) f seramik, çini
Kerbe (-n) f çentik
Kerl (-e) m herif; (ganzer ~) yiğit
Kern (-e) m çekirdek; **~energie** f nükleer enerji; **~waffen** pl. nükleer silâhlar
Kerze (-n) f mum
Kessel (-) m kazan
Ketchup m ketçap, domates sosu
Kette (-n) f zincir; s. **Hals-, Uhrenkette**; **~nglied** n zincir halkası
keuchen solumak
Keuchhusten m boğmaca
Keule (-n) f lobut; but
keusch iffetli, arı
Kfz. s. **Kraftfahrzeug**; **~Schein** m trafik ruhsatnamesi; **~Werkstatt** f otomobil tamir atölyesi
kichern kıkırdamak
Kiefer¹ (-) m an. çene

Kiefer² (-n) f Bot. çam ağacı
Kiel (-e) m tüy sapı; Mar. omurga
Kieme (-n) f solungaç
Kies (-e) m iri taneli kum; (0) fam. para; ~**elstein** m çakıl
Kilo|(gramm) n kilo; ~**meter** m kilometre; ~**watt** n kilovat
Kind (-er) n çocuk; (Klein-) bebe
Kinder|arzt m, ~**ärztin** f çocuk doktoru; ~**garten** m anaokulu; ~**lähmung** f çocuk felci; ~**mädchen** n dadı; ~**spielplatz** m çocuk bahçesi; ~**wagen** m çocuk arabası; ~**zimmer** n çocuk odası
Kindheit (0) f çocukluk
kind|isch çocukça, budala; ~**lich** çocuksu, saf
Kinn (-e) n çene
Kino (-s) n sinema
Kiosk (-e) m satış kulübesi
Kippe (-n) f izmarit
kippen v/t devirmek; v/i devrilmek
Kirche (-n) f kilise
Kirmes (-ssen) f kermes
Kirsche (-n) f kiraz
Kissen (-) n (Kopf-) yastık; (Sitz-) minder; ~**bezug** m yastık kılıfı
Kiste (-n) f sandık
Kitsch (0) m değersiz eser
Kitt (-e) m camcı macunu
Kittel (-) m üstlük
kitzeln v/t gıdıklamak
klaffen açık kalmak

Klage (-n) f şikâyet; Jur. dava
klagen şikâyet etm. (über A -den); Jur. dava açmak (gegen A -e)
Kläger (-) m, ~**in** f davacı
kläglich acıklı; berbat
Klammer (-n) f mandal; Gr. parantez, ayraç
klang s. **klingen**
Klang (~e) m ses; ~**farbe** f ses tonu
Klapp|bett n katlanır yatak; ~**e** (-n) f kapak; Zum. ağız
klapp|en fig. yolunda olm.; ~**ern** takırdamak
Klappstuhl m açılır kapanır sandalye
Klaps (-e) fam. hafif darbe; çılgınlık
klar açık, aydınlık; belli; Wasser: berrak; Intj. elbette
klären aydınlatmak
klar|machen DA anlatmak; ~**stellen** belirtmek
Klasse (-n) f, sınıf; Esb. mevki
klassisch klâsik
Klatsch (0) m dedikodu
klatschen dedikodu etm.; Beifall alkışlamak
Klaue (-n) f pençe
klauen fam. aşırmak
Klausel (-n) f şart, kayıt
Klausur (-en) f yazılı sınav; ~ kapalı
Klavier (-e) n piyano
kleben yapıştırmak (an, auf A -e); v/i yapışmak
Klebe|folie f yapıştırıcı tabaka; ~**streifen** m seloteyp

klebrig

klebrig yapışkan
Klebstoff *m* zamk
Klecks (-*e*) *m* leke
Klee (*0*) *m* yonca, tirfil; **~blatt** *n* yonca yaprağı
Kleid (-*er*) *n* elbise; **~erbügel** *m* elbise askısı; **~erschrank** *m* elbise dolabı; **~ung** *f* giyim
klein küçük, ufak; *zu* ~ *Kleidung*: çok dar
Klein|bus *m* minibüs; **~geld** (*0*) *n* bozuk para; **~igkeit** *f* ufak şey; kolay iş
kleinlich dar fikirli, titiz
Klein|stadt *f* küçük şehir, kasaba; **~wagen** *m* küçük otomobil
Kleister (-) *m* tutkal, kola
Klemme (-*n*) *f* maşa; *fig.* sıkıntı
klemmen *v/i* sıkışmak; *v/t* sık(ıştır)mak
Klempner (-) *m* tenekeci
klettern tırmanmak (*auf A -e*)
Klima (-*s*, -*ata*) *n* iklim; hava; **~anlage** *f* havalandırma (tesisatı)
Kling|e (-*n*) *f* namlu, demir; **~el** (-*n*) *f* zil; çıngırak
kling|eln zille basmak; *Tel.* çalmak; **~en** ses çıkarmak; çınlamak; (*nach, wie* ... -*e*) benzemek
Klinik (-*en*) *f* klinik
Klinke (-*en*) *f* mandal
Klippe (-*n*) *f* kör kaya
klirren şakırdamak
Klo (-*s*) *n fam.* tuvalet
klopfen vurmak (*an, auf A -e*); çalmak (-*i*); *Herz*: çarpmak
Klosett (-*e*, -*s*) *n* tuvalet
Kloß (**̈e**) *m* hamur köftesi
Kloster (**̈**) *n* manastır
Klotz (**̈e**) *m* kütük
Klub (-*s*) *m* klüp
Kluft (*̈e*) *f* yarık
klug akıllı, zeki
Klugheit (*0*) *f* akıllılık, zekâ
Klumpen *m* topak, külçe
knabbern kıtır kıtır yemek
Knabe (-*n*) *m* erkek çocuk, oğlan
knacken *v/i* çatırdamak; *v/t Nuß* kırmak
Knall (-*e*) *m* patlama
knallen patlamak
knapp (*eng*) dar, sıkı; (*spärlich*) kıt, az bulunur
knarren gıcırdamak
knattern takırdamak
Knäuel (-) *n* yumak, yığın
knaus(e)rig cimri, pinti
kneifen *v/t* çimdiklemek; *v/i fam.* kaçınmak
Kneipe (-*n*) *f* birahane
kneten yoğurmak
Knick (-*e*) *m* kıvrım, büküm
knicken bükmek
Knie (-) *n* diz; *Tech.* dirsek
knien diz çökmek
Kniescheibe *f* diz kapağı
kniff *s.* **kneifen**
Kniff (-*e*) *m* buruşukluk; *fig.* hile
knipsen delmek, zımbalamak; *Fot.* -*in* fotoğrafını çekmek
knirschen gıcırdamak

knistern çatırdamak
knitter|frei buruşmaz; **~n** buruşmak
Knoblauch (0) m sarmısak
Knöchel (-) m aşık; parmak orta mafsalı
Knochen (-) m kemik
Knopf (¨e) m düğme
knöpfen iliklemek
Knopfloch n ilik
Knorpel (-) m kıkırdak
Knospe (-n) f konca, tomurcuk
knoten düğümlemek
Knoten (-) m düğüm; **~punkt** m düğüm noktası
knüpfen düğümlemek
Knüppel (-) m sopa; (Polizei-) cop
knurren hırlamak, guruldamak
knusprig gevrek
Koch (¨e) m aşçı; **~buch** n yemek kitabı
kochen v/t kaynatmak, pişirmek; v/i kaynamak, pişmek
Koch|er (-) m ocak; **~gelegenheit** f yemek pişirme imkânı; **~geschirr** n aş kabı
Köchin f aşçı kadın
Koch|löffel m kepçe; **~topf** m tencere
Köder (-) m tuzak yemi
Koffer (-) m bavul, valiz; **~kuli** m bagaj arabası; **~radio** n portatif radyo; **~raum** m Kfz. bagaj yeri
Kognak (-s) m konyak
Kohl (-e) m lahana
Kohle (-n) f kömür; fam.

para; **~nsäure** f karbonik asit; **~nstoff** (0) m karbon; **~papier** n karbon kâğıdı; **~tablette** f karbonlu tablet
Kohl|rabi (-s) m alabaş; **~rübe** f tarla şalgamı
Koje (-n) f ranza
Kokosnuß f hindistancevizi
Koks (-e) m kok
Kolben (-) m (Gewehr-) dipçik; Tech. piston, itenek; (Mais-) koçan
Kolik (-en) f kolik
Kolleg|e (-n) m, **~in** f arkadaş; (Berufs-) meslektaş
Köln n Kolonya, Köln; **~ischwasser** n kolonya
Kolonie (-n) f sömürge; koloni
Kolonne (-n) f kafile, grup; konvoy
kolossal kocaman
Kombi (-s) m kombi araba
Kombination f birleş(tir)me
kombinieren birleştirmek
Komet (-en) m kuyruklu yıldız
Komfort (0) m konfor
komfortabel konforlu
komisch tuhaf; komik
Komma (-s) m Gr. virgül
Kommando (-s) m kumanda
kommen gelmek; varmak (nach -e); (durch, über -den) geçmek; **~d** gelecek
Kommentar (-e) m yorum
Kommiss|ar (-e) m, **~in** f komiser; **~ion** f komisyon; kurul
Kommode (-n) f konsol

kommunal komüne ait; yerel
Kommunikation f iletişim
Kommunist (-en) m, **kommunistisch** komünist
Komödie (-n) f komedi
Kompanie (-n) f *Mil.* bölük; *Hdl.* ortaklık
Komparativ (-e) m *Gr.* karşılaştırma derecesi
Kompaß (-sse) m pusula
kompetent yetkili
komplett tam, komple
Komplex (-e) m kompleks, karmaşık
Kompli|kation f komplikasyon; **~ment** (-e) n kompliman; **~ze** (-n) m suç ortağı
kompliziert karışık, komplike
Komponist (-en) m bestekâr
Kompott (-e) n komposto
Kompromiß (-sse) n uyuşma
Kondensmilch f kondanse süt
Kondi|tion f *Sp.* form; **~torei** (-en) f pasta(ha)ne
Kondom (-e) n prezervatif, kaput
Konfekt (-e) n şekerleme
Konfektion f hazır giyim
Kon|ferenz (-en) f toplantı, konferans; **~fession** f mezhep; **~firmation** f *Protestan mezhebine kabul töreni;* **~flikt** (-e) m anlaşmazlık, çekişme; **~greß** (-sse) m kongre
König (-e) m kral; *Schach:* şah; (*Karte*) papaz; **~in** f kraliçe; **~reich** n krallık

Konjunktur (-en) f konjonktür
konkret somut, konkre
Kon|kurrenz (-en) f rekabet; **~kurs** (-e) m iflas
können bilmek, (yap)abilmek; *ich kann nicht schwimmen* yüzme bilmem; *(das) kann sein* öyle olabilir
Können (0) n bilgi, beceri
konsequent tutarlı
Konsequenz (-en) f (*Folge*) sonuç
konservativ tutucu
Konserve (-n) f konserve; **~nbüchse** f, **~ndose** f konserve kutusu
Konservierungsstoffe m/pl. konserve maddeleri
konstant durağan; sürekli
konstruieren yapmak, kurmak
Konstruktion f yapı
Konsul (-n) m konsolos; **~at** (-e) n konsolosluk
Konsum (0) m tüketim; **~ent** (-en) m tüketici
Kontakt (-e) m temas; *El.* kontak; **~linse** f kontakt lens
Kon|tinent (-e) m kıta; **~tingent** (-e) n kontenjan
Konto (-ten) n hesap; **~nummer** f hesap numarası; **~stand** m hesap mevcudu
Kontrast (-e) m karşıtlık
Kontroll|abschnitt (-e) m kupon; **~e** (-n) f kontrol; **~eur** m kontrolör, denetçi
kontrollieren kontrol etm.

Kraftwerk

Konversation f konuşma
konvertieren değiştirmek (*in A -e*)
konzentrieren v/t yığmak; **sich ~** (kendini) toplamak; (*auf A -e*) dikkatini vermek
Kon|zept (-*e*) n taslak; **~zern** (-*e*) m holding; **~zert** (-*e*) n konser
Kopf (*¨e*) m baş, kafa; *aus dem ~* ezberden; *pro ~* kişi başına; **~hörer** m kulaklık; **~kissen** n yastık; **~salat** m göbekli salata; **~schmerz** m baş ağrısı; **~tuch** n baş örtüsü
Kopie (-*n*) f kopya
kopieren kopya etm.
Kopierer (-) m fotokopi makinesi
Koralle (-*n*) f mercan
Koran (0) m Kuran
Korb (*¨e*) m sepet; **~möbel** pl. hasır mobilya sg.
Kordel (-*n*) f kurdele
Korinthe (-*n*) f yunanüzümü
Korken (-) m mantar, tapa; **~zieher** m tirbuşon, tıpa burgusu
Korn (*¨er*) n tane; (*Getreide*) tahıl; **~blume** f mavi peygamberçiçeği
Körper (-) m vücut, beden; cisim; **~bau** m bünye
körperbehindert sakat, özürlü
Körpergröße (-*n*) f boy
körperlich bedensel
Körper|pflege f vücut bakımı; **~teil** m örgen, organ

korrekt doğru, sahih; *Kleidung*: uygun
Korrektur (-*en*) f düzeltme
Korrespondent (-*en*) m, **~tin** f muhabir; **~z** (-*en*) f yazışma
Korridor (-*e*) m koridor
korrigieren düzeltmek
Korruption (-*en*) f rüşvetçilik
Kosmetika pl. güzellik malzemesi
Kost (0) f gıda, besin
kostbar değerli
kosten v/t -*in* tadına bakmak; v/i (*wert sein*) fiyatı olm.
Kosten pl. masraflar
kostenlos parasız
köstlich nefis
kostspielig masraflı
Kostüm (-*e*) n kostüm; (*Damen-*) tayyör, döpiyes
Kot (0) m dışkı; çamur
Kotelett (-*e, -s*) n pirzola
Kotflügel m çamurluk
Krabbe (-*n*) f karides
krabbeln sürünmek
Krach (*¨e*) m gürültü; *fam.* ara bozma
krachen çatırdamak
Kraft (*¨e*) f kuvvet, güç; *Pers.* eleman; *in ~ Jur.* yürürlükte
Kraftfahrer (-) m şoför
Kraftfahrzeug n otomobil, motorlu taşıt; **~steuer** f motorlu taşıt vergisi; **~versicherung** f araba sigortası
kräftig kuvvetli, dinç; **~en** kuvvetlendirmek
Kraft|stoff m akaryakıt; **~wagen** m otomobil; **~werk** n enerji santralı

Kragen

Kragen (-) *m* yaka; **~weite** *f* yaka numarası
Krähe (-*n*) *f* karga
krähen ötmek
Kralle (-*n*) *f* pençe, tırnak
Kram (0) *m* pılı pırtı
Krampf (¨e) *m* kramp; **~ader** *f* varis
krampfhaft *fig.* sinirli
Kran (¨e) *m* vinç
Kranich (-*e*) *m* turna
krank rahatsız, hasta; **~ werden** hastalanmak
kränken gücendirmek
Kranken|haus *n* hasta(ha)ne; **~pfleger** *m* hastabakıcı; **~schwester** *f* hemşire; **~versicherung** *f* hastalık sigortası; **~wagen** *m* ambülans
krankhaft hasta, patolojik
Krankheit (-*en*) *f* hastalık
kränklich hastalıklı
Kranz (¨e) *m* çelenk
kraß aşırı, kaba
Krater (-) *m* krater
kratzen *v/t* kaşımak; *v/i Pullover*: dalamak; **sich ~** kaşınmak
Kratzer *m* çizik, sıyrık
kraus kıvırcık
Kraut (¨er) *n* ot, bitki; lâhana
Kräutertee *m* baharat çayı
Krawall (-*e*) *m* gürültü; kavga
Krawatte (-*n*) *f* kravat
kreativ yaratıcı
Krebs (-*e*) *m Zo.* yengeç; *Med.* kanser
Kredit (-*e*) *m* kredi; **auf ~** veresiye

Kreide (-*n*) *f* tebeşir
kreieren yaratmak
Kreis (-*e*) *m Math.* daire; *Pol.* kaza, ilçe
kreischen cıyaklamak
kreis|en dönmek; **~förmig** daire şeklinde
Kreis|lauf *m* dolaşım; *Med.* kan dolaşımı; **~verkehr** *m* dönel kavşak
Krem (-*s*) *f* krem
krepieren patlamak; gebermek
Kreta *n* Girit adası
Kreuz (-*e*) *n* haç; istavroz; *an.* çağrı kemiği
kreuzen *v/t Arme* kavuşturmak; *Straße* geçmek; **sich ~** karşılaşmak; keşişmek
Kreuz|fahrt *f* deniz yolculuğu; **~ung** *f* melez; *Verkehr:* kavşak, dörtyol ağzı; **~worträtsel** *n* çapraz kelime bulmacası
kriechen (yerde) sürünmek
Kriechspur *f* tırmanma şeridi
Krieg (-*e*) *m* savaş; **~führen gegen A ...** ile savaşmak
kriegen ele geçirmek; *Krankheit -e* tutmak
Krim *f* Kırım yarımadası
Krimi (-*s*) *m* polisiye film; *s.* **Kriminalroman**
Kriminal|ität (0) *f* suçluluk; **~polizei** *f* cinayet masası; **~roman** *m* dedektif romanı
kriminell cinayet
Kripo (0) *f s.* **Kriminalpolizei**
Krippe (-*n*) *f* yemlik
Krise (-*n*) *f* kriz, buhran

Kupfer

Kristall 1. (0) n kristal; **2.** (-e) m billûr
Kritik (-en) f tenkit, elestiri; ~**er** (-) m, ~**erin** f eleştirmen
kritisieren eleştirmek
kroch s. **kriechen**
Krokodil (-e) n timsah
Kron|e (-n) f taç; (Baum-) ağaç tepesi; ~**leuchter** m avize
Kröte (-n) f karakurbağa
Krücke (-n) f koltuk değneği
Krug (⁓e) m testi, küp
Krume (-n) f, **Krümel** (-) m kırıntı
krumm eğri, bükük
krümmen v/t eğmek, bükmek; **sich** ~ eğrilmek, bükülmek
Krüppel (-) m kötürüm, sakat
Kruste (-n) f kabuk
Kuba n Küba
Kübel (-) m tekne, gerdel
Kubikmeter m metre küp
Küche (-n) f mutfak
Kuchen (-) m pasta; (trockener ⁓) kek; ~**gabel** f pasta çatalı
Kuckuck (-e) m guguk
Kugel (-n) f küre, yuvarlak; ~**lager** n Tech. bilye yatağı
Kugelschreiber m tükenmezkalem; ~**mine** f tükenmezkalem içi
Kugelstoßen (0) n Sp. gülle atma
Kuh (⁓e) f inek
kühl serin; ~**en** soğutmak
Kühl|er (-) m radyatör; ~**schrank** m buz dolabı;

~**truhe** f buzluk; ~**ung** f soğutma; ~**wasser** n radyatör suyu
kühn cesur, pervasız
Küken (-) n civciv
Kultur f **1.** (0) kültür; **2.** (-en) uygarlık; ~**beutel** m tualet çantası
kulturell kültürel
Kulturfilm m öğretici film
Kümmel (0) m kimyon
Kummer (0) m keder, dert
kümmern: sich ~ ilgilenmek (**um** A ile)
Kunde (-n) m müşteri; ~**ndienst** m müşteri servisi
Kundgebung f gösteri
kündigen A -in feshini bildirmek; j-m b-i işinden çıkarmak
Kündigung f feshi ihbar
Kund|in f bayan müşteri; ~**schaft** (0) f müşteriler pl.
künftig ilerde; adj. gelecek
Kunst (⁓e) f sanat; ustalık; **die schönen Künste** pl. güzel sanatlar; ~**faser** f sentetik lif; ~**geschichte** f sanat tarihi; ~**handwerk** n el sanatları pl.
Künstler (-) m, ~**in** f artist, sanatçı
künstlich yapay; (imitiert) takma
Kunst|seide f sunî ipek; ~**stoff** m sunî madde, plastik; ~**stück** n hüner; marifet; ~**werk** n sanat eseri
kunterbunt karışık; rengârenk
Kupfer (0) n bakır

Kuppe

Kuppe (-n) f ön kısım; tepe; ~l (-n) f kubbe
Kupplung f Kfz. debriyaj
Kur (-en) f kür, tedavi
Kurbel (-n) f manivela, kol; ~welle f Kfz. ana dingil
Kürbis (-sse) m kabak
Kurde (-n) m Kürt
kurdisch Kürt; Kürtçe
Kurort m tedavi yeri
Kurs (-e) m yol, rota; Hdl. kur; (Sprach- usw.) kurs; ~buch n tren rehberi
Kürschner (-) m kürkçü
kursieren tedavüle etm.; dolaşmak
Kurswagen m direkt vagon
Kurve (-n) f viraj; dönemeç; Math. eğri
kurz kısa; adv. kısaca; vor ~em geçenlerde; ~ und gut kısacası; ~ärmelig kısa kollu
Kürze (0) f kısalık; in ~ yakında
kürz|en kısaltmak; ~lich geçenlerde
Kurzschluß m kontak; kısa devre
kurzsichtig miyop; fig. basiretsiz
Kurz|waren pl. tuhafiye sg.; ~welle f kısa dalga
Kusine (-n) f kuzin
Kuß (~sse) m öpücük, öpüş
küssen v/t öpmek; sich ~ öpüşmek
Küste (-n) f sahil, kıyı; ~nstraße f sahil yolu
Kutsche (-n) f fayton; ~r (-) m arabacı
Kutteln pl. işkembe sg.
Kuvert (-s) n mektup zarfı

L

~schlußzeit f dükkânların kapanma saati; ~tisch m tezgâh
labil dengesiz; kararsız
Labor (-s) n lâboratuar
lächeln gülümsemek
Lächeln (0) n gülümseme, tebessüm
lachen gülmek (über A -e)
Lachen (0) n gülme, gülüş
lächerlich gülünç
Lachs (-e) m sombalığı
Lack (-e) m cilâ, vernik
lackieren cilâlamak
laden Waffe doldurmak; Waren yüklemek; s. auf-, einladen
Laden (¨) m dükkân, mağaza; ~hüter (-) m sürümsüz mal;
Ladung f yük; doldurma
lag s. liegen
Lage (-n) f yer; fig. durum, hal; (Schicht) kat, tabaka; in der ~ sein zu inf. (od. D) -ecek) durumda olm.
Lager (-) n yatak, döşek; Hdl. depo, ambar; (Zelt-) kamp
lagern v/t depo etm.; v/i yatmak, uzanmak
Lagune f lâgün, deniz kulağı
lahm topal, kötürüm
lähmen felce uğratmak

Lähmung *f* felç
Laib (-*e*) *m* somun (*ekmek*)
Laie (-*n*) *m* lâik; acemi, uzman olmayan
Laken (-) *n* yatak çarşafı
Lakritze (-*n*) *f* meyan kökü
Lamm (*~er*) *n* kuzu; **~fell** *n* kuzu derisi *veya* pöstekisi
Lampe (-*n*) *f* lamba; **~nfieber** (sahneye çıkmadan önceki) heyecan; **~nschirm** *m* abajur
Land *n* ülke; (*Fest-*) kara; (*Boden*) toprak, arazi; **~ebahn** *f* iniş pisti
landen *-e* inmek; *-e* yanaşmak
Landenge *f* berzah, kıstak
Länderspiel *n* millî maç
Land|gut *n* çiftlik; **~karte** *f* harita
ländlich köylü, taşralı
Land|schaft *f* civar, bölge; manzara; **~smann** (-*leute*) *m* vatandaş; **~straße** *f* şose; **~streicher** *m* serseri
Landung *f* iniş; **~sbrücke** *f* iskele
Landwirt *m* çiftçi; **~schaft** (-*en*) *f* ziraat, tarım
lang uzun; *Pers.* uzun boylu; (*entlang*) boyunca; **fünf Meter ~** beş metre uzunluğunda; **drei Wochen ~** üç hafta süresince
lange uzun zaman; **schon ~** çoktan beri; **wie ~** ne kadar (zaman)?; **so ~ bis** -*diği* kadar
Länge (-*n*) *f* uzunluk; *Geo.* boylam

langen *D* yetmek; elini uzatmak (*nach D -e*)
Langeweile *f* can sıkıntısı
läng|lich uzunca; **~s** *G* boyunca *N*
langsam yavaş
längst: schon ~ çoktan beri
Languste *f* lângust
langweil|en: sich ~en canı sıkılmak; **~ig** can sıkıcı
langwierig uzun süren
Lappen (-) *m* bez, paçavra
Lärm (0) *m* gürültü, şamata
Larve (-*n*) *f* maske; *Zo.* kurtçuk
las *s. lesen*
lassen (*zurück~, bleiben ~*) bırakmak; (*nicht tun*) yapmamak; (*machen ~*) (yap)tırmak; (*gestatten*) -*e* izin vermek
lässig gayretsiz; gevşek
Last (-*en*) *f* yük
Last|auto *n, fam.* **~er** (-) *m* kamyon
lästern (*über A -i*) kötülemek
lästig üzücü, rahatsız edici
Last|schrift *f* zimmet kaydı; **~wagen** *m* kamyon
Latein (0) *n*, **lateinisch** Lâtince; Lâtin
Laterne (-*n*) *f* fener
latschen *fam.* ayağını sürüyerek yürümek
Latte (-*n*) *f* lâta
Latzhose *f* bahçıvan pantolonu
lau ılık
Laub (0) *n* yapraklar *pl.*;

Laubbaum

~baum *m* yapraklı ağaç; ~e (-*n*) *f* kameriye
Lauch (-*e*) *m* pırasa
lauern pusuda beklemek, gözetlemek (**auf** *A* -*i*)
Lauf (~*e*) *m* koşu; akıntı; gidiş; (*Gewehr*) namlu; ~**bahn** *f* kariyer
laufen koşmak; *Wasser:* akmak; *Maschine:* işlemek
Läufer (-) *m* koşucu; *Schach:* fil; (*Teppich*) merdiven halısı
Lauf|masche *f* kaçık, çorap söküğü; ~**steg** *m* geçit köprüsü
Lauge (-*n*) *f* eriyik, küllü su
Laune (~*n*) *f* keyif, mizaç
launenhaft kaprisli, geçimsiz
Laus (~*e*) *f* bit
lauschen kulak vermek (**auf** *A* -*i*)
laut gürültülü; yüksek (sesle); *präp.* (*G*, *D*) göre, nazaran
Laut (-*e*) *m* ses
Laute (-*n*) *f Mus.* lâvta; ut
lauten şöyle olm.
läuten *v/t*, *v/i* çalmak
lauter (*nichts als*) hepsi
Lautsprecher *m* hoparlör
lauwarm ılık
Lava (0) *f* lâv
Lavendel (-) *m* lavanta
Lawine (-*n*) *f* çığ
leben yaşamak; hayatta olm.
Leben (0) *n* hayat, ömür; can
lebend canlı; ~**ig** sağ; canlı; hareketli
Lebens|bedingungen *pl.* hayat şartları; ~**gefahr** *f* ölüm tehlikesi

lebensgefährlich çok tehlikeli
Lebenshaltungskosten *pl.* geçim masrafları
lebenslänglich *Jur.* müebbet
Lebens|lauf *m* özgeçmiş, ~**mittel** *pl.* yiyecekler; ~**unterhalt** *m* geçim; ~**versicherung** *f* hayat sigortası; ~**wandel** *m* hayat sürme, ahlâk
lebenswichtig hayati, çok önemli
Leber (-*n*) *f* karaciğer; ~**pastete** *f* ciğer ezmesi
Lebewesen *n* canlı varlık
lebhaft canlı, heyecanlı; işlek
Leck (-*s*) *n* delik, çatlak
leck: ~ **sein** su almak
lecken yalamak (**an** *D* -*i*)
lecker lezzetli
Leckerbissen nefis yemek
Leder (-) *n* meşin, deri; ~**mantel** *m* deri palto, deri manto; ~**waren** *pl.* deri eşya
ledig bekâr; ~**lich** *adv.* ancak, sadece
leer boş; ~**en** boşaltmak
Leer|gut (0) *n* (depozitolu) boş şişeler *pl.*; ~**lauf** *m* boşa işleme; ~**ung** *f* boşalt(ıl)ma
legal meşru, yasal
legen (düz) koymak, yatırmak; döşemek; **sich** ~ yatmak, uzanmak (**in**, **auf** *A* -*e*); durmak, kesilmek
Lehm (-*e*) *m* balçık
Lehne (-*n*) *f* arkalık
lehnen *v/t* dayamak (**an** *A* -*e*); **sich** ~ dayanmak (**an** *A* -*e*)

Lehnstuhl *m* koltuk
Lehr|buch *n* ders kitabı; **~e** (-*n*) *f* çıraklık; ders; doktrin
lehren öğretmek, okutmak (*j-n etw. -e -i*)
Lehr|er (-) *m*, **~erin** *f* öğretmen; hoca; **~gang** *m* kurs; **~ling** *m* çırak; **~stuhl** *m* kürsü
Leib (-*er*) *m* gövde; vücut, beden; **~esübungen** *pl.* beden eğitimi *sg.*; **~schmerzen** *pl.* karın ağrısı *sg.*; **~wache** *f* özel koruyucular *pl.*
Leich|e *f* ölü, ceset; **~enschauhaus** *n* morg; **~nam** *m* naaş; *s.* **Leiche**
leicht hafif; kolay
Leichtathletik *f Sp.* atletizm
leicht|gläubig saf(dil); **~sinnig** hoppa, düşüncesiz
leid: es tut mir ~ üzgünüm
leiden acı çekmek; **~ an** *D* tutulmak; **nicht ~ können** *A* -*den* hoşlanmamak
Leiden (-) *n* sakatlık, cefa; **~schaft** *f* tutku; heyecan
leidenschaftlich ateşli, coşkulu
leid|er maalesef, ne yazık ki; **~ig** nahoş
Leierkasten *m* lâterna
Leih|bibliothek, **~bücherei** *f* (dışarıya kitap veren) kütüphane
leihen *v/t* ödünç vermek (*j-m b-e*); (**sich ~**) ödünç almak (*von D -den*)
Leih|gebühr *f* kira bedeli; **~wagen** *m* kiralık otomobil

lesbisch
leihweise ödünç olarak
Leim (-*e*) *m* tutkal
Leine (-*n*) *f* ip
Lein|en (-) *n* keten bezi; **~wand** *f* (*Kino*-) beyazperde
leise sessiz; ince; *Stimme*: yavaş, alçak
Leiste (-*n*) *f* pervaz; *an.* kasık
leisten yapmak, yerine getirmek; *Eid* içmek
Leisten (-) *m* kundura kalıbı; **~bruch** *m Med.* fıtık
Leistung *f* yapma; (*Arbeits*-) verim; (*Erfolg*) başarı; (*Dienst*) hizmet
leistungsfähig verimli; kabiliyetli
Leitartikel *m* başyazı
leiten yönetmek, idare etm.; *El.* iletmek
Leiter¹ (-) *m*, **~in** *f* müdür, direktör
Leiter² (-*n*) (seyyar) merdiven
Leitung *f* yönetim; *El.* iletme; hat; (*Wasserleitung*) boru; **~swasser** *n* musluk suyu
Lekt|ion *f* ders; **~üre** (-*n*) *f* okuma
Lende (-*n*) *f* kalça; bel
lenken yönetmek; *Fahrzeug* kullanmak
Lenk|rad *n* direksiyon; **~stange** *f* gidon; **~ung** *f* yönetim; *Tech.* güdüm
Leopard (-*en*) *m* pars
Lepra (0) *f* cüzam
Lerche (-*n*) *f* toygar
lernen öğrenmek
lesbar okunaklı
lesbisch sevici

lesen

lesen okumak; (*sammeln*) toplamak; (*vorlesen*) okutmak
Leser (-) *m*, **~in** *f* okuyucu, okur
letzt- son, sonuncu; en yeni; *letzte Woche* geçen hafta
leuchten parlamak, ışık; **~d** parlak, parlayan
Leucht|er (-) *m* şamdan; **~turm** *m* fener kulesi
leugnen inkâr etm.
Leukämie (-n) *f* lösemi
Leumund (0) *m* ün, şan
Leute *pl.* insanlar
Leutnant (-s) *m* teğmen
Lexikon (-ka) *n* sözlük
Libanon *m* Lübnan
Libelle (-n) *f* kızböceği
liberal liberal, erkinci
Libyen *n* Libya
Licht (-er) *n* ışık; **~bild** *n* (vesikalık) fotoğraf
lichten Anker almak
Licht|hupe *f* far sinyali; **~maschine** *f* şarj dinamosu; **~schalter** *m* elektrik düğmesi; **~schein** *m*, **~strahl** *m* ışın, ışık; **~ung** *f* ağaçsız alan
Lid (-er) *n* göz kapağı; **~schatten** *m* (gözler için) far
lieb sevimli; *Anrede*: sevgili; *am liebsten* en çok
Liebe (0) *f* sevgi; aşk
lieben sevmek; **~swürdig** nazik, sevimli
lieber *adv.* daha çok
Liebesbrief *m* aşk mektubu
liebevoll şefkatli
Lieb|haber (-) *m* sevgili;

~ling (-e) *m* sevgili; gözde;
~lings- en çok sevilen
Lied (-er) *n* şarkı; (*Volks-*) türkü
liederlich ihmalci, hırpani
lief *s. laufen*
Lieferant (-en) *m* teslim eden
liefern *D Ä* göndermek, teslim etm.; (*beschaffen*) temin etm.
Lieferung *f* teslim; sağlama
Liege divan; (*Garten-*) şezlong
liegen yatmak, uzanmak; *Sache*: durmak; bulunmak; **~bleiben** yatıp kalmak; **~lassen** bırakmak; unutmak
Liege|stuhl *m* şezlong; **~wagen** *m* kuşetli vagon
lieh *s. leihen*
ließ *s. lassen*
Lift (-e, -s) *m* asansör
Likör (-e) *m* likör
lila mor, eflâtun
Lilie (-n) *f* zambak
Limonade (-n) *f* limonata
Linde (-n) *f* ıhlamur ağacı; **~nblüte** *f* ıhlamur çiçeği
lindern dindirmek, yatıştırmak
Lineal (-e) *n* çizgilik, cetvel
Linie (-n) *f* hat, çizgi; satır; **~bus** *m* hat otobüsü; **~nflug** *m* tarifeli uçuş; **~maschine** *f* tarifeli uçak; **~nrichter** *m* yan hakem
link- sol
links solda; *nach ~* sola; *von ~* soldan

Links|abbieger (-) *m* sola dönen; **~händer** (-) *m* solak
Linse (*-n*) *f* mercimek; *Phys.* mercek
Lippe (*-n*) *f* dudak; **~nstift** *m* ruj
lispeln peltek lemek
List (*-en*) *f* hile, düzen
Liste (*-n*) *f* çizelge, liste
listig kurnaz
Liter (-) *n od. m* litre
Literatur (*-en*) *f* edebiyat, yazın
Litfaßsäule *f* ilân kulesi
litt *s.* **leiden**
Lizenz (*-en*) *f* lisans, ruhsat
Lkw (= **Lastkraftwagen**) *m* kamyon
Lob (0) *n* övgü, övme
loben övmek
Lobby *f Pol.* lobi; (*Hotel-*) hol
Loch (**¨er**) *n* delik; oyuk
lochen delmek
Locher (-) *m* delikli zımba
Locke (*-n*) *f* lüle, bukle
locken cezbetmek, çekmek; *Haar* kıvırmak
Lockenwickler (-) *m* bigudi
locker oynak, gevşek; *fig.* hoppa; **~n** gevşetmek
lockig kıvırcık
Loden (-) *m* kaba tüylü yün
Löffel (-) *m* kaşık
löffeln kaşıkla yemek
log *s.* **lügen**
Loge (*-n*) *f* loca
logisch mantıklı
Lohn (**¨e**) *m* ücret; *fig.* ödül
lohnen: *sich* ~ zahmete değmek, yararlı, olm.; **~d** verimli, kârlı

Lohn|erhöhung *f* ücret zammı; **~steuer** *f* kazanç vergisi; **~karte** *f* vergi karnesi
Lokal (*-e*) *n* lokanta
lokal *adj.* yerel, mahallî
Lokativ (*-e*) *m Gr.* kalma durumu
Lokomotive (*-n*) *f* lokomotif
London *n* Londra
Lorbeer (*-en*) *f* defne
Lore (*-n*) *f* dekovil vagonu
Los (-e) *n* (*Lotterie-*) piyango bileti
los gitmiş; ayrılmış; **~!** *Intj.* ha(y)di!; *was ist* **~?** ne var?; ne oldu?
lösbar çözülebilir
Lösch|apparat *m* yangın söndürme aleti; **~blatt** *n* kurutma kâğıdı
löschen *Feuer* söndürmek; *Durst* gidermek; *Eintragung* silmek
lose gevşek; çözük; açık
Lösegeld *n* fidye, kurtulmalık
lösen *Rätsel; Fahrkarte* almak; *Jur.* feshetmek; *Chem.* eritmek
losen kur'a çekmek
los|gehen (*beginnen*) başlamak; (*weggehen*) yollanmak; *Bombe:* patlamak; yürümek (*auf A zu -e* doğru); **~lassen** *A* serbest bırakmak, salıvermek
löslich çözülebilir; (*wasser~*) suda erir
Losung *f* parola

Lösung

Lösung f çözüm; *Chem.* çözelti
loswerden A *-den* kurtulmak
Lot (*-e*) n iskandil
löten lehimlemek
Lötkolben m havya
Lotse (*-n*) m gemi kılavuzu
Lotterie (*-n*) f piyango; **~gewinn** m ikramiye
Lotto (*-s*) n loto
Löwe (*-n*) m aslan
Luchs (*-e*) m vaşak
Lücke (*-n*) f boşluk
lücken|haft eksik; **~los** kusursuz
lud s. *laden*
Luft (*-̈e*) f hava; **~angriff** m hava baskını; **~ballon** m balon
luftdicht hava kaçırmaz
Luftdruck m hava basıncı
lüften havalandırmak
Luft|fahrt f havacılık; **~kissenfahrzeug** n hoverkraft
luftleer havasız
Luft|linie f hava hattı; **~matratze** f deniz yatağı; **~pirat** m hava korsanı; **~post** f uçak postası; **~pumpe** f pompa; **~röhre** f soluk borusu
Lüftung f havalandır(ıl)ma
Luft|verschmutzung f hava kirliliği; **~waffe** f hava kuvvetleri *pl.*
Lüge (*-n*) f yalan
lügen yalan söylemek
Lügner (*-*) m, **~in** f yalancı
Luke (*-n*) f çatı deliği; *Mar.* lombar
lukrativ kârlı, kazançlı
Lumpen (*-*) m paçavra
Lunge (*-n*) f akciğer; **~nentzündung** f zatürree
Lupe (*-n*) f büyüteç
Lust 1. (*0*) f heves, arzu; **~ haben zu** *D -i* istemek, *-mek* hevesinde olm.; **2.** (*-̈e*) f şehvet
lustig neşeli; şakacı; **sich ~ machen** alay etm. (*über A* ile)
Lustspiel n komedi, güldürü
lutschen A (*od an D*) *-i* emmek
Lutscher (*-*) m çubuklu şeker
luxuriös lüks
Luxus (*0*) m lüks
Lyrik (*0*) f lirik şiir

M

mach|bar yapılabilir; **~en** yapmak; hazırlamak; *Betten* düzeltmek; *Licht* yakmak; **wieviel macht das?** ne kadar ediyor?; **das macht nichts** zararı yok
Macht (*-̈e*) f kuvvet, güç, iktidar
mächtig kuvvetli, kudretli
machtlos güçsüz, zayıf
Mädchen n kız; **~name** m kızlık adı
Made (*-n*) f kurt(çuk)
mag s. *mögen*
Magazin (*-e*) n ambar; dergi

Manöver

Magen (‥) m mide; **~verstimmung** f mide bozukluğu
mager zayıf; yağsız
Magermilch f yağı alınmış süt
magisch büyücü, sihirli
Magnet (-e, -en) m mıknatıs
magnetisch mıknatıslı
Mahagoni (0) n mahun
mähen biçmek
Mahl (-e, ‥er) n yemek
mahlen öyütmek
Mahlzeit f öğün yemek; **~!** afiyet olsun!
Mähmaschine f orak makinesi
Mähne (-n) f yele
Mahnung f ihtar, uyarı
Mai (-e) m mayıs; **~glöckchen** n Bot. inciçiçeği; **~käfer** m Zo. mayısböceği
Mais (-e) m mısır; **~kolben** m mısır koçanı
majestätisch haşmetli
Major (-e) m binbaşı
Majoran (-e) m mercanköşk
Makel (-) m kusur, leke
makellos lekesiz
mäkeln kusur bulmak (an D -e)
Make-up (-s) n makyaj
Makkaroni pl. makarna sg.
Makler (-) m, **~in** f komisyoncu
Makrele (-n) f uskumru
Mal¹ (-e) n işaret; (Fleck) leke, ben
Mal² (-e) n, **-mal** defa, kez, kere
Malaria (0) f sıtma

malen A -in resmini yapmak; -i boyamak
Maler (-) m ressam; boyacı; **~ei** (-en) f ressamlık; **~in** f ressam
malerisch resim kadar güzel
Malz (0) n malt
Mama (-s) f anne(cik)
man insan; **wenn ~ will** istenilirse
Manager (-) m menecer
manch, ~e, ~er, ~es birçok; **~mal** bazan
Mandant (-en) m, **~in** f müvekkil
Mandarine (-n) f mandalina
Mandat (-e) n Jur. vekâlet; Pol. manda
Mandel (-n) f Bot. badem; an. bademcik; **~entzündung** f anjin, bademcik iltihabı
Mangel m 1. (‥) eksiklik; kusur; **2.** (0) kıtlık; yokluk
mangel|**haft** eksik, kusurlu; **~n** eksik olm. (an D N); **~s** G bulunmadığından N
Manieren pl. adabımuaşeret, görgü sg.
Manikür (-n) f manikür
manipulieren etkilemek
Mann (‥er) m erkek, adam; (Ehe-) koca, eş
Männchen n Zo. erkek; **~ machen** salta durmak
Mannequin (-s) n manken
männlich erkek; Gr. eril; fig. mert, yiğit
Mannschaft (-en) f takım; ekip; Mar. tayfa
Manöver (-) n manevra

Mansarde

Mansarde (-n) f çatı arası oda
Manschette (-n) f kolluk; manşet
Mantel (¨) m palto, pardösü; (*Damen-*) manto
manuell elle (yapılan)
Mappe (-n) f çanta; klasör
Märchen (-) n masal
märchenhaft masal gibi; inanılmaz
Marder (-) m *Zo.* sansar
Margarine (0) f margarin
Maria f Meryem
Marine (-n) f bahriye
mariniert salamuralı
Marionette (-n) f kukla
Mark¹ (0) n ilik; öz
Mark² (-) f *Hdl.* mark
Marke (-n) f marka; (*Brief- usw.*) pul
markieren işaretlemek
Markt (¨e) m pazar; (*Jahr-*) fuar; piyasa; **~platz** m pazar yeri
Marmarameer n Marmara denizi
Marmelade (-n) f marmelât
Marmor (-e) m mermer
marmoriert ebrulu
Marokko n Fas
Marone (-n) f *Bot.* kestane
Mars m *Astr.* Mars, Merih
Marsch (¨e) m yürüyüş; *Mus.* marş
marschieren yürümek
Märtyrer (-) m, **~in** f şehit
März (-e) m mart
Marzipan (-e) f n badem ezmesi

Masche (-n) f ilmik; *fig.* hile
Maschine (-n) f makine
maschinell mekanik
Maschinen|bau m makine mühendisliği; **~gewehr** n makineli tüfek
maschinen|geschrieben daktilo ile yazılmış; **~waschbar** makine ile yıkanabilir
Masern *pl.* kızamık *sg.*
Maske (-n) f maske
maskieren: sich ~ maskelemek
maskulin *Gr.* eril
maß *s.* **messen**
Maß (-e) n ölçü; genişlik; *nach ~* ısmarlama
Massage (-n) f masaj
Massaker (-) n kırım
Masse (-n) f kitle, yığın; madde, kütle; **~nmedien** *pl.* basın yayın
maßgeb|end, ~lich önemli, esas olan
massieren masaj etm.; ovmak; (*häufen*) yığmak
mäßig ölçülü; az; **~en** *v/t* yatıştırmak; indirmek; *sich* **~en** kendine hakim olm.
massiv som
maßlos ölçüsüz
Maß|nahme f önlem, tedbir; **~stab** m ölçü; ölçek
maßvoll ölçülü
Mast (-en) m direk
Mastdarm m göden
mästen semirtmek
Material (-ien) n malzeme, gereç; **~ismus** m materyalizm

Materie (-n) f madde
materiell maddî, maddesel
Mathematik (0) f matematik
Matratze (-n) f şilte, döşek; (*Sprungfeder-*) somya
Matrose (-n) m gemici, tayfa
Matsch (0) m çamur
matt takatsiz; donuk, soluk; *Pers.* bitkin
Matte (-n) f hasır; paspas
Mauer (-n) f duvar; sur
Maul (*~er*) n *Zo.* ağız; **~beere** f dut; **~esel** m katır; **~korb** m burun maskesi; **~wurf** m köstebek
Maurer (-) m duvarcı
Maus (*~e*) f fare, sıçan; **~efalle** f fare kapanı
Maut(gebühr) f yol resmi
maximal azamî, maksimal
Maximum (-*ma*) n maksimum
Mayonnaise (-n) f mayonez
Mechaniker (-) m tamirci, makineci
mechanisch mekanik
Medikament (-e) n ilâç
Medium (-*ien*) n araç
Medizin (-en) f tıp; ilâç; **~er** (-) m doktor, hekim
Meer (-e) n deniz; **~blick** m: *mit ~* deniz manzaralı; **~busen** m körfez; **~enge** f boğaz; **~esspiegel** m deniz seviyesi; **~schweinchen** n kobay
Mehl (-e) n un
mehr daha çok; fazla; artık; **~deutig** çok anlamlı; **~ere** *pl.* birçok; **~fach** tekrarlı

Mehrheit (-en) f çoğunluk
mehrmals çok defa
Mehr/weg- çok kullanımlı; **~wertsteuer** f katma değer vergisi; **~zahl** f çoğunluk; *Gr.* çoğul; **~zweck-** çok amaçlı
meiden A -den sakınmak
Meile (-n) f mil
mein- benim(ki)
Meineid m yalan yere yemin
meinen sanmak, düşünmek; (*äußern*) söylemek; (*sagen wollen*) amaçlamak
Meinung f fikir, oy
Meißel (-) m keski
meist|(ens) en çok, ekseriya; *die ~en pl.* çoğu
Meister (-) m usta; üstat; şampiyon
meister|haft ustalıklı; **~n** *A -e* hâkim olm.
Meister|schaft (-en) f ustalık; şampiyonluk; **~stück** n, **~werk** n şaheser
melancholisch melânkolik
melden D A bildirmek
Meldung f haber (verme)
melken sağmak
Melodie (-n) f melodi, ezgi
Melone (-n) f (*Wasser-*) karpuz; (*Zucker-*) kavun
Menge (-n) f miktar; yığın, küme; kalabalık
Mensa (-*sen*) f üniversite yemekhanesi
Mensch (-en) m insan; **~enmenge** f kalabalık
Menschenverstand: *gesunder ~* sağduyu

Menschheit (0) f insanlık, beşeriyet
menschlich insanca
Menschlichkeit (0) f insanlık, insaf
Menstruation f aybaşı, âdet görme
Mentalität (-en) f zihniyet, anlayış
merken A kaydetmek; -i duymak; -in farkına varmak; sich ~ A aklında tutmak
Merkmal (-e) n belirti, işaret
merkwürdig garip
Messe (-n) f Rel. âyin; Hdl. fuar
messen ölçmek
Messer (-) n bıçak; (Taschen-~) çakı
Meßgerät n ölçme aygıtı, sayaç
Messing (0) n pirinç
Messung f ölçme
Metall (-e) n maden
metallisch madenî
Meteor (-e) n meteorit, gök taşı; **~ologie** (0) f meteoroloji; hava bilgisi
Meter (-) m od. n metre; **~maß** n şerit metre
Methode (-n) f metot, yöntem
Metzger (-) m kasap; **~ei** (-en) f kasap dükkânı
Meute (-n) f sürü, küme
Meuterei (-en) f ayaklanma
meutern ayaklanmak
Mexiko n Meksika
miauen miyavlamak
mich beni; **für ~** benim için
mied s. meiden

Miene (-n) f yüz, çehre
mies fam. fena, berbat
Miesmacher (-) m bozguncu
Miete (-n) f kira
mieten kiralamak
Miet|er (-) m, **~erin** (-nen) f kiracı; **~shaus** n apartman; **~vertrag** m kira kontratı; **~wagen** m kiralık otomobil (veya araba)
Migräne (-n) f migren
Mikro|be (-n) f mikrop; **~phon** (-e) n mikrofon; **~skop** (-e) n mikroskop; **~welle** f mikro dalga
Milch (0) f süt; **~kaffee** m sütlü kahve; **~pulver** n süt tozu; **~straße** f Samanyolu; **~zahn** m sütdişi
mild yumuşak; hafif; **~ern** hafifletmek
Milieu (-s) n ortam, çevre
Militär (0) n askerlik; askeriye; **~gericht** n askerî mahkeme
Miliz (-en) f milis
Milli|arde (-n) f milyar; **~meter** m od. n milimetre
Million (-en) f milyon; **~är** (-e), **~ärin** (-nen) f milyoner
Milz (-en) f dalak
Minarett (-e, -s) n minare
Minderheit (-en) f azınlık
minder|jährig reşit olmayan; **~n** azaltmak; **~wertig** az değerli, bayağı
Minderwertigkeitskomplex m aşağılık kompleksi
mindest|- en az, asgarî; **~ens** adv. hiç olmazsa

Mitschüler(in)

Mine (-n) f Bgb. maden ocağı; Mil. mayın; (Kugelschreiber-) iç
Mineral (-e) n maden, mineral; **~wasser** n maden suyu
Miniatur (-en) f minyatür
minimal en az; çok az
Minimum (-ima) n minimum
Minirock m mini etek
Minister (-) m, **~in** f bakan; **~ium** (-ien) n bakanlık
minus a Math. eksi; **fünf Grad ~** eksi beş derece
Minute (-n) f dakika; **~nzeiger** m yelkovan
mir bana; **mit ~** benimle
mischen karıştırmak
Misch|ling (-e) m melez; **~ung** f karışım
miserabel berbat
miß|achten hiçe saymak; **~billigen** uygun bulmamak
Mißbrauch m kötüye kullanma
mißbrauchen kötüye kullanmak
Miß|erfolg m başarısızlık; **~fallen** (0) n beğenmeyiş; **~geschick** n talihsizlik, aksilik
miß|glücken s. mißlingen; **~handeln** A -e fena muamele etm., kötü davranmak
Mission (-en) f misyon; **~ar** (-e) n misyoner
Mißkredit m: **in ~ bringen** gözden düşürmek
miß|lang s. mißlingen; **~lich** müşkül; aksi; **~lingen** başarılmamak (j-m N b. ş-i);

~lungen başaramamış; **~trauen** D güvenmemek; **~trauisch** güvensiz
Mißverständnis n yanlış anlayış
mißverstehen yanlış anlamak
Mist (0) m gübre; tezek
Mistel (-) f ökseotu
mit D ile; ile beraber
Mitarbeit f iş birliği; **~er(in** f) m iş arkadaşı; eleman
Mitbestimmung f birlikte kararlaştırma
mitbringen DA yanında getirmek
Mitbringsel (-) n küçük hediye
Mitbürger(in f) m yurttaş
mit|einander birlikte; **~fahren** birlikte gitmek
Mitgefühl n dert ortaklığı, duygudaşlık
mit|gehen birlikte gitmek; **~genommen** fig. sarsılmış
Mitglied n üye; **~sausweis** n üyelik belgesi; **~sbeitrag** m üyelik aidatı; **~skarte** f üyelik kartı
mit|kommen birlikte gelmek; geri kalmamak; **~kriegen** fam. anlamak
Mitleid n acıma, merhamet
mit|machen katılmak (bei D -e); **~nehmen** yanına almak; (alıp) götürmek
Mit|reisende(r) yolculuk arkadaşı, yolcu; **~schuld** f suç ortaklığı; **~schüler(in** f) m okul arkadaşı

mitspielen oyuna katılmak
Mittag (-e) m öğle; **~essen** n öğle yemeği
mittags öğleyin
Mitte (-n) f orta, merkez
mitteilen DA bildirmek
Mitteilung f bildirme, haber
Mittel (-) n araç; çare; **~alter** (0) n ortaçağ; **~europa** n Orta Avrupa; **~finger** m orta parmak; **~klasse** f Auto: orta büyüklük; Hotel: orta sınıf
mittel||los yoksul; **~mäßig** orta (dereceli)
Mittel|meer n Akdeniz; **~ohrentzündung** f orta kulak iltihabı; **~punkt** m merkez; **~stand** m orta sınıf; **~streifen** m orta şerit; **~stürmer** m santrfor; **~welle** f orta dalga
mitten: ~ **in** (od. unter) A -in ortasına; D -in ortasında; ~ **durch** A -in ortasından
Mitternacht (0) f gece yarısı
mittlere orta(lama); ortadaki; (zwischen zwei Punkten) aradaki
Mittwoch m çarşamba
mit||wirken katkısı olm.; **~zählen** hesaba katmak
mixen karıştırmak
Möbel pl. mobilya; **~stück** n möble; **~wagen** m eşya nakil arabası
möblieren döşemek
mochte, möchte s. **mögen**
Mode (-n) f moda; **~ll** (-e) n örnek, model; **~nschau** f defile

modern adj. modern, çağdaş
Modeschmuck m (ucuz) moda süs
Mofa (-s) n motorlu bisiklet
mogeln hile yapmak
mögen istemek, sevmek
möglich mümkün, olabilir; **so früh (schnell) wie** ~ bir an evvel
Möglichkeit f imkân, olanak
möglichst mümkün olduğu kadar
Mohair (-e) m tiftik
Mohammed m Hazreti Muhammed; **~aner(in** f) m Müslüman
Mohn (-e) m haşhaş; gelincik
Möhre (-n), **Mohrrübe** (-n) f havuç
Mole (-n) f dalgakıran
molk s. **melken**
Molkerei (-en) f süthane
Moll (0) n minör
mollig yumuşak; tombul
Moment (-e) m an; **einen** ~! bir dakika!; **jeden** ~ her an
momentan şimdiki; adv. şimdilik
Monat (-e) m ay
monatlich aylık; adv. her ay
Monats|blutung f aybaşı, âdet; **~karte** f aylık paso
Mönch (-e) m rahip
Mond (-e) m ay; **~finsternis** f ay tutulması; **~schein** m ay ışığı
Mono|gamie (0) f tekeşlilik, monogami; **~pol** n tekel
Montag (-e) m pazartesi

Mont|age (-*n*) *f* montaj, kurma; **~eur** (-*e*) *m* montör
montieren kurmak, monte etm.
Moor (-*e*) *n* bataklık
Moos (-*e*) *n* yosun
Moped (-*s*) *n* hafif motosiklet
Moral (0) *f* ahlâk; moral
moralisch ahlâkî
Morast (-*e*) *m* bataklık, çamur
Mord (-*e*) *m* (kasıtlı) adam öldürme; cinayet
Mörder (-) *m*, **~in** *f* katil
morgen yarın; **~ früh** yarın sabah
Morgen (-) *m* sabah; **guten ~!** günaydın!; **~dämmerung** *f* şafak; **~rock** *m* sabahlık
morgens sabahleyin; *um sechs Uhr ~* sabah saat altıda
morgig- yarınki
morsch çürük
Mörtel (-) *m* harç
Mosaik (-*e*, -*en*) *n* mozaik
Moschee (-*n*) *f* cami
Moskau *n* Moskova
Moskito (-*s*) *m* sivrisinek
Moslem (-*s*) *m* Müslüman
Most (-*e*) *m* şıra
Motel (-*s*) *n* motel
Motiv (-*e*) *n* sebep, saik; motif
Motor (-*en*) *m* motor; **~boot** *n* motorbot, motorlu sandal; **~haube** *f* kaporta; **~rad** *n* motosiklet; **~radfahrer(in** *f*) *m* motosikletçi; **~roller** *m* skuter; **~schaden** *m* motor bozukluğu, motorda hasar

Motte (-*n*) *f* güve
Motto (-*s*) *n* vecize; parola
Möwe (-*n*) *f* martı
Mücke (-*n*) *f* sivrisinek
müde yorgun
muffig küflü
Mühe (-*n*) *f* zahmet; gayret; *sich ~ geben* uğraşmak
Mühle (-*n*) *f* değirmen
müh|sam, ~selig zahmetli, yorucu
Müll (0) *m* çöp, süprüntü; **~beutel** *m* çöp torbası; **~deponie** *f* mezbele, çöplük; **~eimer** *m* çöp tenekesi
Müller (-) *m* değirmenci
Mullwindel *f* gaz bezi
multi|national çokuluslu; **~plizieren** çarpmak
München *n* Münih
Mund (*-er*) *m* ağız; **~art** *f* ağız, şive
münd|en *Fluß*: dökülmek (*in A -e*); *Straße*: kesişmek; **~ig** reşit; **~lich** sözlü
Mundstück *n* ağızlık
Mündung *f* ağız
Mundwasser *n* gargara
Munition (0) *f* cephane
munter canlı, uyanık
Münz|e (-*n*) *f* madenî para; (*Gedenk-*) madalya; **~fernsprecher** *m* jetonlu telefon
mürbe yumuşak, gevrek
Murmel (-) *f* bilye, zıpzıp
murmeln mırıldanmak
murren homurdanmak
mürrisch somurtkan
Mus (-*e*) *n* ezme

Muschel

Muschel (-n) f midye; (~schale) midye kabuğu
Museum (-een) n müze
Musik (0) f müzik
musikalisch müzikle ilgili; *Pers.* müzikten anlar
Musiker (-) m, ~in f müzisyen
Musikinstrument n çalgı
Muskatnuß f küçük hindistancevizi
Muskel (-n) m kas, adale; ~kater m et kırığı, kas tutulması
Muße (0) f boş zaman
müssen *inf.* -*meye* mecbur olm., -*mesi* gerek olm.
müßig boş; işsiz

Muster (-) n desen; (*Probe*) mostra; (*Vorbild*) örnek
mustern süzmek; yoklamak
Mut (0) m cesaret
mut|ig cesur, yürekli; ~los yüreksiz
Mutmaßung f tahmin, sanı
Mutter (*er*) f anne, ana; *Tech.* somun
mütterlich anne gibi
Muttersprache f ana dili
mutwillig kasıtlı
Mütze (-n) f kasket, bere
Myrte (-n) f mersin
mysteriös esrarengiz, esrarlı
Mythos (-*then*) m mit, söylence

N

Nabel (-) m göbek
nach *örtlich:* -e, -e doğru; *zeitlich u. Reihenfolge:* -den sonra; (*gemäß*) -e göre; **fünf** (*Minuten*) ~ **eins** (saat) biri beş geçiyor; ~ **und** ~ yavaş yavaş, azar azar
nachahmen taklit etm.
Nachbar (-n) m komşu; ~**schaft** (0) f civar; komşular *pl.*
nachdem -*dikten* sonra; **je** ~ duruma (*veya* işine) göre
nachdenken düşünmek
Nachdruck m şiddet; vurgu; tıpkıbasım
nach|drücklich şiddetli; kesin; ~**einander** art arda, sıra ile; ~**erzählen** anlatmak
Nachfolge f yerine geçme;

~**r**(**in** f) m halef, yerine geçen
nachforschen D -i araştırmak
Nach|forschung f araştırma; ~**frage** f soruşturma; *Hdl.* talep, rağbet
nach|fühlen DA -*in* dertlerine iştirak etm.; ~**geben** gevşemek; *fig.* vazgeçmek (*in D* -*den*); ~**gehen** j-*m* -*in* peşinden gitmek; *Uhr:* geri kalmak; ~**giebig** uysal; ~**haltig** devamlı, etkili; ~**helfen** D yardım etm.
nachher (ondan) sonra; sonradan; **bis** ~! görüşürüz!
Nachhilfe f yardım
nach|holen telâfi etm.; ~**kommen** sonradan gelmek

Nachkommenschaft *f* soy sop; çocuklar *pl.*
Nachlaß (~sse) *m* miras; *Hdl.* indirim
nach|lassen azalmak, gevşemek; **~lässig** dikkatsiz; ihmalci; **~laufen** *D* -*in* peşinden koşmak; **~lösen** (bileti) sonradan almak; **~machen** *s.* **~ahmen**
Nachmittag (-e) *m* öğleden sonra(ki zaman), ikindi
nachmittags öğleden sonra
Nach|nahme (-*n*) *f* (*Post*) ödemeli paket *v.s.*; **~name** *m* soyadı; **~porto** *n* taksa
nachprüfen gözden geçirmek; kontrol etm.; **~rechnen** yeniden hesap etm.
Nachricht (-*en*) *f* haber; **~en** *pl. Rdf.* haberler
Nach|ruf *m* anma yazısı; **~saison** *f* mevsim sonu (dönemi)
nach|schicken *D A b-in* arkasından / ardından göndermek; **~schlagen** *v/t Information* kitapta aramak
Nach|schlüssel *m* uydurma anahtar, maymuncuk; **~schub** (0) *m Mil.* ikmal
nach|sehen *v/i* bakmak (*ob -ip -mediğine*); *v/t* kontrol etm.; *Wort usw.* aramak; **~senden** *s.* **~schicken**; **~sichtig** hoşgörücü
Nach|silbe *f Gr.* sonek, takı; **~speise** *f s.* **~tisch**; **~spiel** *n fig.* sonuç, arka
nächst- en yakın; gelecek

nach|stehen *D* -*den* geri kalmak; **~stellen** -*i* takip etm.
Nächstenliebe (0) *f* hayırseverlik, diğerkâmlık
Nacht (~*e*) *f* gece; *gute* **~!** iyi geceler!; **~dienst** *m* gece hizmeti, nöbetçilik
Nachteil *m* zarar, dezavantaj
Nachthemd *n* gecelik
Nachtigall (-*en*) *f* bülbül
Nachtisch *m* soğukluk, tatlı
Nachtlokal *n* gece klübü
nachträglich sonradan; tamamlayıcı
nachts geceleyin
Nacht|schicht *f* gece vardiyası; **~schwester** *f* nöbetçi hemşire; **~tisch** *m* komodin; **~wächter** *m* bekçi
Nach|untersuchung *f Med.* ikinci muayene; **~weis** (-*e*) *m* ispat, delil
nach|weisen ispatlamak; **~wirken** sonradan etkisini göstermek
Nach|wort *n* sonsöz; **~wuchs** *m* yeni kuşak; (*Kinder*) çocuklar
nach|zahlen sonradan ödemek; **~zählen** tekrar saymak; **~zeichnen** *A* -*in* kopyasını çizmek
Nachzügler (-) *m* geç kalan
Nacken (-) *m* ense; **~stütze** *f* enselik
nackt çıplak
Nadel (-*n*) *f* iğne; (*Zeiger*) ibre; **~baum** *m* kozalaklı, iğne yapraklı; **~öhr** *n* iğne deliği

Nagel

Nagel (¨) *m* çivi; *an.* tırnak; **~feile** *f* tırnak törpüsü
Nagellack *m* tırnak cilâsı; **~entferner** (-) *m* aseton
nageln çivilemek; mıhlamak (*an, auf A -e*); **~neu** yepyeni
nagen kemirmek (*an D -i*)
nah(e) yakın (*bei D -e*); *-e* bitişik
Nähe (0) *f* yakınlık; *in der* ~ *von D -in* yakınında; *ganz in der* ~ çok yakında
nahe|legen *D A* tavsiye etm.; **~liegen** akla yakın gelmek
nähen (dikiş) dikmek
näher daha yakın; **~n:** *sich ~n D* yaklaşmak
nahe|stehend yakın; samimi; **~zu** hemen hemen
Nähgarn *n* tire, iplik
nahm *s. nehmen*
Näh|maschine *f* dikiş makinesi; **~nadel** *f* dikiş iğnesi
nähren *v/t* beslemek
nahrhaft besleyici
Nahrung *f* gıda, besin; **~smittel** *n* yiyecek, gıda maddesi
Nähseide *f* ibrişim
Naht (¨e) *f* dikiş (yeri); *Tech.* kaynak *veya* lehim yeri
Nahverkehr *m* banliyö trafiği
Nähzeug *n* dikiş takımı
naiv saf(dil)
Name (-*n*) *m* ad, isim
namens adlı
Namenstag *m* isim günü
namentlich adla; özellikle
namhaft önemli
nämlich yani

nannte *s. nennen*
Napf (¨e) *m* çanak, kâse
Narbe (-*n*) *f* yara izi
Narkose (-*en*) *f* narkoz
Narr (-*en*) *m* deli; soytarı
närrisch akılsız, deli
Narzisse (-*n*) *f* nergis
naschen tatmak (*A od. von D -i od. -den*); *Süßigkeiten* tatlı yemek
Nase (-*n*) *f* burun; **~nbluten** *n* burun kanaması; **~nspitze** *f* burun ucu
naß ıslak, yaş
Nässe (0) *f* ıslaklık, yaşlık
Nation (-*en*) *f* ulus, millet
national millî, ulusal
National|elf *f Sp.* millî takım; **~ismus** *m* milliyetçilik; **~ität** *f* milliyet; **~park** *m* millî park
Natr|ium (0) *n* sodyum; **~on** (0) *n* natron
Natur (-*en*) *f* tabiat, doğa
naturgetreu gerçeğe uygun
Natur|kost (0) *f* doğal besin; **~kunde** *f* doğa bilgisi
natürlich doğal, tabiî
Naturschutz *m* doğa koruma; **~gebiet** *n* doğa koruma alanı
Naturwissenschaften *pl.* doğa bilimleri
Nebel (-) *m* sis, pus; **~(schluß)leuchte** *f* (arka) sis ışığı
neben *A -in* yanına; *D -in* yanında; **~an** yanında; **~bei** bundan başka; (*übrigens*) söz arasında
Nebenberuf *m* ikinci meslek

nebeneinander yan yana
Neben|eingang m yan kapı; **~fach** n yan bilim dalı; **~fluß** m nehir kolu; **~gebäude** n müştemilât, eklentiler pl.; **~geräusch** n Rdf. parazit
neben|her aynı zamanda; **~sächlich** önemsiz
Neben|satz m Gr. yan cümle; **~straße** f yan sokak; **~wirkung** f yan etki; **~zimmer** n bitişik oda
neblig sisli
necken şakalaşmak, alay etm. (A ile)
Neffe (-n) m (erkek) yeğen
negativ olumsuz, negatif
Negativ (-e) n Fot. negatif
nehmen j-m -den almak (a. sich ~); Zimmer tutmak; Tablette yutmak
Neid (0) m gıpta, kıskançlık
neidisch kıskanç, hasetçi
neigen v/t eğmek; (**sich**) ~ **zu** D -e eğilmek
Neigung f meyil; fig. eğilim
nein hayır; yok
Nelke (-n) f karanfil (a. Gewürz)
nennen v/t adlandırmak; nitelendirmek; **sich ~** adı olm.; **~swert** kayda değer, önemli
Nenner (-) m Math. payda
Neonröhre f neon tübü
Nepp (-s) m fam. kazık
Nerv (-en) m sinir; **j-m auf d-e ~en gehen** b-in sinirine dokunmak; **~enschock** m Med. sinir buhranı

nervös sinirli; **~ werden** sinirlenmek
Nervosität f sinirlilik
Nerz (-e) m vizon
Nessel (-n) f ısırgan
Nest (-er) n yuva; fam. (Ort) köy, kasaba
nett sevimli, nazik, zarif
netto safi, net
Netz (-e) n ağ; şebeke; **~anschluß** m El. şebeke bağlantısı; **~haut** f an. ağtabaka
neu yeni; **~(e)ste** a. en son; **~artig** yeni, modern
Neubau m yeni yapı
neuerdings geçenlerde; yeniden
Neu|erung f yenileme; **~gier** (0) f merak; **~heit** (-en) f yenilik; **~igkeit** (-en) f haber; **~jahr** n yılbaşı
neulich geçenlerde
Neuling m acemi; yeni gelen; **~mond** m yeni ay
neun dokuz; **~zehn** on dokuz; **~zig** doksan
Neuseeland n Yeni Zelanda
neutral tarafsız, yansız; nötr
Neutr|alität f tarafsızlık; **~on** (-en) n nötron; **~um** (-ra) n Gr. cinssiz
Neu|wert m alım fiyatı; **~zeit** f Yeniçağ
nicht değil; (**~ vorhanden usw.**) yok; **ich weiß ~** bilmiyorum; **~ mehr** artık ... değil
Nichte (-n) f (kız)yeğen
Nichtraucher m sigara içmeyen; **~abteil** n sigara içmeyenler kompartımanı

nichts

nichts hiçbir şey
Nichtschwimmer *m* yüzme bilmeyen; **~becken** *n* yüzme bilmeyenler havuzu
nichtssagend boş, değersiz
Nichtzutreffendes: ~ *streichen* uymayan sözleri çizmek
Nickel (0) *n* nikel
nicken: mit dem Kopf ~ başını sallamak
nie hiçbir zaman, asla; **~ mehr** bir daha asla
nieder *adj.* alçak, basık; *adv.* aşağı(ya); **~geschlagen** cesareti kırık; **~kommen** doğurmak (*mit D -i*)
Niederlage *f* yenilgi, mağlubiyet; **~lande** *pl.* Hollanda
niederländisch Hollandalı
niederlassen: sich ~ oturmak, yerleşmek (*in D -e*)
niederlegen *A* yere koymak; *Amt -den* istifa etm.; *sich ~* yatmak, uzanmak
Niedersachsen *n* Aşağı Saksonya
Niederschlag *m* yağış
niederschlagen yere sermek; *Aufstand* bastırmak
niedersetzen *v/t* yere koymak; *sich ~* oturmak
niederträchtig alçak, rezil
niedlich zarif, cici
niedrig alçak; *fig.* bayağı
nie|mals hiçbir zaman, asla; **~mand** hiç kimse
Niere (-*en*) *f* böbrek; **~nstein** *m* böbrek taşı
nieseln çiselemek

344

niesen aksırmak
Niete¹ (-*n*) *f Tech.* perçin
Niete² (-*n*) *f* (*Los*) boş numara; *fig.* başarısız eser *veya* kişi
nieten perçinlemek
Niger *m* Nijer; **~ia** *n* Nigerya
Nikotin (0) *n* nikotin
nirgends hiçbir yerde
Nische (-*n*) *f duvarda* hücre
nisten yuvalamak
Niveau (-*s*) *n* seviye, düzey
noch daha, henüz, hâlâ
Nomade (-*n*) *m* göçebe
nomi|nell itibarî; **~nieren** atamak; aday göstermek
Nonne (-*n*) *f* rahibe
Nonstopflug *m* direkt uçak seferi
Nord|- kuzey; **~amerika** *n* Kuzey Amerika; **~en** *m* kuzey
nördlich kuzey, şimalî
Nord|pol *m* kuzey kutbu; **~rhein-Westfalen** *n* Kuzey Ren Vestfalya; **~see** *f* Kuzey Deniz
Nörgler (-) *m* mızmız
Norm (-*en*) *f* ölçü, düzgü; (*Regel*) kural
normal normal (*a. Benzin*); **~erweise** nôrmal olarak
Norwegen *n* Norveç
Nostalgie (0) *f* nostalji, özlem
Not (*-ё*) *f* zaruret; sıkıntı, darlık
Notar (-*e*) *m* noter
Not|arzt *m* acil doktor; **~ausgang** *m* imdat kapısı; **~bremse** *f* imdat freni; **~dienst** *m* acil servis

Oberschule

Note (-n) f not; *Mus.* nota
Notfall m: **im ~**, **notfalls** icap ederse, gerekirse
nötig lâzim, gerek(li) (*für A -e*)
Notiz (-en) f not, kayıt; **~buch** n not defteri
Not|lage f sıkıntılı durum; **~landung** f *Flugw.* mecburi iniş; **~quartier** n geçici barınak
Notruf m polis *veya* itfaiye *veya* ilkyardım çağırma; **~nummer** f imdat (telefon) numarası
Not|signal n tehlike işareti; **~stand** (0) m olağanüstü durum; **~wehr** f meşru müdafaa
notwendig lâzim, gerek(li)
Notwendigkeit (-en) f gereklilik
Novelle (-n) f hikâye, öykü
November (-) m kasım
nüchtern aç karnına; ayık; *fig.* aklı başında

Nudel(n *pl.*) f şehriye, makarna
nuklear nükleer
null, Null (-en) f sıfır
numerieren numaralamak
Nummer (-n) f numara, sayı; **~nschild** n plâka
nun şimdi
nur yalnız, sadece, ancak
Nuß (**~sse**) f fıstık; (*Wal*-) ceviz; (*Hasel*-) fındık; **~knacker** (-) m fındıkkıran; **~schale** f ceviz kabuğu
nutzbar faydalı, yararlı
Nutzen (0) m fayda, yarar; (*Gewinn*) kazanç, menfaat
nutzen, nützen v/i D yaramak; *-in işine* yaramak; v/t kullanmak, *-den* yararlanmak
nützlich faydalı, yararlı
nutzlos faydasız
Nutzung f kullanma, yararlanma
Nylon (0) n naylon

O

Oase (-n) f vâha
ob acaba, -ip -mediğini; **als ~** sanki, güya
Obdach (0) n sığınak, barınak
obdachlos evsiz, yurtsuz
Obelisk (-en) m dikilitaş
oben yukarıda; **nach ~** yukarıya; **von ~** yukarıdan; **~drein** üstelik
Ober (-) m garson
ober- üst(teki); yüksek; yukarı(daki)

Ober|befehlshaber m başkomutan; **~fläche** f yüz, yüzey
ober|flächlich yüzeysel; *fig.* üstünkörü; **~halb** G *-in* yukarısında
Ober|hemd n frenkgömleği, gömlek; **~kiefer** m üst çene; **~körper** m üst gövde; **~schenkel** m üst bacak; **~schicht** f yüksek tabaka; **~schule** f ortaokul ve lise

oberst- en yüksek, üst, baş
Oberst (*-en*) *m* albay
Oberteil *n* üst kısım
obgleich *s.* **obwohl**
Obhut (0) *f* koruma, himaye
obig- yukarıdaki
Objekt (*-e*) *n* şey; konu, nesne; *Gr.* tümleç
objektiv nesnel, objektif; tarafsız
Objektiv (*-e*) *n* objektif
obligatorisch mecburî
Obst (0) *n* meyve, yemiş; **~saft** *m* meyve suyu
obszön müstehcen
obwohl *-e* rağmen, *-diği* halde; gerçi
Ochse (*-n*) *m* öküz
öde ıssız, tenha
oder ya, yahut; yoksa
Ofen (¨) *m* soba; (*Back-*) fırın
offen açık; *Stelle:* boş; açıkça; **~bar** belli; *adv.* galiba; **~kundig** belli; açık; **~lassen** açık bırakmak; **~sichtlich** göze çarpan; *adv.* galiba
Offensive (*-n*) *f* saldırı, hücum
öffentlich kamusal; resmî; (**~** *zugänglich*) umuma açık; **~er Dienst** *m* kamu hizmeti; **~e Meinung** *f* kamu oyu
offiziell resmî; *adv.* resmen
Offizier (*-e*) *m* subay
öffnen *v/t* açmak; *sich* **~** açılmak
Öffner (*-*) *m* açacak
Öffnung *f* açılma; açık(lık); (*Loch*) delik; **~szeiten** *pl.*

açılış saatleri
oft, öfters, oftmals çok defa, sık sık
ohne *A* -siz; **~ zu** *inf.* -meksizin
Ohnmacht *f Med.* baygınlık; **in ~ fallen** bayılmak
ohnmächtig baygın; *fig.* güçsüz
Ohr (*-en*) *n* kulak
Öhr (*-e*) *n* iğne deliği
Ohr|feige *f* tokat; sille; **~ring** *m* küpe
öko|logisch ekolojik, çevrebilimsel; **~nomisch** iktisadî
Oktanzahl *f* oktan sayısı
Oktober (*-*) *m* ekim (ayı)
Öl (*-e*) *n* (akar) yağ; (*Salat-*) salata yağı; (*Erd-*) petrol
ölen yağlamak
Öl|farbe *f* yağlıboya; **~heizung** *f* mazotlu kalorifer
ölig yağlı
Olive (*-n*) *f* zeytin; **~nöl** *n* zeytinyağı
Öl|ofen *m* gaz sobası; **~pest** *f* petrol felâketi; **~sardine** *f* kutu sardalyası; **~tank** *m* yağ deposu
Olympiade (*-n*) *f* olimpiyat
Oma (*-s*) *f fam.* nine
Omelett (*-e, -s*) *n* omlet
Omnibus *m s.* **Bus**
Onkel (*-*) *m* amca; dayı; enişte, teyzenin *veya* halanın kocası
Opa (*-s*) *m fam.* dede
Oper (*-n*) *f* opera
Operation *f* ameliyat, operasyon

operieren *v/t* ameliyat etm.; *v/i* kullanmak (*mit D -i*)
Opfer (-) *n* kurban; (*Unglücks-*) kazazede; **~fest** *n Rel.* kurban bayramı
opfern *fig.* feda etm., kurban etm.
Opium (0) *n* afyon
Opposition *f* muhalefet
Optiker (-) *m*, **~in** *f* gözlükçü
optimistisch iyimser, optimist
Orange (-*n*) *f* portakal; **~nsaft** *m* portakal suyu
Orchester (-) *n* orkestra
Orchidee (-*n*) *f* orkide
Orden (-) *m* nişan, madalya; *Rel.* tarikat
ord|entlich düzenli; *adv.* usulüne göre; **~inär** bayağı; **~nen** düzeltmek; düzenlemek
Ordner (-) *m* (*Akten-*) klasör, dosya
Ordnung *f* düzen; tüzük; *in* **~** yolunda; iyi; *in* **~**! tamam!, olur!
Organ (-*e*) *n* organ; **~isation** *f* tertip, organizasyon, düzenleme; (*Gruppe*) örgüt

organisieren organize etm., düzenlemek
Orgel (-*n*) *f Mus.* org
Orient (0) *m* doğu, şark
orientieren: *sich* **~** yönünü tayin etm.; (*über A* hakkında) bilgi almak
Original (-*e*) *n* asıl, orijinal
Orkan (-*e*) *m* kasırga
Ort (-*e*) *m* yer; köy, kasaba
orthodox *Rel.* Ortodoks; Sünnî
örtlich yerel; (*einheimisch*) yerli
Ortschaft (-*en*) *f* köy, kasaba
Ortsgespräch *n* şehir içi telefon konuşması
ortskundig çevreyi bilen
Öse (-*n*) *f* dişi kopça
Ost|- doğu; **~en** (0) *m* doğu
Ostern (0) *n* Paskalya
Österreich *n* Avusturya; **~er(in** *f*) *m* Avusturyalı
österreichisch Avusturya(lı)
östlich doğu
Ostsee *f* Baltık denizi
oval oval
Oxyd (-*e*) *n* oksit
Ozean (-*e*) *m* okyanus
Ozon (0) *n* ozon

P

Paar (-*e*) *n* çift
paar: *ein* **~** birkaç
paaren: *sich* **~** çiftleşmek
Paarung (-*en*) *f* çiftleşme
Pacht (-*en*) *f* kira
pachten kiralamak
Pächter *m*, **~in** *f* kiracı

Pack (0) **1.** *m* deste; **2.** *n* ayak takımı
Päckchen *n* küçük paket; *Post:* koli
packen yakalamak, tutmak; *Koffer* hazırlamak; **~d** heyecanlandırıcı

Pack|papier *n* ambalaj kâğıdı; **~ung** *f* paket; *Med.* kompres
Pädagogik (0) *f* pedagoji
Paddelboot *n* padılbot
Paket (-e) *n* paket, koli; **~annahme** *f* paket gişesi; **~karte** *f* paket alındısı
Pakistan *n* Pakistan
Palast (¨e) *m* saray
Palästina *n* Filistin
Palme (-n) *f* palmiye
Pampelmuse (-n) *f* greypfrut
paniert pane
Panik (0) *f* panik
Panne (-n) *f* Kfz. bozukluk; **~nhilfe** *f* arıza servisi
Panther (-) *m* pars
Pantoffel (-n) *m* terlik
Panzer (-) *m* zırh; *Mil.* tank
Papa (-s) *m* baba(cık)
Papagei (-en) *m* papağan
Papier (-e) *n* kâğıt; **~geld** (0) *n* kâğıt para; **~korb** *m* kâğıt sepeti; **~taschentuch** *n* kâğıt mendil
Pappe (-n) *f* mukavva, karton
Pappel (-n) *f* kavak
Paprika (-s): *grüner* ~ yeşil biber; *roter* ~ kırmızı biber; **~schote** *f* dolmalık biber
Papst (¨e) *m* papa
Parade (-n) *f* geçit töreni
Paradies (-e) *n* cennet
paradox paradoksal
Paragraph (-en) *m* madde
parallel paralel, koşut
parat hazır
Parfüm (-s *od.* -e) *n* parfüm, güzel koku; **~erie** (-n) *f* parfümeri
Park (-s) *m* park
parken park etm.
Parkett (-e) *n* parke; *Thea.* zemin katı, parter
Park|platz *m* otopark; park yeri; **~uhr** *f* park saati; **~verbot** *n* park yasağı; **~wächter** *m* otopark bekçisi
Parlament (-e) *n* parlamento
Parole (-n) *f* parola, döviz
Partei (-en) *f* Pol. parti; *Jur.* taraf
partei|isch, **~lich** taraf tutan; **~los** bağımsız
Parterre (-s) *n* zemin katı
Partizip (-ien) *n* Gr. ortaç
Partner (-) *m*, **~in** *f* partner, eş; *Hdl.* ortak
Paß (¨sse) *m* pasaport; *Geo.* geçit; *Sp.* pas
Passagier (-e) *m* yolcu
passen¹ *v/i* pas demek
passen² *D* (*od.* *für* *A*) uymak; yakışmak; **~d** uygun
passieren *v/t* geçmek; *v/i* olmak
passiv pasif, hareketsiz; *Gr.* edilgen
Paßkontrolle *f* pasaport kontrolü
Paste (-n) *f* macun
Pastete (-n) *f* poğaça
Pastor (-en) *m* papaz
Pate (-n) *m* vaftiz babası
Patent (-e) *n* patent(a)
Patient (-en) *m* hasta
Patriarch (-en) *m* patrik
Patriot (-en) *m*, **~in** *f* yurtsever

Patrone (-n) *f* fişek
Pauke (-n) *f* davul
pauken *A fig.* hafızlamak
pauschal *Hdl.* götürü
Pause (-n) *f* teneffüs; ara
Pavillon (-s) *m* köşk, pavyon
Pazifik *m* Büyük Okyanus
Pech (0) *n* zift; *fig.* talihsizlik
Pedal (-e) *n* pedal
pedantisch titiz
peinlich üzücü; (~ *genau*) aşırı titiz
Peitsche (-n) *f* kamçı
Pellkartoffeln *pl.* kabuğu ile haşlanan patates
Pelz (-e) *m* kürk; **~mantel** *m* kürk manto
Pendel (-) *n* sarkaç
pendeln sallanmak; gidip gelmek
Pendler (-) *m* iş yerinden uzak oturup taşıtla gidip gelen kimse
penetrant keskin (kokulu)
Penizillin (0) *n* penisilin
Pension (-en) *f* pansiyon; emekli aylığı
pensioniert emekli
Perfekt (-e) *n Gr.* -di'li geçmiş zaman
perfekt kusursuz
Periode (-n) *f* devir, dönem; *Med.* aybaşı
Perl|e (-n) *f* inci; **~mutt(er** *f*) (0) *n* sedef
Pers|er(in *f*) *m* İranlı; **~ien** *n* İran
persisch İranlı; Farsça
Person (-en) *f* şahıs, kişi
Personal (0) *n* kadro, personel; **~ausweis** *m* kimlik kâğıdı; **~ien** *pl.* kimlik; **~pronomen** *n* kişi zamiri
Personenzug *m* posta treni
persönlich şahsî, kişisel; *adv.* şahsen
Persönlichkeit (-en) *f* şahsiyet
Perspektive (-n) *f* perspektif
Perücke (-en) *f* peruka
pessimistisch kötümser, karamsar
Pest (0) *f* veba
Petersilie (-n) *f* maydanoz
Petroleum (0) *n* petrol; gaz; **~kocher** *m* gaz ocağı
petzen *fam.* gammazlamak
Pfad (-e) *m* patika, keçiyolu; **~finder(in** *f*) *m* izci
Pfahl (¨e) *m* kazık, direk
Pfalz *f Geo.* Palatina
Pfand (¨er) *n* rehin; depozito
pfänden haczetmek
Pfandflasche *f* depozitolu şişe
Pfann|e (-n) *f* tava; **~kuchen** *m* ponçik; gözleme
Pfarrer (-) *m* papaz
Pfau (-en) *m* tavus
Pfeffer *m* (kara) biber; **~minze** (0) *f* nane
Pfeife (-n) *f* düdük; pipo
pfeifen *v/i* ıslık çalmak
Pfeil (-e) *m* ok
Pfeiler (-) *m* direk; destek
Pfennig (-e) *m* fenik
Pferd (-e) *n* at, beygir; **~estärke** *f* beygirgücü
Pfiff (-e) *m* ıslık

pfiff s. *pfeifen*; ~**ig** kurnaz, açıkgöz
Pfingsten (0) n Pantekot
Pfirsich (-e) m şeftali
Pflanze (-n) f bitki
pflanzen dikmek
Pflaster (-) n kaldırım; *Med.* yakı
pflastern taşlarla döşemek
Pflaume (-n) f erik
Pflege (0) f bakım, koruma
pflege|eleicht bakımı kolay; ~**en** A -e bakmak, -i korumak; (*zu inf. -meye*) alışkın olm.
Pfleger (-) m, ~**in** f bakıcı
Pflicht (-en) f görev, ödev
-pflichtig -in mükellefi, -e tabi
pflücken koparmak
Pflug (¨e) m saban
pflügen işlemek; (toprağı) sürmek
Pforte (-n) f kapı
Pförtner (-) m kapıcı
Pfosten (-) m direk
Pfote (-n) f pençe, ayak
Pfropfen (-) m tıpa, tıkaç
pfui! pöf!
Pfund (-e) n yarım kilo; lira
pfuschen kötü iş görmek
Pfütze (-n) f su birikintisi; gölet
Phänomen (-e) n fenomen; olay
Phantasie (-n) f hayal gücü; görüntü
phantastisch hayali; harika
Phase (-n) f safha; *Tech.* devir, dönem
Philippinen pl. Filipinler

350

Philosoph (-en) m filozof; ~**ie** f (-n) felsefe
philosophisch felsefi
Phosphor (0) m fosfor
Photo n, ~ s. **Foto, Foto-**
Physik (0) f fizik
phys|ikalisch fiziksel; ~**isch** bedensel
Pianist (-en) m, ~**in** f piyanist
Pickel (-) m sivilce
picken gagalamak
Picknick (-s) n piknik
piep(s)en cıvıldamak; *Tech.* pip yapmak
Pilger (-) m hacı; ~**fahrt** f hac
Pille (-n) f hap
Pilot (-en) m pilot; ~**projekt** n pilot proje
Pilz (-e) m mantar
Pinie (-n) f fıstık çamı; ~**nkern** m çamfıstığı
pinkeln *fam.* işemek
Pinsel (-n) m resim fırçası
Pinzette (-) f pens, cımbız
Pionier (-e) m öncü; *Mil.* istihkâmcı
Pirat (-en) m korsan
Pistazie (-n) f şamfıstığı, antepfıstığı
Pistole (-n) f tabanca
Plage (-n) f eziyet, azap
plagen v/t rahatsız etm., -in canını sıkmak; *sich* ~ yorulmak
Plakat (-e) n afiş, duvar ilânı
Plakette (-n) f plâket
Plan (-n) m plân
Plane (-n) f tente, örtü
planen tasarlamak, planlamak

Planet (*-en*) *m* gezegen
Planke (*-n*) *f* tahta
plan|los plânsız; **~mäßig** plâna uygun, plânlı
planschen su içinde oynamak
Planung *f* plânlama
plappern gevezelik etm.
Plastik 1. (*-en*) *f* heykel; **2.** (*-s*) *n* plâstik
plastisch canlı
Platane (*-n*) *f Bot.* çınar
Platin (*0*) *n* platin
plätschern şırıldamak
platt düz, yassı
Platte (*-n*) *f* levha; (*Schall-*) plâk
plätten ütülemek
Platt|enspieler *m* pikap; **~form** *f* plâtform; **~fuß** *m* düztaban; *fam. Kfz.* havası kaçmış lâstik
Platz (*⁀e*) *m* yer; alan; meydan
Plätzchen *n* bisküvi; *pl.* kurabiye
platzen patlamak, çatlamak
Platzkarte *f* yer bileti, numara kuponu
plaudern sohbet etm.
pleite: ~ sein parasız kalmak, batkın olm.
Pleite (*-n*) *f* iflâs
Plombe (*-n*) *f* kurşun damga; (*Zahn-*) dolgu
plombieren *Zahn* doldurmak
plötzlich birdenbire, ansızın
plump ağır, beceriksiz
plündern yağma etm.

Plural (*-e*) *m Gr.* çoğul
plus artı
Po (*-s*) *m fam.* popo
Pöbel (*0*) *m* ayak takımı
pochen vurmak (*an, auf A -e*), çalmak (*-i*)
Pocken *pl.* çiçek hastalığı *sg.*
Pocketkamera *f* cep kamerası
Podium (*-ien*) *n* podyum
Poesie (*0*) *f* şiir
poetisch şairane, şiirle ilgili
Pokal (*-e*) *m* kupa
Pökelfleisch *n* tuzlanmış et
Pol (*-e*) *m* kutup; **~arstern** *m* Kutupyıldızı
Pol|e (*-n*) *m*, **~in** *f* Polonyalı; **~en** *n* Polonya
polieren parlatmak, cilâlamak
Politesse (*-n*) *f* kadın trafik polisi
Politik (*0*) *f* siyaset, politika; **~er**(**in** *f*) *m* politikacı
politisch siyasî, siyasal
Politur (*-en*) *f* cilâ, perdah
Polizei (*0*) *f* polis; zabıta; **~präsidium** *n* emniyet müdürlüğü; **~revier** *n* polis karakolu; **~stunde** *f* kapanma saati
Polizist (*-en*) *m* polis (memuru); **~in** *f* polis (memuresi)
polnisch Polonyalı
Polster (*-*) *n* doldurma; yastık
polstern (kıtık *v.b.* ile) doldurmak
poltern takırdamak, gürültü yapmak

Pommes frites

Pommes frites *pl.* patates kızartması *sg.*
Pony (-s) *n Zo.* midilli; **~frisur** *f* kâkül, kırkma
Popcorn (0) *n* patlamış mısır; **~musik** *f* pop müziği
populär popüler
Pore (-n) *f* gözenek
porös gözenekli; geçirgen
Port|al (-e) *n* kapı; **~emonnaie** (-s) *n* para kesesi; **~ier** (-s) *m* kapıcı; **~ion** (-en) *f* porsiyon; **~o** *n* posta ücreti
Porträt (-s) *n* portre
Portugal *n* Portekiz
Portugies|e (-n) *m*, **~in** *f* Portekizli
portugiesisch Portekiz(li)
Porzellan (-e) *n* porselen
Posaune (-n) *f* trombon
Position (-en) *f* durum
positiv olumlu, pozitif
Possessivpronomen *n Gr.* iyelik zamiri
Post (0) *f* posta; posta(ha)ne; **~amt** *n* posta(ha)ne; **~anweisung** *f* posta havalesi; **~bote** *m*, **~botin** *f* postacı
Posten (-) *m* görev; *Mil.* posta, nokta; *Hdl.* çeşit, parti, kalem
Postfach *n* posta kutusu; **~karte** *f* kartpostal
postlagernd postrestant
Post|leitzahl (-en) *f* posta kod numarası; **~scheck** *m* posta çeki; **~sparbuch** *n* posta tasarruf cüzdanı
postwendend *fig.* derhal
Poten|tial (-e) *n* postansiyel;

~z (-en) *f* güç, iktidar
Pracht (0) *f* tantana
prächtig tantanalı
Prädikat (-e) *n Gr.* yüklem
prägen basmak
pragmatisch pragmatist
prägnant özlü, anlatımlı
prahlen övünmek
Praktikum (-ken, -ka) *n* staj
praktisch pratik; kullanışlı
Praline (-n) *f* çikolatalı şekerleme
prall dolgun; **~en** çarpmak (*gegen A* -e)
Prämie (-n) *f* ikramiye, ödül; prim
Präparat (-e) *n Med.* hazır ilâç; **~position** (-en) *f Gr.* edat, ilgeç; **~sens** (-ntia, -ntien) *n Gr.* şimdiki zaman; **~servativ** (-e) *n* prezervatif, kaput
Präsid|ent (-en) *m* başkan; **~ium** (-en) *n* başkanlık
prasseln şakırdamak
Praxis *f* **1.** (0) pratik, uygulama; **2.** (-*axen*) *Med.* muayenehane; *Jur.* büro
Präzision *f* incelik, özen
predigen vaazetmek
Prediger (-) *m* hatip; **~t** *f* vaaz
Preis (-e) *m* fiyat, değer; (*Auszeichnung*) ödül
Preiselbeere *f* kırmızı yabanmersini
Preiserhöhung *f* zam
preis|geben bırakmak; açığa vurmak; **~gekrönt** ödül kazanmış

Preis|liste *f* fiyat listesi; **~richter** *m* hakem; **~schild** *n* fiyat etiketi
preiswert ucuz
prellen *v/t fig.* dolandırmak
Premiere (-*n*) *f Thea.* prömiyer, ilk temsil
Presse *f* basın; *Tech.* baskı makinesi; **~konferenz** *f* basın toplantısı
pressen *v/t* sıkmak, basmak
PreBluft (0) *f* tazyikli hava
Priester (-) *m* papaz
prima birinci kalite, çok iyi
Primel (-*n*) *f* çuhaçiçeği
primitiv ilkel, basit
Prinz (-*en*) *m* şehzade; prens; **~essin** *f* prenses
Prinzip (-*ien*) *n* prensip, ilke
prinzipiell esas (itibariyle)
Prise *f* (-*n*) tutam
privat özel
Privat|eigentum *n* şahsi mülkiyet; **~leben** *n* özel hayat
pro: ~ *Person* kişi başına; ~ *Stück* tanesi
Privileg (-*ien*) *n* imtiyaz, ayrıcalık
Probe (-*n*) *f* tecrübe, prova, deneme
probieren denemek, tecrübe etm.; (*kosten*) tadına bakmak
Problem (-*e*) *n* sorun
Produkt (-*e*) *n* ürün; *fig.* sonuç; **~ion** *f* üretim
produktiv verimli; **~zieren** üretmek
Pro|fessor (-*en*) *m*, **~fessorin** *f* profesör; **~fi** (-*s*) *m* profesyonel; **~fil** (-*e*) *n* profil; (*Reifen-*) tırtıl; **~fit** (-*e*) *m* kâr, kazanç; **~gnose** (-*n*) *f* prognoz; **~gramm** (-*e*) *n* program
pro|grammieren programlamak; **~gressiv** ilerleyen; ilerici
Promille (-) *n* binde
prominent ileri gelen, tanınmış
prompt tez, çabuk; *adv.* derhal
Pronomen (-, -*mina*) *n Gr.* zamir, adıl
Propeller (-) *m* pervane
Prophet (-*en*) *m* peygamber
prophezeien önceden bildirmek
Proportion *f* oran(tı)
Prosa (0) *f* düzyazı, nesir
Prospekt (-*e*) *m* prospektüs, tanıtmalık
prost! şerefinize!
Prostituierte *f* fahişe, hayat kadını
Protest (-*e*) *m* protesto; **~ant** (-*en*) *m* Protestan
protestieren protesto etm. (*gegen A* -*i*)
Prothese (-*n*) *f* protez
Protokoll (-*e*) *n* protokol, tutanak
protzen böbürlenmek
Pro|viant *m* erzak *pl.*; **~vinz** *f* il, vilâyet; taşra; **~vision** *f Hdl.* komisyon
pro|visorisch geçici, eğreti; **~vozieren** kışkırtmak (*zu D -e*); -*e* sebep vermek
Prozent (-*e*) *n* yüzde; **zehn** ~ yüzde on

Prozeß/ß (-sse) m süreç; Jur. dava; **~ssion** f (dinî) alay
prüde aşırı ürkek
prüfen sınamak, imtihan etm.; (kontrollieren) denemek
Prüfung f inceleme; sınav, imtihan
Prügel pl. dayak sg.; **~ei** (-en) f dövüş(me)
prügeln A -e dayak atmak; **sich ~** dövüşmek
prunkvoll tantanalı
PS (= *Pferdestärken*) beygirgücü
Psycho|analyse f psikanaliz; **~logie** (0) f psikoloji
Publikum (0) n halk; (Zuhörer) dinleyiciler pl.; (Zuschauer) seyirciler pl.
publizieren yayımlamak
Pudding (-s) m muhallebi; puding
Pudel (-) m kaniş köpeği
Puder (-) m pudra; toz
pudern A -e pudra sürmek
Puff (-s) m fam. genelev
Pullover (-) m kazak
Puls (-e) m nabız; **den ~ fühlen** D -in nabzını ölçmek
Pult (-e) n yazı masası
Pulver (-) n toz; barut
Pumpe (-n) f tulumba
pumpen tulumba ile çekmek; fam. s. leihen
Punkt (-e) m nokta; Sp. puan; **~ zehn Uhr** saat tam on
pünktlich adv. zamanında
Pupille (-n) f gözbebeği
Puppe (-n) f kukla; Zo. koza, krizalit
pur katıksız
Püree (-s) n ezme, püre
Purzelbaum m takla
pusten üflemek
Pute (-n) Zo. dişi hindi; **~r** (-) m baba hindi
Putsch (-e) m hükümet darbesi
Putz (0) m sıva
putzen temizlemek; (polieren) parlatmak; **Schuhe** boyamak; **die Nase ~** sümkürmek
Putz|frau f temizlikçi kadın; **~lappen** m tahta bezi
Pyjama (-s) m pijama
Pyramide (-n) f piramit

Q

Quadrat (-e) n kare
quadratisch kare şeklinde
Quadratmeter m metre kare
Qual (-en) f eziyet, ıstırap
quälen A -e işkence etm.; **sich ~** eziyet çekmek
Qualität (-en) f kalite; nitelik; özellik
Qualle (-n) f denizanası
Qualm (0) m duman
qualmen v/i duman çıkarmak
Quantität (-en) f nicelik
Quarantäne (-n) f karantina
Quark (0) m beyaz peynir, lor

Quartal (-e) *n* üç aylık süre
Quartett (-e) *n* kuartet
Quartier (-e) *n* konak
Quarz (-e) *m* kuvars
quasi âdeta, sanki
Quatsch (0) *m* saçma
quatschen saçmalamak; *fam.* konuşmak
Quecksilber *n* cıva
Quelle (-n) *f* kaynak
quellen çıkmak; şişmek
quer enine, çapraz
Quer|schnitt *m* enine kesit;

~**straße** *f* ara sokak
quetschen ezmek; *Med.* berelemek
Quetschung *f* bere
quietschen gıcırdamak
Quirl (-e) *m* çalkama âleti
quitt ödeşmiş
Quitte (-n) *f* ayva
quittieren imzasıyle tasdik etm.
Quittung *f* makbuz, alındı
Quiz (-) *n* soru oyunu
Quote (-n) *f* kota

R

Rabatt (-e) *m* ıskonto
Rabbiner (-) *m* haham
Rabe (-n) *m* karga
rabiat hiddetli
Rache (0) *f* öç, intikam
Rachen (-) *m* ağız, boğaz
rächen *A -in* intikamını almak; *sich ~* intikam almak (*an D -den*)
Rachsucht (0) *f* intikam hırsı
Rad (¨er) *n* tekerlek; çark; (*Fahr-*) bisiklet
Radar (0) *m, n* radar; ~**kontrolle** *f* radar kontrolü
Radau (0) *m* gürültü
radfahren bisiklete binmek
Radfahrer(in *f*) *m* bisikletçi
radieren silmek
Radiergummi *m* silgi
Radieschen *n* kırmızı turp
radikal kökünden; radikal
Radio (-s) *n* radyo
radioaktiv radyoaktif
Radio|recorder *m* kasetli

radyo, ~**wecker** *m* radyolu (çalar) saat
Radius (*-ien*) *m* yarıçap
Rad|kappe *f Kfz.* tekerlek kapağı; ~**tour** *f* bisiklet turu; ~**weg** *m* bisiklet yolu
Raffinerie (-n) *f* tasfiyehane
Rahm (0) *m* kaymak, krema
Rahmen (-) *m* çerçeve; *Fahrrad:* kadro; *Auto:* şasi
Rakete (-n) *f* roket, füze
ran *s.* **heran**
Rand (¨er) *m* kenar
randalieren şamata etm., olay çıkarmak
rang *s.* **ringen**
Rang (¨e) *m* sınıf; derece; *Mil.* rütbe; *Thea.* balkon
rangieren *Esb.* manevra yapmak
Ranke (-n) *f* sülük
rann *s.* **rinnen**
rannte *s.* **rennen**
Ranzen (-) *m* sırt çantası

ranzig acılaşmış, bozuk
rapide hızlı, tez
Rappe (-n) *m* karayağız at
Rappen (-) *m* santim (*İsviçre parası*)
Raps (-e) *m* kolza
rar seyrek, az bulunur, ender
Rarität *f* az bulunan şey
rasch çabuk, tez
rascheln hışırdamak
Rasen (-) *m* çimen(lik)
rasen çok acele etm.; (*toben*) kudurmak; **~d** çılgın; (**~** *schnell*) çok çabuk
Rasenmäher *m* çimen biçme makinesi
Raserei *f* çılgınlık; hızlı gidiş
Rasierapparat *m* tıraş makinesi
rasieren *v/t* tıraş etm.; *sich* **~** tıraş olm.
Rasierklinge *f* jilet; **~wasser** *n* tıraş losyonu
Rasse (-n) *f* ırk; *Tier:* cins; (*Abstammung*) soy
rasseln takırdamak
Rast (-en) *f* dinlenme; mola; **~ machen, rasten** dinlenmek; mola vermek
Rast|platz *m*, **~stätte** *f* mola veya dinlenme yeri
Rat *m* 1. (0) nasihat, öğüt; 2. (*-̈e*) danışman; *Pol.* kurul, konsey; *um* **~** *fragen A -in* fikrini sormak
Rate (-n) *f* taksit; *in* **~n** taksitle
raten (*er-*) çözmek; *rate mal!* bil bakalım!; *j-m -e* öğüt vermek; (*empfehlen*) tavsiye etm.

(*zu D od. inf. -i*)
Rat|geber (-) *m* danışman; (*Buch*); **~haus** *n* belediye binası
Ration (*-en*) *f* pay, hisse; tayın
ratio|nalisieren rasyonalize etm., ussallaştırmak; **~nieren** tayına bağlamak
rat|los çaresiz, şaşkın; **~sam** tavsiye edilir
Rätsel (-) *n* bilmece, bulmaca
räselhaft şaşırtıcı, akıl ermez
Ratte (-n) *f* sıçan, fare
rattern takırdamak
Raub (0) *m* haydutluk; (*Beute*) ganimet
rauben *A* çalmak, aşırmak (*j-m -den*)
Räuber (-) *m* hırsız, haydut
Raub|tier *n* yırtıcı hayvan; **~überfall** *m* soygun
Rauch (0) *m* duman
rauchen *v/t* (tütün) içmek; *v/i* tütmek
Raucher (-) *m*, **~in** *f* sigara içen
räuchern tütsülemek
rauf *s. herauf*
raufen: *sich* **~** dövüşmek
rauh sert; şiddetli; kısık, boğuk
Rauhreif (0) *m* kırç
Raum (*-̈e*) *m* yer; (*Zimmer*) oda; *Astr.* uzay
räumen boşaltmak
Raum|fahrt *f* uzay uçuşu; **~inhalt** *m* hacim
räumlich yerle ilgili
Raumschiff *n* uzay gemisi
Räumung *f* tahliye

Raupe (-n) f Zo., Tech. tırtıl
raus s. **heraus; hinaus**
Rausch (ve) m sarhoşluk
rauschen fışırdamak; *Wasser:* şırıldamak
Rauschgift n uyuşturucu madde
räuspern: *sich* ~ hafifçe öksürmek
Razzia (-ien) f baskın
reagieren tepki göstermek (*auf A* -e)
Reakt|ion f tepki; **~or** (-en) m reaktör
real gerçek; doğru; **~istisch** gerçekçi
Realität f gerçek, hakikat
Rebe (-n) f asma çubuğu
Rebell (-en) m isyancı
rebellieren ayaklanmak
Rebhuhn n keklik
Rechen (-) m tırmık
Rechen|maschine f hesap makinesi; **~schaft** f hesap (verme)
rechnen v/t hesap etm.; saymak; v/i hesaba katmak (*mit D* -i)
Rechnung f hesap; *Hdl.* fatura
recht doğru; *Jur.* yasal; ~ *haben* haklı olm.
Recht (-e) n hak; adalet; *Jur.* hukuk
recht- sağ
Rechteck (-e) n dikdörtgen
recht|fertigen haklı göstermek; **~lich** hukukî; **~los** haksız; **~mäßig** yasal, kanunî, meşru

regelmäßig

rechts sağda; *nach* ~ sağa; *von* ~ sağdan
Rechtsan|walt m, **~wältin** f avukat, dava vekili
Rechtschreibung f imlâ, yazım
rechtsextrem aşırı sağcı
Rechts|schutzversicherung f hukukî himaye sigortası; **~staat** m hukuk devleti
rechtswidrig kanuna aykırı
recht|winklig dik açılı; **~zeitig** zamanında
Reck (-e) n *Sp.* barfiks
Redaktion f redaksiyon, yazı işleri kurulu
Rede (-n) f konuşma, söylev
reden konuşmak; (*von D, über A* -den) bahsetmek
Redensart f deyim
redlich doğru, namuslu
Redner (-) m, **~in** f konuşmacı
reduzieren azaltmak
Reede (-n) f demir atma yeri; **~rei** (-en) f gemi şirketi
Refer|at (-e) n rapor; (*Abteilung*) şube; **~endum** (-*da*, -*den*) n *Pol.* referandum
Reflex (-e) m yansıma
reflexiv *Gr.* dönüşlü
Reform (-en) f reform; **~kost** f doğal besin
Regal (-e) n raf
Regatta (-ten) f deniz yarışı
rege canlı, uyanık
Regel (-n) f kural; *in der* ~ genellikle
regel|mäßig kurallı, düzenli,

regeln

~**n** düzeltmek, yoluna koymak; ~**recht** *adv.* âdeta
Regelung *f* düzenleme
regen: *sich* ~ hareket etm., kımıldamak
Regen (-) *m* yağmur; ~**bogen** *m* gökkuşağı; ~**mantel** *m* yağmurluk; ~**schirm** *m* şemsiye; ~**wurm** *m* yersolucanı
Regie (0) *f Thea., Film:* reji
regieren *v/t* yönetmek, idare etm.; *v/i* hüküm sürmek
Regierung *f* hükümet
Regime (-) *n Pol.* rejim
Region (-*en*) *f* bölge
regional bölgesel
Regisseur (-*e*) *m,* ~**in** *f* rejisör, yönetmen
registrieren kaydetmek
regnen *v/i* yağmur yağmak; ~**risch** yağmurlu
regulieren ayarlamak
regungslos hareketsiz
Reh (-*e*) *n* karaca
Rehabilitation *f* rehabilitasyon
reiben *v/t* ov(uştur)mak
Reibung *f* sürt(ün)me, ovma
reich zengin (*an* bakımından)
Reich (-*e*) *n* devlet, imparatorluk
reichen *DA* uzatmak, vermek; *v/i D* yetmek; uzanmak; *das reicht* yeter, kâfi
reich|**haltig** bol; verimli; ~**lich** çok, bol, zengin
Reichtum (*-er*) *m* zenginlik
Reichweite *f* erim, menzil
reif olgun; ~ *werden* olgunlaşmak

Reif (0) *m* (*Tau*) kırağı
Reife (0) *f* olgunluk
reifen olgunlaşmak
Reifen (-) *m* çember; *Kfz.* lâstik; ~**panne** *f* lâstik patlaması
Reifglätte (0) *f* donmuş kırağı
Reihe (-*n*) *f* sıra, dizi; *nach der* ~ sıra ile; ~**nfolge** *f* sıralama; ~**nhaus** *n* sıra ev
Reim (-*e*) *m* kafiye
reimen: *sich* ~ birbirine uymak
rein saf; (*sauber*) temiz, pak; ~**igen** temizlemek; arıtmak
Reinigung *f* temizleme; *chemische* ~ kuru temizleme (işletmesi)
Reis (0) *m* pirinç
Reise (-*n*) *f* yolculuk, seyahat; *gute* ~ *l* iyi yolculuklar!; ~**büro** *n* seyahat bürosu; ~**führer** *m* kılavuz; ~**gruppe** *f* turist kafilesi
reisen seyahat etm.
Reise|**nde**(**r**) yolcu, turist; ~**paß** *m* pasaport; ~**scheck** *m* seyahat çeki
Reisig (0) *n* çalı çırpı
reißen *v/t* yırtmak; koparmak; (*an D* -*i*) şiddetle çekmek; *v/i* çatlamak; yırtılmak
Reiß|**verschluß** *m* fermuar; ~**zwecke** (-*n*) *f* raptiye
reiten *v/i* ata binmek; atla gitmek
Reiter (-) *m,* ~**in** *f* binici
Reiz (-*e*) *m* teşvik; alımlılık, cazibe; *Med.* uyarma
reiz|**bar** çabuk darılan; ~**en**

tahrik etm., uyandırmak; cezp etm.; ~end alımlı, çekili
Reklam|ation *f* şikâyet; **~e** (-*n*) *f* reklâm
Rekord (-*e*) *m* rekor
Rekrut (-*en*) *m* acemi asker
relativ nispî, göreli; *adv.* nispeten
Relativpronomen *n Gr.* ilgi zamiri
Religion (-*en*) *f* din
religiös dinî
Remoulade (-*n*) *f* baharatlı mayonez
Renaissance (0) *f* Rönesans
Rennbahn *f* yarış pisti; **~en** koşmak
Renn|en (-) *n* yarış; **~fahrer** *m* otomobil yarışçısı; **~wagen** *m* yarış arabası
renovieren yenileştirmek
Rente (-*n*) *f* gelir; (*Alters-*) emekli aylığı
rentieren: *sich* ~ kâr getirmek
Rentner (-) *m*, **~in** *f* emekli
Reparatur (-*en*) *f* tamir; **~werkstatt** *f* tamirhane
reparieren tamir etm.
Report|age (-*n*) *f* röportaj; **~er** (-) *m*, **~erin** (-*nen*) *f* röportajcı
repräsentieren temsil etm.
Reptil (-*ien*) *n* sürüngen
Republik (-*en*) *f* cumhuriyet
Reserve (-*n*) *f* yedek, ihtiyat; **~kanister** *m* yedek bidon; **~rad** *n* yedek tekerlek
reservieren ayırmak; ~ *lassen* ayırtmak; *reserviert* rezervedir

Residenz (-*en*) *f* hükümet merkezi; ikametgâh
resignieren vazgeçmek
Respekt (0) *m* saygı
respektieren *A -e* saygı göstermek; (*beachten*) -*e* riayet etm.
Rest (-*e*) *m* geri kalan, artık
Restaurant (-*s*) *n* restoran, lokanta
restaurieren restore etm.
rest|lich geri kalan; **~los** tam(amen); eksiksiz
Resultat (-*e*) *n* sonuç, netice
Resümee (-*s*) *n* özet
retten kurtarmak
Rettich (-*e*) *m* bayırturpu
Rettung *f* kurtarma; kurtuluş
Rettungs|boot *n* tahliye sandalı, filika; **~hubschrauber** *m* cankurtaran helikopteri; **~ring** *m* cankurtaran simidi
Reue (0) *f* pişmanlık
revidieren değiştirmek
Revier (-*e*) *n* bölge; *Mil.* revir; (*Polizei-*) karakol
Revision (-*en*) *f* revizyon; *Jur.* temyiz
Revolte (-*n*) *f* ayaklanma
Revolution *f* ihtilâl, devrim; **~är** (-*e*) *m* devrimci
Revolver (-) *m* revolver, tabanca
Rezept (-*e*) *n* reçete; (*Koch-*) yemek tarifi
rezeptfrei reçetesiz (satılan)
Rezeption *f* resepsiyon
Rhabarber (0) *m* ravent
Rhein *m* Ren nehri; **~land-Pfalz** *n* Ren-Palatina

Rheuma(tismus *m*) (0) *n* romatizma
Rhythmus (*-men*) *m* ritim
richten *v/t* doğrultmak; hazırlamak; yöneltmek, göndermek **(an, auf** *A -e*); *sich* ~ yönelmek, uymak *(nach D -e*)
Richter (-) *m*, **~in** *f* yargıç, hâkim
richtig doğru, sahih; **~stellen** doğrultmak; *Jur.* tekzip etm.
Richtung *f* istikamet, yön
rieb *s.* **reiben**
riechen *A -in* kokusunu almak; *v/i* kokmak
rief *s.* **rufen**
Riegel (-) *m* sürme, sürgü
Riemen (-) *m* kayış; *Mar.* kürek
Riese (*-n*) *m* dev
rieseln damlamak, çiselemek
riesig koskoca
riet *s.* **raten**
Riff (*-s*) *n* resif
rigoros sert, şiddetli
Rille (*-n*) *f* yiv, oluk
Rind (*-er*) *n* sığır
Rinde (*-n*) *f* kabuk
Rindfleisch *n* sığır eti
Ring (*-e*) *m* halka, çember; (*Finger-*) yüzük; *Sp.* ring
ringen güreşmek
Ring|er (-) *m* güreşçi, pehlivan; **~kampf** *m* güreş
rings: ~ um *A -in* etrafında; *-in* etrafına; **~(her)um** her tarafta
Ringstraße *f* çevre yolu
Rinne (*-n*) *f* oluk

rinnen akmak, sızmak
Rippe (*-n*) *f* kaburga; **~nfellentzündung** *f* zatülcenp
Risiko (*-s, -ken*) *n* riziko, tehlike
riskant rizikolu
riß *s.* **reißen**
Riß (*-sse*) *m* yırtık, yarık
rissig çatlak, yarık
ritt *s.* **reiten**
Ritt (*-e*) *m* atla gidiş; **~er** (-) *m* şövalye
Ritze (*-n*) *f* aralık
ritzen çizmek
Robbe (*-n*) *f* fok
robust dinç
roch *s.* **riechen**
Rock (*⁴e*) *m* etek(lik); (*Jacke*) ceket
rodeln kızakla kaymak
Rodelschlitten *m* kızak
roden ağaçları kesip tarla haline getirmek
Roggen (0) *m* çavdar
roh çiğ; ham; *fig.* kaba
Roh|bau (*-n*) *m* kaba yapı; **~kost** *f* pişmemiş besin
Rohr (*-e*) *n* boru; *Bot.* kamış, saz
Röhre (*-n*) *f* boru; *Rdf.* lâmba; (*Brat-*) fırın
Rohstoff *m* hammadde
Roll|aden *m* kepenk; **~bahn** *f* pist; **~e** (*-n*) *f* (*Spule*) makara; silindir; (*Papier-*) tomar; *Thea.* rol
rollen *v/i* yuvarlanmak; *v/t* yuvarlamak
Roll|er (-) *m* patinet; (*Motor-*) skuter; **~kragenpullo-**

Rückzahlung

ver *m* balıkçı yakalı kazak; **~schuh** *m* tekerlekli paten; **~splitt** *m* taş kırıntısı; **~stuhl** *m* tekerlekli sandalye; **~treppe** *f* yürüyen merdiven
Rom *n* Roma
Roman (-e) *m* roman
romantisch romantik
Röntgenstrahlen *pl.* röntgen ışınları
rosa pembe
Rose (-n) *f* gül; **~nkohl** *m* Brüksel lâhanası; **~nkranz** *m* tesbih
Rosé(wein) *m* pembe şarap
rosig gül gibi; hoş
Rosine (-n) *f* kuru üzüm
Rosmarin (0) *m* biberiye
Rost *m* **1.** (-e) ızgara; **2.** (0) pas
rosten paslanmak
rösten kavurmak; ızgarada kızartmak
rost|frei paslanmaz; **~ig** paslı
rot kırmızı; *Rote(r) Halbmond* *m* Kızılay; *Rote(s) Kreuz* *n* Kızılhaç
Röte (0) *f* kızıllık, allık; **~ln** *pl.* kızamıkçık *sg.*
rotieren dönmek
Rot|kehlchen *n* kızılgerdan (kuşu); **~kohl** *m* kırmızı lâhana
Rotwein *m* kırmızı şarap
Roul|ade (-n) *f* et sarması; **~ett(e)** (-s) *n* rulet
Route (-n) *f* yol, rota
Rübe (-n) *f* (*weiße*) şalgam; (*rote*) pancar; (*gelbe*) havuç
rüber *s.* herüber

Rubin (-e) *m* yakut
Rubrik (-en) *f* kolon; hane
Ruck (-e) *m* sarsma
Rückblick *m* geriye bakış
rücken *v/t* itmek, oynatmak; *v/i* kımıldanmak; *näher ~* (birbirine) yaklaşmak
Rücken (-) *m* arka, sırt; **~lehne** *f* arkalık; **~schmerzen** *pl.* sırt ağrısı *sg.*
Rück|erstattung *f* geri verme, iade; **~fahrkarte** *f* dönüş bileti; **~fahrt** *f* dönüş; **~flug** *m* geri uçuş; **~gabe** *f* iade; **~gang** *m* azalma
rückgängig: *~ machen* geri almak, iptal etm.
Rück|grat (-e) *n* omurga, belkemiği; **~halt** (0) *m* destek; **~kehr** (0) *f* dönüş; **~licht** *n* arka lâmbası; **~porto** *n* iade ücreti
Rucksack *m* sırt çantası
Rück|schritt *m* gerileme; irtica; **~seite** *f* arka taraf
Rücksicht: *~ nehmen* riayet etm. (*auf A -e*), hesaba katmak (*-i*)
rücksichts|los saygısız; (*grob*) kaba; **~voll** saygılı
Rück|sitz *m* arka koltuk; **~spiegel** *m* dikiz aynası; **~sprache** *f* danışma
rückständig gerici
Rücktritt *m* istifa; **~bremse** *f* pedal freni
rückwärts geri(ye)
Rück|wärtsgang *m* geri vites; **~weg** *m* dönüş (yolu); **~wirkung** *f* tepki; **~zahlung**

Rückzug

f geri ödeme; **~zug** *m* geri çekilme
Rudel (-) *n* sürü
Ruder (-) *n* kürek; (*Steuer-*) dümen; **~boot** *n* sandal
rudern kürek çekmek
Ruf (*-e*) *m* çağırma, ses; sesleniş; *fig.* şan, ün
rufen bağırmak; çağırmak
Ruf|name *m* lâkap, mahlas; **~nummer** *f* telefon numarası
Rüge (*-n*) *f* azar, paylama
Ruhe (0) *f* hareketsizlik; sessizlik; rahat(lık); *in ~ lassen* rahat bırakmak
ruhen durmak; (*aus~*) dinlenmek
Ruhestand *m* emeklilik
ruhig sakin, sessiz
Ruhm (0) *m* şan, ün
Ruhr[1] (0) *f Med.* dizanteri
Ruhr[2] (0) *f Geo.* Ruhr; **~gebiet** *n* Ruhr bölgesi
Rührei *n* karıştırılmış sahanda yumurta
rühren *v/t* karıştırmak, kımıldatmak; *fig. -e* dokunmak; *sich ~* kımıldanmak; **~d** dokunaklı, acıklı
Ruine (*-n*) *f* harabe
ruinieren mahvetmek; yıkmak
rülpsen geğirmek
rum *s. herum*
Rum (0) *m* rom

Rumänien *n* Romanya
rumänisch Romanyalı; Rumence
Rummelplatz *m* lunapark
Rumpf (*"e*) *m* gövde
rümpfen: die Nase ~ burun burmak (*über A -e*)
Rumpsteak (*-s*) *n* romstek
rund yuvarlak; *adv.* aşağı yukarı; ~ *um A -in* etrafın(d)a
Rund|e (*-n*) *f* devir, tur; *Sp.* raunt; (*Gesellschaft*) meclis; **~fahrt** *f* tur; **~funk** (0) *m* radyo; **~gang** *m* dolaşma, tur; **~reise** *f s.* **~fahrt**; **~schreiben** *n* genelge
runter *s. herunter*
Runzel (*-n*) *f* kırışık
runzeln buruşturmak
rupfen koparmak, yolmak
Ruß (0) *m* is, kurum
Russe (*-n*) *m* Rus
Rüssel (*-) *m* hortum; burun
Russin *f* Rus (kadını)
russisch Rus; Rusça
Rußland (0) *n* Rusya
rüsten *v/i* silâhlanmak; *sich ~* hazırlanmak (*zu D -e*)
rüstig dinç, kuvvetli
Rüstung *f* silâhlanma; zırh
Rute (*-n*) *f* değnek
Rutschbahn *f* kaymaca (yeri)
rutsch|en kaymak; *Auto:* patinaj yapmak; **~ig** kaygan
rütteln *v/t* sarsmak, sallamak

S

Saal (*Säle*) *m* (büyük) salon
Saar *f* Sa(a)r Nehri
Saat *f* ekin
Säbel (-) *m* kılıç
Sabotage *f* sabotaj
sabotieren baltalamak
Sach|bearbeiter(in *f*) *m* yetkili memur; **~e** *f* şey; madde; (*Angelegenheit*) iş; *pl.* eşya; elbiseler
sach|gemäß uygun, yerinde; **~kundig** uzman; **~lich** objektif; nesnel
Sachschaden *m* maddî hasar
Sachsen *n* Saksonya
sacht(e) yavaş
Sach|verhalt *m* durum, keyfiyet; **~verständige(r)** bilirkişi, uzman
Sack (*¨e*) *m* çuval, torba; **~gasse** *f* çıkmaz yol
säen ekmek
Saft (*¨e*) *m* öz; su; (*Obst*) meyve suyu
saftig sulu
Sage (-*n*) *f* efsane, destan, söylence
Säge (-*n*) *f* testere; bıçkı; **~mehl** *n* talaş
sagen *DA* söylemek, demek
sägen *v/t* testere ile kesmek
Sägespäne *pl.* talaş *sg.*
sah *s. sehen*
Sahne (Ø) *f* kaymak, krema; **~torte** *f* kremalı pasta
Saison (-*s*) *f* mevsim, sezon
Saite (-*n*) *f* tel, kiriş

Sakko (-*s*) *n* ceket
Salat (-*e*) *m* salata
Salami (-) *f* salam
Salbe (-*n*) *f* merhem
Salbei (-) *m* adaçayı
Saldo (-*s, -den*) *m Hdl.* artık
Salon (-*s*) *m* salon
salopp teklifsiz
salutieren *Mil.* selâm vermek
Salz (-*e*) *n* tuz
salz|en tuzlamak; **~ig** tuzlu
Salz|säure *f.* tuzruhu; **~streuer** (-) *m* tuzluk; **~wasser** *n* tuzlu su
Samen (-) *m Bot.* tohum
sammeln *v/t* toplamak; *Briefmarken usw.* biriktirmek, koleksiyon yapmak; *sich ~* toplanmak
Samml|er (-) *m*, **~erin** *f* koleksiyoncu; **~ung** *f* toplama; koleksiyon
Samstag *m* cumartesi
Samt (-*e*) *m* kadife
sämtliche *pl.* bütün, tüm
Sanatorium (*-ien*) *n* sanatoryum
Sand (-*e*) *m* kum
Sandale (-*n*) *f* sandal
sandig kumlu
Sand|kasten *m* kum sandığı; **~strand** *m* kumluk plaj
sandte *s. senden*
sanft yumuşak; hafif
sang *s. singen*
Sänger (-) *m*, **~in** *f* ses sanatçısı, şarkıcı

sanieren

sanieren düzeltmek, sağlıklı hale getirmek; modernleştirmek
sanitär sıhhî
Sanitäter (-) *m* sıhhiyeci
sank *s.* **sinken**
Sard|elle (*-n*) *f* hamsi; **~ine** (*-n*) *f* sardalye
Sarg (*⸚e*) *m* tabut
Sarkophag (*-e*) *m* lâhit
saß *s.* **sitzen**
Satellit (*-en*) *m* peyk, uyodu
Satire (*-n*) *f* yergi, hiciv
satt tok, doymuş; **ich bin ~** doydum; **~ haben** A *-den* bıkmak
Sattel (*⸚* *m* eyer; (*Pack*-) semer; *Fahrrad*: sele
sättigen doyurmak
Saturn *m Astr.* Satürn, Zühal
Satz (*⸚e*) *m Gr.* cümle, tümce; (*Sprung*) sıçrayış; (*Boden*-) telve; *Tennis*: set; *Geschirr usw.*: takım
Satzung *f* (iç)tüzük
Sau (*⸚e, -en*) *f Zo.* dişi domuz
sauber temiz
Sauberkeit *f* temizlik
saubermachen, **säubern** temizlemek
Saubohne *f Bot.* bakla
Sauce (*-n*) *f* salça
Saudiarabien *n* Suudi Arabistan
sauer ekşi; *Milch*: kesilmiş; **~ werden** ekşimek; **saure Gurken** hıyar turşusu
Sauer|kirsche (*-n*) *f* vişne; **~kraut** *n* lâhana turşusu; **~stoff** (0) *m* oksijen

saufen içmek; *umg.* kafayı çekmek
Säufer (-) *m* ayyaş
saugen emmek (*an D -i*)
säugen *A* emzirmek; **-e meme** vermek
Säug|etier *n* memeli (hayvan); **~ling** (*-e*) *m* meme çocuğu
Säule (*-n*) *f* sütun, direk
Saum (*⸚e*) *m* kenar; etek baskısı
säumen *A* *-in* kenarını dikmek
Sauna (*-s, -nen*) *f* Fin hamamı, sauna
Säure (*-n*) *f* ekşilik; *Chem.* asit
sausen vınlamak
S-Bahn *f* banliyö treni
schaben kazımak
schäbig eski püskü; *fig.* alçak
Schach (0) *n* satranç; **~brett** *n* satranç tahtası; **~figur** *f* satranç taşı
schachmatt mat
Schacht (*⸚e*) *m Bgb.* kuyu; baca
Schachtel (*-n*) *f* kutu
schade yazık
Schädel (-) *m* kafatası
schaden *D* zarar vermek
Schaden (*⸚*) *m* zarar, hasar; **~ erleiden** zarara uğramak; **~ersatz** *m* tazminat; **~freude** *f* başkalarının zararına sevinme
schadhaft kusurlu; bozuk
schäd|igen *A -e* zarar vermek; **~lich** zararlı

Schadstoff *m* zararlı madde
Schaf (-e) *n* koyun
Schäfer (-) *m* çoban; **~hund** *m* çoban köpeği; (*deutscher* **~**) kurt köpeği
schaffen yaratmak; (*bewältigen*) becermek, yerine getirmek; *v/i fam.* çalışmak
Schaffner (-) *m*, **~in** *f* biletçi
Schaf(s)käse *m* koyun peyniri, beyaz peynir
Schaft (*-e*) *m* sap, kol; **~stiefel** *m* konçlu çizme
Schakal (-e) *m* çakal
Schal (-s) *m* şal, atkı
Schale (-n) *f* kâse; *Bot.* kabuk
schälen *A -in* kabuğunu soymak
Schall (-e) *m* ses; yankı
schallen ses çıkarmak; tınlamak
Schall|platte *f* plâk; **~welle** *f* ses dalgası
schalt *s.* **schelten**
schalten *Kfz.* vites değiştirmek
Schalt|er (-) *m* gişe; (*Bank-*) vezne; *El.* düğme; (*Licht-*) şalter; **~hebel** *m Kfz.* vites kolu; **~jahr** *n* artıkyıl
Scham (0) *f* utanma
schämen: *sich* **~** utanmak
schamhaft utangaç
Schande (0) *f* ayıp, namussuzluk
schändlich ayıp, iğrenç
Schanze (-n) *f* metris, tabya
Schar (-en) *f* grup, sürü
scharf keskin; *Essen:* acı; *Fot.* net; *fam.* **~ sein auf etw.** *b. ş-e* can atmak

Schärfe (-n) *f* keskinlik; yakıcılık
schärfen bilemek
Scharfsinn (0) *m* keskin akıl
Scharlach (0) *m Med.* kızıl hastalığı
Scharnier (-e) *n* menteşe
scharren eşinmek
Scharte (-n) *f* çentik, kertik
Schatten (-) *m* gölge
schattig gölgeli
Schatz (*~e*) *m* hazine; define; gömü; *fig.* sevgili
schätzen *v/t* tahmin etm., saymak
Schätzung *f* tahmin
Schau (-en) *f* gösteriş; sergi
schauder|haft korkunç; iğrenç; **~n** ürpermek (*vor D -den*)
schauen bakmak (*auf A -e*)
Schauer (-) *m* titreme; (*Schauder*) ürperme; (*Regen-*) sağanak
schauerlich korkunç
Schaufel (-n) *f* kürek; (*Kehr-*) faraş
Schaufenster *n* vitrin, camekân
Schaukel (-n) *f* salıncak
schaukeln sallanmak
Schaum (*~e*) *m* köpük; **~gummi** *n od.* *m* lâstik sünger
schäumen köpürmek
schaumig köpüklü
Schaumwein *m* köpüklü şarap
Schauplatz *m fig.* sahne
Schauspiel *n* manzara; *Thea.*

Schauspieler 366

oyun; ~**er** m aktör, oyuncu; ~**erin** f aktris, kadın oyuncu
Scheck (-s) m çek; ~**buch**, ~**heft** n çek defteri; ~**karte** f çek kartı
Scheibe (-n) f levha, disk; *Brot usw.*: dilim; *(Fenster-)* cam; ~**nwischer** m cam sileceği
Scheide (-n) f kılıf; *an.* döl yolu; *(Schwert-)* kın
scheiden v/t ayırmak; *sich* ~ *lassen* boşanmak *(von D -den)*
Scheidung f boşanma
Schein m 1. (-e) kâğıt, belge; *(Geld-)* banknot; 2. (0) ışık, parıltı; *fig.* görünüş
schein|bar görünen; *adv.* görünürde; ~**en** görünmek; parıldamak; *die Sonne scheint* güneş var; ~**heilig** ikiyüzlü
Scheinwerfer m ışıldak, projektör; *Kfz.* far, ışık
Scheiße (0) f bok
scheißen sıçmak
Scheitel m tepe; saç ayrı
scheitern boşa çıkmak
schellen zil çalmak
schelten azarlamak
Schema (-s, -ata) n şema
Schemel m iskemle
Schenkel (-) m *an.* uyluk; *Math.* kenar
schenken *DA* hediye etm.
Scherbe (-n) f kırık
Schere (-) f makas
scheren v/t kırkmak, kesmek
Scherereien *pl.* külfet, zahmet

Scherz (-e) m şaka; muziplik
scherzen şaka etm.; ~**haft** şakadan, ciddi olmayan
Scheu (0) f ürkeklik, çekingenlik
scheu korkak; çekingen; ~**chen** korkutmak; ~**en** ürkmek *(A -den)*; *sich* ~ **en** korkmak, çekinmek *(vor D -den)*
scheuern *(reiben)* ovmak; *(reinigen)* temizlemek
Scheuer|pulver n deterjan; ~**tuch** n tahta bezi
Scheune (-n) f ambar, samanlık
Scheusal (-e) n canavar
scheußlich iğrenç
Schi m *s.* **Ski**
Schicht (-en) f tabaka; *(Arbeits-)* vardiya
schichten istif etm.
schick şık, zarif
schicken *DA* göndermek, yollamak
Schicksal (-e) n talih, kader
Schiebedach n *Kfz.* açılır kapanır tavan
schieben itmek, sürmek
Schiebetür f sürme kapı
Schiebung f vurgunculuk
schied *s.* **scheiden**
Schieds|gericht n hakem mahkemesi; ~**richter** m hakem
schief eğri
Schiefer (-) m kayrak, kayağantaşı, şist
schielen şaşı bakmak
schien *s.* **scheinen**
Schien|bein n *an.* baldırke-

Schlager

miği; **~e** (-n) f ray; Med. cebire
schießen v/t vurmak; v/i ateş etm., atmak (auf A -e); Sp. a. şut çekmek; fig. fırlamak
Schieß|pulver n barut; **~scheibe** f nişangâh
Schiff (-e) n gemi
Schiffahrt (0) f gemicilik; gemi işletmesi
schiffbar gemi seferlerine elverişli
Schiff|bruch m deniz kazası; batmış; **~er** (-) m gemici; **~sschraube** f gemi pervanesi, uskur
schikanieren A -e eziyet etm., (kötü niyetle) güçlük çıkarmak
Schild 1. (-er) n levha, tabelâ;
2. (-e) m kalkan
schildern DA anlatmak
Schilderung f tasvir, anlatma
Schildkröte f kaplumbağa
Schilf (-e), -rohr n kamış, saz
schillern parıldamak
Schilling (-e) m şilin
Schimmel¹ (0) m Zo. beyaz at
Schimmel² (0) m Bot. küf
schimm(e)lig küflü; **~n** küflenmek
Schimmer (0) m ışık, pırıltı; fig. iz
schimmern pırıldamak
schimpfen küfretmek, sövmek (auf A -e)
Schimpfwort A -e) n kaba söz, küfür
Schinken (-) m jambon

Schippe (-n) f kürek
Schirm (-e) m şemsiye; (Mützen-) siper; (Lampen-) abajur; fig. himaye; **~herrschaft** f himaye; **~mütze** f siperli kasket; **~ständer** m şemsiyelik
schiß s. scheißen
Schlacht (-en) f savaş
schlachten kesmek
Schlacht|er (-) m kasap, **~feld** n savaş alanı; **~hof** m mezbaha
Schlacke (-n) f dışkı, cüruf
Schlaf (0) m uyku; **~anzug** m pijama
Schläfe (-n) f an. şakak
schlafen uyumak; yatmak; **~ gehen, sich ~ legen** uykuya yatmak
schlaff geçşek
Schlaf|losigkeit f uykusuzluk; **~mittel** n uyku ilâcı; **~mütze** f fig. uyuşuk
schläfrig uykusu gelmiş
Schlaf|sack m uyku tulumu; **~tablette** f uyku hapı; **~wagen** m yataklı vagon; **~zimmer** n yatak odası
Schlag (¨e) m vuruş; darbe (a. fig.); (El., Herz-) çarpma; **Schläge** pl. dayak sg.; **~ader** f artardamar; **~anfall** m Med. inme, felç; **~baum** m bariyer
schlagen v/t vurmak; Pers. bsd. dövmek; (besiegen) yenmek; Eier, Sahne çalkalamak; v/i Uhr: çalmak
Schlager (-) m günün şarkısı

Schläger (-) *m* kavgacı; *Sp.* raket; ~**ei** (-*en*) *f* dövüşme
schlagfertig hazırcevap
Schlag|loch *n* çukurluk; ~**sahne** *f* kremşanti; ~**zeile** *f* manşet; ~**zeug** *n* bateri
Schlamm (-*e*, ~*e*) *m* çamur
schlammig çamurlu
Schlamperei (-*en*) *f* derbederlik
schlang *s.* **schlingen**
Schlange (-*n*) *f* Zo. yılan; ~ **stehen** kuyruk olm.
schlängeln: sich ~ kıvrılmak
Schlangenlinie *f* burma çizgi
schlank ince boylu, zayıf
schlapp yorgun
Schlappe (-*n*) *f* bozgun(luk)
schlau kurnaz, açıkgöz
Schlauch (~*e*) *m* hortum; *Kfz.* iç lâstik; ~**boot** *n* şişirme kayık
schlecht kötü, fena; (*verdorben*) çürümüş, bozuk; *mir ist (wird)* ~ fena oluyorum, fenalaşıyorum
schleichen gizlice sokulmak
Schleier (-) *m* peçe, örtü
Schleife (-*n*) *f* fiyonk; ilmik; düğüm
schleifen (*über den Boden*) sürüklemek; (*schärfen*) bilemek; *Glas* yontmak
Schleifstein *m* bileği taşı
Schleim (-*e*) *m* sümük, balgam; ~**haut** *f* mukoza zarı
schleimig sümüklü
schlendern dolaşmak
schlenkern sallamak (*mit D -i*)

schleppen çekmek, sürüklemek; *Koffer* zor taşımak
Schlepper (-) *m Mar.* römorkör; *Kfz.* traktör
schleudern *v/t* atmak, fırlatmak; *Wäsche* sıkmak; *v/i Kfz.* patinaj yapmak
schleunigst *adv.* hemen, bir an önce
Schleuse (-*n*) *f* bent, savak
schlich *s.* **schleichen**
schlicht basit, sade
schlichten *v/t* uzlaştırmak
schlief *s.* **schlafen**
schließen *v/t* kapa(t)mak; *Vertrag* akdetmek; (*beenden*) bitirmek; (*folgern*) çıkarmak, anlamak; *v/i* kapanmak, bitmek
Schließfach *n* emanet *veya* posta kutusu; (*Gepäck-*) emanet dolabı
schließlich sonunda, nihayet
Schliff (-*e*) *m* perdah, cilâ; *fig.* terbiye
schliff *s.* **schleifen**
schlimm fena, kötü
Schlinge (-*n*) *f* ilmik, düğüm; (*Falle*) tuzak
schlingen sarmak; oburca yutmak
Schlingpflanze *f* sarılgan bitki
Schlips (-*e*) *m* boyun bağı, kravat
Schlitten (-) *m* kızak; ~**schuh** *m* paten
Schlitz (-*e*) *m* yarık, çatlak
schloß *s.* **schließen**

Schloß (*sser*) *n* kilit; (*Gebäude*) saray; şato
Schlosser (-) *m* çilingir; (*Maschinen-*) tesviyeci
Schlot (-*e*) *m* baca
schlottern sallanmak (*vor -den*)
Schlucht (-*en*) *f* boğaz, uçurum
schluchzen hıçkıra hıçkıra ağlamak
Schluck (-*e*) *m* yudum; **~auf** (0) *m* hıçkırık
Schlucken yutmak
schlug *s.* **schlagen**
Schlummer (0) *m* hafif uyku
Schlund (-*e*) *m* gırtlak, boğaz
schlüpfen girmek, sokulmak (*in A -e*); sıyrılıp kaçmak (*aus D -den*)
Schlüpfer (-) *m* külot
schlüpfrig kayağan; *fig.* açık saçık
schlürfen höpürdeterek içmek
Schluß *m* **1.** (0) son; **am ~** nihayette, sonunda; **~ machen** son vermek (*mit D -e*); **2.** (-*sse*) sonuç
Schlüssel (-) *m* anahtar; **~bein** *n* köprücük kemiği; **~bund** *m od.* *n* anahtar destesi; **~loch** *n* anahtar deliği
Schlußlicht *n* arka feneri
schmächtig ince boylu
schmackhaft lezzetli
schmal dar; ince
schmälern azaltmak
Schmalz (-) *n* domuz yağı; kaz yağı

Schmarotzer (-) *m* asalak, parazit
schmatzen hapır hupur yemek
schmecken *A -in* tadına bakmak; (*nach D -in*) tadı olm.; *schmeckt es?* tadı nasıl?
Schmeichelei (-*en*) *f* dalkavukluk
schmeichel|haft gönül okşayıcı; **~n** *D -in* yüzüne gülmek
schmeißen atmak, fırlatmak
schmelzen *v/t* eritmek; *v/i* erimek
Schmerz (-*en*) *m* ağrı, sancı; acı, ıstırap (*a. fig.*); (*Trauer*) üzüntü
schmerz|en acımak; ıstırap vermek (*j-n b-e*); **~haft**, **~lich** acıyan; üzüntülü; **~stillend** ağrı dindirici
Schmetterling (-*e*) *m* kelebek
schmettern şiddetle atmak; yüksek sesle söylemek; çalmak
Schmied (-*e*) *m* demirci; **~e** (-*n*) *f* demirci atelyesi
schmieden dövmek; *Plan* kurmak
schmiegsam kolay bükülen, uysal
schmier|en yağlamak; (*auf A -e*) sürmek; **~ig** yağlı
Schmieröl *n* makine yağı
Schminke (-*n*) *f* makyaj; düzgün
schminken *A -e* düzgün sürmek; *sich ~* makyaj yapmak
Schmirgel (0) *m* zımpara

schmiß s. **schmeißen**
schmollen gücenmek
schmolz s. **schmelzen**
schmoren v/t buğuda kızartmak, pişirmek; v/i kızarmak, pişmek
Schmuck (0) m süs; süslenme
schmücken v/t süslemek; *sich ~* süslenmek
schmucklos süssüz, sade
Schmuckstück n takı, süs parçası
Schmuggel (0) m kaçakçılık
schmuggeln kaçırmak
Schmuggler (-) m kaçakçı
schmunzeln gülümsemek
Schmutz (0) m kir, pislik, çamur
schmutzig kirli, paslanmış
Schnabel (¨) m Zo. gaga
Schnake (-n) f sivrisinek
Schnalle (-n) f toka
schnallen tokalamak (*an A -e*)
schnalzen şakırdatmak (*mit D -i*)
schnappen v/t kapmak
Schnaps (¨e) m sert içki
schnarchen horlamak
schnarren gıcırdamak
schnattern bağırmak, vakvaklamak
schnauben, schnaufen solumak
Schnauze (-n) f Zo. ağız, burun
Schnecke (-n) f sümüklüböcek, salyangoz; **~ntempo** n kaplumbağa yürüyüşü
Schnee (0) m kar; **~ball** m kar topu; **~flocke** f kar tane-

si; **~glöckchen** n kardelen
Schneide (-n) f keskin taraf
schneiden v/t kesmek; **sich ~** kesişmek; (*in A -ini*) kesmek
Schneider (-) m, **~in** f terzi
schneiden kar yağmak
schnell çabuk, tez, hızlı
Schnell|igkeit (0) f çabukluk, sürat, hız; **~straße** f ekspres yol; **~zug** m ekspres tren
schneuzen: *sich die Nase ~* sümkürmek
Schnippchen n: *ein ~ schlagen D -i* aldatmak
schnippisch saygısız
schnitt s. **schneiden**
Schnitt (-e) m kesme, kesik; (*Kleider-, Haar-*) biçim; *im ~* ortalama olarak; **~e** (-n) f dilim; **~lauch** m soğancık; **~punkt** m ara kesit
Schnitzel (-) n kırpıntı; ş(i)nitsel
schnitzen oymak
Schnitzer (-) m oymacı; *fig.* hata
schnöde alçak, bayağı
Schnorchel (-) m şnorkel
Schnörkel (-) m paraf; süs
schnorren dilencilikle elde etm.; ondan bundan geçinmek
schnüffeln burnunu çekmek; *fig.* burnunu sokmak
Schnuller (-) m emzik
Schnupfen (-) m nezle; *einen ~ bekommen* (*haben*) nezle(li) olm.
schnuppern burnunu çekmek

Schnur (~e) *f* ip, sicim; *El.* kablo
Schnurrbart *m* bıyık
schnurren *Katze:* mırıldanmak
Schnür|schuh *m* bağlı kundura; **~senkel** *m* potin bağı, bağcık
schob *s.* **schieben**
Schock (-s) *m* şok
Schöffe (-n) *m Jur.* jüri üyesi; **~ngericht** *n* jüri
Schokolade (-n) *f* çikolata
Scholle (-n) *f* kesek; parça; *Zo.* dilbalığı
schon önceden, çoktan; zaten; bile, artık; **~ wieder** gene
schön güzel; iyi, hoş; **ganz ~** *adv.* iyice
schonen *v/t* korumak, esirgemek; **sich ~** sağlığına bakmak; kendini yormamak
Schönheit (-en) *f* güzellik
Schonung *f* koruma; fidanlık
schöpfen çekmek, çıkarmak; *Atem* ~ nefes almak; *Verdacht* ~ şüphelenmek
Schöpfer (-) *m* yaratıcı, yaratan
schöpferisch yaratıcı
Schöpfung *f* yaratma; yaradılış
schor *s.* **scheren**
Schorf (-e) *m* yara kabuğu
Schornstein *m* baca; **~feger** *m* ocakçı; baca temizleyicisi
schoß *s.* **schießen**
Schoß (~e) *m* kucak, etek
Schote (-n) *f* bezelye *v. b.* kabuğu

Schotter (0) *m* kırma taş; balast
Schottland *n* İskoçya
schraffieren taraklamak
schräg eğri; verev
Schramme (-n) *f* sıyrık, yara
Schrank (~e) *m* dolap; **~e** (-n) *f* bariyer; *fig.* engel
Schraube (-n) *f* vida; pervane
schrauben vidalamak
Schrauben|mutter (-n) *f* somun; **~schlüssel** *m* somun anahtarı; **~zieher** *m* tornavida
Schraubstock *m* mengene
Schreck (0) *m*, **~en** (-) *m* korku, dehşet; **einen ~ bekommen** ürkmek
schrecklich korkunç; *fam.* müthiş
Schrei (-e) *m* haykırış, bağırma
schreiben *DA* yazmak
Schreib|en (-) *n* yazı; **~maschine** *f* yazı makinesi, daktilo; **~tisch** *m* yazı masası; **~waren** *pl.* kırtasiye *sg.*
schreien bağırmak, haykırmak
Schreiner (-) *m* marangoz
schreiten adım atmak
schrie *s.* **schreien**
schrieb *s.* **schreiben**
Schrift (-en) *f* yazı
schriftlich yazılı; *adv.* yazılı olarak
Schrift|steller(in *f*) *m* yazar; **~stück** *n* yazı; belge; **~verkehr** *m*, **~wechsel** *m* yazışma; **~zeichen** *n* harf

schrill tiz, keskin
schritt s. *schreiten*
Schritt (-e) *m* adım; *im ~(tempo) fahren* yavaş gitmek; **~macher** *m Med.* kalp pili
schroff sarp, yalçın; sert
Schrot *n od. m* **1.** *(O)* kaba öğütülmüş un; **2.** (-e) saçma
Schrott (-e) *m* hurda demir
schrottreif hurda
schrubben fırça ile temizlemek
Schrubber (-) *m* uzun saplı fırça
schrumpfen buruşmak; azalmak
Schub (~e) *m* itiş; **~karren** *m* el arabası; **~lade** (-n) *f* çekmece
schubsen itmek, kakmak
schüchtern sıkılgan, utangaç
schuf s. *schaffen*
Schuft (-e) *m* alçak herif
schuften eşek gibi çalışmak
Schuh (-e) *m* ayakkabı, kundura; **~anzieher** *m* çekecek; **~geschäft** *n* ayakkabı mağazası; **~größe** *f* ayakkabı numarası; **~krem** *f* ayakkabı boyası; **~macher** (-) *m* kunduracı; **~putzer** *m* boyacı; **~sohle** *f* taban, pençe
Schulbus *m* öğrenci servis otobüsü
Schuld *f* **1.** *(O)* suç, kabahat; **2.** (-en) *Hdl.* borç
schuld|en borçlu olm. (*j-m etw. b-e -den* dolayı); **~ig** suçlu; borçlu; **~los** suçsuz

Schuldner (-) *m*, **~in** *f* borçlu
Schule (-n) *f* okul
schulen eğitmek, alıştırmak
Schüler (-) *m*, **~in** *f* öğrenci
Schul|ferien *pl.* okul tatili *sg.*; **~jahr** *n* öğretim yılı
Schulter (-n) *f* omuz; **~blatt** *n* kürek kemiği
Schulung *f* eğitim
schummeln aldatmak
Schund *(O) m* değersiz şey
Schuppe (-n) *f* pul; *(Kopf-)* kepek
Schuppen (-) *m* ambar, depo
Schurke (-n) *m* alçak herif
Schurwolle *f* yapağı
Schürze (-n) *f* önlük
Schuß (~sse) *m* atış; silâh sesi
Schüssel (-n) *f* çanak, sahan
Schußwaffe *f* ateşli silâh
Schuster (-) *m* kunduracı
Schutt *(O) m* moloz, enkaz
Schüttelfrost *m* nöbet titremesi
schütteln sarsmak, çalkamak; *Hand* sıkmak
schütten *v/t* dökmek, boşaltmak, akıtmak; *v/i es schüttet* yağmur boşandı
Schutz *(O) m* koru(n)ma, himaye; savunma
Schütze (-n) *m* vurucu; atıcı
schützen *v/t* korumak; *sich ~* korunmak, sakınmak (*vor D, gegen A -den*)
Schutz|helm *m* miğfer; **~hütte** *f* barınak; **~impfung** *f* koruma aşısı; **~mann** *m* polis memuru

schwach kuvvetsiz, zayıf
Schwäche (-n) f güçsüzlük, zayıflık
schwächen zayıflatmak
schwachsinnig zayıf akıllı
Schwager (-, ~) m kayınbirader; enişte; bacanak
Schwägerin f elti; yenge; görümce; baldız
Schwalbe (-n) f kırlangıç
Schwall (-e) m dalga; yığın
schwamm s. **schwimmen**
Schwamm (~e) m sünger; (Pilz) mantar
Schwan (~e) m kuğu
schwand s. **schwinden**
schwang s. **schwingen**
schwanger hamile, gebe
Schwangerschaft f hamilelik, gebelik
schwanken sallanmak, titremek; değişmek
Schwankung f sallanma; kararsızlık
Schwanz (~e) m kuyruk
schwänzen fam. asmak, kırmak
Schwarm (~e) m sürü
schwärmen (~e) m uçuşmak; Bienen: kovanı terketmek; fig. bayılmak (**für** A -e)
Schwarte (-n) f deri; fam. eski kitap
schwarz kara, siyah; fam. kaçak, kaçakçı; **Schwarze(s) Meer** Karadeniz
Schwarz|arbeit f vergi ödemeden iş görme; **~brot** n siyah ekmek; çavdar ekmeği

Schwärze (0) f siyahlık, karalık
schwärzen karartmak
Schwarz|fahrer(in f) m kaçak yolcu; **~handel** m karaborsa; **~händler** m karaborsacı; **~markt** s. **~handel**; **~weißfilm** m siyah beyaz film
schwatzen, schwätzen gevezelik etm.
schwatzhaft geveze, boşboğaz
Schwebe f: **in der ~** askıda
schweben havada bulunmak; dalgalanmak; **in Gefahr ~** tehlikede bulunmak
Schweden n İsveç
Schwefel (0) m kükürt; **~säure** f sülfürik asit
Schweif (-e) m kuyruk
schweig|en susmak; **zum Schweigen bringen** susturmak; **~end** ses çıkarmadan; **~sam** az konuşan
Schwein (-e) n domuz; fig. şans; **~efleisch** n domuz eti; **~erei** f pislik; fig. alçaklık
Schweiß (-e) m ter
schweißen kaynak yapmak
Schweiz f İsviçre; **~er(in** f) m İsviçreli
schweizerisch İsviçre(li)
schwelen için için yanmak
schwelgen mest olm.
Schwelle (-n) f eşik; Esb. travers
schwellen şişmek, kabarmak
Schwellung f kabartı
schwenken sallamak; çalkamak

schwer ağır; *fig.* güç, zor; *drei Kilo* ~ üç kilo ağırlığında; **~behindert, ~beschädigt** sakat, özürlü; **~fällig** hantal; kalın kafalı
Schwer|gewicht *n* ağır siklet; **~hörigkeit** *f* kulak ağırlığı; **~kraft** *f Phys.* yer çekimi; **~punkt** *m* ağırlık merkezi
Schwert (*-er*) *n* kılıç
schwer|verdaulich hazmı güç olan; **~verletzt** ağır yaralı; **~wiegend** ağır, önemli
Schwester (*-n*) *f* kız kardeş; *Med.* hemşire, hastabakıcı
schwieg *s. schweigen*
Schwieger|eltern *pl.* kaynata ve kaynana; **~mutter** *f* kaynana; **~sohn** *m* damat; **~tochter** *f* gelin; **~vater** *m* kaynata
schwielig nasırlı
schwierig zor, güç, müşkül
Schwierigkeit (*-en*) *f* güçlük; *pl.* müşkülât
Schwimm|bad *n,* **~becken** *n* yüzme havuzu
schwimmen yüzmek; *Gegenstand a.:* sürüklenmek
Schwimm|en *n* yüzme; **~er(in** *f*) *m* yüzücü; **~weste** *f* cankurtaran yeleği
Schwindel (*0*) *m Med.* baş dönmesi; *fig.* hile; dolandırıcılık
schwind(e)lig: *mir wird* ~ başım dönüyor
schwindeln yalan söylemek; dolandırıcılık yapmak
schwinden azalmak, eksilmek
Schwindler (*-*) *m,* **~in** *f* dolandırıcı
schwindlig *s. schwind(e)lig*
schwingen *v/t* sallamak; *v/i* sallanmak, titremek
Schwingung *f Phys.* salınım
Schwips (*-e*) *m fam.* hafif sarhoşluk
schwirren vızıldamak
schwitzen terlemek
schwoll *s. schwellen*
schwören *A -e* yemin etm.
schwul *fam.* eşcinsel; nonoş
schwül sıkıntılı, bunaltıcı
Schwüle (*0*) *f* bunaltıcı sıcaklık
Schwung (*¨e*) *m* hız(lı hareket); canlılık
Schwur (*¨e*) *m* ant, yemin
Science-fiction (*0*) *f* bilim-kurgu
sechs altı; **~zehn** on altı; **~zig** altmış
See¹ (*-n*) *m* göl
See² (*0*) *f* deniz; **~fahrt** *f* denizcilik; **~gang** (*0*) *m* dalgalı deniz; **~hund** *m* fok; **~igel** *m* deniz kestanesi; **~krankheit** *f* deniz tutması
Seele (*-n*) *f* can, ruh
seelisch ruhsal
See|mann (*-leute*) *m* denizci, gemici; **~meile** *f* deniz mili; **~räuber** *m* korsan; **~reise** *f* deniz yolculuğu; **~stern** *m* denizyıldızı; **~zunge** *f* dilbalığı
Segel (*-*) *n* yelken; **~boot** *n*

yelkenli (kayık); **~flieger** *m* planörcü; **~flugzeug** *n* planör
segeln yelkenliyle gitmek
Segel|schiff *n* yelkenli; **~tuch** *n* yelken bezi
Segen (-) *m* kutsama
Segler (-) *m* yelkenli
segnen takdis etm., kutsamak
sehen *v/t* görmek; *sich ~* görüşmek; **~swert** görülmeye değer
Sehenswürdigkeit *f* görülecek yer
Sehkraft (0) *f* görüm
Sehne (-*n*) *f* kiriş
sehnen: *sich ~ nach D* -*in* özlemini çekmek
sehnlich(st) hasretli, hararetli
Sehnsucht *f* hasret, özlem
sehr pek, gayet, çok
seicht sığ; *fig.* üstünkörü
Seide (-*n*) *f* ipek; **~nraupe** *f* ipekböceği
Seife (-*n*) *f* sabun; **~nblase** *f* sabun köpüğü kabarcığı; **~nschaum** *m* sabun köpüğü
Seil (-*e*) *n* halat, **~tänzer(in** *f*) *m* ip cambazı
Sein (0) *n* var olma, varlık
sein[1] olmak; bulunmak
sein[2], **~e** onun; kendi; **~erseits** onun tarafından; **~erzeit** birzamanlar; **~esgleichen** eşi, benzeri
seit *D* -*den* beri; *Zeitraum a.*: -dir; **~(dem)** *conj.* -dikten beri, -eli

Selbstverwaltung

Seite (-*n*) *f* yan, taraf; *Buch*: sayfa
Seiten|sprung *m* *fig.* (eşini aldatarak) geçici macera; **~stechen** *n* geçici batması; **~straße** *f* yan sokak
seit|lich, **~wärts** yan taraf(t)a
Sekret|är (-*e*) *m* sekreter; **~ariat** (-*e*) *n* sekreterlik, kalem; **~ärin** *f* sekreter
Sekt (-*e*) *m* köpüklü şarap, şampanya
Sekte (-*n*) *f* mezhep, tarikat
Sektor (-*en*) *m* *Math.* kesim; *Pol.* sektör, bölge
Sekunde (-*n*) *f* saniye; **~nzeiger** *m* saniye ibresi
selber kendi, bizzat
selbst *s.* **selber**; **ich ~** kendim ; ben bizzat; *von ~* kendiliğinden; (*sogar*) hatta, bile
selbständig bağımsız; (*allein*) tek başına; (*beruflich ~*) serbest (meslekli)
Selbständigkeit (0) *f* bağımsızlık
Selbstbedienung *f* selfservis
selbst|bewußt kendine güvenen; **~gemacht** kendi eliyle *veya* evde yap(ıl)mış; **~los** özgecil, kendini düşünmeyen
Selbst|mord *m* intihar; **~mörder(in** *f*) *m* kendini öldüren
selbst|süchtig bencil; **~verständlich** kendiliğinden anlaşılan; *Intj.* elbette!, tabii!
Selbstverwaltung *f* özerklik, otonomi

selig mutlu; rahmetli
Sellerie (-s, -n) m kereviz
selten nadir, seyrek; az bulunan; *adv.* nadiren
Seltenheit f (-en) azlık, seyreklik; az bulunan şey
Selter(s)wasser n soda, maden suyu
seltsam acayip, garip, tuhaf
Semester (-) n sömestr; **~ferien** *pl.* sömestr tatili *sg.*
Semikolon (-s, -la) n noktalı virgül
Seminar (-e) n seminer; öğretmen okulu
Semmel (-n) f küçük ekmek
Senat (-e) m senato
senden *DA* göndermek, yollamak; *Rdf.* yayınlamak
Send|er (-) m radyo istasyonu; **~ung** f yayın; (*Post-*) gönderi
Senf (-e) m hardal
Senior (-en) m yaşlı
senken v/t indirmek, alçaltmak; *Kopf* eğmek; *sich* ~ inmek, alçalmak
senkrecht dikey; düşey
Sensation (-en) f sansasyon
sensationell sansasyonel
Sense (-n) f tırpan
sensibel duygulu, hassas
sentimental içli, duygusal
separat ayrı; **~istisch** *Pol.* bölücü
September (-) m eylül
Serie (-n) f seri; sıra, dizi
seriös ciddi, güvenilir
Serum (-ren) n serum
Service (0) m hizmet, servis

376

servieren sofraya koymak
Serviette (-n) f peçete
Sessel (-) m koltuk; **~lift** m telesiyej
setzen v/t koymak, oturtmak; *sich* ~ oturmak (*auf, in A* -*e*)
Setzer (-) m diz(g)ici, dizmen
Seuche (-n) f salgın
seufzen ah çekmek, içini çekmek
Sex (0) m seks, cinsiyet
sexuell cinsel, cinsî
Shorts *pl.* şort
sich kendini, kendine; birbir(ler)ini, birbir(ler)ine
Sichel (-n) f orak; *Astr.* hilâl
sicher emin, sağlam; *adv.* muhakkak, şüphesiz
Sicherheit (-en) f güvenlik, emniyet; *Hdl.* teminat, garanti; *mit* ~ kesinlikle; *zur* ~ emin olmak için; **~sgurt** m emniyet kemeri; **~snadel** f çengelli iğne
sicher|n, ~stellen sağlamak, temin etm., garanti etm.
Sicherung f *El.* sigorta
Sicht (0) f görüş; (*Ausblick*) görünüş
sicht|bar görülebilen, görünen; **~en** elemek; gözden geçirmek; *Mar.* görmek, farketmek; **~lich** belli, aşikâr
Sichtvermerk m vize
sickern sızmak
sie o, onu (*dişil*); *pl.* onlar, onları
Sie siz, sizi
Sieb (-e) n kalbur, elek, süzgeç

Sofa

sieben¹ elemek, süzmek
sieb|en² yedi; **~zehn** on yedi; **~zig** yetmiş
siedeln yerleşmek
sieden v/t kaynatmak; v/i kaynamak
Siedl|er (-) m; yeni yerleşen; **~ung** f yerleşim bölgesi; site
Sieg (-e) m zafer; Sp. galibiyet
Siegel (-) n mühür; damga
siegen zafer kazanmak; yenmek (*über A -i*)
Sieger (-) m, **~in** f galip
Signal (-e) n sinyal, işaret; **~anlage** f semafor
Silbe (-n) f hece
Silber (0) n gümüş
silbern gümüş(ten)
Silo (-s) m silo, ambar
Silvester (-) m od. n yılın son günü; **~abend** m yılbaşı gecesi
singen v/i şarkı söylemek; v/t söylemek; ötmek
Singular (-e) m Gr. tekil
sinken inmek (*a. Preis*); *Sonne, Schiff*: batmak; (*weniger werden*) azalmak
Sinn m 1. (-e) duyu; 2. (0) anlam; **~ haben für** A -den anlamak; *im ~ haben* kastetmek
sinn|gemäß anlamına uygun; **~lich** duyumsal; (*erotisch*) cinsî, şehvetli; **~los** anlamsız; (*vergebens*) boşuna; **~voll** makul
Sippe (-n) f soy; akrabalar pl.
Sirene (-n) f Tech. canavar düdüğü
Sirup (-e) m şurup
Sitte f töre, örf; **~n** pl. ahlâk
sittlich ahlâkî, törel
Situation f durum
Sitz (-e) m oturma; oturacak yer; oturma yeri
sitzen oturmak; *Kleid*: yakışmak; **~bleiben** *Schüler*: sınıfta kalmak
Sitz|platz m oturacak yer; **~ung** f oturum
Sizilien n Sicilya
Skala (-*len*) f kadran, mikyas
Skandal (-e) m rezalet, skandal
Skandinavien n İskandinavya
Skelett (-e) n iskelet
skeptisch şüpheci
Ski (-er) m kayak; **~läufer**(*in* f) m kayakçı
Skizze (-n) f taslak; kroki
Sklav|e (-n) m, **~in** f köle, kul
Skonto (-s) m od. n ıskonto
Skorpion (-e) m akrep
Skrupel (-) m vicdan azabı
Skulptur (-*en*) f heykel
Smaragd (-e) m zümrüt
so öyle, böyle, şöyle; böylece; (*~ sehr, viel*) o kadar; **~ daß** -ebilmek için; öyle ki; **~ ... wie** (-*diği*) gibi, (-*diği*) kadar; **~ bald wie möglich** bir an evvel (*od.* önce)
sobald -ir -mez; -ince
Socke (-n) f kısa çorap, şoset
Sod|a (0) f soda; **~brennen** n mide yanması
soeben şimdi; demin
Sofa (-s) n divan, kanepe

sofern -diği takdirde; eğer
soff s. **saufen**
sofort hemen, derhal
sog s. **saugen**
sogar bile, hatta
so|genannt denilen, sözümona; **~gleich** s. **sofort**
Sohle (-n) f taban
Sohn (̈e) m oğul
solange -dikçe, -diği sürece
solch böyle, bunun gibi
Soldat (-en) m asker; er
Solidarität f dayanışma
solide sağlam, dayanıklı; *Pers.* ciddi, ağırbaşlı
sollen v/t -i -meli, -meye mecbur olm.; -diği muhtemel(dir)
somit böylece
Sommer (-) m yaz; **~sprosse** f çil; **~zeit** f yaz saati
Sonder- özel
sonderbar acayip, tuhaf, garip
sondern bilâkis, tersine
Sonnabend m cumartesi
Sonne (-n) f güneş
sonnen: *sich* ~ güneşlenme
Sonnen|aufgang m güneş doğması; **~blume** f ayçiçeği; **~brand** (0) m güneşten yanma; **~schirm** m şemsiye; **~stich** m güneş çarpması; **~untergang** m güneş batması
sonnig güneşli
Sonntag m pazar (günü)
sonst yoksa, aksi takdirde; bundan başka; (*immer*) genellikle; **~ig** başka

sooft -dikçe
Sorge (-n) f üzüntü, dert, kaygı, kuşku; *sich* **~ machen** merak etm., endişelenmek
sorgen v/i sağlamak (**für** A -i), bakmak (-e); *sich* ~ kaygılanmak
Sorgfalt (0) f özen, itina
sorg|fältig itinalı, dikkatli; **~los** kaygısız, düşüncesiz
Sorte (-n) f cins, çeşit, tür
sortieren düzenlemek; seçmek
sosehr, ~ (**auch**) her ne kadar ... ise de
Soße (-n) f salça, sos
sott s. **sieden**
souverän *Pol.* egemen
so|viel o kadar; *conj.* -diğine göre; **~weit** -diği kadar
sowie ve, hem de; **~so** *adv.* zaten
sowohl: ~ ... **als auch** ... hem ... hem de ...
sozial sosyal, toplumsal
Sozialismus m sosyalizm
sozialistisch sosyalist
Sozialversicherung f sosyal sigorta
sozusagen âdeta
Spachtel (-) m mala
Spaghetti *pl.* ince makarna *sg.*
Spalier (-e) n sıra, kaf
Spalt (-en) m yarık, çatlak; aralık; **~e** (-n) f yarık (-in; (*Zeitungs*-) sütun, kolon
spalten v/t ayırmak, yarmak; *sich* ~ yarılmak; bölünmek

Spaltung *f* ayırma; bölünme
Span (-e) *m* yonga; *pl.* talaş
Spange (-n) *f* toka; (*Zahn*-) köprücük
Spanien *n* İspanya
spanisch İspanyol; İspanyolca
spann *s.* **spinnen**
Spann (-e) *m an.* ayaküstü; **~e** (-n) *f* karış; (*Zeit*-) süre
spannen germek; **~d** heyecanlı
Spannung *f* heyecan; gerginlik; *El.* gerilim
Spar|buch *n* hesap cüzdanı; **~büchse** *f* kumbara
sparen *v/t* biriktirmek; *v/i* idareli olm.
Spargel (-) *m* kuşkonmaz
Sparkasse *f* tasarruf sandığı
spärlich seyrek
sparsam tutumlu, idareli
Sparte (-*n*) *f* kısım, şube
Spaß (*·e*) *m* şaka; eğlence; **~ machen** (*spaßen*) şaka etm.; (*j-m b-i*) sevindirmek, **b-e** zevk vermek
spät (-*en*) *m* saat *es*? saat kaç?
Spaten (-) *m* kürek, bel
spät|er daha sonra; **~er-** sonraki; **~estens** en geç
Spatz (-*en*) *m* serçe
spazierengehen (yaya) gezinmek, dolaşmak
Spaziergang *m* gezinti; *e-n ~ machen* gezmeye gitmek
Specht (-e) *m* ağaçkakan
Speck (-e) *m* domuz yağı
Spedit|eur (-e) *m* nakliyeci; **~ion** *f* nakliyat (firması)

Spiegelei

Speer (-e) *m* kargı; cirit
Speiche (-n) *f* tekerlek parmağı
Speichel (0) *m* salya
Speicher (-) *m* ambar, depo, silo
speichern ambara koymak; depo etm.; *Computer*: depolamak, belleğe almak
Speise (-*n*) *f* yemek; **~eis** *n* dondurma; **~kammer** *f* kiler; **~karte** *f* yemek listesi
speisen yemek yemek
Speise|röhre *f* yemek borusu; **~saal** *m* yemek salonu; **~wagen** *m* yemekli vagon; **~zimmer** *n* yemek odası
Spektakel (0) *m* gürültü; heyecan
Spekulation *f Hdl.* spekülasyon
spekulieren elde etmeyi ummak (*auf A -i*)
Spelunke (-*n*) *f* batakhane
Spende (-n) *f* iane; bağışlama; sadaka
spend|en bağışlamak; **~ieren** ikram etm.
Sperling (-*n*) *m* serçe
Sperre (-*n*) *f* kapat(ıl)ma; bariyer
sperren kapamak, bloke etm.; *gesperrt* kapalı
Spesen *pl.* masraflar
Spezial|- özel; **~ist(in** *f*) *m* uzman
speziell özel; **~fisch** özgü
Sphäre (-*n*) *f* alan; *Astr.* küre
Spiegel (-) *m* ayna; **~ei** *n* sahanda yumurta

spiegeln

spiegeln: *sich* ~ yansımak (*in, auf D -e*)
Spiel (*-e*) *n* oyun; kumar; *Mus.* çalma; *Sp.* maç; **~automat** *m* oyun otomatı
spielen oynamak; *Mus.* çalmak; **~d** *adv. fig.* kolaylıkla
Spiel|er (*-*) *m*, **~in** *f* m oyuncu; **~film** *m* uzun metrajlı film; **~karte** *f* oyun kâğıdı; **~kasino** *n* kumarhane; **~plan** *m* program, repertuar; **~raum** *m* aralık; hareket serbestliği; **~zeug** *n* oyuncak(lar)
Spieß (*-e*) *m* mızrak; şiş; **~bürger** *m* dar kafalı (adam)
Spinat (*-e*) *m* ıspanak
Spind (*-e*) *m. od. n* dolap
Spinne (*-n*) *f* örümcek
spinnen *v/t* bükmek, örmek; *v/i fam.* saçmalamak
Spinnwebe (*-n*) *f* örümcek ağı
Spion (*-e*) *m* casus; **~age** (*0*) *f* casusluk
spionieren casusluk etm.
Spirale (*-n*) *f* helezon
Spiritu|osen *pl.* alkollü içkiler; **~s** (*0*) *m* ispirto
spitz sivri, keskin
Spitze (*-n*) *f* uç, baş, tepe; (*Gewebe*) dantel(â)
Spitzel (*-*) *m* ajan
spitzen sivriltmek, sivriltmek
Spitzname *m* takma ad
Splitter (*-*) *m* yonga, kıymık
splitter|n parçalanmak; **~nackt** çır(ıl)çıplak
spontan kendiliğinden

sporadisch seyrek
Sport (*0*) *m* spor; **~ler** (*-*) *m*, **~lerin** *f* sporcu
sportlich sportif; spor seven
Sport|platz *m* spor sahası; **~verein** *n* spor derneği (*od.* klübü)
Spott (*0*) *m* alay
spott|billig sudan ucuz; **~en** alay etm. (*über A* ile)
spöttisch alaylı, iğneli
sprach *s.* **sprechen**
Sprach|e (*-n*) *f* dil, lisan; **~kenntnisse** *pl.* dil bilgisi *sg.*; **~lehre** *f* dil öğretme kitabı; gramer
sprach|lich dille ilgili; **~los** dilsiz
sprang *s.* **springen**
Spray (*-s*) *m od. n* sprey
sprechen konuşmak, bahsetmek (*über A, von D -den*); görüşmek (*mit D* ile *N*)
Sprech|er (*-*) *m*, **~erin** *f* sözcü; *Rdf.* spiker; **~stunde** *f* kabul saati; *Med.* muayene saati; **~zimmer** *n* muayene odası
spreizen ayırmak
sprengen (*in die Luft* ~) havaya uçurmak; *Rasen* sulamak
Spreng|stoff *m* patlayıcı madde; **~ung** *f* havaya uçurma
Sprichwort *n* ata(lar) sözü
sprießen *Bot.* filizlenmek
Springbrunnen *m* fıskiye
springen atlamak, sıçramak; *Glas:* çatlamak; **~d:** *der* **~de Punkt** püf noktası

Stammbaum

Sprit (0) fam. akaryakıt
Spritze (-n) f şırınga, iğne; yangın tulumbası
spritz|en v/t fışkırtmak; şırınga etm.; v/i fışkırmak; ~ig esprili
spröde çabuk kırılır; fig. çekingen
sproß s. **sprießen**
Sproß (-sse, -ssen) m filiz; fidan
Sprosse (-n) f basamak
Spruch (=e) m söz; Jur. yargı, hüküm
Sprudel (-) m maden suyu; gazoz
sprudeln fışkırmak
sprühen v/i sıçramak; v/t sıçratmak
Sprung (=e) m atlayış, sıçrayış; (Riß) kırık, çatlak; ~brett n Sp. tramplen; ~schanze f Sp. atlama tepesi
Spucke (0) f tükürük
spucken tükürmek; (aus~) kusmak
spuken Geist: görünmek; **hier spukt es** burası tekin değil
Spule (-n) f makara, bobin
spülen Wäsche, Mund çalkamak; (ab~) (bulaşık) yıkamak
Spül|maschine f bulaşık (yıkama) makinesi; ~mittel n bulaşık deterjanı
Spur (-n) f iz; (Fahr-) şerit
spüren duymak, hissetmek
Spurt (-s) m Sp. finişe kalkma
Staat (-en) m devlet

staatlich devletle ilgili
Staats|angehörigkeit (-en) f vatandaşlık; ~anwalt m, ~anwältin f savcı; ~bürger m vatandaş; ~mann m devlet adamı; ~präsident m devlet başkanı; ~religion f resmî din; ~sekretär m müsteşar
Stab (=e) m baston, sopa; Mil. kurmay; ~hochsprung m Sp. sırıkla yüksek atlama
stabil sağlam, dayanıklı; Preise: değişmez
Stabilität f sağlamlık; kararlılık; Pol. istikrar
stach s. **stechen**
Stachel (-) m diken, iğne; ~beere f bektaşiüzümü; ~draht m dikenli tel
stach(e)lig dikenli
Stadi|on (-ien) n stat, stadyum; ~um (-ien) n safha, evre
Stadt (=e) f şehir, kent
Städter(in f) m şehirli
städtisch şehre ait, kentsel
Stadt|plan m şehir plânı; ~rundfahrt f şehir turu; ~teil m semt, mahalle; ~verwaltung f belediye; ~viertel n s. ~teil
stagnieren durgunlaşmak
stahl s. **stehlen**
Stahl (=e) m çelik
stak s. **stecken**
Stall (=e) m ahır; kümes
Stamm (=e) m (Baum-) kütük, gövde; soy; (Volks-) kabile; ~baum m soy ağacı, şecere

stammeln v/i tutuk konuşmak, kekelemek
stammen gelmek, çıkmak (*von* D *-den*); ~ *aus* D ...li olm.
Stamm|gast m, ~**kunde** m devamlı müşteri; ~**tisch** m müdavimler masası
stampfen v/t ezmek; v/i tepinmek
stand s. **stehen**
Stand (~e) m durum, hal; (*Stehen*) duruş; (*Verkaufs*-) satış yeri *veya* tezgâhı; ~**ard** (*-s*) m standart
Ständer (-) m sehpa
Standesamt m evlenme dairesi, nikâh memurluğu
stand|haft sarsılmaz, sebatlı; ~**halten** D dayanmak
ständig devamlı, sürekli (olarak); daimî
Stand|licht n park ışığı; ~**ort** m yer, mevki; *Mil.* garnizon; ~**punkt** m bakım, görüş (açısı); ~**spur** f durma şeridi
Stange (*-n*) f sırık, çubuk
stank s. **stinken**
stanzen zımbalamak
Stapel (-) m yığın, istif; ~**lauf** m *Mar.* denize indirme
stapeln yığmak, istif etm.; *sich* ~ yığılmak
stapfen basarak yürümek
Star[1] (*-e*) m *Zo.* sığırcık
Star[2] (*-s*) m *Film usw.*: yıldız
Star[3] (*-e*) m: *Med.* **grauer** ~ katarakt; **grüner** ~ karasu, glokom
starb s. **sterben**

stark kuvvetli; (*heftig*) şiddetli; *Tee*: koyu; *Tabak, Alkohol*: sert
Stärke (*-n*) f kuvvet; kalınlık; *Chem.* nişasta; (*Wäsche*-) kola
stärken kuvvetlendirmek; kolalamak
Starkstrom m *El.* yüksek gerilimli akım
starr hareketsiz; donmuş; eğilmez; ~**en** dik bakmak (*auf A -e*); donmak (*vor D -den*); ~**köpfig** dik kafalı
Start (*-s*) m kalkış; *Flugw.* havalanma; (*Beginn*) başlama; ~**bahn** f pist
starten v/i kalkmak; havalanmak; başlamak; v/t çalıştırmak; başlatmak
Starter (-) m *Kfz.* marş; *El.* meksefe
Station f istasyon; (*Kranken*-) koğuş; (*Halt*) durak
stationär sabit; *Med.* hastahanede yapılan
Statistik (*-en*) f istatistik
Stativ (*-e*) n ayak(lık), sehpa
statt G yerine N
Stätte (*-n*) f yer, mevki
statt|finden vuku bulmak, yapılmak, olmak; ~**lich** yakışıklı
Statue (*-n*) f heykel
Stau (*-s*) m tıkanıklık
Staub (*-e*, ~e) m toz
staub|en toz kopmak; ~**ig** tozlu
Staubsauger (-) m elektrik süpürgesi

Staudamm *m* baraj
Staude (*-n*) *f Bot.* gövde; çalı
stauen *v/t* biriktirmek; *sich* ~ yığınmak
staunen hayret etm.
Staunen (*0*) *n* hayret, şaşkınlık
Stausee *m* baraj gölü; gölet
stechen *v/t* (*mit D -i, in A -e*) sokmak; batırmak; *v/i* yakmak; *in See* ~ denize açılmak
Steck|brief *m Jur.* tevkif müzekkeresi; **~dose** *f* priz
stecken *v/t* sokmak (*in A -e*); *v/i* sokulu olm.; **~bleiben** saplanıp kalmak, saplanmak
Steck|enpferd *n fig.* merak, hobi; **~er** (-) *m El.* fiş; **~nadel** *f* toplu iğne
Steg (*-e*) *m* patika, keçi yolu; tahta köprü, iskele
stehen (dik) durmak; bulunmak; (*geschrieben* ~) yazılı olm.; *Kleidung*: yakışmak *D*; **~bleiben** durmak; **~lassen** bırakmak
Steh|kragen *m* dik yaka; **~lampe** *f* ayaklı lâmba
stehlen *v/t* çalmak (*j-m -den*); *v/i* hırsızlık yapmak
Stehplatz *m* duracak yer
steif katı, sert; (~ *vor Kälte*) donmuş
Steigbügel *m* üzengi
steig|en yükselmek, artmak; binmek (*auf, in A -e*); **~ern** artırmak, çoğaltmak, yükseltmek

Steig|erung *f* artış; *Gr.* sıfat dereceleme; **~ung** *f* yokuş
steil sarp, dik
Steil|hang *m* dik yamaç; **~küste** *f* (yalı) yar
Stein (*-e*) *m* taş; **~bock** *n Astr.* Oğlan; **~bruch** *m* taş ocağı
steinern taştan
Steingut (*0*) *n* adî seramik
steinig taşlı
Steinkohle *f* maden (*od.* taş) kömürü
Stelle (*-n*) *f* yer; iş; (*Amt*) görev, memuriyet
stellen *v/t* koymak, yerleştirmek (*auf, in A -e*); *Uhr* ayar etm.; *sich* ~ (*-e* gidip) durmak; *fig.* teslim olm.
Stellen|angebot (*Annonce*) iş ilânı; **~gesuch** *n* iş arama ilânı
-stellig rakamlı
Stell|ung *f* durum, konum, hal; görev, memuriyet; makam; *Mil.* mevzi; **~vertreter** *m* yardımcı, vekil; **~werk** *n Esb.* manevra merkezi
Stemmeisen *n* marangoz kalemi, ıskarpela
stemmen *v/t* dayatmak; *sich* ~ dayanmak (*gegen A -e* karşı)
Stempel (-) *m* damga; mühür; **~marke** *f* damga pulu
stempeln *v/t* damgalamak
Steno|graphie (*-n*) *f* stenografi; **~typistin** *f* stenodaktilo

Steppdecke f yorgan
Steppe (-n) f bozkır, istep
steppen v/i dikmek; v/i step dansını yapmak
sterb|en ölmek, vefat etm. (an D -den); **~lich** ölümlü
Stereoanlage f stereo müzik seti
sterilisieren kısırlaştırmak; sterilze etm.
Stern (-e) m yıldız; **~bild** n takımyıldız; **~schnuppe** (-n) f akanyıldız; **~warte** f rasathane, gözlem evi
stet|ig devamlı, sürekli; **~s** daima, her zaman
Steuer 1. (-n) f vergi; 2. (-) n dümen; Kfz. direksiyon; **~bord** m Mar. sağ taraf; **~erklärung** f vergi beyannamesi
steuer|frei vergiden muaf, vergisiz; **~lich** vergi ile ilgili
Steuermann (~leute) m dümenci
steuer|n idare etm.; Auto bsd. kullanmak, sürmek; **~pflichtig** vergiye tabi; vergi ile mükellef
Steuer|rad n direksiyon; Mar. dümen dolabı; **~zahler** (-) m vergi mükellefi
Steward (-s) m kamarot; **~eß** (-ssen) f hostes
Stich (-e) m sokma, ısırma; gravür; **~flamme** f fışkıran alev; **~probe** f rasgele alınmış örnek; sondaj; **~tag** m kararlaştırılan gün; **~wort** n parola, replik; madde başı kelime

sticken (nakış) işlemek
Stickerei (-en) f nakış
stickig boğucu, bunaltıcı
Stickstoff (0) m nitrojen, azot
Stief- üvey
Stiefel (-) m çizme
Stiefmütterchen n Bot. hercaimenekşe
stieg s. steigen
Stiege (-n) f merdiven
Stiel (-e) m (Stengel) sap; (Griff) kabza
Stier (-e) m boğa; **~kampf** m boğa dövüşü
stieß s. stoßen
Stift[1] (-e) m kalem; Tech. çivi, takoz
Stift[2] (-e) n manastır; yurt
stiften kurmak; (spenden) hediye etm., vakfetmek
Stiftung f vakıf
Stil (-e) m stil, üslûp
still sakin, hareketsiz; sessiz
Stille (0) f sessizlik
stillegen durdurmak; kapatmak
stillen Blut durdurmak; Hunger, Durst gidermek; Schmerz dindirmek; Kind emzirmek; **~gestanden**! Mil. hazır ol!; **~schweigend** kapalı; adv. zımnen
Stillstand m durma; durgunluk
Stimm|abgabe f oy (verme); **~e** f ses; oy
stimm|en v/i oy vermek; doğru olm.; v/t akort etm.; **~haft** Gr. ötümlü; **~los** Gr. ötümsüz

Stimm|recht *n* oy hakkı; **~ung** *f fig.* hava, atmosfer
stinken pis kokmak; **~ nach** *D* ... kokusu olm.
Stipendium (*-ien*) *n* burs
Stirn (*-en*) *f* alın
Stock *m* **1.** (*ʷe*) sopa, değnek, baston; **2.** (-) (*~werk*) kat
stock|dunkel kapkaranlık; **~en** durmak, kesilmek; (*zögern*) duraklamak; *Verkehr:* tıkanmak
Stockwerk *n* kat
Stoff (*-e*) *m* madde; kumaş; (*Thema*) konu; **~wechsel** *m* metabolizma
stöhnen inlemek
Stollen (-) *m Bgb.* galeri
stolpern sendelemek
stolz gururlu; kurumlu
Stolz (0) *m* iftihar; gurur, kibir
stopfen doldurmak, tıkmak; *Strümpfe* örmek
Stoppel|n *pl.* anızlar; iki günlük sakal *sg.*
stoppen *v/t* durdurmak; *Zeit* tutmak; *v/i* durmak
Stopp|schild *n* dur levhası *veya* işareti; **~uhr** *f* süreölçer, kronometre
Stöpsel (-) *m* tıkaç, tapa
Storch (*ʷe*) *m* leylek
stören *v/t* rahatsız etm.; bozmak; **~d** rahatsız edici
stornieren iptal etm.
störrisch inatçı, dik kafalı
Störung *f* rahatsız etme; *Tech.* arıza
Stoß (*ʷe*) *m* vuruş, darbe; (*Haufen*) yığın, küme;

~dämpfer *m Kfz.* amortisör
stoßen *v/t* çarpmak, vurmak (*an, gegen A -e*); *v/t* itmek
Stoßstange *f Kfz.* tampon
stottern *v/i* kekelemek
strafbar cezayı gerektiren
Strafe (*-n*) *f* ceza
strafen cezalandırmak
straff gergin; *fig.* sert, sıkı
straf|frei *s.* **~los**
Strafgesetzbuch *n* ceza kanunu
straflos cezadan muaf, cezasız
Straf|porto *n* taksa; **~recht** (0) *n* ceza hukuku; **~stoß** *m Sp.* penaltı; **~zettel** *m* ceza kâğıdı
Strahl (*-en*) *m* ışın; fışkıran su
strahlen parlamak; ışın salmak
Strähne (*-n*) *f* tutam; (*gefärbte*) meç
stramm gergin; dinç
strampeln tepinmek
Strand (*ʷe*) *m* sahil; plâj
stranden karaya oturmak
Strang (*ʷe*) *m* ip; hat
Strapaze (*-n*) *f* zahmet
strapazieren aşındırmak
Straße (*-n*) *f* sokak, cadde; yol; *Mar.* boğaz
Straßen|arbeiten *pl.* yapım çalışmaları; **~bahn** *f* tramvay; **~ecke** *f* köşe başı; **~händler** *m* işportacı, seyyar satıcı; **~karte** *f* karayolları haritası; **~kreuzung** *f* dört yol ağzı, yol kavşağı; **~sperre** *f* barikat

Straßenverkehr

Straßenverkehr m gidiş geliş, trafik; ~**sordnung** f yol trafik düzeni; karayolları kanunu
strategisch stratejik
sträuben: sich ~ ürpermek, dikilmek; direnmek (*gegen A -e*)
Strauch (*=er*) m çalı(lık), küçük ağaç
Strauß[1] (*=e*) m demet, buket
Strauß[2] (*-e*) m Zo. devekuşu
streben çalışmak, uğraşmak (*nach D -meye*)
Streber (*-*) m *fam.* hırslı öğrenci
Strecke (*-n*) f yol, mesafe
strecken v/t germek, uzatmak; sich ~ uzanmak
Streich (*-e*) m vuruş, darbe; *fig.* muziplik
streicheln okşamak
streichen v/t (*an~*) boyamak; (*löschen*) silmek; (*auf A -e*) sürmek; v/i (*über A -i*) sıvazlamak; üstünden geçmek
Streich|**holz** n kibrit; ~**instrument** n yaylı çalgı; ~**ung** f si(lin)me
Streifen (*-*) m şerit; çizgi
streifen A -e dokunmak; -e sürünmek; v/i gezmek, dolaşmak
Streik (*-s*) m grev
streiken grev yapmak
Streit (*-e*) m münakaşa, kavga
streiten: (*sich*) ~ münakaşa etm.; kavga etm. (*mit D* ile)
Streit|**igkeiten** *pl.* tartışmalar; ~**kräfte** *pl.* silâhlı kuvvetler
streng sert, şiddetli, sıkı; ~**genommen** kelimenin tam anlamıyla
Streß (*Ø*) m stres
streuen saçmak, serpmek, dağıtmak (*auf A -e*)
strich *s.* **streichen**
Strich (*-e*) m çizgi
Strick (*-e*) m ip
stricken örmek
Strick|**jacke** f hırka, örgü ceket; ~**nadel** f örgü şişi
strikt kesin, sıkı
stritt *s.* **streiten**
strittig davalı, ihtilâflı
Stroh (*Ø*) m saman; ~**halm** m saman çöpü; ~**hut** m hasır şapka; ~**mann** m *fig.* kukla adam
Strolch (*-e*) m serseri
Strom (*=e*) m *Geo.* ırmak; *El., fig.* akım; ~**anschluß** m elektrik bağlantısı; ~**ausfall** m elektrik kesilmesi
strömen akmak
Strom|**kreis** m *El.* devre, çevrim; ~**schnelle** (*-n*) f *Geo.* ivintili yeri; ~**stärke** f elektrik akımı şiddeti
Strömung f akıntı, cereyan
Strophe (*-n*) f kıta
strotzen dolup taşmak (*vor D* ile)
Strudel (*-*) m **1.** girdap; **2.** bir çörek çeşidi
Struktur (*-en*) f yapı, bünye
Strumpf (*=e*) m çorap; ~**hose** f külotlu çorap

struppig kaba tüylü; karışık
Stube (-n) f oda
Stuck (0) m alçı kabartma
Stück (~e) n tane, parça; (*Teil a.*) kısım; *Thea.* piyes
Student (-en) m, **~in** f yüksek okul öğrencisi, üniversiteli
Studie (-n) f araştırma
studieren okumak, öğrenim görmek, tahsil etm.; (*untersuchen*) incelemek
Studi|o (-s) n stüdyo; **~um** (-*ien*) n öğrenim, tahsil; araştırma
Stufe (-n) f basamak; *fig.* derece
Stuhl (~e) m sandalye, iskemle; **~gang** m an. dışarı çıkma
stumm dilsiz
Stummel (-) m izmarit
Stummfilm m sessiz film
Stumpf (~e) m kütük
stumpf kör; küt; *Math.* geniş; **~sinnig** can sıkıcı, usandırıcı
Stunde (-n) f saat; (*Unterrichts-*) ders
Stunden|kilometer m saatte ... kilometre; **~lohn** m saatlik ücret; **~plan** m ders cetveli; **~zeiger** m akrep
-stündig saatlik, ... saat süren
stündlich her saat(te)
stur inatçı, söz dinlemez
Sturm (~e) m fırtına, kasırga
stürmen v/i şiddetle esmek; *A -e* hücum etm.
Stürmer (-) m *Sp.* forvet
stürmisch fırtınalı; *fig.* heyecanlı

Sturz (~e) m düşme; yıkılma; *Pol.* devrilme
stürzen v/i düşmek; devrilmek; v/t düşürmek; **sich ~** atılmak, saldırmak (**auf** *A -e*)
Sturz|flug m *Flugw.* pike; **~helm** m miğfer, kask
Stute (-n) f kısrak
Stütze (-n) f destek, dayak
stützen v/t desteklemek, dayamak; **sich ~** dayanmak (**auf** *A -e*)
stutz|en v/t kısaltmak, kesmek; yontmak; v/i durmak; **~ig** şaşkın; kuşkulu
Stützpunkt m üs
Subjekt (-e) n *Gr.* özne
subjektiv öznel, sübjektif
Substan|tiv (-e) n *Gr.* ad, isim; **~z** f öz madde, cevher
subtrahieren *Math.* çıkarmak
Subvention f para yardımı
Suche (0) f arama; araştırma
suchen aramak (**nach** *D -i*)
Sucht (~e, -en) f düşkünlük, tutku
süchtig düşkün
Süd|- güney; **~afrika** n Güney Afrika; **~amerika** n Güney Amerika; **~en** (0) m güney; **~früchte** pl. sıcak ülkelerde yetişen meyveler
südlich güney
Süd|pol m güney kutbu; **~wind** m lodos
Suffix (-e) n *Gr.* sonek
Sülze (-n) f jelâtinli et
Summe (-n) f tutar, toplam
summen vızıldamak

summieren: sich ~ birikmek
Sumpf (*-e*) *m* bataklık
sumpfig bataklı(k)
Sünd|e (*-n*) *f* günah; suç, kabahat; **~er** (*-*) *m*, **~erin** *f* günahkâr
Super|(benzin) *n* süper benzin; **~lativ** (*-e*) *m* Gr. enüstünlük derecesi; **~markt** *m* süpermarket
Suppe (*-n*) *f* çorba
Surf|brett *n* kayak; **~en** (*0*) *n* sörf
süß tatlı, şekerli; *fig.* şirin, güzel; **~en** A tatlılaştırmak, -e şeker koymak
Süß|igkeit (*-en*) *f* şekerleme; tatlı; **~stoff** *m* sakarin

Symbol (*-e*) *n* sembol, simge
symbolisch sembolik, simgesel
Sympathie (*-n*) *f* sempati
sympathisch sempatik
Symphonie (*-n*) *f* senfoni
Synagoge (*-n*) *f* havra
syn|onym anlamdaş; **~thetisch** sentetik, birleşimli
Syr|er (*-*) *m*, **~erin** *f* Suriyeli; **~ien** *n* Suriye
syrisch Suriye(li)
System (*-e*) *n* sistem, dizge; usul
systematisch planlı, sistematik
Szene (*-n*) *f Thea.* sahne; *fig.* kavga; ortam

T

Tabak (*-e*) *m* tütün
Tabelle (*-n*) *f* cetvel, liste, çizelge
Tablett (*-s*) *n* tepsi
Tablette (*-n*) *f* tablet
Tacho (*-s*) *m*, **~meter** *m* takometre
tadel|los kusursuz, hatasız; **~n** azarlamak
Tafel (*-n*) *f* levha; tabelâ; (*Wand-*) yazı tahtası; (*Tisch*) sofra; *Schokolade:* tablet
täfeln tahta ile kaplamak
Taft (*-e*) *m* tafta
Tag (*-e*) *m* gün; gündüz; **~ und Nacht** gece gündüz; **guten ~!** iyi günler!; **jeden ~** her gün; **~ebuch** *n* günce, günlük
tagen toplanmak

Tages|licht *n* gün ışığı; **~ordnung** *f* gündem; **~zeit** *f* günün saati; **~zeitung** *f* günlük gazete
täglich günlük, gündelik; *adv.* her gün
tagsüber gündüzün
Tagung *f* toplantı, kongre
Taille (*-n*) *f* bel
Takt (*-e*) *m* takt, denlilik; **~ik** *f* taktik
takt|los densiz; **~voll** denli, nazik
Tal (*-n*) *n* vadi; dere
Talent (*-e*) *n* yetenek
Talg (*-e*) *n* içyağı
Talisman (*-e*) *m* tılsım
Talsperre (*-n*) *f* baraj, bent
Tamburin (*-e*) *n* tef

Tampon (-s) *m* tampon, fitil
Tang (-e) *m* deniz yosunu
Tank (-s) depo
tanken (benzin *v. b.*) almak
Tank|er (-) *m* tanker; **~stelle** *f* benzin istasyonu; **~wart** *m* benzinci
Tanne (-n) *m* köknar, çam; **~nzapfen** *m* çam kozalağı
Tante (-n) *f* hala; teyze; yenge
Tanz (~e) *m* dans
tanzen dans etm.
Tänzer (-) *m* dansçı; dansör; **~in** *f* dansöz
Tapete (-n) *f* duvar kâğıdı
tapezieren kâğıtla kaplamak
tapfer cesur, yiğit
Tarif (-e) *m* tarife; **~vertrag** *m* toplu ücret sözleşmesi
tarnen kamufle etm., gizlemek
Tarnung *f* kamuflaj
Tasche (-n) *f* çanta; (*Kleider-*) cep
Taschen|buch *n* cep kitabı; **~dieb** *m* yankesici; **~geld** (*0*) *n* harçlık; **~lampe** *f* el *veya* elektrik feneri; **~messer** *n* çakı; **~rechner** *m* cep hesap makinesi; **~tuch** *m* mendil
Tasse (-n) *f* fincan
Tast|atur (-en) *f* klavye; **~e** (-n) tuş
tasten yoklamak, el yordamıyla aramak (*nach D -i*)
Tastentelefon *n* tuşlu telefon
tat *s. tun*
Tat (-e) *f* iş, fiil, hareket; **auf frischer ~** suç üstü; **in der ~** gerçekten

tatenlos seyirci kalarak
Täter (-) *m*, **~in** *f* fail, suçlu
tätig faal, çalışan, aktif
Tätigkeit *f* faaliyet, eylem, hareket; iş, meslek
tatkräftig enerjik
Tatort *m* olay yeri
tätowieren *A -e* dövme yapmak
Tatsache *f* gerçek
tatsächlich gerçek; *adv.* gerçekten
Tatze (-n) *f Zo.* pençe
Tau[1] (*0*) *n* çiy
Tau[2] (-e) *n* halat, palamar
taub sağır; içi boş
Taube (-n) *f Zo.* güvercin
Taubheit (*0*) *f* sağırlık
taubstumm sağır ve dilsiz
tauchen v/t (*in A -e*) batırmak, daldırmak; v/i dalmak, batmak
Taucher (-) *m*, **~in** *f* dalgıç; **~ausrüstung** *f* dalgıç takımı
Tauchsieder (-) *m El.* daldırma ısıtıcı
tauen (kar, buz) erimek
Taufe (-n) *f* ad koyma; *Rel.* vaftiz
taufen *A* ad koymak; *Rel. -i* vaftiz etm.
taug|en yaramak (*für A, zu D -e*); **~lich** yararlı, elverişli; yetenekli
taumeln sendelemek, sallanmak
Tausch (*0*) *m* değiş(tir)me; değiş tokuş
tauschen değiş(tir)mek (*gegen A* ile *N*)

täuschen v/t aldatmak; **sich ~** aldanmak, yanılmak; **~d** şaşırtıcı

Täuschung f aldatma, hile; aldanma, yanılgı

tausend bin

Tauwetter n kar erimesi

Taxi (-s) n taksi; **~stand** m taksi durağı

Team (-s) n ekip, tim

Technik (-en) f teknik; **~er** (-) m teknikçi, teknisyen

technisch teknik

Teddybär m oyuncak ayı

Tee (-s) m çay; **~beutel** m çay poşeti; **~gebäck** n bisküvi; **~kanne** f çaydanlık; **~löffel** m çay kaşığı

Teer (-e) m katran

teeren katranlamak

Teich (-e) m küçük göl

Teig (-e) m hamur; **~waren** pl. hamur işleri

Teil (-e) m n kısım, parça; (*Anteil*) pay; (*Abschnitt*) bölüm; **zum ~** kısmen

teil|bar bölünebilir; **~en** v/t bölmek, ayırmak (*in A -e*); parçalamak; pay etm.; **sich ~en** ayrılmak, bölünmek; *A* bölüşme

Teil|haber (-) m ortak; **~nahme** (-n) f (*an D -e*) katılma; ilgi; sempati

teil|nahmslos ilgisiz, kayıtsız; **~nehmen** katılmak (*an D -e*)

Teilnehmer(in f) m -e katılan

teils kısmen

Teilung f böl(ün)me

teilweise kısmen

Teilzahlung f taksitle ödeme

Tele s. **~objektiv; ~fax** (-, -e) faks

Telefon (-e) n telefon; **~buch** n telefon rehberi; **~gespräch** n telefon konuşması

telefon|ieren telefon etm. (*mit D -e*); **~isch** adv. telefonla

Telefon|karte f telefon kartı; **~nummer** f telefon numarası; **~zelle** f telefon kabini

telegrafieren telgraf çekmek, tellemek

Tele|gramm (-e) n telgraf(name); **~objektiv** n teleobjektif; **~skop** (-e) f teleskop

Telex (-, -e) n teleks

Teller (-) m tabak

Tempel (-) m tapınak, mabet

Temperament (-e) n mizaç, tabiat

temperamentvoll ateşli, canlı

Temperatur (-en) f ısı, sıcaklık; *Med.* **~ haben** ateşi olm.

Tempo (-s, -pi) n hız, sürat; tempo; **~limit** (-s) n hız sınırı

Tendenz (-en) f eğilim

Tennis (0) n tenis; **~platz** m tenis sahası, kort; **~schläger** m raket

Teppich m halı; (*Gebets-*) seccade; (*Web-*) kilim; **~boden** m halı kaplaması; **~händler** m halıcı

Termin (-e) m kararlaştırılan

gün; (*Arzt-*) randevu; (*Frist*) vade, mühlet
Terpentin (*-e*) *n* terebentin
Terrasse (*-n*) *f* taraça, teras
Territorium (*-ien*) *n* arazi
Terror (*0*) *m* terör, tedhiş; **~ist**(in *f*) *m* tedhişçi, terörist
Test (*-s*) *m* test, deney
Testament (*-e*) *n* vasiyet(name); *Rel.* **Altes ~** Tevrat; **Neues ~** İncil
testen denemek
teuer pahalı; **wie ~ ist das?** bunun fiyatı ne?
Teufel (*-*) *m* iblis, şeytan
Text (*-e*) *m* metin; *Mus.* güfte
Textil|- tekstil; **~ien** *pl.* mensucat, dokumalar
Textverarbeitung *f* metin işleme
Thailand *n* Tayland
Theater (*-*) *n* tiyatro; **~stück** *n* piyes
Theke (*-n*) *f* tezgâh
Thema (*-en*) *n* konu
Theolog|e (*-n*) *m* ilâhiyatçı; **~ie** (*-n*) *f* ilâhiyat
theoretisch teorik, kuramsal
Theorie *f* teori, kuram
Therapie *f* tedavi
Therm|albad *n* kaplıca, ılıca; **~ometer** (*-*) *n* termometre, derece; **~osflasche** *f* termos; **~ostat** (*-en*) *m* termostat
These *n f* tez, sav
Thrazien *n* Trakya
Thron (*-e*) *m* taht
Thunfisch *m* orkinos, ton balığı

tief derin (*a. fig.*); (*niedrig*) alçak
Tief (*-s*) *n*, **~druckgebiet** *n* alçak basınç bölgesi; **~e** (*-n*) *f* derinlik; **~garage** *f* yer altı garajı
tiefgekühlt derin dondurulmuş
Tiefkühltruhe *f* dipfriz
Tier (*-e*) *n* hayvan; **~arzt** *m*, **~ärztin** *f* veteriner; **~park** *m* hayvanat bahçesi; **~quälerei** *f* hayvan(lar)a eziyet
Tiger (*-*) *m* kaplan
tilgen *Hdl.* ödemek, amorti etm.
Tilgung *f* amortisman
Tinte (*-n*) *f* mürekkep; **~nfisch** *m* mürekkepbalığı
Tip (*-s*) *m* ima
tippen *v/i* hafifçe dokunmak (**an, auf** *A -e*); (*raten*) tahminde bulunmak (**auf** *A -i*); *Toto, Lotto:* bahse girmek; *v/t* (*schreiben*) daktilo etm.
Tisch (*-e*) *m* masa; sofra; **~decke** *f* masa örtüsü; **~ler** (*-*) *m* marangoz; **~tennis** *n Sp.* masa tenisi, pinpon; **~tuch** *n s.* **~decke**
Titel (*-*) *m* unvan; (*Buch-*) ad; (*Überschrift*) başlık
Toast (*-e, -s*) *m* tost
toben azmak; *Kinder:* gürültü yapmak
Tochter (**¨**) *f* kız (evlât)
Tod (*-e*) *m* ölüm
Todes|anzeige *f* ölüm ilânı; **~opfer** *n* ölü; **~strafe** *f* ölüm cezası; **~urteil** *n* idam kararı

tödlich öldürücü; ~ **verunglückt** kazada ölmüş
todmüde yorgun argın, bitkin
Toilette (-n) f tuvalet; ayakoyu, helâ
tolerant hoşgörülü, toleranslı
toll (*großartig*) harika, müthiş
Tollwut (0) f kuduz
Tolpatsch (-e) m beceriksiz, hantal
Tomate (-n) f domates
Ton[1] (-e) m balçık, kil
Ton[2] (*~*e) m *Phys.* ses, ton
Tonband (*~*er) n ses bandı; **~gerät** n teyp
tönen[1] v/i ses vermek, çınlamak
tönen[2] v/t hafifçe boyamak
tönern topraktan
Ton|film m sesli film; **~leiter** f *Mus.* gam, ıskala
Tonne (-n) f ton; (*Faß*) fıçı, varil
Topf (*~*e) m (*Koch-*) tencere; (*Gefäß*) çömlek, çanak; (*Blumen-*) saksı
Töpfer (-) m, **~in** f çömlekçi
Tor (0) n kapı; *Sp.* kale; *ein* **~ schießen** gol atmak
Torf (0) m turba
Torheit (-en) f budalalık
töricht budala, akılsız
torkeln sendelemek
torpedieren torpillemek
Torpedo (-s) m torpil
Torte (-n) f turta, tart
Tortur (-en) f işkence, azap
Torwart (-e) m kaleci
tosen gürlemek

tot ölmüş, ölü
total tam, bütün; *adv.* tamamen; **~itär** *Pol.* totaliter
Tote(r) ölü
töten öldürmek
Toten|gräber m mezarcı; **~kopf** m kurukafa
Toto (0) n toto
Totschlag m adam öldürme
totschlagen öldürmek
Tour (-en) f gezi, tur; **~ismus** m turizm; **~ist** (-en) m, **~istin** f turist; **~nee** (-n) f turne
Trab (0) m tırıs
traben tırıs gitmek
Tracht (-en) f kıyafet, kılık
trachten: **~ nach** *D -i* amaçlamak
Tradition (-en) f gelenek, anane
traditionell geleneksel
traf *s.* **treffen**
Tragbahre f sedye
tragbar taşınabilir, portatif
träge tembel, uyuşuk
tragen taşımak; (*fort-*) götürmek; (*herbei-*) getirmek; *Kleider* giymek
Träger (-) m hamal, taşıyıcı; (*am Kleid*) askı; (*Balken*) destek, kiriş
Trag|etasche f fileyle; **~fläche** f *Flugw.* kanat
Trägheit (0) f tembellik
tragisch feci, acıklı
Tragödie (-n) f facia; *Thea.* trajedi
Trainer (-) m, **~in** f antrenör
trainieren v/i antrenman yapmak; v/t alıştırmak

Trinkwasser

Training *n* antrenman; **~sanzug** *m* eşofman
Traktor (*-en*) *m* traktör
trampeln tepinmek
trampen otostopla gitmek
Träne (*-n*) *f* göz yaşı
tränen yaşarmak
trank *s.* trinken
tränken içirmek; *b. ş-i* ıslatmak
Trans|aktion *f* işlem; **~fer** (*-s*) *m* transfer; **~formator** *m* transformatör; **~istor** (*-en*) *m* transistör; **~it** (*-e*) *m* transit
trans|itiv *Gr.* geçişli; **~parent** saydam
Transport (*-e*) *m* nakil; nakliyat
transportieren nakletmek, taşımak
Trapez (*-e*) *n* trapez
Trasse (*-n*) *f* hat
trat *s.* treten
Traube (*-n*) *f* *Bot.* salkım; (*Wein-*) üzüm salkımı; **~nzucker** *m* glikoz
trauen evlendirmek; *v/i D* güvenmek; *sich ~* cesaret etm. (*zu inf. -meye*)
Trauer (*O*) *f* yas, matem; üzüntü
trauern yas tutmak
Traum (*¨e*) *m* düş, rüya
träumen rüya görmek
traurig kederli, üzüntülü
Trau|ring *m* evlenme yüzüğü, alyans; **~schein** *m* evlenme kâğıdı; **~ung** *f* nikâh
treffen *A -i* vurmak, *-e* isabet etm.; *-e* rastlamak; *Maßnahmen -i* almak; *sich ~* buluşmak; *-d* yerinde; uygun
Treff|en (-) *n* toplantı; karşılaşma; **~er** (-) *m* isabet; **~punkt** *m* buluşma yeri
treiben *v/t* sürmek, itmek, dürtmek; ilerletmek; yapmak; *v/i* (suda) sürüklenmek
Treibhaus *n* ser(a)
Trend (*-s*) *m* eğilim
trennen *v/t* çözmek, ayırmak; *sich ~* ayrılmak
Trennung *f* ayırma; ayrılma
Treppe (*-n*) *f* merdiven; **~nhaus** *n* merdiven boşluğu
Tresor (*-e*) *m* kasa
treten *v/t* tepmek, çiğnemek; *v/i* ayakla basmak (*auf A -e*); girmek (*in A -e*)
treu sadık, vefalı
Treue (*O*) *f* vefa, sadakat
treulos hain, vefasız
Tribüne (*-n*) *f* tribün
Trichter (-) *m* huni
Trick (*-s*) *m* hüner; hile, düzen
trieb *s.* treiben
Trieb (*-e*) *m* dürtü temayül; heves; *Bot.* filiz, sürgün; **~kraft** *f* itici güç, dürtü; **~werk** *n* mekanizma; makine
triefen akmak; sırsıklam olm.
triftig sağlam, önemli
Trikot (*-s*) *m* triko; *Sp.* forma
trink|bar içil(ebil)ir; **~en** içmek
Trink|er (-) *m* ayyaş; **~geld** *n* bahşiş; **~spruch** *m* sağlığına içme, toka; **~wasser** *n* içecek su

Tripper

Tripper (-) *m Med.* belsoğukluğu
Tritt (*-e*) *m* adım; tekme; **~brett** *n* basamak
Triumph (*-e*) *m* zafer
trocken kuru; kurak, çorak
Trocken|haube *f* saç kurutma makinesi; **~heit** (0) *f* susuzluk, kuraklık; **~obst** *n* kuru meyve; **~rasierer** *m* elektrikli tıraş makinesi
trocknen *v/t* kurutmak, kurulamak; *v/i* kurumak
Troddel (*-n*) *f* püskül
trödeln tembel davranmak
troff *s.* **triefen**
trog *s.* **trügen**
Trog (*⁓e*) *m* tekne; yalak
Troja *n* Truva
Trommel (-n) *f* davul; trampet(e); **~fell** *n an.* kulak zarı
trommeln davul çalmak
Trompete (-n) *f* boru; trompet; **~r** (-) *m* borazan
Tropen *pl.* tropika, tropikal kuşak *sg.*
tröpfeln damla damla akmak
tropfen *v/i* damlamak; *v/t* damlatmak
Tropfen (-) *m* damla
tropisch tropikal
Trost (0) *m* avuntu, teselli
trösten *v/t* teselli etm., avundurmak; *sich ~* teselli bulmak, avunmak (*mit D* ile)
trostlos ümitsiz; *Gegend:* ıssız; *Wetter:* kasvetli
Trottel (-) *m* budala
Trotz (0) *m* inatçılık
trotz *G* *-e* rağmen, *-e* karşın;

~dem buna rağmen, bununla beraber; **~ig** inatçı
trüb(e) bulanık, donuk
trüben *v/t* bulandırmak; *sich ~* bulanmak, donuklanmak; *Himmel:* kapanmak
trug *s.* **tragen**
trüg|en *v/t* aldatmak; **~erisch** aldatıcı
Truhe (-*n*) *f* sandık
Trümmer *pl.* enkaz; yıkıntı *sg.*; **~haufen** *m* enkaz yığını
Trumpf (*⁓e*) *m* koz
Trunkenheit *f* sarhoşluk; **~ am Steuer** içkili araba kullanma
Trupp (-*s*) *m* grup, takım; **~e** (-*n*) *f Mil.* birlik; *Thea.* takım
Truthahn *m* Baba hindi
Tschad *m* Çad
Tschech|e (-*n*) *m*, **~in** *f* Çek
tschüs! eyvallah!, hoşça kal(ın)!
T-Shirt (-*s*) *n* tişört
Tube (-*n*) *f* tüp, tulum
Tuberkulose (-*n*) *f* verem
Tuch (*⁓er*) *n* bez; (*Gewebe*) kumaş; *s.* **Hals-, Kopftuch**
tüchtig becerikli, yetenekli; *adv.* iyice
tückisch sinsi, kötü
Tugend (-*en*) *f* erdem, fazilet
Tüll (*-e*) *m* tül
Tulpe (-*n*) *f* lâle
tummeln: *sich ~* koşuşmak
Tumor (-*en*) *m* tümör, ur
Tümpel (-) *m* su birikintisi, küçük göl; gölek
Tumult (-*e*) *m* gürültü; kargaşalık

tun v/t etmek, yapmak, işlemek; koymak (*auf, in A* -e); ~ **als ob ...** -*miş* gibi hareket etm.; **zu ~ haben** işi olm.; ilgisi olm. (*mit D* ile *N*)
tünchen badanalamak
Tunesien *n* Tunus
Tunke (-*n*) *f* salça, sos
Tunnel (-, -s) *m* tünel
Tür (-*en*) *f* kapı
Turban (-*e*) *m* kavuk; (~*tuch*) sarık
Turbine (-*n*) *f* türbin
Türk|e (-*n*) *m* Türk; ~**ei** *f* Türkiye; ~**in** *f* Türk (kadını); ~**is** (-*e*) *m* firuze, turkuvaz
türkisch Türk; Türkçe; *Türkische Republik* f Türkiye

Cumhuriyeti
Türklinke *f* kapı mandalı
Türk|mene *m* Türkmen; ~**ologie** *f* Türkoloji
Turm (~*e*) *m* kule
turnen cimnastik yapmak
Turnen (0) *n* cimnastik, idman
Turnier (-*e*) *n* turnuva
Turnschuh *m* jimnastik pabucu, spor ayakkabısı
Tusche (-*n*) *f* çini mürekkebi
Tüte (-*n*) *f* külâh, kesekâğıdı
Typ (-*en*) *m* tip, örnek
Typhus (0) *m Med.* tifo; (*Fleck-*) tifüs
typisch tipik

U

U-Bahn *f* metro
übel fena, kötü; *mir ist ~* midem bulanıyor
Übelkeit (0) *f* bulantı
übelnehmen darılmak (*j-m etw. b-e b. ş.* için)
üben v/t öğrenmek; tekrarlamak; v/i alıştırma yapmak
über *D* -*in* üzerinde; *A* -*in* üzerine; hakkında, ... ile ilgili; (*mehr als*) -*den* fazla; **~all** her yerde
überanstrengen v/t fazla yormak; *sich ~* çok yorulmak
überarbeiten v/t bir daha gözden geçirmek; *sich ~* fazla çalışmak
überbieten *A* -*e* üstün gelmek

Über|bleibsel (-) *n* artık, kalıntı; **~blick** *m* genel bakış; özet
überblicken kavramak; ~**bringen** getirmek; ~**brükken** atlatmak; ~**dauern** *A* -*e* dayanmak; ~**denken** iyice düşünmek
überdrüssig: ~ *werden* bıkmak, usanmak (*G* -*den*)
überdurchschnittlich olağanüstü; ~**eilt** iyi düşünmeden; ~**einander** üst üste
überein|kommen anlaşmak, uzlaşmak; ~**stimmen** uzlaşmak; uygun gelmek
Übereinstimmung *f* uygunluk
überfahren araba ile çiğnemek

Überfahrt

Über|fahrt f geçiş; ~**fall** m baskın; (*Raub-*) soygun
über|fallen A baskına uğratmak; -e saldırmak; ~**fällig** fazla gecikmiş; ~**fliegen** uçakla geçmek; *fig.* gözden geçirmek; ~**flügeln** geçmek, geride bırakmak
Überfluß (0) m bolluk, çokluk, zenginlik
über|flüssig fazla, lüzumsuz; ~**fluten** su basmak; ~**führen** A nakletmek; *Jur. -in* suçunu ispat etm.; ~**füllt** tıka basa dolu
Übergang m geçiş; geçit
übergeben *DA* teslim etm., vermek; *sich* ~ *Med.* kusmak
übergehen *v/i* geçmek (*zu D -e*); *v/t* atlamak
Übergewicht (0) n ağırlık fazlası; fazla kilo(lar); *fig.* üstünlük
über|glücklich çok mutlu; ~**greifen** geçmek (*auf A -e*); ~**handnehmen** fazlalaşmak, gittikçe artmak
überhaupt hiç; esasen; ~ *nicht* asla, hiç
überheblich kendini beğenmiş, kurumlu
überholen *v/t* yoklamak; geride bırakmak; *Tech.* elden geçirmek; *v/i* (*links* ~) sollamak
Überholspur f sollama şeridi
überholt eskimiş
Überhol|ung f revizyon; ~**verbot** n geçme yasağı
über|hören işitmemek; ~**kochen** kaynarken (*veya* pişer-

ken) taşmak; ~**laden** fazla yüklemek *veya* doldurmak
Überlandbus m şehirlerarası otobüsü
über|lassen *DA* terk etm., bırakmak, teslim etm.; ~**laufen** taşmak; *Mil.* düşmana kaçmak
überleben artakalmak; kurtulmak, daha uzun zaman yaşamak (*A -den*); ~**d** hayatta kalan
überlegen 1. *v/t* düşünmek; **2.** *adj.* üstün (*D -den*)
Überlieferung f gelenek; rivayet
überlisten aldatmak
Übermacht (0) f üstün kuvvet
über|mäßig ölçüsüz, aşırı; ~**mitteln** *DA* bildirmek; ~**morgen** öbür gün; ~**müdet** bitkin; ~**mütig** haddini bilmeyen
übernächst- öbür, ikinci
übernachten gecelemek
Übernahme f devralma
übernatürlich doğaüstü
übernehmen *v/t* üzerine almak, kabul etm.; *sich* ~ çok ileri gitmek
über|prüfen yoklamak, kontrol etm.; ~**queren** geçmek (*A -den*); ~**d** üstün
überragen üstün olm. (*A -den*); ~**d** üstün
überraschen hayrete düşürmek
Überraschung f şaşırtı; (*freudige* ~) sürpriz
überreden kandırmak (*zu D -e*)

überreichen *DA* vermek, sunmak
Überrest (-e) *m* artık, kalıntı
überrumpeln gafil avlamak
übersäen serpmek, saçmak (*etw. mit D -e -i*)
überschätzen *A -e* fazla değer vermek
überschauen *s.* **überblicken**
Überschlag *m* tahmin; *Sp.* takla
überschlagen *v/t (auslassen)* atlamak; (*schätzen*) tahmin etm.; *sich ~* devrilmek
überschreiten aşmak
Überschrift *f* başlık
Überschuß *m* fazla, artık
überschüssig fazla olan
überschütten yağdırmak (*A mit D -e -i*)
Überschwemmung *f* su baskını
überschwenglich aşırı duygulu
überseeisch denizaşırı
übersehen kavramak; *fig.* gözden kaçırmak
übersenden *DA* göndermek, yollamak
übersetzen *v/t* tercüme etm., çevirmek; *v/i* geçmek
Übersetz|er(in *f*) *m* çevirmen, tercüman; **~ung** *f* tercüme, çeviri
Übersicht (-en) *f* toplu bakış; özet
übersichtlich açık; belli
übersiedeln göçmek
überspann|en fazla germek; örtmek; **~t** kaçık, mübalağalı

überzeugen

über|springen atlamak; **~stehen** *A* geçirmek; *-e* dayanmak; **~steigen** aşmak; **~stimmen** oy çoğunluğu ile yenmek
Überstunde *f* katma iş saati; *~n machen* (fazla) mesai yapmak
überstürzen *v/t* zorlamak; *sich ~* birbirini izlemek
übertrag|bar devredilebilir; **~en 1.** *v/t* devretmek; yayınlamak; (*übersetzen*) aktarmak; *Med.* bulaştırmak; **2.** *adj.* mecazi
Übertragung *f* aktarma, çevirme; geçirme; *Rdf.* nakil, yayın
über|treffen *A -e* üstün olm.; **~treiben** abartmak; **~treten** *v/i* geçmek; *v/t -e* riayet etmemek; *-e* aykırı davranmak
übertrieben aşırı
übertrumpfen *A -e* üstün gelmek
überwachen gözetim altında bulundurmak
Überwachung *f* gözetim
überwältigen yenmek
überweisen *DA* havale etm.
Überweisung *f* havale; *Med.* nakil
überwiegen üstün olm.; **~d** üstün olan
überwinden *v/t* yenmek; *sich ~* kısmık kırmak
überwintern kışı geçirmek
überzählig fazla
überzeugen *v/t* inandırmak

Überzeugung

(*von D -i*); *sich* ~ kendi gözleriyle görmek (*von D -i*)
Überzeugung f kanı, kanaat
überziehen (*bedecken*) kaplamak; *Kleidung* üstüne giymek; *Konto -den* fazla para çekmek
Überzug m örtü; kılıf
üblich alışagelmiş
U-Boot *n s*. *Unterseeboot*
übrig kalan; *die* ~*en pl.* diğerleri; ~**bleiben** (arta)kalmak; ~**ens** ayrıca; hem de; ~**lassen** bırakmak
Übung f alıştırma; egzersiz; (*Erfahrung*) tecrübe, pratik, deneyim
Ufer (-) *n* kenar, kıyı, sahil; ~**straße** f sahil yolu
Uhr (-*en*) f saat; **wieviel** ~ **ist es?** saat kaç?; **um neun** ~ saat dokuzda; ~**macher** *m* saatçi
Uhu (-*s*) *m* baykuş
ulkig tuhaf, gülünç
Ulme (-*n*) f karaağaç
ultra- ültra
um *A* -*in* etrafına, etrafında, etrafından; -de, -da; *adv.* geçmiş; ~ *G willen* ~ uğruna; *zu inf. -mek* için, -mek üzere
umarmen v/t kucaklamak; *sich* ~ kucaklaşmak
Umbau (-*ten*) *m Arch.* değiştirme, tadilât
umbauen değiştirmek
umbiegen bükmek
umbinden bağlamak
umblättern *Seite* çevirmek

umbringen öldürmek
umbuchen -*in* rezervasyonunu değiştirmek
umdrehen v/t çevirmek, döndürmek; *sich* ~ (arkasını) dönmek
Umdrehung f dönme, devir
umfallen yere düşmek; (*ohnmächtig werden*) bayılmak
Umfang (-*e*) *m* çevre; kapsam
umfangreich geniş, kapsamlı
umfassen kapsamak
umformen *A* -*in* şeklini değiştirmek
Umfrage f anket
Umgang (0) *m* ilişki; ~**sformen** *pl.* davranış tarzı *sg.*; ~**ssprache** f konuşma dili
umgeben v/t çevirmek, kuşatmak; *adj.* çevrili (*von D* ile)
Umgebung f çevre; (*nähere* ~) civar; (*Milieu*) ortam
umgehen: ~ *mit D b.* ile ilişkisi olm.; *b. ş-i* kullanmak; ~**d** derhal
Umgehungsstraße f çevre yolu
umgekehrt ters
umgestalten *A s.* **umformen**
umgrenzen sınırlamak
Umhang (-*e*) *m* pelerin
umhängen sırtına geçirmek
Umhängetasche f askılı çanta
umher etrafında; her tarafa; ~**laufen** gezmek, dolaşmak
umhinkönnen: nicht ~ *zu inf.* -*mekten* kendini alamamak
umhören: *sich* ~ bilgi edinmek

Umkehr (0) f dönüş
umkehren v/i (geri) dönmek; v/t çevirmek, döndürmek
umkippen v/t devirmek; v/i devrilmek
umkleiden: *sich* ~ üstünü değiştirmek
Umkleideraum m soyunma odası
umknicken *Fuß usw.* (ayağını *v. s.*) incitmek
umkommen ölmek
Umkreis (0) m çevre, muhit
umladen aktarmak
Umlauf (0) m dolaşım; sürüm, tedavül; **~bahn** f yörünge
Umlaut m Gr. iki noktalı ünlü
umlegen A giymek; *Kosten* bölüşmek; *fam.* öldürmek
umleiten başka yöne çevirmek
Umleitung f başka yoldan geçirme
umliegend etrafındaki
umrechnen *Hdl.* tahvil etm.
Umrechnungskurs m kambiyo kuru
umreißen A devirmek; *-in* taslağını çizmek
umringen kuşatmak
Umriß (-sse) m kenar çizgisi; taslak, kroki
umrühren karıştırmak
Umsatz m *Hdl.* sürüm
umschalten çevirmek, (vites *v. s.*) değiştirmek
umschauen: *sich* ~ bakınmak
Umschlag m (*Brief-*) zarf; (*Buch-*) kapak; *Med.* kompres
umschlagen v/i değişmek; v/t çevirmek; kıvırmak
umschnallen kuşanmak
umschreiben başka sözlerle anlatmak; *Jur.* devretmek
Umschrift (*-en*) f transkripsiyon
umschulen v/T başka okula göndermek; yeni meslek için eğitmek
Umschulung f yeniden eğitim
Umschweife pl.: *ohne* ~ doğrudan doğruya
Umschwung m devrim
umsehen: *sich* ~ etrafına bakmak, bakınmak
umsetzen *Hdl.* satmak
Umsicht (0) f özen
umsiedeln v/T göç ettirmek
Umsiedler m göçmen
umsonst parasız; (*vergeblich*) boşuna
Umstand (*-e*) m durum; nitelik; *unter Umständen* belki; gerekirse; *machen Sie sich keine Umstände!* zahmet etmeyin!
umständlich zahmetli, külfetli; *Pers.* titiz
Umstandskleid n gebelik elbisesi
umsteigen aktarma yapmak
umstellen (*-in* yerini) değiştirmek; *Uhr* ayarlamak; (*-in* etrafını) sarmak
umstimmen caydırmak
umstoßen devirmek

umstritten çekişmeli
Umsturz *m* devrim
umstürzen devirmek; *v/i* devrilmek
umtaufen *A -in* adını değiştirmek
Umtausch (0) *m* değiş(tir)me; değiş-tokuş
umtauschen değiştirmek (*gegen A* ile); *Geld* bozdurmak
umwandeln değiştirmek; çevirmek (*in A -e*)
Umweg *m* dolaşık yol
Umwelt (0) *f* çevre
umweltfreundlich çevreye uygun
Umwelt|schutz *m* çevre korunması; **~verschmutzung** *f* çevre kirlenmesi
umwenden *v/t* çevirmek; *sich* ~ dönmek
umwerfen devirmek; **~d** olağanüstü
umwickeln sarmak (*A mit D -e -i*)
umziehen *v/i* taşınmak; *sich* ~ üstünü değiştirmek
umzingeln kuşatmak
Umzug *m* taşınma; alay
unabhängig bağımsız
Unabhängigkeit (0) *f* bağımsızlık
unab|sichtlich istemeyerek; **~wendbar** önüne geçilemez
unachtsam dikkatsiz
unan|gebracht yersiz; **~genehm** nahoş; **~nehmbar** kabul edilemez
Unannehmlichkeiten *pl.*

güçlük *sg.*, tatsızlık *sg.*
unan|ständig edepsiz; ayıp; açık saçık; **~tastbar** dokunulmaz
unappetitlich iğrenç
Unart *f* edepsizlik, yaramazlık
unartig yaramaz
unauf|fällig gösterişsiz; **~haltsam** durdurulamaz; **~hörlich** devamlı; *adv.* hiç durmadan; **~merksam** dikkatsiz
unaus|bleiblich zaruri; **~glichen** dengesiz; **~löschlich** sönmez, silinmez; **~stehlich** dayanılmaz; **~weichlich** kaçınılmaz
unbarmherzig insafsız
unbe|achtet dikkati çekmeyen; **~deutend** önemsiz; **~dingt** kayıtsız şartsız; *adv.* mutlaka, muhakkak
unbefriedigend tatmin etmeyen; **~t** hoşnutsuz
unbe|fugt yetkisiz; **~greiflich** anlaşılmaz; **~grenzt** sınırsız; **~gründet** asılsız
Unbehagen (0) *n* sıkıntı
unbe|helligt rahat bırakılan; **~holfen** beceriksiz; **~kannt** bilinmeyen; **~liebt** sevilmeyen; **~quem** rahatsız; **~rechenbar** hesap olunamayan; *fam.* delibozuk; **~rechtigt** *s. unbefugt*
unbeschrankt: *er Bahnübergang* bariyersiz geçit
unbe|schränkt sonsuz, şartsız; **~schreiblich** tanımı

güç; **~schwert** kaygısız; **~setzt** boş, serbest; **~sonnen** düşüncesiz

unbesorgt endişesiz; *seien Sie ~!* tasalanmayın!

unbe|ständig kararsız; *Wetter:* çabuk değişen; **~stimmt** belirsiz; **~streitbar** itiraz götürmez; **~tont** vurgusuz

unbeugsam boyun eğmez

unbeweglich sabit, hareketsiz

unbewohn|bar oturulamaz; **~t** boş, oturulmayan

unbewußt bilinçsiz

unbezahlbar fiyatı ödenemez; *fam.* son derece iyi

unbrauchbar işe yaramaz

und ve, ile; *~ so weiter* ve saire

undankbar nankör

undenkbar akla sığmayan

undeutlich belirsiz

undicht su geçebilir; *Wasserhahn:* su kaçıran

undurch|dringlich geçilemez; **~führbar** icra olunamaz; imkânsız; **~sichtig** saydam olmayan; belirsiz

uneben düz olmayan

unecht sahte, yapma

unehelich evlilik dışı

uneigennützig özgecil

uneinig araları açık

Uneinigkeit (0) *f* uyuşmazlık, kara kedi

unempfindlich hissiz

unendlich sonsuz

unent|behrlich zorunlu, zarurî; **~geltlich** bedava, parasız; **~schieden** karara bağlanmamış; *Sp.* berabere; **~schlossen** kararsız; **~wegt** durmadan

uner|bittlich insafsız; **~fahren** acemi, tecrübesiz; **~freulich** hoşa gitmeyen; **~hört** görülmedik; **~klärlich** açıklanamaz; **~läßlich** zorunlu, zarurî; **~laubt** izinsiz; **~meßlich** sonsuz; **~müdlich** yorulmaz; **~reichbar** ulaşılmaz

uner|sättlich doymak bilmez; **~schöpflich** tükenmez; **~schrocken** korkusuz; **~schütterlich** sarsılmaz; **~schwinglich** çok pahalı; **~setzlich** eşi bulunmaz; **~träglich** dayanılmaz; **~wartet** beklenmedik; *adv.* ani; **~wünscht** istenilmeyen

unfähig yeteneksiz

Unfähigkeit (0) *f* yetersizlik

unfair kurallara aykırı; yakışık almaz

Unfall *m* kaza; **~schaden** *m* kazanın getirdiği zarar; **~versicherung** *f* kaza sigortası

unfaßbar akıl ermez

unfehlbar yanılmaz

unförmig biçimsiz

unfreiwillig isteksiz

unfreundlich nezaketsiz

unfruchtbar verimsiz; kısır

Unfug (0) *m* muziplik; *grober ~ Jur.* toplumun huzurunu bozma

Ungar (-n) *m*, **~in** *f* Macar

ungarisch

ungarisch Macar(lı); Macarca
Ungarn *n* Macaristan
ungeachtet *G -e* rağmen, *-e* karşın
ungebildet bilgisiz
Ungeduld (0) *f* sabırsızlık
ungeduldig sabırsız
ungeeignet elverişsiz
ungefähr *adv.* aşağı yukarı; *adj.* yaklaşık; **~lich** tehlikesiz
ungeheuer kocaman
Ungeheuer (-) *n* canavar
unge|horsam itaatsiz; **~legen** vakitsiz; **~lernt** kalifiye olmayan; **~mütlich** rahat olmayan
ungenau tam olmayan
ungeniert sıkılmayan, serbest, teklifsiz
unge|nießbar yenmez, içilmez; **~nügend** yetersiz; **~pflegt** bakımsız; **~rade** *Math.* tek
ungerecht haksız, adaletsiz
Ungerechtigkeit (-en) *f* haksızlık
ungern istemeyerek
ungeschickt beceriksiz
ungesetzlich kanuna aykırı
ungespritzt *Obst:* kabuğu kimyasal, ilâçlanmamış
ungestüm atılgan
ungesund sağlıksız; sağlığa aykırı
Ungetüm (-e) *n* canavar
ungeübt acemi, tecrübesiz
ungewiß şüpheli, belirsiz
Ungewißheit (-en) *f* belirsizlik

unge|wöhnlich olağanüstü; **~wohnt** alış(ıl)mamış
ungezählt sayısız
Ungeziefer *n* haşarat *pl.*
ungezogen terbiyesiz
ungezwungen serbest, teklifsiz
un|gläubig imansız, dinsiz; **~glaublich** inanılmaz
ungleich eşit olmayan, farklı
Ungleichheit (-en) *f* eşitsizlik
Unglück (-e) *n* kaza; felâket; talihsizlik
unglücklich talihsiz; mutsuz, kederli
ungültig hükümsüz; geçersiz
ungünstig uygunsuz
ungut: *nichts für ~!* kusura bakma(yın)!
unhaltbar dayanıksız
Unheil *n* felâket, musibet
unheilbar tedavi edilemez
unheimlich korkutucu, tekin olmayan; *fam.* son derece
unhöflich nezaketsiz, kaba
unhygienisch sağlığa zararlı, sıhhi olmayan
Uniform (-en) *f* üniforma
Union (-en) *f* birlik
universal evrensel; genel
Universität (-en) *f* üniversite
Universum (0) *n* evren, kâinat
unkenntlich tanınmaz
Unkenntnis (0) *f* bilgisizlik
unklar belirsiz
unklug akılsız
Unkosten *pl.* masraflar
Unkraut *n* yabanî ot
unkündbar fesholunamaz

unlängst geçenlerde
unleserlich okunaksız
unlogisch mantıksız
Unmenge (-n) f büyük miktar
unmenschlich gaddar, insanlık dışı
unmerklich duyulmaz
unmißverständlich belirgin
unmittelbar doğrudan doğruya, dolaysız; ~ **darauf** hemen sonra
unmodern modası geçmiş
unmöglich imkânsız, olanaksız
unmoralisch ahlâksız
unmündig reşit olmayan
unnatürlich tabii olmayan
unnötig gereksiz
unordentlich düzensiz
Unordnung f karışıklık
unparteiisch tarafsız
un|passend uygunsuz, yersiz; **~passierbar** geçilemez; **~päßlich** rahatsız
unpersönlich kişilik dışı; fig. soğuk
unpraktisch kullanışsız
unpünktlich vaktinde gelmeyen, geç kalan
unrasiert tıraşsız
Unrat (0) m çöp
Unrecht (0) n haksızlık; **zu ~** haksız yere
unrecht doğru olmayan, yanlış; **~ haben** haklı olmamak
unregelmäßig kuralsız; kural dışı
unreif ham; fig. olgun olmayan

unrein kirli, pis
unrentabel kârsız
Unruhe f huzursuzluk; endişe
unruhig huzursuz; durmaz; endişeli
uns bizi; bize
unsachlich taraf tutan; konu dışı
unschädlich zararsız
unschätzbar paha biçilmez
unscheinbar göze çarpmayan, gösterişsiz
unschlüssig kararsız
Unschuld (0) f suçsuzluk
unschuldig suçsuz
unser|(e) bizim, -miz; **~erseits** bizim tarafımızdan
unsicher güvensiz; şüpheli
Unsicherheit f emniyetsizlik
unsichtbar görünmez
Unsinn (0) m saçma(lık)
unsinnig anlamsız
Unsitte (0) f kötü alışkanlık
unsittlich ahlâksız
unsterblich ölümsüz
Unstimmigkeiten pl. anlaşmazlık sg.
unsympathisch sevimsiz
untadelig kusursuz
untätig işsiz, aylak
untauglich işe yaramaz
unteilbar bölünemez
unten aşağıda; **nach ~** aşağıya; **von ~** aşağıdan
unter D -in arasında; A -in altına, -in arasına; (weniger als) -den aşağı; **~ anderem** bunlar arasında
unter- alttaki

Unterarm

Unter|arm *m an.* ön kol; **~be-wußtsein** *n* bilinç altı
unter|binden durdurmak, önlemek; **~bleiben** olmamak, yapılmamak; **~brechen** *A* kesmek; *-e* ara vermek
Unterbrechung *f* ara
unter|breiten *DA* sunmak, arz etmek; **~bringen** barındırmak, yerleştirmek (*in D -e*); **~dessen** bu sırada; **~drücken** zulmetmek; **~einander** aralarında; alt alta; **~ernährt** yeter derecede beslenmemiş
Unter|führung *f* alt geçit; **~gang** *n* batma; çöküş; **~gebene(r)** ast, madun
unter|gehen batmak; çökmek; **~graben** *fig.* sarsmak
Untergrund *m* yer altı; **~bahn** *f s.* **U-Bahn**; **~bewegung** *f* gizli örgüt
unterhalb *G -den* aşağı, *-in* altında
Unterhalt (0) *m* geçim, nafaka
unterhalten *v/t* beslemek; eğlendirmek; *sich ~* konuşmak; eğlenmek
Unterhaltung *f* konuşma; eğlence; *gute ~!* iyi eğlenceler!
Unter|hemd *n* fanila, atlet; **~holz** *n* çalılık; **~hose** *f* iç donu
unterirdisch yeraltı
Unterkiefer (-) *m* altçene; **~kunft** (*-e*) *f* barınak, konut;

kalacak yer; **~lage** *f* temel; altlık; *pl.* belgeler
unterlassen bırakmak, yapmamak
Unterleib *m* alt karın, belden aşağısı
unterliegen *v/i* yenilmek; *D* bağlı olm.
Unterlippe *f* alt dudak
Untermieter *m* kiracının kiracısı
unternehmen *A -e* girişmek; *-i* yapmak
Unternehm|en *n* teşebbüs; kuruluş; **~er** (*in f*) *m* müteahhit; girişimci; **~ung** *f* girişim, faaliyet
unternehmungslustig girişken, faal
Unteroffizier *m* çavuş; astsubay
unterordnen: *sich ~ D* bağımlı olm.
Unterredung *f* görüşme
Unterricht (*-e*) *m* öğretim; ders(ler)
unterrichten *v/t* öğretmek; bilgi vermek (*j-n über A b-e b. ş.* hakkında); *sich ~* bilgi edinmek (*über A* hakkında)
Unterrock *m* jüpon
Untersatz *m* altlık
unterschätzen küçümsemek; aşağı görmek
unterscheiden *v/t* ayırmak; *v/i* ayırt etmek (*zwischen D -i*); *sich ~* farklı olm. (*von D -den*)
Unterschenkel (-) *m* baldır
Unterschied (*-e*) *m* fark

unterschiedlich farklı
unterschlagen *Jur.* zimmetine geçirmek
Unterschlagung *f* zimmetine geçirme
unterschreiben imza etm., imzalamak
Unter|schrift *f* imza; **~seeboot** *n* denizaltı; **~seite** *f* alt taraf; **~setzer** *m* altlık
unterstehen *D -in* emrinde bulunmak
unterstellen *v/t* yerleştirmek; *Auto* garaja bırakmak; *fig. b-in* emrine vermek; suçlamak (*j-m etw. b-i b. ş.* ile); *sich ~* sığınmak
unterstreichen *A -in* altını çizmek; *fig. -i* vurgulamak
unterstützen desteklemek
Unterstützung *f* yardım, destek
untersuchen araştırmak; *Med.* muayene etm.; *Blut* tahlil yapmak; *Jur.* soruşturmak
Untersuchung *f* inceleme, araştırma; *Med.* muayene; *Jur.* soruşturma, tahkikat
Unter|tasse *f* fincan tabağı; **~teil** *n* alt kısım; **~wäsche** *f* iç çamaşır; **~wasser-** sualtı, denizaltı
unterwegs yolda; **~ nach ... yolunda**
unterwerfen *v/t* itaat altına almak, tabi kılmak; *sich ~ D -in* itaat altına girmek
unterwürfig yaltak(çı), boyun eğen

unvorbereitet

unterzeichnen imzalamak
unterziehen: *sich ~ D -i* üzerine almak
Untiefe (*-n*) *f* sığlık
untrennbar ayrılmaz
untreu vefasız
unüber|legt düşüncesiz; **~sichtlich** çapraşık; **~windlich** atlatılamaz
unumwunden açıkça
ununterbrochen fasılasız, devamlı; *adv.* durmadan
unveränder|lich değişmez, **~t** değiş(tiril)memiş
unver|antwortlich sorumsuz; **~äußerlich** devredilemez; **~besserlich** düzelmez; **~bindlich** yükümlü kılmayan
unver|bleit kurşunsuz; **~blümt** açık; **~einbar** bağdaş(a)maz; **~froren** küstah, arsız; **~geßlich** unutul(a)maz; **~gleichlich** eşsiz; **~heiratet** bekâr; **~hofft** umulmadık; **~kennbar** besbelli; **~meidlich** kaçınılmaz
unver|nünftig akılsız; **~schämt** utanmaz; **~sehens** birdenbire; **~sehrt** tam, sağlam; **~ständlich** anlaşılmaz; **~steuert** vergisiz; **~zeihlich** affolunmaz; **~zollt** gümrüksüz; **~züglich** derhal
unvoll|endet tamamlanmamış; **~kommen** eksik; kusurlu; **~ständig** tamamlanmamış; bitmemiş
unvorbereitet hazırlıksız

unvorhergesehen beklenmedik
unvorsichtig dikkatsiz
unvorstellbar akıl almaz
unwahr yanlış, yalan; **~scheinlich** muhtemel olmayan; ihtimal dışı
unweigerlich mutlaka
unwesentlich önemsiz
Unwetter (-) *n* fırtına
unwichtig önemsiz
unwider|ruflich geri alınamaz; **~stehlich** karşı konulmaz
unwill|ig öfkeli; isteksiz; **~kürlich** irade dışı
unwirk|lich gerçek olmayan; **~sam** etkisiz
unwirsch hırçın
unwissend bilgisiz; cahil
unwissentlich *adv.* bilmeyerek
unwohl rahatsız, keyifsiz
unwürdig *G -e* -lâyık olmayan
unzählig sayısız
unzerbrechlich kırılamaz
unzertrennlich ayrılamaz
Unzucht *f* fuhuş
unzüchtig ahlâksız; müsthecen
unzufrieden memnun olmayan, hoşnutsuz
Unzufriedenheit (0) *f* hoşnutsuzluk
unzu|gänglich ulaşılmaz; erişilmez; **~länglich** yetersiz; **~lässig** caiz olmayan; **~mutbar** beklenemez; **~rechnungsfähig** mümeyyiz olmayan, sorumsuz; **~reichend** yetmez; **~verlässig** güvenilmez

unzweifelhaft şüphesiz
üppig bol; zengin, bereketli; *Figur:* tombul
uralt çok eski; *Pers.* çok yaşlı
Uran (0) *n* uranyum
Ur|aufführung *f Thea.* prömiyer; **~einwohner(in)** *f*) *m* yerli; *pl.* asıl halk olm. **~enkel** *m* torunun çocuğu
Urgroßmutter *f* büyükannenin *veya* büyükbabanın annesi; **~vater** *f* büyükbabanın *veya* büyükannenin babası
Urheber (-) *m* fail; yazar; **~recht** *n* telif hakkı
Urin (-*e*) *m* sidik, idrar
Urkunde (-*n*) *f* belge, senet; **~nfälschung** *f* düzmecilik
Urlaub (-*e*) *m* izin; **~ machen** tatile gitmek; izinli olm.; **~er(in** *f*) *m* tatil yapan, izinci
Urlaubs|ort *m* tatil yeri; **~zeit** *f* tatil *veya* izin dönemi
Urne (-*n*) *f* kavanoz; *Pol.* oy sandığı
Urologe (-*n*) *m* bevliyeci
Ursache *f* sebep, neden; *keine ~!* estağfurullah!
Ursprung *m* asıl, köken, kaynak
ursprünglich *adv.*
Urteil (-*e*) *n* hüküm, yargı
urteilen hüküm vermek (*über A* hakkında)
Urwald *m* balta girmemiş orman
Utensilien *pl.* eşya; malzeme *sg.*
Utopie (-*n*) *f* ütopya

V

vage belirsiz
vakant boş, açık
Vakuum (-*kua*) *n* vakum, boşluk
Vanille (*0*) *f* vanilya
Vase (-*n*) *f* vazo
Vaseline (*0*) *f* vazelin
Vater (⸚) *m* baba; **~land** *n* vatan, anayurt
väterlich baba gibi
V-Ausschnitt *m* V-yaka
Vegeta|rier(in *f*) *m* etyemez, vejetaryen; **~tion** *f* bitkiler *pl.*
Vehikel (-) *n fam.* taşıt
Veilchen *n* menekşe
Vene (-*n*) *f* toplardamar
Venezuela *n* Venezüela
Ventil (-*e*) *n* supap, valf; **~ator** (-*en*) *m* vantilâtör
Venus *f Astr.* Zühre, Venüs
verabreden *v/t* kararlaştırmak; **sich ~** anlaşmak, sözleşmek
Verabredung *f* anlaşma; buluşma
verabreichen *D A* vermek
verabscheuen *A* -*den* tiksinmek
verabschieden *v/t* uğurlamak; işinden çıkarmak; *Gesetz* kabul etm.; **sich ~** vedalaşmak (**von** *D* ile)
ver|achten aşağısamak, küçümsemek; **~ächtlich** hor, hakir
Verachtung *f* hakaret

verallgemeinern genelle(ş-tir)mek
veraltet eskimiş
Veranda (-*den*) *f* veranda
veränderlich değişken; kararsız
verändern *v/t* değiştirmek; **sich ~** değişmek
Veränderung *f* değişiklik
Veranlagung *f* mizaç, tabiat
veran|lassen *A* -*e* sebep vermek, neden olm.; **~schaulichen** *D A* anlatmak; **~stalten** düzenlemek; hazırlamak
Veranstalt|er (-) *m*, **~erin** *f* düzenleyici, organizatör; **~ung** *f* toplantı; tören; şenlik
verantworten *A* üzerine almak; **sich ~** hesap vermek (**wegen** *G* **bei** *D b.* ş-*den* dolayı *b-e*)
verantwortlich sorumlu (**für** *A* -*den*); **~ machen** sorumlu tutmak
Verantwortung *f* sorumluluk
verarbeiten işlemek
verärgern kızdırmak
Verb (-*en*) *n Gr.* fiil, eylem
Verband *m* dernek, (kon)federasyon; *Med.* sargı; **~(s)kasten** *m* ilk yardım kutusu; **~(s)zeug** *n* sargı malzemesi
verbannen sürgüne göndermek; *fig.* kovmak, uzaklaştırmak
verbergen *v/t* gizlemek, sak-

verbessern

lamak; *sich* ~ gizlenmek, saklanmak
verbessern v/t düzeltmek; *sich* ~ iyileşmek, düzelmek
verbeten s. **verbitten**
verbeugen: *sich* ~ eğilmek
Verbeugung f reverans
verbiegen v/t eğriltmek; *sich* ~ bükülmek, eğrilmek
verbieten D A yasak etm.
verbinden v/t bağlamak, birleştirmek; *Wunde* sarmak; *sich* ~ birleşmek (*mit* D ile)
verbindlich bağlayıcı, yükümlü; *Pers.* nazik
Verbindung f bağla(n)ma, bağlantı; birlik; ilişki; *Chem.* bileşim; *sich in* ~ *setzen* temasa geçmek (*mit* D ile)
verbissen inatçı
verbitten: *sich etw.* ~ *-i* istememek
verblaßt soluk
verbleiben kalmak (*bei* D *-de*)
verbleit kurşunlu
verblüff|en v/t şaşırtmak; ~**t** şaşkın
verblühen solmak
verbluten kan kaybından ölmek
verborgen gizli, saklı
Verbot (-e) n, **verboten** yasak
Verbrauch (0) m tüketim
verbrauchen kullanmak, tüketmek; sarf etmek
Verbraucher (-) m tüketici
Verbrechen (-) n cürüm, suç; *ein* ~ *begehen* suç işlemek
Verbrecher (-) m, ~**in** f suçlu; cani

verbreit|en v/t yaymak; *sich* ~**en** yayılmak; ~**ern** genişletmek; ~**et** yaygın
verbrennen v/t yakmak; v/i yanmak
Verbrennung f yakma, yanma; *Med.* yanık
verbringen geçirmek
verbrochen s. **verbrechen**
Verbum (*-ben*) n s. **Verb**
verbunden D müteşekkir
verbünden: *sich* ~ birleşmek
verbürgen: *sich* ~ kefil olm. (*für A -e*)
verbüßen *e-e* (*Haft-*)*Strafe* ~ cezasını çekmek
Verdacht (0) m şüphe; *Jur.* zan
verdächtig şüpheli
verdammt lânetli, ~**!** Allah belâsını versin!
verdampfen v/i buharlaşmak
verdanken: *j-m etw.* ~ *b-e* (*-den dolayı*) borçlu olm.
verdarb s. **verderben**
verdauen v/t hazmetmek, sindirmek
Verdauung f hazım
Verdeck (-e) n körük
verdecken örtmek; gizlemek
verdenken: *j-m etw.* ~ *b-.in -ine* gücenmek
verderb|en v/t bozmak; v/i bozulmak; çürümek; ~**lich** kolay bozulur; zararlı
verdeutlichen D A açıklamak, belirtmek
verdienen *Geld* kazanmak *fig.* hak etm.
Verdienst (-e) **1.** m kazanç,

kâr; ücret; **2.** *n* başarı, hizmet, liyakat
verdoppeln *v/t* ikilemek; **sich ~** ikileşmek
verdorben çürümüş, bozuk; *s.* **verderben;** *fig.* ahlâksız
verdrängen defetmek, kovmak *(aus D -den)*
verdrecken *v/i* pislenmek
verdrehen çevirmek, burkmak
verdreifachen *v/t* üçlemek; **sich ~** üçe katlanmak
verdrossen hoşnutsuz
verdrücken: sich ~ *fam.* sıvışmak
Verdruß (0) *m* güceniklik
verduften *fam.* sıvışmak
verdunkeln karartmak
verdünnen sulandırmak
verdunsten buharlaşmak
verdursten susuzluktan ölmek
verdutzt şaşkın
verehren *A -e* tap(ın)mak; *(bewundern) -i* saymak; *(schenken) -e -i* hediye etm.
Verehrer (-) *m,* **~in** *f* hayran
verehrt sayın
Verehrung *f* tap(ın)ma; saygı
vereidigt yeminli
Verein (-e) *m* dernek, birlik
vereinbaren kararlaştırmak
Vereinbarung *f* anlaşma
vereinfachen sadeleştirmek
vereinheitlichen standartlaştırmak
vereinigen *v/t* birleştirmek; **sich ~** birleşmek
vereinigt birleşik, birleşmiş;

die Vereinigten Staaten von Amerika Amerika Birleşik Devletleri
Vereinigung *f* birleşme; birlik
vereint birleşmiş; *adv.* birlikte; *die Vereinten Nationen* Birleşmiş Milletler
vereinzelt tek tük
vereist buzla örtülü, buzlu
vereiteln önlemek
verenden gebermek, telef olm.
verengen *v/t* daraltmak; **sich ~** daralmak
vererben *DA* miras olarak bırakmak; **sich ~** miras yoluyla geçmek *(auf A -e)*
Verfahren (-) *n* yöntem, usul; *Jur.* dava
verfahren *v/i* hareket etm.; *adj.* çıkmaza girmiş; **sich ~** yolunu şaşırmak
Verfall (0) *m* çökme, yıkılma
verfallen *v/i* çökmek üzere olm.; düşmek *(in A -e); Hdl.* vadesi geçmek; *adj.* yıkık; süresi bitmiş
verfassen yazmak, kaleme almak
Verfasser (-) *m,* **~in** *f* yazar
Verfassung *f* durum; *Pol.* anayasa; **~sgericht** *n* anayasa mahkemesi
verfaulen çürümek
verfehlen kaçırmak
verfeinern inceltmek
verfilmen filme almak
verflixt *fam.* lânetli

verfluchen lânetlemek
verfolgen izlemek, takip etm.; kovalamak
Verfolgung f takip; Jur. takibat pl.
verfrüht vakitsiz
verfüg|bar elde bulunan; **~en** v/t emretmek; v/i tasarruf etm. (**über** A -de)
Verfügung f tasarruf; Pol. karar; **zur ~ stehen** D -in emrinde olm.; **zur ~ stellen** DA b.ş-i b-in emrine vermek, kullanıma sunmak
verführen baştan çıkarmak, ayartmak
vergangen geçmiş
Vergangenheit (0) f geçmiş (zaman)
vergänglich geçici
Vergaser (-) m karbüratör
vergaß s. **vergessen**
vergeb|en vermek; affetmek (j-m etw. b-in ş-ini); **~lich** boşuna
Vergebung f af; özür
vergehen geçmek
Vergehen n suç, cürüm
Vergeltung f karşılık; intikam
vergessen v/t unutmak; adj. unut(ul)muş
vergeuden saçıp savurmak
vergewaltigen A -in ırzına geçmek
vergewissern: sich ~ G -e kanaat getirmek
vergießen dökmek
vergiften zehirlemek
vergittert parmaklıklı

Vergleich (-e) m karşılaştırma; uzlaşma
vergleichen karşılaştırmak (**mit** D ile)
Vergnügen (-) n eğlence, zevk; **viel ~!** iyi eğlenceler!
vergoldet yaldızlı
vergraben gömmek
vergriffen tükenmiş
vergrößer|n v/t çoğaltmak; Foto büyütmek; **~ lassen** büyüttürmek; **sich ~** artmak, büyümek
Vergrößerung f çoğaltma; Fot. büyütme; **~sglas** n büyüteç, pertavsız
Vergünstigung f imtiyaz
Vergütung f ödeme; ücret
verhaft|en tutuklamak, tevkif etm.; **~et** tutuklu
verhalten: sich ~ hareket etm., davranmak
Verhalten (0) m davranış
Verhältnis (-sse) n ilişki; oran, nispet; **~se** pl. şartlar; durum sg.
verhältnismäßig oranlı; adv. nispeten
verhandeln (**über** A -i) görüşmek
Verhandlung f görüşme; Jur. duruşma
Verhängnis (-sse) n kader, talih
verhängnisvoll uğursuz
verharren durmak (**in** D -de)
verhaßt iğrenç, sevilmeyen
verhauen -e dayak atmak
verheddern: sich ~ karışmak
verheerend yıkıcı

Verlauf

verhehlen gizlemek
verheilen *Wunde*: kapanmak
verheimlichen gizlemek, saklamak (*vor D* -*den*)
verheiratet evli
verhindern *A* önlemek; -*e* engel olm.
verhöhnen alay etm. (*j-n b. ile*)
Verhör (-*e*) *n* sorgu(lama)
verhören *v/t* sorguya çekmek; **sich ~** yanlış işitmek
verhungern açlıktan ölmek
verhüten *A* önlemek; -*den* korumak
Verhütungsmittel *n* gebeliği önleyici araç
verirren: sich ~ yolunu kaybetmek
verjagen kov(ala)mak
Verjährung *f* zamanaşımı
verkabeln kablolamak
Verkauf (*≈e*) *m* satış
verkaufen *DA* satmak; **zu ~** satılık
Verkäufer (-) *m*, **~in** *f* satıcı
Verkehr (0) *m* ulaşım; trafik; ilişki
verkehren *Bus*: işlemek; ilişkisi olm. (*mit D* ile); (*ins Gegenteil*) ~ ters çevirmek
Verkehrs|ampel *f* trafik lâmbası; **~amt** *n* turizm bürosu; **~mittel** *pl.* (*öffentliche* kamusal) ulaşım araçları; **~polizist** *m* trafik polisi; **~regel** *f* trafik kuralı; **~schild** *n* trafik levhası; **~unfall** *m* trafik kazası; **~verbindungen** *pl.* ulaşım

sg.; **~zeichen** *n* trafik işareti
verkehrt ters, yanlış; **~ herum** ters yönünde
verkennen yanlış anlamak, tanımamak
verklagen *A* -*e* dava açmak
verkleiden *v/t* kaplamak; **sich ~** kıyafet değiştirmek
verkleinern *v/t* küçültmek, azaltmak; **sich ~** küçülmek
Verkleinerung *f* küçültme
verknüpfen bağlamak
verkommen *v/i* bozulmak; *adj.* ahlâksız, sefil
verkörpern canlandırmak, temsil etm.
verkraften yenmek
verkriechen: sich ~ sinmek, saklanmak
verkrüppelt sakat, kötürüm
verkünden *DA* bildirmek, ilân etm.
verkürzen *v/t* kısaltmak; **sich ~** azalmak
Verlag (-*e*) *m* yayınevi
verlangen istemek
verlängern uzatmak
Verlängerung *f* uzat(ıl)ma; devam; **~sschnur** *f* uzatma kablosu
verlangsamen *v/t* yavaşlatmak
Verlaß *m*: *auf A* **ist kein ~** -*e* güven yok
verlassen *v/t* terk etm., bırakmak; *adj.* ıssız, tenha; **sich ~** güvenmek (*auf A* -*e*)
Verlauf (0) *m* gidiş; gelişme; *im ~ von D* sırasında *N*

verlaufen v/i geçmek; *sich ~* yolunu şaşırmak
verleben geçirmek
verlegen v/t götürmek, nakletmek (*nach* D -e); *Buch* yayımlamak; *Brille usw.* bulamamak; *adj.* utangaç
Verlegenheit (0) f sıkılganlık; sıkıntı
Verleih m kiralama
verleihen (ödünç) vermek; (*vermieten*) kiralamak
verleiten baştan çıkarmak, ayartmak; sevketmek (*zu* D -e)
verlernen unutmak
verlesen v/t ayıklamak; *sich ~* okurken hata etm., yanlış okumak
verletz|en yaralamak; *fig.* gücendirmek; *~t* yaralı
Verletzung f yara; ihlâl; *fig.* incitme
verleugnen inkâr etm.
verleumden A -e iftira etm.
Verleumdung f iftira
verlieb|en: *sich ~en* âşık olm. (*in* A -e); *~t* âşık
verlieren kaybetmek; yitirmek
verlob|en: *sich ~en* nişanlanmak (*mit* D ile); *~t* nişanlı
Verlobung f nişan(lanma)
verlockend cazip, çekici
verlogen yalancı
verlor *s.* **verlieren**; *~en* kayıp, kaybolmuş; kaybetmiş; *~engehen* kaybolmak
verlosen kur'a çekmek (*etw.* için)

Verlust (-e) m kayıp; hasar
vermachen *DA* vasiyetle bırakmak
vermag *s.* **vermögen**
vermarkten pazarlamak
vermehren v/t artırmak; *sich ~* artmak, çoğalmak
Vermehrung f çoğal(t)ma
vermeiden A *-den* sakınmak, kaçınmak
vermeintlich sanılan
vermengen v/t karıştırmak; *sich ~* karışmak
Vermerk (-e) m not, kayıt
vermessen v/t ölçmek
vermieten *DA* kiraya vermek; *zu ~* kiralık
Vermieter (-) m, *~in* f kiraya veren
vermindern v/t eksiltmek, azaltmak; *sich ~* eksilmek
vermischen *s.* **vermengen**
vermissen A -in yokluğunu hissetmek, *-i* aramak
vermitteln v/t sağlamak; v/i aracılık etm. (*in* D -de)
Vermittler (-) m, *~in* f aracı
Vermittlung f aracılık; *Tel.* santral
Vermögen (-) n servet, varlık
vermögen yapabilmek; *~d* varlıklı; *~swirksam* servet biriktirmeye elverişli
vermut|en sanmak, zannetmek, tahmin etm.; *~lich* muhtemel
Vermutung f sanı, ihtimal
vernachlässigen ihmal etm.
Vernehmung f *Jur.* dinlenme; sorgu

verschieben

verneigen: *sich* ~ eğilmek
verneinen reddetmek
Verneinung *f* olumsuzluk
vernichten yok etm., mahvetmek
Vernichtung *f* yıkma, imha
Vernunft (*0*) *f* akıl, us
vernünftig akıllı, makul
veröffentlichen yayımlamak
Veröffentlichung *f* yayım, neşir
verordnen emretmek; kararlaştırmak; *Med.* (ilâç) yazmak
Verordnung *f* kararname; yönetmelik
verpachten kiraya vermek
verpacken sarmak
Verpackung *f* ambalâj
verpassen kaçırmak
verpetzen *fam.* gammazlamak
verpfänden rehine koymak
verpfeifen *fam.* ele vermek
verpflegen beslemek, yedirip içirmek
Verpflegung *f* besleme, erzak
verpflicht|en *v/t* yükümlendirmek; *sich* ~en üzerine almak (**zu** *D* -*i*); ~**et** yükümlü (**zu** *D* ile)
Verpflichtung *f* yüküm(lülük); borç
verpönt kötü sayılan, hainlik
verprügeln *A* -e dayak atmak
verputzen *Wand* sıvamak
Verrat (*0*) *m* hıyanet, ayıp
verraten *j-n* ele vermek; *etw.* açığa vurmak
Verräter (-) *m*, ~**in** *f* hain

verrechnen: ~ **mit** *D* -*in* hesabına geçirmek; *sich* ~ hesabında yanılmak
Verrechnungsscheck *m* çizgili çek
verreiben ovarak yaymak
verreisen yolculuğa çıkmak
verrenken: *sich etw.* ~ -*ini* burkmak
verriegeln sürgülemek
verriet *s.* **verraten**
verringern *v/t* azaltmak; *sich* ~ azalmak
verroste|n paslanmak; ~**t** paslı
verrückt deli, çılgın
Vers (-*e*) *m* beyit; (*Halb-*) mısra, dize
versagen *v/i* işlememek; başaramamak; *v/t* vermemek
versalzen *v/t* fazla tuzlamak; *fam.* berbat erm.
versammeln *v/t* toplamak; *sich* ~ toplanmak
Versammlung *f* toplantı; miting
Versand (*0*) *m* gönder(il)me
versäumen kaçırmak; *Pflicht* ihmal etm.; *zu tun* unutmak
verschaffen *DA* sağlamak
verschärfen *v/t* artırmak; *sich* ~ şiddetlenmek, artmak
verschenken hediye etm. (*an A* -*e*)
verscheuchen kovmak
verschicken yollamak
verschieben *Termin* ertelemek (*auf A* -*e*)

verschieden farklı, ayrı (*von D -den*); değişik; **~e** *pl. a.* çeşitli; **~artig** çeşit çeşit; **~tlich** birçok defa
verschimmelt küflenmiş
verschlafen *v/t* uyuyakalmak; uyuyarak kaçırmak; *adj.* uykulu
Verschlag (*~e*) *m* tahta bölme
verschlagen *adj.* kurnaz, hilekâr
verschlechtern *v/t* fenalaştırmak; *sich ~* fenalaşmak, kötüleşmek
verschleiern *v/t* örtmek; *sich ~* örtünmek
Verschleiß (*0*) *m* aşınma, eskime
verschließen *v/t* kapa(t)mak, kilitlemek
verschlimmern *v/t* fenalaştırmak; *sich ~* fenalaşmak; *Med.* ağırlaşmak
verschlingen yutmak
verschlissen aşındır(ıl)mış
verschlossen kapalı
verschlucken *v/t* yutmak; *sich ~* genzine kaçmak
Verschluß (*~sse*) *m* kapak; kilit; (*Riegel*) sürgü
verschlüsselt şifreli
verschmelzen *v/i* kaynaşmak, birleşmek
verschmerzen hazmetmek
verschmieren sıvayarak kapamak; kirletmek
verschmutzen kirletmek
verschnaufen, *a. sich ~* soluk almak
verschneit karla örtülü

verschollen kayıp
verschonen esirgemek; korumak (*mit D -den*)
verschreiben *v/t Med.* yazmak; *sich ~* yanlış yazmak
verschreibungspflichtig reçete ile satılır
verschuld|en *A -e* neden olm.; **~et** borçlu
verschütte|n dökmek; **~t** gömülü
verschwägert evlenme ile akraba
verschweigen gizlemek
verschwend|en saçıp savurmak; **~erisch** savurgan
Verschwendung *f* israf
verschwiegen ağzı sıkı
verschwinden yok olm.
verschwommen belirsiz
Verschwör|er (*-*) *m*, **~erin** *f* komplocu; **~ung** *f* komplo
Versehen (*-*) *n* hata, dikkatsizlik; *aus ~* yanlışlıkla
versehen *v/t* donatmak (*mit D* ile); *sich ~* yanılmak, hata yapmak; **~tlich** yanlışlıkla
versehrt malûl, sakat
versenden göndermek
versengen yakmak
versetzen *v/t* başka yere koymak; *Schüler* sınıf geçirmek; (*verpfänden*) rehine koymak; (*in e-e Lage*) getirmek; *j-m einen Schlag ~ -e* bir darbe indirmek; *sich ~* kendini koymak (*in A -e*)
Versetzung *f* başka yere tayin; sınıf geçirme
verseuchen bulaştırmak

versicher|n sigorta etm.; termin etm.; **~t** sigortalı
Versicherung f sigorta; teminat; **~sprämie** f sigorta primi
versilbert gümüş kaplı
versinken batmak
Version f anlatma tarzı
versöhnen v/t uzlaştırmak; **sich ~** barışmak, uzlaşmak
Versöhnung f barışma
versorgen A -e sağlamak (*mit D* -i); -e bakmak
Versorgung f tedarik; bakım; geçim
verspäten: sich ~ geç kalmak, gecikmek
Verspätung f gecikme
verspeisen yiyip bitirmek
versperren kapatmak
verspotten alay etm. (*j-n b.* ile)
versprechen DA vaadetmek; **sich ~** dili sürçmek
Versprechen (-) n söz, vaat
verstaatlichen devletleştirmek
Verstand (0) m akıl, zekâ
verständigen A haberdar etm.; -e bilgi vermek; **sich ~** anlaşmak, uzlaşmak (*mit D* ile)
Verständigung f haberleşme; *Tel.* birbirini işitme; anla(ş)ma
verständlich anlaşılır
Verständnis (0) n anlayış
verständnisvoll anlayışlı
verstärken v/t kuvvetlendirmek; **sich ~** şiddetlenmek

verteidigen

Verstärk|er (-) m *Tech.* amplifikatör; **~ung** f takviye
verstauchen: sich etw. ~ -ini burkmak
Versteck (-e) n saklanma yeri
verstecken v/t saklamak; **sich ~** saklanmak
verstehen v/t anlamak, kavramak; **sich ~** anlaş(ıl)mak
Versteigerung f artırma
verstellbar ayar edilebilir
verstellen v/t yerinden oynatmak; ayarlamak; **sich ~** sahte tavır takınmak
versteuern A -*in* vergisini ödemek
verstimmt *fig.* gücenik
verstohlen gizli(ce)
verstopf|en tıkamak; **~t** tıkanmış; tıkalı
verstorben ölü, merhum
verstört şaşkın
Verstoß (¨e) m aykırılık; yolsuzluk
verstoßen: ~ gegen A -*i* ihlâl etm.
verstreichen *Zeit:* geçmek; *Frist:* süresi dolmak
verstreuen dağıtmak
verstümmeln sakat etm.
Versuch (-e) m deneme; deney
versuchen denemek, tecrübe etm.; (*zu inf. -meye*) çalışmak
Versuchung f baştan çıkarma
vertagen ertelemek
vertauschen değiş(tir)mek
verteidigen savunmak (*sich* kendini)

Verteidiger

Verteidig|er (-) *m Jur.* dava vekili; *Sp.* bek; **~ung** *f* savunma
verteilen dağıtmak
Verteil|er (-) *m Tech.* distribütör; **~ung** *f* dağıtım
verteuern: *sich ~* pahalılaşmak
vertiefen *v/t* derinleştirmek; *sich ~ fig.* dalmak (*in A -e*)
Vertiefung *f* çukur derinlik
vertilgen yok etm.
vertikal dikey, düşey
Vertrag (*~e*) *m* sözleşme, anlaşma; kontrat(o)
vertragen *v/t* hazmetmek; *-e* dayanmak; *sich ~* geçinmek (*mit D* ile)
vertrauen (*auf A -e*)
Vertrauen (0) *n* güven
vertrau|lich samimî; gizli; **~t** alışık (*mit D -e*)
vertreiben kovmak, defetmek; *Hdl.* satmak
vertreten temsil etm.; *-in* yerini tutmak; savunmak
Vertreter(in *f*) *m* vekil; (*Handels-*) temsilci
Vertrieb *m* dağıtım, sürüm
vertrocknen kurumak
vertrösten oyalamak
verun|glücken kazaya uğramak; **~reinigen** kirletmek, pisletmek; **~sichern** kuşkulandırmak; **~stalten** *A -in* biçimini bozmak; **~treuen** zimmetine geçirmek
verur|sachen *A -e* neden olm; **~teilen** hüküm giydirmek

vervielfältigen çoğaltmak, teksir etm.
vervoll|kommnen mükemmelleştirmek; **~ständigen** tamamlamak bütünlemek
verwählen: *sich ~* yanlış numara çevirmek
verwahrlost bakımsız
verwalten yönetmek, idare etm.
Verwaltung *f* yönetim, idare; **~sgericht** *n* idarî mahkeme; **~srat** *m* yönetim kurulu
verwandeln *v/t* çevirmek, değiştirmek *sich ~* değişmek, çevrilmek
verwandt 1. *s. verwenden;* 2. *adj.* akraba
Verwandt|e(r) akraba; **~schaft** (*-en*) *f* akrabalık; *fig.* yakınlık; (*die Verwandten*) akrabalar
Verwarnung *f* uyarı, ihtar
verwechseln karıştırmak
Verwechslung *f* karıştırma
verwegen atılgan, gözüpek
verweigern reddetmek
Verweis (*-e*) *m* azar, tekdir; (*auf A -e*) işaret
verweisen *-in* dikkatini çekmek (*auf A -e*); göndermek (*an A -e*)
verwelken solmak
verwenden kullanmak
Verwendung *f* kullanım
verwerfen reddetmek
verwerten *A -den* yararlanmak
verwirklichen gerçekleştirmek; *sich ~* gerçekleşmek

Volkshochschule

verwirren dolaştırmak; şaşırtmak
verwitwet dul
verwöhnen şımartmak
verworren karmakarışık
verwunden yaralamak
Verwunderung f hayret
verwundet yaralı
verwüsten çöle çevirmek, tahrip etm.
verzählen: *sich ~* sayıda yanılmak
verzaubern büyülemek
verzehren yiyip bitirmek
Verzeichnis (-*sse*) n liste
verzeihen affetmek (*j-m etw. b-in ş-ini*); ~ **Sie!** affedersiniz!
Verzeihung f af(fetme)
verzichten vazgeçmek (*auf A -den*)
verzieh s. **verzeihen**; ~**en¹** affetmiş *veya* affolunmuş
verziehen² *v/i* taşınmak; *v/t* şımartmak; *sich ~* buruşmak; gitmek
verzieren süslemek
verzinnen kalaylamak
verzogen *Kind*: şımartılmış
verzögern *v/t* geciktirmek; *sich ~* gecikmek
Verzögerung f gecikme
verzollen *A -in* gümrüğünü vermek *veya* ödemek
verzweifeln ümitsizliğe düşmek (*an D-den*); ~**t** ümitsiz
Verzweiflung f ümitsizlik
verzweigen: *sich ~* dallanmak
Veterinär (-*e*) m veteriner

Veto (-*s*) n veto
Vetter (-*n*) m kuzen
Video- video
Vieh (0) (büyük baş) hayvanlar *pl.*; ~**zucht** (0) f hayvan yetiştirme
viel çok; birçok; **zu ~** *a.* fazla; ~**e** *pl.* (bir)çok
viel|leicht belki; acaba; ~**mals** çoğu, birçok defa; ~**mehr** bilâkis; ~**sagend** anlamlı; ~**seitig** çok yönlü
vier dört
Viereck (-*e*) n dörtgen
vier|eckig dört köşe; ~**fach** dört kat; ~**hundert** dört yüz; ~**mal** dört defa; ~**spurig** dört şeritli
Viertel (-) n çeyrek; dörtte bir; (*Stadt-*) mahalle
vier|zehn on dört; ~**zig** kırk
Villa (-*llen*) f villâ
violett mor
Violine (-*n*) f keman
Virus (-*ren*) n *od.* m virüs
Visitenkarte f kartvizit
Visum (-*sa*) n vize
Vitamin (-*e*) n vitamin
Vogel (¨) m kuş; ~**scheuche** (-*n*) f bostan korkuluğu
Vokabel (-*n*) f söz, kelime
Vokal (-*e*) m ünlü
Volk (¨*er*) n ulus, millet; halk
Völker|kunde f etnoloji; ~**mord** (0) m soy kırımı; ~**recht** n *Jur.* devletler hukuku
Volks|abstimmung f halk oyu; ~**entscheid** m referandum, halk oylaması; ~**hoch-**

schule f halk eğitim merkezi; **~schule** f ilkokul; **zählung** f nüfus sayımı
voll dolu; dolmuş; tam; **~automatisch** tam otomatik
Vollbart m (uzun) sakal
voll|bringen yerine, getirmek, tamamlamak; **~enden** tamamlamak, bitirmek
Volleyball(spiel n) m voleybol
völlig tam; adv. tamamen, büsbütün
voll|jährig ergin, reşit; **~kommen** kusursuz, tam; adv. tamamiyle
Voll|korn~ kepekli un; **~macht** (-en) f yetki; vekâlet; **~milch** f kaymağı alınmamış süt; **~mond** m dolunay; **~pension** f tam pansiyon
voll|ständig tam, eksiksiz; adv. tamamen; **~strecken** Jur. yürütmek; **~tanken** depoyu doldurmak
Vollwertkost f tam (değerli) besin
vollzählig tam, eksiksiz
Volt (-) n volt
Volumen (-, -mina) n hacim
von D -den, -dan; tarafından N; ~ D **ab** (od. **an**) -den itibaren; **~einander** birbirinden
vor A -in önüne; D -in önünde; -den önce; **zehn ~ fünf** beşe on var
Vorabend m arife
voran ileri; önde, başta; **~gehen** önden gitmek; **~kommen** ilerlemek

Voran|meldung f ön kayıt; **~schlag** (-e) m tahmin
voraus önde, ileride; önden; **im ~** önceden; peşin; **vielen Dank im ~** şimdiden teşekkürler; **~sagen** peşin söylemek; **~sehen** önceden kestirmek; **~setzen** farz etm.; **vorausgesetzt, daß** ... olması şartiyle; **~sichtlich** muhtemel(en), olası
Vorauszahlung f peşin (para)
Vorbe|dingung f ön koşul; **~halt** (-e) m ihtirazi kayıt
vorbehalten adj. saklı, mahfuz
vorbei geçmiş, bitmiş; **an** D **-in)** önünden; **~fahren, ~gehen** geçmek; **~kommen** uğramak (**an, bei** D -e)
vorbereiten v/t hazırlamak; **sich ~** hazırlanmak (**für** A, **zu** D için)
Vorbereitung f hazırlık
vorbestellen A -in rezervasyonunu yap(tır)mak
vorbestraft sabıkalı
Vorbeter (-) m imam
vorbeugen D -i önlemek
Vorbild n örnek, model
vorbringen ileri sürmek
vorder- ön(deki)
Vorder|bein n ön ayak; **~grund** m ön plân; **~rad** n ön tekerlek; **~seite** f ön taraf, yüz; **~sitz** m ön yer
vordringen ilerlemek (**in** A -e); **~lich** acele, ivedi
Vordruck m formüler, form dilekçe

voreilig acele, vakitsiz
voreingenommen taraflı
vorenthalten *DA* vermemek
vorerst her şeyden önce; şimdilik
Vorfahr (*-en*) *m* selef
Vorfahrt (*0*) *f*, **~srecht** *n* (önce) geçiş hakkı
Vorfall *m* olay
vorfallen mevcut, vuku bulmak
vorführen ortaya çıkarmak, göstermek
Vorgang *m* olay; gidiş
Vorgänger (-) *m*, **~in** *f* selef; önceki
vorgehen ilerlemek; önden gitmek; (*geschehen*) vuku bulmak, olmak; *Uhr*: ileri gitmek; daha önemli olm.
Vorgesetzte(r) üst, şef
vorgestern evvelsi gün
vorhaben *A* -*mek* niyetinde olm.; -*meyi* düşünmek
Vorhaben (-) *n* niyet, amaç
Vorhalle *f* antre, hol
vorhanden mevcut, bulunan; ... ist ~ ... var
Vorhandensein (*0*) *n* varlık
Vorhang (*ue*) *m* perde
vorher önce, demin; **~ig** önceki
vorherrschen hâkim olm.
vorhersagen peşin söylemek; tahmin etm.
vorhin az önce, demin
vorig- önceki, geçen
Vorkehrung *f*: **~en treffen** tedbir *veya* önlem almak
vorkommen bulunmak; (*geschehen*) olmak

Vorladung *f Jur.* celpname
Vorlage (*-n*) *f* (*Muster*) örnek; *Pol.* tasarı; *Sp.* ileri pas
vorlassen *A* -*in* öne gelmesine müsaade etm.
vorläufig geçici; *adv.* şimdilik
vorlegen *DA* sunmak
vorlesen *DA* oku(t)mak
Vorlesung *f* konferans, ders
vorletzt- sondan önceki
Vorliebe (-*n*) *f* tercih, eğilim
vorliebnehmen yetinmek (*mit D* ile)
vorliegen bulunmak, var olm.
vormachen *DA* göstermek; *etw.* **~** *j*-*m b*-*i* aldatmak
vormerken not etm.; önceden ayırtmak
Vormittag (*-e*) *m*: **am ~**, **vormittags** öğleden önce
Vormund (*-e*, **~er**) *m* vasi, veli
vorn önde; **nach ~** öne (doğru); **von ~** önden
Vorname *m* (ön) ad
vornehm kibar
vornehmen: **sich ~** ele almak; **zu -***meyi* tasarlamak
vornherein: **von ~** ilk baştan
Vorort *m* banliyö
Vorrang (*0*) *m* üstünlük, öncelik
Vorrat (*ue*) *m* yedek malzeme, stok
Vorrecht *n* imtiyaz
Vorrichtung *f* aygıt, mekanizma
vorrücken *v*/*t* ilerletmek; *v*/*i* ilerlemek
vorsagen *DA* sufle etm.

Vorsatz

Vorsatz *m* niyet, kasıt
Vorschau (*-en*) *f* program
Vorschein *m*: **zum ~ bringen** çıkarmak, göstermek; **zum ~ kommen** görünmek, çıkmak
vorschieben öne sürmek
vorschießen *DA* avans vermek
Vorschlag *m* teklif, öneri; tavsiye
vorschlagen *DA* teklif etm., önermek
vorschreiben *DA* emretmek
Vorschrift *f* talimat, direktif, yönerge
vorschriftsmäßig usul göre
Vorschuß *m* avans, öndelik
vorsehen *v/t* öngörmek; **sich ~** dikkat etm., sakınmak
Vorsicht *f* ihtiyat; dikkat; *Intj.* dikkat!
vorsicht|ig dikkatli; tedbirli; **~shalber** her ihtimale karşı
Vorsilbe *f Gr.* önek
Vorsitz (*0*) *m* başkanlık; **~ende(r)** başkan
Vorsorge (*0*) *f* tedbir, özen; **~ treffen** tedbir almak
Vorspeise *f* çerez; meze
vorspiegeln aldatmak (*j-m etw. b-i b.ş. ile*)
Vorsprung *m* çıkıntı; *fig.* öncelik
Vorstadt *f* dış semt
Vorstand *m* yönetim kurulu; *Pers.* başkan
vorstehen çıkmak; *D -in* başkanı olm.
vorstellbar düşünülebilir
vorstellen *DA* tanıtmak;

göstermek; *Uhr* öne almak; **sich ~** *A* tasavvur etm.; kendini tanıtmak; tanıştırmak (*j-m b. ile*)
Vorstellung *f* takdim, tanıştırma; tasavvur, fikir; *Thea.* temsil; ihtar
Vorstoß *m* ileri atılma
Vorstrafe *f* sabıka
vorstrecken ileri uzatmak; *Hdl.* ödünç vermek
vortäuschen yalandan yapmak
Vorteil *m* fayda; yarar, çıkar
vorteilhaft faydalı, yararlı
Vortrag (*¨e*) *m* konferans
vortragen *DA* bildirmek; *Gedicht* okumak, söylemek
vortrefflich mükemmel
vortreten öne çıkmak
Vortritt (*0*) *m* öncelik
vorüber geçmiş
vorübergehen geçmek; **~d** geçici
Vorurteil *n* önyargı
Vorverkauf (*0*) *m* önceden satış
Vorwahl(nummer) *f Tel.* ön numara
Vorwand (*¨e*) *m* bahane, vesile
vorwärts ileri(ye doğru)
vorweg önceden; **~nehmen** vaktinden önce yapmak
vorweisen göstermek
vorwerfen suçlamak (*j-m etw. b-i ile*)
vorwiegend *adv.* en çok
Vorwort (*-e*) *n* önsöz
Vorwurf (*¨e*) *m* suçlama

vorwurfsvoll sitemli
Vorzeichen *n* belirti
vorzeigen *s.* **vorweisen**
vorzeitig vaktinden önce, vakitsiz
vorziehen tercih etm.; *Termin* öne almak; *Vorhang* çekmek

Vorzimmer *n* bekleme odası
Vorzug *m* tercih; yarar; öncelik
vorzüglich üstün, mükemmel
Votum (*-ten*) *n* oy; karar
vulgär adî, bayağı
Vulkan (*-e*) *m* yanardağ, volkan

W

Waage (*-n*) *f* terazi
waag(e)recht yatay
Waagschale *f* kefe
Wabe (*-n*) *f* petek
wach uyanık; ~ **werden** uyanmak
Wache (*-n*) *f* nöbet; karakol; nöbetçi
wachen nöbet beklemek
Wacholder (-) *m* ardıç
Wachs (*-e*) *n* balmumu
wachsam uyanık
wachsen¹ *v/t* mumlamak
wachsen² *v/i* büyümek, gelişmek; artmak, çoğalmak
Wachstuch *n* muşamba
Wachstum (0) *n* büyüme, gelişme
Wächter (-) *m* bekçi
Wacht|meister *m* polis memuru; ~**turm** *m* nöbetçi kulesi
Wackelkontakt *m* gevşek kontak
wackeln sallanmak, oynamak; (**mit** *D* -*i*) sallamak
Wade (*-n*) *f* baldır
Waffe (*-n*) *f* silâh
Waffel (*-n*) *f* gofret

Waffen|gattung *f* *Mil.* sınıf; ~**schein** *m* silâh taşıma ruhsatı; ~**stillstand** *m* (*-e*) ateşkes
wagen *A* -*e* cesaret etm.
Wagen (-) *m* araba; vagon; ~**heber** *m* kriko; ~**papiere** *pl.* otomobil belgeleri
Waggon (*-s*) *m* vagon
waghalsig gözüpek
Wagnis (*-sse*) *n* riziko
Wahl (*-en*) *f* seçim; **erste** ~ birinci kalite
wahlberechtigt oy hakkına sahip
wählen *v/t* seçmek; *v/i Pol.* oy kullanmak; *Tel.* numarayı çevirmek
Wähler (-) *m*, ~**in** *f* seçmen
wählerisch güç beğenir
Wahl|fach *n* seçmeli ders; ~**recht** (0) *n* (*aktives*) seçme hakkı; (*passives*) seçilme hakkı
Wahnsinn (0) *m* delilik, çılgınlık
wahnsinnig deli
wahr doğru, gerçek; *nicht* ~? değil mi?

während

während esnasında *N*; *conj.* iken; *-diği* sırada; *-diği* halde
Wahrheit (*-en*) *f* doğruluk, gerçek(lik)
wahrnehm|bar duyulabilir, görülebilir; **~en** *A* duymak, görmek; *-in* farkına varmak
Wahrnehmung *f* idrak, algı
Wahrsager (-) *m*, **~in** *f* falcı
wahrscheinlich muhtemel; *adv.* galiba
Wahrscheinlichkeit (0) *f* ihtimal
Währung *f* para (sistemi)
Wahrzeichen *n* sembol, simge
Waise *f* yetim, öksüz
Wal (*-e*) *m* balina
Wald (*-er*) *m* orman; (*kleiner* ~) koru; **~meister** (0) *m Bot.* kokulu yapışkan; **~sterben** *n* ormanların ölmesi
Walfisch *m s. Wal*
Wall (*-e*) *m* sur, duvar
Wallfahrt *f* ziyaret, hac
Walnuß *f* ceviz
Walze (*-n*) *f* silindir, merdane
wälzen *v/t* yuvarlamak; *sich* ~ yuvarlanmak, dönmek
Walzer (-) *m* vals
wand *s.* **winden**
Wand (*-e*) *f* duvar; *spanische* ~ paravan(a)
Wandel (0) *m* değişiklik, değişim
wandeln: *sich* ~ değişmek
Wander|er (-) *m*, **~in** *f* yaya gezen, gezgin
wandern yürümek, yaya gezmek

Wanderung *f* yaya gezinti
Wandlung *f* değişiklik
wandte *s.* **wenden**
Wange (*-n*) *f an.* yanak
wankelmütig kararsız
wanken sendelemek, sallanmak
wann ne zaman, ne vakit; *bis* ~? ne zamana kadar?; *seit* ~? ne zamandan beri?
Wanne (*-n*) *f* tekne; küvet
Wanze (*-n*) *f* tahtakurusu
Wappen (-) *n* arma
war *s. sein*
Ware (*-n*) *f* mal; **~nhaus** *n* mağaza, bonmarşe; **~nzeichen** *n* marka
warf *s. werfen*
warm sıcak; (*lau-*) ılık
Wärme (0) *f* ısı, sıcaklık
wärmen *v/t* ısıtmak; *sich* ~ ısınmak
Warn|blinkanlage *f* dörtlü ışıklar *pl.*; **~dreieck** *n* ikaz üçgeni
warnen uyarmak, ikaz etm.
Warn|schild *n* tehlike levhası; **~ung** *f* ihtar, ikaz, uyarı
warten 1. *v/i* beklemek (*auf A -e*); **2.** *A -e* bakmak
Wärter (-) *m*, **~in** *f* bekçi
Warte|saal *m* bekleme salonu; **~zimmer** *n* bekleme odası
Wartung *f* bakım
warum niçin, neden
Warze (*-n*) *f* siğil
was ne, neler; bir şey; ~ *für ein(e)* nasıl bir; ~ *kostet*

das? bunun fiyatı ne?; ~ **mich betrifft** bana gelince
Waschbecken *n* lavabo
Wäsche (-*n*) *f* çamaşır; yıkama; **~klammer** *f* çamaşır mandalı; **~leine** *f* çamaşır ipi
waschen *v/t* yıkamak; **sich ~** yıkanmak
Wäscherei (-*en*) *f* çamaşırhane
Wasch|**lappen** *m* banyo kesesi; **~maschine** *f* çamaşır makinesi; **~pulver** *n* çamaşır tozu; **~ung** *f Rel.* aptes, gusül
Wasser (-, ~) *n* su; **~ball** *m* su topu
wasserdicht su geçirmez
Wasser|**fall** *m* çağlayan; **~farbe** *f* suluboya; **~hahn** *m* su musluğu; **~leitung** *f* su boru hattı; **~melone** *f* karpuz; **~ski** *m* su kayağı; **~spülung** *f* sifon; **~stoff** (0) *m Chem.* hidrojen; **~zeichen** *n* filigran
waten suda yürümek
Watt (-) *n El.* vat
Watte (0) *f* (hidrofil) pamuk
WC (-, -s) *n* tuvalet, yüznumara
weben dokumak; örmek
Weber (-) *m*, **~in** *f* dokumacı
Webstuhl *m* dokuma tezgâhı
Wechsel (-) *m* değişiklik; *Hdl.* poliçe; **~geld** *n* bozuk para; **~jahre** *pl.* yaş dönümü *sg.*; **~kurs** *m* kambiyo rayici
wechseln *v/t* değiştirmek; *Geld* boz(dur)mak; *v/i* değişmek

Wechsel|**stube** *f* kambiyo bürosu; **~strom** *m El.* dalgalı akım
wecken uyandırmak
Wecker (-) *m* çalar saat
wedeln sallamak (*mit D -i*)
weder ... noch ... ne ... ne (de)
Weg (-*e*) *m* yol; (*Pfad*) keçiyolu
weg (*gegangen*) gitmiş; (*verloren*) kaybolmuş; **~!** çekil (yoldan)!; **~bleiben** gelmemek; uzak kalmak; **~bringen** götürmek
wegen *G* -*den* dolayı; dolayısiyle, yüzünden *N*
weg|**fahren** (*araba ile*) gitmek; **~fallen** kaldırılmak; **~gehen** gitmek; (*ausgehen*) dışarı çıkmak; *Fleck*: çıkmak; **~lassen** *j-n* (serbest) bırakmak; *etw.* atlamak; **~laufen** kaçmak; **~legen** bir yere koymak; **~nehmen** *A* almak (*j-m* -*den*); kapmak; **~sehen** başka tarafa bakmak; **~stellen** bir yere koymak
Wegweiser (-) *m* yol işareti
wegwerfen atmak
weh: o ~! eyvah!, vay!; **~ tun** *v/i* ağrımak; **sich ~ tun** -*ini* acıtmak; **~e!** sakın!; yapma!
Wehe (-*n*) *f* doğum sancısı
wehen esmek; *Fahne*: dalgalanmak
weh|**leidig** çıtkırıldım; **~mütig** kederli
Wehr (-*e*) *n* set, baraj

Wehrdienst *m* askerlik hizmeti
wehren: sich ~ kendini savunmak
wehrlos silâhsız, âciz
Wehrpflicht (0) *f* zorunlu askerlik ödevi
Weibchen *n* Zo. dişi hayvan
weiblich kadınca; *Bot.* dişi; *Gr.* dişil
weich yumuşak, gevşek
Weiche (-n) *f Esb.* makas
weich|en çekilmek; **~gekocht** rafadan; **~herzig** yumuşak kalpli; **~lich** enerjisiz
Weide¹ (-n) *f Bot.* söğüt
Weide² (-n) *f* otlak
weiden otlamak
weigern: sich ~ reddetmek (*zu inf. -meyi*); kaçınmak (*zu inf. -mekten*)
Weigerung *f* kaçınma, ret
weihen *Rel.* kutsamak, takdis etm.
Weihnacht (0) *f*, **~en** (-) *n* Noel; **~sbaum** *m* Noel ağacı; **~sgeld** *n* Noel ikramiyesi; **~smann** *m* Noel baba
Weihrauch (0) *m* buhur
weil çünkü; *-diği* için, *-diğinden*; mademki
Weile *f:* **e-e ~** bir süre
Wein (-e) *m* şarap; *Bot.* asma; üzüm; **~bau** *m* bağcılık; **~bauer** *m* bağcı; **~berg** *m* bağ; **~brand** *m* kanyak
weinen ağlamak
Wein|ernte *f* bağbozumu; **~glas** *n* şarap bardağı, ka-
deh; **~karte** *f* şarap listesi; **~keller** *m* şarap mahzeni; **~lese** *f s.* **~ernte**; **~traube** *f* üzüm salkımı
weise akıllı, bilge
Weise (-n) *f* tarz, biçim, şekil; *Mus.* melodi, hava; *auf diese ~* böylece
weisen göstermek
Weisheit *f* hikmet, bilgelik
weiß beyaz; ak
weissagen fal açmak; *j-m b.in* falına bakmak
Weißbrot *n* beyaz ekmek, francala
weißen badanalamak
Weiß|kohl *m* lâhana; **~wein** *m* beyaz şarap
weit (*fern*) uzak; (*breit*) geniş; *Kleidung*: bol; *Reise*: uzun; *von ~em* uzaktan; **~blickend** öngörülü; **~en** genişletmek, açmak
weiter daha, fazla; **~** *pl. a.* başka; *bis auf ~es* bir değişiklik oluncaya kadar; *und so ~* ve saire
weiter|fahren yoluna devam etm.; **~führen** *A -e* devam etm.; **~geben** başkasına vermek; aktarmak; **~gehen** yoluna devam etm.; **~machen** devam etm. (*mit D -e*)
weit|gehend *adv.* geniş ölçüde; **~läufig** ayrıntılı; uzaktan (*akraba*); **~sichtig** hipermetrop; *fig.* sağgörülü
Weitsprung *m* uzun atlama
Weizen (0) *m* buğday

welch- hangi(si), ne (gibi)
welk kuru; *Blume*: solgun; **~en** solmak
Wellblech *n* oluklu teneke
Welle (*-n*) *f* dalga; *Tech.* mil, şaft
wellen: *sich* **~** dalgalanmak; **~förmig** dalgalı
Wellenlänge *f* dalga boyu
Welpe (*-n*) *m* köpek yavrusu
Welt (*-en*) *f* dünya; **~all** (*0*) *n* kozmos, evren; **~anschauung** *f* dünya görüşü; **~krieg** *m* dünya savaşı
weltlich dünyevî, lâik
Welt|**meister**(**in** *f*) *m* dünya şampiyonu; **~raum** (*0*) *m* uzay, feza; **~rekord** (*0*) *m* dünya rekoru
weltweit dünya çapında
wem kime, kimlere; *von* **~?** kimden?
wen kimi, kimleri; *für* **~?** kimin için?
Wende (*-n*) *f* dönüm; değişiklik; **~kreis** *m* *Geo.* dönence; **~ltreppe** *f* helezonlu merdiven
wenden *v/t* çevirmek, döndürmek; *sich* **~** dönmek; başvurmak, müracaat etm. (*an A -e*)
Wend|**epunkt** *m* dönüm noktası; **~ung** *f* çevirme, dönüm; deyim
wenig az; *ein* **~** biraz; **~er** daha az; **~stens** en azından, hiç olmazsa
wenn eğer -se; -ince; -diği zaman; **~** *auch* -se de; *selbst* **~**

se bile; **~gleich** *s.* **~** *auch*
wer kim(ler); hangisi
werben reklâm yapmak (*für A* için); almaya çalışmak (*um A -i*)
Werbung *f* reklâm
werden ol(un)mak; gelişmek; (*mit inf.*) -ecek; dönmek, çevrilmek (*zu D -e*)
werfen atmak, fırlatmak
Werft (*-en*) *f* tersane
Werk (*-e*) *n* eser; iş; fabrika; kuruluş; *Tech.* mekanizma; **~statt** (*~en*) *f*, **~stätte** (*-n*) *f* atelye; **~tag** *m* çalışma günü; **~zeug** *n* alet
Wert (*-e*) *m* değer; fiyat
wert: **~** *sein A* değeri olm.; ... değerinde olm.; *G -e* değer olm.; *nicht* **~** *G -e* değmez; **~en** *A* değerlendirmek; *-in* değerini bilmek
Wertgegenstand *m* değerli şey
wertlos değersiz
Wert|**papiere** *pl.* kıymetli evrak; **~sachen** *pl.* değerli eşya; **~ung** *f* değerlendirme
wertvoll değerli
Wesen *n* varlık; nitelik; yaratık; özellik, karakter
wesentlich önemli, esaslı; *im* **~en** esas itibariyle; **~** *besser* çok daha iyi
weshalb niçin, neden
Wespe (*-n*) *f* yabanarısı
wessen kimin, kimlerin
West- batı
Weste (*-n*) *f* yelek
Westen (*0*) *m* batı

westlich batı; *Pol.* batılı
weswegen *s.* **weshalb**
Wett|bewerb (-e) *m* yarışma; *Hdl.* rekabet; **~e** (-n) *f* bahis
wetten bahse girmek (*daß* ... -diğine, -eceğine; *um A* için); bahis tutuşmak (*mit D* ile)
Wetter (0) *n* hava; **~bericht** *m* hava raporu; **~lage** *f* hava durumu; **~vorhersage** *f* hava tahmini
Wett|kampf *m* yarış; **~lauf** *m* koşu yarışı; **~streit** (0) *m* yarışma
wetzen bilemek
Whisky (-s) *m* viski
wich *s.* **weichen**
wichtig önemli
Wichtigkeit (0) *f* önem
wickeln sarmak, dolamak (**auf, um** *A* -e); *Baby* kundaklamak
Widder (-) *m Zo., Astr.* koç
wider *A* -e karşı; **~ Willen** istemeyerek, zoraki; **~fahren** *D* -in başına gelmek; **~hallen** yankıla(n)mak; **~legen** çürütmek; **~lich** iğrenç, tiksindirici; **~rechtlich** kanuna aykırı; *adv.* haksızlıkla; **~rufen** geri almak, yalanlamak
widersetzen: *sich* **~** *D* karşı gelmek; direnmek
wider|spenstig inatçı, dik kafalı; **~spiegeln** yansıtmak, aksettirmek; **~sprechen** *D* karşı gelmek, itirazda bulunmak
Wider|spruch *m* itiraz; çelişki tutmazlık; **~stand** *m* mukavemet, direnç
wider|stehen *D* dayanmak; **~streben** *D* -in zıddına gitmek; **~wärtig** iğrenç
Widerwille *m* nefret, tiksinti
widmen *DA* ithaf etm.; *sich* **~** *D* kendini vakfetmek, adamak
Widmung *f* ithaf, sunu
wie nasıl; gibi; kadar; *conj.* -*diğine göre*; **~ bitte?** efendim?; **~ früher** eskisi gibi; **~ sehr** ne kadar çok
wieder tekrar, bir daha, yeniden, gene; **~bekommen** geri almak; **~beleben** diriltmek, tekrar canlandırmak; **~bringen** geri getirmek, iade etm.; **~erkennen** tanımak; **~erlangen** geri almak; **~finden** tekrar bulmak; **~geben** iade etm.; çevirmek, anlatmak; **~gutmachen** telâfi etm., tazmin etm.; **~herstellen** eski haline getirmek; **~holen** tekrarlamak
Wieder|holung *f* tekrarlama; **~kehr** *f* dönüş; tekrarlanma
wiederkommen bir daha gelmek; dönmek
wiedersehen *v/t* tekrar görmek; *sich* **~** tekrar görüşmek; *Auf Wiedersehen!* Allaha ısmarladık!; (*Antwort*) güle güle!
wiederum yeniden, tekrar
Wiedervereinigung *f* yeniden birleş(tir)me
Wiege (-n) *f* beşik

wiegen v/t tartmak; (*schaukeln*) (hafifçe) sallamak; v/i ... ağırlığında olm.
wiehern kişnemek
Wien n Viyana
wies s. **weisen**
Wiese (-n) f çimenlik, çayır
Wiesel (-) n gelincik
wie|so niçin, niye; **~viel** ne kadar; **~viel(e)** kaç (tane); **~vielt-** kaçıncı
wild vahşi; *bsd. Bot.* yabani; *fig.* azgın, deli
Wild (0) n av (hayvanı)
wildern av hırsızlığı etm.
Wild|leder n (podö)süet; **~nis** (-*sse*) f kır, işlenmemiş bölge; **~schwein** n yaban domuzu
Wille (0) m istek, arzu; irade; **böser ~** kötü niyet; **~nskraft** f irade kuvveti
willkommen adj. şevilen, makbul; *Intj.* hoş geldiniz!
willkürlich keyfi
wimmeln: **es wimmelt von ...** kaynaşıyor
wimmern inlemek
Wimpel (-) m flâma
Wimper (-n) f kirpik
Wind (-e) m rüzgâr, yel
Winde (-n) f *Bot.* kahkahaçiçeği; *Tech.* bocurgat, çıkrık
Windel (-n) f kundak, çokuk bezi
winden v/t sarmak, burmak, dolamak; **sich ~** sarılmak; kıvranmak, kıvrılmak
windig rüzgârlı
Wind|mühle f yel değirmeni; **~pocken** pl. suçiçeği sg.;

~schutzscheibe f ön cam; **~stärke** f rüzgâr hızı
Windung f büklüm; dolambaç; yiv
Wink (-e) m işaret; ima
Winkel (-) m köşe; *Math.* açı; **rechter ~** dik açı; **spitzer ~** dar açı; **stumpfer ~** geniş açı
winken el sallamak; *D* işaret etm.
winseln inlemek
Winter (-) m kış
winterlich kışlık
Winter|reifen m kış lâstiği; **~schlaf** m kış uykusu; **~sport** m kış sporları pl.
Winzer (-) m bağcı
winzig ufak, pek küçük
Wipfel (-) m zirve, tepe
Wippe (-n) f tahterevalli
wir biz; **~ alle** hepimiz
Wirbel (-) m su çevrisi, anafor; *an.* omur; (*Haar-*) döner
wirbeln hızla dönmek
Wirbel|säule f belkemiği, omurga; **~sturm** m siklon
wirken tesir etm. (*auf A* -e); etki göstermek; (*tätig sein*) çalışmak; (*erscheinen*) görünmek
wirklich gerçek; *adv.* gerçekten
Wirklichkeit (-en) f gerçek (-lik)
wirksam etkili; (*gültig*) geçerli
Wirkung f etki, tesir; (*Ergebnis*) sonuç
wirkungs|los etkisiz; **~voll** etkili

wirr (karma)karışık
Wirrwarr (0) *m* karışıklık
Wirsing(kohl) *m* kıvırcık kış lâhanası
Wirt (-e) *m*, **~in** *f* otelci, lokantacı; ev sahibi
Wirtschaft *f* iktisat, ekonomi; (*Geschäftswelt*) ekonomik çevreler; (*Gast-*) lokanta
wirtschaft|en (ev) idare etm.; çalışmak; **~lich** iktisadî, ekonomik; idareli
Wirtshaus *n* lokanta, meyhane, birahane
wischen silmek; *Staub* ~ toz almak
wissen bilmek
Wissen (0) *n* bilgi; *meines* **~s** bildiğime göre; *ohne mein* ~ haberim olmadan
Wissenschaft *f* bilim, ilim; **~ler(in** *f*) *m* bilimci, bilgin
wissen|schaftlich bilimsel, ilmî; **~tlich** kastî; *adv.* bilerek, kasten
wittern *A* -*in* kokusunu almak; *fig.* -*i* sezmek
Witterung *f* (*Wetter*) hava
Witwe (-*n*) *f* dul kadın; **~** (-) *m* dul erkek
Witz (-*e*) *m* espri; fıkra; **~bold** (-*e*) *m* şakacı
witzig nükteli, esprili
wo nerede; neresi; *von* ~ nereden; *~ auch immer* nerede ... -irse -sin; **~anders** başka yerde; **~bei** nerede; bu münasebetle
Woche (-*n*) *f* hafta; **~nende** *n* hafta sonu

wochenlang haftalarca
Wochen|karte *f* haftalık bilet; **~tag** *m* hafta günü; iş *veya* çalışma günü
wöchentlich haftalık; her hafta; *dreimal* ~ haftada üç kere
Wöchnerin *f* loğusa
wo|durch ne ile, ne suretle; **~für** ne için, niye
wog *s. wiegen*
Woge (-*n*) *f* dalga
wo|her nereden; **~hin** nereye
wohl iyi, sağ; (*vielleicht*) belki; acaba; *sich (nicht)* ~ *fühlen* kendini iyi hisset(me)mek
Wohl (0) *n* iyilik; sağlık; refah; *auf Ihr ~!* şerefinize!; **~befinden** (0) *n* iyilik, sağlık; **~behagen** (0) *n* keyif, rahatlık; **~fahrt** (0) *f* sosyal yardım; refah
wohl|habend varlıklı, zengin; **~ig** hoş, keyifli; **~riechend** güzel kokulu
Wohl|stand (0) *m* refah; **~tat** *f* iyilik, hayır; **~tätigkeit** *f* hayır(severlik)
wohl|tuend gönül açan; **~weislich** *adv.* tedbirlice; **~wollend** iyilik isteyen *veya* gösteren
wohn|en oturmak; **~** *vorübergehend:* kalmak; **~haft** oturan
Wohn|haus *n* ev; apartman; **~heim** *n* yurt; **~mobil** *n* yataklı otomobil; **~ort** *m*, **~sitz** *m* oturma yeri

würdigen

Wohnung *f* apartman dairesi; konut, mesken; **~stür** *f* daire kapısı
Wohn|wagen *m* karavan; **~zimmer** *n* oturma odası, salon
wölben: sich ~ kubbelenmek
Wolf (*∵e*) *m* kurt
Wolke (*-n*) *f* bulut; **~nbruch** *m* sağanak; **~nkratzer** *m* gökdelen
wolkig bulutlu [lü, yün(den)]
Woll|decke *f* battaniye; **~e** (*-n*) *f* yün
wollen[1] *adj.* yünlü, yün(den)
wollen[2] *A od. inf.* istemek
wo|mit ne ile; **~möglich** belki; **~nach** neye göre
woran: ~ denkst du? ne(yi) düşünüyorsun?
worauf ne üzerin(d)e; bunun üzerine; **~ wartest du?** ne(yi) bekliyorsun?
woraus neden, nereden
worden *s.* **werden**
worin neyin içinde, nede
Wort *n* (*-e*) söz; (*∵er*) sözcük, kelime; **sein ~ halten** sözünü tutmak, sözünde durmak
Wörterbuch *n* sözlük
wörtlich kelime kelimesine, aynen
wortlos sessiz
Wort|schatz *m* kelime haznesi; söz dağarcığı; **~spiel** *n* kelime oyunu; **~wechsel** *m* ağız kavgası; atışma
wo|rüber neden, neyin üzerine; **~rum** ne ile; neyin etrafın(d)a; **~runter** neyin altın(d)a; **~von** neden; **~vor** neyin önün(d)e; neden; **~zu** niçin, hangi maksatla
Wrack (*-s*) *n* enkaz
wrang *s.* **wringen**
wringen sıkmak
Wucher (*0*) *m* tefecilik, murabaha
wuchern üremek, azmak
Wuchs (*0*) *m* büyüme, yetişme; boy
wuchs *s.* **wachsen**
Wucht (*0*) *f* hız, hamle
wühlen karıştırmak, araştırmak (*in D -i*)
Wulst (*∵e*) *m* kabarıklık
wund yaralı; **sich ~ reiben** pişik oluşmak
Wunde (*-n*) *f* yara
Wunder (*-*) *n* harika, mucize
wunder|bar şaşılacak; harika; **~lich** garip, acayip
wundern *v/t* hayrete düşürmek, şaşırtmak; **sich ~** şaşırmak, hayrette kalmak
wundervoll şaşılacak; çok güzel
Wundstarrkrampf *m* tetanos
Wunsch (*∵e*) *m* arzu, istek; (*Glück-*) dilek; (*Ziel*) amaç
wünschen arzu etm.; istemek; dilemek; **~swert** arzu edilen
wurde *s.* **werden**
Würde (*-n*) *f* ağırbaşlılık; heybet; (*Menschen-*) şeref; (*Rang*) rütbe
würdig ağırbaşlı; *G -e* değer, lâyık; **~en** takdir etm.

Wurf (-e) *m* atma, fırlatma, atış; *Zo.* yavrular *pl.*
Würfel (-) *m* zar; *Math.* küp
würfeln zar atmak
Würfelzucker *m* kesmeşeker
würgen *v/t* boğmak, sıkmak
Wurm (*-er*) *m* kurt, solucan
wurm|en *A fig. -e* içermek; **~stichig** kurtlu
Wurst (*-e*) *f* sucuk; salam
Würstchen *n* sosis
Würze (-n) *f* çeşni, bahar
Wurzel (-n) *f* kök

wurzeln kökü olm., kökleşmek
würz|en *A -e* çeşni vermek; baharat koymak; **~ig** bahar(at)lı
wusch *s.* **waschen**
wußte *s.* **wissen**
wüst ıssız, çöl gibi; işlenmemiş; sefih
Wüste (-n) *f* çöl
Wut (0) *f* hiddet, kudurma
wüten kudurmak; tahribat yapmak; **~d** hiddetli

X, Y

X-Beine *pl.* çarpık bacaklar
x-beinig çarpık bacaklı
x-beliebig herhangi bir; *adv.* rasgele

x-mal defalarca, yüz defa

Yard (-s) *n* yarda
Ypsilon (-s) *n* y harfi

Z

Zacke (-n) *f,* **~n** (-) *m* uç, diş
zackig dişli; *fig.* yiğit
zaghaft çekingen
zäh dayanıklı; yapışkan; *Fleisch:* katı; **~flüssig** yavaş akan; *Verkehr:* ağır giden
Zahl (*-en*) *f* sayı; (*Ziffer*) rakam
zahlen ödemek
zählen *v/t* saymak; *v/i* say(ıl)mak (*zu D* arasında)
Zähler (-) *m Tech.* sayaç, saat
Zahlkarte *f* posta havalesi
zahl|los sayısız; **~reich** pek çok, çok sayıda
Zahlung *f* öde(n)me
Zählung *f* sayımı
Zahlungs|aufschub *m* mora-

toryum; **~befehl** *m* ödeme emri
zahlungsunfähig ödemekten âciz
Zahlwort *n Gr.* sayı (sıfatı)
zahm evcil; *fig.* uysal
zähmen alıştırmak
Zahn (*-e*) *m* diş; **~arzt** *m,* **~ärztin** *f* diş doktoru, dişçi; **~bürste** *f* diş fırçası; **~ersatz** *m* takma diş(ler *pl.*); **~fleisch** *n* dişeti; **~pasta** *f* diş macunu; **~rad** *n Tech.* dişli (çark); **~schmerz** *m* diş ağrısı; **~spange** *f* ortodonti teli; **~stein** *m* diştaşı; **~stocher** *m* kürdan

Zange (-n) *f* kıskaç, pens(e), kerpeten
Zank (0) *m* çekişme, kavga
zanken: *sich* ~ çekişmek, kavga etm.
zänkisch kavgacı
Zäpfchen *n an.* küçükdil; *Med.* fitil
zapfen fıçıdan çekmek
Zapf|en (-) *m* tıkaç, tapa, mil; *Bot.* koza(la)k; **~hahn** *m* fıçı musluğu; **~säule** *f* benzin pompası
zappeln el ayak oynatmak, yerinde durmamak
zart ince, yumuşak
zärtlich şefkatli, sevecen
Zärtlichkeit (-en) *f* okşama; şefkat
Zauber (-) *m* sihir, büyü; **~er** (-) *m* büyücü, sihirbaz
zauber|haft sihirli; cazibeli; **~n** büyü yapmak; hokkabazlık etm.
zaudern duraksamak
Zaum (¨e) *m* gem
Zaun (¨e) *m* çit; parmaklık
Zebra (-s) *n* zebra; **~streifen** *m* (çizgili) yaya geçidi
Zeche (-n) *f* **1.** (lokantada) hesap, masraf; **2.** *Bgb.* maden ocağı
Zecke (-n) *f* kene
Zeder (-n) *f* sedir
Zeh (-en) *m*, **~e** (-n) *f* ayak parmağı
zehn on
Zehn|er (-) *m* onluk; **~tel** (-) *n* onda bir
Zeichen (-) *n* işaret, belirti; **~block** *m* resim kâğıdı *veya* bloku; **~sprache** *f* işaret dili; **~trickfilm** *m* çizgi film
zeichnen *A* çizmek, *-in* resmini yapmak ·
Zeichn|er (-) *m*, **~erin** *f* ressam; **~ung** *f* çizim, resim; kroki
Zeigefinger *m* işaret parmağı
zeigen *DA* göstermek; *sich* ~ görünmek, gözükmek
Zeiger (-) *m* ibre, gösterge; *Uhr:* *großer* ~ yelkovan; *kleiner* ~ akrep
Zeile (-n) *f* satır; dize; *neue* ~ satırbaşı
Zeit (-en) *f* zaman, vakit; süre; çağ, devir; *mit der* ~ zamanla; *zur* ~ halen, şimdiki zamanda; **~abschnitt** *m* dönem, devir; **~alter** *n* çağ, devir
zeit|gemäß zamana uygun; **~genössisch** çağdaş; **~ig** vaktinde; erken
Zeitkarte *f* paso
Zeitlang: *eine* ~ bir müddet
zeitlich zamanla ilgili; **~ begrenzt** geçici
Zeit|lupe *f* ağır çekim; *iron.* aşırı yavaşlık; **~punkt** *m* an, zaman; **~raum** *m* müddet, süre; **~schrift** *f* dergi; **~ung** *f* gazete
Zeitungs|anzeige *f* gazete ilânı; **~artikel** *m* makale; **~kiosk** *m* gazete büfesi
Zeit|vertreib (-e) *m* vakit geçirme; **~zone** *f* dünya saat dilimi

zeitweilig

zeit|weilig geçici; *adv.* arasıra; **~weise** arasıra; bir süre için
Zelle (-*n*) *f* hücre; *El.* bölme; *Tel.* kulübe, kabin
Zelt (-*e*) *n* çadır; **~bahn** *f* çadır bezi
zelten kamping yapmak
Zement (-*e*) *m* çimento
Zenit (*O*) *m Astr.* başucu
Zensur *f* **1.** (*O*) sansür; **2.** (-*en*) not
Zent|imeter *m od. n* santim(etre); **~ner** (-) *m* elli kilo
Zentral|- orta, merkezî; **~e** (-*n*) *f* merkez; *Tel.* santral; **~heizung** *f* kalorifer
Zentrum (-*ren*) *n* orta, merkez
Zeppelin (-*e*) *m* zeplin, güdümlü balon
zerbeißen dişlerle kırmak
zerbrech|en *v/t* kırmak; *v/i* kırılmak; **~lich** kolayca kırılır
zerdrücken ezmek
Zeremonie (-*n*) *f* tören
zerfallen yıkılmak, parçalanmak; ayrılmak (*in A* -*e*)
zer|fetzen parçalamak; **~fleischen** paralamak; **~fressen** aşındırmak, kemirmek; **~gehen** erimek; **~gliedern** bölmek; **~hakken** kıymak; **~hauen** parçalamak, kesmek; **~kleinern** ufalamak
zer|knirscht pişman, nadim; **~knittert** buruşuk
zer|kratzen tırmalamak; **~legen** ayırmak (*in A* -*e*); **~lumpt** hırpani; **~malmen**, **~quetschen** ezmek; **~reißen** *v/t* yırtmak; *v/i* yırtılmak
zerren çekmek (*an D* -*i*)
Zerrung *f Med.* gerinim
zerschlagen *v/t* vurup kırmak; parçalamak; *sich ~ fig.* suya düşmek
zer|schmettern paramparça etm.; **~schneiden** kesip parçalamak, doğramak
zersetzen *v/t* eritmek, aşındırmak; *sich ~* ayrışmak, bozulmak
zer|splittern *v/t* yarmak, patlatmak; *v/i* patlamak, yarılmak; **~springen** patlamak, kırılmak
Zerstörbar (-) *m* püskürteç
zerstören bozmak, tahrip etm., yıkmak
Zerstör|er (-) *m Mar.* destroyer, muhrip; **~ung** *f* yık(ıl)ma, tahrip
zerstreu|en *v/t* dağıtmak; *sich ~ en* dağılmak; eğlenmek; **~t** dalgın; unutkan
Zerstreuung *f fig.* eğlence
zer|stückeln parçalamak; **~teilen** bölmek; **~treten** çiğnemek; **~trümmern** yıkmak, kırmak; **~zaust** darmadağın
Zettel (-) *m* pusula, kâğıt parçası
Zeug (*O*) *n* eşya; (*Kram*) pılı pırtı
Zeuge (-*n*) *m* tanık, şahit

Zollkontrolle

zeugen v/t üretmek; v/i tanıklık etm.
Zeug|in (-) f tanık, şahit; **~nis** n tanıklık; diploma; karne; (*Dienst-*) bonservis; **~ung** f üre(t)me
Ziege (-n) f keçi
Ziegel (-) m tuğla; (*Dach-*) kiremit; (*Rund-*) mahya; **~ei** (-en) f kiremit fabrikası, tuğla fabrikası
ziehen v/t çekmek; *Linie* çizmek; *Nutzen* çıkarmak; *Blumen* yetiştirmek; v/i *Tee*: demlenmek; **es ~t** hava cereyanı var
Zieh|harmonika f akordeon; **~ung** f çekiliş
Ziel (-e) n hedef, amaç; gaye, maksat
ziel|en nişan almak (*auf A -i*); **~los** plânsız, gelişigüzel
Zielscheibe f nişangâh
ziemlich oldukça
Zierde (-n) f süs
zier|en süslemek; **~lich** ince, zarif
Ziffer (-n) f rakam; **~blatt** n kadran, mine
Zigar|ette (-n) f sigara; **~re** (-n) f puro
Zigeuner (-) m, **~in** f Çingene
Zikade (-n) f ağustosböceği
Zimmer (-) n oda; salon; **~mann** m doğramacı, dülger
zimmern yapmak, işlemek
zimperlich çok korkak, yapmacık
Zimt (0) m tarçın
Zink (0) n çinko; tutya

Zinke (-n) f (*çatalda v.s.*) diş
Zinn (0) n kalay
Zins|en *pl.* faiz *sg.*; **~satz** m faiz fiyatı
Zipfel (-) m uç, köşe
zirka aşağı yukarı, takriben
Zirkel (-) m pergel; *fig.* çevre
zirkulieren dolaşmak
Zirkus (-*sse*) m sirk
zirpen cırlamak
zischen cızırdamak
Zisterne (-n) f sarnıç
Zitadelle (-n) f (iç)kale
Zitat (-e) n alıntı
zitieren zikretmek, alıntılamak
Zitrone (-n) f limon; **~nsaft** m limon suyu
zittern titremek
Zitze (-n) f *Zo.* meme ucu
zivil sivil
Zivil|bevölkerung f siviller *pl.*; **~gesetzbuch** n Medenî Kanun; **~isation** f medeniyet, uygarlık; **~ist** (-en) m sivil
zog *s.* **ziehen**
zögern duraksamak
Zoll¹ (-) m pus, parmak, inç
Zoll² (*~e*) m gümrük; **~amt** n gümrük müdürlüğü; **~beamter** m, **~beamtin** f gümrük memuru
zollen *DA* vermek, göstermek
Zollerklärung f gümrük beyannamesi
zollfrei gümrükten muaf
Zollkontrolle f gümrük kontrolü

zollpflichtig

zollpflichtig gümrüğe tabi
Zone (-n) *f* bölge, mıntaka
Zoo (-s) *m* hayvanat bahçesi
Zoologie (0) *f* zooloji
Zopf (¨e) *m* saç örgüsü
Zorn (0) *m* öfke, hiddet
zornig öfkeli, hiddetli
zu *D* -e, -a; için; *mit inf.* -mek, -meyi, -meye; *adv.* pek, fazla; (*geschlossen*) kapalı; *ohne ~ inf.* -meksizin; *um ~ inf.* -mek için, -mek üzere; **~allererst** her şeyden önce
Zubehör (-e) *n* eklentiler; teçhizat
zubereiten hazırlamak
Zubereitung *f* hazırlama
zu|binden bağlamak; **~bringen** geçirmek
Zubringer(straße *f*) *m* ana yola açılan yol
Zucchini *pl.* (dolmalık) kabak *sg.*
Zucht (0) *f* yetiştirme; *fig.* disiplin
züchten yetiştirmek
Zuchthaus *n* cezaevi
zucken titremek, seğirmek; silkmek (*mit D* -i)
zücken çekmek
Zucker (-) *m* şeker; **~dose** *f* şekerlik; **~krankheit** *f* şeker hastalığı
zuckern şekerlemek
zudecken örtmek
zudem üstelik, bundan başka
zudrehen kapa(t)mak
zudringlich sırnaşık, arsız
zudrücken: *ein Auge ~* göz yummak (*bei D* -e)

434

zueinander birbirine
zuerst ilk önce, ilk olarak; (*anfangs*) ilkin
Zufahrt *f* giriş yolu
Zufall *m* tesadüf, talih, şans
zufällig tesadüfi; *adv.* tesadüfen
Zuflucht (0) *f* sığınma, iltica
zufolge *D* -den dolayı, -e göre; gereğince
zufrieden memnun, hoşnut
Zufriedenheit (0) *f* memnuniyet, hoşnutluk
zufrieden|lassen rahat bırakmak; **~stellend** memnun edici
zufügen eklemek; *Schaden* vermek
Zug (¨e) *m Esb.* tren; (*Ziehen*) çekme; (*Fest-*) alay; (*Linie*) hat, çizgi; (*Luft-*) cereyan; *Tech.* yiv; *Schach:* hamle; *Zigarette:* nefes; *in einem ~* bir defada; *zum ~e kommen* sırası gelmek
Zugabe *f* ek; *Mus.* program dışı parça; **~!** isteriz!
Zugang *m* giriş, geçit
zugänglich girilebilir, yaklaşılır
zugeben eklemek; *fig.* itiraf etm.
Zügel (-) *m* dizgin
zügeln *fig.* frenlemek
Zugeständnis *n* taviz, rıza, ödün
zugestehen *DA* müsaade etm., kabul etm.
zugig cereyanlı
zügig çabuk

zugleich aynı zamanda
Zugluft *f* hava cereyanı
zugrunde: ~ **gehen** mahvolmak; ~ **richten** mahvetmek
zugunsten *G* -*in* lehin(d)e
zugute: ~ **kommen** *D* yaramak
Zugvogel *m* göçmen kuş
zuhaben kapalı olm.
Zuhälter (-) *m* pezevenk
zuhören *D* -*i* dinlemek
Zuhörer (-) *m*, ~**in** *f* dinleyici
zukleben zamkla kapamak
zuknöpfen düğmelemek, iliklemek
zukommen: auf *A* ~ -*e* yaklaşmak
Zukunft (0) *f* gelecek (zaman); **in** ~ ilerde
zukünftig gelecek(teki)
Zulage (-*n*) *f* zam, ilave
zulassen kabul etm., müsaade etm.; *Tür usw.* kapalı bırakmak; kaydettirmek
zulässig caiz
Zulassung *f* ruhsat; ~**sstelle** *f Kfz.* trafik şubesi
zuletzt sonunda, nihayet; son olarak
zumachen kapamak; *Loch* tıkamak; *Jacke* düğmelemek
zumindest en azından, bari
zumuten: j-m etw. ~ *b.-den* (uygunsuz) *b.ş-i* beklemek; **sich zuviel** ~ gücüne fazla güvenmek
zunächst ilk olarak; (*vorerst*) şimdilik
Zunahme (-*n*) *f* artma, çoğalma

Zuname *m* soyadı
zünden ateş almak, tutuşmak
Zünd|holz *n* kibrit; ~**kerze** *f* buji; ~**schlüssel** *m* kontak anahtarı; ~**ung** *f* kontak, ateşleme
zunehmen artmak, çoğalmak; *Mond:* büyümek; *Pers.* kilo almak
Zuneigung *f* sempati
Zunge (-*n*) *f* dil
zunichte: ~ **machen** bozmak
zunutze: sich ~ **machen** *A* -*den* istifade etm.
zupfen (hafifçe) çekmek
zurechnungsfähig temyiz kuvvetini haiz, sorumlu
zurechtfinden: sich ~ yolunu bulmak
zurechtkommen: ~ **mit** *b.* ile anlaşmak; *b.ş.* ile başa çıkmak
zurechtmachen *v/t* hazırlamak; **sich** ~ kendine çeki düzen vermek
zureden *D* -*i* kandırmaya çalışmak
zurück geri(ye); *Pers.* (*wieder da*) dönmüş; ~**behalten** alıkoymak; ~**bekommen** geri almak; ~**bleiben** geri kalmak; ~**bringen** geri getirmek *veya* götürmek; ~**drängen** geri itmek; ~**erobern** geri almak; ~**erstatten** geri vermek; ~**fahren** geri dönmek; (*rückwärts fahren*) geri gitmek; ~**fallen** geri kalmak; tekrar kapılmak (**in** *A* -*e*);

zurückführen

~**führen** geri götürmek; ~**geben** *DA* geri vermek; ~**geblieben** geri kalmış; ~**gehen** dönmek, geri gitmek; *fig.* azalmak; ~**gezogen** yalnız, münzevi

zurückhalten alıkoymak; ~**d** sakıngan

zurück|kehren, ~**kommen** geri dönmek; ~**lassen** geride bırakmak; ~**nehmen** geri almak; kaldırmak; ~**rufen** geri çağırmak; *Tel.* aramak; ~**schicken** geri göndermek; ~**schrecken** ürkmek, korkmak (*vor D* -*den*); ~**stellen** geri koymak; *fig.* ertelemek; ~**stoßen** *v/t* geri itmek; *v/i Kfz.* geri gitmek; ~**treten** çekilmek; ~**weichen** geri çekilmek; ~**weisen** geri çevirmek; reddetmek; ~**werfen** geri atmak; ~**zahlen** geri ödemek

zurückziehen *v/t* geri çekmek, geri almak; *sich* ~ çekilmek (*nach*, *zu D* -*e*)

Zuruf (-*e*) *m* seslensiş

zurufen *DA b-e ...* diye seslenmek

Zusage (-*n*) *f* kabul

zusagen *A* -*e* söz vermek; *D* -*in* hoşuna gitmek

zusammen beraber, birlikte

Zusammenarbeit (0) *f* iş birliği

zusammenbrechen yıkılmak; *Pers.* yığılıp kalmak

Zusammenbruch *m* yıkılış, çöküş

zusammen|drücken sık(ıştır)mak; ~**fahren** *fig.* ürkmek; ~**fallen** yıkılmak; *fig.* aynı zamana düşmek; ~**lassen** özetlemek

Zusammenfassung *f* özet

zusammen|fügen birleştirmek; ~**halten** *v/t* bir arada tutmak; *v/i* birbirine bağlı olm.

Zusammenhang *m* bağlantı, bağlam; *im* ~ *mit D* ile ilgili

zusammen|hängen birbirine bağlı olm.; ilgili olm. (*mit D* ile); ~**kommen** toplanmak, buluşmak; ~**leben** bir arada yaşamak; ~**legen** *v/t* katlamak; toplamak

zusammennehmen: *sich* ~ kendine hâkim olm.

zusammen|rechnen toplamak; ~**rücken** *v/t* yaklaştırmak; *v/i* yaklaşmak

zusammensetzen *v/t* bir araya getirmek; birleştirmek; *sich* ~ oluşmak (*aus D* -*den*)

Zusammensetzung *f* bileşim, terkip

zusammen|stellen bir araya toplamak; düzenlemek; ~**stoßen** çarpışmak (*mit D* ile); ~**treffen** karşılaşmak; rastgelmek (*mit D* ile); ~**zählen** toplamak

zusammenziehen *v/t* bir araya getirmek; toplamak; *sich* ~ çekilmek; büzülmek

Zusatz *m* ek, ilâve; zam

zusätzlich ek(lenen); *adv.* ek olarak

zuschauen *D -i* seyretmek
Zuschauer (-) *m*; **~in** *f* seyirci
Zuschlag *m* zam, ek ücret; fark; *Hdl.* ihale
zuschließen kilitlemek
zuschneiden biçmek
zuschrauben vidalamak
zuschreiben *DA* atfetmek; isnat etm.
Zuschrift *f* mektup, yazı
Zuschuß *m* maddi yardım
zusehen *D -i* seyretmek; (*untätig ~*) -e seyirci kalmak
zusenden *DA* göndermek
zusetzen *v/t* eklemek; *v/i* sıkıştırmak, rahatsız etm. (*j-m b-i*)
Zusicherung *f* garanti, güvence
zuspitzen: sich ~ *fig.* ciddileşmek
Zustand *m* durum, hal
zustande: ~ bringen gerçekleştirmek, meydana getirmek; **~ kommen** olmak, gerçekleşmek
zuständig ilgili; yetkili
zustehen *D* ait olm.
zusteigen binmek
zustellen *DA* vermek, teslim etm.
zustimmen *D* razı olm.; *-i* uygun görmek; (*j-m b.* ile) aynı fikirde olm.
Zustimmung *f* muvafakat, onay
zustopfen tıkamak
zustoßen *v/t* iterek kapamak; *v/i j-m -in* başına gelmek
Zustrom (0) *m* akın

Zutaten *pl.* malzeme *sg.*
zuteilen *DA* ayırmak
zutragen: sich ~ vuku bulmak, olup bitmek
zutrauen *DA b-in b.ş-i* yapabileceğine inanmak
zutreffen doğru olm.; (*auf A -de*) geçerli olm.
Zutritt *m* giriş; **~ verboten** içeri girmek yasaktır
zuverlässig güvenilir, emin
Zuversicht (0) *f* güven
zuversichtlich ümitli
zuviel fazla, aşırı derecede
zuvor önce(den)
zuvorkommen *D -den* önce gelmek, *-i* önlemek; **~d** nazik
Zuwachs (*~e*) *m* artma, büyüme
zuweilen arasıra, bazan
zuwenden: sich ~ *D* eğinmek
zuwenig pek az
zuwiderhandeln *D -e* karşı hareket etm.
zuziehen *v/t* sıkıştırmak; *Vorhänge* kapamak; *v/i* yerleşmek; **sich etw. ~** -e uğramak, tutulmak
zuzüglich (*G*) ekiyle *N*
Zwang (*~e*) *m* zor(unluluk)
zwang *s.* **zwingen**
zwängen *v/t* tık(ıştır)mak (*in A -e*); **sich ~** sıkışmak
zwanglos teklifsiz; **~sweise** *adv.* zorla
zwanzig yirmi
zwar gerçi; **und ~** yani (şöyle ki)
Zweck (*-e*) *m* maksat, amaç; **das hat keinen ~** faydası yok

zweck|dienlich maksada uygun; **~los** faydasız; **~mäßig** elverişli, uygun; **~s** *G* amacıyla *N*
zwei iki; **~deutig** iki anlamlı; belirsiz; müstehcen
Zweifel (-) *m* şüphe, kuşku
zweifel|haft şüpheli; **~los** şüphesiz, kuşkusuz; **~n** şüphe etm. (**an** *D -den*)
Zweig (-e) *m* dal; **~stelle** *f* şube
zweihundert iki yüz
Zweikampf *m* düello
zwei|seitig iki taraflı; **~sprachig** iki dilli; **~spurig** çift şerit
zweit|- ikinci; **~ens** ikinci olarak
Zwerchfell *n* diyafram
Zwerg (-e) *m* cüce
Zwetsch(g)e (-n) *f* mürdüm (eriği)
zwicken çimdiklemek
Zwieback (-e) *m* peksimet
Zwiebel (-n) *f* soğan
Zwie|licht (0) *m* alacakaranlık; **~spalt** (-e, -e) *m* çelişme;

anlaşmazlık; **~tracht** (0) *f* bozuşma
Zwilling (-e) *m* ikiz
zwingen zorlamak (**zu** *D -e*); **~d** zorlayıcı
zwinkern kı(r)pmak (**mit** *D -i*)
Zwirn (-e) *m* iplik, tire
zwischen: ~ *A und A* ... ile ... arasına; ~ *D und D* ... ile ... arasında; **~durch** arasıra; o esnada
Zwischen|fall *m* olay; **~händler** *m* aracı; **~landung** *f* ara iniş; **~raum** *m* ara; **~ruf** *m* ses; **~stecker** *m* ara fiş
Zwischenzeit *f*: **in der ~** bu arada
zwitschern cıvıldamak
zwölf on iki
Zwölffingerdarm *m* on iki parmak bağırsağı
Zylinder (-) *m* yuvak, silindir; (**~hut**) silindir şapka; **~kopf** *m* silindir başı
zynisch kinik
Zypern *n* Kıbrıs
Zypresse (-n) *f* servi
Zyste (-n) *f* kist

Zahlen – Sayılar

Grundzahlen – Asıl Sayılar

- **0** sıfır *null*
- **1** bir *eins*
- **2** iki *zwei*
- **3** üç *drei*
- **4** dört *vier*
- **5** beş *fünf*
- **6** altı *sechs*
- **7** yedi *sieben*
- **8** sekiz *acht*
- **9** dokuz *neun*
- **10** on *zehn*
- **11** on bir *elf*
- **12** on iki *zwölf*
- **13** on üç *dreizehn*
- **14** on dört *vierzehn*
- **15** on beş *fünfzehn*
- **16** on altı *sechzehn*
- **17** on yedi *siebzehn*
- **18** on sekiz *achtzehn*
- **19** on dokuz *neunzehn*
- **20** yirmi *zwanzig*
- **21** yirmi bir *einundzwanzig*
- **22** yirmi iki *zweiundzwanzig*
- **23** yirmi üç *dreiundzwanzig*
- **30** otuz *dreißig*
- **31** otuz bir *einunddreißig*
- **40** kırk *vierzig*
- **41** kırk bir *einundvierzig*
- **50** elli *fünfzig*
- **51** elli bir *einundfünfzig*
- **60** altmış *sechzig*
- **61** altmış bir *einundsechzig*
- **70** yetmiş *siebzig*
- **71** yetmiş bir *einundsiebzig*
- **80** seksen *achtzig*
- **81** seksen bir *einundachtzig*
- **90** doksan *neunzig*
- **91** doksan bir *einundneunzig*
- **100** yüz *hundert*
- **101** yüz bir *hunderteins*
- **200** iki yüz *zweihundert*
- **300** üç yüz *dreihundert*
- **572** beş yüz yetmiş iki *fünfhundertzweiundsiebzig*
- **1000** bin *tausend*
- **1966** bin dokuz yüz altmış altı *tausendneunhundertsechsundsechzig* (*neunzehnhundertsechsundsechzig*)
- **2000** iki bin *zweitausend*
- **1 000 000** bir milyon *eine Million*
- **2 000 000** iki milyon *zwei Millionen*
- **1 000 000 000** bir milyar *eine Milliarde*

Ordnungszahlen – Sıra Sayıları

1. birinci, ilk *erste*
2. ikinci *zweite*
3. üçüncü *dritte*
4. dördüncü *vierte*
5. beşinci *fünfte*
6. altıncı *sechste*
7. yedinci *sieb(en)te*
8. sekizinci *achte*
9. dokuzuncu *neunte*
10. onuncu *zehnte*
11. onbirinci *elfte*
12. onikinci *zwölfte*
13. onüçüncü *dreizehnte*
14. ondördüncü *vierzehnte*
15. onbeşinci *fünfzehnte*
16. onaltıncı *sechzehnte*
17. onyedinci *siebzehnte*
18. onsekizinci *achtzehnte*
19. ondokuzuncu *neunzehnte*
20. yirminci *zwanzigste*
21. yirmibirinci *einundzwanzigste*
22. yirmiikinci *zweiundzwanzigste*
23. yirmiüçüncü *dreiundzwanzigste*
30. otuzuncu *dreißigste*
31. otuzbirinci *einunddreißigste*
40. kırkıncı *vierzigste*
41. kırkbirinci *einundvierzigste*
50. ellinci *fünfzigste*
51. ellibirinci *einundfünfzigste*
60. altmışıncı *sechzigste*
61. altmışbirinci *einundsechzigste*
70. yetmişinci *siebzigste*
71. yetmişbirinci *einundsiebzigste*
80. sekseninci *achtzigste*
81. seksenbirinci *einundachtzigste*
90. doksanıncı *neunzigste*
91. doksanbirinci *einundneunzigste*
100. yüzüncü *hundertste*
101. yüzbirinci *hundert(und)erste*
200. ikiyüzüncü *zweihundertste*
300. üçyüzüncü *dreihundertste*
572. beşyüzyetmişikinci *fünfhundertzweiundsiebzigste*
1000. bininci *tausendste*
2000. ikibininci *zweitausendste*
100 000. yüzbininci *hunderttausendste*
1 000 000. milyonuncu *millionste*

Bruchzahlen – Kesirli Sayılar

¹/₂ yarım, buçuk *ein halb*
1¹/₂ birbuçuk *eineinhalb*
¹/₃ üçte bir *ein Drittel*
²/₃ üçte iki *zwei Drittel*
¹/₄ dörtte bir, çeyrek
    ein Viertel
³/₄ dörtte üç, üç çeyrek
    drei Viertel
¹/₁₀ onda bir *ein Zehntel*
⁹/₁₀ onda dokuz *neun Zehntel*
¹/₁₀₀ yüzde bir *ein Hundertstel*
¹/₁₀₀₀ binde bir *ein Tausendstel*

0,5 sıfır virgül beş, sıfır onda beş *Null Komma fünf*
2,8 iki virgül sekiz, iki onda sekiz *zwei Komma acht*

Andere Zahlen – Başka Sayılar

ilk olarak, ilk önce, evvela
  erstens
ikinci olarak *zweitens*
üçüncü olarak *drittens*

tek *einfach*
iki misli, iki kat(lı), çift
  zweifach, doppelt
üç misli, üç kat(lı) *dreifach*
dört misli, dört kat(lı)
  vierfach

bir defa, bir kere, bir kez
  einmal
iki defa, iki kere, iki kez
  zweimal

birer *je ein(e, -er)*
ikişer *je zwei*
altışar *je sechs*

$7 + 8 = 15$ yedi, sekiz daha on beş eder; yedi artı sekiz eşit on beş
  sieben und acht ist fünfzehn;
  sieben plus acht gleich fünfzehn

$10 - 3 = 7$ on eksi üç eşit yedi
  zehn weniger drei ist sieben;
  zehn minus drei gleich sieben

$5 \times 10 = 50$ beş çarpı on eşit elli
  fünf mal zehn ist (gleich, macht) fünfzig

$60 : 6 = 10$ altmış bölü altı eşit on
  sechzig (geteilt, dividiert) durch sechs ist (gleich) zehn

Gebräuchliche Abkürzungen
Çok kullanılan kısaltmalar

1. Türkisch-Deutsch – Türkçe-Almanca

AA	Anadolu Ajansı *Anatolische Nachrichtenagentur*
ABD	Amerika Birleşik Devletleri *Vereinigte Staaten von Amerika*
Alm.	Almanca *Deutsch*
A.O.	anonim ortaklık *Aktiengesellschaft*
Apt.	apartman *Wohnhaus, Mietshaus*
Ar.	Arapça *Arabisch*
As.	askeri *Militär-*
A.Ş.	anonim şirket *Aktiengesellschaft*
AT	Avrupa Topluluğu *Europäische Gemeinschaft*
AÜ	Ankara Üniversitesi *Universität Ankara*
B.	Batı; Bay *West-; Herr*
Bak., bk(z)	bakınız *siehe*
Blv.	Bulvar(ı) *Boulevard*
BM	Birleşmiş Milletler *Vereinte Nationen*
Bn.	Bayan *Frau*
Bşk.	Başkan; Başkanlık *Vorsitzender, Präsident; Präsidium*
Cad.	Cadde(si) *Straße*
çev.	çeviri; çeviren *Übersetzung; Übersetzer*
D.	Doğu *Ost-*
DGM	Devlet Güvenlik Mahkemesi *Staatssicherheitsgerichtshof*
dilb.	dilbilgisi *Grammatik*
Doç.	doçent *Dozent*
doğ	doğumlu *geboren*
EGO	Elektrik, Gaz, Otobüs İşletmeleri *Elektrizitäts-, Gas- u. Busbetriebe (Ankara)*
ESHOT	Elektrik, Su, Havagazı, Otobüs, Tramway İşletmeleri *Elektrizitäts-, Wasser-, Gaswerke, Bus- u. Straßenbahnbetriebe (Izmir)*
Fak.	fakülte *Fakultät*
Far.	Farsça *Persisch*

G.	Güney *Süd-*
Gön.	gönderen *Absender*
H.	Hicrî *(Jahr) der Hedschra*
İETT	İstanbul Elektrik, Tünel, Tramway İşletmesi *Istanbuler Elektrizitäts-, Tunnel- u. Straßenbahn-Betriebe*
İng.	İngilizce *Englisch*
İÖ	İsa'dan önce *vor Christus*
İS	İsa'dan sonra *nach Christus*
K.	Kuzey *Nord-*
KDV	Katma Değer Vergisi *Mehrwertsteuer*
krş	karşılaştırınız *vergleiche*
mad.	madde *Artikel*
Mah.	Mahalle(si); Mahkeme(si) *Stadtteil; Gericht*
Md.	Müdür(ü); Müdürlük, Müdürlüğü *Direktor; Direktion*
MEB	Millî Eğitim Bakanlığı *Nationales Erziehungsministerium*
MİT	Millî İstihbarat Teşkilatı *Nationaler Nachrichtendienst*
M.K.	Medenî Kanun *(Türkisches) Zivilgesetzbuch*
MÖ	Milât'tan önce *vor Christi Geburt*
MS	Milât'tan sonra *nach Christi Geburt*
MSB	Millî Savunma Bakanlığı *Nationales Verteidigungsministerium*
msl.	meselâ *zum Beispiel*
Müh.	mühendis *Ingenieur*
ODTÜ	Orta Doğu Teknik Üniversitesi *Technische Universität des Mittleren Ostens*
Ord. Prof.	ordinaryüs profesör *ordentlicher Professor*
Osm.	Osmanlıca *Osmanisch*
Oto.	otomobil(cilik) *Kfz(-Wesen)*
örn.	örneğin, örnek olarak *zum Beispiel*
P.K.	Posta Kutusu *Postfach*
PTT	Posta Telgraf Telefon (İdaresi) *Post-, Telegrafen- und Telefonverwaltung; Postamt*
Rus.	Rusça *Russisch*

s.	sayfa *Seite*
Sok.	Sokak, Sokağı *Straße, Gasse*
Sü.	sütün *Spalte*
Şb.	şube *Abteilung, Sektion, Filiale*
TAO	Türk Anonim Ortaklığı *Türkische Aktiengesellschaft*
TAŞ	Türk Anonim Şirketi *Türkische Aktiengesellschaft*
TBMM	Türkiye Büyük Millet Meclisi *Große Türkische Nationalversammlung*
T.C.	Türkiye Cumhuriyeti *Türkische Republik*
TCDD	Türkiye Cumhuriyeti Devlet Demiryolları *Staatsbahnen der Türkischen Republik*
TDK	Türk Dil Kurumu *Türkischer Sprachverein*
THA	Türk Haberler Ajansı *Türkische Nachrichtenagentur*
THY	Türk Hava Yolları *Türkische Fluggesellschaft*
Tic.	Ticarethane *Handelshaus, Firma*
TL.	Türk Lirası *Türkische Lira*
T.M.	Türk Malı *Türkisches Erzeugnis*
TRT	Türkiye Radyo Televizyon (Kurumu) *Türkische Rundfunk- u. Fernsehanstalt*
TTK	Türk Tarih Kurumu *Türkische Geschichtsverein*
vb.	ve benzeri; ve başkaları *und ähnliche(s); und andere(s)*
v.d.	ve devamı *und so weiter*
Vet.	veteriner *Tierarzt, Tierärztin*
vs.	vesaire *und so weiter*
Yd.	yedek *Reserve-*
YÖK	Yüksek Öğrenim Kurumu *Ausschuß für Hochschulunterricht*
Yun.	Yunanca *Griechisch*

2. Deutsch-Türkisch – Almanca-Türkçe

AA	Auswärtiges Amt *Dışişleri Bakanlığı*
Abb.	Abbildung *resim*
Abk.	Abkürzung *kısaltma*
Abs.	Absender; Absatz *gönderen; paragraf*
Abt.	Abteilung *şube, bölüm*
a. D.	außer Dienst *emekli, görev dışında*

A. D.	Anno Domini *Milât'tan sonra*
ADAC	Allgemeiner Deutscher Automobilclub *Alman Genel Otomobil Klübü*
AG	Aktiengesellschaft *Anonim Ortaklık*
allg.	allgemein *genel (olarak)*
Anm.	Anmerkung *(dip)not*
AOK	Allgemeine Ortskrankenkasse *Yerel Hastalık Sigortası Kurumu*
ARD	Arbeitsgemeinschaft der öffentlich-rechtlichen Rundfunkanstalten der Bundesrepublik Deutschland *Kamu Hukukuna Bağlı Radyo Televizyon Kurumları*
Art.	Artikel *madde*
Bd.	Band *cilt*
BENELUX	Belgien, Holland, Luxemburg *Belçika Hollanda Lüksemburg*
bes.	besonders *özellikle*
Best.-Nr.	Bestellnummer *sipariş numarası*
betr.	betreffend *ilgi(li)*
BGB	Bürgerliches Gesetzbuch *(Alman) Medenî Kanunu*
Bhf.	Bahnhof *istasyon(u)*
BLZ	Bankleitzahl *banka kod numarası*
BP	Bundespost *(Alman) Federal Postası*
BRD	Bundesrepublik Deutschland *Federal Almanya Cumhuriyeti*
b. w.	bitte wenden *çeviriniz*
bzw.	beziehungsweise *veya, daha doğrusu*
C	Celsius *santigrat*
ca.	circa *aşağı yukarı, takriben*
ccm	Kubikzentimeter *santimetre küp*
cm	Zentimeter *santimetre*
Co.	Compagnie *ortak(lar)*
DB	Deutsche Bundesbahn *Federal Alman Demiryolları*
DFB	Deutscher Fußballbund *Alman Futbol Federasyonu*
DGB	Deutscher Gewerkschaftsbund *Alman Sendikalar Birliği*
dgl.	desgleichen *ve benzeri*
d. Gr.	der Große *Büyük*

d. h.	das heißt *yani*
DIN	Deutsche Industrienorm *Alman endüstri normu*
DM	Deutsche Mark *Alman Markı*
dpa	Deutsche Presse-Agentur *Alman Basın Ajansı*
DR	Deutsche Reichsbahn (*Doğu*) *Alman Demiryolları*
Dr. jur.	doctor juris *hukuk doktoru*
Dr. med.	doctor medicinae *tıp doktoru*
Dr. phil.	doctor philosophiae *edebiyat doktoru*
DRK	Deutsches Rotes Kreuz *Alman Kızılhaçı*
D-Zug	Durchgangszug *ekspres treni*
ECU	(European Currency Unit) *Avrupa Para Birimi*
EDV	Elektronische Datenverarbeitung *elektronik bilgi işlem*
EG	Europäische Gemeinschaft *Avrupa Topluluğu*
ev.	evangelisch *Protestan*
e.V.	eingetragener Verein (*Dernekler Kütüğünde*) *kayıtlı dernek*
Fa.	Firma *firma*
FC	Fußballclub *futbol klübü*
Fr., Frl.	Frau; Fräulein *Bayan*; (*bekâr*) *Bayan*
geb.	geboren *doğumlu*
gegr.	gegründet *kurulmuş*
Ges.	Gesellschaft; Gesetz *ortaklık, dernek; yasa*
GmbH	Gesellschaft mit beschränkter Haftung *Limitet Ortaklık*
Hbf.	Hauptbahnhof *merkez istasyonu*
h.c.	honoris causa *fahrî*
Hrsg.	Herausgeber *yayımlayan*
i. A.	im Auftrage *adına*
IG	Industriegewerkschaft *Sanayi Sendikası*
IHK	Industrie- und Handelskammer *sanayı ve ticaret odası*
Inh.	Inhaber *sahibi*
i. R.	im Ruhestand *emekli*
i. V.	in Vertretung *vekâleten*
Jh.	Jahrhundert *yüzyıl*
JH	Jugendherberge *gençlik yurdu*

Kap.	Kapitel *bölüm*
kath.	katholisch *Katolik*
Kfm.	Kaufmann *tüccar*
Kfz.	Kraftfahrzeug *motorlu taşıt*
KG	Kommanditgesellschaft *Komandit Ortaklık*
Kto.	Konto *hesap*
Lkw., LKW	Lastkraftwagen *kamyon*
luth.	lutherisch *Lüteran (Protestan)*
max.	maximal *azami*
m. E.	meines Erachtens *bence, bana göre*
MEZ	Mitteleuropäische Zeit *Orta Avrupa Zamanı*
MG	Maschinengewehr *makineli tüfek*
Mill.	Million(en) *milyon(lar)*
Min.	Minute(n) *dakika(lar)*
möbl.	möbliert *mobilyalı*
nachm.	nachmittags *öğleden sonra*
NATO	(Nordatlantikpaktorganisation) *Kuzey Atlantik Paktı*
n. Chr.	nach Christus *İsa'dan sonra*
OHG	Offene Handelsgesellschaft *Kolektif Ortaklık*
ORF	Österreichischer Rundfunk *Avusturya Radyo Televizyon (Kurumu)*
ÖTV	(Gewerkschaft) Öffentliche Dienste, Transport und Verkehr *Kamu Hizmetleri, Taşımacılık ve Ulaşım Sendikası*
Pf.	Pfennig *fenik*
Pkw., PKW	Personenkraftwagen *özel otomobil*
Pl.	Platz *yer*
PLZ	Postleitzahl *posta kodu*
PS	Pferdestärke *beygir gücü*
qm	Quadratmeter *metre kare*
rd.	rund *yuvarlak olarak*
Rel.	Religion *din, mezhep*
Rep.	Republik *cumhuriyet*
s.	siehe *bakınız*
S.	Seite *sayfa*
SC	Sportclub *spor klübü*

sog.	sogenannt *denilen, sözümona*
St.	Sankt; Stück *Sen; tane*
Std.	Stunde(n) *saat(ler)*
Str.	Straße *cadde, sokak*
s. u.	siehe unten *aşağıya bakınız*
SV	Sportverein *spor derneği*
Tb(c)	Tuberkulose *tüberküloz, verem*
TU	Technische Universität *Teknik Üniversite*
TÜV	Technischer Überwachungsverein *Teknik Muayene Kurumu*
u. a.	unter anderem *ezcümle, esas olarak*
UKW	Ultrakurzwelle *ultra kısa dalga*
UN(O)	(Vereinte Nationen) *Birleşmiş Milletler*
USA	(Vereinigte Staaten von Amerika) *Amerika Birleşik Devletleri*
usw.	und so weiter *vesaire*
u. U.	unter Umständen *duruma göre, gereğince*
v. Chr.	vor Christus *İsa'dan önce*
verh.	verheiratet *evli*
vgl.	vergleiche *karşılaştırınız*
vorm.	vormittags *öğleden önce*
z. B.	zum Beispiel *mesela, örneğin*
ZDF	Zweites Deutsches Fernsehen *İkinci Alman Televizyon Kurumu*
z. H(d).	zu Händen *eline*
z. T.	zum Teil *kısmen*
z. Zt.	zur Zeit *halen, bu anda*